Ouvrages Concurrences

La version électronique de ces ouvrages est disponible sur le site concurrences.com.

Mélanges

Laurence Idot – Liber Amicorum, *Christophe Lemaire, Francesco Martucci, 2021*

Frédéric Jenny – Standing Up for Convergence and Relevance in Antitrust, Vol. I & II, *Nicolas Charbit et al. (eds.), 2021*

Eleanor Fox – Liber Amicorum, *Nicolas Charbit et al. (eds.), 2021*

Herbert Hovenkamp – The Dean of American Antitrust Law, *Nicolas Charbit et al. (eds.), 2021*

Albert Foer – A Consumer Voice in the Antitrust Arena, *Nicolas Charbit et al. (eds.), 2021*

Richard Whish – Taking Competition Law Outside the Box, *Nicolas Charbit et al. (eds.), 2021*

Wang Xiaoye – The Pioneer of Competition Law in China, *Adrian Emch, Wendy Ng (eds.), 2019*

Douglas H. Ginsburg – An Antitrust Professor on the Bench, Vol. I & II, *Nicolas Charbit et al. (eds.), 2021*

Ian S. Forrester – A Scot Without Borders, Vol. I & II, *Assimakis Komninos et al. (eds.), 2015*

William E. Kovacic: An Antitrust Tribute, Vol. I & II, *Nicolas Charbit et al. (eds.), 2013 & 2014*

Thèses

Le droit de la commande et le droit de la concurrence de l'Union européenne, *Vincent Bridoux, 2021*

Competition and Regulation in Network Industries: Essays in Industrial Organization, *Jean-Marc Zogheib, 2021*

L'entreprise contrevenante en droit des pratiques anticoncurrentielles (Union européenne et France), *Etienne Thomas, 2021*

La faute lucrative en droit de la concurrence, *Godefroy de Moncuit de Boiscuillé, 2020*

The Role of Media Pluralism in the Enforcement of EU Competition Law, *Konstantina Bania, 2019*

Les accords de report d'entrée (Pay-for-delay), *Walid Chaiehloudj, 2019*

Buyer Power in EU Competition Law, *Ignacio Herrera Anchustegui, 2017*

Google, la presse et les journalistes, *Guillaume Sire, 2015*

L'Union européenne et le droit international des subventions, *Loïc Wagner, 2015*

Pratiques

Grands arrêts du droit de la concurrence – Aides d'État, Nouvelle édition, *Laurence Idot (ed.)*

Grands arrêts du droit de la concurrence – Concentrations, Nouvelle édition, *Laurence Idot (ed.)*

Grands arrêts du droit de la concurrence – Aides d'État, Nouvelle édition, *Laurence Idot (ed.)*

Grands arrêts du droit de la concurrence – Régulations, *Francesco Martucci (ed.), 2019*

Grands arrêts du droit de la concurrence – Distribution & Pratiques commerciales déloyales, *Nicolas Ferrier & Frédéric Buy (ed.), 2019*

Dictionnaire de droit de la concurrence, *Muriel Chagny, Emmanuel Combe, (eds.), 2022*

Les inspections de concurrence des autorités françaises, *Nathalie Jalabert-Doury, 2ème édition, 2021*

La réparation des préjudices causés par les pratiques anticoncurrentielles, *Rafael Amaro, Jean-François Laborde, 2ème édition, 2020*

Global Dictionary of Competition Law, *Deborah Healey, William Kovacic, Pablo Trevisan, Richard Whish (eds.), 2022*

State Aid & National Enforcement, *Jacques Derenne, Denis Jouve, Christophe Lemaire, Francesco Martucci (eds.), 2022*

Competition Law, Climate Change & Environmental Sustainability, *Simon Holmes, Dirk Middelschulte, Martijn Snoep (eds.), 2021*

Perspectives on Antitrust Compliance, *Anne Riley, Andreas Stephan, Anny Tubbs (eds.), 2021*

Information Exchange and Related Risks: A Practical Guide, *Zoltan Marosi, Marcio Dias Soares (eds.), 2021*

Merger Control in Latin America: A Jurisdictional Guide, *Paulo Burnier da Silveira & Pamela Sittenfeld (ed.), 2020*

Competition Inspections under EU Law – A Practitioner's Guide, *Nathalie Jalabert-Doury, 2020*

Competition Digest – A Synthesis of EU, US and National Leading Cases, 4th ed., *Frédéric Jenny (ed.), 2020*

Gun Jumping in Merger Control, A Jurisdictional Guide, *Catriona Hatton, Yves Comtois, Andrea Hamilton (eds.), 2019*

Choice – A New Standard for Competition Analysis?, *Paul Nihoul et al., 2016*

Ouvrages Généraux

Women & Antitrust – Voices from the Field, Vol. I & II, *Evelina Kurgonaite & Kristina Nordlander (eds.), 2020*

Chroniques (décalées) d'un économiste, *Emmanuel Combe, 2021*

Petit manuel (irrévérencieux) d'économie, *Emmanuel Combe, 2018*

A quoi sert la concurrence ?, *Martine Behar-Touchais et al. (ed.), 2014*

Colloques

Antitrust in Emerging and Developing Countries, Vol I & II, *Eleanor Fox, Harry First (eds.), 2015 & 2016*

Global Antitrust Law – Current Issues in Antitrust Law and Economics, *Douglas Ginsburg, Joshua Wright (eds.), 2015*

Competition Law on the Global Stage: David Gerber's Global Competition Law in Perspective, *David Gerber, 2014*

Les pratiques commerciales déloyales

Erwann Kerguelen, Jean-Louis Fourgoux
et Leyla Djavadi

Avant-propos de Virginie Beaumeunier
Préface d'Irène Luc

Concurrences, 2021

ISBN 979-10-94201-21-3

SOMMAIRE

Introduction générale 1

Partie I - L'appréciation des manquements 11

Titre I - La rupture brutale de relations commerciales établies 13

SOUS-TITRE 1 – LES RÈGLES GÉNÉRALES D'APPLICATION DU TEXTE 17
Chapitre 1 : La notion de relation commerciale établie 19
Chapitre 2 : Le caractère brutal de la rupture à travers les conditions d'exercice de la relation 41
Chapitre 3 : Le caractère brutal lié à la durée de préavis 63
Chapitre 4 : Les cas de dispense de préavis 107

SOUS-TITRE 2 – LES RÈGLES SPÉCIFIQUES À CERTAINES RELATIONS 147
Chapitre 1 : Les appels d'offres 149
Chapitre 2 : Les contrats de sous-traitance 157
Chapitre 3 : Les produits à marque de distributeur (MDD) 165
Chapitre 4 : Les contrats de franchise, de distribution sélective et d'affiliation 169

Titre II - Les manquements hors rupture brutale 177
Chapitre 1 : L'avantage sans contrepartie à la disproportion en valeur 179
Chapitre 2 : Le déséquilibre significatif 223
Chapitre 3 : Les autres manquements 301

Partie II - La mise en œuvre du dispositif 323

Titre I - La procédure de mise en œuvre 325
Chapitre 1 : Le déclenchement de l'action 327
Chapitre 2 : Le déroulement de l'action 371

Titre II - L'imputabilité et les sanctions 397
Chapitre 1 : L'imputabilité des pratiques abusives 399
Chapitre 2 : Les sanctions 425

Bibliographie 467
Index des décisions 469
Index alphabétique 515
Table des matières 517

AVANT-PROPOS

Le droit des pratiques commerciales restrictives de concurrence (PCR) a un rôle incontestable dans la régulation de l'ordre public économique. Aux côtés du droit des pratiques anticoncurrentielles, le droit des PCR a trouvé, au fil des années, une place autonome et complémentaire aux autres outils de régulation.

La régulation opérée par la législation en matière de PCR est à double vitesse.

D'une part, elle permet aux opérateurs économiques de s'appuyer sur les règles établies par le législateur afin de favoriser l'inscription de leurs négociations et de leurs conventions dans un équilibre économique, dans l'intérêt des deux parties et, in fine, des consommateurs. Cette régulation prend tout son sens en dehors de tout contentieux judiciaire, dans un contexte de pouvoir de négociation déséquilibré, lorsque la partie faible fait appel aux dispositions légales pour rappeler à la partie forte la nécessité d'aboutir à un accord équilibré.

À ce titre, la réglementation en matière de PCR a été simplifiée par l'ordonnance du 24 avril 2019. La liste des clauses et des pratiques illicites a été considérablement réduite afin d'améliorer leur lisibilité et de faciliter leur appropriation par les opérateurs économiques. L'efficacité des anciennes dispositions est demeurée intacte dans la mesure où elles sont couvertes par les interdictions actuelles, plus générales et ainsi plus susceptibles d'adaptation aux pratiques nouvelles.

D'autre part, la régulation opérée par la législation en matière de PCR permet au Ministre de l'économie, en sa qualité de défenseur de l'ordre public économique, de demander au juge de rétablir a posteriori l'équilibre de la relation commerciale dans le cadre d'un contentieux judiciaire, lorsque la gravité et l'ampleur des pratiques sont telles que l'ordre public économique se trouve atteint, au détriment de la partie faible et, in fine, du consommateur.

La DGCCRF est particulièrement attentive au respect des règles en matière de PCR. L'équilibre des relations commerciales permet une juste répartition de la valeur ajoutée entre tous les opérateurs économiques, en leur permettant ainsi à la fois d'être compétitifs sur le marché, tout en faisant bénéficier le consommateur de leurs investissements en matière de qualité, d'innovation, de développement durable.

Dans le droit fil de ces objectifs, l'injonction sous astreinte créée par la loi du 3 décembre 2020 permet désormais à l'administration d'enjoindre à un professionnel, après une procédure contradictoire, de se conformer à ses obligations en cas de manquements passibles d'amende civile, en assortissant cette mesure d'une astreinte liquidée par l'administration en cas d'inexécution de l'injonction. Ce nouvel outil renforcera l'efficacité de la protection de l'ordre public économique.

Au-delà des avancées législatives, l'action du Ministre de l'économie en matière de PCR a abouti ces dernières années à plusieurs avancées jurisprudentielles telles que la confirmation que le dispositif relatif au déséquilibre significatif est une loi de police, la précision de la notion de partenaire commercial permettant d'appliquer le déséquilibre significatif aux partenaires commerciaux au sens large, mais également la condamnation de plusieurs pratiques illicites historiquement dénoncées par les opérateurs économiques (non-respect des prix convenus, compensation de marges, clauses de parité tarifaire...). Par ailleurs, au fil des années, les contentieux en matière de PCR à l'initiative du Ministre de l'économie ont largement dépassé le secteur de la grande distribution, pour s'étendre à divers autres secteurs (plateformes d'intermédiation en ligne, moteurs de recherche, places de marché, fabricants et opérateurs de téléphonie mobile, réseaux de franchise...). Les enseignements tirés de la jurisprudence devraient amener certains opérateurs économiques à corriger leurs comportements sur le marché.

Les réflexions et les actions en matière de PCR prennent également de l'ampleur au niveau européen. Le règlement « Platform to business » du 20 juin 2019 est venu encadrer les pratiques des plateformes d'intermédiation et des moteurs de recherche en ligne afin d'assurer la transparence et la loyauté dans leurs relations avec les vendeurs tiers qui commercialisent des produits auprès des consommateurs via ces plateformes. La directive du 17 avril 2019 sur les pratiques commerciales déloyales dans le secteur agricole et alimentaire, transposée en droit français, a également pour objet de préserver la loyauté des relations entre les opérateurs concernés. Ces évolutions attestent de l'intérêt et de la nécessité de protéger l'ordre public économique par des outils complémentaires aux outils de régulation existants tant en droit interne qu'en droit européen. À ce titre, le droit français des PCR bénéficie d'un niveau de maturité élevé par rapport à la majorité des autres Etats membres.

Dans ce contexte, certes de simplification du code de commerce mais aussi d'enrichissement permanent de la jurisprudence et de nouveaux développements européens, la nouvelle édition de l'ouvrage d'Erwann Kerguelen tombe à point nommé. Les praticiens du droit comme les opérateurs économiques sauront parfaitement y retrouver la clarté, la richesse d'analyse de l'auteur dans cette matière technique mais qui irrigue la vie des affaires pour nombre d'entreprises.

Virginie BEAUMEUNIER
Directrice Générale, DGCCRF

PRÉFACE

Les pratiques restrictives de concurrence revêtent une importance fondamentale dans le contentieux commercial en France. Garantissant la loyauté et l'équilibre des échanges, elles se sont révélées de précieux outils pour lutter contre certaines pratiques abusives des places de marché, ou des plateformes digitales, dans des cas où le seul droit des pratiques anticoncurrentielles ne pouvait suffire.

C'est dire leur actualité, revigorée par la nouvelle pratique, dite de déséquilibre significatif dans les droits et obligations des parties. Celle-ci s'est développée de manière mesurée et n'a pas entrainé le raz de marée redouté des juristes. La Cour de cassation a récemment consacré son caractère de loi de police, lui conférant ainsi un rôle important dans la régulation du marché. Cette qualification permet, dans les cas où le juge du for est un juge français, de la faire prévaloir sur la loi éventuellement choisie par les parties dans leurs contrats.

Le droit des pratiques restrictives a également influencé le législateur européen qui a adopté une directive dont beaucoup de dispositions s'inspirent du droit français.

Le caractère évolutif de ce droit, sans cesse remis sur le métier, ses implications en termes de droit international privé dans les contrats internationaux, en font un droit très technique.

L'ouvrage d'Erwann Kerguelen est d'autant plus précieux qu'entièrement dédié à l'étude de cette branche du droit commercial, il fournit un outil sans équivalent pour les juges spécialisés chargés de l'appliquer, les avocats, et, plus généralement, pour tous les praticiens du droit. La pratique des juridictions y est résumée sur tous les points qui ont pu faire débat et le nombre des jugements étudiés, qui vise à l'exhaustivité, est considérable.

L'étude rigoureuse d'Erwann Kerguelen m'a été très utile dans ma pratique juridictionnelle personnelle au sein de la cour d'appel de Paris, dans une chambre spécialisée dans la distribution, mais qui avait aussi à connaître du contentieux de masse de la rupture brutale des relations commerciales. Ce qualificatif de « contentieux de masse » ne doit cependant pas tromper. Les difficultés juridiques soulevées sont légion. À cet égard, il est tout à fait crucial de disposer d'un inventaire critique des différentes solutions adoptées par les tribunaux de commerce ou tribunaux judiciaires spécialisés, les chambres de la cour d'appel de Paris, spécialisées dans ce contentieux au niveau national, et la Cour de cassation.

Je ne peux qu'inviter les praticiens du droit à lire cet ouvrage au plan clair et directement utile, de grande qualité tant sur la forme que sur le fond, les analyses qui y figurent étant empreintes de finesse et d'une excellente compréhension du système juridique.

Irène LUC
Vice-présidente de l'Autorité de la concurrence
Ancienne présidente de la chambre 5-4 de la Cour d'appel de Paris

NOTE DES AUTEURS

Le succès de la première édition de l'ouvrage de référence du droit des pratiques restrictives d'Erwann Kerguelen devait être mis à jour tant cette matière est en constante évolution.

Erwann Kerguelen, Rapporteur Général de l'Autorité de la Concurrence en charge du secteur de la distribution a recensé l'exhaustivité des décisions de justice et proposé une approche structurée des différentes solutions.

Pour toutes les entreprises et leurs conseils, l'accès à une présentation des règles et l'analyse de la jurisprudence très factuelle est un indispensable pour apprécier les risques éventuels dans la négociation commerciale, l'exécution des accords et la rupture des relations commerciales.

Le conseil en amont sur les options contractuelles pour garantir une plus grande efficacité des clauses, la réactivité en cas de contentieux pour faire les recommandations et les choix permettant de répondre aux attentes en termes de délais, de couts et d'effectivité ont toujours été une priorité de Leyla Djavadi et Jean-Louis Fourgoux avocats spécialisés en droit de concurrence et de la distribution depuis plus de 30 ans.

Aujourd'hui, les juristes attendent plus des éditeurs juridiques : une compréhension des métiers et des contraintes opérationnelles. L'évolution technologique passant par la digitalisation de tous les secteurs, dont celui de la distribution, impose de maitriser tous les aspects et de mieux protéger la stratégie contractuelle de l'entreprise. Cette nouvelle édition qui aborde les suites de la réforme de l'ordonnance du 24 Avril 2019, traite des règles de fond mais aussi de la procédure.

Leyla Djavadi et Jean-Louis Fourgoux, directeurs associés de Fidal et Erwann Kerguelen apportent leur connaissance fine de la matière aux entreprises et leurs conseils en leur fournissant une grille de lecture actualisée du principal dispositif sanctionnant les pratiques commerciales déloyales.

Erwann KERGUELEN
Rapporteur Général Adjoint à l'Autorité de la concurrence

Jean-Louis FOURGOUX
Directeur Associé de Fidal

Leyla DJAVADI
Directeur Associé de Fidal

INTRODUCTION GÉNÉRALE

1. Pierre angulaire du dispositif sanctionnant les pratiques commerciales restrictives[1], les articles L. 442-1 et s. du Code de commerce ont pour principal objectif de rééquilibrer les relations commerciales entre opérateurs économiques.

2. Si la légitimité de ces dispositions semble indiscutable en cas de rupture brutale de relation commerciale, eu égard aux conséquences économiques et sociales qu'elle peut engendrer, en revanche, celle des autres dispositions, et notamment celles interdisant l'obtention d'un avantage sans contrepartie ou manifestement disproportionné, ou encore celle des pratiques discriminatoires[2], a pu être décriée.

3. Il semble utile de noter que les critiques se sont davantage nourries de l'accumulation de textes législatifs, rendant difficilement lisible le dispositif. En effet, si certaines modifications ont pu contribuer à son efficacité[3], d'autres, au contraire, ont altéré la cohérence du dispositif. La question du seuil de revente à perte constitue à cet égard un exemple intéressant. Avant 2005, les avantages consentis sous forme de marge arrière ne pouvaient pas être réintégrés dans le seuil de revente à perte, soit le prix en-dessous duquel l'acheteur ne pouvait pas vendre les produits. Or en ne permettant pas aux acheteurs, et notamment aux distributeurs, de pratiquer des prix de vente en fonction de leurs prix d'achats réels, nets de tous les avantages financiers obtenus, cette obligation a permis le maintien des prix de vente de détail de certains produits à un niveau artificiellement élevé au détriment des consommateurs. De surcroît, elle a permis de créer un point focal nuisible à la concurrence dans certaines situations[4], altérant en partie les mécanismes même de l'économie de marché. Compte tenu de ces effets négatifs, les pouvoirs publics ont décidé de permettre aux distributeurs de réintégrer une partie[5], puis la totalité des marges arrière dans le calcul du seuil de revente à perte[6]. Malgré les effets négatifs potentiels d'une telle mesure[7], les pouvoirs publics ont pourtant décidé

---

1 Aussi appelées pratiques commerciales déloyales.

2 Anciennes dispositions de l'article L. 442-6-I-1° du Code de commerce avant la LME de 2008 interdisant le fait de « de pratiquer, à l'égard d'un partenaire économique, ou d'obtenir de lui des prix, des délais de paiement, des conditions de vente ou des modalités de vente ou d'achat discriminatoires et non justifiés par des contreparties réelles en créant, de ce fait, pour ce partenaire, un désavantage ou un avantage dans la concurrence ».

3 Comme le renversement de la charge de la preuve intervenu en 2005.

4 Voir par exemple Adlc, décision n° 07-D-50 du 20 décembre 2007 relative à des pratiques mises en œuvre dans le secteur de la distribution de jouets.

5 Avec la loi Dutreil II – n° 2005-882 du 2 août 2005 en faveur des petites et moyennes entreprises.

6 Avec la loi Chatel II – n° 2008-3 du 3 janvier 2008 pour le développement de la concurrence au service des consommateurs.

7 Avis n° 18-A-14 du 23 novembre 2018 relatif au relèvement du seuil de revente à perte et à l'encadrement des promotions pour les denrées et certains produits alimentaires.

d'un relèvement du seuil de revente à perte à partir de 2019[8], et le maintien de cette expérimentation jusqu'en avril 2022[9].

4. À l'inverse, les objectifs du texte, en ce qu'il vise à protéger l'ordre économique, font consensus. Sans entraver la liberté de commercer, ou de ne pas commercer, ces dispositions visent uniquement à édicter un certain nombre de règles à respecter afin d'empêcher les conséquences les plus néfastes découlant de l'utilisation déséquilibrée d'un rapport de force commercial. La sanction de ces pratiques vise à protéger non pas les perspectives à long terme de la société, mais bien celles à court terme, ce qui est d'ailleurs parfaitement illustré par le fait que l'interdiction de rupture brutale de relation commerciale ne vise pas à interdire la rupture des relations commerciales, et ainsi lier de manière définitive des partenaires commerciaux dans un carcan rigide, mais uniquement à interdire son caractère brutal.

5. Au-delà de la rupture brutale des relations commerciales établies, le législateur a cherché à limiter la capacité du cocontractant à faire levier de son rapport de force en sanctionnant le déséquilibre significatif entre les droits et obligations des parties. Contrepartie de la négociabilité des conditions générales de vente[10], l'objectif du législateur était ainsi de libérer les acteurs économiques des différentes rigidités qui pouvaient entraver les négociations commerciales, tout en posant un garde-fou au bénéfice de la partie la plus faible.

6. Si le niveau de réglementation des pratiques restrictives peut sembler relever d'une spécificité française, le principe de l'interdiction de certaines pratiques commerciales déloyales n'a toutefois rien de spécifique à la France. De nombreux pays européens se sont ainsi dotés de dispositifs plus ou moins similaires visant l'objectif commun d'interdire et de sanctionner un certain nombre de pratiques commerciales restrictives[11]. Les effets délétères sur l'ordre public économique constatés ont ainsi pu conduire plusieurs États membres à adopter de tels dispositifs[12], particulièrement dans les secteurs les plus exposés, comme dans les secteurs agricole et alimentaire. La légitimité de ces mesures a finalement été renforcé avec l'adoption au niveau européen d'une directive visant à une harmonisation *a minima* des dispositifs sanctionnant certaines pratiques commerciales déloyales au sein de chaque État membre dans les secteurs agricole et alimentaire[13].

---

[8] Ordonnance n° 2018-1128 du 12 décembre 2018 relative au relèvement du seuil de revente à perte et à l'encadrement des promotions pour les denrées et certains produits alimentaires, prévoyant une durée initiale de 2 ans.

[9] Article 54 de la loi n° 2020-734 du 17 juin 2020 relative à diverses dispositions liées à la crise sanitaire, à d'autres mesures urgentes ainsi qu'au retrait du Royaume-Uni de l'Union européenne, prévoyant une extension de 14 mois.

[10] Loi n° 2008-776 du 4 août 2008 de modernisation de l'économie (LME).

[11] Livre vert sur les pratiques commerciales déloyales tout au long de la chaîne d'approvisionnement alimentaire et non alimentaire en Europe du 31 janvier 2013.

[12] Voir notamment l'Italie (article 62 de la loi n° 27/2012 qui autorise *l'Autorità Garante della concorrenza e del Mercato* à sanctionner un comportement relevant d'un exercice indu du pouvoir de négociation de la demande au détriment des fournisseurs) ou l'Allemagne (« *l'Anzapfverbot* » interdit de contraindre les fournisseurs à consentir un avantage sans une contrepartie objective).

[13] Directive (UE) n° 2019/633 du Parlement europeéen et du Conseil du 17 avril 2019 sur les pratiques commerciales déloyales dans les relations interentreprises au sein de la chaîne d'approvisionnement agricole et alimentaire.

7. Les principes sous-jacents justifiant la sanction des pratiques commerciales déloyales se retrouvent d'ailleurs dans des textes plus récents[14], ou en cours de discussion[15] soulignant s'il fallait la complémentarité de tels dispositifs par rapport à d'autres corps de règles qui peuvent être plus délicats à manier, ou moins adaptés à des problèmes relevant de litiges bilatéraux, comme le droit des pratiques anticoncurrentielles par exemple.

8. La transposition de cette directive a d'ailleurs permis une refonte des dispositions de l'ancien article L. 442-6 du Code de commerce[16]. Le nouveau dispositif prévu aux articles L. 442-1 et s. vise à simplifier et clarifier les pratiques commerciales restrictives en supprimant la longue liste à la prévert des précédentes pratiques illicites identifiées, et se concentre désormais sur les interdictions les plus utilisées :
   - l'obtention d'avantages disproportionnés ou sans contrepartie, soit le fait d'obtenir ou de tenter d'obtenir de l'autre partie un avantage ne correspondant à aucune contrepartie ou manifestement disproportionné au regard de la valeur de la contrepartie consentie ;
   - le déséquilibre significatif entre les droits et obligations des parties, soit le fait de soumettre ou de tenter de soumettre l'autre partie à des obligations créant un déséquilibre significatif dans les droits et obligations des parties ;
   - la rupture brutale de relation commerciale établie, qui correspond au fait de rompre brutalement, même partiellement, une relation commerciale établie, sans préavis écrit qui tienne compte notamment de la durée de la relation commerciale ou d'usages du commerce ou encore d'accords interprofessionnels.

9. Si certains fondements juridiques, peu utilisés en tant que tels, n'ont pas été repris par la réforme[17], ces comportements illicites pourront néanmoins être éventuellement sanctionnés sur le fondement des deux interdictions sus-visées.

---

14 On peut ainsi citer le règlement « *Platform to Business* » qui a imposé aux plateformes numériques de respecter un certain nombre de règles de transparence et de loyauté vis-à-vis des entreprises utilisant leurs services (règlement (UE) n° 2019/1150 du Parlement européen et du Conseil du 20 juin 2019 promouvant l'équité et la transparence pour les entreprises utilisatrices de services d'intermédiation en ligne).

15 Le « *Digital Market Act* » en cours de discussion prévoit que la liste des interdictions prévues à l'encontre des « *Gatekeepers* » peut être étendue à des pratiques contribuant à altérer la contestabilité des marchés en cause, et qui créent un déséquilibre significatif entre les droits et obligations des parties (article 10 de la proposition publiée le 15 décembre 2020).

16 Ordonnance n° 2019-359 du 24 avril 2019 portant refonte du titre IV du livre IV du Code de commerce relatif à la transparence, aux pratiques restrictives de concurrence et aux autres pratiques prohibées.

17 Sont ainsi supprimés, en tant que pratiques commerciales restrictives de concurrence *per se*, les faits :
   - d'obtenir ou de tenter d'obtenir un avantage, condition préalable à la passation de commandes, sans l'assortir d'un engagement écrit sur un volume d'achat proportionné et, le cas échéant, d'un service demandé par le fournisseur et ayant fait l'objet d'un accord écrit (ancien article L. 442-6, I, 3°) ;
   - d'obtenir ou de tenter d'obtenir, sous la menace d'une rupture brutale totale ou partielle des relations commerciales, des conditions manifestement abusives concernant les prix, les délais de paiement, les modalités de vente ou les services ne relevant pas des obligations d'achat et de vente (ancien article L. 442-6, I, 4°) ;
   - d'imposer une clause de révision du prix, en application du cinquième alinéa du I de l'article L. 441-7 (ancien) ou de l'avant-dernier alinéa de l'article L. 441-7-1 (ancien), ou une clause de renégociation du prix, en application de l'article L. 441-8 (ancien), par référence à un ou plusieurs indices publics sans rapport direct avec les produits ou les prestations de services qui sont l'objet de la convention (ancien article L. 442-6, I, 7°) ;

10. Les trois pratiques restrictives susvisées s'appliquent désormais à « *toute personne exerçant des activités de production, de distribution ou de services* »[18], afin d'appréhender l'ensemble des activités économiques relevant du Code de commerce, comme l'avait déjà admis la jurisprudence, aux stades de « *la négociation commerciale, de la conclusion ou de l'exécution d'un contrat.* »

11. Les modifications apportées par le nouvel article L. 442-1 II du Code de commerce relatif à la rupture brutale des relations commerciales établies répondent, elles aussi, à un objectif de clarté et de simplification puique le doublement du préavis dans le cadre de la fourniture de produits sous marque de distributeur (MDD) a disparu, ce domaine se trouvant aligné sur le droit commun.

12. La réforme a également introduit un délai de préavis plafond fixé à 18 mois, qui, lorsqu'il est respecté par l'auteur de la rupture, fait obstacle à ce que sa responsabilité soit engagée sur le fondement de la rupture brutale des relations commerciales établies. Ce nouveau mécanisme met un terme à une tendance jurisprudentielle critiquée[19] qui pouvait accorder des préavis de plusieurs années (jusqu'à 36 mois) et apporte une plus grande sécurité juridique aux parties au contrat, contribuant ainsi à maintenir une certaine souplesse dans la vie des affaires.

13. Désormais, les dispositions prévues par les textes sont davantage équilibrées dans la mesure où elles octroient une grande liberté commerciale aux différents acteurs tout en les responsabilisant par l'exigence d'un équilibre contractuel, et ce, afin

---

- de procéder au refus ou retour de marchandises ou de déduire d'office du montant de la facture établie par le fournisseur les pénalités ou rabais correspondant au non-respect d'une date de livraison ou à la non-conformité des marchandises, lorsque la dette n'est pas certaine, liquide et exigible, sans même que le fournisseur n'ait été en mesure de contrôler la réalité du grief correspondant (ancien article L. 442-6, I, 8°) ;
- de ne pas communiquer ses conditions générales de vente, dans les conditions prévues à l'article L. 441-6 (ancien), à tout acheteur de produits ou tout demandeur de prestations de services qui en fait la demande pour l'exercice d'une activité professionnelle (ancien article L. 442-6, I, 9°) ;
- de refuser de mentionner sur l'étiquetage d'un produit vendu sous marque de distributeur le nom et l'adresse du fabricant si celui-ci en a fait la demande conformément à l'article L. 112-6 du Code de la consommation (ancien article L. 442-6, I, 10°) ;
- d'annoncer des prix hors des lieux de vente, pour des fruits ou légumes frais, sans respecter les règles définies au Code de commerce (ancien article L. 442-6, I, 11°) ;
- de passer, de régler ou de facturer une commande de produits ou de prestations de services à un prix différent du prix convenu résultant de l'application du barème des prix unitaires mentionné dans les conditions générales de vente, lorsque celles-ci ont été acceptées sans négociation par l'acheteur, ou du prix convenu à l'issue de la négociation commerciale faisant l'objet de la convention prévue à l'article L. 441-7, modifiée le cas échéant par avenant, ou de la renégociation prévue à l'article L. 441-8 (ancien article L. 442-6, I, 12°) ;
- de soumettre ou de tenter de soumettre un partenaire commercial à des pénalités pour retard de livraison en cas de force majeure (ancien article L. 442-6, I, 13°).

Ne sont pas non plus reprises dans l'article L. 442-3, les pratiques des points b) et c) de l'ancien article L. 442-6, II consistant à « *obtenir le paiement d'un droit d'accès au référencement préalablement à la passation de toute commande* » ou à « *interdire au cocontractant la cession à des tiers des créances qu'il détient sur lui* ».

18 Cette notion ayant remplacée la notion de « *producteur, commerçant, industriel ou personnne immatriculée au répertoire des métiers* » prévue à l'ancien article L. 442-6, I du Code de commerce.

19 Le rapport remis au président de la République relatif à l'ordonnance 2019-359 du 24 avril 2019, avait relevé que « initialement conçu pour protéger les fournisseurs contre les déréférencements abusifs des distributeurs, le 5° du I de l'actuel article L. 442-6 a connu (…) une grande expansion, (…) qui fait l'objet de critiques. L'interprétation jurisprudentielle du texte a conduit, selon les opérateurs économiques, à plusieurs dérives » (JORF n° 0097 du 25 avril 2019).

de ne pas créer de situation préjudiciable à l'ordre public économique. Dès lors, l'application du dispositif relatif aux pratiques restrictives de concurrence entre entreprises (article L. 442-1 et s. du Code de commerce) trouve pleinement son sens en ce qu'elle constitue le contrepoids mesuré au pouvoir de négociation de certains acteurs économiques.

14. Le présent ouvrage vise à établir un bilan de la jurisprudence portant sur l'application de l'interdiction des pratiques restrictives sanctionnées par les juridictions civiles, étant donné d'une part les enjeux que revêt l'application de ces dispositions, et d'autre part le fait qu'il puisse être difficile de connaître la position de la jurisprudence en la matière. Il devrait ainsi permettre à chaque opérateur économique d'apprécier l'équilibre de son contrat, ou bien de déterminer dans quelle mesure et sous quelles conditions, notamment de préavis, il pourra faire évoluer une relation commerciale. Finalement, l'ouvrage a pour but de donner une grille de lecture permettant d'apprécier les conditions retenues par la jurisprudence pour l'application du texte, la qualification d'un manquement et ses conséquences, notamment financières. L'actualité démontre l'importance toujours vivace des questions de fond relatives aux pratiques restrictives, et les évolutions législatives successives vont certainement nourrir encore les débats devant les juridictions.

A. Le pouvoir de marché et ses manifestations

15. Le dispositif issu de l'application de l'ancien article L. 442-6, devenu L. 442-1 du Code de commerce vise à sanctionner les abus découlant d'un pouvoir de marché important d'un des cocontractants. Ce pouvoir de marché, s'il ne correspond pas nécessairement à une position dominante telle qu'appréhendée par le droit de la concurrence, peut tout de même être suffisant pour créer, en cas d'abus, une situation dommageable pour la partie la plus faible, voir le marché en général en cas d'application généralisée de clauses et ou d'obligations déséquilibrées. Il peut résulter de la combinaison de plusieurs facteurs, parmi lesquels les « *switching costs* » (1), l'incertitude (2), ou encore l'asymétrie d'informations (3).

1. Les « *switching costs* »

16. Il s'agit des coûts que la société aura à supporter dans le cas où elle décide de changer de partenaire commercial, en nouant une nouvelle relation commerciale, et lesquels, suivant leur importance, peuvent freiner sa capacité à changer de partenaire commercial. Ces coûts peuvent dépendre de plusieurs facteurs parmi lesquels la part de chiffre d'affaires impactée par la relation commerciale (a), le type de produit (b) ou le type de secteur (c), ou encore le fait qu'il existe des investissements à la fois spécifiques à la relation commerciale, et non encore amortis (d).

a) La part de chiffre d'affaires impactée

17. Lorsqu'il existe un état de dépendance économique, il ne peut être contesté l'existence d'un pouvoir de marché significatif vis-à-vis de l'entreprise dépendante. Cet état est généralement issu de la conjonction de plusieurs facteurs, à savoir la

part de chiffre d'affaires réalisé avec le cocontractant, la notoriété de la marque, l'importance de la part de marché, l'absence d'alternatives, et l'historique de la relation commerciale (voir § 378 et s.). Lorsqu'il est caractérisé, la société est complètement liée à son partenaire, ce dernier pouvant user de son pouvoir de marché pour lui faire accepter des conditions commerciales déloyales, avec un risque, en cas de rupture, quant à la pérennité de la société.

18. L'état de dépendance économique est cependant un cas « *extrême* », et quand bien même un tel état ne pourrait être démontré au sens de la jurisprudence, il est possible qu'existe un pouvoir de marché significatif. Notamment, si la société réalise une part importante de son chiffre d'affaires avec son cocontractant, en l'absence de diversification possible à court terme, et devant la nécessité de couvrir ses coûts fixes, ces éléments peuvent contribuer à renforcer le pouvoir de marché du cocontractant.

b) Le type de produit

19. Suivant le produit considéré, la diversification peut être difficile. Tel est le cas, par exemple, si une entreprise souhaite passer de produits à marque nationale vers des produits sous marque de distributeur, ou réciproquement. Bien que cela soit techniquement possible, en raison des différences substantielles dans les structures de coûts et les obligations logistiques, suivant qu'il s'agisse de produits à marque nationale, ou de produits sous marque de distributeur, certains fournisseurs considèrent qu'un tel changement ne constitue pas une alternative économiquement viable[20].

20. De même, le caractère périssable des produits peut diminuer la marge de manœuvre du fournisseur dans la mesure où le délai de commercialisation des produits est court, ce qui est particulièrement vrai dans le domaine alimentaire vis-à-vis de la grande distribution. Dans ce cas, quand bien même une alternative existe à moyen terme, le fournisseur peut être réticent à trouver d'autres débouchés en raison des conséquences économiques à court terme sur son activité.

c) Le type de secteur

21. La diversification de l'activité peut aussi être freinée par les caractéristiques intrinsèques du secteur. Dans le cas de la distribution alimentaire par exemple, il résulte d'une étude menée en 2014 par le *Bundeskartellamt*, que certains opérateurs doutent de la capacité d'absorption d'un canal de distribution alternatif[21]. De manière empirique, cette étude souligne, par exemple, que le taux de pénétration des ventes en dehors des canaux classiques est très faible, et que certaines alternatives, comme la vente directe par exemple, sont très coûteuses.

22. Le comportement de la société victime de pratiques commerciales restrictives consistant à minimiser ses pertes sera d'ailleurs d'autant plus adopté que les autres clients potentiels utilisent le même type de pratiques, si elles sont généralisées dans

---

[20] Résumé de l'étude menée par le *Bundeskartellamt* dans le secteur de la distribution alimentaire en Allemagne « *Buyer power in the food retail sector* » du 24 septembre 2014.

[21] Ibid.

le secteur. Le comportement individuel agrégé peut ainsi avoir un effet encore plus sensible sur le marché, ce qui est précisément une des motivations de la Commission européenne dans le livre vert précité, du fait que de telles pratiques puissent conduire à une baisse du bien-être du consommateur.

d) Les investissements spécifiques

23. Dans l'hypothèse où l'un des cocontractants effectue des investissements à la fois significatifs et spécifiques à la relation commerciale, eu égard à la nécessité de les amortir, si le cocontractant menace de ne pas poursuivre la relation commerciale par exemple, cela peut contraindre la partie la plus faible à accepter de nouvelles conditions significativement déséquilibrées.

2. L'incertitude

24. La maîtrise de l'incertitude est un élément clé dans la gestion d'une relation commerciale. Afin de permettre un pilotage adéquat de l'activité, le contrat doit permettre une certaine prévisibilité que ce soit par rapport à la poursuite du courant d'affaires, ou par rapport aux profits en résultant. En effet, plus le niveau d'incertitude est élevé, plus il renforcera le pouvoir de marché de la partie disposant du pouvoir de négociation plus significatif. Dans des cas extrêmes, l'absence de prévisibilité peut aller jusqu'à impacter directement la pérennité de la société, comme en cas de rupture brutale par exemple.

3. L'asymétrie d'informations

25. L'asymétrie d'informations peut aussi favoriser un comportement opportuniste de la partie disposant du pouvoir de marché le plus important, et dès lors contribuer à son pouvoir de marché. Une telle asymétrie peut concerner autant les composantes essentielles de la relation commerciale (prix, volumes), que des composantes subsidiaires comme les clauses contractuelles régissant le fonctionnement général de la relation commerciale.

26. Concernant les composantes essentielles, tels le prix ou les volumes de commande, il s'agit d'un critère déterminant de l'économie du contrat. Dans le cadre d'un appel d'offres par exemple, si le donneur d'ordre surestime volontairement ses besoins, tout en refusant de renégocier le prix par la suite, cela peut conduire le fabricant à mobiliser des capacités de production sans qu'elles puissent être rentabilisées par des volumes suffisants. La négociation du contrat joue alors un rôle essentiel en ce qu'il doit permettre de limiter le risque d'opportunisme de la part du partenaire disposant du pouvoir de marché le plus important.

27. L'approche est identique en ce qui concerne les composantes subsidiaires comme les clauses contractuelles de manière générale, ces dernières devant être les plus transparentes possibles vis-à-vis des deux partenaires. Les PME par exemple, ne disposant pas des mêmes ressources juridiques que les grands groupes, peuvent ne pas appréhender toutes les obligations découlant de clauses contractuelles. Dans l'hypothèse où des clauses soient ambiguës, la latitude donnée à leur interprétation peut donc profiter à l'opérateur disposant du plus fort pouvoir de marché, et ainsi favoriser un comportement déloyal.

28. En définitive, l'enjeu consiste à permettre aux partenaires de faire évoluer les conditions régissant leur relation commerciale, notamment en l'adaptant au marché, tout en les dissuadant d'adopter des comportements déloyaux.

B. Les limites des voies de régulation classiques

29. Le dispositif sanctionnant les pratiques commerciales restrictives apparaît important, en raison des limites intrinsèques des voies de la régulation classiques, et notamment du droit de la concurrence (1), et la crainte de représailles (2).

1. Les limites du droit de la concurrence

30. Le droit de la concurrence peut être inopérant dans des cas où il n'en demeure pas moins que des pratiques sont susceptibles d'engendrer des troubles à l'ordre public économique. Dans le cas de la grande distribution à dominante alimentaire par exemple, les caractéristiques du marché ne permettent généralement pas la démonstration d'un abus de position dominante, sauf éventuellement sous la forme d'un abus de position dominante collectif, lui-même difficile à démontrer.

31. En raison de l'existence d'un dispositif sanctionnant l'abus de dépendance économique en application de l'article L. 420-2 du Code de commerce, certains considèrent que le dispositif sanctionnant les pratiques commerciales déloyales fait double emploi. Pour autant, si ce type d'infraction peut effectivement être théoriquement mis en œuvre, le standard de preuve pour son application paraît difficile à atteindre compte tenu des conditions posées par la pratique décisionnelle (voir § 378 et s.), ce qui a conduit l'Autorité à proposer une modification du texte pour permettre un assouplissement de ces critères[22]. La mise en œuvre du droit des pratiques anticoncurrentielles ne constitue donc pas une alternative pour sanctionner les pratiques restrictives de concurrence.

2. Des craintes de représailles à l'action autonome du ministre

32. Au-delà du standard de preuve, les craintes de représailles sont souvent de nature à dissuader les entreprises victimes de telles pratiques de faire défendre leurs droits devant les juridictions commerciales. En effet, en présence d'un déséquilibre de pouvoir de marché dans la relation commerciale, il est peu probable que la partie la plus faible entreprenne elle-même la démarche consistant à demander la sanction des comportements dommageables, ne souhaitant pas prendre le risque de subir des représailles, comme la rupture des relations commerciales par exemple.

33. Ce facteur s'illustre parfaitement dans le constat qu'à l'exception des dispositions relatives à la rupture brutale des relations commerciales (L. 442-1 II) ou celles ayant trait à la violation d'un système de distribution exclusive (L. 442-2), les autres dispositions ne sont mises en œuvre que de manière marginale par les entreprises elles-mêmes. Et lorsque c'est le cas, il s'agit souvent de demandes

---

22 Le constat d'un standard de preuve élevé avait poussé l'Autorité à proposer aux pouvoirs publics une modification du texte pour permettre un assouplissement des critères permettant son application (avis n° 15-A-06 du 31 mars 2015 relatif au rapprochement des centrales d'achat et de référencement dans le secteur de la grande distribution, § 293-304).

accessoires faisant suite à la rupture des relations commerciales, soit une situation où l'entreprise n'a finalement plus rien à perdre[23].

34. Ce constat légitime l'action autonome du ministre qui, si elle peut être améliorée, a au moins le mérite de permettre la sanction de comportements répréhensibles, chose impossible si l'action était laissée à la discrétion des seuls acteurs économiques. Cela rejoint les conclusions de l'étude menée pour le compte de la Commission européenne[24], suivant laquelle les seuls pays connaissant un niveau significatif de litiges, et vraisemblablement un dispositif efficace pour mettre fin aux pratiques commerciales restrictives, sont ceux où la sanction de ce type de pratiques se fait au renfort d'une administration pouvant instruire des cas tout en protégeant l'anonymat des plaignants, et faire sanctionner ou agir dans le cadre d'une médiation crédible. C'est d'ailleurs la solution retenue dans le cadre de la directive de 2019 à travers l'obligation pour les États membres de désigner une autorité pour faire appliquer les dispositions et recueillir le cas échéant des signalements anonymes[25].

C. Un dispositif potentiellement efficace

35. L'efficacité du dispositif sanctionnant les pratiques commerciales restrictives tient aux conditions de sa mise en œuvre – tant au regard du standard de preuve (1), que du champ d'application (2) – et au caractère potentiellement dissuasif des sanctions (3).

1. Un standard de preuve adapté

36. Ces manquements peuvent être sanctionnés *per se*, c'est-à-dire indépendamment de l'existence ou non d'une position dominante au regard du droit de la concurrence. Il s'agit bien là d'une des spécificités fondamentales de ce texte, lequel permet finalement de corriger un déséquilibre dans les relations commerciales dans des situations où le droit des pratiques anticoncurrentielles peut être impuissant. Il est en effet envisageable que, sans être en position dominante au sens du droit des pratiques anticoncurrentielles, certains opérateurs économiques bénéficient d'un pouvoir de marché élevé vis-à-vis de leurs fournisseurs ou clients, d'où ils pourraient tirer des avantages indus, propres à déséquilibrer l'ordre public économique. À ce titre, on retrouve alors un autre fondement de l'application du texte à travers la possibilité pour le ministre d'agir de manière autonome devant les instances judiciaires au titre de la protection de l'ordre public économique.

37. Cette distinction est d'autant plus importante que le droit des pratiques anticoncurrentielles a pu être critiqué pour ne pas avoir permis d'appréhender un certain nombre d'abus pratiqués par des acteurs en position dominante, notamment dans le domaine du numérique. Durant l'élaboration du projet de *Digital Markets Act*, ce constat a probablement contribué à faire pencher la balance vers

---

23 Voir à titre d'illustration : CA Paris, 24 mai 2012, RG n° 09/10725 ; Cass. com., 11 septembre 2012, Pourvoi n° 11-14.620.

24 « Study on the legal framework covering business-to-business unfair trading practices in the retail supply chain » du 26 février 2014 (DG MARKT/2012/049/E).

25 Directive (UE) n° 2019/633 du Parlement européen et du Conseil du 17 avril 2019 sur les pratiques commerciales déloyales dans les relations interentreprises au sein de la chaîne d'approvisionnement agricole et alimentaire, articles 4 et 5.

une régulation *ex ante*, d'un périmètre potentiellement plus rigide mais basée sur des manquements identifiés, et non vers un renforcement de la régulation *ex post*, d'un périmètre potentiellement plus étendu mais dont la mise en œuvre se serait heurtée à un standard de preuve difficile à atteindre[26].

2. Un champ d'application multisectoriel

38. Le champ d'application de ce dispositif est large dans la mesure où il peut potentiellement viser la plupart des relations commerciales. Bien que ces dispositions aient le plus souvent été présentées comme un dispositif propre aux relations entre fournisseurs et acteurs de la grande distribution, elles n'en demeurent pas moins applicables à la plupart des opérateurs économiques, ce qu'illustre d'ailleurs parfaitement l'appropriation par les entreprises des dispositions sanctionnant la rupture brutale de relation commerciale. Dans le cadre de la nouvelle rédaction des articles L 442-1 et s., le champ d'application des pratiques commerciales restrictives a été étendu aux personnes qui n'étaient ni artisans ni commerçants, et, pour les manquements hors rupture brutale, a supprimé la notion restrictive de « *partenaire commercial* » les dispositions pouvant dès lors s'appliquer à une simple « *partie* ».

39. La largeur du champ d'application a d'ailleurs été renforcée par le fait que depuis décembre 2020, le dispositif permet également de sanctionner tout manquement aux nouvelles règles édictées pour promouvoir l'équité et la transparence entre les plateformes et les entreprises utilisant leurs services[27].

40. En définitive, le dispositif est non seulement souple dans les conditions de sa mise en œuvre, mais aussi large dans son champ d'application.

3. La menace d'une sanction dissuasive

41. La sanction des pratiques commerciales restrictives peut revêtir différentes formes, de la nullité des clauses à la restitution des sommes indûment versées en passant par une amende civile. Sur ce dernier point, il est intéressant de relever que les pouvoirs publics ont décidé de renforcer le caractère dissuasif de l'amende civile en passant le plafond maximum de 2 millions d'euros à 5 % du chiffres d'affaires HT réalisé en France par l'auteur des pratiques.

42. En définitive, les pouvoirs publics ont souhaité un dispositif à la fois souple dans les conditions de sa mise en œuvre, et dissuasif pour éviter la reproduction ou la persistance des pratiques commerciales déloyales les plus préjudiciables au tissu économique.

---

[26] Bien qu'il ait été défendu pendant de longs mois par la Commission européenne, le « *New competition tool* » qui devait permettre au droit de la concurrence d'appréhender de manière plus souple les abus des plateformes structurantes, a finalement été abandonné dans le projet de texte publié en décembre 2020 (*Proposal for a Regulation of the european Parliament and of the Council on contestable and fair markets in the digital sector* (*Digital Markets Act*) publiée le 15 décembre 2020).

[27] L'article L. 442-1 du Code de commerce prévoit ainsi qu' « engage la responsabilité de son auteur et l'oblige à réparer le préjudice causé le fait, par toute personne proposant un service d'intermédiation en ligne au sens du règlement (UE) 2019/1150 du Parlement européen et du Conseil du 20 juin 2019 promouvant l'équité et la transparence pour les entreprises utilisatrices de services d'intermédiation en ligne, de ne pas respecter les obligations expressément prévues par le même règlement ».

PARTIE I

L'APPRÉCIATION DES MANQUEMENTS

TITRE I

LA RUPTURE BRUTALE DE RELATIONS COMMERCIALES ÉTABLIES

43. L'article L. 442-1-II du Code de commerce, issu de l'ordonnance en date du 24 avril 2019 n° 2019-359 portant réforme du titre IV du livre IV du Code de commerce, prévoit qu'« *engage la responsabilité de son auteur et l'oblige à réparer le préjudice causé le fait, par toute personne exerçant des activités de production, de distribution ou de services de rompre brutalement, même partiellement, une relation commerciale établie, en l'absence d'un préavis écrit qui tienne compte notamment de la durée de la relation commerciale, en référence aux usages du commerce ou aux accords interprofessionnels.*

En cas de litige entre les parties sur la durée du préavis, la responsabilité de l'auteur de la rupture ne peut être engagée du chef d'une durée insuffisante dès lors qu'il a respecté un préavis de 18 mois.

Les dispositions du présent II ne font pas obstacle à la faculté de résiliation sans préavis, en cas d'inexécution par l'autre partie de ses obligations ou en cas de force majeure ».

44. Le nouveau dispositif ci-dessus remplace l'ancien article L. 442-6-I-5° du Code de commerce[28]. L'ordonnance n° 2019-359 du 24 avril 2019 ne prévoyant aucune disposition transitoire, ce texte est entré en vigueur le lendemain de sa publication au *Journal Officiel*, soit le 26 avril 2019.

45. Conformément au principe de non-rétroactivité d'une loi nouvelle énoncé à l'article 2 du Code civil, la rupture brutale d'une relation commerciale établie est soumise au droit applicable au moment de la rupture litigieuse. En conséquence, les ruptures

---

[28] *« I. Engage la responsabilité de son auteur et l'oblige à réparer le préjudice causé le fait, par tout producteur, commerçant, industriel ou personne immatriculée au répertoire des métiers : [...]*
5° De rompre brutalement, même partiellement, une relation commerciale établie, sans préavis écrit tenant compte de la durée de la relation commerciale et respectant la durée minimale de préavis déterminée, en référence aux usages du commerce, par des accords interprofessionnels. Lorsque la relation commerciale porte sur la fourniture de produits sous marque de distributeur, la durée minimale de préavis est double de celle qui serait applicable si le produit n'était pas fourni sous marque de distributeur. À défaut de tels accords, des arrêtés du ministre chargé de l'Économie peuvent, pour chaque catégorie de produits, fixer, en tenant compte des usages du commerce, un délai minimum de préavis et encadrer les conditions de rupture des relations commerciales, notamment en fonction de leur durée. Les dispositions qui précèdent ne font pas obstacle à la faculté de résiliation sans préavis, en cas d'inexécution par l'autre partie de ses obligations ou en cas de force majeure. Lorsque la rupture de la relation commerciale résulte d'une mise en concurrence par enchères à distance, la durée minimale de préavis est double de celle résultant de l'application des dispositions du présent alinéa dans les cas où la durée du préavis initial est de moins de 6 mois, et d'au moins un an dans les autres cas ».

intervenues à compter du 26 avril 2019 sont soumises au nouvel article L. 442-1-II du Code de commerce, les ruptures intervenues avant cette date restant soumises à l'ancien article L. 442-9-I-5° du Code de commerce.

46. Compte tenu de la date d'application récente des nouvelles dispositions, les décisions fondées sur la rupture brutale d'une relation commerciale établie sont essentiellement rendues sous l'empire de l'ancien texte si bien qu'il est encore difficile de déterminer quelle influence auront la limitation du préavis à 18 mois maximum, ainsi que la suppression du doublement du préavis pour les marques de distributeur sur les contentieux.

47. Ce manquement est certainement celui qui a produit le plus de jurisprudence car il est essentiellement mis en œuvre par les entreprises elles-mêmes, contrairement aux autres manquements comme l'avantage sans contrepartie ou le déséquilibre significatif. En effet, la relation commerciale rompue, le demandeur ne peut plus subir d'éventuelles mesures de rétorsion, à l'inverse des autres dispositions qui peuvent être mises en œuvre au cours de la relation commerciale. Ces dispositions s'appliquent ainsi que la rupture soit due à la décision du client ou à celle de son fournisseur en produits ou en services[29].

48. La rupture brutale est souvent invoquée en sus des dispositions de l'article 1240 du Code civil (ancien article 1382 du Code civil) selon lequel « *tout fait quelconque de l'homme, qui cause à autrui un dommage, oblige celui par la faute duquel il est arrivé à le réparer* » en référence notamment à l'article 1103 du même code qui précise « *les contrats légalement formés tiennent lieu de loi à ceux qui les ont faits* » et à l'article 1104 du Code civil : « *les contrats doivent être négociés, formés et exécutés de bonne foi* », ces dispositions ayant remplacé l'ancien article 1134 du Code civil.

49. Le texte vise uniquement à interdire et sanctionner le caractère brutal de la rupture des relations commerciales, et non la rupture en elle-même[30]. Il ne s'agit pas pour le législateur d'enfermer les parties prenantes dans un carcan économique qui ne saurait évoluer, l'article L. 442-1 (ancien L. 442-6) du Code de commerce ne fait donc pas obstacle à la rupture des relations commerciales[31], et donc au libre arbitre des entreprises. Il impose seulement à la société rompant la relation commerciale de laisser un temps raisonnable à son partenaire, en le prévenant à l'avance[32], et ce, afin de lui permettre d'anticiper la situation pour trouver de nouveaux débouchés ou sources d'approvisionnement sans que cela ne porte préjudice à son activité.

50. Pour les mêmes raisons, la légitimité de la rupture n'a pas à être appréciée. Aussi, à l'exception des cas où la dispense de préavis est invoquée, il n'est pas nécessaire

---

29 CA Paris, 9 janvier 2019, RG n° 16/24317a ; CA Paris, 9 janvier 2019, RG n° 16/13392, Clémence Mouly-Guillemaud, Rupture brutale : La Cour d'appel de Paris réitère son attachement aux détails dans le contentieux de l'art. L. 442-6, I, 5° du Code de commerce (Lisa May / Affiches parisiennes…), 9 janvier 2019, Concurrences N° 2-2019, Art. N° 89939.

30 CA Paris, 4 février 2021, RG n° 18/08152 ; CA Paris, 9 juillet 2020, RG n° 17/14335 ; CA Paris, 25 juin 2020, RG n° 18/01744 ; CA Paris, 4 juin 2020, RG n° 17/22468 ; CA Paris, 19 décembre 2019, RG n° 17/14452 ; CA Paris, 7 novembre 2019, RG n° 17/11422.

31 CA Paris, 28 mai 2020, RG n° 17/22068.

32 CA Paris, 18 avril 2019, RG n° 17/15790.

à la société mettant un terme aux relations commerciales de se justifier[33], si bien que la pertinence du motif est sans incidence sur la validité de la rupture[34]. Si l'analyse menée par la juridiction vise à déterminer si la rupture est légitime, cela risque de priver sa décision de base légale[35]. La société devra se justifier uniquement si elle invoque des manquements graves ou un cas de force majeure, ce qui peut lui permettre de s'exonérer d'avoir octroyé un préavis insuffisant (voir § 443 et s.).

51. À l'instar des autres manquements prévus par l'article L. 442-1 (anciennement L. 442-6) du Code de commerce, celui sanctionnant la rupture brutale de relation commerciale a une finalité importante pour le fonctionnement du tissu économique. Il vise à donner un cadre aux relations commerciales afin d'éviter les abus, et les conséquences économiques en résultant. En effet, plus encore que pour d'autres manquements, la rupture brutale a des conséquences directes sur le niveau d'activité de la société qui en est victime. Dans des cas extrêmes, et suivant le poids de la relation dans l'activité du partenaire commercial, une rupture trop brutale peut entraîner sa mise en redressement pouvant aller jusqu'à sa mise en liquidation, avec toutes les conséquences économiques et sociales que cela implique. Une gestion équilibrée des relations commerciales est donc nécessaire, et elle passe par l'octroi d'un préavis raisonnable et suffisant au regard de la situation économique[36].

52. Par ailleurs, la Cour de cassation a eu l'occasion de rappeler que ces dispositions n'entraient pas en contradiction avec les articles 8 et 4 de la Déclaration des droits de l'homme et du citoyen de 1789. Refusant la transmission d'une QPC, elle a précisé que « *l'article L. 442-6, I, 5° du Code de commerce énonce des conditions d'incrimination dénuées d'ambiguïté, claires et précises, […] que l'application des critères qu'elle fixe dépend des situations particulières de chaque cas d'espèce et n'est nullement livrée à l'arbitraire des juges du fond dont les décisions sont soumises au contrôle des cours d'appel et à un contrôle de l'application de la disposition dans tous ses éléments constitutifs par la Cour de cassation ; qu'enfin, si l'article 4 de la Déclaration de 1789 énonce le principe de la liberté du citoyen d'exercer ses droits naturels entre les seules bornes déterminées par la loi, l'article L. 442-6, I, 5°, ne fait que fixer une borne à la liberté de rompre une relation contractuelle, constituée par le préjudice causé à autrui par l'abus de cette liberté* »[37].

53. La réforme de l'ordonnance n° 2019-359 en date du 24 avril 2019 va également renforcer la prévisibilité importante pour les entreprises dans l'évolution de leurs relations avec leurs partenaires, et ce, en fixant un plafond maximum qui permettra d'écarter les demandes de préavis supérieures à 18 mois.

54. Dans le cadre de la démonstration d'un manquement en rupture brutale de relations commerciales, dans un premier temps, il appartient à la société victime de la rupture de démontrer son caractère brutal soit par l'absence de préavis, ou par

33 CA Paris, 18 juin 2020, RG n° 19/17169 ; CA Paris, 6 septembre 2018, RG n° 17/23306.
34 CA Paris, 9 juillet 2020, RG n° 17/14335.
35 Cass. com., 9 octobre 2007, Pourvoi n° 06-16.744.
36 CA Paris, 18 avril 2019, RG n° 17/15790.
37 Cass. com., 5 avril 2011, Pourvoi n° 10-25.323.

le fait que le préavis était trop court[38], et en tous cas insuffisant pour lui permettre d'adapter son activité et son organisation[39].

55. Dans un second temps, l'auteur de la rupture pourra se défendre en démontrant que le préavis était suffisant ou que les conditions justifiant l'absence de préavis étaient remplies. À ce titre, il importe peu que la société victime de la rupture ait tenté d'en contester les modalités ou non, par exemple en invoquant, sur le moment ou tardivement, la nécessité pour elle de disposer d'un préavis plus long. En définitive, il appartient à l'agent économique, auteur de la rupture de la relation commerciale établie, de prouver soit qu'il a octroyé un préavis suffisant eu égard notamment à l'ancienneté de la relation commerciale, soit qu'un préavis plus long ne pouvait raisonnablement pas être octroyé.

56. Dans un premier temps, les règles générales d'application du texte seront développées *(sous-titre 1)*, suivies des règles applicables dans certains cas particuliers, comme dans le cadre d'appels d'offres ou de fabrication de produits sous marque de distributeur par exemples *(sous-titre 2)*.

---

[38] CA Paris, 17 octobre 2018, RG n° 16/10538, , Clémence Mouly-Guillemaud, Rupture brutale : La Cour d'appel de Paris affine les critères caractérisant objectivement une relation établie en application de l'article L. 442-6, I, 5° du Code de commerce (Codegi Industrie / Arkema France…), 26 septembre 2018, Concurrences N° 4-2018, Art. N° 88720 ; CA Paris, 19 septembre 2018, RG n° 16/09988 ; CA Paris, 24 octobre 2018, RG n° 16/10972.

[39] CA Montpellier, 24 janvier 2006, RG n° 04/05929 ; CA Paris, 19 octobre 2006, RG n° 03/01717.

SOUS-TITRE 1

LES RÈGLES GÉNÉRALES D'APPLICATION DU TEXTE

57. Afin de caractériser une rupture brutale au sens de l'article L. 442-1 du Code de commerce, plusieurs conditions doivent être remplies. Les deux cocontractants doivent être liés par une relation commerciale établie (1), laquelle devra avoir été rompue brutalement que ce soit au regard de l'évolution des conditions d'exercice de la relation (2) ou en termes de durée, ce qui implique la détermination du préavis raisonnable en fonction des caractéristiques de la relation commerciale (3). Les motifs de dispense de préavis, à savoir les manquements graves aux obligations contractuelles ou la force majeure, ne doivent pas avoir été légitimement invoqués (4).

Chapitre 1
La notion de relation commerciale établie

58. Le grief de rupture brutale s'applique à toute relation commerciale établie. Il s'agit de la première condition permettant l'application du texte, et à ce titre, elle est particulièrement importante étant donné la disparité de fonctionnement et de formalisation pouvant exister entre les différentes relations commerciales.

59. Une fois définie la notion de relation commerciale (1), les critères à prendre en compte pour démontrer son caractère établi seront examinés (2), le cas de la succession de contrats à durée déterminée faisant l'objet de développement plus spécifiques (3).

Section 1
La notion de relation commerciale

60. La notion de relation commerciale revêt un sens très large et comprend aussi bien la vente de produits que de prestations de services[40]. La notion de relation commerciale relève d'une conception plus large que le seul contrat. Il s'agit donc d'échanges qui sont dans l'intérêt des deux parties. Les prestations de transport rendues à une coopérative agricole relèvent ainsi d'une relation commerciale établie[41]. Cette notion est aussi applicable à un organisme de formation, en raison de son caractère commercial, la nature civile de l'activité du bénéficiaire, syndicat professionnel, étant indifférente[42] (voir la notion de partenaire commercial, § 1670 et s.).

61. L'appréciation de la relation n'a pas à se limiter aux statuts respectifs des parties mais s'effectue au regard du fonctionnement concret de la relation commerciale. Par exemple[43], si un hôtel a recours depuis 13 ans aux services d'un loueur de voitures avec chauffeur pour transporter ses clients, il ne peut arguer du fait qu'il n'était qu'un intermédiaire entre les clients et la société de taxis, alors que certaines factures étaient libellées au nom de l'hôtel, qui pouvait également facturer directement les clients avant de reverser les sommes à la société de taxis.

---

40 CA Paris, 27 janvier 2017, RG n° 14/24110, , Jean-Louis Fourgoux, Relation commerciale : La Cour d'appel de Paris juge qu'une succession de baux commerciaux n'est pas constitutive d'une relation commerciale (ATS / Pierre et Vacances), 27 janvier 2017, Concurrences N° 2-2017, Art. N° 83735, p. 119. CA Paris, 27 janvier 2017, RG n° 14/24110.

41 CA Paris, 12 septembre 2019, RG n° 17/00236.

42 CA Paris, 25 janvier 2019, RG n° 17/15416.

43 CA Paris, 8 juillet 2020, RG n° 16/20412, Clémence Mouly-Guillemaud, Rupture brutale : La Cour d'appel de Paris admet le caractère commercial d'une relation dépourvue de contrepartie économique directe (Hôtel Trianon de Versailles / Multiservices Transports D.), 8 juillet 2020, Concurrences N° 4-2020, Art. N° 97679. CA Paris, 8 juillet 2020, RG n° 16/20412.

62. Néanmoins dans un certain nombre de cas, la nature des relations entre des sociétés a pu échapper à la notion de relation commerciale et dès lors sortir du champ d'application de l'article L. 442-1 du Code de commerce (pour plus de précisions, voir § 1699 et s.).

Section 2
La démonstration du caractère établi

63. Le caractère établi dépend essentiellement de la durée, de la stabilité et de la continuité de la relation commerciale (1). L'appréciation de ce critère peut être délicate en cas de changement d'identité juridique d'un des partenaires (2), suivant le niveau du courant d'affaires (3), ou les produits/prestations concernés (4). Suivant ces paramètres, le point de départ de la relation pourra être différent (5).

§ 1. Le caractère établi

64. Cette notion constitue une condition nécessaire à l'application de l'article L. 442-1 du Code de commerce. Il est donc indispensable que la relation présente non seulement un caractère suivi, stable et habituel, mais aussi qu'elle laisse les partenaires dans la croyance légitime d'une continuité du courant d'affaires. La notion de prévisibilité de la poursuite de la relation commerciale est ainsi déterminante pour démontrer le caractère établi. Et, en l'absence de caractère établi, tout grief de rupture brutale des relations commerciales sera écarté.

65. De manière générale, le caractère établi dépendra de la durée et la stabilité de la relation d'affaires (A), et de la continuité de la relation commerciale (B), indépendamment de l'existence ou non d'un contrat (C).

A. La durée et la stabilité de la relation d'affaires

66. Afin de démontrer le caractère établi, il est d'abord nécessaire de prendre en compte la durée de la relation[44]. À ce titre, il n'existe pas de durée minimum[45], mais une relation de quelques mois seulement peut être jugée comme non établie[46], et ce, à plus forte raison si les volumes ont présenté un caractère fluctuant et irrégulier, nul sur une période[47] ou si la relation a été émaillée de nombreux incidents rendant sa poursuite très peu probable[48].

67. Une relation n'ayant pas débuté n'est pas établie. Ainsi, l'accord commercial non signé et non exécuté n'est pas suffisant pour démontrer l'existence d'une relation

---

[44] CA Paris, 8 juillet 2020, RG n° 16/20412, , Clémence Mouly-Guillemaud, Rupture brutale : La Cour d'appel de Paris admet le caractère commercial d'une relation dépourvue de contrepartie économique directe (Hôtel Trianon de Versailles / Multiservices Transports D.), 8 juillet 2020, Concurrences N° 4-2020, Art. N° 97679 ; CA Paris, 13 juin 2018 2018RG2018, RG n° 15/09789.

[45] CA Paris, 7 juillet 2020, RG n° 19/02976 ; CA Paris, 31 mai 2018, RG n° 15/20974.

[46] CA Paris, 10 décembre 2020, RG n° 18/02155.

[47] Cass. com., 27 mars 2019, Pourvoi n° 17-18.047.

[48] CA Paris, 8 juin 2018, RG n° 17/11144 ; Cass. com., 15 mars 2017, Pourvoi n° 15-17.246.

établie, les parties étant simplement en négociations en vue de la conclusion d'un contrat dont les pourparlers ont été interrompus[49]. De même, la signature d'un précontrat[50], ou encore des négociations n'ayant pas abouti[51], ne sont pas suffisants pour démontrer l'existence d'une relation établie.

68. Il doit aussi être tenu compte de l'étroitesse de la collaboration entre les partenaires[52], de l'intensité et de la stabilité de la relation commerciale[53].

B. La continuité de la relation commerciale

69. En premier lieu, la question de la continuité peut se poser lorsque par exemple l'activité est matérialisée par une succession de commandes (1), ou variable du fait du caractère saisonnier de l'activité (2), ou encore en cas d'interruption du courant d'affaires (3).

1. La relation comme succession de commandes

70. Afin de déterminer si une relation matérialisée par une succession de commandes est établie, il est nécessaire d'apprécier le caractère prévisible de la poursuite de la relation commerciale eu égard au contexte. En effet, si la fin de la relation commerciale est prévisible, la société ne peut prétendre entretenir une relation commerciale établie avec son partenaire.

71. L'absence de prévisibilité de la poursuite de la relation commerciale, et partant, l'absence de caractère établi, a pu être démontrée dans les affaires suivantes :

- une société avait vendu sur internet des produits d'un fournisseur durant trois ans, ce dernier ayant rompu la relation. Le distributeur ne pouvait prétendre au caractère établi de la relation, aucun contrat n'ayant été signé, la société ne démontrant pas bénéficier d'une exclusivité, et ce, d'autant que le volume d'échanges n'était pas important et qu'il disposait d'un stock de produits du fournisseur qu'il continuait de commercialiser durant les deux années suivant l'interruption de la relation[54] ;
- le caractère exceptionnel du niveau de commandes réalisées a pu permettre d'écarter tout caractère établi, ces dernières étant uniquement liées à une promotion nationale[55] ;
- une relation commerciale qui se limitait à trois opérations importantes et ponctuelles, et qui s'inscrivait dans un contexte de suractivité du partenaire

---

[49] CA Paris, 8 juin 2018, RG n° 17/11144.

[50] CA Montpellier, 11 décembre 2012, RG n° 11/07154.

[51] Cass. com., 15 mars 2017, Pourvoi n° 15-17.246.

[52] L'étroitesse des relations peut être déduite du fait que le partenaire commercial fabrique des produits spécifiques à l'auteur de la rupture (CA Angers, 26 octobre 2010, RG n° 09/02138).

[53] CA Paris, 31 mai 2018, RG n° 15/20974 ; CA Paris, 28 septembre 2018, RG n° 17/08310.

[54] CA Paris, 17 janvier 2018, RG n° 16/16838, Clémence Mouly-Guillemaud, Préavis : La Cour d'appel de Paris se prononce sur le champ d'application de l'article L. 442-6, I, 5° du Code de commerce (Sourire et Santé / Laboratoire B.C…), 26 septembre 2018, Concurrences N° 4-2018, Art. N° 88695.

[55] Cass. com., 22 novembre 2016, Pourvoi n° 15-15796, Mary-Claude Mitchell, Prévisibilité de la rupture : La Cour de Cassation estime non brutale une rupture prévisible (Seraphin / Louis Vuitton Malletier), 22 novembre 2016, Concurrences N° 1-2017, Art. N° 83386, pp. 126. Cass. com., 22 novembre 2016, Pourvoi n° 15-15796.

ne présentait pas de caractère établi. De plus, la nature des prestations effectuées consistant en des projets de communication événementiels imprévisibles et dans des domaines variés[56] ;

- une relation commerciale d'une ancienneté insuffisante, et par ailleurs « *dépendante des choix du client final* »[57], ne peut être qualifiée de stable et habituelle ;
- présentent un caractère aléatoire, exclusif d'une relation établie, les six mandats conclus par un intermédiaire immobilier sur une durée de trois ans avec la filiale de promotion d'un groupe de BTP dont les objets étaient différenciés, pas nécessairement exclusifs et dépendaient des marchés ou contrats obtenus par le promoteur auprès notamment des collectivités locales[58].

72. Une relation commerciale résultant simplement de commandes discontinues dans le temps, et sans engagement de volumes, ne donne pas de garantie sur sa continuité, et donc ne relève pas d'une relation commerciale établie[59]. À ce titre, le critère de prévisibilité peut aussi être pris en compte cumulativement avec d'autres critères, comme la nature des produits ou des prestations, par exemple (voir § 125 et 126). À titre d'illustration[60], lorsque les relations ne génèrent pas un chiffre d'affaires régulier, que leur poursuite est aléatoire notamment en raison d'une mise en concurrence annuelle avec d'autres fournisseurs et de la nature particulière des produits concernés, les relations sont précaires, et dès lors non établies.

73. En revanche, si la relation commerciale découle d'une succession de commandes relativement stables dans le temps, pour des produits ou des prestations homogènes, la relation commerciale peut être établie même en l'absence d'un contrat, ou d'engagement de volumes (voir § 81 à 83). En effet, la réalité d'une relation commerciale établie « *peut résulter de la succession de contrats indépendants les uns des autres, (…) dès lors que la victime pouvait légitimement considérer que, par son ancienneté, son intensité et sa stabilité, la relation s'installait dans la durée* »[61]. Tel est le cas, par exemple, d'une société qui participait annuellement à un salon d'exposition d'une durée de dix jours, pendant quinze années consécutives[62].

74. Ce raisonnement demeure d'ailleurs valable en cas de succession de contrats à durée déterminée (voir § 137 à 150), et il interdit par exemple qu'un appel d'offres puisse être utilisé comme alibi pour justifier la brutalité de la rupture si le fonctionnement de la relation ne relevait pas de ce type de procédure (voir § 623 à 628).

---

56 CA Paris, 15 mai 2019, RG n° 16/15943.

57 CA Paris, 19 juin 2019, RG n° 16/16831.1683.

58 CA Paris, 5 mars 2018, RG n° 16/07880.

59 CA Paris, 9 janvier 2017, RG n° 15/15438.

60 CA Paris, 4 juillet 2018, RG n° 15/20409, Clémence Mouly-Guillemaud, Précarité : La Cour d'appel de Paris apporte des précisions sur la notion de précarité d'une relation commerciale (C. / B.), 4 juillet 2018, Concurrences N° 4-2018, Art. N° 88082.

61 CA Paris, 28 septembre 2018, RG n° 17/08310, Clémence Mouly-Guillemaud, Préavis : La Cour d'appel de Paris se prononce sur le champ d'application de l'article L. 442-6, I, 5° du Code de commerce (Sourire et Santé / Laboratoire B.C…), 26 septembre 2018, Concurrences N° 4-2018, Art. N° 88695.

62 CA Paris, 3 février 2017, RG n° 15/00572.

2. Les activités saisonnières

75. Certaines relations commerciales sont spécifiques dans le sens où le courant d'affaires est discontinu en raison du caractère saisonnier de l'activité. Cependant, au même titre que dans le cadre d'une succession de commandes, suivant les caractéristiques *in concreto* de la relation commerciale, il est possible de considérer ces relations comme continues du fait du caractère prévisible de la poursuite de la relation.

76. Le caractère établi n'est en effet pas conditionné à un échange permanent et continu entre les sociétés[63]. Il est alors nécessaire de savoir si la relation est véritablement nouvelle, ou bien si elle s'inscrit dans le prolongement des relations antérieures. Là encore, c'est la prévisibilité de la poursuite de la relation qui détermine son caractère établi ou non. Aussi, dans l'hypothèse où la poursuite de la relation soit raisonnablement prévisible, les activités saisonnières peuvent constituer une relation établie[64]. Par exemple, l'interruption du contrat correspondant à une production audiovisuelle pendant la période estivale ne constitue pas une interruption significative du courant d'affaire[65]. De même, la fourniture pendant plusieurs années de sapins de Noël constitue une relation établie, malgré le caractère saisonnier et éphémère du produit, et ce, d'autant que la relation commerciale avait donné lieu, la dernière année, à un contrat de coopération commerciale[66].

77. Les salons commerciaux qui se tiennent généralement une fois dans l'année constituent un autre exemple. Dans un cas[67], ce type de relation a pu être considéré comme étant continu. En effet, la reconduction systématique, pendant 15 ans, du droit d'entrée de la société exposante au salon annuel qui se tenait quelques jours par an laissait présager une pérennité dans l'admission de la société à la manifestation, caractérisant la relation établie.

3. En cas d'interruption temporaire

78. Dans le cas d'une interruption significative du courant d'affaires, le juge peut limiter la relation commerciale à la durée continue, en considérant que l'interruption a fait naître une nouvelle relation commerciale. Tel est le cas si la relation s'est interrompue pendant 3 ans[68] ou pendant 8 ans[69] sans que le partenaire commercial n'en impute la faute à son cocontractant, ou encore d'une relation qui, deux ans

---

63 Cass. com., 20 novembre 2019, Pourvoi n° 18-11.966.

64 CA Douai, 26 janvier 2017, RG n° 15/07306.

65 CA Paris, 20 janvier 2011, RG n° 10/01509, Jean-Louis Fourgoux, Rupture brutale des relations commerciales : La Cour d'appel de Paris confirme un jugement qui accorde un préavis proportionné de 3 mois à un producteur audiovisuel et précise que le préjudice réparable est la perte de marge brute et non la perte de marge sur coûts variables (Equidia / 25 Mars Production), 20 janvier 2011, Concurrences N° 2-2011, Art. N° 36040, p. 134. CA Paris, 20 janvier 2011, RG n° 10/01509.

66 CA Douai, 26 janvier 2017, RG n° 15/07306.

67 CA Paris, 3 février 2017, RG n° 15/00572 reprenant un arrêt plus ancien Cass. com., 15 septembre 2009, Pourvoi n° 08-19.200, Mireille Dany, *Rupture brutale de relations commerciales – Qualification : La Cour de cassation précise que la qualification de relations commerciales établies n'est pas conditionnée par l'existence d'un échange permanent et continu entre les parties (Comexpo Paris / Christian Carbonnières),* 15 septembre 2009, *Concurrences* N° 4-2009, Art. N° 29281, p. 128.

68 Cass. com., 15 novembre 2011, Pourvoi n° 10-25.472.

69 CA Paris, 16 janvier 2019, RG n° 16/13898.

après avoir été initiée, fut interrompue pendant 2 ans, puis reprise mais réduite de moitié l'exercice suivant[70].

79. Si l'activité entre les deux sociétés s'est poursuivie durant une période par l'intermédiaire d'un courtier, cela est indifférent quant à la détermination de l'antériorité des relations entre les deux sociétés, l'ensemble devant ainsi être considéré[71].

80. Par ailleurs, si les parties ont repris une relation commerciale un an après avoir mis un terme aux précédentes relations commerciales dans le cadre d'un protocole transactionnel, celles-ci ne pourront être prises en compte[72].

C. Le contrat n'est pas nécessaire à la démonstration du caractère établi

81. De jurisprudence constante[73], tout courant d'affaires continu, même s'il n'est pas formalisé contractuellement par un écrit, peut constituer une relation commerciale établie. Suivant la même logique, le fait qu'une relation se soit poursuivie de manière continue après le terme du contrat initialement conclu[74], ou encore que réciproquement les entreprises aient seulement contractualisé les trois dernières années alors qu'elles entretenaient une relation d'affaires depuis plus de quinze ans[75], ne sont pas de nature à remettre en cause le caractère établi de la relation commerciale.

82. Enfin, si une relation établie pendant quinze ans ayant pour objet l'édition bimensuelle d'une revue comprend également une activité accessoire ponctuelle mais habituelle, l'ensemble de la relation doit être pris en compte[76].

83. En définitive, à partir du moment où en l'absence de contrat, le caractère établi et continu de la relation est démontré, la durée totale de la relation devra être prise en compte, étant alors généralement considérée comme un contrat à durée indéterminée[77]. À ce titre, la relation peut être considérée comme un contrat à durée indéterminée dès lors que le courant d'affaires entre les parties est significatif et constant pendant plus de deux années[78].

84. Dans l'hypothèse où la relation commerciale est caractérisée par une succession de contrats à durée déterminée renouvelables tacitement, ceux-ci sont généralement analysés en un contrat à durée indéterminée (voir *infra* Section 3 § 1).

---

[70] Cass. com., 5 avril 2018, Pourvoi n° 16-27901.

[71] CA Bordeaux, 8 mars 2012, RG n° 10/06656.

[72] Cass. com., 18 novembre 2020, n° 18-25709, Clémence Mouly-Guillemaud, Rupture brutale : La Cour de cassation reconnaît l'efficacité de la clause d'intuitu personae et de la transaction dans l'appréciation de la brutalité de la rupture (Apodiss, AJ Partenaires / Urban State Group…), 18 novembre 2020, Concurrences N° 1-2021, Art. N° 99081. Cass. com., 18 novembre 2020, n° 18-25709.

[73] CA Paris, 31 juillet 2019, RG n° 16/18697.

[74] CA Paris, 28 mars 2018, RG n° 15-23976 ; CA Paris, 17 octobre 2018, RG n° 16/10390, Clémence Mouly-Guillemaud, Rupture brutale : *La Cour d'appel de Paris affine les critères caractérisant objectivement une relation établie en application de l'article L. 442-6, I, 5° du Code de commerce (Codegi Industrie / Arkema France…)*, 26 septembre 2018, *Concurrences* N° 4-2018, Art. N° 88720.

[75] CA Douai, 26 janvier 2017, RG n° 15/07306.

[76] CA Paris, 17 mai 2019, RG n° 17/05180.

[77] CA Paris, 4 février 2021, RG n° 18/08152 ; CA Paris, 2 mars 2017, RG n° 15/10786.

[78] CA Paris, 29 mars 2017, RG n° 14/16957.

§ 2. La continuité à la suite d'un changement d'identité juridique

85. Le changement d'identité juridique (suite à un rachat, par exemple) d'une des parties a pu être invoqué afin de démontrer le caractère discontinu de la relation commerciale, et ce, dans le but soit de réduire la durée de la relation commerciale à prendre en compte pour la détermination du préavis raisonnable, soit de justifier l'absence de responsabilité de la société visée dans le processus de rupture.

86. Cependant, la jurisprudence précise que l'article L. 442-1-II (anciennement L. 442-6) du Code de commerce fait référence au « *partenaire économique* » devenu « *partenaire commercial* » et non à « *l'identité juridique* »[79].

87. Le changement de forme sociale d'un des deux partenaires commerciaux est donc indifférent sur l'appréciation de la continuité de la relation commerciale[80]. Par conséquent, s'il est démontré que le partenaire économique est identique, l'ensemble de la relation commerciale avec ce partenaire devra alors être prise en compte, quand bien même l'identité juridique des cocontractants ait pu évoluer au cours du temps. En définitive, il s'agit de vérifier la continuité économique et non juridique, existant entre les différentes relations commerciales.

88. À ce titre, la question de la reprise de l'antériorité peut se poser en cas de changement de partenaire commercial (A), en cas de fusion acquisition (B), ou en cas de changement du contrôle social ou du statut (C), un certain nombre d'éléments pouvant être utilement produit pour la déterminer (D).

A. Le changement de partenaire commercial

89. La question de la continuité économique est généralement soulevée lorsqu'une cession a eu lieu, mais elle peut aussi se poser dans d'autres cas, et notamment quand le statut de la société a évolué au fur et à mesure de son développement. Il peut alors être nécessaire d'apprécier l'activité de l'entreprise *in concreto*. Pour autant, il est nécessaire qu'un lien existe entre la nouvelle et l'ancienne entité juridique, qu'il soit de nature juridique, économique, ou bien au niveau des personnes physiques qui sont intervenues.

90. Ainsi, la relation est réputée poursuivie en dépit de la modification du modèle économique de la relation, lorsqu'elle passe d'une représentation par agent commercial à une distribution par une société dont l'ancien agent commercial est le gérant[81].

91. De même, si les relations consistent à assurer une prestation identique, et qu'elles sont confiées à la même personne, il importe peu que la personne ait eu la qualité de salarié, dirigeant de son cocontractant ou dirigeant d'un sous-traitant de cette

---

79 Cass. com., 16 octobre 2019, Pourvoi n° 18-10.806, Frédéric Buy, Rupture brutale : La Cour de cassation estime qu'un groupe de sociétés ne peut constituer un partenaire commercial (Sabet Persepolis / Galeries Lafayette), 16 octobre 2019, Concurrences N° 1-2020, Art. N° 93086, pp. 109-110. Cass. com., 16 octobre 2019, Pourvoi n° 18-10.806.

80 CA Paris, 28 mars 2018, RG n° 16/06477.

81 CA Paris, 6 juillet 2017, RG n° 16/01061.

personne. En l'espèce[82], la société distributrice avait succédé à son gérant, qui commercialisait initialement les produits en qualité d'artisan entrepreneur individuel. Cela n'a toutefois pas fait obstacle à ce que la relation soit considérée comme s'étant poursuivie entre les parties depuis l'origine. Une telle appréciation se justifie d'autant plus dans l'hypothèse où la seconde société ait été créée dans le but d'échapper aux conséquences de l'ouverture d'une procédure collective à l'encontre de la première[83].

92. En revanche, si les deux entités qui se sont succédé sont juridiquement distinctes, il importe peu qu'elles aient été animées par les mêmes personnes pour le compte du même donneur d'ordre, en l'absence de toute transmission d'actifs[84]. Ainsi, à défaut d'avoir été transmis avec le fonds de commerce, le contrat entre le cédant du fonds et son partenaire commercial ne peut être réputé continué par l'acquéreur du fonds, ladite cession de fonds de commerce faisant naître une nouvelle relation avec ce même partenaire commercial. Le même raisonnement s'applique concernant une société qui a entretenu des relations indirectes, par l'intermédiaire d'un revendeur, avant d'engager des relations directes avec son partenaire commercial : elle ne peut se prévaloir des relations indirectes par le biais du revendeur, à défaut pour le partenaire commercial d'avoir entendu poursuivre avec la société les relations entretenues avec ledit revendeur[85]. Dans ces différents cas, la relation a changé de manière substantielle en l'absence de lien auparavant entre l'ancien et le nouveau partenaire commercial, si bien que chaque relation doit être analysée isolément avec l'antériorité qui lui est propre, et seule l'ancienneté avec la seconde entité doit donc être prise en compte.

93. Dans une affaire toutefois, la relation commerciale débutée avec la succursale d'un constructeur automobile est considérée comme poursuivie par la société qui en a acquis le fonds de commerce. En effet, le cessionnaire a continué à exécuter le contrat non écrit entre les parties, aux mêmes conditions, pendant trois ans[86].

B. En cas de fusion-acquisition

94. Une société issue de la cession ou d'une fusion avec une première société est généralement considérée comme un même partenaire économique, étant donné la continuité de la relation commerciale inhérente à la reprise d'activité[87]. Il en est de même lorsqu'une nouvelle entité résulte d'une simple restructuration interne, car les « *modifications structurelles intervenues au sein du groupe* » ne sont pas à l'origine d'une relation commerciale nouvelle[88]. Dans une affaire[89], bien que la

---

[82] CA Paris, 22 février 2017, RG n° 14/02772.

[83] CA Paris, 24 novembre 2011, RG n° 09/10323 ; CA Paris, 4 avril 2012, RG n° 10/15960.

[84] Cass. com., 10 février 2021, Pourvoi n° 19-15.369, Mary-Claude Mitchell, Rupture brutale : La Cour de cassation revient sur les conditions de poursuite des relations en cas de cession d'activité et sur le contrôle du juge sur la durée du préavis (Rave Distribution / Franciaflex), 10 février 2021, Concurrences N° 2-2021, Art. N° 100447, pp. 112-113 ; Cass. com., 7 juillet 2020, Pourvoi n° 18-25.302 ; CA Paris, 3 mai 2017, RG n° 14/22028.

[85] CA Paris, 20 juin 2018, RG n° 16/07286.

[86] CA Paris, 22 novembre 2018, RG n° 17/12123.

[87] CA Paris, 15 juin 2018, RG n° 17/17780.

[88] CA Paris, 19 décembre 2019, RG n° 16/16415.

[89] CA Paris, 12 septembre 2019, RG n° 17/00236.

société ait repris en location-gérance le fonds de commerce de l'entreprise en relation d'affaires avec deux sociétés ayant fusionné en une nouvelle entité, la relation commerciale a été considérée comme étant établie depuis l'origine, peu importe les cessions opérées. Il est ainsi possible de prendre en compte la relation antérieure si bien que la cession ne peut justifier la rupture brutale de la relation commerciale.

95. Pour autant, la cession ou la fusion ne permet pas nécessairement d'invoquer la continuité de la relation commerciale antérieurement à la reprise d'activité.

96. En premier lieu, il est nécessaire que l'activité soit la même (voir § 106 et s.). Dans le cas d'une prestation de service par exemple, si la prestation a toujours consisté à fournir le même type de service pour le compte d'un groupe de distribution, la relation peut être jugée continue[90].

97. En second lieu, il est nécessaire de rapporter la preuve de la reprise de la relation commerciale dans les modalités identiques. À défaut, il est alors possible de ne pas prendre en compte l'antériorité de la relation avec la précédente entité juridique[91].

98. Néanmoins, il semble exister une exception à cette règle dans le secteur particulier de l'assurance, en cas de transfert du portefeuille d'assurés, dans la mesure où la cession a pu justifier la fin de la relation commerciale avec un prestataire[92]. En l'espèce, une société d'expertise automobile assignait l'assureur, qui avait repris le portefeuille d'assurance d'un premier organisme avec qui elle travaillait depuis de nombreuses années. L'antériorité de la relation commerciale n'a pas été prise en compte car, d'une part, le contrat de cession ne prévoyait pas la transmission des contrats de partenariat conclus par l'organisme d'assurance cédant, et d'autre part, l'article L. 324-1 du Code des assurances listant les opérateurs à qui le transfert du portefeuille est opposable, ne vise nullement les partenaires commerciaux.

99. Par ailleurs, si la relation commerciale est liée au caractère *intuitu personae* du partenaire commercial, le repreneur ne peut prétendre à la poursuite de la relation commerciale initialement nouée avec la société, et ce, même si celle-ci s'est acquittée des factures pendant quelques mois avant de rompre la relation[93]. À l'inverse, s'il ne ressort d'aucun document contractuel que la relation avait un caractère *intuitu personae*, la relation doit être considérée comme continue et dès lors le changement de cocontractant n'est pas interruptif par rapport à la durée de relation à prendre en compte[94].

C. En cas de changement du contrôle social ou de statut

100. Il est possible qu'un changement du contrôle social intervienne au sein du capital d'une société, sans une cession totale. Pour autant, il ne peut pas être opposé au partenaire commercial comme justifiant de la prévisibilité d'une future rupture

---

90 Cass. com., 2 novembre 2011, Pourvoi n° 10-25.323 ; Cass. com., 29 janvier 2020, Pourvoi n° 18-20.250 ; CA Paris, 15 juin 2018, Pourvoi n° 17-17780.

91 Cass. civ., 3 juillet 2019, Pourvoi n° 17-21.826.

92 CA Paris, 8 septembre 2009, RG n° 07/07582.

93 CA Paris, 22 juin 2017, RG n° 16-10556.

94 Cass. com., 29 janvier 2020, Pourvoi n° 18-20.250.

des relations commerciales[95], sauf si la relation commerciale était empreinte d'un caractère *intuitu personae* prévu contractuellement[96].

101. Une telle approche demeure valable pour le changement de statut si l'activité est identique. Ainsi, la société sous forme de SAS reprenant l'activité d'une association, poursuit les relations commerciales précédemment établies par ladite association[97]. L'approche est identique lorsqu'une société sous forme de SAS reprend l'activité d'une coopérative[98]. De même, il importe peu que le fonds de commerce ait été exploité sous forme d'une entreprise individuelle puis dans le cadre d'une société, l'objet de la relation demeurant identique[99].

102. Par ailleurs, le fait que le contrat soit conclu *intuitu personae* et que plusieurs dirigeants se soient succédé n'est pas toujours opposable pour empêcher la prise en compte globale de la relation au titre de la relation établie, s'agissant d'une notion économique et non juridique[100], ce critère ne pouvant finalement être utilisé qu'au moment d'un changement de le personne physique (voir § 99).

D. Les éléments justifiant la reprise de l'antériorité

1. En cas de cession ou rachat

103. Dans ce cadre, le plan de cession peut mentionner les éléments essentiels de l'acte, comme la clientèle par exemple. Dans l'hypothèse où la société fasse partie de ces clients, et comme les relations commerciales entre les deux sociétés ont perduré, l'antériorité des relations commerciales peut alors être prise en compte, nonobstant le changement de propriétaire[101].

104. Le fait que le plan de cession ne prévoit pas expressément la transmission des contrats ne s'oppose pas nécessairement à la reprise de l'antériorité, notamment si la relation s'est ensuite poursuivie dans des conditions similaires[102]. En revanche, si le repreneur n'avait pas appliqué le contrat tel qu'en vigueur auparavant, cela peut s'opposer à la reprise de l'antériorité[103]. De même, dans le cadre d'un changement consécutif à un redressement, le fait que le contrat liant les deux sociétés ne faisait pas partie de ceux listés par le juge comme étant nécessaires dans le cadre du redressement judiciaire, justifiant ainsi l'absence de prise en compte de l'antériorité de la relation avant la liquidation[104].

105. La Cour de cassation a récemment rappelé que la seule circonstance qu'un tiers ayant repris l'activité ou partie de l'activité d'une personne que celle-ci entretenait

---

95 CA Paris, 3 juillet 2017, RG n° 15/17981.

96 CA Paris, 15 mars 2017, RG n° 15/05909.

97 CA Paris, 28 mars 2018, RG n° 16/06477.

98 CA Paris, 26 novembre 2008, RG n° 08/11939.

99 CA Paris, 6 juillet 2017, RG n° 16/01061.

100 CA Paris, 15 mars 2017, RG n° 15-05909.

101 CA Paris, 9 juillet 2020, RG n° 17/14335 ; CA Paris, 4 juillet 2018, RG n° 15/15553, Clémence Mouly-Guillemaud, Préavis : La Cour d'appel de Paris éclaire sur le but du préavis imposé par l'article L. 442-6, I, 5° du Code de commerce (M. / L. Matériel), 4 juillet 2018, Concurrences N° 4-2018, Art. N° 88074.

102 CA Paris, 22 novembre 2018, RG n° 17/12123.

103 CA Paris, 13 juin 2018, RG n° 15/09789 et n° 15/09787.

104 CA Bordeaux, 7 février 2007, RG n° 05/06654.

précédemment, ne suffit pas à établir que c'est la même relation commerciale qui s'est poursuivie avec le partenaire concerné[105]. Il semble donc nécessaire d'étayer en quoi la relation antérieurement nouée s'est poursuivie au-delà du changement de personne, un nouvel accord sur les conditions tarifaires pour la période post-cession n'étant pas suffisant.

2. La nature de la relation commerciale

106. La nature de la relation commerciale peut être invoquée pour remettre en cause l'antériorité de la relation à prendre en compte non seulement en cas de cession, mais aussi en cas d'évolution de l'activité d'un des deux partenaires.

107. En cas de cession, il est nécessaire de comparer l'activité avec la nouvelle entité avec celle entretenue avec l'entité précédente. Il appartient alors au juge de déterminer si les nouveaux engagements sont comparables avec ceux en vigueur avant l'opération.

108. Le fait que les clients[106] ou les prestations[107] des deux sociétés soient similaires peut contribuer à démontrer la continuité économique existant entre les différentes entités juridiques, quand bien même la relation ait été étendue à un moment donné à d'autres partenaires commerciaux[108].

109. Inversement si les deux relations sont substantiellement différentes, seule sera prise en compte la dernière relation. Tel est le cas lorsque les deux contrats ne concernent pas le même marché, par exemple les particuliers pour l'un et les professionnels pour l'autre, ou encore si les conditions financières et le secteur géographique sont différents[109].

110. La continuité de la prestation peut aussi être appréciée par la volonté du successeur du cocontractant de poursuivre les relations dans des termes similaires[110]. Il importe peu que les modalités contractuelles aient pu évoluer dans la mesure où l'économie générale du contrat est restée globalement constante. Dans une affaire par exemple, l'objet du contrat, le périmètre d'exclusivité et les conditions de rémunérations étaient demeurés identiques, si bien que le fait que l'engagement de chiffre d'affaires n'ait pas été repris, était insuffisant pour justifier d'une nouvelle relation commerciale. Il en va de même si la modification concerne uniquement les termes dans lesquels la clause de non-concurrence est rédigée ou le fait que le contrat ne soit plus à tacite reconduction[111].

111. La nature des produits selon un caractère homogène ou hétérogène dans le temps peut aussi avoir une incidence sur la détermination du caractère établi ou non de la relation (voir § 122 et s.). Néanmoins, si les relations concernent la même prestation, le fait que trois entités différentes se soient

---

105 Cass. com., 10 février 2021, Pourvoi n° 19-15369.

106 CA Caen, 2 juin 2005, RG n° 03/03155.

107 CA Paris, 4 juillet 2018, RG n° 15/15553, Clémence Mouly-Guillemaud, Préavis : La Cour d'appel de Paris éclaire sur le but du préavis imposé par l'article L. 442-6, I, 5° du Code de commerce (M. / L. Matériel), 4 juillet 2018, Concurrences N° 4-2018, Art. N° 88074.

108 CA Paris, 28 mai 2020, RG n° 17/03955 ; CA Paris, 22 novembre 2018, RG n° 17/12123.

109 CA Paris, 11 octobre 2012, RG n° 11/07877.

110 CA Paris, 4 avril 2018, RG n° 15/1553.

111 CA Versailles, 5 juin 2012, RG n° 10/09551.

succédées en termes juridiques n'est pas opposable pour empêcher la reprise de l'antériorité de la relation, étant donné son caractère stable, suivi et habituel, et s'étant poursuivie dans les mêmes conditions[112]. Il en va de même si la relation portait sur deux types d'activités et dont les proportions ont évolué au cours du temps[113].

*

112. En définitive, si l'activité poursuivie est identique, la seconde société constituant le prolongement de la première, et que la seule modification dans la relation commerciale est la dénomination commerciale ou le statut juridique de l'une des sociétés, l'antériorité de la relation commerciale doit donc être prise en compte[114].

§ 3. Le niveau du courant d'affaires

113. Ce critère peut impacter l'appréciation du caractère établi non seulement en fonction de l'incidence du poids de la relation dans l'activité des parties (A) mais aussi en fonction de son évolution (B).

A. L'incidence du poids de la relation dans l'activité des parties

114. Le niveau du courant d'affaires n'a pas à être particulièrement important pour démontrer le caractère établi de la relation dans la mesure où ce critère déterminera essentiellement l'éventuel préjudice subi par la société victime de la rupture. Par exemple[115], un flux d'affaires « modeste » (cinq commandes en 29 mois) peut générer un courant d'affaires suffisant pour considérer une relation comme établie. À ce titre, le fait que la société réalise un faible pourcentage du chiffre d'affaires de son partenaire ne s'oppose pas au caractère établi de la relation[116]. Néanmoins, le fait que le courant d'affaires soit fluctuant et irrégulier, voire nul pendant une année, peut être de nature à remettre en cause le caractère établi de la relation[117].

115. Le caractère établi est par ailleurs étranger à toute notion d'exclusivité[118] ou d'engagement de chiffre d'affaires[119] ou de volumes[120].

---

112 CA Paris, 4 juillet 2018, RG n° 15/15553, Clémence Mouly-Guillemaud, Préavis : La Cour d'appel de Paris éclaire sur le but du préavis imposé par l'article L. 442-6, I, 5° du Code de commerce (M. / L. Matériel), 4 juillet 2018, Concurrences N° 4-2018, Art. N° 88074.

113 CA Paris, 13 septembre 2012, RG n° 10/07699.

114 CA Paris, 6 juillet 2017, RG n° 16/01061.

115 CA Basse-Terre, 27 mars 2019, RG n° 17-01771.

116 CA Paris, 14 mars 2018, RG n° 16/09127.

117 Cass. com., 27 mars 2019, Pourvoi n° 17-18.047.

118 CA Paris, 4 février 2021, RG 18/04167 ; CA Paris, 14 mars 2018, RG n° 16/09127.

119 CA Paris, 22 novembre 2018, RG n° 17/12123.

120 CA Paris, 1er juillet 2005, RG n° 04/07876 ; CA Paris, 18 janvier 2007, RG n° 03/18220.

B. L'incidence de la variation de l'activité

116. Dans certaines décisions[121], la progression constante du courant d'affaires a pu contribuer à la démonstration du caractère établi de la relation. Tel est le cas par exemple lorsque les commandes de produits ont progressé dans les années précédant la rupture, la société pouvant « *légitimement s'attendre à la poursuite de la relation commerciale* ». Tel est le cas également lorsque la situation laissait augurer aux partenaires commerciaux un courant d'affaires en constante progression « *sans être marquée par des événements perturbateurs susceptibles de remettre en cause sa stabilité ou sa régularité* »[122].

117. Pour autant, la baisse ou la forte variabilité des volumes réalisés dans le cadre de la relation commerciale ne remet pas nécessairement en cause le caractère établi si cette variabilité est inhérente au secteur ou à l'activité liant les deux sociétés (voir aussi § 75 et s.).

118. Premièrement, la variabilité du courant d'affaires peut s'expliquer par la complémentarité entre l'activité des deux entreprises. Dans une affaire par exemple[123], l'activité du donneur d'ordre subissait des fluctuations (récoltes de vin), et il en allait donc de même de celle de la société victime de la rupture (qui décorait les bouteilles de vin). La variabilité du courant d'affaires n'a donc pas remis en cause le caractère établi de la relation, et ce, d'autant qu'une réglementation spécifique plus restrictive avait aussi contribué à la baisse constatée.

119. Deuxièmement, la variabilité peut s'expliquer par les fluctuations propres au secteur. Dans une affaire[124], il a été considéré qu'eu égard aux caractéristiques du secteur du textile et de l'habillement, la variabilité des niveaux de commandes suivant les saisons ne faisait pas obstacle au caractère établi des relations commerciales.

120. Également, indépendamment de son caractère variable, le courant d'affaires peut avoir été continu et surtout d'un niveau significatif, justifiant son caractère établi, et ce, indépendamment de tout contrat cadre. Cette approche a pu prévaloir par exemple dans le secteur des produits cosmétiques[125].

§ 4. Le caractère homogène des produits ou des prestations de service

121. L'appréciation du caractère établi peut dépendre de l'appréciation du caractère homogène (A) ou hétérogène (B) des produits ou prestations de service.

A. En cas de produits ou services homogènes

122. Dans le cas de relations commerciales non régies par des appels d'offres, et pour autant que la catégorie de produits ou de services demeure homogène dans

---

121 CA Paris, 22 novembre 2019, RG n° 17/20467 ; CA Paris, 5 janvier 2017, RG 15/02234 ; CA Paris, 31 mai 2017, RG n° 14/24805 ; CA Paris, 13 juin 2018, RG n° 15/09464.

122 CA Orléans, 29 mai 2008, RG n° 07/01118.

123 CA Reims, 23 janvier 2006, RG n° 04/01716.

124 CA Paris, 13 juin 2018, RG n° 15/14461.

125 CA Paris, 3 octobre 2019, n° 17/18047 ; CA Paris, 2 mars 2017, n° 15/15145.

le temps, le fait que les produits ou services vendus aient été légèrement différents ne fait pas nécessairement obstacle à la démonstration du caractère établi de la relation. Tel est le cas par exemple d'un fournisseur vendant des produits technologiques comme les systèmes de pilotage, également apporteur d'affaires en matière de vibrateurs rénovés et maintenance de systèmes de vibrations[126], ou d'un vendeur de produits « *bruns* »[127]. En effet, la nature de ces produits induit qu'ils vont nécessairement évoluer dans le temps.

123. De même, dans le cadre de prestations de revente de produits relatifs aux technologies de l'information (ordinateurs, tablettes smartphones, composants périphériques), la revente de ces produits, d'une part, et des pièces détachées, d'autre part, apparaissent complémentaires et participent de la même relation d'affaires, si bien que l'intégralité de la relation a dû être prise en considération[128].

B. En cas de produits ou services hétérogènes

124. L'hétérogénéité des produits ou services peut s'apprécier sous deux angles : de manière linéaire, si les produits ou services fournis ont évolué de manière significative au cours du temps, et de manière non linéaire, si les produits ou services rendus à un moment donné pouvaient être subdivisés en catégories distinctes du fait de leurs spécificités.

125. Suivant l'angle linéaire, si les produits ou services sont à chaque fois différents, cela peut être de nature à remettre en cause la globalisation de la relation commerciale. Dans une affaire par exemple[129], la preuve de relations régulières significatives et stables n'a pas été apportée pour des ventes de marchandises irrégulières portant « *tantôt sur des pommes de terre, tantôt sur des oignons, pour des quantités variables* ». Dans une autre affaire[130], le produit initial étant un produit à marque propre qui avait ensuite été remplacé par un produit à marque de distributeur, si bien que le début de la relation a été fixé au moment où a débuté la vente de produits MDD (voir § 145).

126. Suivant l'angle non-linéaire, si les produits ou services présentent des spécificités telles que plusieurs contrats ont été conclu séparément pour chacun d'eux, la relation commerciale peut être décomposée, et le préavis sera alors apprécié au regard de chacun de ces contrats[131].

127. Pour les mêmes raisons, la globalisation du courant d'affaires n'est pas possible pour les appels d'offres, pour lesquels les produits ou services doivent être uniquement considérés sur la base de chaque marché, chaque appel d'offre constituant une relation commerciale à part entière (voir § 155 et 156).

---

126 CA Paris, 24 octobre 2018, n° 16/1928.

127 CA Paris, 1er juillet 2005, RG n° 04/07876.

128 CA Paris, 15 septembre 2020, n° 19/09518.

129 CA Reims, 24 janvier 2017, n° 16/02396.

130 CA Douai, 13 mars 2008, RG n° 06/01549.

131 Cass. com., 16 octobre 2018, Pourvoi n° 18-10.806, Frédéric Buy, Rupture brutale : La Cour de cassation estime qu'un groupe de sociétés ne peut constituer un partenaire commercial (Sabet Persepolis / Galeries Lafayette), 16 octobre 2019, Concurrences N° 1-2020, Art. N° 93086, pp. 109-110. Cass. com., 16 octobre 2018, Pourvoi n° 18-10.806.

C. Le cas particulier de la production de contenus audiovisuels

128. Les contrats de production audiovisuelle sont, selon l'usage de la profession, généralement limités dans le temps, notamment eu égard au risque commercial suivant le succès de l'émission. En l'absence de toute reconduction tacite, la fin des relations à l'issue de chaque contrat à durée déterminée demeure prévisible[132]. En effet, la fragilité de ces rapports trouve son origine, d'une part, dans l'impossibilité de prévoir l'audience d'un programme et, d'autre part, de la nécessité de rénover régulièrement la grille de diffusion pour la rendre attractive[133].

129. Pour autant, il a pu être considéré que la relation était établie, malgré le caractère ponctuel de l'événement annuel. Dans une affaire[134], la relation avait duré trois ans, et consistait en la production télévisuelle des 24 Heures du Mans. La Cour d'appel de Paris a estimé que bien qu'aucun contrat écrit n'ait été formalisé entre les parties, des relations commerciales établies ont pu été entretenues par les parties, qui « *s'accordent à le reconnaître* ». Dans une autre affaire antérieure[135], la relation avait duré sept ans et consistait en la production d'une grande variété de programmes. La Cour de cassation a également procédé à la même globalisation de la relation commerciale compte tenu du caractère significatif et stable du courant d'affaires, si bien que la société de production pouvait légitimement penser que la relation perdurerait « *peu important que ces contrats fussent indépendants des uns des autres et aient porté sur des émissions distinctes ou encore qu'ils aient contenu la clause d'usage et permettre à la chaîne de mettre fin à la production et à la diffusion des programmes en cas d'audience insuffisante* ».

130. Il est donc possible de démontrer une relation établie dans le secteur de la production audiovisuelle, sous réserve de démontrer un volume d'affaires significatif, par opposition à la production d'un nombre limité d'émissions.

§ 5. Le point de départ de la relation commerciale

131. Le point de départ correspond au commencement de la relation commerciale établie. Il tire son importance du fait qu'il détermine la durée de la relation commerciale à prendre en compte, donc le préavis en découlant, et partant le préjudice causé en cas de brutalité de la rupture. Par conséquent, il est d'autant plus important pour le demandeur de déterminer au préalable, et le plus objectivement possible, le point de départ de la relation commerciale.

132. Dans l'hypothèse où un contrat existe depuis le début de la relation, il permet de directement déduire le début de la relation commerciale[136]. Cette démarche

---

132 Cass. com., 12 février 2013, Pourvoi n° 12-13.819.
133 Cass. com., 31 janvier 2012, Pourvoi n° 11-12.899 ; CA Paris, 12 juin 2015, n° 13/00396.
134 CA Paris, 16 mai 2018, RG n° 16/03499.
135 Cass. com., 25 septembre 2012, Pourvoi n° 11-24.627.
136 CA Paris, 19 janvier 2018, RG n° 15/10939.

est cependant plus délicate en l'absence de contrat, et c'est à l'entreprise victime de la rupture de démontrer le point de départ réel de la relation commerciale[137], et le cas échéant qu'elle a duré davantage que ne le prétend l'entreprise à l'origine de la rupture. Pour ce faire, les moyens de preuve sont divers et libres comme en matière commerciale (comptes et factures[138], commandes[139], preuve de référencement par une centrale comme contrat d'application de coopération commerciale[140], attestations[141], documents comptables[142], etc.). Par ailleurs, le fait que l'auteure de la rupture soit passée au début de leur relation par un commissionnaire de transport, ne fait pas obstacle à la prise en compte de cette partie de la relation commerciale dans la durée des relations commerciales établies avec son partenaire[143].

133. En revanche, certains moyens de preuve avancés par une société n'ont pas été jugés suffisamment probants. Par exemple[144], une société ne peut pas présumer la continuité de la relation commerciale de son partenaire du seul fait que les dirigeants de la société travaillaient pour elle. La continuité de la relation commerciale suite à une cession n'est pas non plus automatique (voir § 94 et s.), et des attestations seules ne sont pas nécessairement suffisantes pour emporter la conviction du juge[145]. Des éléments de preuves épars comme un tableau récapitulatif interne, des photographies des prestations censées avoir été réalisées ou un simple courrier évoquant une collaboration non encore exécutée, peuvent être insuffisants pour prendre en compte toute l'antériorité demandée par le partenaire[146].

134. Par ailleurs, la détermination du point de départ de la relation peut être délicate quand elle a été gérée antérieurement ou au moment des faits par des procédures d'appels d'offres. Il est alors nécessaire de déterminer si le fonctionnement *in concreto* de la relation relevait de cette procédure spécifique, car le cas échéant l'ensemble de la relation doit être pris en compte (voir § 606 et s.). Ainsi, une commande ponctuelle précédant l'exécution du marché[147] ou une succession

---

137 CA Paris, 15 mars 2018, RG n° 16-1928.

138 CA Paris, 3 septembre 2020, RG n° 17/18674, Nicolas Éréséo, Déséquilibre significatif : La Cour d'appel de Paris refuse de sanctionner le déséquilibre significatif entre les droits et obligations des parties en l'absence de preuve d'une soumission (DAVYCO / ITM ALIMENTAIRE INTERNATIONAL), 3 septembre 2020, Concurrences N° 4-2020, Art. N° 98158 ; CA Paris, 6 juin 2019, RG n° 18/27682 ; CA Paris, 22 mars 2018, RG n° 15/24108 ; CA Paris, 20 juin 2018, RG n° 16/09336 ; CA Paris, 11 avril 2018, RG n° 16/02527 ; CA Paris, 5 octobre 2017, RG n° 16/03834.

139 CA Paris, 6 juin 2019, RG n° 17/00683.

140 CA Paris, 13 septembre 2018, RG n° 17/02379, Clémence Mouly-Guillemaud, Rupture brutale : La Cour d'appel de Paris apporte plusieurs précisions sur le régime de la rupture brutale (Beauté Shop / Clarins…), 12 septembre 2018, Concurrences N° 4-2018, Art. N° 88542.

141 CA Paris, 4 avril 2018, RG n° 16/02020.

142 CA Paris, 2 mars 2017, RG n° 15/10786.

143 CA Paris, 20 juin 2018, RG n° 16/07386.

144 CA Paris, 11 décembre 2019, RG 18/07147.

145 CA Paris, 12 juin 2019, RG 17/01093, Clémence Mouly-Guillemaud, Distribution sélective : La Cour de cassation et la Cour d'appel de Paris précisent les caractéristiques de la faute autorisant une résolution sans préavis (Slad / Prodirest), 19 juin 2019, Concurrences N° 3-2019, Art. N° 91854. CA Paris, 12 juin 2019, RG 17/01093.

146 CA Paris, 28 mars 2018, RG 16/06957 ; CA Paris, 12 juin 2019, RG n° 17/01093

147 CA Paris, 11 janvier 2019, RG n° 17/00234, Sibylle Chaudouet, Déséquilibre significatif : La Cour d'appel de Paris se prononce sur la soumission d'un partenaire commercial à un déséquilibre significatif (Bizcom Europe / Hewlett-Packard France…), 11 janvier 2019, Concurrences N° 2-2019, Art. N° 89937. CA Paris, 11 janvier 2019, RG n° 17/00234.

sporadique de commandes[148] ne peuvent constituer le point de départ de la relation. Dans ce cas, il peut être décidé d'écarter cette période antérieure du fait du caractère non établi de la relation dans ses prémisses.

135. Étant donné les moyens de preuve limités dont elles disposent dans certains cas, certains partenaires commerciaux ont pu trouver avantage à solliciter la DGCCRF afin de déterminer le point de départ de la relation. Disposant de moyens d'investigations plus étendus, l'administration a ainsi pu contribuer à produire une démonstration plus étayée du début des relations commerciales[149] dans la mesure où le manquement était caractérisé.

Section 3
Le cas de la succession de plusieurs contrats à durée déterminée

136. Comme indiqué précédemment (voir § 81), la jurisprudence considère qu'un courant d'affaires continu peut exister nonobstant l'absence d'un contrat cadre pour envelopper juridiquement une succession de plusieurs contrats à durée déterminée[150]. Là encore, le caractère prévisible de la poursuite de la relation est déterminant pour permettre de globaliser ou non la relation commerciale. Pour autant, il convient de distinguer plusieurs cas de figure :

- la succession de contrats à durée déterminée (1) ;
- les contrats de distribution souscrits dans le cadre de l'article L. 441-7 du Code de commerce, devenu L. 441-3 du Code de commerce (2) ;
- les appels d'offres (3).

§ 1. La succession de contrats à durée déterminée

A. La globalité de la relation au-delà du cadre contractuel

137. Dans le cas où la relation commerciale est formalisée par une succession de contrats à durée déterminée, il est généralement considéré qu'il s'agit d'un contrat à durée indéterminée[151], sauf stipulation exprès précisant que la relation commerciale peut être remise en cause dans le cadre de chaque renouvellement.

---

148 CA Versailles du 9 juin 2011 RG n° 10/03910.

149 CA Nîmes du 18 octobre 2007 RG n° 05/04507.

150 CA Paris, 24 janvier 2020, RG n° 18-00705, Clémence Mouly-Guillemaud, Rupture brutale : La Cour de cassation se prononce sur l'influence des circonstances dans l'appréciation de la brutalité de la rupture (Sum / Essilor), 29 janvier 2020, Concurrences N° 2-2020, Art. N° 94776.

151 CA Paris, 29 mars 2017, RG n° 14-16957.

138. Il a été jugé de façon constante que « *la relation établie peut résulter de la succession de contrats indépendants les uns des autres, conclus verbalement, dès lors que la victime pouvait légitiment considérer que, par son ancienneté, son intensité et sa stabilité, la relation s'installait dans la durée* »[152].

139. Ainsi, en cas de succession de contrats à durée déterminée renouvelables tacitement, c'est l'ensemble de la relation qui est pris en compte. Aux fins de vérifier le respect de l'article L. 442-1, II du Code de commerce, cela revient à considérer le contrat comme un contrat à durée indéterminée[153]. En effet, « *la conclusion de contrats à durée déterminée non reconductibles n'est pas exclusive d'une relation établie dès lors que la succession des contrats (...) laissait espérer (...) la conclusion d'un nouveau contrat* »[154].

140. Comme dans le cadre de successions de commande ou d'une activité saisonnière (voir § 70 à 77), c'est à travers la notion de prévisibilité que le caractère établi de la relation peut être démontré. Dans le cadre de contrats à durée déterminée reconduits chaque année, il peut être considéré que la rupture est imprévisible, ce qui distingue clairement la succession de contrats à durée déterminée des appels d'offres dont l'issue est univoque.

141. À ce titre, si la poursuite de la relation est prévisible, l'ensemble de la durée de la relation commerciale doit alors être pris en compte[155] indépendamment de la durée de chaque contrat. Ainsi, l'annualité des contrats n'est pas de nature à remettre en cause cette approche[156]. *A fortiori*, cela est le cas si l'auteure de la rupture laissait entendre par écrit que la coopération serait susceptible de continuer[157].

142. Suivant ce raisonnement, les éléments suivants ne sont pas de nature à remettre en cause le caractère établi, et donc la prise en compte de l'ensemble de la relation commerciale au-delà du dernier contrat :
   - le fait que les contrats soient ou non à tacite reconduction[158] ;
   - le fait que la relation ait été gérée par un ou plusieurs contrats à durée déterminée, puis ait continué ensuite sur les mêmes bases qu'auparavant[159] ;
   - le fait pour l'entreprise de signer un contrat annulant tous les accords précédents[160] ;

---

152 CA Paris, 28 septembre 2018, RG n° 17/08310, Clémence Mouly-Guillemaud, Préavis : La Cour d'appel de Paris se prononce sur le champ d'application de l'article L. 442-6, I, 5° du Code de commerce (Sourire et Santé / Laboratoire B.C...), 26 septembre 2018, Concurrences N° 4-2018, Art. N° 88695 ; voir également Cass. civ., 15 novembre 2005, Pourvoi n° 02-21.366.

153 CA Paris, 28 mai 2020, RG n° 17/03955 ; CA Paris, 7 février 2018, RG n° 16/14348.

154 CA Paris, 7 février 2019, RG n° 16/14348.

155 CA Paris, 1er février 2018, RG n° 15/11151.

156 Cass. com., 5 avril 2018, Pourvoi n° 16-26.658.

157 CA Montpellier, 24 janvier 2006, RG n° 04/05929.

158 CA Paris, 24 janvier 2020, RG n° 18-00705, Clémence Mouly-Guillemaud, Rupture brutale : La Cour de cassation se prononce sur l'influence des circonstances dans l'appréciation de la brutalité de la rupture (Sum / Essilor), 29 janvier 2020, Concurrences N° 2-2020, Art. N° 94776 ; Cass. com., 5 avril 2018, Pourvoi n° 16-26568, Mary-Claude Mitchell, Rupture brutale : La Cour de cassation juge qu'une succession de contrats à durée déterminée n'exclut pas la caractérisation d'une relation commerciale établie (Mobil Petroleum Corporation / Auto Racing), 5 avril 2018, Concurrences N° 3-2018, Art. N° 87614, p. 126. CA Paris, 24 janvier 2020, RG n° 18-00705 ; Cass. com., 5 avril 2018, Pourvoi n° 16-26568.

159 Cass. com., 5 avril 2018, Pourvoi n° 16-26568.

160 CA Amiens, 24 mars 2005, RG n° 04/03328.

- le fait pour l'auteure de la rupture de passer de contrats à durée indéterminée vers des contrats à durée déterminée, notamment dans le cadre de la constitution de son réseau de distribution sélective[161].

143. En définitive, dans la mesure où la poursuite de la relation commerciale est prévisible, il est nécessaire de prendre en compte l'intégralité de la relation commerciale[162].

144. De même que pour démontrer le caractère établi de manière générale (§ 64 et s.), la stabilité et la durée de la relation commerciale, et donc finalement la prévisibilité de la poursuite de la relation commerciale, sont utilisés pour justifier la prise en compte de la relation d'affaires dans son ensemble[163]. Dans la mesure où il est possible de globaliser la relation, le juge peut alors considérer que le préavis donné n'était pas suffisant nonobstant les clauses contractuelles convenues entre les parties[164] (voir aussi § 339 et s.).

B. Les limites de la prise en compte globale

145. À l'instar des critères applicables dans le cadre de changement d'entité juridique (§ 103 et s.), plusieurs conditions doivent être remplies pour justifier la globalisation des contrats.

146. En premier lieu, la globalisation des contrats à durée déterminée impose que les différents contrats concernent le même type de produit ou de prestation de services. Dans une affaire[165], des contrats à durée déterminée avaient été renouvelés à l'identique pendant six années, formant ainsi une relation commerciale établie.

147. En second lieu, il est nécessaire d'apprécier la prévisibilité de la fin des relations, notamment au regard du fonctionnement du secteur. Ce critère a ainsi pu permettre de remettre en cause le caractère établi de la relation dans certains secteurs du fait de leurs spécificités (voir § 128 et s.). D'autre part, elle peut aussi être appréciée au regard du contexte dans lequel s'est déroulé la relation commerciale. Ainsi[166], si le contrat arrivait à échéance, et que le cocontractant avait expressément conditionné la poursuite de la relation à une nouvelle négociation, le cocontractant se réservant la possibilité d'examiner toute autre candidature, la rupture n'est alors pas brutale.

148. De même, si les parties ont repris une relation commerciale un an après avoir mis un terme aux précédentes relations commerciales dans le cadre d'un protocole transactionnel, la durée aux fins de déterminer le préavis raisonnable se limitera à la nouvelle relation commerciale[167]. En revanche, le fait que les contrats

---

161 CA Angers, 31 janvier 2006, RG n° 05/00390.

162 Cass. Com., 24 novembre 2009, Pourvoi n° 07-19.248 ; CA Paris, 7 février 2019, RG n° 16-14348.

163 CA Paris, 24 janvier 2020, RG n° 18-00705, Clémence Mouly-Guillemaud, Rupture brutale : La Cour de cassation se prononce sur l'influence des circonstances dans l'appréciation de la brutalité de la rupture (Sum / Essilor), 29 janvier 2020, Concurrences N° 2-2020, Art. N° 94776. CA Paris, 24 janvier 2020, RG n° 18-00705.

164 CA Paris, 25 avril 2019, RG n° 18/00206.

165 CA Paris, 12 avril 2018, RG n° 16/14825.

166 CA Paris, 10 janvier 2018, RG n° 15/057719.

167 Cass. com., 18 novembre 2020, Pourvoi n° 18-25.709, Jean-Louis Fourgoux, Dépendance économique : La Cour de cassation confirme qu'une relation commerciale interrompue puis reprise ultérieurement ne peut, pour le calcul de l'ancienneté, remonter à l'origine de celle-ci et que la rupture sans préavis ne doit pas prendre en compte la dépendance économique qui résulte de la responsabilité du partenaire (Apodiss),

soient annuels dans la grande distribution ne s'oppose pas à leur globalisation (voir § 151 et s.).

149. En troisième lieu, la non-prise en compte du préavis contractuel n'est possible que si le premier contrat à durée déterminée a été renouvelé. Dans le cas contraire, la fin de la relation étant prévisible, la rupture ne peut être considérée comme brutale (voir § 283).

150. En dernier lieu, la poursuite de la relation au-delà du cadre contractuel ne permet pas nécessairement de globaliser le courant d'affaires. Dans un tel cas de figure, il est nécessaire à chaque partie d'être très vigilante sur leurs engagements réciproques. En effet, s'il n'était pas prévisible que la relation prenne fin, il pourrait théoriquement être possible de requalifier alors le contrat en contrat à durée indéterminée[168].

§ 2. Les contrats de distribution souscrits dans le cadre de l'article L. 441-7, devenu L. 441-3 du Code de commerce

151. La périodicité annuelle de conclusion de ces contrats entre fournisseurs et distributeurs est imposée par un texte réglementaire, et donc indépendante de la volonté des parties. Cette obligation a pour but non seulement de sécuriser juridiquement la relation entre fournisseurs et distributeurs, mais aussi de permettre aux parties de négocier les évolutions de tarifs et des services commerciaux en fonction de l'évolution concurrentielle du secteur chaque année.

152. À ce titre, l'annualité imposée par la réglementation n'est pas opposable au caractère établi de la relation. Dans le cas contraire, cela reviendrait à déclarer que la collaboration avec un distributeur expose nécessairement le fournisseur à des ruptures avec préavis très bref, étant donné la non-reconduction tacite, et que « *le non-renouvellement des accords annuels successifs serait toujours sous-entendu dans l'acceptation de telles relations* »[169]. Cela est corroboré par d'autres décisions dans lesquelles la relation a été appréciée globalement nonobstant la périodicité annuelle des contrats de distribution[170].

153. La création du délit civil de la rupture brutale a d'ailleurs été à l'origine inspirée par les relations entre fournisseurs et distributeurs dans le secteur de la grande distribution alimentaire, et la remise en cause annuelle de la relation entre des parties de très longue date, voire dans des cas extrêmes, dans une situation de dépendance à l'égard de la grande distribution.

154. Dans ce cadre, et en plus des critères classiques (§ 137 à 145), la continuité du référencement[171], ainsi que l'existence de contrats de coopération

---

18 novembre 2020, Concurrences N° 1-2021, Art. N° 98923, pp. 156-157. Cass. com., 18 novembre 2020, Pourvoi n° 18-25.709.

168 CA Paris, 1er février 2018, RG n° 15/11151.

169 CA Versailles, 2 décembre 2004, RG n° 03/04269.

170 CA Paris, 28 mars 2018, RG n° 15/10585 ; TC Paris, 8 février 2016, RG n° 2014047431.

171 CA Paris, 29 novembre 2017, RG n° 15-000745.

commerciale[172] peuvent aussi être pris en compte pour démontrer le caractère établi de la relation commerciale, et ainsi déterminer la durée de relation à prendre en compte.

§ 3. Les appels d'offres

155. Dans le cadre d'appels d'offres, la relation commerciale est généralement limitée à la durée de chaque appel d'offres pris séparément.

156. Suivant la même approche que celle prévalant pour les contrats à durée déterminée successifs, la notion de prévisibilité prédomine. Si la fin de la relation commerciale est effectivement prévisible dans le cas où la société ne remporte pas l'appel d'offres, alors la durée peut être limitée à l'appel d'offres en cours dans la mesure où son échéance est certaine. Le caractère incertain de la poursuite de la relation commerciale permet alors à une société de prévoir des alternatives de remplacement ou de substitution. Cependant, en raison de leur spécificité, une partie est consacrée à ce type de procédure (voir § 606 et s.).

157. Le caractère brutal de la rupture est la seconde condition d'application du texte, laquelle peut être déduite non seulement des conditions d'exercice de la relation commerciale (chapitre 2), mais aussi de la durée laissée au cocontractant dans le cadre du préavis (chapitre 3).

172 CA Paris, 29 mars 2017, RG n° 14/16957.

Chapitre 2
Le caractère brutal de la rupture à travers les conditions d'exercice de la relation

158. Après l'établissement de la relation commerciale, il est nécessaire de déterminer le caractère brutal ou non de la rupture. Pour ce faire, elle doit être soudaine, imprévisible et violente[173]. Pour autant, il demeure possible de rompre les relations commerciales, soit avec un préavis dont la durée devra être suffisante eu égard aux caractéristiques de la relation, soit sans préavis « *en cas d'inexécution par l'autre partie de ses obligations ou en cas de force majeure* », ces motifs de dispense de préavis ne pouvant cependant être utilisés que dans des cas limités (voir § 443 et s.). Le nouveau texte de l'article L. 442-1 du Code de commerce n'a pas modifié cette dernière possibilité.

159. En premier lieu, il est nécessaire pour invoquer les dispositions de l'article L. 442-1 (anciennement L. 442-6) du Code de commerce d'apporter la preuve que la société mise en cause est bien à l'origine de la rupture, car sinon tout manquement peut être écarté à ce titre[174].

160. En second lieu, le caractère brutal peut découler des conditions d'exercice de la relation, notamment en cas de modification unilatérale et imprévisible de l'économie du contrat (1). À ce titre, le contexte dans lequel la rupture des relations commerciales a été réalisée doit être pris en compte, les juges s'employant à identifier la « *volonté de rompre* »[175] qui peut se manifester de manière non explicite. Ainsi, un courrier qui énonce clairement l'impossible poursuite du contrat aux conditions antérieures et soumet au partenaire une nouvelle tarification qui a vocation à être rétroactivement appliquée emporte rupture de la relation, peu important que son auteur propose encore d'ouvrir les négociations sur les conditions d'un nouveau contrat[176].

161. C'est aussi la raison pour laquelle la rupture partielle du courant d'affaires peut sous certaines conditions constituer un manquement de rupture brutale (2). Pour autant, si les deux sociétés se sont accordées sur un protocole d'accord octroyant un préavis suffisant eu égard à la durée de la relation commerciale, la rupture ne peut être qualifiée de brutale[177].

---

173 CA Paris, 20 septembre 2017, RG n° 12/21611.

174 CA Paris, 25 octobre 2017, RG n° 15/02243.

175 CA Paris, 9 mai 2018, RG n° 16/07989.

176 CA Paris, 21 février 2018, RG n° 15/07391.

177 CA Paris, 22 septembre 2017, RG n° 15/13322.

162. L'état de dépendance économique de la société peut éventuellement influer sur la durée de préavis raisonnable (voir § 378 et s.), mais il n'influe pas sur l'appréciation de la brutalité de la rupture. En effet, la Cour de cassation a clairement indiqué que « *le respect d'un délai de préavis s'impose en cas de rupture d'une relation commerciale établie indépendamment de l'état de dépendance économique d'une partie envers l'autre* ». Par ailleurs, les moyens de preuve pour démontrer le caractère brutal sont nombreux : niveau de chiffre d'affaires, imposition de nouvelles conditions commerciales, courrier de l'entreprise notifiant la rupture sans préavis, non-respect d'accords interprofessionnels[178], spécificités contractuelles[179], etc.

Section 1
La modification unilatérale et substantielle de l'économie du contrat

163. La modification unilatérale de l'économie du contrat par l'un des deux partenaires économiques, peut, dans la mesure où elle est soudaine, être considérée comme relevant d'une rupture brutale des relations commerciales. En effet, l'absence de prévisibilité peut altérer sensiblement la capacité du cocontractant à poursuivre la relation dans des conditions économiques pérennes. Dans ce cas, la partie ayant modifié substantiellement l'économie du contrat sera considérée comme fautive.

164. Il est néanmoins nécessaire que cette modification ne présente pas un caractère négociable, une simple proposition de modification des conditions contractuelles, qui ne constitue pas une rupture[180] ne peut dès lors justifier l'arrêt des relations sans préavis[181].

165. Afin d'appréhender la modification unilatérale et substantielle de l'économie du contrat, il est nécessaire d'appréhender les éléments qui relèvent de la modification substantielle des tarifs (1), la modification significative des délais de paiements (2), la modification cumulative et significative des tarifs et des délais de paiements (3), les autres critères pouvant être pris en compte (4), et les justifications à une modification substantielle (5).

---

178 Dans une affaire, l'accord interprofessionnel prévoyait que l'annonce de la rupture doive être précédée par une réunion afin d'en exposer les raisons, suivie de l'envoi d'un courrier avec AR, soit des dispositions plus protectrices que celles de l'article L. 442-6 du Code de commerce. Ces étapes n'ayant pas été suivies par la société mise en cause, le juge a considéré que seul le courrier notifiant expressément la fin de la relation commerciale devait être pris en compte, rappelant non seulement la nécessité pour la lettre de préavis d'être claire et précise, mais aussi que la forme éventuellement prévue par des accords interprofessionnels soit respectée – Cass. com., 2 décembre 2008, Pourvoi n° 08/10.732.

179 CA Paris, 21 mars 2018, RG n° 14/26092 : « *La durée d'un préavis suffisant doit être appréciée au regard de la durée de la relation commerciale et en références aux usages du commerce par des accords interprofessionnels, ainsi qu'au vu des circonstances de l'espèce* ». En l'espèce, sont pris en compte la durée de la relation de 3 ans et demi, le volume du chiffre d'affaires de 45 %, ainsi que l'existence d'une clause d'exclusivité territoriale (Europe continentale) pour la distribution des produits. Un délai de préavis de 4 mois aurait alors dû être respecté.

180 Cass. com., 20 novembre 2019, Pourvoi n° 18-11966.

181 CA Paris, 4 avril 2019, RG n° 16/25833.

§ 1. La modification significative du prix

166. Une société est libre d'imposer à son cocontractant de nouvelles conditions pour régir la relation commerciale, mais elle doit laisser un temps raisonnable à la négociation du nouveau cadre contractuel. La durée de négociation sera d'autant plus longue que les conditions changent substantiellement, dans la mesure où une telle modification peut entraîner la rupture des relations commerciales.

167. L'approche de la jurisprudence semble prudente sur le critère de l'augmentation des tarifs, et ce, probablement en raison de la diversité des facteurs pouvant contribuer aux hausses de coûts d'un fournisseur.

168. **Une obligation pour le client/distributeur de négocier**. Plus précisément, un client qui se voit imposer une hausse significative du prix d'achat par son fournisseur, peut être en désaccord sur ce prix, mais il devra alors l'exprimer clairement et chercher à négocier avec son fournisseur, de telle sorte que l'enjeu de la négociation soit univoque, dans le sens qu'un échec signifierait la fin de la relation commerciale. Par exemple[182], si un imprimeur tente d'imposer une hausse des tarifs à son client, qui indique envisager de mettre fin à la collaboration en cas de désaccord sur les prix, la relation s'est poursuivie de manière instable et incertaine, de sorte que la rupture de la relation avec un préavis de 3 mois décidée par l'imprimeur est compatible avec la fragilisation de la relation commerciale et ne présente pas de caractère brutale.

169. En l'absence de négociation, il n'est pas légitime à rompre brutalement la relation, par exemple en annulant sans report les cours devant être dispensés par un prestataire, après avoir unilatéralement modifié les conditions substantielles de la relation[183] ou en reprenant ses outillages, ce qui empêche matériellement le fournisseur de fabriquer les produits[184]. L'absence de négociation préalable laissant un préavis raisonnable peut ainsi conduire à considérer que la relation commerciale a été rompue brutalement[185].

170. À plus forte raison, si la hausse a donné lieu à un accord mis en œuvre pendant plusieurs mois[186], ou si elle est due à la rectification d'une erreur par le fournisseur en toute bonne foi[187], le client n'est alors pas fondé à opposer ces motifs pour justifier du caractère brutal de la relation commerciale.

171. En outre, quand bien même des négociations existent, leur lenteur ne peut pas nécessairement justifier l'absence de préavis, si elle est due au contexte de renégociation globale des conditions commerciales. Dans une affaire par exemple[188], des négociations tarifaires continues avaient eu lieu pendant deux ans, pendant lesquelles la relation s'était néanmoins poursuivie. Dans ce cadre, le fait que finalement les négociations commerciales entre les parties achoppent, sans permettre un accord, y compris

---

182 CA Paris, 27 avril 2017, RG n° 15/02021.

183 CA Paris, 1er février 2018, RG n° 15/13726.

184 CA Riom, 29 septembre 2004, RG n° 03/01850.

185 CA Reims, 24 novembre 2008, RG n° 08/01512.

186 CA Rouen, 24 juin 2010, RG n° 09/02193 ; CA Aix-en-Provence, 13 octobre 2011, RG n° 10/04085 ; CA Aix-en-Provence, 2 mars 2011, RG n° 10/01905.

187 CA Angers, 10 août 2010, RG n° 09/01539.

188 CA Paris, 27 avril 2017, RG n° 15/02021.

sur les modalités et la durée de préavis, peut permettre d'ôter tout caractère brutal à la rupture. Cependant, les circonstances de l'espèce peuvent justifier une approche différente, notamment dans le cadre de demandes en référé. Ainsi, à la suite d'un désaccord sur les tarifs, un fournisseur de boissons avait suspendu ses ventes auprès d'un des distributeurs, la Cour d'appel de Paris a vu un dommage imminent qu'il lui appartenait de faire cesser et a ordonné la reprise des livraisons sous astreinte[189].

172. Les constations tirées du fait que les prix de la société sont au-dessus du marché sont inopérantes en l'absence de démonstration que l'augmentation sollicitée était manifestement abusive et disproportionnée[190], et ce, à plus forte raison s'il est finalement démontré que cela ne concernait que des marchés limités[191]. De plus, une hausse des tarifs peut d'autant moins être utilisée pour justifier du caractère brutal de la rupture, qu'elle a été acceptée pendant plusieurs mois par le client qui a réglé les factures afférentes[192].

173. Si la hausse peut découler d'une augmentation faciale du prix de vente, elle peut aussi découler d'une modification des conditions commerciales. Dans une affaire par exemple[193], un fournisseur avait décidé de supprimer, avec un préavis insuffisant de 20 jours, l'exonération de certains frais complémentaires qu'il octroyait à une société. Cette modification aboutissant à une hausse du coût de 60 %, elle a pu être considérée comme une rupture brutale des relations commerciales en modifiant substantiellement les conditions de trésorerie de son client. La modification peut également concerner la perte d'une remise de 15 %[194] ou de 25 %[195] auparavant appliquée sur l'ensemble des produits.

174. Ainsi, dans l'hypothèse où le fournisseur décide d'une suppression pure et simple de remises, d'une diminution de leur montant de 25 %[196] ou de leur conditionnement à un volume minimal de commandes[197], une telle modification, du fait de son caractère substantiel, peut en elle-même constituer une rupture brutale des relations indépendamment de toute négociation. Tel est le cas encore si le transporteur augmente ses tarifs de 38 %, ce qui met le partenaire commercial dans l'impossibilité de proposer des produits concurrentiels à ses clients[198].

---

[189] CA Paris, 26 novembre 2020, RG n° 20/02392 confirmant Ord. référé ; TC Paris, 16 janvier 2020, RG n° 202000169, Jean-Michel Vertut, *Rupture brutale de relations commerciales établies : La Cour d'appel de Paris confirme l'ordonnance de référé ayant ordonné la poursuite des livraisons d'un fournisseur en position dominante, qui avait annoncé la cessation de ses livraisons à très brève échéance à raison d'un désaccord avec son client sur les conditions commerciales, notamment tarifaires, pour l'année suivante (ITM Alimentaire International / Coca-Cola)*, 26 novembre 2020, (voir revue *Concurrences* N° 1-2021, Art. N° 99909., n° 2-2020).

[190] CA Paris, 28 février 2019, RG n°, 16/22931.

[191] CA Rennes, 11 septembre 2012, RG n° 11/03638.

[192] CA Paris, 27 avril 2017, RG n° 15/02021.

[193] CA Paris, 29 mars 2018, RG n° 15/22669.

[194] CA Paris, 7 février 2013, RG n° 11/01579.

[195] CA Paris, 11 juillet 2019, RG n° 13/09851, Mary-Claude Mitchell, Rupture brutale : La Cour d'appel de Paris juge qu'une modification unilatérale sans préavis des conditions tarifaires accordées à un partenaire et la suppression de l'exclusivité territoriale dont il bénéficiait entraînent la rupture brutale partielle des relations (Hammel / Medimat), 11 juillet 2019, Concurrences N° 4-2019, Art. N° 92262, pp. 120-121. CA Paris, 11 juillet 2019, RG n° 13/09851.

[196] CA Paris, 11 juillet 2019, RG n° 13/09851.

[197] CA Paris, 21 juin 2017, RG n° 15/15641.

[198] CA Paris, 29 mars 2018, RG n° 15/22669.

175. L'exception d'inexécution ne peut en revanche pas être soulevée pour justifier un manquement contractuel dès lors que l'augmentation de prix du fournisseur n'était pas abusive[199]. Une faible hausse tarifaire (de 4 %[200] ou de 5 %[201]) ne permet pas à un client de l'utiliser pour démontrer qu'il a subi une rupture brutale des relations commerciales. Les prix peuvent aussi évoluer de manière significative, sous réserve que la hausse soit justifiée par des causes objectives. Dans une affaire par exemple[202], l'évolution des prix de près de 12 % apparaissait justifiée, alors que le distributeur avait bénéficié auparavant de prix avantageux, très inférieurs à ceux du marché. Dès lors, la hausse étant objective et non abusive au regard de la relation et de ses caractéristiques, la hausse significative du fournisseur ne pouvait être appréhendée comme une rupture brutale des relations commerciales.

176. Dans le cadre d'un litige portant sur les nouvelles conditions tarifaires, le client peut, pour s'assurer de la légitimité de la hausse exigée, demander des justifications sur les évolutions de coûts bien que cela ne soit pas prévu au contrat. En l'espèce[203], la seule attestation de l'expert-comptable relative à l'augmentation du prix de la matière première a été jugée insuffisamment probante, en l'absence de justification des prix pratiqués par le fournisseur et la marge brute réalisée.

177. **Réciproquement, une obligation de négocier pour le fournisseur**.

178. Le client ne pouvant pas rompre sans négociation la relation commerciale après une demande de hausse de son fournisseur, réciproquement, ce dernier ne peut pas plus justifier la rupture des relations commerciales avec son client par son refus de la hausse de tarifs. Ainsi[204], le fournisseur avait unilatéralement imposé une hausse de tarif de de 25 % à 30 % qu'il avait tenté de faire accepter sous la menace d'une rupture, laquelle avait finalement été mise à exécution. Dans une autre affaire[205], l'augmentation du prix du contrat imposé par le prestataire, justifie la rupture de la relation commerciale. Il a été considéré en l'espèce que le prestataire avait rompu brutalement les relations commerciales, l'absence de commandes par le client n'étant qu'une réaction aux exigences comminatoires du fournisseur.

179. De même, sur la base du principe de liberté commerciale, un client peut également demander une baisse de prix à son fournisseur. Mais si le fournisseur refuse de consentir une telle baisse, le client ne peut opposer ce refus pour mettre fin brutalement aux relations commerciales, car son comportement ayant remis en cause l'économie du contrat, il engage alors sa responsabilité.

180. Dans une affaire par exemple[206], le client avait invité son fournisseur à faire un *« effort dans le sens de la baisse des prix »*, ce que le fournisseur a refusé en envoyant au contraire une nouvelle offre portant sur une augmentation des tarifs de 3 %, si bien que le client avait alors mis fin aux relations commerciales. Dans cette affaire, la rupture a été imputée au client, qui s'est efforcé d'imposer au

---

199 CA Paris, 27 mai 2015, RG n° 13-04459.
200 CA Paris, 27 mai 2015, RG n° 13/04459.
201 CA Paris, 13 novembre 2013, RG n° 11/22014.
202 CA Paris, 6 mai 2015, RG n° 13/01886.
203 CA Paris, 17 janvier 2019, RG n° 16/23339.
204 CA Paris, 17 janvier 2019, RG n° 16/23339.
205 CA Paris, 7 février 2019, RG n° 17/16426.
206 CA Paris, 22 février 2018, RG n° 17-02547.

transporteur « *une baisse drastique des prix* » alors que la revalorisation des tarifs de 3 % ne présentait aucun caractère prohibitif. Dans une autre affaire[207], le client d'un prestataire avait substantiellement modifié la rémunération des prestations confiées à son partenaire, si bien que la rupture lui était imputable, d'autant que le client ne démontrait pas avoir souffert, du fait de la conjoncture, d'une baisse de son chiffre d'affaires qui aurait pu justifier la baisse de rémunération imposée au prestataire.

181. Par ailleurs, il est nécessaire que le fournisseur soit en mesure de présenter des pièces justifiant du prix convenu antérieurement, pour rapporter la preuve qu'une baisse de prix a été exigée par le client[208].

182. Le prix doit aussi être apprécié dans le contexte de la relation commerciale. Ainsi, un client ne peut exiger à son fournisseur pour un sous-marché, le même tarif que pour le marché global proposé dans le cadre d'une consultation commerciale, les volumes d'affaires en jeu étant nettement différents (en l'espèce dans un rapport de 1 à 6,5)[209]. En conséquence, le refus du fournisseur d'accepter de baisser ses prix étant justifié, sa responsabilité ne pouvait être engagée.

183. Suivant la même approche, si la modification exigée par le client implique une modification substantielle de l'économie du contrat, le fournisseur peut être légitime à mettre fin à la relation commerciale. Dans une affaire[210], un fournisseur qui avait déjà accepté un premier ajustement à la baisse de ses conditions de rémunération, a refusé une seconde baisse de ses tarifs avant de rompre les relations. La rupture a pu néanmoins être imputée au client, qui a tenté d'imposer une modification substantielle des prix.

184. Quand bien même la baisse de prix formulée par le client peut être légitime, cela ne l'exonère pas de respecter un préavis pour prévenir le trouble résultant de la rupture. Dans une affaire par exemple[211], le client achetait des droits de diffusion à une société de production dont les programmes connaissaient une érosion significative en termes d'audience. Cependant, les baisses d'audience avaient été constatées plusieurs mois auparavant sans que cela fasse l'objet d'une information particulière de la société de production. Dès lors, cette raison ne pouvait légitimer le caractère brutal de la rupture avec l'exigence de bénéficier d'un prix inférieur de plus de 40 % au prix précédemment conclu. En outre, la proposition avait été formulée très tardivement à une date très proche de celle prévue pour la diffusion, ce qui accentuait encore davantage la pression sur la société victime de la rupture.

185. Par analogie, il semble logique qu'un fournisseur n'utilise une demande de baisse de prix formulée par son client pour mettre fin *ex abrupto* à la relation commerciale, sauf si la proposition commerciale du client est tellement basse qu'elle vide le contrat de sa substance[212]. En effet, la demande de baisse de prix formulée par le client ne présente pas nécessairement de caractère abusif,

---

207 CA Paris, 23 mai 2018, RG n° 16/03854.
208 CA Amiens, 14 juin 2011, RG n° 10/00406.
209 CA Reims, 17 mai 2004, RG n° 03/01616.
210 CA Paris, 23 mai 2018, RG n° 16/03854.
211 CA Paris, 14 février 2014, RG n° 11/11546.
212 CA Paris, 23 mai 2018, RG n° 16/03854.

par exemple, si les produits ont dû faire face à l'évolution du marché et à la concurrence des produits virtuels[213].

186. Dans le cadre de la renégociation, le fournisseur ne peut demeurer complètement fermé aux demandes de son client. Dans une affaire[214], alors que les négociations tarifaires étaient très serrées depuis un an et avaient échoué, le client avait décidé de donner un préavis de 3 mois jugé raisonnable, compte tenu des désaccords persistants relatifs aux prix, entre l'augmentation demandée par le fournisseur et la baisse des prix demandée par le client. Dans une autre affaire[215], le client avait décidé d'octroyer un préavis de 12 mois tout en faisant bénéficier son partenaire de contreparties pour permettre sa restructuration (conclusion d'un contrat pour un nouveau produit offrant des débouchés alternatifs, rachat des machines-outils qui deviendraient inutiles, reprise du stock notamment). Bien que le changement nécessite une modification de son outil industriel, le fournisseur disposait ainsi d'un temps raisonnable pour réaliser sa restructuration, si bien que la rupture n'avait pas été jugée brutale.

187. Si le fournisseur accepte la baisse de prix, le client ne peut lui donner un caractère rétroactif, l'obtention d'avantages rétroactifs relevant d'avantages sans contrepartie, et donc d'une pratique illicite (voir § 746 à 748). Dans une affaire par exemple[216], le fournisseur avait accepté le principe d'une baisse mais pas son caractère rétroactif. Le client n'était alors pas légitime à lui imposer des frais supplémentaires de transport pour compenser la non-acceptation de cette baisse, pas plus que des retours injustifiés, ces modifications substantielles de la relation caractérisant dès lors une rupture brutale.

188. **Ce cas de figure ne correspond pas aux situations permettant la dispense de préavis**. En définitive, la seule demande de modification du prix ne constitue pas une circonstance permettant à une entreprise de rompre brutalement la relation commerciale[217]. Il est nécessaire *a minima* que les deux opérateurs essaient de négocier, dans un contexte où l'enjeu de la négociation, *i.e.* la poursuite de la relation commerciale, doit être univoque.

189. L'augmentation des prix ne constitue pas un manquement grave aux obligations contractuelles susceptible de dispenser de préavis l'auteur de la rupture. En premier lieu, afin d'être applicables, les nouvelles conditions décidées par le fournisseur doivent être acceptées par le distributeur. Dans le cas contraire, il n'est pas possible au fournisseur d'opposer à son client d'éventuels manquements au titre de ces nouvelles conditions, et ce, d'autant que la relation commerciale a *de facto* été régie par les anciennes dispositions[218]. À cet égard, l'acceptation de la nouvelle grille tarifaire retenue par le fournisseur, sous condition préalable du paiement par cette société des retenues opérées sur factures, ne constitue pas un engagement sur la poursuite des relations commerciales[219].

---

213 CA Paris, 27 avril 2017, RG n° 15/02021.
214 CA Paris, 27 avril 2017, RG n° 15/02021.
215 Cass. com., 9 mars 2010, Pourvoi n° 08-21.055.
216 Cass. com., 17 mars 2004, pourvoi n° 02-14.751.
217 CA Paris, 6 mai 2015, RG n° 13/01886.
218 CA Lyon, 24 janvier 2008, RG n° 06/06998.
219 CA Paris, 14 décembre 2016, RG n° 16/22216.

190. En second lieu, la baisse des ventes des produits du fournisseur ne peut pas non plus être utilisée pour justifier la brutalité de la rupture. En effet, la modification substantielle des conditions d'achat du distributeur peut impacter négativement sur ses ventes. Dès lors, la baisse d'activité qui en découle ne peut lui être opposée étant donnée la politique commerciale très défavorable menée par le fournisseur, lequel n'avait d'ailleurs pas, en l'espèce, justifié ses hausses de tarifs[220].

191. Si le distributeur ou le client du fournisseur peut vouloir changer les termes de leur relation commerciale, il devra procéder progressivement un changement substantiel soudain et unilatéral de l'économie du contrat pouvant être appréhendé comme une rupture brutale des relations commerciales.

192. Par ailleurs, il ne saurait être tiré du fait que le fournisseur ait, une fois la rupture brutale notifiée, répondu qu'il valait éventuellement mieux que la relation cesse, l'acceptation de ce dernier des conditions de la rupture, et partant l'absence de caractère brutal de la rupture.

§ 2. La modification significative des délais de paiement

193. Les délais de paiement constituent aussi un critère essentiel de la relation commerciale. Par exemple, le passage d'une base forfaitaire annualisée à un paiement à la prestation, peut induire une modification substantielle des délais de règlement et donc de l'économie du contrat, si bien que cette modification par le client peut être appréhendée comme une rupture brutale des relations commerciales[221]. Ce type de modification se justifie d'autant moins que la relation n'a pas été émaillée d'incidents de paiement auparavant[222].

194. Il n'est pas nécessaire qu'il existe un effet cumulatif entre les tarifs et les conditions de règlement. En effet, la seule modification substantielle des délais de règlement peut caractériser le caractère brutal de la rupture.

195. Dans une affaire par exemple[223], le fait pour un fournisseur d'exiger brusquement le prépaiement de certains articles constitue une modification des conditions substantielles de la relation commerciale, laquelle est susceptible de caractériser la rupture brutale de la relation.

196. Dans une autre affaire, le fournisseur avait décidé unilatéralement et sans justification objective de supprimer les délais de paiement usuels et d'exiger un règlement d'un acompte de 80 % à la commande[224]. Ce faisant, le fournisseur avait rompu brutalement la relation commerciale, et ce, d'autant que les nouvelles conditions étaient dérogatoires aux conditions générales de vente.

197. La même approche a été utilisée dans une autre affaire dans laquelle un fournisseur avait imposé le passage d'un délai de paiement de 30 jours à un paiement

---

[220] CA Aix-en-Provence, 8 février 2007, RG n° 05/07696.
[221] CA Reims, 6 novembre 2006, RG n° 05/01183.
[222] CA Aix-en-Provence, 25 octobre 2012, RG n° 11/07808.
[223] Cass. com., 8 juin 2017, Pourvoi n° 15-27.961.
[224] CA Grenoble, 20 octobre 2011, RG n° 09/01678.

comptant[225]. Le fournisseur était d'autant moins fondé à imposer une modification substantielle de ses conditions générales de vente qu'il reconnaissait lui-même des ruptures de livraison au niveau des produits commandés. Il en va de même pour un fournisseur de boissons qui avait imposé le passage à un paiement comptant, retenu comme fautif[226]. Là aussi, le fournisseur était d'autant plus mal fondé à imposer une modification substantielle de ses conditions générales de vente que des erreurs de livraison et facturation avaient été constatées. Un raisonnement identique peut être mené lorsqu'une société se voit subitement supprimer une facilité de paiement par son partenaire commercial[227] par sa banque en vertu de l'article L. 313-12 du Code monétaire et financier, suivant lequel un délai de préavis doit être notifié[228].

198. De même, la suppression sans avertissement par un fournisseur de l'encours dont bénéficiait l'un de ses clients peut être considérée comme une rupture brutale de relation commerciale dans la mesure où elle modifie substantiellement les conditions de trésorerie de son client[229]. Encore faut-il toutefois que la décision relative à la suppression de cette facilité incombe au fournisseur, car si elle lui est extérieure, et est prise par exemple par l'assureur-crédit à l'issue de sa propre analyse de la situation financière du client et de sa capacité à faire face à ses dettes, la diminution de la facilité ne peut être utilisée comme justification de la rupture brutale[230].

199. Toutefois, il est nécessaire que le partenaire qui invoque un changement significatif des modalités de paiement justifie que ce changement lui ait porté préjudice de manière suffisamment substantielle, sans quoi aucun manquement à ce titre ne saurait être reconnu[231].

§ 3. La modification significative du prix et des délais de paiement

200. Le prix de vente et les délais de règlement constituent des éléments essentiels de toute relation commerciale, et à ce titre, figurent parmi les premiers critères analysés dans la mesure où ils peuvent justifier à eux seuls le caractère brutal de la rupture de la relation commerciale. Dès lors, le fait pour un fournisseur d'augmenter ses tarifs de manière significative et de réduire parallèlement les délais de paiement de ses marchandises ou de ses prestations, peut *a fortiori* constituer une rupture brutale des relations commerciales, car ce faisant, il peut changer de manière substantielle l'économie du contrat.

---

225 CA Paris, 11 octobre 2006, RG n° 04/22481.

226 CA Paris, 10 décembre 2020, n° 181 8/02155 – À noter cependant que le caractère brutal de la rupture n'a pas été retenu, compte tenu de l'ancienneté relative de la relation (6 mois), le client ayant pu se tourner vers son ancien fournisseur.

227 CA de Basse-Terre, 19 septembre 2016, RG n° 15/00500 1500500.

228 Cass. com., 2 mars 2010, pourvoi n° 09-10.435.

229 CA Paris, 19 septembre 2012, RG n° 10/23404.

230 CA Versailles, 27 octobre 2011, RG n° 10/05259.

231 Cass. com., 20 novembre 2019, n° 18-11.966.

201. Tel est le cas par exemple, si le fournisseur augmente sans préavis et de manière significative ses tarifs tout en exigeant un paiement à la commande, quand bien même le revendeur garde théoriquement la possibilité de procéder à des achats de produits[232]. De même dans une autre affaire[233], la perte d'une remise de 30 % et le passage à un paiement à réception des marchandises contre un délai de 60 jours auparavant ont aussi été considérés comme une modification substantielle de l'économie du contrat.

202. En définitive, la modification d'éléments essentiels de l'économie du contrat nécessite pour la société de réorganiser son activité, notamment au regard de sa trésorerie, et à défaut d'un délai de prévenance suffisant, la modification unilatérale de ces conditions est susceptible d'entraîner une perte de marge significative.

§ 4. Les autres critères pouvant modifier substantiellement l'économie du contrat

203. **L'exclusivité**. La modification ou la suppression sans préavis de l'exclusivité consentie à un partenaire commercial peut aussi modifier substantiellement l'économie de la relation commerciale[234]. Ce critère est généralement invoqué dans le cadre des relations entre le franchiseur et son franchisé, et fait l'objet de développements spécifiques *infra* (voir § 701 et s.).

204. **La zone territoriale**. La limitation sensible de la zone géographique affectée au client peut aussi modifier substantiellement l'économie du contrat. Dans une affaire par exemple[235], le préavis de 12 mois accordé par la lettre de rupture a été privé de son intérêt par la décision concomitante de retrait de l'exclusivité avec effet immédiat pour l'un des départements et à effet différé pour les autres départements (ce type de clause est également souvent utilisé dans le cadre des contrats de franchise – v. § 702 et s.).

205. **Les conditions de retour des produits**. La modification des conditions de retour des produits peut aussi constituer un critère essentiel si la nature du produit l'impose. Dans une affaire par exemple[236], la société fournissait des vidéocassettes et il était d'usage que le fournisseur reprenne les invendus. En ne laissant qu'un préavis court sans possibilité de reprise des invendus, le fournisseur a entravé la capacité de son distributeur à trouver dans l'urgence de nouveaux fournisseurs.

206. **Les conditions de fraîcheur des produits**. La modification des conditions de fraîcheur des produits peut aussi constituer un critère essentiel. Dans le cadre d'une restructuration par exemple[237], un abattoir avait unilatéralement décidé de ne livrer que des produits abattus la veille contre le jour même auparavant. Dès lors, la société qui s'approvisionnait auprès de lui était fondée à considérer qu'il s'agissait d'une modification d'un critère essentiel signifiant la rupture brutale

---

232 CA Douai, 22 avril 2008, RG n° 06/04340.
233 CA Lyon, 30 avril 2008, RG n° 07/00791 ; voir également CA Montpellier, 19 février 2008, RG n° 06/07980.
234 Cass. com., 8 juin 2017, Pourvoi n° 15-27.961 ; Cass. com., 3 février 2015, Pourvoi n° 13-24.592.
235 Cass. com., 10 février 2015, Pourvoi n° 13-26.414.
236 CA Rennes, 29 mars 2005, RG n° 04/00195.
237 CA Agen, 15 février 2010, RG n° 08/01305.

de la relation commerciale. Elle avait de surcroît communiqué des attestations de certains de ses clients refusant les nouvelles conditions de fraîcheur.

207. **Le taux de freinte**. La modification du taux de freinte sur les palettes appliqué par le prestataire logistique vis-à-vis de son donneur d'ordre peut aussi contribuer à modifier substantiellement l'économie du contrat[238].

208. **Les modalités de commandes**. L'obligation brutale de commander un niveau important de marchandises pour continuer à bénéficier des remises sur facture, qui n'était pas prévue antérieurement, s'analyse en une rupture brutale des relations commerciales[239].

209. **Les modifications du circuit logistique**. Le fait qu'une partie substantielle des produits ne soient plus livrés en direct par le fabricant, mais par un tiers, à des conditions nécessairement moins avantageuses, peut constituer une modification essentielle du contrat s'analysant comme une rupture brutale de la relation[240].

210. **La modification de la méthode de gestion des stocks**. La mise en place par le transporteur d'un nouveau système informatique de gestion des stocks de produits frais de la mer, imposé unilatéralement à la société grossiste importatrice de ces produits, entraînant une augmentation du prix du contrat constituait une modification substantielle des conditions essentielles du contrat, s'analysant dès lors comme une rupture brutale[241].

211. **Les volumes de commandes**. Si les parties ont négocié des conditions commerciales spécifiques sur la base d'un historique de commandes, cet accord peut être remis en cause par le fournisseur si les volumes ayant servis de base à la négociation évoluent sensiblement. Dans une affaire par exemple, il a été considéré que la baisse du volume des commandes de l'ordre de 75 % d'une année sur l'autre constituait une rupture partielle des relations commerciales établies, aucun préavis n'ayant informé le partenaire de cette modification substantielle du flux d'affaires[242].

212. **Le risque de parasitisme**. Un fournisseur[243] ne saurait reprocher à son distributeur la rupture brutale de leurs relations commerciales, celles-ci lui étant au contraire imputable dès lors qu'il a démarché directement le principal client du distributeur en question.

213. **Le caractère *intuitu personae* de l'agrément du distributeur**. La personne exploitant le fonds de commerce peut constituer un critère essentiel de la relation. Dans le cadre d'un contrat de distribution entre un franchiseur et son franchisé par exemple, l'agrément est donné par le franchiseur *intuitu personae* en raison de la spécificité de ce type de relation. Aussi, le remplacement des dirigeants entraîne *ipso facto* la résiliation écrite, sauf autorisation écrite du concédant à la cession projetée. Ces éléments dénotent une certaine précarité dans le maintien du contrat de concession ou d'agrément dont bénéficiait le distributeur, qui peut

---

238 CA Aix-en-Provence, 5 septembre 2012, RG n° 11/03070.
239 CA Paris, 21 juin 2017, RG n° 15/15641.
240 Cass. com., 23 octobre 2012, pourvoi n° 11-24.775.
241 CA Paris, 7 février 2019, RG n° 17/16426.
242 CA Paris, 31 juillet 2019, RG n° 16/18697.
243 CA Paris, 3 mai 2018, RG n° 15/24061.

permettre d'écarter toute brutalité dans la rupture des relations commerciales[244]. Au surplus, le concessionnaire n'avait en l'espèce présenté aucun candidat à la reprise, ni effectué des investissements qui n'auraient pas été amortis durant la période de préavis. En tout état de cause, le franchiseur n'a pas l'obligation d'agréer le cessionnaire d'un fonds de commerce dans le cadre de son réseau de distribution sélective, du fait du caractère individuel de l'agrément pour autant qu'il donne un préavis raisonnable au cédant[245].

214. **Le tiers-payant**. Ce service, s'il est proposé habituellement par une mutuelle, relève d'une des caractéristiques essentielles de la prestation fournie par les mutuelles. Le fait pour des établissements de santé de décider de manière brutale de supprimer cette faculté peut être qualifié de rupture brutale, et ouvrir la voie à l'octroi d'une indemnisation au titre du préjudice subi[246].

215. **Les caractéristiques des produits**. Le fabricant réalisait des produits à façon pour le compte de son client, mais, bien qu'ayant proposé plusieurs solutions techniques, le client refusait toute modification tout en faisant pression sur le prix. En définitive, les juges ont considéré que le client imposait des exigences nouvelles sans les traduire en termes industriels, alors qu'elles avaient un impact à la fois en termes de tarifs que de performances techniques[247]. Dans une autre affaire[248], la notification au prestataire imprimeur de catalogue d'une réduction du nombre de pages par catalogue s'analysait en une rupture partielle.

216. **La réorganisation de la structure contractuelle avec les partenaires**. Un opérateur de téléphonie mobile utilisant les services d'un prestataire pour l'exécution des travaux sur son réseau est tout à fait légitime pour modifier la structure contractuelle avec ses partenaires pour la maintenance du réseau, désormais répartis en deux catégories de partenaires, les chefs de file et les sous-traitants des chefs de file. Pour autant, un tel changement peut être considéré comme relevant d'une rupture brutale si en raison de son classement de second rang, le prestataire historique n'a plus été en mesure de participer directement aux appels d'offres lancés par l'opérateur de téléphonie mobile selon la nouvelle procédure[249].

217. **Le niveau d'encours pour bénéficier d'une rémunération**. Dans le cadre de la relation entre une société de démarchage financier et un établissement bancaire, ce dernier ne peut décider unilatéralement d'augmenter le seuil d'encours à partir duquel son mandataire pourra bénéficier d'une rémunération sauf à bouleverser l'économie du contrat. En l'espèce[250], le seuil à atteindre était passé de 0 à 10 millions d'euros, et il importe peu que l'établissement justifie cette modification par celle qu'il a lui-même subi par son client, une telle modification n'étant pas opposable à la société de démarchage financier en vertu de l'article 1165 du Code civil.

---

244 CA Rennes, 13 mars 2012, RG n° 10/07756.
245 CA Rennes, 22 janvier 2008, RG n° 06/07220.
246 CA Montpellier, 9 mars 2010, RG n° 09/01917.
247 CA Paris, 8 décembre 2011, RG n° 09/07166 ; CA Paris, 3 mai 2017, RG n° 15/24950.
248 CA Paris, 3 mai 2017, RG n° 15/24950.
249 CA Paris du 5 mai 2017 RG n° 15/13369.
250 CA Paris du 28 mai 2013 RG n° 12/08492.

§ 5. Les justifications possibles à une modification substantielle

218. Néanmoins, le fournisseur dispose d'une certaine souplesse pour faire évoluer le cadre de la relation commerciale en fonction notamment du comportement de son client, notamment quand ce comportement peut affecter l'économie du contrat. Cette latitude peut être illustrée au travers des exemples suivants :

- le fournisseur proposait des conditions favorables pour les retours avec la déduction du prix sous forme d'avoir. Un distributeur qui abuse de cette faculté, avec seulement 42 % des commandes donnant lieu à une facturation, et donc une explosion des retours, n'est donc pas fondé à reprocher à son fournisseur sa décision de ne plus octroyer cette facilité[251] ;
- l'encours octroyé par le fournisseur constitue une facilité de paiement, si bien que sa brusque augmentation par le client, non justifiée par des niveaux de commandes supplémentaires, modifie l'économie du contrat. Cette seule modification peut justifier la suspension du contrat par le fournisseur[252] ;
- un fournisseur peut exiger un paiement comptant à l'un de ses clients qui pratique des dépassements significatifs dans ses règlements, afin de préserver ses intérêts légitimes afin de ne pas déséquilibrer sa trésorerie[253] ;
- Ne peut « *s'analyser en une rupture, même partielle* », le changement de conditions d'exécution de la relation, dès lors que le partenaire, qui a diversifié ses sources d'approvisionnement, ne remplit plus la condition contractuelle qui justifiait le bénéfice des remises exceptionnelles litigieuses[254].

219. Dans le but d'améliorer sa rentabilité, un fournisseur peut être amené à faire évoluer ses mécanismes de commandes et son organisation interne. Pour autant, un tel changement doit être compatible avec la poursuite de la relation commerciale, car sinon il ne peut reprocher au distributeur la fin de la relation. Ainsi[255], si un fournisseur supprime son service commercial, et qu'en conséquence il ne reçoit ni les cotations pour les appels d'offres de la part de son distributeur, ni les informations quotidiennes nécessaires (invendus, quantités de produits, etc.), la rupture des relations commerciales par le distributeur n'est pas brutale car elle est la conséquence du choix de réorganisation du fournisseur.

220. Suivant la même logique que celle prévalant pour un fournisseur, un distributeur dispose aussi d'une certaine souplesse pour faire évoluer le cadre de la relation commerciale suivant le comportement de son fournisseur. Dans une affaire par exemple[256], le fournisseur s'était abstenu de répondre à la sollicitation de baisse de prix émanant de son distributeur en ne faisant aucune contreproposition commerciale, et en n'expliquant pas en quoi il n'était pas en mesure de répondre

---

[251] CA Paris, 18 février 2004, RG n° 02/14425.
[252] CA Paris, 14 octobre 2009, RG n° 07/19854.
[253] CA Paris, 5 janvier 2017, RG n° 15/02234.
[254] Cass. com., 16 janvier 2016, Pourvoi n° 14-24.687.
[255] CA Versailles, 12 octobre 2006, RG n° 05/04598.
[256] CA Paris, 16 novembre 2007, RG n° 05/10165.

à sa demande. Ce faisant, le fournisseur a ainsi adopté par son comportement une attitude délibérément contentieuse, bien que connaissant la nécessité de répondre rapidement étant donnée l'échéance liée à l'édition du nouveau catalogue par le partenaire.

221. De manière générale, si une société est libre de se réorganiser, il est toutefois nécessaire qu'elle informe de manière univoque son partenaire qu'en l'absence de nouvel accord aux nouvelles conditions dans un délai raisonnable, il sera mis fin à la relation commerciale[257], dans le cas contraire, elle engage alors sa responsabilité en rupture brutale des relations.

222. En revanche, chaque partenaire est libre d'adapter son organisation dès lors que cette adaptation est compatible avec la poursuite de la relation. Par exemple[258], l'un des deux partenaires est libre d'ouvrir un centre concurrent de son partenaire, ce d'autant que l'autre partenaire ne rapporte pas la preuve d'un lien de causalité entre la baisse de son chiffre d'affaires et l'ouverture de ce nouveau centre. De même, en l'absence de clause d'exclusivité, un fournisseur ne saurait se voir reprocher d'avoir entretenu des échanges commerciaux avec un autre distributeur[259].

223. De plus, si le partenaire commercial à qui est proposée une évolution de la relation ne donne pas suite aux propositions de son cocontractant, il est mal fondé à invoquer une rupture de la relation par cette dernière[260]. À ce titre, un fabricant peut tout à fait décider de nouer des relations en direct avec un client habituellement géré par son grossiste, dans la mesure où il a continué à consentir audit grossiste des conditions commerciales identiques, et l'a prévenu plusieurs mois à l'avance[261].

Section 2
Rupture partielle

224. La rupture partielle peut aussi être invoquée pour démontrer la brutalité de la rupture si la baisse brutale du courant d'affaires est significative. L'appréciation de la baisse du chiffre d'affaires peut d'ailleurs être réalisée en plus d'autres critères comme le fait qu'une société ait souhaité se réorganiser en reprenant en direct la distribution des produits anciennement confiés au partenaire, occasionnant une baisse significative du chiffre d'affaires par exemple[262]. Quand bien même le fournisseur ait accepté la modification substantielle de contrat, cela n'exonère pas son client de sa responsabilité s'il diminue ensuite de manière importante le volume de commandes adressées à son fournisseur[263].

225. À ce titre, seule l'analyse du chiffre d'affaires est pertinente et non les volumes de produits. En effet, la seule perte de plusieurs marchés en volume n'implique pas

---

257 CA Paris, 27 avril 2017, RG n° 15/02021.
258 CA Paris, 24 avril 2019, RG n° 16/16278.
259 CA Paris, 2 mai 2018, RG n° 16/02663.
260 CA Paris, 3 octobre 2019, RG n° 17/01356 ; CA Paris, 28 octobre 2019, RG n° 19/00823.
261 CA Paris, 18 janvier 2013, RG n° 11/05550.
262 CA Paris, 13 mars 2019, RG n° 18/03480.
263 CA Paris, 24 septembre 2020, RG n° 17/21056.

nécessairement une perte de chiffre d'affaires si le client a accepté en compensation une augmentation des tarifs substantielle pour la compenser (en l'espèce le client avait accepté une majoration des tarifs à hauteur de 80 %)[264].

226. La rupture brutale partielle se déduit généralement de la baisse brutale et significative du courant d'affaires (1), laquelle peut aussi directement découler du déréférencement par une centrale d'achats ou un franchiseur (2). À l'inverse, certains éléments peuvent être de nature à écarter la rupture brutale partielle (4) parmi lesquels le désengagement progressif, sauf s'il sert à orchestrer la rupture des relations (3).

§ 1. La chute brutale du chiffre d'affaires réalisé avec le partenaire commercial

A. La quantification de la baisse de l'activité attestant du caractère brutal

227. Le premier critère mis en avant pour démontrer une rupture brutale partielle est le chiffre d'affaires généré avec le partenaire commercial. Le caractère significatif de la baisse peut être illustré par l'exemple suivant :

- chute de plus de 80 %[265] de 75 %[266] ou de 40 %[267] par rapport à l'année précédente ;
- chute significative et subite du chiffre d'affaires sur une période de 2 mois[268] ;
- chute de 87 % sur deux années consécutives[269], ou de 30 % la première année, puis de 80 % la seconde[270] ;
- chute de 70 %[271] ou de 48 %[272] du chiffre d'affaires annuel, quand bien même le contrat ne comporte pas d'engagements de volumes ;
- chute suite à la reprise d'une partie de l'activité sous-traitée occasionnant la réduction de 84 % du flux d'affaires[273], ou encore suite à l'arrêt des commandes de deux produits représentant une part importante du courant d'affaires[274] ;
- chute du volume d'affaires de 46 % par rapport à la moyenne des cinq dernières années[275], par exemple à la suite d'un changement de stratégie de l'opérateur suite au rachat d'une société tierce à qui était désormais confiée les prestations[276] ;

264 CA Chambéry, 2 octobre 2007, RG n° 07/00807.
265 CA Paris, 26 juin 2019, RG n° 16/17304 ; CA Paris, 31 mai 2017, RG n° 14/24805.
266 CA Paris, 31 juillet 2019, n° 16/18697.
267 CA Bordeaux, 6 janvier 2016, RG n° 14/03007.
268 CA Paris, 6 juillet 2017, RG n° 15/25066.
269 TC Villefranche-Tarare, 18 décembre 2008, RG n° 2007J00175.
270 CA Paris, 13 septembre 2018, RG n° 16/14413.
271 CA Paris, 25 octobre 2017, RG n° 16/20059.
272 CA Paris, 4 avril 2019, RG n° 16/25833.
273 CA Paris, 13 mars 2019, RG n° 18/03480.
274 TC Rouen, 18 juin 2007, RG n° 2006/004895.
275 CA Paris, 28 mars 2018, RG n° 15/10585.
276 CA Paris, 19 avril 2019, RG n° 17//05334.

– chute du chiffre d'affaires mensuel réalisé par le fournisseur avec le distributeur, qui variait entre 50 000 euros et 90 000 euros, ramené à 26 960 euros en septembre 2016 et 19 879 euros en octobre 2016[277].

228. En cas de rupture partielle, la rémanence d'un courant d'affaires n'a pas nécessairement à être prise en compte dans le cadre du préavis si son niveau est négligeable comparativement à l'historique, ou s'il s'agit de prestations de services réalisées dans le prolongement de commandes effectuées préalablement à la notification de rupture[278].

B. Autres méthodes pour démontrer la baisse sensible de l'activité

229. La relation commerciale est régie par quelques critères essentiels dont la dégradation peut avoir pour conséquence directe une baisse sensible du courant d'affaires. La baisse brutale peut ainsi être la conséquence de la modification en cours de contrat, par l'augmentation des conditions tarifaires, sans négociation ni préavis[279]. Elle peut aussi être la conséquence de la réduction brutale d'une partie importante de la relation commerciale entre les parties, même si une autre partie de l'activité s'est poursuivie[280]. Il en va de même du retrait des moules mis à disposition par un partenaire contractuel permettant à une société de réaliser la conception de pièces plastiques, laquelle a entrainé une baisse substantielle de son chiffre d'affaires[281].

230. La rupture partielle peut aussi se déduire de la forte augmentation du nombre de retours de produits, qui diminuent d'autant le courant d'affaires net réel entre les deux partenaires[282], ou encore du fait que la baisse d'activité est due à la décision de l'entreprise de reprendre en direct la distribution des produits anciennement confiés au partenaire, ce qui a occasionné la réduction de 84 % du flux d'affaires[283], ou de sa décision de la transférer à un autre partenaire de manière brutale[284].

231. Enfin, la rupture partielle peut aussi se déduire de l'évolution de la proportion de l'activité en cause confiée au partenaire. Ainsi, une forte baisse des commandes peut être considérée comme une rupture partielle qui ne peut être justifiée par la décision unilatéralement prise par le demandeur de sous-traiter certains travaux sans notification préalable d'un préavis[285].

C. Le cumul possible de la sanction de la rupture partielle avec celle de la rupture totale

232. La sanction d'un manquement de rupture brutale à la suite de l'arrêt de toute relation commerciale ne fait pas obstacle à la sanction d'un manquement de rupture

---

277 CA Paris, 11 décembre 2019, RG n° 17/21022.
278 CA Paris, 6 juillet 2007, RG n° 05/14409.
279 CA Paris, 6 novembre 2019, RG n° 18/03050.
280 CA Paris, 13 septembre 2017, RG n° 14/23934.
281 CA Paris, 7 novembre 2019, RG n° 17/11329.
282 Cass. com., 17 mars 2004, Pourvoi n° 02-14.751.
283 CA Paris, 13 mars 2019, RG n° 18/03480.
284 CA Nîmes, 12 févriers 2009, RG n° 07/03631.
285 CA Paris, 15 février 2018, RG n° 15/13088.

partielle qui se soit produit avant la rupture définitive. Ainsi la situation antérieure à la rupture pouvant être analysée, il est donc d'autant plus important pour une société rompant une relation commerciale d'octroyer à son partenaire un préavis raisonnable.

233. Dans une affaire par exemple[286], une société avait rompu brutalement sa relation commerciale avec un de ses prestataires en 2015. Cependant, en 2012, elle avait significativement baissé le volume de commandes confiées à ce prestataire, ce qui avait occasionné à l'époque une rupture partielle des relations commerciales. Elle a donc été condamnée non seulement pour la rupture totale en 2015, mais aussi pour la rupture partielle de 2012.

234. Cette approche cohérente avec la pratique décisionnelle dans de précédentes affaires[287], démontre donc l'importance de déterminer en amont un préavis qui soit raisonnable et suffisant au regard de l'activité économique et de son contexte.

§ 2. Le déréférencement par une centrale d'achats ou un franchiseur

235. Dans le cadre d'un système de distribution sélective, la décision de rupture signifiée par la tête de réseau peut caractériser une rupture brutale étant donné le poids prépondérant de cette décision dans celle de « *sourcing* » des membres du réseau de distribution en question. Dans une affaire[288], un réseau comprenait à la fois des points de vente monomarque dont l'approvisionnement était directement géré par leur tête de réseau, et des magasins multimarques qui géraient eux-mêmes leur approvisionnement. Les achats par la tête de réseau représentaient 60 % du courant d'affaires, si bien que la décision de rupture, bien que partielle dans les faits, n'en était pas moins brutale. Au surplus dans cette affaire, le franchiseur avait notifié la rupture au nom de l'ensemble des membres de son réseau, comprenant ainsi à la fois les points de vente monomarque et ceux multimarques.

§ 3. Le désengagement progressif

A. L'organisation de la baisse pour justifier la rupture

236. Un distributeur/client souhaitant se désengager d'une relation commerciale vis-à-vis d'un fournisseur proposant des produits qui ne lui paraissent pas correspondre au marché doit le lui signifier tout en lui donnant un préavis raisonnable.

---

286 CA Paris, 4 avril 2019, RG n° 16-25833.

287 CA Douai, 22 avril 2008, RG n° 06/04340 – Dans cette affaire, la rupture datait de 2005 mais en 2002, le fournisseur avait décidé de traiter en direct avec des clients importants de ce distributeur, ce qui avait occasionné une baisse significative de son chiffre d'affaires à l'époque. Le fournisseur a ainsi été sanctionné pour la rupture partielle de 2002 et pour la rupture totale de 2005 ; CA Paris, 1er septembre 2011, RG n° 09/12526 – Dans cette affaire, le fabricant produisait principalement deux types de pièces pour son client. Le donneur d'ordre avait brutalement interrompu les relations pour le premier groupe de pièces en 2003, puis en 2006 avait rompu définitivement les relations commerciales. Le fabricant a pu être indemnisé sur la base des deux préavis qui auraient dû être respectés respectivement en 2003, puis en 2006.

288 CA Aix-en-Provence, 7 septembre 2006, RG n° 06/01066.

237. Il ne peut pas diminuer progressivement le courant d'affaires sur deux ans pour ensuite rompre brutalement la relation commerciale[289]. À ce titre, il ne peut être opposé à une société que le courant d'affaires était devenu très faible, le législateur ayant introduit une obligation de prévenance générale quel que soit son niveau. Au cas d'espèce, la baisse progressive des commandes ne pouvait rendre prévisible la rupture intervenue, et donc lui faire perdre son caractère brutal.

238. Cette approche a été confirmée dans une autre affaire, où la baisse était là encore substantielle bien que progressive[290].

B. Le désengagement progressif exclusif de tout caractère brutal

239. La baisse sensible et répétée pendant plusieurs années, caractérisant un désengagement progressif du client peut être prise en compte pour écarter le caractère brutal de la rupture de la relation commerciale[291], et ce, d'autant que le partenaire n'a jamais été assuré d'une progression constante de son chiffre d'affaires[292], ou qu'il a mis à profit cette période (i) pour procéder à des licenciement économiques en prévision de la baisse d'activité[293] ou (ii) pour reconstituer son chiffre d'affaires auprès d'autres partenaires[294].

240. Ainsi[295], n'a pas été jugé brutale l'arrêt d'une relation commerciale d'une durée de 3 ans et 3 mois, ayant fait l'objet d'une diminution progressive du chiffre d'affaires, dont le partenaire était informé, et ce, d'autant qu'un préavis avait été respecté. Dans ces conditions, la baisse du courant d'affaires rendait prévisible la rupture des relations commerciales par le client, d'autant que ce dernier avait indiqué à son partenaire la nécessité de mettre fin à la relation commerciale. Par conséquent, le désengagement progressif ne permettait pas de considérer la rupture comme étant brutale.

241. De même, le désengagement progressif établissant un préavis relativement long peut exclure toute brutalité dans la rupture, surtout si les chiffres d'affaires prévus étaient voisins du niveau d'activité moyen durant les précédentes années. En revanche, si le partenaire ne respecte pas le préavis qu'il a lui-même consenti à l'issue de négociations, il commet un manquement[296].

242. Enfin, s'il existe un accord entre les deux parties sur les conditions du désengagement, cela s'oppose à la démonstration d'un manquement en rupture brutale des relations, la relation entre les parties étant affectée de précarité[297].

---

289 CA Paris, 10 avril 2019, RG n° 16/14991.

290 CA Amiens, 9 mai 2006, RG n° 05/01540 et n° 05/03197.

291 CA Paris, 13 janvier 2017, RG n° 14/23493.

292 CA Paris, 18 novembre 2015, RG n° 15/06505.

293 CA Nancy, 14 décembre 2011, RG n° 11/000628.

294 CA Grenoble, 29 septembre 2011, RG n° 10/02395.

295 CA Paris, 11 janvier 2019, RG n° 17/00234.

296 CA Paris, 28 mai 2020, RG n° 17/18641, Clémence Mouly-Guillemaud, Rupture brutale : La Cour d'appel de Paris détaille l'indemnisation de la rupture brutale d'une relation établie sur un chiffre d'affaires variable et ponctuellement atypique (Inter Mutuelles Habitat / Terroise IDF), 28 mai 2020, Concurrences N° 3-2020, Art. N° 96563. CA Paris, 28 mai 2020, RG n° 17/18641.

297 CA Paris, 14 novembre 2018, RG n° 16/11620.

§ 4. Facteurs permettant d'écarter la rupture brutale partielle

243. De même que le désengagement progressif (voir § 239 et 242), le contexte de la rupture commerciale peut aussi permettre sous certaines conditions de relativiser le caractère brutal de la rupture partielle.

A. Une certaine variabilité peut exister suivant le type de produit

244. La baisse constatée dans le courant d'affaires peut être liée au secteur ou à la complémentarité d'activité entre les deux partenaires. Dans ce cas, si elle est extérieure à la société mise en cause, la baisse soudaine du courant d'affaires ne permet pas à un partenaire commercial de démontrer une rupture brutale partielle, ni à l'auteur de la rupture de justifier l'absence de brutalité.

1. La baisse due à la conjoncture économique

245. Dans le cas de produits dont le succès est difficilement prévisible, le fournisseur ne peut reprocher au distributeur la mévente de ses produits. Tel peut être le cas, par exemple, dans l'industrie de vêtements de peaux de luxe dès lors que le courant d'affaires entre les parties a toujours été dépendant de la conjoncture et du succès rencontré auprès de la clientèle par les produits mis en vente. Le cocontractant ne pouvait ainsi être tenu responsable de la mévente d'un produit dont le succès n'a pas perduré[298]. Il en va de même pour un revendeur en vins qui ne peut reprocher à son producteur d'avoir baissé le nombre de bouteilles qu'il était possible de réserver en primeur, compte tenu du caractère particulier de cette pratique, soumise aux aléas climatiques et qui implique que l'allocation de primeur reste à la discrétion du producteur[299].

246. À plus forte raison, si le terme de la relation commerciale est prévisible eu égard aux caractéristiques du secteur et de la relation, il est possible d'écarter tout caractère brutal. Par exemple, dans le cadre d'une relation entre un constructeur et son sous-traitant, une partie de la relation arrivait à une échéance non contestée et l'autre partie correspondait à des pièces produites pour un véhicule dont l'échec commercial était notoire, si bien que la rupture n'a pas été considérée comme brutale[300]. De même, le fait que la part du chiffre d'affaires que le sous-traitant réalise avec son donneur d'ordre demeure approximativement constante, peut permettre d'écarter un manquement en rupture brutale dans la mesure où l'éventuelle baisse est finalement la conséquence de la crise que connaît le secteur[301].

247. L'appréciation du contexte économique du secteur s'établit aussi dans la durée à l'appui d'éléments de contexte, lesquels peuvent démontrer le caractère extérieur

---

298 CA Paris, 28 janvier 2015, RG n° 14/12969.
299 CA Paris, 15 avril 2015, RG n° 13/02675 et n° 13/02730.
300 CA Paris, 26 octobre 2012, RG n° 10/19196.
301 CA Paris, 24 mai 2017, RG n° 14/22580.

de la baisse d'activité, et partant l'absence de responsabilité du mis en cause. Par exemple[302], le contexte de la crise financière de 2008 subi par un opérateur ayant eu des répercussions sur les partenaires commerciaux et sous-traitants de l'opération, si bien que la rupture n'a pas été considérée comme brutale. De même, un fournisseur de vêtements ne peut pas reprocher à son distributeur, qui vendait ces produits sous sa marque de distributeur, une baisse des commandes dès l'année 2006, laquelle était inhérente à l'état du marché[303]. Un fournisseur ne peut pas non plus reprocher à son client une baisse d'activité lorsqu'il est démontré qu'elle découlait du climat économique, le client connaissant lui-même une baisse significative de ses commandes[304]. Réciproquement, un distributeur ne peut pas non plus reprocher à son fournisseur une baisse significative de l'activité lorsque celle-ci est récurrente sur les cinq dernières années, ce qui avait d'ailleurs motivé le choix du fournisseur de trouver un autre partenaire pour la distribution de ses produits[305].

248. Lorsque le donneur d'ordre prouve que la baisse d'activité est due à la baisse de ses propres ventes, il ne peut lui être opposé un manquement au titre de la rupture brutale partielle des relations commerciales. En effet, une telle baisse n'est pas imputable au donneur d'ordre dans la mesure où elle lui est extérieure[306] (voir § 664 et s.).

2. La baisse due à la saisonnalité du secteur

249. Si l'activité est saisonnière par exemple, le fournisseur et réciproquement son client ne peuvent utiliser le caractère fluctuant des ventes pour démontrer un manquement, la baisse d'activité étant extérieure à leur relation. À titre d'illustration[307], un distributeur de sapins de Noël ne peut arguer de la précarité de la relation contractuelle en raison de la saisonnalité des produits, alors que plusieurs contrats cadres avaient été conclus avec le fournisseur. De même, un fournisseur de fruits et légumes ne peut utiliser une baisse des commandes au mois de septembre pour démontrer une rupture brutale partielle, alors que l'activité baissait chaque année à la même période dans des proportions similaires[308].

250. De même, le client ne peut justifier l'absence de caractère brutal du fait que le courant d'affaires ait été quasiment nul avant la rupture, si cela est dû à la saisonnalité du secteur et à la complémentarité des entreprises. Dans une affaire par exemple[309], une société fabriquait des sous-produits pour son client qui fabriquait des tonneaux. Étant donné les fluctuations intrinsèques à l'économie vitivinicole et à l'incertitude quant à la qualité du bois récolté, il n'a pas pu être opposé au fournisseur pour justifier l'absence de caractère brutal que le courant d'affaires avait été quasiment nul l'année précédant la rupture.

---

302 CA Paris, 5 juillet 2019, RG n° 14/10976.
303 Cass. com., 21 mars 2018, pourvoi n° 16-17.146.
304 CA Paris, 16 juin 2017, RG n° 13/18908.
305 CA Versailles, 27 octobre 2011, RG n° 10/05259.
306 CA Rouen, 26 mars 2015, RG n° 14/03145.
307 CA Douai, 26 janvier 2017, RG n° 15/07306.
308 CA Montpellier, 21 septembre 2004, RG n° 02/02738.
309 CA Bordeaux, 5 février 2008, RG n° 06/05969.

251. En définitive, le fournisseur et réciproquement son client ne peuvent utiliser le caractère fluctuant des ventes pour justifier l'absence de caractère brutal de la rupture, la baisse d'activité étant extérieure à leur relation.

3. La baisse due à la variabilité des ventes

252. Dans certains secteurs spécifiques, comme la mode par exemple, les ventes peuvent être très variables. Partant, la simple baisse du chiffre d'affaires durant le préavis ou la relation commerciale est insuffisante à caractériser une rupture brutale partielle, dès lors qu'il a été constaté que les volumes d'affaires étaient variables auparavant. Dans une affaire[310], la baisse des commandes du distributeur à son fournisseur sur un produit résultait ainsi de la baisse des ventes des produits à l'aval après une année de vente exceptionnelle, et relevait donc de facteurs conjoncturels non imputables au distributeur.

253. L'argument de la variabilité pour écarter toute brutalité a toutefois ses limites. En effet, la Cour d'appel a pu considérer que, s'agissant du calcul susceptible de permettre la démonstration d'une rupture partielle brutale, le constat d'une baisse significative du chiffre d'affaires par rapport au chiffre d'affaires des cinq années précédentes serait de nature à le démontrer[311].

B. Le partenaire commercial à l'origine de la baisse du courant d'affaires

254. L'absence de caractère brutal peut aussi se déduire du fait qu'en réalité la société, et non le partenaire, est à l'origine de la rupture. Tel est le cas par exemple d'un fournisseur qui ne s'est pas préoccupé, pendant deux ans, de la prétendue rupture qu'il invoque, et qui n'a versé aux débats aucun élément démontrant que la centrale d'achat aurait souhaité le déréférencer, alors que la baisse constante sur les trois dernières années du chiffre d'affaires réalisé attestait du désengagement volontaire du distributeur[312].

255. De même dans une autre affaire[313], la baisse des commandes de 40 % auprès de son fournisseur ne caractérise pas une rupture partielle dès lors que cette situation était due aux fluctuations du marché et en l'absence de protestation du fournisseur sur la qualité de leurs relations.

256. Dans une autre affaire[314], le fournisseur n'a pu justifier le caractère brutal de la rupture de sa relation commerciale avec son distributeur en raison d'une baisse des commandes, alors que le fournisseur avait démarché directement le principal client du distributeur. Dans ces conditions, la responsabilité de la rupture était imputable au fournisseur uniquement.

---

310 CA Paris, 28 janvier 2015, RG n° 14/12969.

311 CA Paris, 28 mars 2018, RG n° 15/10585.

312 CA Paris, 22 février 2017, n° 14/17674, Jean-Louis Fourgoux, Rupture brutale : La Cour d'appel de Paris rejette une demande de condamnation pour rupture brutale introduite par un fournisseur, 2 ans après la rupture, aucune réclamation n'ayant été formulée par écrit (Nelly de France / GALEC), 22 février 2017, Concurrences N° 2-2017, Art. N° 83736, p. 119.

313 Cass. com., 21 mars 2018, Pourvoi n° 16-17146.

314 CA Paris, 3 mai 2018, RG n° 15/24061.

257. La baisse du courant d'affaires peut aussi être due à l'anticipation de la fin de l'activité probable de la société. Par exemple, le fait pour un donneur d'ordre de prendre en compte l'annonce non démentie du futur départ probable à la retraite d'un consultant avec qui il entretient une relation particulière, en diminuant le volume d'audit qu'il lui confiait ne peut lui être opposé[315].

258. Il convient par ailleurs de relever que si l'un des deux partenaires économiques décide de mettre fin aux relations commerciales, l'autre partenaire peut alors mettre fin directement aux relations commerciales sans que ce comportement ne puisse être qualifié de rupture brutale, cette décision n'étant finalement que la conséquence de la première notification de rupture (voir § 579 à 584).

C. Une combinaison des deux facteurs

259. Dans une affaire[316], les deux sociétés s'étaient accordées sur un protocole de désengagement dont les volumes de commandes n'avaient pas tout à fait été respectés. Cependant, cela s'expliquait par des raisons extérieures à la société mise en cause : d'une part, la baisse de la conjoncture du secteur (ameublement) et, d'autre part, des problèmes qualité rencontrés avec le fournisseur. Dès lors, le décalage constaté entre le niveau de commandes théorique et celui réalisé en pratique n'était pas suffisant pour engager sa responsabilité.

D. Le lissage des commandes sur l'année

260. Un fournisseur qui décide de lisser annuellement les commandes de son client, ce qui a pour conséquence de baisser de manière conséquente le niveau de commandes des mois les plus importants, ne réalise pas une rupture brutale[317]. En l'espèce, le fournisseur vendait des médicaments à la société dont les niveaux de commandes variaient de manière significative d'un mois à l'autre. Le fournisseur avait donc imposé un contingentement des commandes en proposant à son client de pouvoir seulement commander la moyenne mensuelle calculée sur l'année précédente, ce qui revenait ainsi à lisser les niveaux de commandes. Par rapport à des mois de fortes commandes, le contingentement présentait une baisse significative, mais il a été considéré que cela ne constituait pas une rupture brutale, la société pouvant en moyenne couvrir ses besoins sur la période.

---

315 CA Paris, 8 avril 2011, RG n° 08/19991.

316 TC Lille, 12 janvier 2012, RG n° 2011/03836.

317 CA Paris, 19 mars 2008, RG n° 06/03882.

Chapitre 3
Le caractère brutal lié à la durée de préavis

261. Le préavis est défini par la jurisprudence comme ayant « *pour objet d'éviter les conséquences d'un arrêt brutal des relations pour chacune des parties en permettant la poursuite des commandes en cours, le maintien pendant un certain temps d'un volume d'affaires équivalent à celui réalisé avant la rupture et la recherche d'autres contractants pour pallier les conséquences de la rupture* »[318].

262. Le préavis raisonnable est ainsi déterminé par l'ensemble des circonstances de l'espèce[319], et correspond au temps dont aurait théoriquement besoin la société victime de la rupture pour, soit redéployer son activité sur de nouveaux marchés[320], ou bien demeurer sur le même marché en trouvant une alternative afin d'assurer la pérennité de son développement, qu'il s'agisse de nouveaux débouchés[321] ou de sources d'approvisionnement de substitution[322]. En effet, le préavis doit donner à l'entreprise le délai nécessaire à la réorganisation résultant de la rupture[323]. À cet égard, la constatation que le délai octroyé a effectivement permis à une société de retrouver un volume d'affaires relativement comparable avec un concurrent, ne peut contribuer à démontrer le caractère raisonnable dudit préavis[324], mais il n'est toutefois pas suffisant pour écarter toute brutalité à la rupture (voir § 1516 à 1521).

263. Si la société victime de la rupture brutale des relations commerciales avance certains critères pour justifier un allongement du préavis raisonnable, comme l'état de dépendance économique par exemple, elle doit préciser la durée de préavis qu'elle estime nécessaire sans quoi elle ne tire pas les conséquences qu'elle prétend attacher au critère, et la Cour d'appel pourra alors mener son appréciation souverainement[325].

264. Néanmoins si l'absence de préavis donne droit à une indemnisation, les juges apprécient l'effectivité du préavis qui « doit *être exécuté dans les conditions antérieures normales* »[326], tout en tenant également compte « *des possibilités raisonnables d'exécutiuon de ce préavis dans le contexte précis où est intervenue cette rupture* »[327].

---

318 CA Paris, 3 juillet 2009, RG n° 06/10552.
319 Cass. com., 20 juin 2018, Pourvoi n° 16-24.163.
320 CA Paris, 26 septembre 2018, RG n° 16/10218.
321 Cass. com., 21 mars 2018, Pourvoi n° 16/07984.
322 CA Bordeaux, 28 février 2005, RG n° 04/02643.
323 CA Paris, 22 novembre 2018, RG n° 17/10290.
324 CA Versailles, 11 mai 2010, RG n° 09/00507.
325 Cass. com., 25 juin 2013, Pourvoi n° 11-27.794.
326 CA Paris, 28 mars 2018, RG n° 15/12591.
327 CA Paris, 3 juillet 2009, RG n° 06/10552.

265. Par ailleurs, l'ancien article L. 442-6-I-5°, devenu L. 442-1 II, n'a pas pour vocation de sanctionner la rupture en elle-même, mais bien uniquement le préjudice découlant de la brutalité de la rupture[328], l'entreprise étant parfaitement libre de s'organiser comme elle l'entend. À ce titre, elle n'a aucune obligation de communiquer les raisons amenant à la rupture, si le préavis accordé est suffisant, sauf si la brutalité est la conséquence de manquements graves ou d'un cas de force majeure.

266. En définitive, le caractère brutal de la rupture peut être directement déduit du fait que le préavis octroyé était insuffisant au regard de la relation commerciale (1). Une telle appréciation implique toutefois de pouvoir déterminer le préavis raisonnable suivant les circonstances de l'espèce (2), ainsi que les conditions nécessaires pour qu'un préavis soit valable, ce qui déclenchera la durée de préavis (3).

Section 1
Le préavis accordé est insuffisant

267. Le préavis peut être insuffisant soit parce qu'il n'a pas été accordé (1), soit parce que sa durée est insuffisante (2).

§ 1. L'absence de préavis

268. Il est nécessaire que le cocontractant soit loyal vis-à-vis de son partenaire concernant le terme de leur relation commerciale, en lui indiquant clairement le terme de leur relation par la notification d'un préavis (A). L'approche peut toutefois être différente dans le cas où la relation commerciale est régie par un contrat à durée déterminée unique (B).

A. Une obligation générale de loyauté

1. L'absence pure et simple de préavis

269. Dans un grand nombre d'affaires, le caractère brutal découle de l'absence pure et simple de préavis[329]. Il peut également découler du fait que la rupture ait été signifiée lors de la dernière commande[330]. Ainsi, dans la mesure où la relation commerciale s'inscrit dans la durée en raison de son caractère établi, l'absence totale de préavis rend la rupture imprévisible, et donc brutale[331].

270. À cet égard, il importe peu qu'un flux d'affaires résiduel ait pu perdurer après la notification de rupture[332], ou que des négociations aient eu lieu concernant

---

[328] CA Paris, 17 mai 2018, RG n° 16/00165.

[329] CA Paris, 17 octobre 2018, RG n° 16/10538, Clémence Mouly-Guillemaud, Rupture brutale : La Cour d'appel de Paris affine les critères caractérisant objectivement une relation établie en application de l'article L. 442-6, I, 5° du Code de commerce (Codegi Industrie / Arkema France…), 26 septembre 2018, Concurrences N° 4-2018, Art. N° 88720. CA Paris, 17 octobre 2018, RG n° 16/10538.

[330] CA Amiens, 30 novembre 2001, RG n° 00/00407.

[331] CA Paris, 11 janvier 2017, RG n° 14/15233.

[332] CA Paris, 28 juin 2017, RG n° 14/26044.

l'éventuelle poursuite dans le cadre de la réorganisation souhaitée par le cocontractant, si la prévisibilité de la rupture en cas d'échec des négociations était réelle (v. aussi § 707).

271. La démonstration du caractère brutal peut d'ailleurs être confortée par des éléments de contexte, comme le fait que la société ait dissimulé sa volonté de passer par un autre fournisseur par exemple[333], ou par le constat de l'absence de toute commande depuis plusieurs saisons par la société alors que cette dernière qualifiait cette situation de fortuite et d'involontaire[334].

2. Une notification pas assez explicite

272. L'absence de préavis peut aussi être invoquée si la notification de la rupture présentée n'est pas assez univoque sur la fin programmée de la relation commerciale (v. § 417 et s., portant sur la forme que le préavis doit respecter).

273. Une société ne peut pas non plus s'exonérer de sa responsabilité en indiquant avoir adressé postérieurement à la rupture sans préavis, un planning prévisionnel à la suite de l'assignation au tribunal par son partenaire[335]. Dans ce cas, la responsabilité de la société demeure engagée, mais cette volonté de prolonger à nouveau les relations commerciales peut toutefois être prise en compte dans le calcul du préjudice (v. § 1782).

274. De même, la société ne peut pas se dispenser d'une notification explicite de la fin des relations commerciales au motif que son partenaire aurait pu anticiper la rupture, en raison de la baisse des commandes[336] ou la connaissance de discussions engagées par la société avec un concurrent[337]. De même, caractérise une rupture brutale le fait pour une société de faire réaliser en interne les prestations autrefois confiées à son prestataire, après avoir embauché un ancien salarié de son cocontractant[338].

275. À ce titre, elle ne peut justifier le caractère explicite de la notification par le fait que son partenaire commercial ait anticipé les risques d'une rupture commerciale totale en procédant à des licenciements économiques un mois avant la notification de la rupture, dans un contexte où de surcroît, le partenaire avait pu constater le non-respect de l'obligation d'exclusivité incombant à son fournisseur fautif[339]. L'anticipation par le partenaire commercial doit toutefois être réalisée de bonne foi, et non utiliser la rupture comme prétexte à la liquidation[340].

3. Une modification unilatérale de l'économie du contrat

276. L'absence de préavis peut aussi découler du fait que l'un des cocontractants décide de modifier substantiellement l'économie du contrat, ce qui s'oppose à la poursuite

---

333 CA Paris, 15 mai 2019, RG n° 16/21278.
334 CA Paris, 28 avril 2017, RG n° 14/05138.
335 CA Rouen, 26 mai 2005, RG n° 04/04404.
336 CA Paris, 13 juin 2018, RG n° 15/09464.
337 CA Paris, 14 novembre 2018, RG n° 16/12078.
338 Cass. com., 29 janvier 2020, Pourvoi n° 17-20.252.
339 CA Toulouse, 30 juin 2010, RG n° 08/06387.
340 CA Paris, 3 juillet 2009, RG n° 06/10552.

de la relation, quand bien même il consente un préavis théorique, la relation ne pouvant se poursuivre dans les mêmes conditions[341]. Ces modifications font l'objet d'une partie particulière eu égard à leurs spécificités (voir § 163 et s.).

4. Limites

277. Dans le cas où les deux sociétés ont signé un protocole d'accord visant à mettre fin à la relation et organiser la période de préavis, la rupture ne peut alors pas être qualifiée de brutale, sauf à démontrer un vice de consentement, ce qui n'était pas le cas en l'espèce[342].

278. Si elle compense la perte d'activité relative à cette rupture par un protocole transactionnel, l'auteur de la rupture n'a pas l'obligation de poursuivre les relations durant le préavis. À ce titre, la Cour d'appel considère qu'un tel comportement n'induit pas une rupture brutale, même si les parties ne sont pas d'accord sur les modalités de détermination de la marge brute nécessaire au calcul de l'indemnité transactionnelle[343].

279. Par ailleurs, il est nécessaire que l'arrêt des relations soit effectif. Par exemple, l'envoi d'un SMS par un partenaire ne peut être considéré comme une lettre de rupture dès lors que ce SMS a été suivi de propositions concrètes adressées par ce même partenaire pour tenter une poursuite de la relation[344].

280. Enfin, une décision a pu considérer que l'absence de préavis n'était pas suffisante pour démontrer le caractère brutal de la rupture. La Cour d'appel a notamment considéré que la rupture n'était pas brutale, eu égard notamment au fait que le distributeur disposait d'un stock de produits du fournisseur qu'il continuait de commercialiser durant les deux années suivant l'interruption de la relation[345].

281. En définitive, la société ne peut rompre les relations commerciales sans préavis qu'en cas de manquement grave à ses obligations par son partenaire ou en cas de force majeure. Si un cas de dispense de préavis est invoqué, la charge de la preuve appartient à la société rompant les relations commerciales (voir Chapitre 4).

282. En revanche, si la société a mis fin à son activité avant la notification de la rupture[346], ou si de manière générale c'est elle qui a pris la décision de rompre les relations commerciales[347], le manquement de rupture brutale qu'elle oppose est alors sans fondement.

B. Dans le cas particulier d'un unique contrat à durée déterminée

283. Dans le cas où la relation se limite à la conclusion d'un seul contrat à durée déterminée, et si le préavis octroyé correspondait à celui prévu contractuellement, la rupture n'est alors pas considérée comme brutale, le contrat matérialisant la

341 CA Paris, 17 janvier 2019, RG n° 16/23339.
342 CA Paris, 22 septembre 2017, RG n° 15/13322.
343 CA Nancy, 3 octobre 2012, RG n° 10/03346.
344 CA Paris, 6 mars 2019, RG n° 17/16648.
345 CA Paris, 17 janvier 2018, RG n° 16/16838.
346 CA Paris, 30 janvier 2019, n° 16/12086.
347 CA Paris, 6 mars 2019, n° 17/16648.

volonté des parties[348], et ce, en l'absence de tout renouvellement antérieur du contrat[349]. Ainsi, si un premier contrat à durée déterminée n'est pas renouvelé, la fin de la relation commerciale à l'échéance du contrat est prévisible, en l'absence d'éléments de nature à démontrer le contraire. Par exemple, un contrat conclu pour une durée déterminée de dix ans avec tacite reconduction ne saurait être considéré comme une relation établie, dans la mesure où le bénéficiaire avait connaissance du terme du contrat depuis dix ans, sans avoir un droit acquis au renouvellement[350].

284. Suivant la même approche, si la société indique que la relation commerciale arrivera à son terme à l'issue d'une période longue, et demande à son partenaire de négocier un accord en vue de déterminer les conditions de poursuite de la relation durant ce préavis, le cocontractant ne peut directement attaquer son ancien partenaire en invoquant la rupture brutale des relations commerciales[351]. En effet, il n'a pas permis l'aménagement des conditions de la poursuite pendant un préavis raisonnable, si bien que la société est en définitive responsable de la rupture brutale.

285. De même, lorsque les partenaires commerciaux n'étaient liés que par deux contrats successifs, le premier pour une durée déterminée non reconductible et le second pour une durée déterminée de 6 mois[352], ou si le contrat à durée déterminée a été prolongé deux fois, dans le cadre de nouveaux contrats à durée déterminée non reconductible tacitement[353], un raisonnement identique peut être appliqué afin de conclure qu'il s'agissait d'un contrat dont le terme était prévisible, et donc écarter toute rupture brutale des relations commerciales. C'est aussi le cas dans le cadre de la mise en concurrence notifiée dans un délai raisonnable, si la relation a duré quelques mois supplémentaires en raison des négociations en cours[354].

286. Cette approche demeure valable quand bien même des prestations complémentaires ont accompagné le projet principal, dans la mesure où leur terme est prévisible du fait de la connexité entre les deux activités. Dans une affaire[355], la prestation principale était constituée par l'élaboration et la fourniture d'un logiciel. Même si le prestataire avait ensuite diversifié son activité par l'installation et le développement dudit logiciel, force était de constater que la prestation principale arrivant à son terme, le prestataire ne pouvait ignorer la fin prochaine de la relation commerciale, dont l'échéance était prévisible, ce qui s'opposait ainsi à tout caractère brutal. En revanche, si la relation commerciale comprend d'autres prestations dont la poursuite est prévisible, indépendamment de la reconduction

---

348 CA Paris, 6 février 2019, n° 16/21778.

349 CA Paris, 12 janvier 2005, RG n° 03/02283 ; CA Versailles, 3 juin 2010, RG n° 07/04939.

350 CA Paris, 20 septembre 2017, RG n° 14/21611.

351 CA Paris, 17 janvier 2013, RG n° 11/05373, Jean-Louis Fourgoux, Rupture des relations commerciales : La Cour de cassation précise qu'une baisse considérable des volumes peut ne pas constituer une rupture brutale des relations commerciales, dès lors qu'elle est la conséquence d'une crise économique (CMI / Caterpillar), 12 février 2013, Concurrences N° 2-2013, Art. N° 52124, pp. 98-99. CA Paris, 17 janvier 2013, RG n° 11/05373.

352 CA Paris, 31 juillet 2019, n° 17/20102.

353 CA Versailles, 9 juin 2011, RG n° 10/03910.

354 Cass. com., 2 octobre 2019, pourvoi n° 18-14849, Clémence Mouly-Guillemaud, Rupture brutale : La Cour de cassation confirme qu'une relation commerciale peut être précaire en dépit de la constance du flux d'affaires (IDF Management / Gifi…), 2 octobre 2019, Concurrences N° 1-2020, Art. N° 92874. Cass. com., 2 octobre 2019, pourvoi n° 18-14849.

355 CA Toulouse, 26 octobre 2010, RG n° 09/00864.

du contrat à durée déterminée, alors la rupture de cette partie de la relation peut être considérée comme étant brutale[356].

287. La succession de différents contrats à durée déterminée peut toutefois accroître le risque juridique dans la mesure où la relation peut, en fonction des circonstances de l'espèce, être requalifiée de contrat à durée indéterminée (v. § 136 et s.).

§ 2. Le préavis donné était insuffisant

288. Le préavis consenti par la société rompant les relations commerciales est le préavis réellement consenti, et non celui qui a été initialement donné. Dès lors, si le préavis initial n'a pas été « *exécuté dans les conditions antérieures normales* »[357], c'est par des motifs pertinents que la Cour prend en compte le préavis effectif pour déterminer s'il a été effectué ou non.

289. En tout état de cause, le préavis peut être insuffisant, ce qui peut permettre de caractériser le caractère brutal de la rupture, qu'il s'agisse d'un préavis prévu contractuellement (A) ou du préavis consenti dans les faits par l'auteur de la rupture suite à la notification de la rupture (B).

A. L'hypothèse de l'existence d'un préavis contractuel

290. L'octroi d'un préavis ne respectant pas la durée contractuellement prévue peut suffire à démontrer le caractère brutal de la rupture[358]. Inversement, le respect de ce préavis contractuel n'exonère pas nécessairement l'auteur de la rupture de sa responsabilité en rupture brutale des relations commerciales. En effet, l'appréciation du caractère établi de la relation peut permettre de considérer la relation commerciale dans son ensemble, et prendre ainsi en compte une durée supérieure à celle du seul contrat, comme par exemple dans le cadre de contrats à durée déterminée successifs.

291. À ce titre, la Cour de cassation a rappelé que « *le respect par la partie qui rompt unilatéralement le contrat, des stipulations contractuelles relatives à la rupture de celui-ci n'exclut pas la brutalité de cette rupture* »[359]. Dès lors, les juridictions gardent toute latitude pour déterminer le préavis raisonnable indépendamment des dispositions contractuelles. La société doit donc déterminer l'antériorité qui doit être prise en compte au regard des caractéristiques de la relation commerciale, et non s'arrêter uniquement aux stipulations contractuelles. Une telle durée peut toutefois être jugée suffisante suivant les circonstances de l'espèce[360].

---

[356] CA Versailles, 7 octobre 2010, RG n° 09/04974.

[357] CA Paris, 18 novembre 2020, RG n° 19/12813 ; CA Paris, 28 mars 2018, RG n° 15/12951.

[358] CA Paris, 5 avril 2018, RG n° 15/22434.

[359] Cass. com., 4 février 2004, Pourvoi n° 02-13.374 ; voir également CA Paris, 4 juillet 2018, RG n° 16/05518, Anouk Bories, *Rupture : La Cour d'appel de Paris écarte la faute dans l'invocation de motifs fallacieux lors de la rupture du contrat* (Disphar / Annick G.), 4 juillet 2018, *Concurrences* N° 3-2018, Art. N° 88081.

[360] CA Paris, 20 décembre 2018, RG n° 16/11192.

B. L'hypothèse où la société consent elle-même un préavis

292. Bien qu'aucun préavis contractuel ne soit prévu, il arrive parfois que l'auteur de la rupture consente un préavis à son partenaire. Dans ce cas, il est nécessaire que ce préavis soit respecté, car sinon cela peut attester du caractère brutal de la rupture des relations commerciales[361], sauf à démontrer l'existence d'une force majeure, ou des circonstances extérieures à la société (v. § 243 à 258). À l'inverse, si le partenaire commercial refuse le préavis et n'honore plus les commandes qui lui sont adressées, la responsabilité de la rupture brutale lui incombe[362].

293. De même qu'en cas de préavis contractuel, l'appréciation des faits doit donc être réalisée *in concreto*, le juge gardant la possibilité d'apprécier le préavis consenti en fonction des circonstances de l'espèce, et d'en déduire si le préavis était suffisant ou non[363]. Comme indiqué précédemment, le préavis à prendre en considération correspond à la durée réellement consentie dans les faits et non à celle qui a été théoriquement notifiée[364]. Quand bien même le préavis théorique n'ait pas été respecté, la rupture n'est pas nécessairement brutale si, même en prenant en compte ce délai raccourci, elle avait laissé un délai raisonnable. Dans une affaire par exemple[365], la société avait notamment pu mettre en place des mesures de licenciements économiques avant la rupture en anticipation de la baisse d'activité.

294. Le fait que le cocontractant n'ait à l'époque pas protesté contre le préavis qui lui était consenti n'est pas non plus de nature à remettre en cause le caractère brutal de la rupture. Le comportement de la société victime peut en effet être guidé par les négociations en cours sur les modalités de poursuite des relations commerciales[366]. En l'absence d'accord formel, si le silence ne peut valoir à lui seul acceptation, il n'en est pas de même lorsque les circonstances permettent de donner à ce silence la signification d'une acceptation[367]. À plus forte raison, un accord entre les deux parties sur les conditions de la rupture s'oppose à la démonstration d'un manquement en rupture brutale des relations, en l'absence de comportement déloyal ou de pouvoir de marché significatif d'une des parties[368].

---

361 CA Paris, 28 mai 2020, RG n° 17/18641, Clémence Mouly-Guillemaud, *Rupture brutale : La Cour d'appel de Paris détaille l'indemnisation de la rupture brutale d'une relation établie sur un chiffre d'affaires variable et ponctuellement atypique (Inter Mutuelles Habitat / Terroise IDF)*, 28 mai 2020, *Concurrences* N° 3-2020, Art. N° 96563 ; CA Paris, 22 mars 2018, RG n° 15/24108.

362 CA Paris, 6 mars 2019, RG n° 17/16648.

363 CA Paris, 14 mars 2018, RG n° 16/13250.

364 Cass. com., 4 février 2004, Pourvoi n° 02-13.374 ; CA Paris, 22 mars 2018, RG n° 15/24108.

365 CA Nancy, 14 décembre 2011, RG n° 11/000628.

366 CA Paris, 6 mars 2019, RG n° 17/16648.

367 CA Toulouse, 6 novembre 2013, RG n° 12/00483.

368 CA Paris, 22 septembre 2017, n° 15/13322.

Section 2
Le calcul du préavis raisonnable

295. La juridiction saisie peut fixer elle-même le préavis qu'elle estime raisonnable, indépendamment des accords interprofessionnels, ou encore des modalités contractuelles, notamment lorsque plusieurs CDD ont été requalifiés en contrats à durée indéterminée du fait de leurs reconductions successives.

296. Le préavis peut ainsi dépendre notamment des critères suivants[369] :
- l'ancienneté des relations commerciales, qui constitue de loin le premier critère pris en compte (1) ;
- le secteur considéré ou le type de produit (2) ;
- les usages commerciaux au sens large (3) ;
- les circonstances spécifiques à la relation commerciale (4) ;
- l'état de dépendance économique éventuel d'un partenaire vis-à-vis de l'autre[370] (5) ;
- la combinaison de plusieurs de ces facteurs (6).

297. Afin de permettre d'identifier le plus précisément possible l'influence de chaque facteur sur la détermination du préavis raisonnable, une étude qualitative portant sur des affaires sur la période 2004-2020 a été réalisée.

§ 1. La durée des relations commerciales et le nouveau plafond

298. La durée des relations constitue un facteur prépondérant pour la détermination du préavis. Il existe assez logiquement une corrélation forte entre la durée de la relation commerciale et la durée de préavis raisonnable qu'une entreprise aurait dû respecter pour rompre les relations commerciales. À partir des données issues de l'étude des décisions portant sur seize années[371], il a été possible de calculer le ratio moyen entre la durée de préavis estimée raisonnable[372] et celle retenue pour la relation commerciale établie[373]. Pour l'échantillon observé, le ratio est

---

369 CA Paris, 15 mars 2017, RG n° 14/21039 : « L'évaluation de la durée de préavis à accorder est fonction de toutes les circonstances de nature à influencer son appréciation au moment de la notification de la rupture, notamment de l'ancienneté des relations, du volume d'affaires réalisé avec l'auteur de la rupture, du secteur concerné, de l'état de dépendance économique de la victime, des dépenses non récupérables dédiées à la relation et du temps nécessaire pour retrouver un partenaire sur le marché équivalent ».

370 Cass. com., 18 novembre 2020, Pourvoi n° 18-25709 ; CA Paris, 7 février 2019, RG n° 16/14348. La démonstration d'un état de dépendance économique ne constitue toutefois pas une condition nécessaire à l'application du dispositif sanctionnant la rupture brutale de relation commerciale (CA Amiens, 30 novembre 2001, RG n° 00/00407).

371 Certaines décisions ont été retirées de l'analyse : celles pour lesquelles les informations mentionnées dans le jugement étaient insuffisantes, et celles pour lesquelles l'absence de préavis n'avait pas été jugée problématique en raison de l'absence de relation commerciale établie, de manquements graves ou d'un cas de force majeure, car la rupture était imputable à la société, ou encore car la relation n'était pas régie par un contrat à durée indéterminée. En définitive, il restait donc 715 observations exploitables.

372 En mois.

373 En année.

de 0,98 en moyenne, ce qui signifie que pour une année de relation commerciale, les juges accordent en moyenne 0,98 mois de préavis.

299. La tendance de la jurisprudence dégagée par l'analyse[374] permet de constater une baisse de la moyenne de la durée des préavis à moins d'un mois par année d'ancienneté. La propension des contentieux devant les seules juridictions spécialisées a abouti à une plus grande sévérité dans l'octroi de la durée de préavis.

300. Il est ainsi possible de constater ci-après un fléchissement significatif à la baisse du ratio ces dernières années, comme l'illustre le tableau suivant :

Année	Ratio[375]	Nombre d'observations
2004	0,79	16
2005	1,3	19
2006	1,02	27
2007	1,18	25
2008	1,23	36
2009	1,04	47
2010	0,98	76
2011	**1,22**	97
2012	**1,25**	103
2013	**1,37**	87
2014	**1,06**	26
2015	**0,98**	25
2016	**1,06**	25
2017	**1,05**	25
2018	**1,04**	28
2019	**0,85**	29
2020	**0,83**	24

Évolution du ratio préavis / durée de relation en fonction des années

301. Il est nécessaire que la durée prise en compte pour le calcul du préavis ou du préjudice corresponde à la durée effective des relations commerciales. Dans le cas contraire, la décision peut être privée de base légale. Dans une affaire par exemple[376], bien que la relation initiale nouée 6 ans auparavant ait été résolue par un protocole transactionnel, le fait que les parties aient ensuite conclu uniquement des contrats à durée déterminée ne les exonère pas de prendre en compte l'intégralité de la relation.

---

374 Pour la période entre 2004 et 2013, la totalité des décisions rendues sur le fondement de l'article L. 442-6 du Code de commerce ont été analysées. Compte tenu du développement de la jurisprudence ces dernières années, pour la période de 2014 à 2020 un échantillon stable de jurisprudence traitant de rupture brutale des relations commerciales a été sélectionné.

375 Durée de préavis raisonnable/durée de relation commerciale.

376 CA Paris, 18 avril 2019, RG n° 17/15790.

302. Si la durée des relations commerciales constitue un facteur explicatif prépondérant, ce n'est cependant pas le seul.

303. Le nouvel article L. 442-1 du Code de commerce, issu de l'Ordonnance n° 2019-359 du 24 avril 2019, limite désormais à 18 mois la durée du préavis qui peut être accordée, quelque soit la durée des relations commerciales. Il ne s'agit pas véritablement d'un plafond mais plutôt d'une exonération de responsabilité en application de ce texte spécifique du droit des pratiques restrictives de concurrence.

304. Cette nouvelle disposition confirme la volonté d'évolution de la jurisprudence dans un sens plus strict. Avant la réforme, il n'était pas rare que les contentieux comportent des demandes de délais jusqu'à 24 mois de préavis, voire 36 mois, même si peu de décisions avaient effectivement accordé ce délai[377].

305. Aussi, eu égard au fonctionnement de la vie des affaires, le délai ramené à 18 mois, relativement discuté avant la mise en place de la réforme, paraît raisonnable pour permettre d'anticiper les conséquences d'une rupture. Les décisions à venir permettront de constater si ce plafonnement aboutira à réduire le montant des demandes d'indemnités au titre de la rupture brutale. Le choix de la responsabilité de droit commun pourra éventuellement être envisagé si la probabilité d'obtenir réparation du préjudice subi par la victime y est supérieur.

§ 2. Le secteur considéré ou le type de produit

306. Le secteur d'activité constitue un critère important pour apprécier la durée du préavis raisonnable, étant donné le fonctionnement spécifique propre à chaque secteur, et son incidence sur les possibilités, pour le partenaire, de trouver des débouchés alternatifs à plus ou moins brève échéance. Par exemple, s'agissant d'une entreprise spécialisée dans la métrologie dimensionnelle appliquée au secteur de l'automobile, la Cour d'appel a pu prendre en compte « *la notoriété et la spécificité des produits distribués* » pour apprécier la durée du préavis accordée à celle-ci[378].

307. Le secteur dans lequel intervient la rupture peut ainsi influer sur la durée du préavis raisonnable, que ce soit à la hausse (B) ou à la baisse (A). De manière générale, lorsque la production ou l'activité de commercialisation est régie par des cycles, cette caractéristique peut aussi être prise en compte (C).

A. Influence à la baisse ou sans influence

308. Le critère du secteur d'activité peut dans certains cas influencer à la baisse le préavis, généralement en raison de la facilité théorique pour la société de réorienter son activité :

- fret maritime[379] ou transport routier de marchandises[380] ;

---

377 CA Paris, 27 mars 2019, RG n° 16/23378.
378 CA Paris, 30 octobre 2019, n° 17/14440.
379 3 mois pour une relation de 5 ans ; CA Grenoble, 7 mai 2008, RG n° 06/04126.
380 3 mois pour une relation de 8 ans ; CA Paris, 18 avril 2019, n° 16/19886.

- activité de traiteur[381], de fourniture de viande porcine[382] ou de produits alimentaires de consommation courante[383] ;
- importation de produits électroniques grand public vendus à la grande distribution[384] ;
- secteur de l'édition[385] ;
- achat d'emplacement pour une exposition[386] ou création d'actions de communication[387] (sauf en cas d'investissements particuliers – voir § 350) ;
- prestations de gardiennage[388] ;
- prestations d'entrepositaire[389] ;
- prestations d'agence de voyage[390] ;
- distribution de matériel viticole et vinicole[391] ;
- distribution de produits vétérinaires à l'étranger[392] ;
- prestations d'hébergement dématérialisé de données sur serveurs informatiques[393] ou d'abonnement téléphonique pour une entreprise[394] ;
- secteur de la sécurité privée[395].

309. De même, un contrat d'occupation temporaire de l'espace public est par nature précaire, et partant, cette caractéristique doit être prise en compte dans le cadre de la détermination du préavis raisonnable[396].

310. Le secteur n'a pas toujours une incidence sur la détermination du préavis, auquel cas il se situera alors dans la moyenne admise, soit un mois environ par année d'ancienneté. Tel est le cas par exemple desde produits alimentaires de second choix ne pouvant être commercialisés que dans des circuits particuliers (hard discount notamment)[397].

---

381 3 mois pour une relation de 9 ans ; CA Paris, 20 octobre 2005, RG n° 05/13805, Philippe Vanni, Rupture brutale de relation commerciale établie : La Cour d'appel de Paris précise les éléments de calcul du préavis à mettre en œuvre pour rompre une relation commerciale établie (Interm'Enzo), 20 octobre 2005, Concurrences N° 1-2006, Art. N° 27325.

382 12 mois pour une relation de 14 ans ; CA Paris, 28 mai 2020, n° 17/22068.

383 4 mois pour une relation de 7 ans ; CA Paris, 13 décembre 2018, n° 16/09706, Clémence Mouly-Guillemaud, Rupture brutale : La Cour d'appel de Paris considère ponctuellement la confiance parmi les critères d'application de l'art. L. 442-6, I, 5° du Code de commerce (AGSC / SMI ; Cantrel / Collet), 8 novembre 2018, Concurrences N° 1-2019, Art. N° 89649.

384 10 mois pour une relation de 12 ans ; CA Versailles, 2 décembre 2004, RG n° 03/04269. Dans ce cas, le juge a estimé que si les concentrations dans le secteur de la grande distribution diminuaient le nombre d'intervenants, et donc la possibilité de contractualiser avec un nouveau distributeur, en revanche, elle importait des produits dont l'évolution de la technologie et des prix était très rapide.

385 8 mois pour une relation de 8 ans ; CA Paris, 6 novembre 2019, n° 18/08893.

386 3 mois pour une relation de 8 ans ; CA Colmar, 20 juin 2006, RG n° 05/02968.

387 6 mois pour une relation de 11 ans et demi ; CA Paris, 12 septembre 2019, RG n° 17/09606.

388 6 mois pour une relation de 8 ans ; CA Paris, 21 octobre 2016, RG n° 14/16611.

389 2 mois pour une relation de 5 ans et demi ; CA Paris, 10 février 2010, RG n° 07/20870.

390 3 mois pour une relation de 5 ans et demi ; CA Paris, 30 janvier 2019, RG n° 16/20786.

391 7 mois et demi pour une relation de 8 ans ; CA Paris, 12 septembre 2018, RG n° 15/09702, Clémence Mouly-Guillemaud, Rupture brutale : La Cour d'appel de Paris apporte plusieurs précisions sur le régime de la rupture brutale (Beauté Shop / Clarins…), 12 septembre 2018, Concurrences N° 4-2018, Art. N° 88542.

392 13 mois pour une relation de 15 ans et 8 mois : CA Paris, 17 janvier 2018, RG n° 15/17859.

393 1 mois et demi pour une relation de plus de 12 mois ; CA Versailles, 20 mai 2010, RG n° 09/05209.

394 3 mois pour une relation de 8 ans ; CA Paris, 20 novembre 2008, RG n° 08/03801.

395 4 mois pour 7 ans de relations : CA Paris, 9 juillet 2020, RG n° 17/14335.

396 6 mois pour une relation de 23 ans : CA Paris, 16 octobre 2013, RG n° 11/22236.

397 4 mois pour une relation de 4 ans ; CA Douai, 8 septembre 2005, RG n° 04/01257.

B. Influence à la hausse

311. À l'inverse, la spécificité intrinsèque d'un secteur peut contribuer à augmenter la durée de préavis qui sera estimée raisonnable par les juridictions :

- produits très spécifiques (fourniture de pièces détachées pour des machines spécifiques[398] ou de bouteilles champenoises[399] ou encore spécifiquement créés pour le client et portant son logo, et qui ne pouvaient donc pas être écoulées ailleurs[400]) ;
- le caractère « *mode* » des produits concernés[401], comme des bottes fourrées de grande notoriété[402] ;
- les difficultés d'approvisionnement en produits, comme des additifs alimentaires pour animaux[403] ;
- le fait que les produits soient vendus à la grande distribution, en raison de la périodicité annuelle de leur référencement. En l'espèce[404], un préavis de 4 mois avait été donné au mois de décembre alors qu'à cette période tous les référencements de fournisseurs sont déjà réalisés pour l'année. La Cour a donc estimé qu'un préavis de six mois était nécessaire ;
- la distribution de produits de téléphonie multimarques et multi-opérateurs eu égard aux difficultés de pallier les incidences de la perte des offres proposées par l'opérateur de téléphonie, auteur de la rupture[405] ;
- produits pétroliers distribués par une station-service[406] ;
- produits issus du secteur de la plasturgie, qui, étant particulièrement touché par les délocalisations, rend d'autant plus difficile toute reconversion[407] ;
- produits laitiers et desserts ayant nécessité la mise en place par le fabricant d'une nouvelle ligne de production afin de satisfaire à la capacité de production demandée[408] ;
- produits d'horlogerie de luxe ayant fait l'objet d'un contrat de distribution sélective[409] ;
- prestation de design industriel[410] ;
- mission de communication et de promotion[411] ;

---

398 26 mois pour une relation de 13 ans, CA Paris, 30 juin 2016, RG n° 15/01078.

399 6 mois pour une relation de 4 ans ; CA Dijon, 4 décembre 2007, RG n° 06/02172, Marie du Gardin, Rupture de relations commerciales : La Cour d'appel de Dijon réaffirme qu'une modification soudaine des conditions tarifaires peut constituer une rupture brutale des relations commerciales établies (Vidrieria Rovira / Serge Cheveau), 4 décembre 2007, Concurrences N° 1-2008, Art. N° 27898.

400 6 mois pour une relation de 4 ans ; CA Paris, 9 juillet 2010, RG n° 10/03248.

401 2 ans pour une relation de 17 ans ; TC Lyon, 24 juillet 2007, Inédit.

402 6 mois ans pour une relation de 31 mois ; CA Paris, 21 mars 2018, RG n° 16/07984.

403 Ibis.

404 6 mois pour une relation de 4 ans ; CA Caen, 29 octobre 2009, RG n° 08/01874.

405 2 ans pour une relation de 6 ans et 1 mois ; CA Paris, 14 mars 2018, RG n° 16/09127.

406 12 mois pour une relation de 7 ans ; CA Paris, 23 janvier 2019, RG n° 17/08468.

407 6 mois pour une relation de 10 ans qui ne représentait que 8 % du chiffre d'affaires du partenaire commercial ; CA Rouen, 24 juin 2010, RG n° 09/02193.

408 12 mois pour une relation de 7 ans ; CA Paris, 24 mai 2017, RG n° 14/22580.

409 21 mois pour une relation de 8 ans ; CA Paris, 1er mars 2017, RG n° 15/22080.

410 6 mois pour une relation de 3 ans ; CA Paris, 15 décembre 2016, RG n° 14/23754.

411 6 mois pour une relation de 5 ans ; CA Aix-en-Provence, 5 janvier 2016, RG n° 14/23370.

- distribution de bois de charpente à destination de certains territoires avec une exclusivité[412] ;
- l'activité de mûrissement et commercialisation de bananes, compte tenu de la part de chiffre d'affaires (50 %) réalisé par l'importateur ayant rompu la relation[413] ;
- la relation entre un grossiste et un acteur de la grande distribution, en raison de la désorganisation provoquée par la nécessité pour le grossiste, qui a perdu en quelques mois la clientèle de nombreux magasins de l'enseigne, de renouveler l'essentiel de ses clients[414] ;
- produits de protection solaire en Italie, compte tenu de la difficulté pour développer un marché de remplacement pour la distribution de ces produits dans la grande distribution italienne après avoir perdu un partenaire se présentant lui-même comme un acteur majeur de ce marché[415] ;
- produits de lunetterie fabriqués sous licence exclusive. Du fait de la perte de la licence exclusive, le fabricant devait non seulement trouver d'autres marques partenaires, mais aussi de nouveaux clients pour permettre l'écoulement de ses produits, impliquant dès lors une durée relativement longue[416] ;
- sous-traitance pour la fabrication de produits destinés à la sonorisation professionnelle[417] ;
- la construction d'un réseau de relations par une agence immobilière pour le compte d'une société d'économie mixte, en raison de la spécificité des cocontractants avec une entreprise aussi particulière intervenant sur des opérations d'envergure[418] ;
- le transport de produits bitumineux nécessitant le respect de réglementations particulières et un équipement spécialisé pour maintenir à iso-température le produit, et s'agissant d'un marché oligopolistique dans la mesure où les donneurs d'ordre sont de très grandes entreprises pétrolières[419].

C. L'influence du cycle de production ou de commercialisation du secteur

1. Le cycle de production et de commercialisation propre au secteur du textile

312. Le cycle de production associé au secteur peut aussi servir de base à la détermination du préavis raisonnable. Par exemple, le secteur textile est soumis à un cycle de production qui lui est propre[420]. En effet, il comprend généralement deux

---

412 16 mois pour une durée de 6 ans ; CA Paris, 2 juin 2016, RG n° 14/24381.

413 CA Paris, 20 mars 2015, RG n° 13/16059.

414 6 mois pour une relation de 4 ans ; CA Paris, 11 février 2005, RG n° 12/19910.

415 CA Aix-en-Provence, 8 mars 2012, RG n° 10/16252.

416 CA Paris, 21 septembre 2012, RG n °12/07229.

417 CA Paris, 18 octobre 2012, RG n° 10/16252.

418 CA Lyon, 28 février 2013, RG n° 10/08311.

419 CA Paris, 4 avril 2013, RG n° 10/23071.

420 À ce titre, une communication réalisée par le syndicat de la fédération des industries textiles a été évoquée, laquelle indiquait « *pour les relations de 1 à 5 ans, le préavis raisonnable est en moyenne de 3 à 6 mois,*

collections annuelles, soit une tous les 6 mois, lesquelles doivent être bouclées plusieurs mois avant la sortie des catalogues, en raison non seulement du délai de production, mais aussi du délai d'acheminement des marchandises, qui peut être de plusieurs semaines pour le fret maritime, par exemple.

313. Par conséquent, en raison de sa saisonnalité, la jurisprudence tend à considérer que dans le milieu du textile un délai de 6 mois, correspondant au « *préavis d'une saison* » est nécessaire à un fournisseur pour réorienter son activité et trouver des nouveaux débouchés[421]. Le préavis raisonnable peut toutefois être d'un an dans certains cas particuliers :

- le fournisseur livrait des produits spécifiquement fabriqués pour son client (fourniture de vêtements pour le personnel d'un groupe de distribution par exemple[422]) ;
- la durée de relation commerciale était particulièrement longue[423] ;
- le marché était particulièrement étroit (fourniture de vêtements pour femme enceinte et pour enfant par exemple[424], ou de robes de mariée[425]) ;
- le préavis octroyé chevauchait deux saisons de telle sorte qu'il ne permettait pas au distributeur d'organiser la distribution des produits pour la saison suivante[426], ce qui est *a fortiori* valable lorsque le partenaire commercial réalise l'essentiel de son activité avec l'auteur de la rupture[427].

314. À noter que des préavis plus courts peuvent être décidés en fonction des circonstances de l'espèce. Dans une autre affaire, la Cour d'appel de Paris a retenu que le fournisseur, qui avait rompu une relation commerciale de 3 ans, à effet immédiat, fin septembre 2009, aurait dû accorder au distributeur un préavis de 3 mois, afin de lui permettre d'acquérir la collection printemps – été 2010, qui aurait pu être vendu 6 mois plus tard, ce qui lui laissait le temps de chercher un autre fournisseur équivalent[428].

2. L'influence du cycle de production ou de commercialisation dans d'autres secteurs

315. À l'instar du secteur textile, le cycle de production peut aussi être pris en compte dans d'autres secteurs. Le secteur de la fourniture d'objets publicitaires par exemple, s'inscrit dans un cycle annuel de production, avec la livraison tout au long de l'année de commandes passées l'année précédente. Ainsi, ces éléments sont

---

au-delà d'un an peut être envisagé comme raisonnable en fonction de la nature des relations commerciales ». Si cette communication n'est pas utilisable en tant qu'accord interprofessionnel, elle peut néanmoins être utilisée dans un cadre plus global afin de déterminer le préavis raisonnable – CA Versailles, 18 mai 2006, RG n° 04/08829.

421 TC Paris, 13 mars 2017, RG n° 201503509 ; CA Paris, 7 janvier 2016, RG n° 14/05104.

422 14 ans de relation commerciale ; CA Amiens, 9 mai 2006, RG n° 05/01540 et n° 05/03197.

423 32 ans de relation commerciale ; CA Caen, 2 juin 2005, RG n° 03/03155 – 10 ans de relation commerciale ; CA Paris, 13 septembre 2009, RG n° 04/12955.

424 1 an pour une relation de 10 ans ; CA Paris, 13 septembre 2006, RG n° 04/12955.

425 CA Paris, 3 juin 2010, RG n° 06/06805.

426 10 ans de relation commerciale ; CA Pau, 26 mars 2009, RG n° 08/01257.

427 14 ans de relation commerciale ; CA Versailles, 18 mai 2006, RG n° 04/08829.

428 CA Paris, 25 mars 2016, RG n° 15/01662.

de nature à augmenter le préavis raisonnable comme ils imposent au fournisseur de disposer d'un laps de temps significatif pour sa reconversion[429].

316. Dans le secteur de la fourniture d'œufs, il a été estimé que les contraintes liées à la gestion du cheptel animal spécialement affecté à la production des œufs commandés imposaient un délai suffisant pour permettre au producteur de trouver des nouveaux débouchés[430].

317. Dans le secteur de la fourniture de bouteilles de vin primeurs, la relation était rythmée par chaque saison annuelle, laquelle a donc été prise en compte dans le calcul du préavis[431].

318. De même, le secteur de la prestation de l'enseignement secondaire implique de tenir compte du calendrier de l'année universitaire, afin de permettre au professeur évincé de se réorganiser[432].

319. Dans le secteur de la production de sapins de Noël, il y a lieu de tenir compte du caractère saisonnier du produit concerné et de la durée de son cycle de production (6 mois en moyenne) dans la détermination du préavis raisonnable[433]. La prise en compte de la saisonnalité liée à Noël se retrouve aussi dans d'autres produits comme les jouets, dont une part importante est achetée à cette période[434].

320. Concernant des produits importés de Chine, la société devait passer commande 6 mois auparavant pour préconstituer ses stocks, un tel délai devant être pris en compte dans le cadre de la détermination du préavis raisonnable[435].

321. Dans le secteur de la fourniture de produits agricoles, la relation est rythmée par le cycle des récoltes lesquelles ont lieu une à deux fois par an. Suivant que la durée de la relation commerciale soit plus ou moins longue, il a ainsi été estimé que le préavis devait être d'une saison[436], ou de deux saisons[437].

322. Dans le secteur de la fourniture d'engrais, il a été estimé que du fait de la saisonnalité liée au cycle de production, le délai de préavis devait se calculer en saisons[438] en fonction de l'ancienneté des relations commerciales.

§ 3. L'influence des usages commerciaux

323. Comme précédemment l'article L. 442-6-5° du Code de commerce, le nouvel article L. 442-1 du Code de commerce prévoit que le préavis puisse être déterminé

---

429 Soit 12 mois pour une relation de 10 ans ; Cass. civ. du 4 décembre 2019, pourvoi n° 18-13.768.

430 Soit des préavis de 3 et 4 mois pour des relations respectivement de 3 et 5 ans ; CA Paris, 30 septembre 2016, RG n° 14/00902.

431 Soit 1 an pour une relation de 7 ans ; CA Bordeaux, 30 avril 2009, RG n° 07/02409.

432 CA Paris, 1er février 2018, RG n° 15/13726.

433 Soit 12 mois pour une relation de 7 ans ; CA Douai, 26 janvier 2017, RG n° 15/07306.

434 Soit 20 mois pour une relation de 20 ans ; CA Versailles, 12 juin 2012, RG n° 10/03892.

435 Soit 6 mois pour une relation de 3 ans ; CA Paris, 6 décembre 2012, RG n° 10/13678.

436 Pour une relation de 6 ans ; CA Bordeaux, 7 septembre 2010, RG n° 09/02461.

437 Pour une relation de 10 ans ; CA Bordeaux, 28 février 2005, RG n° 04/02643 – ou pour une relation de 8 ans ; CA Orléans, 14 janvier 2010, RG n° 09/00976.

438 Soit 6 mois pour une relation de 4 ans ; CA Reims, 24 novembre 2008, RG n° 08/01512 – ou 2 ans (pour deux saisons) pour une relation de 35 ans ; CA Paris, 13 octobre 2010, RG n° 10/16947.

« *en référence aux usages du commerce ou aux accords interprofessionnels* ». À ce titre, la pratique décisionnelle se base non seulement sur les accords interprofessionnels (A), mais aussi sur les usages du secteur (B), auquel cas il n'est pas nécessaire de faire référence à un accord interprofessionnel spécifique. Le fait que la relation soit régie par un statut particulier, comme celui d'agent commercial ou de mandat, peut aussi être pris en considération (C).

A. Le cas d'une convention professionnelle

324. Lorsqu'un accord interprofessionnel prévoit expressément un délai de préavis en fonction de la durée des relations commerciales, il permet dans certaines situations de déterminer le préavis.

1. Les conditions pour qu'un accord professionnel soit opposable

325. L'accord interprofessionnel doit être valable. Par exemple, un simple avis relatif à la formule type de contrat établi en application de la règlementation entre annonceurs et agents de publicité, diffusé sur le site internet de « *l'Union des annonceurs* » ne constitue pas un accord interprofessionnel[439].

326. En outre, l'accord professionnel doit être applicable aux conditions de l'espèce. Dans l'hypothèse où la société se réclame d'un accord donné, il lui appartient de démontrer que son activité entre bien dans son champ d'application. Le juge peut ainsi faire une appréciation *in concreto* des activités de l'entreprise afin de déterminer si elle relève ou non de l'accord interprofessionnel.

327. Dans une affaire par exemple[440], deux sociétés de conditionnement de produits pharmaceutiques ne relèvent pas du Code des usages de la Fédération de l'imprimerie et de la communication graphique, ceux-ci faisant référence uniquement aux publications de périodiques et non à « *l'imprimerie de labeur* ».

328. Dans le domaine du transport routier de marchandises, lorsque le contrat ne constitue pas une relation de sous-traitance au sens de la loi du 30 décembre 1982, dite « *loi Loti* », instituant un contrat-type dont le cadre est exclusif de l'article L. 442-6, I, 5° devenu L 442-1 II du Code du commerce, le préavis doit être déterminé en fonction des circonstances de l'espèce et non en fonction des prévisions du contrat-type[441]. Dans ces conditions, il est possible que le préavis jugé raisonnable soit supérieur à celui théoriquement prévu par l'accord interprofessionnel suivant les autres circonstances de l'espèce[442].

---

439 CA Paris, 4 décembre 2015, RG n° 13/24248, ; Jean-Louis Fourgoux, Rupture de relations commerciales : La Cour d'appel de Paris rejette la demande d'une agence de publicité mise en concurrence et évincée après un préavis de 3 mois pour 6 années d'ancienneté en soulignant que la dépendance résultait « d'un choix délibéré de sa part » (Ailleurs Exactement / Grandvision), 4 décembre 2015, Concurrences N° 1-2016, Art. N° 77406, p. 126. CA Paris, 4 décembre 2015, RG n° 13/24248.

440 CA Aix-en-Provence, 1er octobre 2015, RG n° 14/15898.

441 CA Paris, 16 janvier 2019, n° 16/13826, Clémence Mouly-Guillemaud, Rupture brutale : La Cour d'appel de Paris réitère son attachement aux détails dans le contentieux de l'art. L. 442-6, I, 5° du Code de commerce (Lisa May / Affiches parisiennes…), 9 janvier 2019, Concurrences N° 2-2019, Art. N° 89939 – voir également Cass. com., 19 novembre 2013, Pourvoi n° 12-26.404 et Cass. com., 4 octobre 2011, Pourvoi n° 10-20.240.

442 CA Paris, 23 janvier 2019, RG n° 17/08468.

2. L'effet de l'accord professionnel sur la détermination du préavis

329. Lorsqu'un accord interprofessionnel est invoqué, le juge a pu en faire une application stricte, comme le montrent les exemples suivants :

- Code des usages des industries graphiques ou de l'imprimerie publié par la Fédération de l'imprimerie et de la communication graphique[443] ;
- Contrat-type du 19 septembre 1961 relatif aux relations entre annonceurs et agents de publicité[444] ;
- Accord du 15 janvier 2002 conclu dans le secteur du bricolage entre l'Union des industries du bricolage et la Fédération française des magasins de bricolage[445] ;
- Contrat-type applicable au transport routier de marchandises entre un transporteur et son sous-traitant, institué par le décret n° 2001-689 du 19 juillet 2001 et/ou de celui issu du décret n° 2003-1295 du 26 décembre 2003[446].

330. Pour autant, le préavis fixé dans le cadre de l'accord interprofessionnel ne constitue qu'un minimum, la durée raisonnable de préavis pouvant être plus importante si les circonstances de l'espèce le justifient. En effet, « *la fixation du délai de préavis par un accord interprofessionnel pour rompre une relation commerciale ne prive pas le juge de son pouvoir d'appréciation quant à la durée du préavis. Ce délai étant uniquement un délai minimum, les circonstances particulières peuvent justifier que ce délai soit augmenté dans certaines situations [...] L'existence d'un accord interprofessionnel ne dispense pas la juridiction d'examiner si le préavis qui respecte le délai minimal fixé par cet accord tient compte de la durée de la relation commerciale et des autres circonstances de l'espèce* »[447].

331. Cela a, par exemple, été le cas dans le secteur du bricolage où le préavis théorique de 9 mois apparaissait insuffisant compte tenu du point de la relation dans le chiffre d'affaires du partenaire (40 %) et du fait que 20 % de ses salariés étaient affectés à la relation en question[448]. De même, dans le cadre d'une activité dans le secteur de l'imprimerie par exemple, le préavis de 12 mois, bien que supérieur aux usages professionnels applicables à ce secteur, est néanmoins adapté aux circonstances particulières et à la durée de la relation commerciale ayant débuté en 1972[449].

332. En définitive, la logique est la même que lorsqu'un délai contractuel est prévu (v. § 339 et s.).

---

443 TC Paris, 15 février 2007, RG n° 2006012773 ; CA Rouen, 18 janvier 2007, RG n° 05/04381 ; CA Paris, 19 février 2009, RG n° 07/08169.

444 CA Colmar, 7 septembre 2010, RG n° 08/05391 ; CA Versailles, 20 novembre 2012, RG n° 11/05909.

445 CA Orléans, 16 septembre 2010, RG n° 10/00242.

446 CA Aix-en-Provence, 4 janvier 2007, RG n° 05/03615 ; CA Lyon, 5 mars 2009, RG n° 08/00074 ; CA Colmar, 10 mars 2009, RG n° 07/03601 ; Cass. com., 22 janvier 2008, Pourvoi n° 06-19.440. Il est bien entendu nécessaire que la société invoquant ce texte prouve les qualités des deux partenaires, l'un en tant que commissionnaire de transport, l'autre de transporteur public, sans quoi ces dispositions ne sont pas applicables (CA Aix-en-Provence, 26 janvier 2012, RG n° 10/15366).

447 Cass. com., 2 décembre 2008, Pourvoi n° 08-10.731 – voir également CA Paris, 23 janvier 2019, RG n° 17/08468 et Cass. com. 3 mai 2012, Pourvoi n° 11-10.544.

448 CA Orléans, 16 septembre 2010, RG n° 10/00242.

449 Cass. com., 24 octobre 2018, Pourvois n° 17.16.011 et 21.807.

B. Le cas d'usages hors accord interprofessionnel

333. Dans d'autres affaires, les usages professionnels propres au secteur ont été mis en avant pour motiver la détermination du préavis, et ce, sans qu'aucun accord interprofessionnel ne soit expressément mentionné. Les exemples suivants illustrent ainsi la pratique décisionnelle en la matière :

- préavis d'une année en référence aux usages dans le secteur de la production audiovisuelle[450] ;
- préavis de 6 mois eu égard aux usages du secteur de la décoration d'intérieur et du jardinage[451] ;
- préavis de 3 mois pour une relation de 2 ans en référence aux usages dans le secteur de l'animation commerciale et du conseil des points de vente sous enseigne à la Réunion[452] ;
- préavis de 8 mois pour une relation de 13 ans pour l'agencement « *tous corps d'état* » de surfaces commerciales et tertiaires[453] ;
- préavis relativement court eu égard aux usages des entreprises de nettoyage en cas de non-renouvellement de contrat[454] ;
- préavis de 48 heures en référence aux usages dans le secteur de la distribution de presse à destination des kiosques, notamment à Paris[455]. Ce délai avait, en outre, reçu l'aval du Conseil supérieur des messageries de presse par l'intermédiaire du rapport moral de son président ;
- préavis de 6 mois entre annonceurs et agences de publicité[456].

C. Les cas de contrats spécifiques

334. **Le contrat d'agent commercial**. Lorsque la relation relève bien du statut d'agent commercial (voir § 1663 et s.), le préavis est prévu par l'article L. 134-11 du Code de commerce, suivant lequel « *la durée du préavis est d'un mois pour la première année du contrat, de 2 mois pour la deuxième année commencée, de 3 mois pour la troisième année commencée et les années suivantes* ».

335. Si les cours d'appel considèrent que ce délai, bien que constituant la référence[457], pourrait théoriquement être ajusté suivant les circonstances de l'espèce[458], les juridictions excluent explicitement les agents commerciaux de l'application de l'article L. 442-1 II du Code de commerce, considérant dès lors que seul l'article L. 134-11 du Code de commerce a vocation à s'appliquer[459].

---

450 CA Paris, 16 novembre 2005, RG n° 04/13227.
451 6 mois pour une relation de 2 ans ; CA Paris, 7 octobre 2016, RG n° 13/20572.
452 3 mois pour une relation de 2 ans ; CA Paris, 20 octobre 2016, RG n° 15/02714.
453 CA Paris, 20 octobre 2016, RG n° 14/26214.
454 6 jours pour une relation de 6 ans ; CA Aix-en-Provence, 19 novembre 2004, RG n° 02/00148.
455 CA Paris, 13 septembre 2007, RG n° 05/12371.
456 CA Paris, 14 décembre 2005, RG n° 04/24526 ; CA Paris, 14 décembre 2008, RG n° 04/13227.
457 CA Aix-en-Provence, 25 janvier 2012, RG n° 10/16390.
458 CA Paris, 8 décembre 2011, RG n° 08/20562.
459 CA Paris, 8 mars 2018, RG n° 15/18623.

336. **Le contrat de mandat**. Un mandat régi par les règles de droit commun peut être révoqué de plein droit à tout moment *ad nutum* (v. § 1652 et s.).

337. Pour certains mandats spécifiques, il existe des durées de préavis prévues par les textes, lesquelles peuvent servir de base à la détermination du préavis raisonnable. Tel est le cas, par exemple, de l'activité d'agent immobilier, pour laquelle le préavis à respecter pour un mandat est de 2 semaines en application de l'article 78 du décret n° 72-678 du 20 juillet 1972 relatif à cette profession[460]. Il en est de même pour l'activité du gérant-mandataire, pour lequel les modalités de la rupture sont déterminées d'abord par la loi, et plus précisément par l'article L. 146-4 du Code de commerce, qui laisse la liberté aux parties d'organiser la fin du contrat[461].

§ 4. Les caractéristiques et/ou circonstances spécifiques liées à la rupture

338. Le fait qu'un préavis ait été prévu par un contrat (A) ou ait été consenti par l'auteur de la rupture (B) peut avoir une incidence sur le préavis raisonnable. Les investissements réalisés par la société victime de la rupture peuvent aussi sous certaines conditions être pris en compte dans ce cadre (C), de même que le volant d'affaires (D). De manière générale, divers critères peuvent être utilement soulevés pour déterminer la durée de préavis raisonnable et, suivant les circonstances, influer à la hausse ou à la baisse (E).

A. L'influence d'un préavis contractuel

339. Certains contrats prévoient un préavis déterminé à l'avance pour rompre le contrat, et donc la relation commerciale. L'analyse des caractéristiques principales de la relation commerciale (ancienneté des relations et poids de la relation dans l'activité du partenaire commercial notamment) peut permettre au juge de déclarer le préavis contractuel comme suffisant, en l'absence d'éléments démontrant le contraire[462].

340. Néanmoins, de même que pour les accords interprofessionnels, le délai de préavis contractuel ne correspond pas nécessairement à celui que la société aurait dû raisonnablement consentir à son partenaire pour ne pas lui porter préjudice. En effet, *« le respect par la partie qui rompt unilatéralement le contrat, des stipulations contractuelles relatives à la rupture de celui-ci, n'exclut pas la brutalité de cette rupture »*[463].

---

460 CA Paris, 5 juillet 2012, RG n° 11/01618.

461 CA Paris, 17 janvier 2018, RG n° 15/04973.

462 Cass. com., 31 janvier 2006, Pourvoi n° 03-13.739, Mary-Claude Mitchell, Rupture brutale de relation commerciale : La Cour de cassation considère que le délai de préavis contractuel doit être raisonnable et suffisant (Yamaha-MBK / Lamy Lionel), 31 janvier 2006, Concurrences N° 3-2006, Art. N° 1616, pp. 105-106 ; Cass. com., 4 février 2004, Pourvoi n° 02-13.374 ; Cass. com., 12 mai 2004, Pourvoi n° 01-12.865, Daniel Fasquelle, Laurent Roberval, Sébastien Charrière, Rupture d'une relation commerciale établie : La Cour de cassation considère que le juge doit tenir compte de l'état de dépendance économique du cocontractant évincé (Auchan), 12 mai 2004, Concurrences N° 1-2004, Art. N° 1580, p. 67 ; CA Paris, 11 mai 2017, RG n° 15/01247.

463 Cass. com., 4 février 2004, Pourvoi n° 02-13.374, voir aussi CA Paris, 27 février 2017, RG n° 15/12029, Nicolas Éréséo, Distribution sélective : La Cour d'appel de Paris juge que ne sont pas abusifs la rupture et le refus d'agrément décidés par un concessionnaire automobile dans sa relation avec un agent consécutivement à

Il appartient au juge de vérifier si ce délai contractuel tenait compte de la durée des relations commerciales ou des usages susceptibles de leur être applicables[464], si bien qu'en l'absence d'une telle vérification, le jugement peut être privé de base légale.

341. Ainsi, s'il arrive fréquemment que le préavis raisonnable soit supérieur au préavis contractuel, le juge peut réciproquement décider, dans des cas plus rares, de l'écourter si les relations commerciales n'ont duré que quelques mois[465].

1. Contrat requalifié en contrat à durée indéterminée

342. Dans plusieurs affaires, le juge a estimé que la durée raisonnable de préavis devait être supérieure à celle théoriquement prévue au contrat liant les deux sociétés. C'est notamment le cas lorsqu'un délai de préavis est indiqué dans un contrat à durée déterminée qui est requalifié en contrat à durée indéterminée en fonction des circonstances de l'espèce (voir § 137 à 144).

343. Dans ce cas, le juge n'est pas tenu par le préavis contractuel initialement conclu entre les parties, et son analyse doit prendre en compte la relation d'affaires dans sa globalité. Tel est le cas, par exemple, d'un premier contrat à durée déterminée prévoyant un délai de préavis de 3 mois, qui du fait de son renouvellement s'est transformé en contrat à durée indéterminée. Ayant donc donné naissance à une convention nouvelle, le préavis ne pouvait alors se limiter à la rédaction du contrat initial[466]. Pour autant, comme précédemment, et suivant les circonstances de l'espèce, le juge peut estimer que le préavis raisonnable correspond au préavis contractuel[467].

2. Contrat à durée déterminée unique

344. En cas de rupture anticipée d'un contrat à durée déterminée unique, le juge peut considérer que la relation aurait dû aller à son terme nonobstant l'existence d'un délai de préavis contractuel, et donc que le délai de préavis à respecter correspondait à la durée restante de contrat[468]. C'est donc la durée pour atteindre le terme prévisible du contrat qui a déterminé le préavis, indépendamment du fait que le contrat ait prévu un délai plus court.

345. Cette approche a aussi été utilisée dans une autre affaire[469], où le contrat à durée déterminée ne prévoyait pas spécifiquement une durée de préavis en cas de rupture anticipée, mais seulement la nécessité de discuter les termes du renouvellement douze mois avant l'échéance de 10 ans. La société ayant rompu sans justification légitime la relation cinq ans après, le préavis correspondait à la durée pour arriver à l'échéance du contrat, soit 5 ans[470]. Par conséquent, l'utilisation d'un contrat

---

une réorganisation plus vaste du réseau mise en œuvre par le constructeur (Auto Diffusion), 27 février 2017, Concurrences N° 2-2017, Art. N° 83931, pp. 107-108.

464 Cass. com., 14 octobre 2020, Pourvoi n° 19-10972 ; CA Paris, 25 avril 2019, RG n° 18/002060.

465 CA Amiens, 28 mai 2014, RG n° 12/00444.

466 Cass. com., 11 juillet 2006, Pourvoi n° 04-20.592, voir également CA Paris, 27 avril 2017, RG n° 15/11063.

467 CA Paris, 16 février 2017, RG n° 15/09463.

468 CA Paris, 9 mars 2016, RG n° 13/21519.

469 CA Versailles, 17 décembre 2009, RG n° 07/04811.

470 Le préavis n'est pas expressément indiqué, mais le jugement précise que l'indemnité doit être calculée sur la base de la période qui aurait dû être celle prévue pour l'exécution du contrat. – Voir aussi CA Besançon, 12 janvier 2011, RG n° 09/02632.

à durée déterminée n'est pas neutre en cas de rupture anticipée non motivée par des manquements contractuels graves ou un cas de force majeure.

346. En revanche, si le contrat prévoyait la faculté pour la société de rompre à tout moment en fonction de sa stratégie, la rupture ne peut être qualifiée de brutale s'agissant de modalités prévues et acceptées par les deux parties[471]. Il en va de même si le contrat prévoyait un préavis déterminé et le versement d'une clause pénale[472].

3. Contrats à durée déterminée reconduit tacitement

347. Si la relation est régie par des contrats annuels, cela peut influencer la détermination du préavis en considérant que le partenaire commercial était fondé à penser que la relation commerciale perdurerait pendant une année, si bien que le préavis raisonnable a pu correspondre à la période restant à courir avant la prochaine échéance[473], figurant que le préavis raisonnable dans ce cas pouvait être d'un an[474].

4. L'accord entre les parties sur la fin de la relation

348. S'il apparaît que les parties se sont mises d'accord sur la fin des relations commerciales en signant un « *accord de fin de relation* », lequel a au surplus donné lieu à un dédommagement de la part de l'auteur de la rupture pour « *solde de tout compte* », il s'infère de cet accord l'absence de toute brutalité dans la fin des relations entre les deux sociétés[475].

B. L'influence du préavis consenti

349. Si l'auteur de la rupture consent initialement une durée de préavis déterminée, mais que finalement la relation n'a pu être poursuivie par la suite, le préavis raisonnable peut être basé sur celui initialement consenti[476]. Tel est le cas, par exemple, si un préavis est donné par le cocontractant lors de la notification de la rupture[477].

C. Les investissements réalisés par la société victime de la rupture

350. Si des investissements significatifs ont été spécifiquement réalisés pour la relation commerciale[478], qu'une structure a été spécifiquement mise en place[479], ou encore si la société imposait un cahier des charges tout à fait spécifique[480] ou du person-

---

471 CA Paris, 2 juin 2016, RG n° 14/24382.

472 CA Aix-en-Provence, 26 septembre 2013, RG n° 11/19829.

473 CA Paris, 16 février 2012, RG n° 10/24168 ; CA Paris, 27 juin 2012, RG n° 10/04245 ; CA Paris, 28 juin 2013, RG n° 12/01138.

474 CA Versailles, 8 avril 2010, RG n° 09/01309 ; CA Paris, 5 avril 2012, RG n° 10/05104.

475 CA Paris, 22 septembre 2017, RG n° 15/13322.

476 CA Paris, 22 juin 2018, RG n° 18/04463.

477 CA Paris, 28 février 2018, RG n° 16/01101.

478 6 mois pour une relation de 9 ans et 20 jours ; CA Paris, 7 février 2019, RG n° 16/14348.

479 12 mois pour une relation de 7 ans ; CA Paris, 24 mai 2017, RG n° 14/22580.

480 22 mois pour une relation de 8 ans ; CA Paris, 25 octobre 2017, RG n° 15/02901 ; CA Riom, 10 novembre 2004, RG n° 03/00257.

nel spécifiquement formé[481], cela peut contribuer à augmenter le délai de préavis raisonnable, y compris dans le cas où le préavis octroyé est généralement plus court du fait du secteur concerné[482].

351. Ainsi, si la prestation de la société a consisté à distribuer du matériel viticole et vinicole ayant nécessité l'acquisition d'un terrain et la construction d'un bâtiment, cet investissement, quoique non exclusivement consenti en faveur du fournisseur, peut être apprécié dans la détermination du préavis[483]. Il en va de même si la prestation du partenaire commercial a consisté à développer un logiciel spécifique pour le compte de son client pendant plusieurs années[484].

352. Si la prise en compte des investissements peut influer sur la détermination du préavis raisonnable, elle peut aussi, dans certaines situations, comme en cas de dépendance économique, influer directement sur la détermination du préjudice (§ 623 et s.).

D. Le courant d'affaires

353. Le fait que l'activité avec la société représente une part marginale de l'activité du partenaire commercial peut aussi être utilement pris en compte pour justifier du caractère relativement court d'un préavis[485], dans la mesure où la rupture aura un impact très limité dans l'activité de la société victime de la rupture.

354. Dans une affaire par exemple[486], une société de télécommunication membre d'un réseau organisé autour d'une centrale d'achats avait entretenu une relation avec un grand industriel du secteur pendant 9 ans. Cependant, la rupture partielle de la relation par le fabricant avec un préavis de 6 mois n'a pas été jugée brutale, eu égard à la faible part des produits de la marque du fabricant distribués par les sociétés du réseau (10 %) et au caractère substituable de ces produits.

355. Inversement, lorsque la relation commerciale représente un poids important dans l'activité du partenaire commercial, il peut en être tenu compte dans le cadre de la détermination du préavis. C'est à plus forte raison le cas s'il existe un état de dépendance économique.

---

481 CA Paris, 31 mai 2012, RG n° 11/05516.

482 Dans cette affaire, une société était le fournisseur exclusif d'un distributeur pour la production de supports dans le domaine des arts graphiques et de la communication. Bien qu'eu égard au secteur, s'agissant de prestations de communication, le préavis raisonnable soit généralement plus court que la moyenne, la durée de préavis raisonnable correspondait finalement à la moyenne, car le fournisseur avait mis en place une organisation exclusivement dédiée à la société. CA Paris, 28 octobre 2005, RG n° 03/19692. La même approche a aussi prévalu dans le secteur des transports de marchandises comme le donneur d'ordre avait demandé à son sous-traitant d'acquérir des camions et compresseurs ne servant que pour les transports concernant le donneur d'ordre (4 mois pour une durée de 2 ans et 9 mois ; CA Paris, 2 mars 2017, RG n° 15/0786).

483 CA Paris, 12 septembre 2018, RG n° 15/09702, Clémence Mouly-Guillemaud, Rupture brutale : La Cour d'appel de Paris apporte plusieurs précisions sur le régime de la rupture brutale (Beauté Shop / Clarins...), 12 septembre 2018, Concurrences N° 4-2018, Art. N° 88542.

484 CA Bordeaux, 21 mars 2011, RG n° 08/06271.

485 CA Paris, 5 février 2015, RG n° 13/12085.

486 6 mois pour une relation de 9 ans ; CA Paris, 20 février 2019, RG n° 16/05065, Clémence Mouly-Guillemaud, Rupture brutale : La Cour d'appel de Paris et la Cour de cassation initient de nouvelles orientations dans le contentieux de l'art. L. 442-6, I, 5° du Code de commerce (RPM / Texto...), 20 janvier 2019, Concurrences N° 2-2019, Art. N° 90304.

356. En plus de ce critère, le fait que le partenaire apporte une valeur ajoutée limitée peut être pris en compte afin de limiter la durée de préavis. Tel est le cas, par exemple, d'un distributeur s'il ne stocke pas de marchandises et ne réalise pas de conseil aux clients les orientant vers le service du fabricant[487].

E. Les autres circonstances pouvant être prises en compte

357. Indépendamment de l'ancienneté des relations, des usages commerciaux ou encore du secteur « *toutes les circonstances tenant à la nature des relations commerciales entre les parties ainsi qu'à leur rupture doivent aussi être prises en considération* »[488], et notamment les circonstances suivantes eu égard à l'impact qu'elles peuvent avoir sur la prévisibilité de la rupture.

1. Le comportement des sociétés en cause

358. Le comportement d'une société peut influer à la baisse l'estimation de la durée de préavis raisonnable. Dans une affaire par exemple[489], la société avait fait preuve d'atermoiements importants dans le cadre de la renégociation du contrat. Le délai de préavis finalement retenu a donc été de 6 mois pour une relation de 6 ans.

359. De même, le fait que les relations commerciales des parties présentent un caractère polémique et conflictuel, de nature à obérer les perspectives de continuité de la relation[490], peut être pris en compte pour baisser la durée de préavis.

2. Les conditions de poursuite de la relation commerciale

360. Les circonstances de l'espèce peuvent rendre peu probable une poursuite de la relation commerciale, voire dans certains cas la rendent même non souhaitable. Tel est le cas, par exemple, lorsque le partenaire commercial devient un concurrent direct de l'entreprise suite à son acquisition d'une société concurrente[491]. Si l'entreprise auteure de la rupture avait l'obligation de respecter un délai avant de rompre leurs relations avec son partenaire, la confiance étant désormais exclue, le préavis raisonnable pouvait être de seulement 4 mois pour une relation de 9 années.

361. Par ailleurs, le fait que la rupture ait été notifiée en pleine période estivale, rend d'autant plus difficile la recherche de solutions alternatives du fait du ralentissement

---

487 CA Paris, 22 septembre 2011, RG n° 10/04833.

488 CA Angers, 7 décembre 2004, RG n° 03/01331 ; CA Paris, 26 septembre 2018, RG n° 16/13567, Clémence Mouly-Guillemaud, Rupture brutale : La Cour d'appel de Paris affine les critères caractérisant objectivement une relation établie en application de l'article L. 442-6, I, 5° du Code de commerce (Codegi Industrie / Arkema France…), 26 septembre 2018, Concurrences N° 4-2018, Art. N° 88720.

489 CA Paris, 6 mars 2019, RG n° 17/16648 – Dans une autre affaire, l'entreprise avait initialement tenté de faire passer une hausse tarifaire de 20 %, ce qui a conduit les juges à estimer qu'un préavis de 6 mois uniquement pour une relation de 18 ans était suffisant (CA Lyon, 19 novembre 2009, RG n° 09/04247).

490 CA Paris, 6 novembre 2019, RG n° 18/02947.

491 CA Paris, 7 février 2018, RG n° 16/00080 – Dans une autre affaire, le préavis a même encore été davantage réduit comme les juges ont considéré qu'un préavis de 1 mois pour une relation de 30 ans était suffisant (CA Angers, 7 décembre 2004, RG n° 03/01331).

saisonnier d'activité à cette période, si bien que cela peut être pris en compte dans le cadre de la détermination du préavis raisonnable[492].

3. La conjoncture

362. Si le fait que le secteur présente une conjoncture économique défavorable est insuffisant pour justifier l'absence de préavis en invoquant la force majeure (voir § 596 à 599), il peut permettre de réduire la durée de préavis raisonnable.

363. Tel peut être le cas lorsqu'est concerné le secteur de l'automobile[493], un secteur en crise, fortement concurrentiel et marqués par des délocalisations, si bien que ce constat a notamment justifié l'octroi d'un préavis inférieur à la moyenne (v. également § 259).

364. Dans une autre affaire touchant le secteur du commerce de gros d'équipements électroniques et de communication, il a été considéré que la modification des conditions tarifaires pendant le délai de préavis ne constituait pas une rupture brutale par l'auteur de la rupture, ce dernier ne pouvant assumer des circonstances indépendantes de sa volonté telle que sa propre baisse d'activité et une conjoncture économique défavorable[494]. Dans ce contexte, la diminution progressive du courant d'affaires peut avoir une incidence sur la prévisibilité de la rupture, et ainsi influer à la baisse l'estimation du préavis raisonnable. À titre d'illustration[495], si l'activité décroissait depuis le début 2 à 3 ans, en l'absence d'exclusivité, un préavis de 3 mois a été jugé suffisant pour une relation de 20 ans.

365. Par ailleurs, la prévisibilité de la rupture peut découler de dispositions réglementaires. Par exemple, dans le cadre de prestations d'analyses médicales, les prescriptions de l'ordonnance n° 2010-49 du 13 janvier 2010 avaient pour but de limiter le pourcentage d'analyses sous-traitées, si bien que le laboratoire agissant en sous-traitance savait que les relations avec son donneur d'ordre ne pourraient perdurer[496].

4. Le temps nécessaire à l'adaptation de l'activité

366. Le fondement du préavis est d'octroyer un délai à la société pour trouver des alternatives de telle sorte qu'elle soit en mesure d'éviter que la rupture n'impacte de manière significative son activité. Ce délai d'adaptation peut découler de délais spécifiques aux circonstances de l'espèce.

367. Il peut s'agir du temps nécessaire à l'écoulement du stock résiduel, par exemple. Si le distributeur des produits de la société avait un stock d'une valeur constante, qu'il a continué à commercialiser pendant 5 mois après l'interruption de la relation, le délai de préavis peut correspondre à la durée d'écoulement effectif de ce stock[497].

---

492 CA Toulouse, 15 septembre 2010, RG n° 08/00313.

493 CA Toulouse, 29 février 2012, RG n° 09/00989.

494 CA Paris, 19 septembre 2018, RG n° 16/09988.

495 CA Toulouse, Paris, 13 mai 2009, 21 juin 2017, RG n° 07/05611, 14/24788.

496 CA Aix-en-Provence, 2 avril 2013, RG n° 12/02659.

497 5 mois pour une relation de 15 ans ; CA Paris, 4 juillet 2018, RG n° 16/05518, Anouk Bories, Rupture : La Cour d'appel de Paris écarte la faute dans l'invocation de motifs fallacieux lors de la rupture du contrat (Disphar / Annick G.), 4 juillet 2018, Concurrences N° 3-2018, Art. N° 88081.

368. Il peut aussi correspondre au temps nécessaire à l'adaptation de l'outil industriel[498], ou de l'outil agricole[499] pour permettre à la société d'assurer sa reconversion.

369. Les particularités de la relation peuvent aussi être prises en compte. Dans une affaire par exemple[500], compte tenu de la spécificité des prestations de services portuaires de chargement et déchargement, et de la difficulté des possibilités de reconversion, un préavis de 18 mois a été jugé nécessaire. De manière générale, le constat qu'à l'issue de la période de préavis, le partenaire commercial a su nouer d'autres partenariats équivalents à celui rompu par l'auteur de la rupture peut contribuer à la démonstration du caractère raisonnable du préavis consenti. Dans une affaire, le chiffre d'affaires du distributeur de véhicules multimarque avait progressé de 3,84 % durant l'exercice concerné par la rupture[501].

5. Les servitudes particulières imposées par la relation commerciale

370. Dans le cadre d'une prestation consistant à préparer des plantes opiacées à destination de la santé publique, les contraintes liées à la culture de l'œillette étaient très fortes (éloignement des parcelles des bords de route, surveillance et déclaration aux gendarmeries et au client de toutes intrusions, destruction rapide des chaumes après la récolte, interdiction de commercialisation des pailles de céréales ou de pois qui suivent immédiatement une culture d'œillette car pouvant contenir des traces d'alcaloïdes morphiniques). Cet aspect devait donc être pris en compte afin d'allonger le préavis que l'acheteur de cette société aurait dû respecter avant de rompre ses relations[502].

6. La mise en conformité avec une réglementation

371. Le fait qu'une réglementation impose à l'un des cocontractants une réorganisation de son réseau de distribution, et le conduise à dénoncer le contrat en cours afin de se mettre en conformité, peut être pris en compte pour baisser la durée du préavis raisonnable ou même justifier une rupture brutale.

372. Ainsi, par exemple, lorsque les relations sont établies depuis 24 ans, le fait de ne pas renouveler une convention dont le terme a été expressément prévu aux motifs que le partenaire n'est plus en mesure d'effectuer les prestations prévues au contrat (du fait notamment de nouvelles dispositions législatives et réglementaires) ne caractérise pas une rupture brutale[503].

373. Dans un autre exemple[504], le contrat liant un constructeur de véhicules à un concessionnaire de véhicules a dû être modifié suite à la modification réglementaire issue de l'application du règlement d'exemption n° 1400-2001 du 31 juillet 2002. Ce règlement a remplacé le système de distribution de véhicules automobiles

---

[498] 12 mois pour une relation de 11 ans ; CA Douai, 6 juillet 2009, RG n° 09/00519.

[499] 2 ans pour une relation de 35 ans ; CA Paris, 13 octobre 2010, RG n° 10/16947.

[500] CA Paris, 4 décembre 2019, RG n° 16/17987.

[501] CA Paris, 2 septembre 2011, RG n° 07/11226.

[502] CA Reims, 29 novembre 2010, RG n° 09/02246.

[503] CA Paris, 24 mai 2019, RG n° 19/0236.

[504] CA Paris, 11 mai 2011, RG n° 10/03073.

de concessions avec exclusivité territoriale par un système de distribution sélective, tout en laissant aux opérateurs un délai très court de seulement 14 mois pour se mettre en conformité.

374. La Cour d'appel a considéré que « *la nécessité de réorganiser l'ensemble ou une partie substantielle d'un réseau de distribution, de nature à ouvrir au fournisseur le droit de résilier un accord moyennant un préavis d'un an, implique que cette résiliation se justifie de manière plausible par des motifs d'efficacité économique, fondés sur des circonstances objectives internes ou externes à l'entreprise du fournisseur qui, à défaut d'une réorganisation rapide du réseau, serait susceptible, compte tenu de l'environnement concurrentiel dans lequel opère ce fournisseur, de porter atteinte à l'efficacité des structures existantes de ce réseau ; que pour apprécier la nécessité d'une réorganisation rapide du réseau, il est pertinent de tenir compte des éventuelles conséquences économiques défavorables que serait susceptible de subir un fournisseur dans l'hypothèse où ce dernier procéderait à une résiliation de l'accord de distribution avec un préavis de 2 ans* ». Il est ainsi possible pour un opérateur, à la condition de le démontrer, de bénéficier d'un préavis réduit si les circonstances du secteur, et donc extérieures à une société, nécessitent l'octroi d'un préavis réduit.

375. Dans cette affaire, il a été considéré que l'absence de mise en conformité du réseau emportait des risques tant juridiques, en raison de l'application du droit de la concurrence, qu'économiques, notamment du fait des distorsions de concurrence qu'aurait pu causer l'octroi d'un préavis plus long vis-à-vis des autres concessionnaires du constructeur soumis au nouveau système de distribution sélective. Les juges ont finalement considéré que les règles communautaires supérieures aux règles internes devaient être appliquées, justifiant dès lors un préavis indépendant de la durée des relations.

376. En revanche, en l'absence d'une telle échéance de mise en conformité, les délais de préavis prévus par les règlements d'exemption ne sauraient servir de référence à la détermination du préavis raisonnable, ne s'agissant ni d'usages du commerce, ni d'accords professionnels[505]. En effet, les règlements d'exemption n'ont pas vocation de suppléer, écarter ou compléter les dispositions d'ordre public interne de l'article L. 442-1 du Code de commerce (anciennement L. 442-6 du Code de commerce). Le règlement d'exemption prévoit notamment dans son article 9 que l'application du droit communautaire de la concurrence n'exclut pas l'application de dispositions législatives nationales destinées à protéger d'autres intérêts légitimes, comme le dispositif permettant de sanctionner les pratiques restrictives de concurrences prévues à l'article L. 442-1 du Code de commerce, et ce, pour autant que ces dispositions soient compatibles avec les principes généraux et les autres dispositions du droit communautaire[506]. Ainsi, un tel délai peut éventuellement

---

505 CA Versailles, 4 septembre 2012, RG n° 11/01018.

506 CA Paris, 15 janvier 2014, RG n° 12/13845, Nicolas Éréséo, Automobile : La Cour d'appel de Paris considère que la primauté du droit de l'Union ne s'oppose pas à ce que l'article L. 442-6 du Code de commerce impose une durée de préavis plus longue que celle exemptée par le règlement n° 1400/2002 (Europe Auto / Volkswagen), 15 janvier 2014, Concurrences N° 2-2014, Art. N° 65874, pp. 115-116. CA Paris, 15 janvier 2014, RG n° 12/13845.

être estimé suffisant[507], mais, à l'instar d'autres préavis prévus que ce soit dans le cadre d'accords professionnels, ou du contrat, le juge garde la possibilité de prononcer un préavis plus long eu égard aux circonstances de l'espèce[508].

7. La clause de non-concurrence

377. Le fait pour un franchisé d'être soumis au respect d'une clause de non-concurrence post-contractuelle peut être pris en compte dans le cadre de la détermination du préavis raisonnable afin de l'allonger, compte-tenu de la difficulté accrue pour la société de trouver une alternative[509].

§ 5. L'état de dépendance économique

378. L'octroi d'un préavis raisonnable est nécessaire que le partenaire commercial subissant la rupture soit en état de dépendance économique ou non. Ainsi, l'appréciation du caractère brutal ou non de la rupture est indépendante de l'état de dépendance économique[510]. La société victime de la rupture ne peut ainsi se voir imputer la responsabilité du caractère brutal de la rupture du fait qu'elle n'aurait pas informé son cocontractant qu'elle réalisait l'essentiel de son chiffre d'affaires avec lui[511].

379. L'état de dépendance économique, lorsqu'il est démontré, peut toutefois être pris en compte pour allonger le délai de préavis raisonnable que le partenaire aurait dû consentir[512]. À ce titre, il appartient à la société qui s'en prévaut d'apporter la preuve de son état de dépendance économique.

380. L'état de dépendance économique impose donc à l'entreprise souhaitant rompre la relation commerciale une extrême prudence quant à la détermination du préavis raisonnable. En effet, dans l'hypothèse où le préavis serait insuffisant, cela peut alors contraindre la société à supporter des indemnités financières dont les montants peuvent être significatifs, et ce, à plus forte raison dans le cas extrême où, du fait de la rupture, la liquidation du partenaire commercial a été prononcée. Pour autant, si l'entreprise a laissé un délai raisonnable, désormais plafonné à 18 mois par l'article L. 442-1 du Code de commerce, tout en garantissant le chiffre d'affaires de son partenaire commercial en compensant les baisses de volumes par des augmentations de prix, cela laisse le temps nécessaire à la société victime de la rupture pour réorganiser son activité[513].

---

507 CA Paris, 21 avril 2005, RG n° 04/03596.

508 CA Paris, 23 janvier 2019, RG n° 16/13826, Clémence Mouly-Guillemaud, Rupture brutale : La Cour d'appel de Paris réitère son attachement aux détails dans le contentieux de l'art. L. 442-6, I, 5° du Code de commerce (Lisa May / Affiches parisiennes…), 9 janvier 2019, Concurrences N° 2-2019, Art. N° 89939 ; Cass. com., 24 octobre 2018, Pourvoi n° 17-16.011.

509 CA Paris, 13 septembre 2017, RG n° 13/04735.

510 CA Paris, 9 janvier 2019, RG n° 16/13392, Clémence Mouly-Guillemaud, Rupture brutale : La Cour d'appel de Paris réitère son attachement aux détails dans le contentieux de l'art. L. 442-6, I, 5° du Code de commerce (Lisa May / Affiches parisiennes…), 9 janvier 2019, Concurrences N° 2-2019, Art. N° 89939. CA Paris, 9 janvier 2019, RG n° 16/13392.

511 Cass. com., 23 janvier 2007, Pourvoi n° 04-16.779 et 04-17-951.

512 Cass. com., 26 avril 2017, Pourvoi n° 15-23.078.

513 CA Chambéry, 2 octobre 2007, RG n° 07/00807.

A. Les critères retenus par la jurisprudence

381. Selon la jurisprudence, la dépendance se définit comme « *l'impossibilité pour une entreprise de disposer d'une solution techniquement et économiquement équivalente aux relations contractuelles qu'elle a nouées avec une autre entreprise* »[514].

382. Afin de caractériser un état de dépendance économique d'un partenaire commercial, il convient d'apprécier, outre la part du chiffre d'affaires qu'il réalise avec l'auteur de la rupture, non seulement la notoriété de la marque de ce dernier, mais aussi l'importance de sa part de marché, ainsi que la faisabilité de trouver un nouveau partenaire, *i.e.* pour le distributeur ses chances d'obtenir d'autres fournisseurs de produits équivalents, ou pour le fournisseur celles d'obtenir d'autres débouchés dans des conditions comparables ou se reconvertir[515]. En effet, la situation de dépendance économique ne peut se déduire de la seule notoriété de la marque ou de la proportion de chiffre d'affaires[516]. Elle ne peut non plus se déduire du refus par une société de contracter une nouvelle prestation avec son partenaire du fait du taux de dépendance trop élevé que causerait l'attribution du marché, cette démarche n'ayant pour but que d'alerter le partenaire sur la nécessité de diversifier son activité[517].

383. En définitive, un état de dépendance économique doit théoriquement être la conséquence de plusieurs facteurs : la relation concerne l'essentiel de l'activité de la société, les alternatives de diversification doivent être limitées, que ce soit au regard de la notoriété de la marque, de la part de marché de l'entreprise auteure de la rupture, d'éventuelles exclusivités, ou enfin des facteurs ayant conduit à la situation.

384. Plus concrètement, il est en premier lieu nécessaire que la part d'activités que réalise le partenaire commercial avec l'entreprise soit significative, sachant que même en l'absence d'un état de dépendance économique, l'importance du courant d'affaires entre les deux sociétés peut tout de même influer sur l'estimation du préavis raisonnable (B). En second lieu, il convient d'apprécier l'absence de solutions alternatives, dans le sens où la situation doit être la conséquence d'éléments extérieurs à la volonté de la société, qui peuvent résulter d'exclusivités (D), des caractéristiques inhérentes du secteur, de la notoriété de la marque, ou encore de la relation particulière liant les deux sociétés (C). En effet, un état de dépendance économique ne peut pas être la conséquence du choix délibéré de la société de ne pas diversifier son approvisionnement ou ses débouchés commerciaux (E).

---

514 CA Paris, 11 janvier 2019, RG n° 17/00234, Sibylle Chaudouet, Déséquilibre significatif : La Cour d'appel de Paris se prononce sur la soumission d'un partenaire commercial à un déséquilibre significatif (Bizcom Europe / Hewlett-Packard France…), 11 janvier 2019, Concurrences N° 2-2019, Art. N° 89937 ; Cass. com., 26 avril 2017, Pourvoi n° 15-23.078.

515 Cass. com., 12 avril 2016, Pourvoi n° 13-27712.

516 CA Paris, 11 mars 2016, RG n° 14/21201.

517 CA Paris, 30 mai 2013, RG n° 11/14423.

B. La prise en compte du poids de la relation commerciale dans l'activité du partenaire commercial

1. Un chiffre d'affaires dépendant exclusivement de la relation avec l'auteur de la rupture

385. Il est nécessaire que la relation commerciale avec l'auteur de la rupture représente l'essentiel des achats ou des ventes du partenaire, sans quoi, si cette condition initiale n'est pas remplie, un état de dépendance économique a peu de chances d'être démontré. En pratique, dans les cas où un état de dépendance économique a pu être démontré, la relation commerciale représentait généralement près de 100 % des approvisionnements ou des débouchés du partenaire commercial victime de la rupture.

2. Le calcul du poids de la relation commerciale quand il existe deux sociétés appartenant au même groupe

386. Lorsque le partenaire est lié à deux entreprises appartenant au même groupe se pose la question de savoir si les deux courants d'affaires peuvent être globalisés ou non.

387. Tel peut être le cas, par exemple, lorsque deux fabricants d'équipements industriels appartenant au même groupe et ayant adopté des politiques communes se sont approvisionnés auprès du même fournisseur. Pour exclure une action concertée des deux fabricants dans la rupture des relations commerciales et retenir le caractère distinct de chaque relation commerciale, la jurisprudence a relevé que ces relations procédaient de demandes de prix, bons de commandes, livraisons, facturations et correspondances distinctes, les relations ayant été rompues individuellement[518].

388. Par conséquent, si ces conditions sont respectées, chaque courant d'affaires sera analysé individuellement, s'opposant ainsi à la démonstration d'un état de dépendance économique.

3. Sous certaines conditions, l'importance de la relation peut influer sur la détermination du préavis raisonnable nonobstant l'absence d'un état de dépendance économique

389. Dans certains cas, et bien que la relation commerciale représente l'essentiel de l'activité de la société, la dépendance économique peut être écartée si les conditions nécessaires à sa démonstration ne sont pas remplies (v. § 400 et s.). Pour autant, le poids que représente pour le partenaire la relation commerciale avec l'entreprise, lorsqu'il est significatif, peut influer sur l'estimation du préavis raisonnable.

390. En effet, le fait qu'un partenaire commercial réalise depuis de très nombreuses années la totalité de son activité avec l'entreprise auteure de la rupture induit une certaine dépendance qui, même si la société garde la possibilité théorique de diversifier son activité, doit être prise en compte dans la détermination du préavis

---

518 CA Paris, 20 décembre 2017, RG n° 15/20154, arrêt sur renvoi après cassation – voir également CA Douai, 6 juillet 2009, RG n° 09/00519.

raisonnable[519]. Cela peut, par exemple, conduire à augmenter le préavis théorique issu d'un usage professionnel qui préconisait un préavis plus court[520]. L'importance de la relation doit aussi être prise en considération lorsqu'il n'est pas possible de savoir si la situation résultait d'un choix de la société ou des seules circonstances économiques du secteur d'activité[521]. Le juge peut alors considérer que la société ne pouvait ignorer le lien de dépendance économique de son partenaire, quand bien même elle ne connaissait pas la part exacte de l'activité que représentaient ses commandes dans l'activité de son partenaire commercial.

C. Les caractéristiques du secteur ou de la relation entre une société et son partenaire

391. En l'absence d'exclusivité, l'absence d'alternative pour une société peut être démontrée par les caractéristiques du secteur ou de la relation commerciale elle-même.

1. Le secteur

392. Dans certains secteurs, il peut arriver qu'un seul offreur soit en mesure de proposer les produits. La situation de dépendance économique en découlant est alors extérieure à la société victime de la rupture et doit alors être prise en compte, et ce, qu'existent ou non des accords d'exclusivité. Il en va ainsi, par exemple, d'une société spécialisée dans la fourniture de bouteilles, qui ne pouvait s'approvisionner qu'auprès d'un seul producteur de verre, propriétaire exclusif d'une teinte de bouteille très appréciée de la clientèle, intervenant sur un marché contrôlé par seulement deux entreprises, dont l'auteure de la rupture[522].

393. Indépendamment du fait qu'existe ou non un seul offreur, la notoriété et la spécificité des produits de la marque de la société auteure de la rupture peut être déterminante. Par exemple, si un opérateur majeur sur le marché spécifique des bateaux de plaisance rompt la relation avec son concessionnaire, par ailleurs lié par une obligation d'exclusivité, cela peut caractériser un état de dépendance économique[523].

394. Réciproquement, les débouchés limités du fait de la spécificité et l'étroitesse du marché peuvent aussi être pris en compte pour caractériser un état de dépendance économique. Tel est le cas, par exemple, du marché relatif à des procédés

---

519 La relation représentait 90 % de l'activité du partenaire commercial – CA Paris, 21 mars 2018, RG n° 16/06342.

520 En l'espèce, alors que les accords professionnels préconisaient un préavis de 6 mois, le préavis nécessaire a été fixé à 12 mois, la société victime de la rupture réalisant la totalité de son activité avec son partenaire commercial. CA Paris, 23 janvier 2019, RG n° 17/08468.

521 CA Paris, 20 octobre 2016, RG n° 16/7386.

522 CA Paris, 7 janvier 2015, RG n° 12/17844 – voir également l'exemple d'un dépositaire de presse qui ne pouvait s'approvisionner qu'auprès d'une seule société de distribution (CA Nancy, 22 mars 2006, RG n° 04/01069).

523 Cass. com., 12 avril 2016, Pourvoi n° 13-27712, Jean-Louis Fourgoux, Déséquilibre significatif : La Cour de cassation approuve les juges du fond qui ont considéré qu'une clause de résiliation réciproque ne crée pas de déséquilibre significatif et que le délai de préavis pour 19 années de relations commerciales pouvait être fixé à 12 mois, en l'absence de faute du concédant laissant croire à la poursuite des relations commerciales ou de fraude avec un éventuel successeur sur le territoire (Bénéteau / LGM Yachting), 12 avril 2016, Concurrences N° 3-2016, Art. N° 80647, pp. 101-102 Cass. com., 12 avril 2016, Pourvoi n° 13-27712.

et des matériaux concernant les centrales nucléaires de production d'électricité, réservés à certaines industries seulement qui sont l'apanage des quelques grands groupes industriels, qui du fait de son étroitesse n'offrait que des alternatives limitées à la société victime de la rupture[524]. La même approche a pu prévaloir dans le marché de l'installation d'équipements hospitaliers spécifiques[525].

2. De la relation commerciale entre une société et son partenaire

395. Suivant une approche analogue, si l'analyse *in concreto* de la relation commerciale permet de conclure à l'absence d'alternative en pratique à la relation avec une société, cet élément peut aussi contribuer à la démonstration d'un état de dépendance économique.

396. Premièrement, l'absence d'alternative peut être due au fait qu'une société réalise des investissements spécifiques à la relation commerciale. Dans une affaire par exemple[526], une société d'assistance avait confié à un tiers des interventions de dépannage et de remorquage de véhicules en panne en imposant à son prestataire un important investissement par l'achat d'un véhicule poids-lourd particulier et la formation d'un salarié, sous la menace de la résiliation de la convention. Dans une autre affaire[527], bien que la relation avait nécessité des investissements immobiliers importants, il a été cependant considéré que le partenaire pourrait conserver le bénéfice de ces investissements pour ses éventuelles activités futures.

397. Deuxièmement, elle peut aussi être due au seul contexte, en raison de l'importance que la relation commerciale revêt pour permettre l'exercice de l'activité par la société, lorsque par exemple elle sous-traite à un prestataire l'ensemble des tâches administratives nécessaires à son fonctionnement[528], ou encore eu égard au degré d'intrication des deux sociétés. Par exemple, lorsqu'une société de prestation de services informatiques avait pour seuls clients 22 sociétés hôtelières d'un même groupe, dont elle partageait les locaux et certains moyens comptables, juridiques et fiscaux[529].

398. Troisièmement, la dépendance peut aussi se déduire du manque d'autonomie commerciale du cocontractant. Par exemple, s'il n'est pas libre de sa politique tarifaire, celle-ci étant imposée par son donneur d'ordre (pose de meubles achetés dans le magasin de son donneur d'ordre), ce constat peut renforcer la démonstration de l'état de dépendance économique[530].

399. Enfin, le manque d'alternative peut se déduire de la combinaison de clauses et du contexte. Dans une affaire par exemple[531], le franchiseur auteur de la rupture obligeait son franchisé à ne vendre que des produits à sa marque, ce qui excluait ceux de l'un de ses principaux concurrents (téléphonie mobile), limitait *de facto* les fournisseurs possibles à deux. En outre, il avait mis fin aux facilités

524 12 mois pour une relation de 8 ans ; CA Paris, 10 mai 2017, RG n° 15/10894.
525 4 mois pour une relation de 3 ans ; CA Aix-en-Provence, 25 janvier 2007, RG n° 04/03925.
526 CA Paris, 31 mai 2017, RG n° 14/24805.
527 CA Paris, 13 janvier 2016, RG n° 13/11338.
528 CA Angers, 7 février 2006, RG n° 05/00054.
529 CA Paris, 16 janvier 2015, RG n° 11/10913.
530 CA Paris, 13 septembre 2012, RG n° 10/07699.
531 CA Paris, 2 juillet 2009, RG n° 06/08865.

de paiement, et avait limité les livraisons au détriment de son franchisé. Disposant de fonds propres limités du fait du changement des modalités de paiement, le partenaire commercial ne disposait finalement d'aucune autre alternative que de continuer sa relation avec le franchiseur. Dans une autre affaire[532], la dépendance organisationnelle s'ajoutait à la dépendance économique pour le prestataire d'un opérateur de téléphonie, qui avait dû affecter 100 salariés sur 186 à la réalisation des travaux pour cet opérateur, alors que ses efforts de diversification étaient restés vains compte tenu de la position monopolistique longtemps occupée par cet opérateur historique sur le réseau.

D. L'exclusivité liant les deux partenaires

1. Les accords de distribution ou de fourniture exclusive

400. Dans plusieurs décisions[533], le partenaire commercial était lié par une exclusivité contractuelle avec l'entreprise, ce qui lui interdisait de s'approvisionner auprès de fournisseurs concurrents, ou de diversifier sa clientèle. Une telle exclusivité peut donc entraîner un état de dépendance économique qui devra alors être pris en compte lors de l'estimation du préavis raisonnable.

401. En plus de l'exclusivité, d'autres obligations peuvent également contribuer à démontrer l'absence d'alternative pour le partenaire commercial. C'est le cas, par exemple, des obligations de non-concurrence postcontractuelles qui peuvent entraver, voire bloquer la reconversion de la société suite à la rupture[534]. À ce titre, la clause de non-concurrence peut être renforcée par les modalités pratiques de la relation commerciale, lorsque par exemple le partenaire commercial exerçait son activité au sein des locaux de l'entreprise auteure de la rupture, laquelle mettait à sa disposition un certain nombre de moyens matériels[535], l'étroitesse des relations justifiant ainsi l'octroi d'un préavis supérieur au préavis de 12 mois.

402. Néanmoins, la nature de l'exclusivité et son champ doivent aussi être pris en compte, car une exclusivité ne fait pas nécessairement obstacle à ce que la société puisse trouver des débouchés ou des fournisseurs alternatifs. À titre d'illustration[536], si l'exclusivité est circonscrite à la production d'ouvrages de type « *sentimental* » destinés à un lectorat tout autant ciblé, il est tout à fait possible au producteur d'œuvres littéraires d'étendre son périmètre d'activité. De même, si l'exclusivité est limitée à la fourniture de produits textiles VPC en France, le partenaire est libre de diversifier ses débouchés, par exemple *via* d'autres canaux de distribution ou en vendant à l'étranger[537].

403. Indépendamment de la qualification d'état de dépendance économique, et à l'instar de la proportion de l'activité concernée, l'exclusivité liant les deux partenaires peut

---

532 CA Paris, 5 mai 2017, RG n° 15/13369.

533 Cass. com., 14 octobre 2020, Pourvoi n° 19-10.972 ; CA Nîmes, 10 mai 2012, RG n° 10/00680 ; CA Colmar, 16 janvier 2013, RG n° 10/05985.

534 Préavis de 7 mois pour une relation de 13 ans ; CA Paris, 13 septembre 2017, RG n° 13/04735.

535 Préavis de 12 mois pour une relation de 18 ans ; CA Paris, 16 janvier 2015, RG n° 11/10913.

536 CA Paris, 17 novembre 2016, RG n° 15/01185.

537 TC Roubaix Tourcoing, 12 février 2004, RG n° A2/1031.

aussi être prise en compte dans le cadre de la détermination du préavis raisonnable à respecter[538]. Dans une affaire[539], l'exclusivité était réciproque et interdisait au partenaire commercial de distribuer des produits concurrents de l'entreprise limitant dès lors sa capacité à remplacer la relation commerciale rompue brutalement. La levée de l'exclusivité par l'auteur de la rupture à compter de la notification de la rupture ne permet pas nécessairement de réduire le préavis, compte tenu notamment du temps raisonnable pour permettre la réorganisation de son activité par le partenaire[540].

2. L'exclusivité de fait en l'absence de contrat

404. La relation d'exclusivité entre les deux sociétés ne résulte pas nécessairement d'accords, mais elle peut aussi résulter de la volonté de la société qui l'avait initialement souhaité et même encouragé[541], ou bien qui avait purement et simplement interdit à son partenaire de traiter avec des concurrents[542], ou encore être la conséquence du fait que le partenaire ait été spécialement créé pour répondre aux besoins de l'entreprise[543].

405. L'exclusivité peut aussi se déduire du niveau d'imbrication entre les activités des deux sociétés lorsque, par exemple, les véhicules ainsi que les employés du prestataire partenaire arboraient la marque du donneur d'ordre, dans la mesure où ces conditions avaient conduit à une exclusivité de fait de nature à empêcher toute possibilité de diversification de la clientèle pendant la durée de la relation commerciale[544]. Tel peut être le cas également lorsque le partenaire commercial exerce son activité dans les locaux de l'entreprise[545]. Elle peut aussi se déduire du fait que le fournisseur présente son distributeur comme l'agent unique sur le territoire contractuel, et que ce dernier jouissait d'un pouvoir de représentation de son fournisseur sur la zone[546].

406. En revanche, si l'exclusivité contractuelle avait été explicitement dénoncée, aucune exclusivité ne peut être avancée, quand bien même le fabricant n'ait pas contracté avec d'autres revendeurs pendant plusieurs années[547].

407. À l'instar de l'approche prévalant en cas d'exclusivité contractuelle (v. § 403), une exclusivité de fait peut aussi être prise en compte dans le cadre du calcul du préavis raisonnable[548], indépendamment de tout état de dépendance économique.

---

538 Cass. com., 11 mai 2017, Pourvoi n° 16-13.464, Mary-Claude Mitchell, Brutalité : La Cour de cassation apprécie la brutalité de la rupture de relations commerciales établies en s'appuyant sur la volonté des parties, telle qu'exprimée dans leur contrat (Établissements Jean X / Massey Ferguson), 11 mai 2017, Concurrences N° 3-2017, Art. N° 84505, pp. 96-98. Cass. com., 11 mai 2017, Pourvoi n° 16-13.464.

539 CA Lyon, 30 septembre 2010, RG n° 0903964.

540 Cass. com., 11 mai 2017, Pourvoi n° 16-13.464, Mary-Claude Mitchell, Brutalité : La Cour de cassation apprécie la brutalité de la rupture de relations commerciales établies en s'appuyant sur la volonté des parties, telle qu'exprimée dans leur contrat (Établissements Jean X / Massey Ferguson), 11 mai 2017, Concurrences N° 3-2017, Art. N° 84505, pp. 96-98. Cass. com., 11 mai 2017, Pourvoi n° 16-13.464.

541 CA Paris, 5 décembre 2018, RG n° 17/00684.

542 CA Paris, 24 mai 2017, RG n° 14/22435.

543 CA Douai, 26 février 2008, RG n° 06/06140.

544 CA Paris, 5 décembre 2018, RG n° 17/00684.

545 CA Rennes, 5 février 2009, RG n° 07/04388.

546 CA Versailles, 29 octobre 2013, RG n° 12/01461.

547 CA Toulouse, 18 octobre 2011, RG n° 09/03384.

548 CA Paris, 24 mai 2017, RG n° 14/22435.

E. L'absence d'état de dépendance économique étant donné les circonstances

1. L'hypothèse d'une possible diversification

408. En l'absence d'éléments contraires (secteur, circonstances de l'espèce, ou encore accord d'exclusivité), il doit être possible à la société victime de la rupture de diversifier son activité en trouvant de nouveaux débouchés ou de nouveaux fournisseurs[549]. Elle ne peut donc invoquer la perte de chance de réussir sa reconversion, la situation résultant de son propre choix[550]. Dans ce cas, le moyen tiré de l'existence d'un état de dépendance économique ne peut pas être retenu[551], ce constat pouvant même conduire à réduire la durée de préavis[552].

409. De manière générale, la possibilité pour un partenaire commercial de nouer de nouveaux partenariats en substitution de la relation qu'il entretient avec la société auteure de la rupture peut directement se déduire du fait que cette activité ne représente dans son activité qu'un poids limité. Cette possibilité de diversification est ainsi généralement présumée lorsque la part d'activité concernée par la rupture est inférieure à 50 % du total de l'activité du partenaire[553]. À ce titre, ce constat peut se trouver renforcé si la société avait effectivement noué de nouveaux contrats suite à la rupture[554].

410. Quand bien même la relation commerciale ait un poids particulièrement important dans l'activité du partenaire, la faisabilité d'une diversification peut se déduire d'autres critères parmi lesquels :
   - l'absence de spécificité de la prestation (déparaffinage et transport des véhicules[555], location/vente immobilière[556]) ;
   - l'absence de restrictions contractuelles (pas de minimum d'approvisionnement, ni d'obligation de non-concurrence)[557] ou d'autres contraintes imposées justifiant un lien exclusif[558] ;

---

549 CA Paris, 16 février 2017, RG n° 15/09463.

550 CA Paris, 29 septembre 2016, RG n° 15/04154.

551 Cass. com., 18 novembre 2020, Pourvoi n° 18-25.709, Jean-Louis Fourgoux, Dépendance économique : La Cour de cassation confirme qu'une relation commerciale interrompue puis reprise ultérieurement ne peut, pour le calcul de l'ancienneté, remonter à l'origine de celle-ci et que la rupture sans préavis ne doit pas prendre en compte la dépendance économique qui résulte de la responsabilité du partenaire (Apodiss), 18 novembre 2020, Concurrences N° 1-2021, Art. N° 98923, pp. 156-157. Cass. com., 18 novembre 2020, Pourvoi n° 18-25.709.

552 CA Paris, 15 avril 2015, RG n° 13/20513.

553 34 % – CA Paris, 1er février 2018, RG n° 15/11151 ; moins de 10 % – CA Paris, 7 février 2018, RG n° 12/07788 ; 20 % – CA Paris, 28 février 2018, RG n° 15/13088 ; 12 % – CA Paris, 13 juin 2019, RG n° 16/16519 ; entre 30 et 40 % – CA Paris, 2 février 2017, RG n° 15/04850 ; 20 % – CA Paris, 15 février 2017, RG n° 14/16376 ; 41 % – CA Paris, 4 octobre 2017, RG n° 16/06208.

554 CA Paris, 29 janvier 2009, RG n° 07/05460.

555 CA Rennes, 12 avril 2005, RG n° 03/07969.

556 CA Paris, 17 septembre 2015, RG n° 13/16603.

557 Cass. com., 18 novembre 2020, n° 18-25.709, Jean-Louis Fourgoux, Dépendance économique : La Cour de cassation confirme qu'une relation commerciale interrompue puis reprise ultérieurement ne peut, pour le calcul de l'ancienneté, remonter à l'origine de celle-ci et que la rupture sans préavis ne doit pas prendre en compte la dépendance économique qui résulte de la responsabilité du partenaire (Apodiss), 18 novembre 2020, Concurrences N° 1-2021, Art. N° 98923, pp. 156-157. Cass. com., 18 novembre 2020, n° 18-25.709.

558 CA Paris, 20 octobre 2016, n° 14/26214.

- l'absence d'investissement spécifiquement dédié aux prestations de services de communication, et ce même en présence d'une exclusivité limitée au domaine d'activité du donneur d'ordre[559] ;
- l'absence de caractère indispensable de la marque dans un contexte où de nombreuses marques concurrentes existaient, la part de marché de plusieurs d'entre elles étant supérieure à celle des produits en cause[560] ;
- l'absence d'utilisation de la totalité de l'offre du partenaire commercial, en l'occurrence des salles. La disponibilité de salles aurait pu permettre au prestataire, en l'absence de clause de non-concurrence, de nouer des relations avec d'autres clients[561] ;
- l'absence d'exclusivité dans un contexte où les deux sociétés étaient de taille comparable, chacune adossée à un groupe international[562] ;
- l'absence d'exclusivité n'empêchait par le transporteur de diversifier son activité tant géographiquement qu'en termes de produits, s'agissant de transport non spécialisé[563].

411. Enfin, elle peut aussi se déduire du fait que la société a pu trouver de nouveaux partenaires durant la période de préavis[564], bien que cette seule constatation ne permette pas de démontrer l'absence de brutalité de la rupture (v. § 1516 et s.).

2. Les circonstances ayant conduit à la situation de dépendance

412. La situation de dépendance peut aussi être la conséquence d'un choix du partenaire commercial, si bien qu'un tel constat s'oppose à la démonstration d'un état de dépendance économique afin de justifier un préavis plus long. Tel est le cas, par exemple, du partenaire commercial qui après avoir été alerté sur son état de dépendance par l'entreprise auteure de la rupture, lui avait alors répondu qu'il en avait conscience, mais que ce problème ne concernait que sa stratégie propre[565].

413. De même, la dépendance peut être la conséquence de choix industriels quand, par exemple[566], le fournisseur avait cédé un site de production et ne pouvait diversifier sa clientèle sur le site restant en raison d'une clause de non-concurrence. Une diversification aurait néanmoins été possible par la suite, mais elle aurait nécessité des investissements, rendus difficiles par la distribution des réserves financières par le partenaire commercial lui-même. Finalement, ce sont les propres décisions du fournisseur qui avaient conduit à ce que sa relation avec l'entreprise auteure de la rupture constitue l'essentiel de ses débouchés, ces éléments ayant en définitive permis au juge d'écarter l'état de dépendance économique.

559 CA Paris, 4 décembre 2015, n° 13/24248.
560 CA Paris, 15 avril 2015, n° 13/20513 (514).
561 CA Paris, 16 septembre 2009, RG n° 07/13021.
562 CA Versailles, 10 juin 2010, RG n° 09/03185.
563 CA Paris, 15 octobre 2015, n° 14/07926.
564 CA Paris, 11 février 2015, n° 12/20092.
565 CA Paris, 15 novembre 2017, n° 15/22542.
566 CA Paris, 13 avril 2016, n° 14/23927.

§ 6. L'analyse polyfactorielle

414. Il n'est pas toujours possible d'isoler très précisément l'incidence quantitative de tel ou tel facteur sur la détermination de la durée de préavis raisonnable. En effet, dans un certain nombre de décisions, les effets des différents facteurs ont été considérés globalement sans nécessairement que l'incidence de chacun d'entre eux soit isolée. Ainsi, les décisions suivantes ont pour but d'illustrer cette pratique consistant à prendre en compte de manière globale une combinaison de facteurs en plus de l'ancienneté des relations commerciales. Cette analyse multifactorielle est de plus en plus fréquente compte tenu de l'appréciation du caractère brutal qui relève souvent d'une analyse casuistique :

- 4 mois pour une relation de 3 ans et 6 mois[567] : la relation représentait 45 % de l'activité du partenaire, dans le secteur des matériels de chantier et de construction, compte tenu de l'exclusivité territoriale consentie (Europe continentale) ;
- 3 mois pour une relation de 5 ans[568] : la relation représentait 34 % de l'activité de son partenaire, pour des prestations de nettoyage, géographiquement éloignées les unes des autres ;
- 4 mois et 14 jours pour une relation de 8 ans[569] : la relation représentait 30 % de l'activité du partenaire, dans le secteur des prestations de service d'accueil ;
- 3 an pour une relation de 4 ans[570] : la relation représentait entre 2/3 et 50 % de l'activité du partenaire, dans le secteur « fluide » du transport routier ;
- 6 mois pour une relation de 4 ans[571] : la relation représentait l'essentiel de l'activité du partenaire (soit environ 80 %). Bien qu'il ait été estimé que la société était en état de dépendance économique, un préavis de 6 mois a été jugé suffisant au regard de l'activité exercée (la fabrication de jouets en plastique) pour rechercher de nouveaux clients et se réorienter ;
- 5 mois pour une relation de 9 ans[572] : la relation représentait 20 % environ de l'activité du partenaire, compte tenu de l'absence de dépendance économique et de l'absence d'investissements dédiés à cette relation ;
- 3 mois et 25 jours pour une relation de 6 ans[573] : la relation représentait 19 % de l'activité du partenaire, dans le secteur de la distribution de produits chimiques en Thaïlande, territoire pour lequel le partenaire bénéficiait d'une exclusivité de fait ;
- 5 mois et 22 jours pour une relation de 17 mois[574] : la relation représentait 60 % de l'activité du partenaire dans le secteur du tourisme, en l'absence d'exclusivité dans les relations ;

567 CA Paris, 21 mars 2018, RG n° 14/26092.
568 CA Paris, 1er février 2018, RG n° 15/11151.
569 CA Paris, 11 avril 2018, RG n° 16/0259.
570 CA Paris, 22 février 2018, RG n° 17/08991.
571 CA Paris, 15 février 2018, RG n° 13088.
572 CA Paris, 17 octobre 2018, RG n° 16/10538.
573 CA Paris, 12 juin 2019, RG n° 17/01093.
574 CA Paris, 23 janvier 2019, RG n° 16/14025.

- 18 mois pour une relation de 20 ans[575] : la relation représentait entre 52 et 60 % de l'activité réalisée par le partenaire avec une centrale d'achats en équipements automobiles.

§ 7. Illustrations de préavis plus importants

415. Sans que la jurisprudence statue sur un « *seuil minimal de durée raisonnable de préavis* », dans certaines situations ci-après présentées, les juges ont considéré que le délai de préavis était supérieur ou égal à la durée de préavis que l'on pouvait considérer comme raisonnable et qu'il aurait convenu de respecter. Les préavis qui avaient alors été consentis peuvent donc être considérés comme relativement restrictifs vis-à-vis de l'entreprise auteure de la rupture[576] :
   - un préavis octroyé par le partenaire de 8 mois pour une relation commerciale de 3 ans et 3 mois, en matière de vente de matériel informatique, le prestataire ayant été en mesure de réorganiser son activité dans ce laps de temps[577] ;
   - un préavis de 3 mois, pour une relation commerciale de 2 ans et 4 mois, en matière de prestations de promotion et commercialisation de produits financiers[578] ;
   - Un préavis de 6 mois pour une relation commerciale de 2 ans et 6 mois, s'agissant de prestations de transport routier de marchandises et de location de véhicules industriels[579] ;
   - un préavis de 9 mois pour une relation de 8 ans, pour des prestations de communication, conseil et accompagnement dans le secteur de l'automobile[580].

Section 3
La forme du préavis

416. La notification du préavis suppose le respect d'un formalisme que ce soit quant à son support (1) ou à l'entité qui notifiera le préavis (2). Elle doit aussi contenir un certain nombre d'informations univoques (3), ce qui aura une incidence sur la détermination du point de départ à prendre pour le préavis (4).

417. Les points abordés ci-après concernent toutes les relations commerciales à l'exception des appels d'offres, lesquels font l'objet d'une partie particulière en raison de leurs spécificités (v. § 641 à 644).

---

575 CA Paris, 3 avril 2019, RG n° 16/24197.

576 En d'autres termes, il n'est pas impossible que sous certaines conditions une juridiction estime que le préavis raisonnable puisse être plus court.

577 CA Paris, 11 janvier 2019, RG n° 17/00234.

578 CA Paris, 21 février 2019, RG n° 16/11868.

579 CA Paris, 27 février 2019, RG n° 17/14839.

580 CA Paris, 18 avril 2019, RG n° 17/15790.

§ 1. Quel doit être le support de la notification ?

A. Un écrit en recommandé est préférable

418. Il est essentiel que la forme de la notification de rupture soit respectée, car dans le cas contraire, le délai de préavis ne court pas et la rupture sera alors être considérée comme brutale. À ce titre, seule une notification signifiant explicitement la rupture, comme un courrier de résiliation par exemple[581], est susceptible de faire courir le délai de préavis.

419. De manière générale, il paraît préférable de notifier la rupture par un courrier en recommandé pour éviter une discussion ou une contestation de la réalité de la réception de la notification par le partenaire[582]. À titre d'illustration, les moyens de notification suivants n'ont pas pu faire courir le délai de préavis : un fax ne contenant qu'une menace de rupture[583], la tenue d'une réunion lors de laquelle le partenaire évincé aurait été informé sans autre indication[584], un courrier annonçant au partenaire sous-traitant la perte d'un marché, en l'occurrence du principal client[585], un appel téléphonique[586]. L'argument selon lequel le préavis aurait été respecté dans les faits sans être formalisé ne peut non plus être retenu[587].

420. De même, le fait qu'une société ait multiplié les menaces, voire même les constats de rupture, ne constitue pas une notification, et ce, d'autant que les relations ont perduré, même si le volume d'affaires a diminué[588]. De même, une simple notification de griefs est insuffisante pour faire courir le préavis[589]. Suivant la même logique, le seul refus par le partenaire de revoir les modalités contractuelles attachées à sa tarification[590], ou le prix lui-même[591], ne constitue pas une notification de rupture des relations commerciales.

B. La preuve de l'information sur le terme de la relation peut être apportée par tout moyen

421. Néanmoins, si la preuve est apportée au tribunal que le partenaire commercial avait cherché, avant la date de la notification écrite, à nouer de nouvelles relations auprès de concurrents de l'entreprise, ce constat peut tout de même être pris en compte[592]. Il n'est donc pas obligatoire d'envoyer un courrier en recommandé

---

581 CA Paris, 26 septembre 2018, RG n° 15/04275.
582 CA Paris, 5 mars 2019, RG n° 18/04137.
583 TC Périgueux, 5 avril 2004, n° 2001-008859.
584 CA Paris, 25 octobre 2017, Pourvoi n° 16/20059 ; CA Paris, 24 janvier 2008, RG n° 06/02920.
585 Cass. com., 18 septembre 2019, Pourvoi n° 18-13755.
586 CA Amiens, 9 mai 2006, RG n° 05/01540.
587 CA Bordeaux, 6 janvier 2016, RG n° 14/03007.
588 CA Paris, 29 septembre 2016, RG n° 15/04154.
589 CA Paris, 29 mars 2017, RG n° 14/16043.
590 CA Grenoble, 7 mai 2008, RG n° 06/04126.
591 CA Versailles, 2 février 2006, RG n° 04/09265 ; CA Paris, 31 janvier 2019, RG n° 17/09157.
592 CA Paris, 14 novembre 2018, RG n° 16/12078.

signifiant expressément la fin de la relation commerciale étant donné la nécessité de donner une certaine souplesse aux relations commerciales.

422. À titre d'illustration, si le partenaire commercial a été informé du projet de son cocontractant, et que ce projet ne pouvait que signifier la fin de leur relation commerciale, alors cette notification peut être jugée suffisante[593]. Dans le même esprit, la volonté de la société de mettre fin aux relations commerciales a pu être démontrée par des attestations concordantes et précises de salariés[594], ou par un courrier non recommandé mais dont l'existence n'avait pas été contestée[595], ou encore par la lettre de licenciement d'un de ses responsables justifiée par la perte du marché avec leur client le plus important[596].

423. Il est aussi possible de procéder à la notification par courrier électronique même si le cocontractant conteste avoir reçu le message. Le directeur des systèmes d'information de la société avait en effet attesté que le contenu des messageries électroniques étant archivé et conservé dans les systèmes d'informations de la société dans des conditions de nature à en garantir l'authenticité et l'intégrité, il était possible de restituer les deux courriels litigieux *via* l'outil « *EmailXtender* »[597].

424. Dans ces différents cas, ces différentes circonstances ont pu démontrer que la société victime de la rupture avait bien été informée de la fin prochaine de la relation commerciale. Toutefois, il paraît préférable, afin d'éviter toute ambigüité, d'adresser une notification sous la forme d'un courrier recommandé avec accusé de réception, notamment car cela permet la prise en compte d'une date univoque pour le délai de préavis.

§ 2. Qui peut notifier le préavis ?

425. Dans la plupart des cas, le préavis est émis par la société cocontractante du partenaire commercial, ou en l'absence de contrat régissant la relation commerciale, celle réalisant les commandes ou fournissant les produits.

426. Pour autant, il est possible à la holding d'une entreprise de notifier la rupture sous certaines conditions. En effet, l'article L. 442-1 (anciennement L. 442-6) du Code de commerce, est rédigé en termes généraux qui ne sauraient se limiter à l'examen de la rupture uniquement par le cocontractant[598]. Plus particulièrement, dans le cas où l'activité du partenaire commercial est susceptible d'être étendue à d'autres filiales de la holding, la relation commerciale dépasse la seule exécution du contrat, si bien que la holding est dès lors tout à fait légitime à rompre elle-même la relation commerciale, agissant finalement en tant que mandataire apparent[599].

---

593 CA Nancy, 11 février 2004, RG n° 00/02960 ; Cass. com., 7 avril 2009, Pourvoi n° 08-11.572.
594 CA Toulouse, 26 janvier 2010, RG n° 08/03208.
595 CA Paris, 26 septembre 2018, RG n° 15/04275.
596 CA Versailles, 26 mars 2013, RG n° 11/08801.
597 CA Paris, 5 juillet 2013, RG n° 11/14054, CA Paris, 14 novembre 2018, RG n° 16/12078.
598 CA Amiens, 9 mai 2006, RG n° 05/01540.
599 CA Paris, 13 octobre 2010, RG n° 09/03712.

427. Dans le cadre d'une cession, si le préavis a été notifié par le cédant, mais la relation rompue par le cessionnaire en conformité à ce qui avait été signifié au préalable, alors la notification demeure valable. Si un délai suffisant été laissé au cocontractant eu égard aux caractéristiques de la relation commerciale, la rupture n'est alors pas brutale[600].

428. En dehors de lien capitalistiques évidents, si une société notifie une rupture pour le compte d'une autre société, elle doit le faire apparaître très clairement et dans le cadre d'un mandat confié par l'autre entreprise. Dans le cas contraire, quand bien même les différentes sociétés soient issues d'une communauté de dirigeants et d'intérêts (en l'espèce au sein d'un centre commercial), la notification ne vaut que pour la société régulièrement représentée, et le caractère brutal d'être prononcé par rapport à la seconde relation contractuelle[601].

§ 3. Que doit contenir la notification de la rupture ?

A. L'information univoque de la fin programmée de la relation commerciale

429. Le préavis doit être notifié de manière claire en informant le partenaire commercial de manière univoque de la rupture de leur relation à une échéance déterminée. Ce critère est particulièrement important car il s'agit aussi d'une condition nécessaire à la validité de la notification de rupture.

430. Dans le cas où une entreprise envoie un courrier à son partenaire commercial pour lui demander son accord pour mettre fin à la relation contractuelle à une échéance déterminée, ce que le partenaire refuse, ce courrier ne constitue pas une notification univoque. Par conséquent, si l'entreprise rompt ensuite la relation à l'échéance indiquée, le juge considère alors qu'elle a alors rompu sans préavis, et donc brutalement la relation commerciale[602].

431. De même, l'envoi de plusieurs courriers au partenaire commercial pour lui signifier des manquements contractuels que l'entreprise estimait suffisants pour rompre leur relation commerciale, n'est pas nécessairement univoque si elle n'en a jamais tiré la moindre conséquence concrète, et ce, d'autant que les termes utilisés quant à la rupture étaient ambigus[603]. Par conséquent, ces lettres ne pouvaient être analysées comme une notification de rupture susceptible de faire courir un quelconque délai de préavis.

432. Dans le même esprit, si la société connaissait la volonté de son partenaire de substituer aux relations d'achat direct une relation de sous-traitance, cette information ne saurait être considérée comme faisant courir un préavis, les parties ayant prévu de poursuivre leur relation sous une forme juridique différente, de tel sorte

---

600 CA Aix-en-Provence, 27 juin 2012, RG n° 11/00332.
601 CA Pau, 31 août 2011, RG n° 09/03608.
602 CA Amiens, 2 avril 2009, RG n° 07/01039.
603 CA Paris, 29 septembre 2016, RG n° 15/04154.

qu'il n'est pas possible de considérer que la rupture était prévisible, en l'absence d'un préavis en bonne et due forme, précisant de manière univoque la fin de la relation ainsi que son échéance précise[604]. Il en va de même dans le cas où le donneur d'ordre modifie le cahier des charges de ses produits de telle sorte que le partenaire commercial sous-traitant ne puisse pas atteindre le niveau des spécifications techniques demandées[605].

433. La fin prévisible des relations commerciales ne peut être excipée de l'annonce par le partenaire de la perte d'un marché avec un partenaire[606], ou d'un futur départ à la retraite d'un consultant[607]. Les parties ne peuvent pas non plus y déroger par anticipation en prévoyant au contrat que « *aucune lettre de préavis ne sera nécessaire* »[608]. Par conséquent, de tels motifs sont insuffisants pour caractériser un préavis en l'absence de toute information formelle sur ce point, notamment en termes de délais.

434. Néanmoins, quand bien même la notification n'ait pas été faite dans les règles de l'art, le fait que les deux sociétés se soient adressées mutuellement des courriers univoques attestant de la fin prochaine de leur relation commerciale, peut permettre de considérer que l'information relative à la rupture avait été donnée, et dès lors, écarter tout caractère brutal de la rupture[609]. De même, le fait pour une entreprise d'exiger une amélioration de la qualité de service de son partenaire commercial (formation de l'équipe commerciale, couverture géographique) en l'absence de quoi les relations commerciales prendront fin 6 mois après, peut constituer une notification suffisante en l'absence de réponse appropriée de la part dudit partenaire[610]. Cependant, le fait pour un concessionnaire automobile d'exiger de son agent de se mettre en conformité avec les critères de sélectivité, sous peine de voir le contrat rompu, ne peut être considéré comme une notification écrite ouvrant une période de préavis[611].

435. La prévisibilité du terme de la relation peut aussi se déduire du fait que le cocontractant avait informé son partenaire de la mise en concurrence qui sera effectuée au moment du renouvellement du contrat. Dès lors, cela manifestant la volonté de la société de ne pas poursuivre les relations dans les conditions antérieures, la rupture était donc prévisible[612]. Il en va de même lorsque la société informe son partenaire du passage à une procédure d'appels d'offres, sous réserve de respecter plusieurs caractéristiques (v. § 629 et s.).

436. En définitive, la seule obligation finalement retenue par la jurisprudence est celle du caractère univoque de l'information faite au cocontractant, à travers des termes clairs et transparents, de la fin programmée de la relation commerciale à une échéance déterminée.

---

604 CA Paris, 25 octobre 2017, RG n° 15/02901.
605 CA Versailles, 14 octobre 2010, RG n° 09/05309.
606 Cass. com., 18 septembre 2019, Pourvoi n° 18-13755.
607 CA Paris, 8 avril 2011, RG n° 09/19991.
608 CA Nouméa, 25 août 2016, RG n° 15/00013.
609 CA Paris, 8 novembre 2017, RG n° 15/01541.
610 CA Versailles, 3 janvier 2012, RG n° 10/008881.
611 CA Paris, 13 octobre 2016, RG n° 14/25053.
612 Cass. com., 4 décembre 2019, RG n° 18-13768.

B. La communication des motifs n'est pas requise sauf en cas de dispense de préavis

437. De manière générale, il n'est pas nécessaire à la société rompant les relations commerciales de se justifier[613]. En conséquence, la pertinence du motif est sans incidence sur l'appréciation du caractère brutal de la rupture[614], de même que l'absence de reproches antérieurs à la notification de rupture[615].

438. En revanche, les motifs de la rupture doivent être communiqués si l'auteur de la rupture invoque les dispositions particulières permettant la dispense de préavis (v. § 456 à 470). Dans ce cas, les manquements devront être notifiés à la société prétendument fautive, si possible là encore en recommandé, afin de prouver que cette dernière les ait bien reçus[616]. Si les manquements n'ont pas été notifiés par écrit par la société auteure de la rupture, cette dernière ne saurait s'en prévaloir pour mettre fin brutalement à la relation[617]. Pour autant, il n'est pas indispensable que les motifs soient expressément mentionnés dans la notification de rupture pourvu que le partenaire en ait été informé au préalable[618].

§ 4. Quel est le point de départ du préavis ?

439. Dans l'hypothèse où la notification de la rupture ait été faite de manière univoque et dans les formes par la société légitime à agir, le préavis commence dès la réception de la notification, peu importe que des échanges aient eu lieu auparavant dans la mesure où le terme de la relation n'avait pas été clairement indiqué[619].

440. Le point de départ du préavis ne peut en revanche pas être rétroactif par rapport à la date de la notification[620].

441. Si des échanges ont eu lieu entre les parties, la date à prendre en compte est celle à partir de laquelle il est raisonnablement certain que le partenaire commercial ne pouvait ignorer la fin de la relation commerciale. Si l'entreprise a alerté son partenaire plusieurs années avant la rupture des relations, cela l'avertit de la nécessité de diversifier sa clientèle, mais ne constitue pas pour autant un préavis, en l'absence de terme précis quant à la fin de la relation commerciale[621]. Suivant toujours ce principe de transparence, ne manifeste pas sa volonté définitive d'interrompre les relations le courrier qui fait état des réflexions en cours sur le schéma d'approvisionnement sans exclure que ces réflexions puissent mener à une résiliation des relations commerciales. Dans ce cas, la date à prendre en considération est celle de la deuxième notification, annonçant au demandeur que sa candidature n'a pas été retenue et la cessation ultérieure des relations[622].

---

613 CA Paris, 6 juin 2019, RG n° 17/00410.
614 CA Paris, 17 janvier 2018, RG n° 17/21527.
615 CA Paris, 12 septembre 2019, RG n° 1702365.
616 CA Paris, 13 mars 2019, RG n° 17/21477.
617 CA Paris, 6 juin 2019, RG n° 17/01229 ; CA Paris, 12 juin 2019, RG n° 17/02365.
618 CA Paris, 9 mai 2018, RG n° 15/12032.
619 CA Paris, 19 décembre 2019, RG n° 17/11609 – voir également Cass. com., 16 avril 2013, Pourvoi n° 12-15.591.
620 CA Paris, 22 décembre 2017, RG n° 15/18804.
621 CA Paris, 15 novembre 2017, RG n° 15/22542.
622 CA Paris, 19 décembre 2019, RG n° 17/11609.

442. Enfin, la défiance réciproque dans laquelle peuvent s'être installé les deux cocontractants peut être prise en compte pour considérer que le partenaire commercial ne pouvait ignorer l'arrêt prochain de la relation commerciale, ou tout le moins qu'il existait un risque raisonnable qu'elle prenne fin. Dans une affaire[623], un plan de réduction de commandes a été régulièrement communiqué au partenaire commercial, et les perspectives commerciales incertaines ont fait l'objet d'échanges entre les parties, les prévisions de commandes fluctuantes étant toujours été expliquées et annoncées. Par conséquent, ces annonces constituaient des préavis suffisants pour prévenir le partenaire commercial d'une baisse des commandes à venir si bien qu'eu égard au contexte, la brutalité de la rupture ne peut être caractérisée. De même, la volonté d'une entreprise de ne pas s'engager vis-à-vis de son ancien partenaire commercial a pu être démontrée dans une autre affaire par le fait qu'elle ait décidé de drastiquement diminuer ses volumes de précommandes en les passant de 2 800 à 360 tonnes[624].

623 CA Paris, 31 juillet 2019, RG n° 16/18229.

624 CA Rennes, 26 octobre 2010, RG n° 09/04745.

Chapitre 4
Les cas de dispense de préavis

443. L'article L. 442-1 du Code de commerce permet à une société de rompre la relation commerciale sans accorder de préavis dans deux situations : « *en cas d'inexécution par l'autre partie de ses obligations ou en cas de force majeure* ». La mise en œuvre de ces dispositions particulières vise à autoriser sous certaines conditions l'absence pure et simple de préavis, et non justifier la réduction du préavis raisonnable. En effet, de deux choses l'une, soit il existe un manquement grave ou un cas de force majeure justifiant l'absence de préavis, soit dans le cas contraire, l'entreprise doit alors laisser un préavis « *raisonnable* » à son partenaire commercial, et la juridiction de se prononcer alors sur sa détermination[625].

444. La charge de la preuve incombe celui qui invoque ces dispositions pour justifier l'absence de préavis, soit l'auteur de la rupture. À titre d'illustration[626], le fait pour un sous-traitant de prestations de service de maintenance de matériel bureautique de ne pas respecter les délais d'intervention et de livrer des prestations de mauvaise qualité, entraînant la perte de marchés pour son cocontractant, sont des manquements graves et répétés justifiant la résiliation sans préavis des contrats. De même, la corruption active de l'un des salariés de l'entreprise par son partenaire commercial peut constituer une raison suffisamment grave, mais elle doit être démontrée[627]. En effet, dans le cas où les manquements opposés ne soient pas démontrés ou la force majeure non applicable, l'absence de préavis caractérisera dès lors le caractère brutal de la rupture[628].

445. Si certains motifs sont inopérants pour justifier l'absence de préavis (1), certains manquements sont au contraire suffisamment graves pour la justifier (2). En outre, la force majeure, lorsqu'elle est démontrée, peut utilement être invoquée pour justifier l'absence de préavis (3).

Section 1
Les motifs inopérants

446. En l'absence de contrat, et donc de manquement contractuel, l'auteur de la rupture peut être tenté de justifier la rupture brutale des relations commerciales par d'autres motifs lesquels sont généralement écartés.

447. En premier lieu, en ce qui concerne le produit lui-même, il ne peut pas être opposé à un partenaire commercial qu'il existait sur le marché des produits plus

---

625 CA Paris, 4 avril 2019, RG n° 16/25833.
626 CA Paris, 30 janvier 2019, RG n° 16/16506.
627 CA Paris, 24 janvier 2008, RG n° 06/02920.
628 CA Paris, 30 septembre 2016, RG n° 14/03928.

performants que ce soit en termes techniques ou bien de prix afin de justifier du caractère brutal de la rupture[629].

448. En second lieu, si les conditions dans lesquelles s'exerce la relation commerciale peuvent être prises en compte lors de la détermination du préavis raisonnable (v. § 360 et s.), pour autant, le fait que le climat soit délétère ne permet pas de justifier l'absence pure et simple de préavis, comme l'illustrent les motifs suivants qui n'ont pas été retenus :

- les tensions intervenues entre les partenaires commerciaux[630]. Par exemple, le fait pour un administrateur d'une société de critiquer les bienfaits des produits laitiers sur les réseaux sociaux alors que son partenaire est spécialisé dans la fabrication de tels produits, ne constitue pas une faute suffisamment grave pour justifier une faute sans préavis[631], pas plus que les menaces non mises à exécution par le partenaire commercial et qui ont été proférées après la rupture des relations commerciales[632] ;
- les divergences sur la stratégie de développement[633] ;
- le fait pour une société de faire état de doutes sur la facturation de son partenaire et l'inexactitude de ses comptes[634] ;
- des manquements certes établis, mais peu nombreux, anciens, connus et réputés tacitement acceptés[635] ou le comportement désagréable du client, faisant supporter à son fournisseur un certain nombre de coûts, sans que ce dernier n'émette de contestation ni ne menace de cesser son approvisionnement[636] ;
- le fait que le cocontractant connaisse depuis de nombreuses années des difficultés rendant sa mise en liquidation judiciaire probable ne l'exonère pas de consentir un préavis[637] (v. aussi § 595 et s.).

449. Les difficultés économiques importantes rencontrées par l'auteur de la rupture ne peuvent valoir l'annonce certaine d'une rupture à venir, « *la prévisibilité de la rupture n'excluant pas nécessairement son caractère brutal* »[638]. Dans une affaire[639], un éditeur avait noué une relation avec une régie publicitaire pour gérer les espaces au sein de son périodique. Quand bien même la faiblesse de l'activité du périodique rendait la fin de la relation inéluctable, il appartenait à l'éditeur, en gestionnaire avisé, de donner un préavis au régisseur pour l'informer avec un préavis de la fin prochaine de leur relation commerciale. Dans une autre affaire[640], le fabricant avait contractualisé un prix en toute

[629] CA Nîmes, 12 février 2009, RG n° 07/03631.
[630] CA Paris, 31 juillet 2019, RG n° 18/07126.
[631] CA Paris, 24 avril 2019, RG n° 18/28419.
[632] CA Rouen, 14 décembre 2006, RG n° 05/03484.
[633] CA Paris, 4 octobre 2017, RG n° 15/03041.
[634] CA Paris, 19 janvier 2018, RG n° 15/10939.
[635] CA Paris, 25 janvier 2018, RG n° 15/16388.
[636] CA Bordeaux, 28 février 2005, RG n° 04/02643.
[637] CA Aix-en-Provence, 28 juin 2012, RG n° 11/00654.
[638] CA Paris, 19 juin 2019, RG n° 17/05169.
[639] CA Toulouse, 6 juillet 2010, RG n° 08/04419.
[640] CA Paris, 19 janvier 2012, RG n° 09/23057.

connaissance de cause et ne pouvait ensuite arguer de la faible rentabilité du marché négocié en raison de la fluctuation du secteur pour justifier la rupture des relations commerciales.

450. Enfin, le fait que la branche d'activité d'un des deux partenaires ait été rachetée par une autre entreprise, ayant abouti à la fin des relations commerciales, est inopérant pour exonérer la société de consentir un préavis raisonnable de rupture[641], quand bien même le rachat ait été effectué par un concurrent de la société[642]. Ce constat peut toutefois conduire à réduire la durée de préavis raisonnable (v. § 342 et s.). Plus généralement, il en va de même lorsque la rupture est la conséquence de la réorganisation de l'un des deux partenaires (v. § 588 et s.).

451. En définitive, seule la gravité des manquements peut justifier la rupture brutale des relations. En l'absence d'une telle caractéristique, un préavis raisonnable devra être respecté. Pour cette raison, il n'est pas possible de mettre en avant des manquements supposés ou un contexte économique supposément défavorable pour justifier de la baisse progressive du courant d'affaires[643].

Section 2
Inexécution par la société de ses obligations[644]

452. Il est nécessaire, dans un premier temps, que le partenaire soit informé des manquements allégués par l'auteur de la rupture (1) et que ces derniers soient justifiés par un contrat (2). La preuve des manquements est libre (v. § 1549 et s.), mais si les preuves censées démontrer les manquements sont déclarées irrecevables, alors tout manquement sera écarté.

453. Sur le fond, les manquements invoqués peuvent concerner plusieurs aspects de la relation commerciale : les retards de paiement (3), la qualité de la prestation ou du produit (4), le non-respect d'une exclusivité ou d'une clause de non-concurrence (5), la chute significative du chiffre d'affaires (6), le prix (7). Le juge est aussi libre d'apprécier le contexte de la relation commerciale pour déterminer si l'environnement rendait possible la poursuite des relations commerciales (9), surtout s'il existe un risque de parasitisme (8). De nombreux autres types de manquements ont pu être soulevés pour justifier l'absence de préavis, de manière légitime ou non (10).

454. Par ailleurs, les manquements contractuels ne doivent pas trouver leur origine dans une cause extérieure à la société, sans quoi il serait alors possible pour cette dernière de soulever l'exception d'inexécution en cas de manquements réciproques, et ils ne pourraient finalement pas justifier une dispense de préavis (11).

---

641 CA Paris, 22 novembre 2018, RG n° 17/10290.

642 CA Paris, 7 février 2018, RG n° 16/00080.

643 CA Paris, 4 avril 2019, RG n° 16/25833.

644 La rupture du contrat dans le cas de tels manquements peut aussi être prononcée sur la base de l'article 1184 du Code civil.

455. En définitive, il est nécessaire d'apprécier les éventuels manquements, en déterminant si la faute correspond bien à une obligation, notamment au regard du contrat liant les deux sociétés, et en vérifiant qu'elle présente bien un caractère suffisamment grave.

§ 1. Une obligation d'information

456. Afin de démontrer le comportement loyal de l'auteur de la rupture des relations commerciales, il est nécessaire que le partenaire commercial soit informé du manquement reproché[645]. Ainsi, en mettant fin à la relation, l'auteur de la rupture a su tirer toutes les conséquences des manquements constatés[646].

457. L'information peut toutefois être effectuée de manière indirecte. Dans une affaire par exemple, les manquements concernaient la gestion de la filiale, et bien que la notification des manquements n'ait pas été mentionnée dans la lettre de rupture, le fait que la société ait parallèlement porté plainte devant les juridictions compétentes démontrait la communication des manquements et la gravité qu'elle y attachait[647].

458. En l'absence d'une telle information au moment de la notification de la rupture, les manquements ne peuvent être invoqués pour justifier la brutalité de la rupture, malgré l'envoi d'un courrier postérieur[648].

459. Deux cas de figure peuvent ensuite se présenter : soit les manquements sont irréversibles et justifient la fin directe de la relation commerciale (A), soit les manquements ne sont pas irréversibles, auquel cas il paraît préférable dans un premier temps de mettre en demeure le partenaire commercial de résoudre les problèmes, puis dans un second temps de mettre fin à la relation commerciale le cas échéant (B). En tout état de cause, il est nécessaire de démontrer un lien de causalité entre les manquements et la rupture (C).

A. Le caractère irréversible des manquements

460. Dans l'hypothèse où les manquements soient irréversibles, il n'est pas exclu que la rupture des relations puisse être notifiée directement, sans obligation d'adresser au cocontractant une mise en demeure préalable.

461. Dans une affaire par exemple[649], la société reprochait à son prestataire de transport des vols répétés de marchandises, qui avaient en outre impliqué des chauffeurs du prestataires. Dans un autre cas, les « *insultes à caractère antisémite* » et les « *violences légères* », ayant donné lieu à l'interpellation du gérant et directeur de création d'une maison de haute couture, également dirigeant d'une société de communication avec laquelle la maison de haute couture était en relations commerciales, si bien que ces faits ont dès lors entraîné une rupture de confiance

---

645 CA Paris, 15 mars 2018, RG n° 15/19368.

646 CA Paris, 9 janvier 2019, RG n° 16/134523.

647 Cass. com., 18 octobre 2011, Pourvoi n° 10-19.612.

648 CA Paris, 7 mars 2019, RG n° 17/02520.

649 CA Paris, 23 juin 2016, RG n° 14/20158.

rendant impossible la poursuite des relations, justifiant la rupture de celles-ci sans préavis[650].

462. Dès lors que la cause visée correspond à un fait d'ores et déjà réalisé et irréversible, la cour a considéré qu'aucune mise en demeure préalable n'était nécessaire.

B. La mise en demeure préalable

463. Si les manquements ne présentent pas un caractère irréversible, il est alors nécessaire d'adresser une mise en demeure au cocontractant. Dans ce cas, le document doit comporter une échéance[651] et avertir solennellement le cocontractant des risques encourus quant à la pérennité du contrat s'il ne remédie pas aux manquements contractuels dénoncés[652]. Dans le cas contraire, une telle mise en demeure n'est pas opposable.

464. De même que pour la notification du préavis, il est préférable de notifier les manquements à la société prétendument fautive en recommandé afin de rapporter la preuve de la preuve de sa réception[653]. Si les manquements n'ont pas été notifiés par écrit, la société ne saurait s'en prévaloir pour mettre fin brutalement aux relations commerciales[654], car il est impératif qu'existe un lien de causalité entre les manquements et la rupture.

465. Le fait que la possibilité de suspendre la relation en cas de violation d'une obligation soit expressément prévue par le contrat ou les conditions générales de vente n'exonère pas la société de procéder à une notification en l'espèce au moins par courriel[655]. À ce titre, il appartient au juge d'apprécier la gravité de la faute sachant que le fait que le contrat indique que toute violation des obligations relève d'une faute grave n'est pas suffisant[656].

466. L'obligation d'informer le partenaire commercial des manquements et de le mettre en demeure d'y mettre fin est d'autant plus nécessaire qu'elle est expressément prévue au contrat, d'autant qu'en l'espèce elle prévoyait même un délai pour la société mise en demeure de rectifier le problème[657]. Le formalisme doit être respecté impérativement pour éviter toute contestation sur le non-respect du contrat dans la mise en œuvre de la rupture. L'obligation d'informer peut aussi être prévue par un texte réglementaire, par exemple dans le cadre d'un emprunt bancaire, la banque devant notifier la nécessité de régulariser la situation 60 jours avant la décision de rompre les relations[658].

467. En définitive, il importe peu que les circonstances justifient la rupture, il est surtout nécessaire que la gravité des manquements en justifie la brutalité[659].

---

650 CA Paris, 7 mai 2015, RG n° 14/01588.
651 CA Paris, 6 juin 2019, RG n° 17/01229.
652 CA Paris, 14 novembre 2018, RG n° 16/01932.
653 CA Paris, 9 mai 2018, RG n° 15/12032.
654 CA Paris, 22 janvier 2016, RG n° 14/03271.
655 Cass. com., 5 avril 2018, Pourvoi n° 16-19.923.
656 Cass. com., 5 avril 2018, Pourvoi n° 16-19.923.
657 CA Paris, 9 mai 2018, RG n° 15/12032.
658 Article L. 313-12 du Code monétaire et financier – CA Montpellier, 20 novembre 2012, RG n° 11/06281.
659 Cass. com., 4 décembre 2019, Pourvoi n° 17-31.216.

C. Le lien de causalité entre les manquements et la rupture

468. Comme évoqué précédemment (§ 464), il est nécessaire que le partenaire commercial soit informé des manquements, car outre l'importance de la loyauté, cette information permet de démontrer le lien de causalité entre les manquements et la rupture.

469. Pour les mêmes raisons, l'auteur de la rupture ne peut s'appuyer sur des manquements dont il n'a eu la preuve que postérieurement à rupture des relations commerciales[660], car dans ces conditions, le lien de causalité entre le manquement et la décision de rompre ne peut être démontré. Par exemple, il ne peut reprocher au partenaire une faute de gestion à l'origine d'un redressement fiscal découverte postérieurement à la rupture[661], ou mettre en avant des analyses réalisées après la rupture des relations pour attester d'un problème qualité[662]. Dans ces conditions, ces problèmes ne constituaient pas la cause réelle de la rupture de la relation commerciale.

470. Il ne peut pas plus s'appuyer sur des manquements prétendument anciens dont elle n'a tiré aucune conséquence à l'époque[663], ni sur des manquements survenus le jour de la notification de la rupture, ce qui n'a pas laissé le temps nécessaire à son partenaire pour y répondre[664]. À plus forte raison, elle ne peut pas mettre en avant des manquements contractuels alors que son courrier de notification de la rupture indiquait qu'elle n'était pas motivée par la qualité des prestatations du partenaire commercial[665].

§ 2. La nécessité d'un contrat

A. L'obligation doit être prévue par un contrat

471. Un contrat n'est pas indispensable pour démontrer le caractère établi de la relation commerciale. En revanche, et sauf dans les cas où la faute constitue une infraction pénale grave, le manquement allégué ne peut être opposé qu'au support d'une clause qui prévoit l'obligation, ce qui implique l'existence d'un contrat. Dans le cas contraire, le manquement ne peut pas être opposable pour justifier l'absence de préavis[666].

472. Par exemple, ne peut être considéré comme un manquement le fait pour un fournisseur reprochant à son distributeur une prise de contrôle par l'un de ses concurrents, alors qu'aucune disposition du contrat ne limitait la capacité du distributeur dans la gestion de son capital[667]. Réciproquement, un distributeur ne peut opposer à son

---

660 CA Paris, 11 avril 2018, RG n° 16/02527.
661 CA Paris, 7 février 2018, RG n° 16/0080.
662 CA Nîmes, 18 octobre 2007, RG n° 05/04507.
663 CA Paris, 9 juillet 2020, RG n° 17/18660 ; CA Paris, 15 février 2018, RG n° 15/10066.
664 CA Versailles, 29 novembre 2011, RG n° 10/08144.
665 CA Paris, 16 juin 2011, RG n° 09/28449.
666 CA Paris, 15 janvier 2021, RG n° 19/11080 ; CA Paris, 18 octobre 2017, RG n° 15/18283.
667 CA Paris, 7 février 2018, RG n° 16/0080.

fournisseur ses échanges commerciaux entretenus avec un autre distributeur, en l'absence de clause d'exclusivité[668]. Un bailleur ne peut pas non plus reprocher à son locataire la sous-location d'une partie du bien en l'absence d'interdiction explicite[669].

473. Un donneur d'ordre ne peut pas non plus justifier le caractère brutal de la rupture par son courrier de notification qui met en avant la qualification « Qualibat » non obtenue par le sous-traitant alors que cette qualification n'avait pas été convenue contractuellement[670].

474. Cette approche est également valable lorsque la poursuite de la relation commerciale se heurte à de potentiels obstacles réglementaires. Dans une affaire[671], le partenariat avait pour objectif la commercialisation d'un nouveau produit (une bouteille de gaz), mais ce nouveau produit n'a finalement pas pu être commercialisé en raison d'une disposition réglementaire. Le partenaire commercial n'ayant commis aucun manquement contractuel, et bien qu'il fût avéré que la relation ne pouvait de ce fait perdurer, son client aurait dû lui laisser un préavis raisonnable. Dans une autre affaire[672], le partenariat avait pour finalité la fourniture de données météorologiques, le fait de ne pas renouveler une convention dont le terme a été expressément prévu aux motifs que le partenaire n'est plus en mesure d'effectuer les prestations contractuelles, en raison, notamment, de nouvelles dispositions législatives et réglementaires, n'identifie pas une rupture brutale.

B. Le contrat doit être valable et en cours

475. Le contrat doit être valable et accepté par les deux partenaires afin de justifier des manquements.

476. Dans une affaire par exemple[673], un concédant avait concédé au sous-licencié l'autorisation de production et de vente de plants de peupliers, et lui avait adressé un nouveau projet de contrat de sous-licence, comportant une clause de non-concurrence, ce nouveau projet n'ayant pas été accepté par le sous-licencié. Le refus de livraison de boutures par le concédant au motif que le partenaire refusait de signer le nouveau projet de contrat, constituait l'imposition d'une clause de non-concurrence par ailleurs, dénuée de contrepartie, constitutive d'une rupture brutale des relations commerciale.

477. Dans une autre affaire[674], l'entreprise auteure de la rupture avait décidé de réorganiser son réseau de distribution, et dans ce cadre, avait proposé à son partenaire commercial un nouveau contrat de distribution. Si ce contrat présentait effectivement un certain nombre d'obligations nouvelles, elles ne pouvaient être opposées que si le partenaire commercial signait le contrat. Or comme ce n'était pas le cas, il a été considéré que seul l'ancien contrat régissait la relation commerciale, et ce,

---

[668] CA Paris, 2 mai 2018, RG n° 16/02663.
[669] CA Paris, 14 juin 2012, RG n° 11/11350.
[670] CA Paris, 5 décembre 2018, RG n° 17/00684.
[671] CA Douai, 26 février 2008, RG n° 06/06140.
[672] CA Paris, 24 mai 2019, RG n° 19/0236.
[673] CA Agen, 27 mai 2015, RG n° 13/00492.
[674] CA Lyon, 24 janvier 2008, RG n° 06/06998.

d'autant qu'en l'espèce, les anciennes modalités contractuelles avaient continué de s'appliquer pendant 2 ans jusqu'à la rupture. Les obligations en cause n'apparaissant pas dans l'ancien cadre contractuel, les manquements invoqués par l'auteur de la rupture ne pouvaient dès lors justifier son caractère brutal.

478. Réciproquement, les obligations mises en cause devant concerner le contrat en cours, une société ne peut invoquer des manquements antérieurs au regard d'un ancien contrat[675].

§ 3. Les retards de paiement

479. Les délais de paiement constituent un paramètre essentiel de l'économie du contrat, de telle sorte que leur brusque modification sans justification objective peut être qualifiée en rupture brutale de relation commerciale (v. § 193 et 193). Ainsi, afin d'assurer la pérennité de son activité, il est nécessaire que le fournisseur soit rémunéré par son client dans des délais raisonnables, et notamment ceux convenus, sans quoi la relation commerciale ne saurait prospérer. Le fait que le client accumule des retards de paiement significatifs peut donc justifier la rupture brutale des relations commerciales[676], ou le fait de conditionner la délivrance de nouvelles commandes au paiement par son client des livraisons antérieures[677], et ce d'autant que cette faculté est expressément prévue dans le contrat[678].

A. Conditions pour justifier l'absence de préavis

480. Afin que les retards de paiement justifient l'absence de préavis, il est nécessaire que plusieurs conditions soient remplies.

481. Il est d'abord nécessaire que la responsabilité de ces manquements soit seulement imputable au partenaire commercial. Dans le cas où ces retards soient dus au contexte de négociation de la durée de préavis par exemple[679], ou bien à l'historique du partenariat existant entre les deux partenaires[680], ou encore à l'absence de livraison de nouvelles marchandises[681], ils sont insuffisants pour justifier l'absence de préavis.

482. Les retards de paiement peuvent aussi être la conséquence de la modification unilatérale des délais de paiement par l'une des sociétés, laquelle peut modifier l'économie du contrat (v. § 163 et s.). La société ne pourra dès lors invoquer des dépassements de délais de paiement pour caractériser des manquements, les dépassements découlant directement de son propre comportement. À titre d'illustration[682], le fournisseur ne pouvait refuser d'honorer les commandes subséquentes de son distributeur, dont il avait brusquement modifié les conditions contractuelles,

---

675 CA Paris, 22 novembre 2018, RG n° 17/10290.
676 CA Paris, 7 septembre 2016, RG n° 14/0090 ; CA Paris, 2 octobre 2019, RG n° 17/04523.
677 CA Paris, 8 janvier 2015, RG n° 13/10468.
678 Cass. com., 27 mars 2019, RG n° 17-16548.
679 CA Paris, 17 mai 2019, RG n° 17/05180
680 CA Paris, 25 novembre 2010, RG n° 09/12159.
681 CA Paris, 4 décembre 2013, RG n° 12/01163.
682 Cass. com., 8 juin 2017, RG n° 15-27.961.

en exigeant leur paiement comptant. L'approche est identique si le fournisseur ne se conformait pas aux commandes passées par son client dépositaire et diffuseur de presse, mais livrait davantage de produits, de telle sorte que le stock avait augmenté de 30 %. Dans ce cas[683], le fournisseur n'était donc pas fondé à opposer les retards de paiement consécutifs à cette situation pour justifier l'absence de préavis, et ce, d'autant qu'il n'avait pas mis en œuvre les dispositions contractuelles permettant la rupture à l'époque des incidents de paiement.

483. Les retards doivent en outre être significatifs. Tel n'est pas le cas par exemple d'un simple retard d'un mois dans le paiement d'une facture[684], d'une échéance[685] ou d'un paiement significatif mais ne représentant que 2,8 % du courant d'affaires entre les deux partenaires[686], ou encore d'incidents de paiement supposés à l'égard des sous-traitants[687].

484. Inversement, si les retards ou les défauts de paiement de factures créent un arriéré cumulé suffisamment significatif[688], l'entreprise est fondée à rompre la relation sans préavis. *A fortiori*, c'est également le cas lorsque les retards sont répétés depuis plusieurs mois[689], voire s'ils ont donné lieu à de fastidieux échanges (*i.e.* « *courriels, mises en demeure, sommation et jugement intervenus* »)[690] .

485. Le litige ne doit pas avoir été antérieurement soldé par un accord entre les parties. Dans le cas contraire, le fournisseur ne peut invoquer de manquements contractuels ayant accepté un échéancier, sauf si celui-ci n'a pas été respecté[691].

486. L'invocation des manquements doit être légitime, et ne doit pas être due à la volonté d'une des parties de rompre les relations commerciales. Dans une affaire par exemple[692], le véritable motif de la rupture était la volonté du distributeur de recourir à un autre fabricant, si bien que le prétendu refus du fabricant d'honorer les commandes a été jugé insuffisant pour justifier l'absence de préavis. Réciproquement, l'approche est identique lorsque le véritable motif de la rupture est la volonté du fournisseur d'assurer lui-même la distribution de ses produits[693].

487. Il peut être nécessaire que le créancier adresse *a minima* une réclamation à la société connaissant des retards de paiement[694], et ce, surtout si la relation s'est étalée sur de nombreuses années[695].

488. Par ailleurs[696], prive sa décision de base légale la Cour d'appel qui estime la rupture non imputable au fournisseur qui refuse d'honorer les commandes subséquentes

---

683 CA Nancy, 22 mars 2006, RG n° 04/01069.
684 CA Paris, 19 avril 2017, RG n° 16/02308.
685 CA Douai, 11 avril 2013, RG n° 12/02678.
686 CA Versailles, 5 mai 2011, RG n° 10/00442.
687 CA Paris, 8 janvier 2020 RG n° 18/08888
688 CA Paris, 13 mars 2019, RG n° 18/03480 ; CA Paris, 17 mai 2019, RG n° 17/05180 ; CA Paris, 3 octobre 2018, RG n° 14/15261 ; CA Paris, 13 décembre 2018, RG n° 16/03165.
689 CA Paris, 15 mai 2013, RG n° 09/24687.
690 Cass. com., 27 mars 2019, Pourvoi n° 17-16548.
691 CA Paris, 8 février 2019, RG n° 16/07399.
692 CA Paris, 21 mars 2019, RG n° 17/10739.
693 CA Nîmes, 24 janvier 2013, RG n° 11/02953.
694 CA Paris, 24 juin 2020, RG n° 18/03495.
695 CA Versailles, 10 juin 2010, RG n° 09/00298.
696 Cass. com., 8 juin 2017, Pourvoi n° 15-27.961.

de son distributeur en invoquant le défaut de paiement d'une facture antérieure, sans rechercher si le fournisseur pouvait opposer ce défaut de paiement alors que le distributeur conteste cette facture au regard des conditions contractuelles figurant au bon de commande.

489. En définitive, les retards de paiement ne doivent pas être la conséquence de la modification de l'économie du contrat par (v. § 571 à 573), et permettre de justifier la fin de la relation commerciale.

B. Exemples de retards suffisamment graves

490. Le non-paiement des échéances dues au franchiseur, alors même que ce dernier avait demandé des justifications[697], ou le non-paiement des échéances dues d'un prêt bancaire[698] peuvent être considérés comme suffisants pour justifier la rupture des relations commerciales.

491. Le défaut de tout règlement pendant 6 mois au fournisseur auteur de la rupture, ces sommes s'élevant à plus d'un million d'euros hors taxes, constitue une inexécution autorisant le fournisseur à rompre brutalement les relations commerciales, s'évitant ainsi par l'absence de préavis le risque de nouveaux impayés[699]. Dans une autre affaire[700], le niveau de la dette du client vis-à-vis de son fournisseur avait significativement augmenté en quadruplant en l'espace d'un an, et restait impayé en dépit de six mises en demeure en l'espace de 7 mois, si bien que ces conditions avaient pu justifier la brutalité de la rupture. Dans une autre affaire, le fournisseur a cessé à bon droit d'approvisionner son distributeur au titre de l'exception d'inexécution, compte tenu de l'arrêt de paiement qui constituait une faute de nature à priver la rupture de son caractère brutal[701]. Enfin dans une autre affaire, le montant d'encours avait dépassé la limite conventionnellement prévue[702].

492. La dispense de préavis est d'autant plus admise que le contrat prévoyait la possibilité de résiliation à tout moment en cas de manquement à une obligation essentielle et que l'obligation de paiement figurait parmi ces obligations essentielles[703].

493. En l'absence de la démonstration de l'acceptation par le cocontractant d'un allongement des délais de paiement, que ce soit par un accord écrit ou par l'historique des paiements effectifs, ce dernier est alors fondé à rompre brutalement les relations commerciales en cas de dépassements significatifs[704].

494. Dans le cas où un accord entre les parties ait été conclu, la dispense de préavis peut aussi être légitime si le partenaire commercial ne respecte pas l'échéancier qui lui a été fixé comme contrepartie à la poursuite des relations. En l'espèce[705], ne peut reprocher une rupture brutale à son fournisseur, le distributeur ayant manqué

---

697 CA Versailles, 3 juin 2010, RG n° 07/04939 ; CA Paris, 16 novembre 2011, RG n° 09/11401.
698 CA Paris, 8 janvier 2015, RG n° 13/21936.
699 CA Paris, 30 mai 2018, RG n° 16/07847.
700 CA Paris, 21 octobre 2016, RG n° 1415933.
701 CA Paris, 7 juin 2017, RG n° 14/23455.
702 CA Paris, 7 janvier 2021, RG n° 17/12796 ; CA Paris, 8 janvier 2015, RG n° 13/21936.
703 Cass. com., 27 mars 2019, Pourvoi n° 17-16548.
704 CA Aix-en-Provence, 16 mai 2012, RG n° 10/21081.
705 CA Dijon, 20 octobre 2016, RG n° 14/01176.

à ses obligations de paiement à l'égard de son fournisseur qui a fait preuve de loyauté et de bonne foi notamment en lui aménagent un échéancier de paiement et en acceptant des dérogations au calendrier contractuel de commande. Dans ces conditions, se trouvant à l'origine de la rupture du fait du non-respect de son engagement, le partenaire commercial ne pouvait reprocher à son cocontractant la rupture brutale de leur relation.

§ 4. La qualité de la prestation ou du produit

A. Conditions pour invoquer de tels manquements

1. La démonstration de la réalité des manquements

495. L'obligation doit apparaître clairement dans les dispositions contractuelles, ne pouvant être excipée en l'absence de documents dûment acceptés par les deux partenaires commerciaux. Tel est le cas, par exemple, d'une obligation de livrer des pommes conformes aux exigences du cahier des charges, imposant des conditions de fraîcheur et de conditionnement, et de communiquer sur l'état de ces produits[706]. Au contraire, une entreprise ne peut justifier la rupture par l'obligation imposant la fourniture de palettes comportant un taux d'humidité inférieur à 30 % alors que le cahier des charges auquel il est fait référence pour justifier l'obligation n'a pas été produit aux débats[707].

496. Comme pour tout manquement, si des problèmes de qualité sont invoqués par une société pour rompre brutalement la relation commerciale, la charge de la preuve lui incombe. Dans un certain nombre de cas, le manquement a ainsi été écarté faute de l'émission d'une preuve tangible par l'auteur de la rupture[708]. À ce titre, le fait par exemple que le distributeur ne justifie pas de l'annulation de commande de clients, en raison des défauts ponctuels sur certains produits ayant été repris et échangés, peut rendre délicat l'invocation ultérieure de manquements pour justifier l'absence de préavis[709]. Il en va de même lorsque l'entreprise n'a jamais exprimé de réserves lors de la réception des produits[710]. Quand bien même elle ait exprimé des réserves à la réception des marchandises, si aucun grief suffisamment grave n'établit la violation d'obligations contractuelles, la dispense de préavis peut être écartée[711].

497. En revanche, le fait que les prestations du partenaire commercial soient unanimement reconnues par ses clients comme étant de mauvaise qualité peut être utilisé. Dans une affaire[712], la non-conformité aux normes sanitaires et d'usage de steaks distribués par une enseigne de grande distribution, ayant occasionné de nombreuses plaintes de consommateurs, permet de caractériser une faute grave

---

706 CA Paris, 23 mai 2018, RG n° 16/05258.
707 CA Rennes, 22 mars 2013, RG n° 10/08702.
708 CA Paris, 4 février 2021, RG n° 18/08152 ; CA Paris, 12 décembre 2016, RG n° 15/10619.
709 CA Paris, 13 décembre 2017, RG n° 15/18919.
710 CA Poitiers, 13 janvier 2012, RG n° 10/02711.
711 Cass. com., 10 juin 2020, Pourvoi n° 18/23.555.
712 CA Paris, 10 février 2016, RG n° 13/20283.

de nature à justifier la résiliation du contrat d'approvisionnement sans préavis, eu égard aux risques sanitaires très importants. Dans une autre affaire[713], la mauvaise qualité de la prestation avait entraîné la perte de marchés pour son cocontractant et une atteinte à son image. Dans une autre affaire[714], les clients de l'entreprise allaient jusqu'à refuser que son partenaire commercial intervienne sur les chantiers, étant donné le nombre de malfaçons et de non-façons constatés, des problèmes ayant notamment été constatés sur des installations de gaz, ce qui présentait des risques très importants eu égard à la nature du produit.

498. À cet effet, des constats d'huissier[715] ou une expertise[716] peuvent être utilement versés afin d'établir l'existence des manquements qualité invoqués.

499. Les problèmes qualité peuvent aussi être établis à travers le pourcentage d'avoirs consentis à ce titre par le partenaire commercial. Pour autant, si le pourcentage est très faible comparativement au volume d'affaires global entretenu entre les deux sociétés, les manquements ne seront vraisemblablement pas assez graves pour justifier l'absence de préavis[717].

500. À la suite de la mise en place d'une nouvelle charte qualité des produits, une enseigne de distribution a valablement cessé toute commande pour l'année 2013 auprès de son fournisseur de produits électroménagers, la rupture étant en réalité imputable au fournisseur en raison de ses réticences à se conformer à la nouvelle charte qualité, de défauts de conformité des produits et des retards de livraison[718].

2. Le partenaire commercial à l'origine des manquements

501. Afin d'être acceptés, il est nécessaire que les manquements aient pour seule origine le partenaire commercial victime de la rupture. Dans une affaire par exemple[719], le fabricant avait déconseillé la solution technique mais elle a finalement été retenue par le client. Dès lors, les troubles résultant des non-conformités constatées incombaient aux deux partenaires. De plus, les manquements tirés du non-respect de la nouvelle charte graphique ne pouvaient pas plus justifier l'absence de préavis, le client n'ayant pas démontré avoir communiqué au préalable ladite charte au fabricant.

3. Le lien de causalité entre manquements et rupture

502. Pour justifier l'absence de préavis, les problèmes de qualité doivent être liés à la rupture des relations commerciales, et le lien de causalité entre les deux d'apparaître clairement.

503. Il est donc nécessaire à la société d'informer son cocontractant, et ce, en préalable à la rupture. L'utilisation d'un constat ou d'une expertise contradictoire peut constituer en pratique un moyen de preuve suffisant pour attester des manquements contractuels liés à la qualité[720].

---

[713] CA Paris, 30 janvier 2019, RG n° 16/16506.

[714] CA Rennes, 20 janvier 2009, RG n° 08/04115.

[715] CA Paris, 4 juillet 2013, RG n° 11/18696.

[716] Cass. com., 4 décembre 2019, n° 18-16900.

[717] CA Nîmes, 13 septembre 2012, RG n° 11/01434.

[718] Cass. com., 15 janvier 2020, Pourvoi n° 18-15.431.

[719] CA Paris, 19 septembre 2013, RG n° 12/02555.

[720] CA Paris, 10 février 2016, n° 13/20283.

504. Par conséquent, des problèmes qualité très antérieurs à la décision de rupture ne peuvent être invoqués pour justifier l'absence de préavis si la société n'en avait tiré aucune conséquence ou s'ils avaient été traités. Tel peut être le cas, par exemple, si les problèmes avaient été réglés deux ans avant la rupture des relations commerciales[721], ou si la société avait adressé plusieurs réclamations sans avoir jamais tiré aucune conséquence concrète, la relation commerciale ayant été poursuivie[722].

505. Des problèmes pris tout au long de la relation commerciale ne sont pas plus opposables dans la mesure où le fournisseur avait toujours donné une suite favorable aux réclamations en procédant à des reprises ou échanges, sans que son client ne manifeste sa volonté de mettre fin aux relations commerciales[723].

506. La baisse de la qualité de la prestation doit aussi être extérieure au comportement de la société rompant les relations commerciales. Cette dernière ne peut par exemple invoquer une impression de moindre qualité, alors que cela résulte de ses propres spécifications en vue de baisser les coûts[724].

4. Des manquements irréversibles

507. Il est nécessaire que les manquements soient de telle nature qu'ils empêchent la poursuite de la relation commerciale. Ils doivent donc présenter un caractère de gravité suffisant. Par exemple, 14 plaintes de clients sur un total de 140 000 ventes sont insuffisantes pour justifier l'absence de préavis[725]. *A fortiori*, le défaut de qualité de marchandise livrée n'apparaît pas suffisamment grave lorsque le produit n'a fait l'objet d'aucune réclamation du client final[726], ou si un seul client s'est plaint alors que la société mise en cause était en relation avec plusieurs milliers d'annonceurs[727].

508. Par ailleurs, suite à la notification des manquements contractuels, il est nécessaire que les manquements perdurent, sans quoi les manquements ne pourront être invoqués pour justifier l'absence de préavis. Tel est le cas par exemple[728], si les produits livrés par un fabricant comportaient un vice caché, et qu'il n'a pas été examiné si les réparations apportées par ce dernier étaient susceptibles de retirer toute gravité aux défauts invoqués.

B. Manquements liés à des problèmes de qualité

509. **Pour les produits alimentaires.** Si la société livre des produits impropres à la consommation du fait du non-respect des règles élémentaires d'hygiène, ce manquement peut être suffisamment grave pour permettre la rupture sans préavis[729].

---

721 CA Paris, 13 décembre 2017, n° 15/18919.
722 CA Paris, 13 avril 2016, RG n° 14/23927.
723 CA Paris, 13 décembre 2017, RG n° 15/18919.
724 CA Montpellier, 13 novembre 2012, RG n° 11/08770.
725 CA Paris, 4 décembre 2013, RG n° 12/01163.
726 CA Paris, 30 octobre 2019, RG n° 17/1087.
727 CA Paris, 28 juin 2013, RG n° 12/01138.
728 Cass. com., 27 novembre 2011, Pourvoi n° 11-14.588.
729 CA Paris, 10 février 2016, RG n° 13/20283.

510. De même, le fait que le grammage indiqué sur l'étiquette du produit soit faux peut justifier la rupture des relations sans préavis. Il s'agit en effet d'un manquement particulièrement grave puisqu'à l'instar du caractère impropre à la consommation des produits, il est susceptible d'engager la responsabilité pénale de la société commercialisant ensuite lesdits produits en cas de contrôle des services de la DGCCRF[730].

511. **Pour les produits chimiques (traitement des eaux)**. Si le produit fabriqué par le sous-traitant n'est pas en mesure de remplir la fonction qu'il devrait théoriquement remplir (à savoir contrer toute pollution organique des fluides), cela peut constituer un manquement contractuel grave[731], et ce, d'autant que la défectuosité avait entraîné une perte de chiffre d'affaires importante en lien avec de nombreuses plaintes de clients.

512. **Pour les produits textiles**. Dans le cas particulier du textile, il arrive souvent que les fournisseurs présentent des collections parmi lesquelles un certain nombre d'articles seront ensuite référencés par l'acheteur. Dans ce contexte, ce dernier ne peut faire valoir que la collection ne correspondait pas aux tendances de la mode, sans le justifier, pour l'utiliser ensuite comme prétexte pour rompre partiellement les relations commerciales. Dans une affaire par exemple[732], le déréférencement *de facto* engendré par le refus des collections avait ainsi entraîné une chute significative du courant d'affaires (plus de 97 %), et donc une rupture brutale, peu importe que le courant d'affaires ait repris l'année suivante, puisque son niveau était encore nettement inférieur à celui des années précédentes.

513. Indépendamment du produit, le problème de qualité peut aussi être lié à la prestation en général, et notamment aux délais de livraisons au regard des exigences et des spécificités propres au secteur faisant l'objet du litige. Le secteur de la mode de luxe, par exemple, impose des critères très exigeants du fait notamment des impératifs de présentation des collections. Si le fournisseur ne livre pas les produits commandés dans les délais impartis[733], ou procède à des livraisons incomplètes[734], la société peut alors légitimement mettre fin brutalement aux relations eu égard à l'exigence intrinsèque au secteur.

514. **Pour des prestations de conditionnement**. Les problèmes qualité des prestations perdurant depuis deux ans, le client ayant informé le prestataire qu'il n'entendait pas, à défaut d'amélioration, maintenir cette situation, celui-ci a pu mettre un terme à la relation commerciale[735].

515. **Pour des produits industriels**. Dans une affaire, les problèmes qualité entraînaient des retards de production chez le donneur d'ordre. Bien qu'ayant informé son sous-traitant un an auparavant, la situation perdurait et près de 20 % des produits livrés de-meuraient défectueux, si bien que le donneur d'ordre était alors fondé à rompre bru-talement la relation commerciale[736].

---

730 CA Limoges, 29 novembre 2012, RG n° 11/01621.
731 CA Amiens, 24 mars 2005 RG n° 04/03328.
732 Cass. com., 7 juillet 2004, Pourvoi n° 03-11.472.
733 CA Reims, 4 mai 2005, RG n° 03/02437.
734 CA Paris, 10 septembre 2015, RG n° 10/04102.
735 Cass. com., 2 octobre 2019, Pourvoi n° 18-14.849.
736 CA Paris, 12 décembre 2012, RG n° 10/19186.

516. **Pour des produits soumis à des réglementations spécifiques**. Le fait pour une société de commercialiser des produits entrant dans la catégorie des dispositifs médicaux sans que ces derniers soient certifiés, ce qui a occasionné de nombreux litiges avec les médecins, acheteurs de ces produits, a pu être opposé pour justifier la rupture des relations commerciales[737].

517. **Pour une prestation de service en sous-traitance**. Dans le cas où le sous-traitant faisait preuve de retards chroniques dans la remise de ses études[738] ou la maintenance du matériel bureautique[739], rendant plus difficile l'exécution des marchés, voire en entraînant la perte de marchés pour son cocontractant, ces manquements répétés et graves justifient la résiliation sans préavis de l'ensemble des relations nouées entre les parties.

518. **Pour des prestations de services de fourniture de logiciels**. De manière générale, si la prestation de développement est émaillée de nombreux problèmes comme par exemple, les difficultés répétées pour obtenir la communication du code source, ou encore la dégradation de la qualité des « *livrables* », le client du prestataire peut être légitime à rompre les relations sans préavis[740].

519. Plus spécifiquement, la qualité de la prestation peut aussi résider dans le respect des obligations essentielles tenant au délai imparti et au coût initialement prévu pour la réalisation du logiciel, qui n'ont pas été respectées. Dès lors, le client peut valablement rompre le projet de développement du logiciel, qui présente de nombreux dysfonctionnements et a coûté plus de trois fois le montant initialement prévu[741]. Même si le client a adressé des demandes complémentaires, il appartenait alors à son prestataire de l'informer de l'impact que ces demandes pourraient avoir sur les délais pour éventuellement légitimer le dépassement des délais[742].

520. De même, un éditeur spécialisé dans la gestion des établissements de santé peut résilier le contrat de partenariat qui le lie à son prestataire qui n'a pas respecté l'obligation d'assurer gratuitement la mise à jour du logiciel prévue au contrat, et n'a pas permis aux clients finaux de bénéficier d'une évolution de leur environnement informatique[743].

521. En revanche, si suite à une évolution de la réglementation, le logiciel fourni par le prestataire a dû être adapté par des modules complémentaires, que ces modules fonctionnaient nonobstant le travail de saisie supplémentaire qu'ils occasionnaient, le client n'est pas fondé à rompre brutalement les relations commerciales, et ce, d'autant que les erreurs de saisies étaient notamment dues au fait que les saisies avaient été réalisées par une salariée du client non formée par le prestataire[744].

522. **Pour des prestations de nettoyage**. Le donneur d'ordre avait très clairement stipulé que le prestataire avait l'obligation de renseigner un carnet de suivi, afin de lui permettre de vérifier la bonne réalisation des prestations de nettoyage. Ces obligations

737 CA Paris, 14 février 2013, RG n° 11/07610.

738 CA Aix-en-Provence, 26 mars 2010, RG n° 08/00687.

739 CA Paris, 30 janvier 2019, RG n° 16/16506.

740 CA Paris, 8 septembre 2011, RG n° 09/03257.

741 CA Paris, 7 mai 2015, RG n° 12/22044.

742 CA Paris, 19 janvier 2011, RG n° 09/14392.

743 CA Paris, 9 octobre 2016, RG n° 13/19450.

744 CA Paris, 18 mars 2011, RG n° 09/01033.

n'ayant été que très partiellement rendues, malgré de nombreuses mises en demeure, le client était fondé à rompre les relations commerciales sans préavis[745].

523. **Pour une prestation de maintenance**. Le fait que l'outil industriel connaisse de longues périodes d'arrêt en raison de l'insuffisance des prestations de maintenance constitue un manquement grave, d'autant que l'exploitant avait préalablement mis en demeure la société de maintenance de palier aux problèmes[746].

524. **Pour une prestation de transport**. Les défaillances d'un prestataire de transport sur plusieurs livraisons peuvent constituer une faute grave, en cas par exemple de vols de marchandises[747] ou s'il s'agit de produits frais périssables destinés à être commercialisés rapidement[748].

525. Des retards peuvent également justifier une rupture sans préavis sous réserve que les dépassements soient significatifs. Ainsi, un unique courrier faisant état d'un retard de livraison est insuffisant pour justifier l'absence de préavis[749]. En revanche, le non-respect des dates prévues de livraison, la perte de nombreux bordereaux émargés de livraison et omission de payer un de ses sous-traitants, ayant exposé le fabricant à une action directe en paiement, peuvent justifier l'absence de préavis[750]. Cette approche demeure valable quand bien même ces délais ne soient pas contractualisés, par exemple si les délais de livraison étaient exagérément tardifs ou non-justifiés, alors même que le fabricant demandait le paiement complet de la commande litigieuse[751].

C. Des manquements non suffisamment graves

526. Les problèmes de qualité doivent être suffisamment graves pour justifier le caractère brutal de la rupture. Tel n'est pas le cas, par exemple, dans les cas suivants :
- un défaut affectant une part marginale du courant d'affaire. Une malfaçon ayant affecté une seule des nombreuses prestations, qui a été réparée, constitue un manquement isolé insuffisamment grave pour justifier une rupture sans préavis[752]. Il en va de même de la défectuosité qui engendrait une manipulation un peu complexe pour le montage d'autoradios qui représentaient 4 % des ventes, soit une part marginale du courant d'affaires[753] ou si le problème relevait d'un vol ancien, ponctuel et isolé qui n'était au demeurant pas imputable au partenaire commercial[754] ;
- les dysfonctionnements du partenaire qui auraient eu un mauvais impact sur son activité et sa clientèle, dans la mesure où un nombre très limité de mécontentements a été rapporté[755] ;

---

[745] CA Aix-en-Provence, 8 juin 2011, RG n° 10/06587.
[746] CA Paris, 4 juillet 2013, RG n° 11/18696.
[747] CA Paris, 23 juin 2016, RG n° 14/20158.
[748] CA Nancy, 16 novembre 2011, RG n° 11/00341.
[749] CA Lyon, 8 juin 2012, RG n° 10/08175.
[750] CA Caen, 1er décembre 2011, RG n° 10/02589.
[751] CA Paris, 4 mai 2016, RG n° 13/22971.
[752] CA Paris, 27 novembre 2019, RG n° 17/18291.
[753] CA Angers, 10 janvier 2012, RG n° 10/02415.
[754] CA Aix-en-Provence, 14 février 2008, RG n° 06/14777.
[755] CA Paris, 20 septembre 2019, n° 17/01434.

- les manquements consistaient en un taux de service irrégulier, et des délais de li-vraison non respectés lorsque le taux de service et le taux de respect des délais de livraison étaient proches de 100 % (en l'occurrence 94 %), le partenaire commercial fournissant des produits à une centrale d'achats dans le secteur du bricolage[756] ;
- les défectuosités des pièces produites ne relevaient pas du fournisseur sous-traitant, mais de l'équipementier. Ce dernier ayant en outre continué à commander en toute connaissance de cause, de telles difficultés n'étaient pas opposables pour justifier l'absence de préavis[757] ;
- des manquements ponctuels dans les livraisons de périodiques lesquels avaient donné lieu à des mesures correctives, et une amélioration constatée par le donneur d'ordre (messagerie de presse[758]) ;
- les produits comportaient des défectuosités pour environ 5 % des produits livrés, ce qui correspondait aux limites stipulées dans le cahier des charges initial. Le donneur d'ordre ne pouvait donc se prévaloir de ces manquements dans la mesure où il n'avait pas prévu un niveau de qualité plus exigeant[759] ;
- le principe de précaution ne peut être invoqué pour justifier la rupture sans préavis de la relation avec un prestataire, suite à la découverte d'un vers vivant dans les repas livrés à une association périscolaire[760] ;
- les retards de paiement de l'un des partenaires, dès lors qu'ils avaient fait l'objet d'un moratoire, ne caractérisent pas un manquement contractuel suffisamment grave[761] ;
- un défaut de contact commercial (refus de faire entrer un camion sur un site), ainsi que des refacturations concernant certaines livraisons, présentant un caractère résiduel s'agissant d'une relation établie depuis plus de 30 ans[762] ;
- dans le cadre d'une prestation de conseil en développement de réseau de franchise, le caractère fantaisiste et trompeur des études à l'origine des plaintes de franchisés n'étaient pas démontrées, le prestataire qui en était à l'origine fournissant au contraire des explications précises sur les causes externes des difficultés qu'il avait rencontrées[763] ;
- le fait que le client ne soit pas convaincu par le projet proposé par le prestataire malgré plusieurs propositions, n'est pas suffisant pour justifier l'absence de préavis, le fait que les relations aient duré plusieurs années ayant aussi été pris en compte[764] ;
- le taux de satisfaction client peut être un critère déterminant pour l'achat en ligne, et dans ce cadre, une plateforme de vente en ligne peut inclure dans

---

756 CA Paris, 24 juin 2009, RG n° 09/02886.
757 CA Orléans, 18 février 2010, RG n° 09/01914.
758 CA Lyon, 6 avril 2010, RG n° 08/06213.
759 CA Paris, 22 mai 2008, RG n° 05/22080.
760 CA Colmar, 25 octobre 2018, RG n° 17/00861.
761 CA Paris, 17 mai 2019, RG n° 17/05180.
762 CA Paris, 7 mars 2019, RG n° 17/02520.
763 CA Paris, 13 mai 2016, RG n° 13/24714.
764 CA Paris, 16 février 2012, RG n° 11/08976.

son contrat la nécessité pour le vendeur de disposer d'un taux supérieur à 90 %. Pour autant, les évaluations justifiant le non-respect du critère de 90 % doivent reposer sur des critères objectifs caractérisant de façon non contestable un manquement du vendeur envers ses clients. Si des problèmes apparaissent, il est donc nécessaire qu'ils soient imputables au vendeur directement et non au prestataire de transport. Par conséquent, si les « *reviews* » fournies par la plateforme ne permettent pas de vérifier l'identité des internautes, ni la teneur de leur appréciation, ils peuvent être insuffisants pour démontrer le non-respect de l'obligation contractuelle[765].

§ 5. Le non-respect d'une exclusivité ou d'une clause de non-concurrence

527. Il est nécessaire que l'exclusivité soit définie contractuellement de façon explicite et que son champ soit précisé le plus clairement possible (objet, durée, délimitation du territoire, prix)[766]. Il ne peut donc être excipé de l'exclusivité de fait octroyée par un fournisseur, l'interdiction pour son partenaire distributeur de vendre des produits de marques concurrente[767]. Aucun manquement ne peut non plus être déduit du fait que la société bénéficie des conditions d'achats des distributeurs exclusifs du réseau, si aucun contrat ne précise cette exclusivité[768]. Tel n'est pas non plus le cas d'une relation commerciale s'étant poursuivie postérieurement au terme d'un contrat prévoyant une clause d'exclusivité, le contrat n'ayant pas été prorogé, de sorte que le partenaire pouvait rechercher de nouveaux partenariats[769]. Par ailleurs, l'obligation de non-concurrence ne s'applique pas aux sous-traitants du client du fabricant, avec lesquels il n'est pas en relation contractuelle[770].

528. En outre, il est nécessaire que la clause d'exclusivité ou de non-concurrence soit licite. Tel n'est pas le cas lorsque la clause a un champ géographique mondial, une durée excessive (en l'occurrence 10 ans pour l'exclusivité et 5 ans pour l'obligation de non-concurrence), et porte sur toute une catégorie de produits, bien plus large que les seuls produits commercialisés par son bénéficiaire[771].

529. En définitive, s'il n'existe aucune disposition contractuelle en ce sens, le fait qu'une société entretienne des relations avec un concurrent de son fournisseur ou client, ne peut être considéré comme relevant d'un manquement grave aux obligations contractuelles justifiant la brutalité de la rupture[772]. Tel est le cas aussi si un fournisseur décide de commercialiser lui-même ses produits dans un État membre alors qu'il n'est lié par aucune obligation de non-concurrence vis-à-vis de son client[773].

---

765 CA Paris, 24 janvier 2013, RG n° 11/17149.
766 CA Paris, 26 octobre 2018, RG n° 17/12084.
767 CA Paris, 5 décembre 2018, RG n° 17/00684.
768 CA Dijon, 6 février 2004, RG n° 03/00326.
769 CA Paris, 24 juin 2020, RG n° 19/06562.
770 CA Reims, 4 avril 2011, RG n° 10/03408.
771 CA Agen, 27 mai 2015, RG n° 13/00492.
772 CA Paris, 2 mai 2018, RG n° 16/02663.
773 CA Paris, 13 mars 2019, RG n° 18/03480.

A. L'exclusivité invoquée relativement au produit

530. Il est nécessaire que l'exclusivité dont le non-respect est invoqué corresponde bien au contrat. Tel n'est pas le cas, par exemple, si l'exclusivité contractuelle consiste uniquement en une exclusivité circonscrite à un produit en particulier. Dans ces conditions, le partenaire ne peut reprocher à son distributeur cocontractant de démarcher des sociétés concurrentes pour d'autres types de produits, sans solliciter son autorisation préalable[774].

531. En outre, pour considérer que leur commercialisation viole la clause d'exclusivité, il est aussi nécessaire que les produits ne soient pas significativement différents, ce qui dépendra de l'équivalence des caractéristiques et des qualités qui leur sont associées avec celles des produits faisant l'objet de l'exclusivité. Pour un produit d'entretien[775], le produit concurrent a été considéré comme différent en raison de sa formulation, de son mode de dilution et de son spectre d'action différents du produit contractuel. Il en va de même si les produits concurrents sont positionnés plus haut de gamme en raison de leurs fonctionnalités et de leurs prix plus élevés[776]. Dans ces conditions, les produits concurrents étant différents des produits faisant l'objet de l'exclusivité contractuelle, leur commercialisation ne constituait pas un manquement à l'obligation d'exclusivité. Cependant[777], une clause d'exclusivité a pu être valablement opposée au distributeur chargé de commercialiser des vaccins antigrippaux destinés aux adultes, aux motifs que les vaccins antigrippaux pour enfants commercialisés par ce même distributeur, bien qu'ayant fait l'objet d'enregistrements séparés auprès du ministère de la Santé, étaient en réalité concurrents.

532. Il est également nécessaire de trier les conséquences du constat du non-respect de l'exclusivité dès sa survenance. Ainsi, elle ne peut plusieurs années après, dans un contexte où elle ne pouvait ignorer le fait que son partenaire travaillait avec d'autres sociétés, invoquer un tel manquement pour justifier du caractère brutal de la rupture[778].

533. Enfin, la violation de l'exclusivité doit aussi présenter un caractère grave. Dans une autre affaire[779], le distributeur avait effectivement vendu des produits concurrents, mais une telle violation n'était pas suffisante pour justifier l'absence de préavis, car, d'une part, les produits de marque concurrente distribués relevaient d'une gamme dont le fournisseur s'était désengagé et, d'autre part, le partenaire commercial avait tout de suite mis fin à la commercialisation litigieuse suite au courrier de son fournisseur. De même dans une autre affaire[780], la violation d'exclusivité n'a pas été retenue car non seulement il n'existait pas de contrat, mais surtout la volonté du fournisseur de diversifier ses canaux de distribution découlait de l'absence d'engagement du distributeur sur des objectifs de vente, une stratégie de distribution et sur la fourniture d'informations sur le marché français.

---

774 CA Paris, 17 novembre 2016, RG n° 15/01185.
775 CA Rennes, 3 février 2009, RG n° 08/04789.
776 CA Montpellier, 19 février 2008, RG n° 06/07980.
777 CA Paris, 2 juillet 2015, RG n° 10/25266.
778 CA Paris, 16 juin 2011, RG n° 09/28449.
779 Cass. com., 5 avril 2018, Pourvoi n° 13-19.923.
780 CA Aix-en-Provence, 30 mai 2013, RG n° 12/05651.

B. L'exclusivité relativement à d'autres obligations

534. Si un franchiseur concède dans le cadre d'un réseau de distribution sélective un territoire exclusif à son concessionnaire, puis viole cette disposition en permettant à un autre opérateur de s'implanter sur le territoire réputé exclusif, alors s'agissant d'une violation flagrante de son obligation par le concédant, le concessionnaire est légitime à mettre fin à la relation commerciale[781]. Réciproquement dans le cadre d'un contrat de concession, la violation par un concessionnaire de son obligation d'approvisionnement exclusif, ne serait-ce qu'à une reprise, constitue « *indiscutablement en soi une faute grave* », le contrat, conclu *intuitu personae*, reposant sur une relation de confiance entre le concédant et le concessionnaire qui s'est engagé à commercialiser en exclusivité le produit sous marque pour un temps et dans un secteur géographique délimité, le concédant pouvant légitimement craindre l'existence de manquements précédents[782].

535. De manière générale, la clause de non-concurrence doit s'interpréter dans sa finalité. Dans une affaire par exemple[783], les parties étaient convenues que l'une conférerait l'exclusivité de la fabrication et la commercialisation des produits, en contrepartie d'un volume minimal de commandes. Dès lors que les volumes indiqués au contrat n'ont pas été respectés par l'auteur de la rupture, il ne saurait être reproché au fabricant, victime de la rupture, d'avoir commercialisé auprès des tiers des produits qu'il n'avait pas commandé au mépris de son engagement. À l'inverse dans une autre affaire[784], un club de football avait concédé à une société de construction le droit d'utiliser à des fins publicitaires, le bâtiment de son siège social en lien avec le nom du club, avec obligation pour le club de ne pas concéder le même type de droits à un concurrent de la société de construction. Cependant, le club a noué un parrainage officiel (promotion sur les maillots du club, etc.) avec une société concurrente. Bien que le second partenariat revête un caractère plus large que le premier, il vidait le premier partenariat de sa substance permettant dans les deux cas à une entreprise œuvrant dans le domaine de la construction modulaire d'exploiter l'image du club, si bien que la clause de non-concurrence avait finalement été violée.

536. Si la clause de non-concurrence ne précise pas quelle activité est interdite, ni ne fixe de durée ou de limite géographique, alors un manquement à ce titre ne peut être invoqué en l'absence de la démonstration d'une violation contractuelle[785]. À plus forte raison, s'il n'existe pas de clause de non-concurrence, les deux sociétés sont libres de contracter avec le partenaire de leur choix sans que cela ne constitue *a priori* un acte déloyal suffisamment grave pour justifier la brutalité de la rupture[786].

537. L'interprétation donnée à la clause d'exclusivité ou de non-concurrence doit être faite à la lumière du droit communautaire, notamment le règlement n° 330/2010.

---

781 CA Toulouse, 26 janvier 2006, RG n° 04/04647.
782 CA Colmar, 13 février 2015, RG n° 13/01561.
783 CA Paris, 7 février 2018 RG n° 16/00080.
784 CA Aix-en-Provence, 9 février 2012, RG n° 10/13409.
785 CA Paris, 11 octobre 2012, RG n° 11/07877.
786 CA Paris, 2 mai 2018, RG n° 16/02663.

Par exemple, ce règlement interdisant formellement l'interdiction des ventes passives y compris dans le cadre d'exclusivités, la clause ne peut donc être interprétée de telle sorte qu'elle puisse justifier une telle interdiction[787].

§ 6. Le manque d'activité

A. La chute significative du chiffre d'affaires

538. La baisse du chiffre d'affaires ne peut à elle seule justifier l'absence de préavis, sauf à démontrer une faute grave. En effet, la baisse constatée du volume d'affaires peut être due à la crise économique traversée par le secteur en général (secteur du textile[788] ou de la plasturgie[789]) et, en tous cas, être extérieure aux parties. Toutefois, si le fait que le donneur d'ordre rencontre lui-même une baisse d'activité est insuffisante pour justifier l'absence de préavis[790], une telle baisse peut néanmoins être prise en compte afin d'écarter toute rupture brutale partielle des relations (v. § 244 et s.).

539. Dans le cadre de la distribution d'un produit, la baisse progressive des commandes du distributeur n'est pas non plus suffisante pour justifier l'absence de préavis[791]. Les objectifs commerciaux sont dans ces conditions à prévoir entre les parties (voir *infra*). De même, un client ne peut justifier la résiliation sans préavis d'un contrat, en raison de la non-réalisation de la clause d'objectif d'un contrat de distribution par ailleurs assorti d'une clause d'exclusivité, sans démontrer en quoi la non-réalisation de cet objectif était suffisamment grave pour justifier la résiliation du contrat[792].

540. Néanmoins, si la baisse est due au fait que la société n'ait procédé à aucune commande sur une durée d'un an bien qu'elle continuait de bénéficier d'une exclusivité territoriale de distribution sur plusieurs pays, alors son fournisseur peut être légitime à mettre fin à la relation commerciale[793].

B. Le non-respect des objectifs commerciaux

541. Le non-respect d'un plafond de chiffre d'affaires prédéfini pourrait en toute hypothèse être invoqué pour mettre brutalement fin à la relation commerciale, s'il a notamment été fixé préalablement et contractuellement entre les deux partenaires[794]. Par exemple, si le concessionnaire n'a toujours pas respecté le quota minimal contractuel, le cocontractant est alors fondé à rompre les relations commerciales dans les conditions prévues au contrat[795]. À ce titre[796], si un fournisseur avait cherché à adapter les objectifs à la situation particulière de son distributeur en les abaissant, mais qu'ils demeuraient loin d'être

---

787 CA Lyon, 7 février 2013, RG n° 11/00774.
788 CA Paris, 8 janvier 2020, RG n° 18/04493 ; Cass. com, 21 mars 2018, Pourvoi n° 16-17.146.
789 CA Lyon, 25 septembre 2008, RG n° 07/00701.
790 CA Paris, 24 juin 2020, RG n° 17/22584 ; CA Paris, 9 avril 2015, RG n° 13/21126.
791 CA Paris, 10 avril 2019, RG n° 16/14991.
792 Cass. com., 5 avril 2018, Pourvoi n° 16-19923.
793 CA Paris, 1er juillet 2009, RG n° 07/14283.
794 CA Paris, 13 mars 2019, RG n° 18/18485.
795 CA Paris, 11 janvier 2017, RG n° 14/07959.
796 Cass. com., 31 janvier 2006, Pourvoi n° 03-13.739.

atteints, le fournisseur était donc légitime à ne pas renouveler sans préavis le contrat d'un an renouvelable convenu avec son distributeur.

542. Pour autant, dans le cas où un tel plafond de chiffre d'affaires soit défini entre les deux partenaires, il est nécessaire que le fournisseur tire toutes les conséquences du non-respect de cet objectif. En effet, s'il a toléré la non-réalisation de cet objectif la première année[797] ou pendant plusieurs années[798], sans fixer de nouveaux objectifs, il ne peut l'opposer à son client pour mettre fin brutalement à la relation commerciale à la fin de l'année suivante. Il ne peut pas plus invoquer le non-respect des objectifs de manière discriminatoire s'il ne l'a pas fait vis-à-vis d'autres partenaires commerciaux[799].

543. De plus, la non-réalisation des objectifs ne doit pas être la conséquence d'une très forte dégradation de l'activité dans l'ensemble du secteur, laquelle a pu être démontrée de manière objective[800].

544. Il est aussi nécessaire de laisser un délai raisonnable entre la notification du non-respect des objectifs commerciaux et la notification, sans quoi la rupture devient imprévisible, et partant, brutale[801].

545. De plus, les objectifs doivent être fixés de manière raisonnable, non seulement par rapport au seuil à atteindre, mais aussi par son adaptation à chaque partenaire. Est invalidée la décision par laquelle le juge s'est fondé en application du Code de commerce sur la seule stipulation du chiffre d'affaires minimum adjoint à une clause résolutoire sans préavis pour identifier la faute grave, « *sans préciser en quoi la non-réalisation de l'objectif de chiffre d'affaires prévu au contrat étant de nature à caractériser un manquement suffisamment grave à ses obligations* »[802]. Dans une activité de prestation de vente[803], l'application d'objectifs uniformes, alors même que toutes les sociétés n'avaient pas le même nombre de commerciaux, ni la même ancienneté, a pu être utilisée pour écarter tout caractère grave au manquement de non-réalisation des objectifs, et ce, d'autant que ces derniers avaient en outre doublé en l'espace d'un an.

546. De même, la réalisation de ventes très légèrement inférieures aux objectifs peut écarter tout caractère grave au manquement. Ainsi, la réalisation d'un chiffre d'affaires « *à peine inférieur* » par le partenaire commercial (29 735 euros au lieu de 30 000 euros) n'est pas de nature à constituer un manquement justifiant la rupture sans préavis[804].

547. Si ces différentes conditions sont remplies, il est alors possible de considérer que le non-respect des objectifs commerciaux régulièrement convenus constitue un manquement suffisamment grave aux obligations contractuelles pour justifier la rupture des relations sans préavis[805].

---

797 CA Paris, 1er juillet 2009, RG n° 07/14283 ; CA Lyon, 13 janvier 2011, RG n° 09/04368.

798 CA Lyon, 30 mars 2012, RG n° 10/08597.

799 CA Paris, 12 septembre 2013, RG n° 11/22934.

800 Cass. com., 21 mars 2018, Pourvoi n° 16-17.146.

801 CA Versailles, 2 octobre 2012, RG n° 11/03641.

802 Cass. com., 5 avril 2018, Pourvoi n° 16-19923 ; voir également Cass. com., 9 juillet 2013, Pourvoi n° 12-21.001.

803 CA Paris, 12 septembre 2013, RG n° 11/22934.

804 CA Paris, 30 août 2019, RG n° 16/190305.

805 CA Paris, 11 janvier 2017, RG n° 14/07959 ; CA Paris, 22 mars 2017, RG n° 15/12553.

C. Le manque de retour sur investissement

548. Dans le cadre d'une communication promotionnelle, l'échec de la campagne publicitaire a pu être utilement soulevé pour justifier l'absence de préavis, d'autant que le prestataire avait facturé des prestations sans les avoir chiffrées de manière transparente au préalable. En l'espèce[806], la campagne avait permis d'enregistrer en 7 jours uniquement 18 millions de pages vues, pour 5 500 clics et n'avait permis que 3 ventes.

§ 7. Le prix

549. Les litiges sur le prix sont le plus souvent la conséquence d'une renégociation des conditions commerciales, et donc d'une modification de l'économie du contrat. À ce titre, un tel litige ne constitue généralement pas un manquement contractuel suffisamment grave pour justifier l'absence de préavis[807].

550. Lorsque la prestation rendue implique théoriquement une mise en concurrence afin de proposer des prix bas au client, les litiges peuvent aussi être invoqués lorsqu'un client estime que le niveau de prix consenti est largement supérieur à celui de concurrents, si bien que cela signifierait que son partenaire commercial n'a pas procédé à son obligation de mise en concurrence. Pour autant, il est nécessaire d'apporter la preuve d'un tel manquement et il ne peut être excipé du seul constat que les prix seraient trop élevés, d'autres explications pouvant exister comme la modification tardive des caractéristiques des prestations par le client par exemple, ayant pour activité la sous-traitance de la gestion des déplacements professionnels[808].

551. Indépendamment de l'appréciation de la modification unilatérale de l'économie du contrat qui fait l'objet de développements spécifiques (v. § 167 et s.), d'autres paramètres liés au prix peuvent donner lieu à des litiges de nature à justifier ou non la brutalité d'une rupture.

552. Le prix constitue un paramètre essentiel de l'économie du contrat, et si la facturation des prestations ou des produits ne remplit pas les conditions de transparence édictées par l'article L. 441-3 du Code de commerce, un tel motif peut être utilement invoqué pour mettre fin aux relations commerciales. Dans une affaire par exemple[809], le client n'était pas en mesure de contrôler l'application du tarif théorique par son prestataire, les factures faisant apparaître des variations inexpliquées, et ce, malgré de nombreuses réclamations. Il était donc légitime à mettre fin aux relations commerciales du fait de la perte de confiance engendrée par cette situation.

553. De même, le non-respect des modalités contractuelles prévoyant un délai de prévenance pour la communication des nouveaux tarifs d'un fournisseur peut théoriquement être invoqué par son client. Cependant, il ne peut pas l'être si le distributeur

806 CA Paris, 11 avril 2012, RG n° 11/02107.
807 CA Paris, 19 mars 2015, RG n° 13/14480.
808 CA Aix-en-Provence, 14 juin 2012, RG n° 10/22962.
809 CA Paris, 11 juin 2009, RG n° 06/20494.

avait accepté en cours de relation un changement de process. Dans une affaire par exemple[810], les tarifs devaient initialement être notifiés trois mois à l'avance, mais le client avait donné son accord pour une cotation hebdomadaire, si bien que le non-respect des dispositions initiales du contrat ne pouvait pas être opposé au fournisseur.

554. Le fournisseur ne peut pas non plus invoquer le non-respect des prix conseillés pour justifier la rupture des relations commerciales. Ainsi[811], un litige opposait un fournisseur à son distributeur *click & mortar* qui proposait une partie des produits sur Internet à des prix en-dessous de ceux préconisés par son fournisseur, pratiquant ainsi des prix trop bas selon le fournisseur. La pratique de prix imposés étant prohibée au titre des pratiques anticoncurrentielles, de tels motifs ne pouvaient justifier l'absence de préavis.

555. En revanche, si la société ne verse pas l'intégralité des sommes qu'elle doit à l'ayant droit titulaire de la licence d'exploitation, en sous-déclarant volontairement le chiffre d'affaires qu'elle réalise sous licence, ce dernier est alors légitime à rompre sans préavis la relation commerciale en raison de la gravité des manquements contractuels[812].

§ 8. Le risque de parasitisme

556. Si le distributeur a entrepris des démarches auprès des autres partenaires économiques de son partenaire commercial dans le but de profiter, sans rien dépenser, de la notoriété du fournisseur pour préparer l'introduction sur le marché d'un produit concurrent, alors ce dernier est fondé à rompre sans préavis la relation commerciale en raison du risque de parasitisme et du manque de loyauté de son ancien client[813].

557. Il en va de même lorsque le gérant d'une société animant des formations pour le compte d'une autre société, propose aux participants de cette formation ses propres services, similaires à ceux de la société avec laquelle il est engagé contractuellement[814].

558. En revanche, une société ne peut se prévaloir du fait que son partenaire soit devenue filiale d'une société concurrente pour rompre sans préavis, quand bien même elle craindrait que son concurrent ne recueille des informations confidentielles[815]. Cette approche est d'autant plus légitime dans le cas où le rapprochement en cause était connu plusieurs mois auparavant de l'entreprise, ce qui pouvait lui permettre d'octroyer un préavis, dans un contexte où, de surcroît, il n'était pas certain que le concurrent en question commercialisait le même type de produit[816].

---

810 CA Versailles, 2 février 2006, RG n° 04/09265.

811 CA Versailles, 17 avril 2008, RG n° 07/00545 ; voir aussi CA Paris, 16 janvier 2009, RG n° 06/19233.

812 CA Versailles, 15 avril 2010, RG n° 09/01365.

813 CA Paris, 27 novembre 2019, RG n° 17/1954.

814 CA Paris, 15 mai 2019, RG n° 16/21278.

815 CA Paris, 22 novembre 2018, RG n° 17/10290.

816 CA Versailles, 12 juin 2012, RG n° 10/03892.

§ 9. La dégradation des relations entre les deux partenaires

559. Pour autant et indépendamment des manquements purement contractuels, le juge a toute latitude pour apprécier le contexte de la relation commerciale, et il est possible qu'étant donné le contexte très difficile entre les deux partenaires, il estime que la rupture n'ait pas été brutale (v. aussi § 264).

560. Dans une affaire par exemple[817], la société distribuait les produits du fournisseur, et leur relation était devenue très conflictuelle suite notamment à un arriéré supérieur à 300 000 euros.

561. Le point de discorde n'est pas nécessairement financier comme il peut consister en le refus du fournisseur de s'engager sincèrement avec son distributeur, notamment en lui concédant une exclusivité territoriale[818] ou encore le refus du partenaire commercial d'accepter une des solutions proposées par l'entreprise qui connaissait des difficultés financières importantes[819]. Dans ces conditions, en raison du contexte de la relation, il a donc été considéré que le fournisseur n'était pas tenu de donner un préavis à son distributeur, la fin de leur relation commerciale étant évidente.

562. Suivant la même logique[820], le fait qu'un désaccord persistant existait entre les deux sociétés, ne pouvait que sensibiliser le partenaire commercial sur le risque d'une cessation des relations, alors même qu'elles se sont poursuivies un an sans que le désaccord ne soit surmonté. Cela est *a fortiori* le cas si l'entreprise auteure de la rupture avait saisi le juge des référés au sujet du désaccord contractuel[821].

563. Dans une autre affaire[822], au regard des échanges entre les parties faisant état des réclamations et suspensions de commandes de certains produits jugés insatisfaisants, il a été considéré qu'il existait une incertitude quant à la poursuite de la relation commerciale. De même, la dégradation des relations entre deux partenaires, en raison des défauts d'exécution des obligations par l'un d'eux peut générer un climat de défiance obérant les perspectives de continuité de la relation, le cocontranctant ne pouvant s'attendre à la continuation de celle-ci[823]. Au-delà des défauts d'exécution, la même logique prévaut lorsque le partenaire commercial remet en cause de manière permanente la probité et la compétence de son cocontractant[824].

564. En revanche, si les problèmes constatés font simplement suite à la notification de la rupture par la société, cette dernière ne peut pas les opposer pour justifier l'absence de préavis. En effet, ils trouvaient alors leur origine dans une situation que la société avait elle-même déclenché en notifiant la fin des relations. Dans une affaire par exemple[825], en raison de la négociation en cours sur la durée du préavis, ainsi que

---

817 Cass. civ., 27 mars 2019, Pourvoi n° 17-16.548.
818 CA Aix-en-Provence, 13 janvier 2006, RG n° 03/15547.
819 TC Paris, 7 septembre 2004, RG n° 2003030396.
820 CA Paris, 27 avril 2017, RG n° 15/02021.
821 CA Pau, 31 mars 2009, RG n° 07/03333.
822 CA Paris, 29 novembre 2017, RG n° 15/01233.
823 CA Paris, 6 novembre 2019, RG n° 18/02947.
824 CA Versailles, 18 novembre 2010, RG n° 09/05727.
825 CA Paris, 15 mai 2008, RG n° 06/17024.

sur la gestion des retours de produits, la société dépassait les délais de règlement prévus avec son fournisseur. Dans ces conditions, les manquements n'ont pas pu justifier le caractère brutal de la rupture (v. aussi § 579 à 584). Néanmoins, à défaut de justifier l'absence de préavis, les circonstances de l'espèce peuvent diminuer la durée de préavis que les juges considèrent comme raisonnable (v. § 358 à 377).

§ 10. L'appréciation de la gravité des autres manquements contractuels

565. En plus des critères précédemment cités, différents manquements ont pu être invoqués pour justifier l'absence de préavis. À ce titre, à l'instar de l'approche applicable aux autres manquements, il est nécessaire dans un premier temps d'analyser à la fois si le manquement reproché constitue réellement une obligation contractuelle, et de déterminer si cette dernière est licite et en vigueur. En effet, si la clause ou le contrat sont illicites ou éteintes, alors, un manquement ne peut servir de justification à la brutalité de la rupture. Par exemple, un fournisseur ne peut se prévaloir d'un manquement du distributeur à son obligation contractuelle d'approvisionnement exclusif et lui reprocher d'avoir conclu un accord avec un nouveau partenaire dès lors que le contrat de distribution n'avait pas été prorogé au-delà de sa date d'échéance, quand bien même la relation commerciale s'était poursuivie après la fin du contrat[826].

566. Dans un second temps, il est nécessaire de déterminer si le manquement invoqué présente un caractère suffisamment grave pour justifier l'absence de préavis.

567. Afin d'illustrer la pratique décisionnelle en la matière, les exemples suivants listent ainsi des décisions qui ont validé le caractère grave des manquements contractuels (A) ou qui l'ont réfuté (B).

A. Exemples de manquements suffisamment graves

568. Les manquements contractuels suivants ont été considéré comme suffisamment graves pour justifier l'absence de préavis :
   - le fait pour client d'un distributeur de solliciter de manière répétée des reports de la date de livraison et de refuser de payer la traite relativement au paiement de la commande, alors qu'il est informé que le fournisseur ne pouvait matériellement supporter des délais de livraison supérieurs à un mois après la date initialement prévue[827] ;
   - le distributeur n'avait pas assumé sa responsabilité sur un retour de produit, res-ponsabilité pourtant prévue contractuellement, et il avait aussi vendu à un client un produit présenté comme étant de la marque de l'entreprise alors que ce n'était pas le cas. Les deux plaintes de clients ont ainsi permis de démontrer ces manquements contractuels graves[828] ;

---

826 CA Paris, 24 juin 2020, RG n° 19/06562.

827 CA Paris, 9 janvier 2019, RG n° 16/13453.

828 CA Angers, 31 janvier 2006, RG n° 05/00390.

- des faits de corruption (entre une salariée d'une agence bancaire et l'une des sociétés clientes[829]), ou de fraude[830] justifient la rupture de la relation sans préavis. Concernant cette dernière affaire, la fraude organisée entre l'un des salariés de l'entreprise et son partenaire commercial peut être opposée à ce dernier sur la base de l'article 1 104 du Code civil prévoyant que les conventions doivent être exécutées de bonne foi. En l'espèce, le directeur commercial de l'entreprise avait tiré un bénéfice personnel direct du partenaire commercial, lequel en retour surfacturait d'environ 20 % les prestations ;
- des vols à main armées attribués aux salariés de la société chargée du transport des marchandises[831] ou de la surveillance de magasins[832], ou des vols attribués aux salariés de la société en charge du nettoyage de chambres de son cocontractant[833] ont pu constituer des manquements contractuels graves. Il en va de même du détournement de matériel qui aurait dû en théorie se trouver en dépôt chez la société mise en cause, et qu'elle avait loué à titre onéreux à un autre client, sachant qu'en l'espèce, le détournement se trouvait d'autant plus caractérisé que les éléments d'identification du matériel litigieux avaient été altérés pour éviter qu'un manquement à ce titre soit démontré[834]. Ainsi, le détournement de matériel sous la responsabilité de la société par un salarié de cette société engage la responsabilité de son employeur, en application de l'article 1 242 du Code civil[835] ;
- le fait pour un distributeur d'utiliser une opération commerciale financée par son fournisseur pour présenter des produits concurrents de ce dernier, détournant au bénéfice d'autres marques l'investissement réalisé par le fournisseur[836] ;
- les manquements du fournisseur disposant d'un réseau de fabricants implantés en Inde à ses obligations de contrôle du respect des normes sociales et éthiques sur les sites de production indiens, et qui étaient prévues avec son distributeur[837] ;
- la non-communication par le dirigeant du partenaire commercial de l'avenant de caution solidaire, permettant *in fine* le maintien de la ligne de cautionnement suite à son transfert auprès d'un nouvel établissement financier, peut justifier le retrait de la ligne de cautionnement sans préavis[838] ;
- un fournisseur ne saurait reprocher à son distributeur la rupture brutale des relations commerciales, alors qu'il a démarché directement le principal client du distributeur. La baisse des commandes passées par le distributeur n'était ainsi que la conséquence de cette tentative de détournement[839] ;

---

829 CA Paris, 22 février 2019, RG n° 15/10543.
830 CA Angers, 10 mai 2005, RG n° 04/01181.
831 CA Paris, 23 juin 2016, RG n° 14/20158.
832 TC Paris, 30 janvier 2006, RG n° 2004075035.
833 CA Aix-en-Provence, 19 novembre 2004, RG n° 02/00148.
834 CA Versailles, 15 janvier 2013, RG n° 12/00079.
835 CA Paris, 15 septembre 2005, RG n° 03/08747.
836 CA Rennes, 26 janvier 2010, RG n° 09/01212.
837 CA Paris, 13 mars 2019, RG n° 15/10543.
838 CA Versailles, 4 novembre 2010, RG n° 09/06546.
839 CA Paris, 3 mai 2018, RG n° 15/24061.

- les propos ouvertement racistes du gérant du partenaire commercial peuvent enfreindre les obligations de loyauté devant présider à l'exécution des engagements contractuels commerciaux[840] ;
- le partenaire commercial n'avait pas obtenu une certification nécessaire à la poursuite de son activité avec l'entreprise et pour laquelle cette dernière lui avait demandé, 3 ans avant la rupture définitive, de se mettre en conformité sans quoi leur collaboration ne pourrait perdurer. Dans ces conditions, le partenaire n'avait pas procédé aux diligences nécessaires et était donc seule responsable de la rupture des relations[841] ;
- un agent d'affaire ne donnant pas suite aux courriels par lesquels son partenaire lui rappelle de renouveler son adhésion à la politique anticorruption du groupe avant l'échéance du contrat, alors que le partenaire est une filiale d'un groupe américain ayant conclu avec les autorités américaines un accord afin de clore une enquête à son encontre, conditionné à une coopération en ce sens de ses employés, distributeurs et agents commerciaux de telle sorte que le manquement du demandeur à ses obligations était susceptible d'engager la propre responsabilité du partenaire[842] ;
- le non-respect des conditions légales de détachement transnational des travailleurs de la part d'une société roumaine de travail temporaire[843] ;
- le non-respect de l'obligation de communiquer au partenaire les attestations d'assurance, obligation essentielle au renouvellement annuel du contrat et qui avait été rappelée en cours d'année par ledit partenaire[844] ;
- le non-respect d'une clause territoriale imposée aux adhérents d'un GIE quant à l'origine de leur production, peut suffire au groupement pour rompre la relation sans préavis[845] ;
- la modification du lieu d'implantation par le distributeur et réparateur de véhicules de son lieu d'implantation sans disposer de l'autorisation préalable de l'importateur, le nouveau lieu ne pouvant remplir aucun des standards de représentation de la marque concernée, alors qu'il aurait pu anticiper la fermeture de son établissement et son déménagement dans de nouveaux locaux dûment autorisés[846] ;
- la création par une agence de voyage mandataire d'un second canal de distribution de billets d'avion, *via* des sites comparateurs de prix non agréés par la compagnie aérienne mandante[847] ;
- le fait pour un réparateur automobile de procéder à des réparations non prévues par le rapport d'expertise, ou bien de refuser de signer le rapport d'expertise qui, en vertu de la réglementation, est le préalable à toute réparation[848] ;

---

840 CA Paris, 7 mai 2015, RG n° 14/01588.
841 CA Paris, 20 janvier 2011, RG n° 05/13380.
842 Cass. com, 20 novembre 2019, Pourvoi n° 18-12.817.
843 CA Paris, 7 mars 2018, RG n° 16/00852.
844 CA Paris, 18 février 2011, RG n° 08/20249.
845 CA Aix -en-Provence, 14 avril 2011, RG n° 09/16730.
846 CA Paris, 7 février 2018, RG n° 15/08853.
847 CA Paris, 25 octobre 2018, RG n° 17/10108.
848 CA Limoges, 19 octobre 2011, RG n° 10/01359.

- les manquements au code de bonne conduite du client par le dirigeant d'une société de conseil, notamment par la remise en cause du projet de réorganisation du client, lors d'une réunion en présence d'un partenaire important de ce dernier[849] ;
- l'absence répétée du partenaire commercial au sein des organes décisionnels de l'entreprise (assemblée générale et conseils d'administration), et le fait que malgré les mises en demeure, le partenaire également actionnaire n'a jamais consenti les garanties financières et l'apport en compte courant exigés de manière licite[850] ;
- l'absence de redistribution des fonds encaissés, dans le cadre d'un contrat de dépôt-vente et de diffusion de journaux, associés à l'existence de retard et d'impayés répétés par le dépositaire[851] ;
- le fait que le représentant d'une filiale, qui était titulaire d'une créance importante vis-à-vis de sa maison-mère, procède à des investissements par l'achat d'actions d'une autre société, avec un échelonnement sur 8 ans, empêchant dès lors d'honorer la créance, est suffisant pour justifier la rupture sans préavis[852] ;
- des prestations insatisfaisantes répétées ayant donné lieu à plusieurs courriels, ajoutés à la menace de poursuite judiciaire en raison de baisses de commandes justifient l'arrêt total des relations sans préavis[853] ;
- la non-communication par le prestataire de transport de l'autorisation administrative autorisant son activité, en violation des articles 8 et 16 du contrat-type indiqué au décret n° 99-752 du 30 août 1999, ce qui donnait droit à une résiliation de plein droit après mise en demeure. Dans cette affaire[854], bien que la mise en demeure n'ait pas été effectuée, le préjudice a été écarté comme l'autorisation n'a été obtenue que plusieurs mois après la résiliation, mettant dès lors le prestataire dans l'impossibilité de répondre à son obligation quand bien même une mise en demeure lui ait été adressée ;
- la rétention des marchandises par le transporteur et le refus de livrer plusieurs clients. En l'espèce[855], le transporteur avait unilatéralement augmenté ses tarifs, qu'il entendait imposer à son client ;
- l'arrêt des livraisons par le partenaire commercial constitue un manquement suffisamment important pour mettre fin sans préavis à la relation. En l'espèce[856], l'activité du sous-traitant avait été bloquée par ses propres salariés en raison de la persistance de problème d'hygiène et de sécurité découlant du manque d'investissements ;
- des faits de parasitisme ayant fait l'objet d'une condamnation en justice au préjudice du cocontractant[857] ;

---

849 Cass. com., 18 novembre 2020, Pourvoi n° 19-14.775.

850 CA Versailles, 19 mai 2011, RG n° 10/01677.

851 CA Paris, 12 juin 2019, RG n° 16/14615.

852 Cass. com., 18 octobre 2011, Pourvoi n° 10-19.612.

853 CA Paris, 31 juillet 2019, RG n° 16/18697.

854 CA Versailles, 27 octobre 2011, RG n° 10/05772.

855 CA Paris, 14 mars 2018, RG n° 16/01683.

856 CA Nîmes, 19 janvier 2012, RG n° 10/01824.

857 CA Paris, 27 novembre 2019, RG n° 17/1954.

– le non-respect par un vendeur en ligne sur une place de marché de l'interdiction de faire référence sur ladite place de marché à un site internet tiers[858] ;
– le fait pour un sous-traitant de s'approprier un modèle innovant développé par son donneur d'ordre à son insu, constitue une faute grave justifiant l'absence de préa-vis, et ce, d'autant que le sous-traitant travaillait aussi pour le compte d'autres con-currents du donneur d'ordre[859] ;
– les fautes répétées (notamment en termes de qualité) commises par un fournisseur de meubles destiné à garnir les points de vente d'un constructeur automobile, qui ont désorganisé et nuit à l'image du constructeur[860] ;
– le fait d'avoir dissimulé des ventes de véhicules à un constructeur automobile[861] ;
– les irrégularités d'un courtier en assurances chargé de la souscription des assurances de son client constituant des malversations impliquant des salariés du courtier[862] ;
– le dénigrement par le dirigeant d'une société de conseil aux entreprises d'autres dirigeants dans un contexte où il s'oppose en outre aux projets présentés par le président du conseil d'administration en présence d'un client[863] ;
– le fait d'utiliser des pratiques de ventes déloyales, voire relevant d'infractions pé-nales, peut être utilement avancé pour justifier la gravité des manquements du détaillant. Au surplus, le fournisseur avait expressément interdit au détaillant de se faire passer pour lui, ce qu'il n'avait pas respecté, et il avait reçu de nombreuses réclamations clients, ces différents manquements nuisant fortement à son image de marque[864] ;
– le fait pour un annonceur de proposer des liens publicitaires vers des sites violant les droits d'auteurs (site de téléchargements) peut justifier la résiliation du contrat, dans la mesure où l'obligation était contractuellement prévue, et les manquements ayant fait l'objet de mises en demeure[865].

B. Exemples de manquements dont la gravité ne justifie pas l'absence de préavis

569. En revanche, les manquements suivants n'ont pas été considérés comme étant suffisamment graves pour justifier l'absence de préavis :
– la sollicitation d'étrennes par un salarié d'une société qui distribue des périodiques constitue un manquement du salarié vis-à-vis du partenaire qui pourrait justifier un avertissement, mais en aucun cas l'absence de préavis de rupture par sa cliente[866]. En outre, l'entreprise n'apportait pas la preuve

858 CA Paris, 30 mars 2012, RG n° 10/09552.
859 CA Amiens, 12 avril 2012, RG n° 09/05185.
860 CA Paris, 7 décembre 2018, RG n° 17/03020.
861 CA Amiens, 6 septembre 2012, RG n° 10/00392.
862 CA Paris, 31 octobre 2019, RG n° 17/06545.
863 CA Paris, 14 novembre 2018, RG n° 16/11666.
864 CA Paris, 25 juin 2013, RG n° 12/19040.
865 CA Paris, 25 octobre 2013, RG n° 11/11656.
866 CA Paris, 23 février 2007, RG n° 04/16524.

du préjudice qui aurait pu en résulter, et n'avait pas non plus mis en demeure son partenaire de se mettre en conformité avec le contrat ;

- l'absence d'information de l'état de dépendance économique ne peut être reprochée si elle n'est pas prévue contractuellement[867], d'autant qu'en l'espèce, le partenaire commercial avait démontré avoir informé l'entreprise au moment de la conclusion du dernier contrat. En tout état de cause, le caractère brutal d'une rupture doit être apprécié indépendamment de tout état de dépendance économique (v. § 378). Par conséquent, même en présence d'une obligation d'information sur la situation de dépendance, un manquement à ce titre ne peut pas justifier la dispense de préavis[868]. Par conséquent, le manquement de la société prestataire à son obligation d'information d'alerter le donneur d'ordre dans l'hypothèse où ses services représenteraient plus de 22 % de son chiffre d'affaires, afin d'éviter toute dépendance économique, cette clause ne présentant pas un caractère essentiel et déterminant à l'engagement du donneur d'ordre[869] ;
- l'absence de justification d'une assurance adaptée à la couverture d'une mauvaise exécution de la fabrication n'est pas suffisante si le partenaire commercial démontre qu'il pensait être couvert par son contrat d'assurance de base[870] ;
- les plaintes de clients postérieures à la rupture des relations commerciales ne sont pas opposables au partenaire commercial[871] ;
- les retards de fourniture de bons de livraison en cas de litiges avec des clients portant souvent sur de faibles quantités de marchandises[872] ;
- l'absence de diligence du partenaire commercial quant à la restitution des moules à son donneur d'ordre qui en était propriétaire, une telle circonstance pouvant néanmoins être prise en compte dans l'appréciation du préjudice[873] ;
- un accident de la circulation avec les produits dangereux fabriqués par le donneur d'ordre, dont une partie a fui suite à un problème de fermeture du fût[874] ;
- des faits d'escroquerie (à savoir la modification de l'état civil des clients pour que les personnes n'apparaissent dans le fichier des impayés Préventel) dans la mesure où il n'était pas possible de les imputer au partenaire commercial[875] ;
- la falsification de factures par le salarié du partenaire commercial, permettant à ce dernier de dépasser le seuil lui permettant de bénéficier d'aides financières de son franchiseur, n'ayant pas directement trait à la commercialisation des produits contractuels, en l'occurrence des véhicules[876] ;

---

867 CA Paris, 3 juillet 2009, RG n° 06/10552.
868 Cass. com., 27 janvier 2007, Pourvoi n° 04-16.779 et n° 04-17.951.
869 CA Paris, 11 décembre 2019, RG n° 17/22029.
870 CA Paris, 3 juillet 2009, RG n° 06/10552.
871 CA Rennes, 5 février 2009, RG n° 07/04388.
872 CA Lyon, 5 mars 2009, RG n° 08/00074.
873 CA Lyon, 19 novembre 2009, RG n° 09/04247.
874 CA Pau, 20 janvier 2011, RG n° 09/01606.
875 CA Paris, 14 septembre 2011, RG n° 10/03068.
876 CA Paris, 11 avril 2012, RG n° 09/16825.

- les difficultés financières du cocontractant, surtout qu'en l'espèce, la société était au courant de ce fait depuis plusieurs années[877] ;
- la maladie de l'un des salariés importants du sous-traitant et la fragilité de la situation financière de ce dernier[878] ;
- dans le cadre d'une prestation de service en communication, les échanges entre les parties ayant pour objet des corrections à apporter dont il n'est pas démontré qu'elles excèdent le processus normal de mise au point d'un produit élaboré[879] ;
- la chute brutale du chiffre d'affaires du partenaire ne constitue pas un manquement à l'obligation de loyauté ou un quelconque manquement contractuel dès lors qu'aucun objectif de chiffre d'affaires n'a été déterminé entre les parties[880] ;
- une livraison défectueuse ayant constitué un incident unique, sur laquelle le partenaire s'est justifié[881] ;
- les problèmes d'ajustement et de mises au point propres à tout chantier, reprochés par un promoteur de réseau de distribution à son partenaire chargé de la fourniture et de la pose des enseignes, les échanges étant d'ailleurs, pour certains postérieurs à la rupture[882] ;
- le refus du transporteur de procéder au remboursement de l'indemnité d'assurance à la suite de détériorations commises sur des meubles transportés, s'agissant d'une faute isolée[883] ;
- la faute de gestion ayant entraîné le départ d'un des cogérants qui ne constitue pas la violation d'une clause d'*intuitu personae* dans la mesure où l'autre gérant étant resté en poste[884] ;
- la non-obtention par le partenaire d'un label social que l'auteur de la rupture encourage son partenaire à obtenir dès lors que l'audit réalisé dans ce cadre n'avait mis à jour aucun manquement contractuel[885] ;
- dans le cadre d'une prestation de service en communication, les échanges entre les parties ayant pour objet des corrections à apporter dont il n'est pas démontré qu'elles excèdent le processus normal de mise au point d'un produit élaboré[886] ;
- le fait pour une société chargée de la distribution des produits d'un fabricant d'avoir été déréférencée par plusieurs distributeurs, en l'absence de faute imputable à cette société, et le fait d'avoir mis 4 mois à informer le fabricant du déréférencement ne constitue pas des motifs suffisants pour justifier l'absence de préavis[887].

---

877 CA Paris, 16 mai 2012, RG n° 10/05010.
878 CA Nancy, 20 juin 2012, RG n° 10/01183.
879 CA Versailles, 12 juin 2012, RG n° 11/01014.
880 CA Paris, 7 novembre 2019, RG n° 17/16331.
881 CA Paris, 21 mars 2018, RG n° 16/05253.
882 CA Paris, 15 mars 2018, RG n° 15/19368.
883 CA Paris, 4 avril 2018, RG n° 16/01881.
884 CA Paris, 7 novembre 2019, RG n° 17/16331.
885 Cass. com., 6 décembre 2016, RG n° 15-12320.
886 CA Versailles, 12 juin 2012, RG n° 11/01014.
887 CA Paris, 9 janvier 2013, RG n° 11/11465.

§ 11. Limites

570. Afin que les manquements contractuels soient opposables, ils ne doivent pas trouver leur origine dans le comportement de l'un des deux partenaires.

A. La modification des conditions commerciales

571. Les manquements mis en avant par une entreprise peuvent avoir pour origine la modification unilatérale de l'économie du contrat par cette dernière. Ce type de modification fait l'objet de développements spécifiques *supra* (v. § 163 et s.). Si ces développements portent sur l'appréciation du caractère brutal de la rupture, ils sont aussi utilisables afin de déterminer si la modification des conditions commerciales constitue un manquement contractuel ou non.

572. En effet, si une société modifie substantiellement ses conditions commerciales, elle est alors mal fondée à invoquer un manquement contractuel pour justifier la brutalité de la rupture. Tel est le cas, par exemple, des retards qu'elle invoque s'ils ont pour origine une nouvelle grille tarifaire qu'elle propose[888], ou la dégradation des conditions commerciales si elle a pour origine la modification d'un logiciel de stockage entraînant une augmentation de 38 % du prix du contrat[889], ou la réduction sensible et sans préavis du délai de paiement accordé auparavant[890], ou encore la baisse sensible du niveau de commandes initialement convenues[891].

573. Les manquements peuvent également avoir trait au non-respect de certaines modalités financières du contrat. Dans une affaire par exemple[892], la société devait verser un acompte de 50 % avant le tournage d'une production audiovisuelle. Or du fait du non-versement de cet acompte, le partenaire n'avait pas pu verser la somme prévue pour réaliser le tournage. Les manquements contractuels invoqués par la société étaient alors inopérants, trouvant leur origine dans son propre comportement.

B. Non-respect du préavis ou octroi d'un préavis trop court

574. Les manquements contractuels peuvent aussi être la conséquence du non-respect du préavis ou de l'octroi par l'entreprise d'un préavis trop court ou sérieusement contestable. Ainsi[893], l'auteur de la rupture, qui n'avait pas respecté son engagement de volume minimal de commandes, ne peut reprocher à son cocontractant d'avoir commercialisé auprès des tiers des produits que l'autre partie n'avait pas commandé au mépris de son engagement. De même, dans une autre affaire[894], les problèmes de règlement opposables au partenaire étaient liés au contexte conflictuel dû à l'octroi par le cocontractant d'un préavis d'une durée sérieusement

---

888 CA Paris, 14 décembre 2016, RG n° 16/22216.
889 CA Paris, 7 février 2019, RG n° 17/16426.
890 CA Paris, 11 octobre 2006, RG n° 04/22481.
891 CA Versailles, 18 mai 2006, RG n° 04/08829.
892 CA Paris, 16 novembre 2005, RG n° 04/13227.
893 CA Paris, 7 février 2018, RG n° 16/00080.
894 CA Rennes, 3 novembre 2009, RG n° 08/07491.

contestable. Dans ces conditions, le non-paiement ou le retard de paiement de certaines factures n'ont donc pas été considérés comme constituant un manquement grave susceptible de justifier l'absence de préavis.

575. Réciproquement, si durant le préavis le niveau de service des prestations de la société s'est brutalement dégradé, l'auteur de la rupture peut être fondé à ne pas respecter la durée de préavis initialement fixée. Dans une affaire[895], le préavis avait été fixé à 6 mois, mais le fournisseur n'avait pas respecté le taux de rupture, défini par le ratio entre produits non livrés au regard des produits commandés. Alors que le contrat prévoyait un taux maximal de 20 %, le taux a brusquement augmenté s'établissant à 13, puis 21 %, si bien que le distributeur était fondé à rompre la relation au bout de 4 mois.

C. L'exception d'inexécution en cas de manquements réciproques

576. De manière générale, dans le cas où l'entreprise ait manqué la première à ses obligations contractuelles, elle ne peut opposer au partenaire d'éventuels manquements pour justifier le caractère brutal de la rupture. En effet, dans ces conditions, le partenaire commercial peut invoquer l'exception d'inexécution, et l'opposer à l'auteure de la rupture. Réciproquement, cette exception d'inexécution peut également être invoquée par cette dernière dans le cas où la rupture trouve son origine dans les manquements ou le comportement imputable au partenaire commercial[896].

1. Le non-respect réciproque d'obligations essentielles

577. Le non-respect d'obligations essentielles par les deux parties est généralement suffisant pour écarter l'application de l'article L. 442-1 du Code de commerce[897]. Il en va ainsi lorsqu'un mandataire et un mandant ne se versent pas les sommes qu'ils se doivent réciproquement[898].

578. De même, si un organisme d'assurance est tenu vis-à-vis d'un de ses concurrents par une clause de non-rétablissement, consistant pour les agents d'assurance à ne pas faire souscrire de nouveaux contrats aux anciens clients de l'organisme concurrent, et que cette clause a été violée par l'agent d'assurance, l'organisme est alors légitime à changer les modalités, y compris commerciales, de la relation commerciale eu égard au risque délictuel qu'il court[899]. Au surplus, l'agent n'avait pas apporté la preuve que les nouvelles conditions obéraient sensiblement son développement.

2. L'arrêt de la relation par le partenaire en retour de la notification par le cocontractant

579. La notification de la rupture à l'un des deux partenaires n'est pas sans conséquence dans la mesure où elle affiche la volonté très claire de la société de rompre

---

895 CA Douai, 25 janvier 2012, RG n° 10/02441.
896 CA Paris, 27 février 2020, RG n° 17/12775.
897 CA Paris, 7 février 2018, RG n° 16/00080.
898 CA Montpellier, 14 février 2012, RG n° 10/09841.
899 CA Aix-en-Provence, 14 mars 2012, RG n° 10/10331.

les relations commerciales. Il a ainsi pu arriver que la notification de la rupture par le cocontractant, pousse l'autre à rompre directement la relation commerciale, nonobstant le préavis théorique prévu dans la notification initiale[900]. Dans ces conditions, la rupture n'étant que la conséquence de la notification initiale, la responsabilité de la société mettant fin à la relation commerciale suite à la notification de rupture n'a pas pu être engagée.

580. Dans une affaire par exemple[901], un distributeur avait notifié à l'un de ses fournisseurs l'arrêt de leur relation commerciale avec un préavis d'une année. Cependant, le préavis d'une année ne constituait pas une obligation à respecter par le fournisseur, dès lors qu'il n'était pas prouvé que ce soit lui qui soit responsable de la rupture de la relation commerciale établie. Dans une autre affaire, la rupture de la relation commerciale a été jugée imputable à la société qui avait décidé de cesser d'exploiter le stand compte tenu de la faible activité enregistrée sur ce stand, et non au partenaire qui a seulement pris acte des effets de sa décision[902].

581. De même, une centrale de référencement décidant de rompre les relations commerciales à titre conservatoire ne peut ensuite opposer à la société de s'être abstenue de négocier un nouveau contrat de référencement dans le cadre d'une remise à plat de la relation commerciale, étant donné qu'à aucun moment elle n'a laissé croire à son fournisseur que la poursuite de la relation commerciale était possible, et ce, d'autant qu'elle n'avait pas communiqué clairement les nouvelles conditions auxquelles elle entendait soumettre la relation commerciale[903].

582. Les affaires précédentes traitent de la rupture initiée par le client, *i.e.* en aval de la relation, mais l'approche demeure identique lorsque l'opérateur en amont prend la décision de mettre fin à la relation commerciale. Dans le cadre d'un GIE par exemple[904], dont ni les statuts, ni le règlement intérieur ne prévoient de préavis pour la démission d'un de ses membres, le retrait communiqué par le membre peut être considéré comme définitif, même si le membre en question avait notifié son retrait en précisant qu'il aurait lieu plusieurs mois plus tard. Suivant une approche analogue, le fait que le fournisseur victime de la rupture brutale ait lancé une procédure de liquidation amiable en raison de la perte de son principal client, ne peut lui être opposé par ce dernier pour démontrer que la responsabilité de la rupture lui incombe, la rupture étant du fait du client lui-même[905].

583. La possibilité pour la société se voyant notifier la fin programmée de la relation de rompre directement sans attendre l'échéance du préavis est à plus forte raison légitime si son cocontractant ne passait aucune commande. En l'espèce[906], le client avait refusé durant le préavis de prendre commande de produits de son fournisseur sans motif véritablement légitime. Bien que le préavis soit toujours valable, le fournisseur était alors légitime à ne pas présenter de nouvelle collection dans

900 CA Paris, 17 juin 2020, RG n° 17/19307.

901 CA Angers, 26 mars 2008, RG n° 07/01548 ; Voir aussi CA Lyon, 23 avril 2009, RG n° 07/07566.

902 CA Paris, 27 septembre 2017, RG n° 15/24236.

903 CA Angers, 24 janvier 2006, RG n° 05/00067.

904 Cass. com., 3 avril 2007, Pourvoi n° 06-10.526.

905 CA Poitiers, 13 janvier 2012, RG n° 10/02711.

906 CA Paris, 27 septembre 2017, RG n° 15/24236.

la mesure où l'investissement aurait vraisemblablement été réalisé en pure perte, son client ne prenant pas en considération les collections présentées.

584. Par conséquent, la notification de la rupture par l'entreprise présente un risque qui doit être mesuré par cette dernière eu égard à la possibilité qu'elle donne à son partenaire de rompre immédiatement la relation commerciale.

Section 3
Cas de force majeure

585. La force majeure est définie par trois critères : le fait générateur doit être extérieur, irrésistible et imprévisible à la société qui l'invoque et à qui il appartient d'en démontrer l'existence[907].

586. Les affaires où la force majeure est prise en compte sont relativement limitées (4). En effet, ni la réorganisation de l'entreprise (1), ni sa situation économique (2) ne constituent une raison suffisante pour justifier la force majeure. D'autres circonstances particulières ont pu aussi être invoquées à ce titre sans succès (3).

§ 1. La réorganisation de l'entreprise ne constitue pas un cas de force majeure

587. La réorganisation de l'entreprise peut modifier de manière substantielle l'économie du contrat, mais la jurisprudence considère que la société se réorganisant doit laisser un temps suffisant à son partenaire pour s'adapter (v. § 178 et s.). Implicitement, cela revient à considérer que la réorganisation de l'entreprise ne constitue pas un cas de force majeure.

A. La réorganisation interne

588. La réorganisation interne d'une entreprise, comme une restructuration par exemple, ne l'exonère pas de son obligation de laisser un préavis raisonnable[908], et ce, quand bien même elle subirait des difficultés financières et des pertes[909]. Si elle n'octroie pas un préavis raisonnable, elle doit donc assumer la pleine responsabilité de la rupture brutale des relations commerciales.

589. En effet, une restructuration peut être un processus long et complexe, dont la prévisibilité doit permettre à l'entreprise de prendre les dispositions nécessaires à l'égard de ses partenaires commerciaux[910], ce qui est particulièrement vrai si la société déclare elle-même avoir enclenché le processus plusieurs mois avant la rupture brutale des relations[911].

---

907 CA Aix-en-Provence, 7 janvier 2010, RG n° 08/14912.

908 CA Paris, 17 octobre 2018, RG n° 16/10538.

909 CA Montpellier, 24 janvier 2006, RG n° 04/05929.

910 CA Paris, 9 janvier 2019, RG n° 16/13392.

911 CA Paris, 3 avril 2019, RG n° 16/21113.

590. Cette approche demeure valable si la restructuration consiste en la fermeture d'un site de production. En effet, une telle fermeture doit nécessairement être anticipée, ce qui laisse à l'entreprise un délai suffisant pour prévoir un préavis raisonnable[912]. Au surplus, la fermeture réelle avait eu lieu en réalité plus d'un an après la rupture des relations commerciales. Dans une autre affaire[913], si la date à laquelle la décision de la société a été prise n'a pas pu être démontrée avec exactitude, les procès-verbaux du conseil d'administration faisaient état d'une politique de désinvestissement depuis plusieurs années, de telle sorte que la société ne pouvait défendre le caractère soudain d'une telle fermeture.

591. *A fortiori* si elle n'est pas commandée par des impératifs financiers, une réorganisation interne peut encore moins justifier l'absence de préavis. Par exemple[914], le fait pour une société de décider d'internaliser les prestations jusque-là confiées au partenaire, par l'embauche d'un salarié, ne dispense pas de l'octroi d'un préavis audit partenaire, peu important que celui-ci fut informé des projets de la société[915]. De même, le fait de passer ses magasins en location-gérance, ce qui a pour effet de les placer sous une autre enseigne, ne constitue pas un cas de force majeure[916].

B. La réorganisation de la structure juridique

592. La cession ou le transfert de l'entreprise (ou de son fonds de commerce) ne constitue pas non plus un cas de force majeure pouvant lui permettre de justifier la rupture des relations commerciales sans préavis[917]. En effet, une telle cession ne revêt pas un caractère imprévisible ou irrésistible, mais au contraire, relève de sa décision. Cette approche demeure quand bien même la société dispose de ses propres fournisseurs[918], ou qu'elle ait noué un partenariat avec une autre société, ce qui avait pour conséquence objective de rendre inéluctable la fin de la relation commerciale.

593. Elle ne peut pas non plus justifier la rupture par le fait d'avoir cédé les marques des produits objet du litige à une autre société, car une telle cession ne pouvait produire d'effet à l'égard des tiers[919].

C. La réorganisation commerciale

594. Par ailleurs, l'augmentation brutale des tarifs du fournisseur ne constitue pas un cas de force majeure (v. § 167 et s.).

D. La mise en liquidation

595. La mise en liquidation de la société, si elle a été décidée à l'amiable par les actionnaires de la société, en l'absence de tout élément extérieur, ne revêt pas

---

912 CA Paris, 3 avril 2019, RG n° 16/21113.

913 CA Amiens, 21 juin 2012, RG n° 11/01055.

914 CA Paris, 9 janvier 2019, RG n° 16/13392 ; voir également CA Paris, 14 décembre 2005, RG n° 04/24526.

915 CA Paris, 29 novembre 2017, RG n° 15/01233.

916 CA Metz, 30 juin 2011, RG n° 11/00511.

917 CA Montpellier, 21 septembre 2004, RG n° 02/02738 ; Voir aussi CA Nancy, 18 février 2004, RG n° 02/01034 et CA Paris, 20 octobre 2005, RG n° 05/13805.

918 CA Paris, 28 octobre 2005, RG n° 03/19692.

919 Cass. com., 11 juillet 2006, Pourvoi n° 04-20.592.

non plus les caractères de la force majeure, surtout s'il n'était pas démontré que la société ne disposait pas des ressources nécessaires pour assurer la production pendant la durée suffisante de préavis[920].

§ 2. La situation économique de la société n'est pas suffisante pour invoquer la force majeure

596. Dans un certain nombre de cas, et indépendamment d'une éventuelle restructuration, la situation économique de l'entreprise à l'origine de la rupture des relations commerciales a pu être mise en avant pour légitimer le caractère brutal de cette dernière. Une telle situation ne relève toutefois pas de la force majeure.

597. Ainsi, le fait que le secteur présente une conjoncture défavorable du fait d'une concurrence internationale est inopérant, et ce, d'autant que cette situation de concurrence difficile existait bien avant la rupture[921]. Il en va de même si cette situation concurrentielle s'est dégradée progressivement[922]. *A fortiori*, l'absence d'effondrement caractérisé et soudain du marché au regard d'une situation dégradée préexistante interdit l'identification d'un cas de force majeure[923].

598. Par ailleurs, si l'évolution réglementaire rend plus incertaine la poursuite des relations commerciales avec certains clients importants, l'entreprise ne peut pas non plus justifier la rupture avec son partenaire commercial au prétexte que sa situation économique serait alors compromise[924].

599. Dans ces différents cas, les conditions d'imprévisibilité et d'irrésistibilité, conditions *sine qua non*, n'étaient pas remplies.

§ 3. Autres cas où la force majeure a été écartée

600. Les problèmes de santé du gérant de l'entreprise peuvent justifier la rupture des relations commerciales pour autant qu'ils étaient tels qu'ils rendaient impossible la poursuite de la relation commerciale, et l'octroi d'un préavis raisonnable. Dans le cas contraire, les conditions de la force majeure ne sont pas remplies[925].

601. Dans les affaires suivantes, la force majeure a été écartée par les juges :
   - la fermeture d'une plateforme logistique d'un site, en raison d'un sinistre lié à un problème de structure est extérieur à la rupture de la relation avec le fournisseur, et ce, d'autant que les compagnies d'assurances sont intervenues[926] ;

---

920 CA Aix-en-Provence, 5 octobre 2011, RG n° 10/03682.
921 CA Paris, 8 janvier 2020, RG n° 18/04493 ; CA Paris, 3 juillet 2015, RG n° 13/06935.
922 CA Caen, 2 juin 2005, RG n° 03/03155 ; CA Lyon, 1er juillet 2011, RG n° 10/02378.
923 CA Paris, 24 avril 2019, RG n° 16/17560.
924 TC Villefranche Tarare, 18 décembre 2008, RG n° 2007J00175.
925 CA Dijon, 15 novembre 2007, RG n° 07/00144.
926 CA Paris, 17 décembre 2020, RG n° 17/23168.

- un simple projet de réorganisation logistique du concessionnaire automobile, prétendument imposé par le constructeur, ne constitue pas un fait de force majeure de nature à justifier la rupture sans préavis entre un transporteur de pièces détachées et un concessionnaire automobile[927] ;
- la saisie conservatoire de produits par l'administration fiscale empêchant un fournisseur d'honorer ses commandes ne constitue pas un cas de force majeure, de nature à exonérer ce dernier de sa responsabilité vis-à-vis de son client et partenaire[928] ;
- la perte de deux clients importants qui avaient laissé un préavis de plusieurs mois ne permet pas d'opposer la force majeure pour rompre sans préavis la relation commerciale[929] ;
- le fait que les locaux de la société utilisant les services du prestataire de transport aient subi un incendie, ce qui a entraîné la mise au chômage technique de 70 de ses salariés, peut être qualifié de force majeure. Pour autant, la rupture dans cette affaire était davantage liée à la décision de la société de délocaliser sa production suite à l'incendie, si bien que l'impératif de force majeure n'a pu être retenu[930].

§ 4. Cas de force majeure avérés

602. La force majeure est rarement retenue eu égard aux conditions très restrictives imposées par sa définition. Le plus souvent, seuls les manquements contractuels sont ainsi visés pour justifier l'absence de préavis.

603. Néanmoins, la force majeure a pu être retenue dans certaines affaires, par exemple, lorsque l'entreprise auteure de la rupture rencontre des difficultés financières insurmontables. Dans cette affaire[931], le fournisseur, sous-traitant d'un équipementier automobile, rencontrait des difficultés financières insurmontables, ses actionnaires ayant décidé sa liquidation anticipée. Son partenaire commercial, un client équipementier, a donc essayé de négocier la poursuite de l'activité, ce qui s'est matérialisé par la conclusion d'un protocole d'accord entre le fournisseur et ses représentants du personnel pour poursuivre l'activité. Cependant, ses employés ont ensuite jugé ce protocole insuffisant et déclenché une grève, ce qui a empêché le fournisseur de respecter le préavis négocié avec son donneur d'ordre. La grève a ainsi été jugée comme constituant un événement de force majeure, étant extérieur, imprévisible et irrésistible.

604. D'autre part, le décès brutal du dirigeant d'une société qui a empêché celle-ci de maintenir le volume de commandes a été jugé constitutif de force majeure[932].

605. Enfin, les conséquences de la pandémie de COVID-19 ont pu récemment constituer un cas de force majeure avéré. Dans une affaire opposant un sous-traitant

---

927 CA Paris, 22 novembre 2018, RG n° 17/12123.
928 TC Paris, 7 septembre 2004, RG n° 2003030396.
929 CA Lyon, 22 avril 2011, RG n° 10/04673.
930 CA Paris, 17 avril 2013, RG n° 10/04855.
931 Cass. com., 9 octobre 2007, Pourvoi n° 06-16.744.
932 CA Paris, 22 novembre 2019, RG n° 17/21501.

chargé des prestations de nettoyage et équipement des avions en plateaux-repas à son donneur d'ordre[933], les juges ont en effet considéré que l'entreprise « *a vu chuter son activité dans des proportions sans précédent, en raison de la crise sanitaire liée au COVID-19, qui a conduit, dans un premier temps, en mars 2020, à un confinement généralisé de la population puis, dans un second temps, à des mesures de restriction des déplacements. Dans ce contexte, le secteur de l'aviation est l'un des plus sévèrement touchés, des mesures drastiques de restriction des déplacements transfrontaliers ayant été prises dans le monde entier. Il peut être constaté, à la lecture des pièces produites, que la chute du trafic de passagers à Charles de Gaulle s'est élevée à 66,8 % en 2020 par rapport à 2019* ». En outre, la baisse concernait essentiellement les longs courriers dont les volumes au 3e trimestre ont chuté de 84 % entre 2019 et 2020, qui étaient les seuls vols traités par le sous-traitant en question. À noter que le contrat prévoyait également une clause de force majeure en cas d'« *épidémies entraînant la suppression partielle ou totale de l'activité sur la plateforme aéroportuaire* ».

933 CA Paris, 26 mars 2021, RG n° 20/13493.

SOUS-TITRE 2
LES RÈGLES SPÉCIFIQUES À CERTAINES RELATIONS

Chapitre 1
Les appels d'offres

606. Comme précisé auparavant (v. § 155), la procédure d'appel d'offres induit intrinsèquement une incertitude sur la poursuite des relations commerciales à l'issue des résultats de la mise en concurrence. En effet, dans l'hypothèse où le partenaire commercial ne soit pas retenu, il peut difficilement opposer l'imprévisibilité, la soudaineté ou le caractère violent de la rupture. Au contraire, l'entreprise peut lui opposer son manque d'anticipation, surtout si la relation commerciale représente une part importante de l'activité du partenaire commercial.

607. Cependant, si la procédure d'appels d'offres induit une certaine protection de l'acheteur vis-à-vis de l'applicabilité de l'ancien article L. 442-6, devenu L. 442-1 du Code de commerce, encore faut-il que la relation commerciale soit réellement régie par ce type de procédure, et qu'en d'autres termes, la mise en place d'un appel d'offres ne serve pas de prétexte à une rupture anticipée sans préavis raisonnable. La condition la plus importante est ainsi celle de la transparence afin que le partenaire commercial ne puisse pas se méprendre sur la nature des intentions de l'entreprise, ce qui sera d'autant plus important que la durée de la relation commerciale entre les deux partenaires est importante.

608. Au demeurant, et indépendamment de la condition de transparence qui peut influer sur le caractère établi de la relation commerciale (1), l'appréciation des procédures d'appels d'offres au regard des dispositions particulières de l'article L. 442-6, devenu L. 442-1 du Code de commerce induit certaines particularités procédurales dont il convient de souligner les spécificités (2).

Section 1
Appels d'offres et relation commerciale établie

609. L'appel d'offres induit par objet une incertitude quant à la poursuite de la relation commerciale, qu'il existe un seul appel d'offres (1) ou que la relation ait été plusieurs procédures de ce type (2). S'il n'est alors généralement pas nécessaire d'octroyer un préavis, il existe néanmoins plusieurs limites à cette approche (3). En tout état de cause, l'appel d'offres ne peut être utilisé comme alibi à la rupture brutale (4).

§ 1. L'utilisation unique d'un appel d'offres

610. À l'instar de l'approche prévalant lorsque la relation a été régie par un unique contrat à durée déterminée (v. § 283 et s.), si la relation prend fin à l'issue d'un unique

appel d'offres, le terme de la relation étant parfaitement prévisible, la rupture n'est donc pas brutale[934].

§ 2. L'utilisation répétée d'un appel d'offres n'impose pas l'octroi d'un préavis spécifique

611. Afin que l'utilisation répétée d'un appel d'offres soit considérée comme susceptible de remettre en cause à chaque fois la relation commerciale, tous les appels d'offres doivent être réalisés de manière transparente et explicite, afin que le soumissionnaire soit à chaque fois pleinement conscient de l'éventualité de la rupture dans l'hypothèse où il ne remporte pas le marché[935].

612. Le caractère non-établi de la relation peut ainsi être excipé du fait que le cocontractant était parfaitement conscient des conséquences de l'appel d'offres. Tel est le cas également lorsque le partenaire commercial a indiqué la nécessité de redéfinir une stratégie en interne afin de profiter d'avoir l'information relative à l'appel d'offres avant ses concurrents[936].

613. De même, il est possible de prendre en compte le contexte économique dans lequel la relation commerciale s'insère. Dans une affaire par exemple[937], le partenaire commercial soumis à des appels d'offres répétés, et à qui l'entreprise rappelle régulièrement ses objectifs de réduction des coûts dans un secteur concurrentiel, lesquels ont donné lieu à la dénonciation antérieure de plusieurs contrats, ne peut prétendre que la relation commerciale s'étend au-delà de l'appel d'offres objet du litige. Une limitation de la relation au seul appel d'offres est *a fortiori* pertinente lorsque la relation commerciale subit des modifications notables donnant lieu à la conclusion de plusieurs contrats pour de courtes durées déterminées reconductibles uniquement sur avenant[938]. Plus encore, si les appels d'offres correspondaient à des enchères inversées vis-à-vis desquelles le fournisseur devait de repositionner après avoir pris connaissance des propositions tarifaires anonymisées de ses concurrents, les relations étaient éminemment précaires, et donc la rupture dans ce cadre ne peut être brutale[939].

614. Pour limiter la relation commerciale établie à l'appel d'offres, il est nécessaire qu'existe une véritable mise en concurrence dont le terme (*i.e.* la fin possible de la relation commerciale) est univoque. Dans ce cadre, de simples demandes de cotations ne constituent pas des appels d'offres[940].

615. Lorsque l'enjeu de l'appel d'offres est transparent, le fait pour une entreprise d'être successivement attributaire de plusieurs marchés s'oppose ainsi à la reconnaissance d'une relation commerciale établie dépassant la durée de l'appel d'offres[941],

---

934 CA Paris, 6 février 2019, RG n° 16/18918.
935 CA Paris, 26 septembre 2018, RG n° 16/13567.
936 CA Paris, 30 mai 2012, RG n° 11/03522.
937 CA Paris, 14 mai 2009, RG n° 06/21725.
938 CA Paris, 19 avril 2019, RG n° 16/25131.
939 CA Paris, 28 mars 2012, RG n° 09/23478.
940 CA Paris, 9 juillet 2020, RG n° 17/18660.
941 CA Paris, 26 septembre 2018, RG n° 16/13567.

notamment du fait qu'il n'existe pas de contrat cadre garantissant un volume d'affaires[942] et qu'il n'existe aucune garantie quant à la poursuite de la relation commerciale, ce qui atteste finalement de la précarité de leur relation[943]. Il a pu arriver cependant que l'intégralité de la relation soit prise en compte eu égard à l'espoir légitime que pouvait entretenir le sous-traitant (v. § 618 et 619).

616. Par ailleurs, si la société n'a pas candidaté à l'appel d'offres régulièrement soumis, elle ne peut faire valoir une rupture brutale des relations ayant marqué elle-même son désintérêt sur la poursuite de la relation[944].

617. En définitive, le résultat de l'appel d'offres étant par définition incertain, et le partenaire commercial ayant connaissance de l'échéance probable de la relation, l'octroi d'un préavis n'est donc pas nécessaire, et ce, uniquement si la procédure d'appel d'offres est utilisée de manière répétée et justifiée tout au long de la relation commerciale[945].

§ 3. Les exceptions

618. L'utilisation d'un appel d'offres, et le principe d'incertitude qui doit théoriquement en découler, peut toutefois se heurter au constat que le partenaire commercial a toujours été l'attributaire du marché en question, et ce, durant une longue période. Dans ce cas, et bien que d'après le client, un appel d'offres soit systématiquement utilisé, ce constat peut s'opposer à la limitation de la relation à la seule durée de chaque marché.

619. Dans une affaire par exemple[946], bien que l'acheteur ait indiqué que les articles étaient soumis à une mise en concurrence deux fois par an, le partenaire commercial avait systématiquement été choisi pendant 10 années, si bien qu'il était devenu au fil des ans le fournisseur exclusif du distributeur pour un type de produit MDD. L'antériorité a ainsi été reprise sur l'ensemble de la durée de la relation commerciale, nonobstant l'existence des différents appels d'offres supposés.

620. Dans une autre affaire[947], pour des relations entretenues depuis une trentaine d'années, il a été considéré que les mises en concurrence « *tendaient à une gestion normale de leurs relations contractuelles successives, s'intégrant dans un processus de stabilité de la relation et démontrant ainsi l'existence d'une relation commerciale établie* ».

§ 4. L'appel d'offres comme alibi de la rupture brutale

621. Si les conditions de transparence ne sont pas remplies, l'utilisation d'un appel d'offres ne peut pas justifier le caractère brutal de la rupture brutale de relation

---

942 CA Paris, 18 novembre 2020, RG n° 18/19141.
943 CA Paris, 9 janvier 2017, RG n° 15/15438.
944 CA Paris, 6 février 2019, RG n° 16/18918.
945 CA Paris, 9 janvier 2017, RG n° 15/15438.
946 Cass. com., 17 mars 2004, Pourvoi n° 02-17.575 ; Voir également CA Versailles, 26 juillet 2012, RG n° 11/05276.
947 CA Paris, 5 mai 2017, RG n° 15/13369 ; confirmé en cassation Cass. com., 10 avril 2019, Pourvoi n° 17-22.575.

commerciale. La jurisprudence prend alors en compte l'ensemble de la durée des relations dans le calcul du préavis, puis du préjudice, si bien que cette appréciation n'est pas neutre pour les partenaires économiques.

622. En cas de première utilisation de l'appel d'offres, il est nécessaire non seulement que le délai entre sa notification et l'échéance en cas d'échec soit suffisant eu égard à l'ancienneté des relations (A), mais aussi que les conditions de l'appel d'offres soient claires et transparentes (B).

A. Son utilisation nouvelle doit laisser un préavis raisonnable au cas où le partenaire ne soit pas retenu

623. Le fait pour une entreprise d'avoir souscrit plusieurs CDD successifs, puis de soudain utiliser une procédure d'appel d'offres pour éventuellement justifier la rupture sans préavis de la relation commerciale, est généralement inopérant[948]. Ce moyen de défense étant régulièrement opposé, il convient de l'utiliser avec pertinence.

624. Tel est le cas, par exemple, d'une entreprise de communication événementielle ayant assuré depuis plusieurs années pour le compte d'un donneur d'ordre, l'organisation de différents événements destinés à des spécialistes de l'audition, avant que ce dernier ne l'informe de sa volonté de procéder pour l'avenir à une procédure d'appel d'offres, et ce, d'autant que le préavis annoncé n'avait pas été respecté[949]. Tel est le cas également d'une entreprise achetant des vêtements à un fournisseur depuis plusieurs années, qui décide après avoir lancé un appel d'offres pour sa nouvelle collection, de mettre fin aux relations commerciales sans octroyer un préavis suffisant, son fournisseur habituel n'ayant pas été retenu[950].

625. Si en choisissant une procédure d'appel d'offres, la société alerte son partenaire sur sa volonté de ne pas figer leurs relations commerciales, cela ne l'exonère pas de tenir compte de l'antériorité de leur relation commerciale, et ce, indépendamment de la procédure en elle-même. Elle doit en effet octroyer un préavis raisonnable en cas d'échec, eu égard notamment à l'antériorité de la relation commerciale[951]. Enfin, ce préavis devra être respecté pour éviter à la société de voir engager sa responsabilité du fait du caractère brutal de la rupture[952].

626. Pour autant, si l'entreprise informe son partenaire commercial au cours de la première année d'un contrat de transport conclu pour une durée de trois ans, de son intention d'avoir recours à un appel d'offres à l'issue de leur relation, le partenaire ne peut démontrer une rupture brutale de relation commerciale[953].

627. Si la notification du passage à un appel d'offres peut équivaloir à une notification de préavis[954], encore faut-il que l'entreprise apporte la preuve qu'elle ait bien

---

948 CA Paris, 17 juin 2020, RG n° 18/09267.
949 CA Paris, 10 octobre 2019, RG n° 17/20939.
950 CA Amiens, 9 mai 2006, RG n° 05/01540 et n° 05/03197.
951 CA Paris, 17 juin 2020, RG n° 18/09267.
952 CA Paris, 10 octobre 2019, RG n° 17/20939.
953 CA Paris, 6 février 2019, RG n° 16/18918.
954 CA Paris, 26 septembre 2018, RG n° 16/13567.

informé son partenaire commercial du changement, notamment par une notification écrite, sans quoi le caractère brutal de la relation peut être établi[955].

628. En conclusion, si un litige survient postérieurement à l'appel d'offres, à la fin de la durée contractuelle prévue par le nouveau contrat, alors seule cette nouvelle relation devra être prise en compte afin de déterminer l'antériorité de la relation[956].

B. La condition de transparence

1. Les modalités associées à la procédure d'appel d'offres

629. **L'information de la mise en concurrence**. Si l'acheteur est libre de basculer vers un système d'appel d'offres, encore faut-il qu'il annonce de manière écrite et suffisamment explicite son intention de ne pas poursuivre la relation commerciale dans l'hypothèse où son ancien partenaire commercial ne soit pas retenu[957]. Par exemple[958], si le client laisse entendre que plusieurs fournisseurs seront sélectionnés, cela s'oppose à la prévisibilité de la rupture.

630. De même[959], le client d'une agence de publicité ne peut valablement informer son prestataire oralement lors d'une réunion de sa décision d'avoir recours à un appel d'offres, et ce, d'autant que l'appel d'offres ne lui a pas été communiqué. L'existence de l'appel d'offres ne peut non plus être excipée du fait que, dans un courrier postérieur, son cocontractant indique savoir que le client redéfinit sa stratégie, et l'existence d'un écrit doit être constatée[960].

631. En revanche, si les conséquences du passage à l'appel d'offres étaient complètement transparentes et univoques, la notification de l'appel d'offres vaut notification de la rupture des relations[961]. Cela peut d'ailleurs se déduire du fait qu'une indemnité soit prévue dans le cas où la société ne soit pas retenue suite à la mise en concurrence[962].

632. **Les modalités pratiques**. En plus de l'information de la mise en concurrence de la société, et l'enjeu qui en découle, les modalités liées à la procédure elle-même sont aussi importantes : cahier des charges et date limite de dépôt des offres[963], date de prise d'effet du nouveau contrat[964], etc. En l'absence de ces éléments essentiels, la société n'ayant pas connaissance des modalités de l'appel d'offres, elle peut alors se voir priver de toute chance de voir son offre retenue, caractérisant dès lors une rupture brutale des relations commerciales[965]. La preuve de l'existence et de l'envoi des conditions de participation à l'appel d'offres est essentielle dans un contentieux pour pouvoir justifier de la réalité de la remise en jeu d'une relation par appel d'offres.

---

955 CA Paris, 15 février 2017, RG n° 14/16376.
956 CA Paris, 26 septembre 2018, RG n° 16/13576.
957 CA Paris, 15 février 2017, RG n° 14/16376.
958 CA Paris, 24 mars 2011, RG n° 07/07337.
959 CA Paris, 19 décembre 2018, RG n° 16/12901.
960 Cass. com., 18 octobre 2011, Pourvoi n° 10-20.733.
961 CA Paris, 26 septembre 2018, RG n° 16/13567.
962 CA Paris, 29 mars 2013, RG n° 12/05849.
963 CA Paris, 9 juillet 2020, RG n° 17/18669.
964 CA Nancy, 10 mars 2004, RG n° 02/00650.
965 CA Paris, 15 février 2017, RG n° 14/163736.

633. En revanche, si les termes de l'appel d'offres sont univoques, le fait que les relations se soient poursuivies après le préavis qui avait été annoncé initialement n'est pas de nature à altérer la prévisibilité du terme de la relation, dans la mesure où cela fait suite à la poursuite de la procédure d'appel d'offres, et dont le cocontractant était informé[966].

634. **Le champ de l'appel d'offres**. De même, il est aussi nécessaire que le partenaire commercial ait connaissance du champ exact de l'appel d'offres car s'il est susceptible de mettre fin à la relation commerciale dans son ensemble, il ne doit pas concerner explicitement ou implicitement une partie seulement de la relation commerciale. Dans le cas contraire, et bien qu'attestant de la volonté de l'entreprise de faire évoluer la relation commerciale, l'appel d'offres ne pourra être opposé au partenaire commercial pour rompre brutalement l'ensemble de la relation commerciale[967].

635. Il est ainsi nécessaire que l'appel d'offres porte sur la même catégorie de produits ou de prestations que ceux fournis avant la rupture. Si le recours à l'appel d'offres porte sur une partie seulement des missions confiées, la relation sera réputée poursuivie s'agissant des autres missions confiées[968]. La mise en concurrence ne peut ainsi valoir notification de rupture des relations si les produits ayant fait l'objet de l'appel d'offres sont substantiellement différents de ceux ayant fait l'objet de la relation antérieure, par exemple si l'appel d'offres concerne le transport de produits, mais que la relation concerne essentiellement la pose desdits produits[969].

636. Pour autant, si le champ de l'appel d'offres englobe la relation commerciale précédente, et est donc plus large, cela ne fait pas obstacle à considérer la notification de l'appel d'offres comme le point de départ du préavis[970].

637. **Les investissements supportés pour répondre à l'appel d'offres**. Suivant la même logique, une entreprise ne peut pas non plus, dans le cadre d'un appel d'offres, demander à son fournisseur un investissement particulier eu égard à l'antériorité de la relation commerciale, comme par exemple un travail conséquent à bref délai, et parallèlement justifier la fin de la relation commerciale par la procédure de mise en concurrence[971]. Dans ce cas, le bref délai de réalisation pouvait en effet faire espérer au partenaire commercial l'obtention du marché. Pour autant, il est nécessaire que le demandeur démontre que de tels investissements avaient été demandés spécifiquement par le demandeur, sinon l'appel d'offres sera conforme[972].

638. En définitive, si la relation exige de par sa technicité un partenariat plus étroit entre les entreprises, et notamment la réalisation d'investissements spécifiquement demandés par l'auteur de la rupture afin de poursuivre les relations commerciales, il n'est pas exclu que la relation sorte du cadre de l'appel d'offres classique,

---

[966] CA Versailles, 15 janvier 2013, RG n° 12/06968.

[967] La distinction entre les deux relations se trouvait d'ailleurs renforcée par le fait que la société avait envoyé deux courriers : un pour lui signifier qu'elle n'était pas retenue, un autre pour mettre fin aux relations commerciales, ce qui attestait qu'elle avait conscience que les deux relations étaient distinctes. CA Amiens, 9 mai 2006, RG n° 05/01540 ; CA Lyon, 8 octobre 2009, RG n° 08/07766.

[968] CA Paris, 20 janvier 2021, RG n° 18/24026 ; CA Paris, 22 novembre 2018, RG n° 17/08178.

[969] CA Paris, 13 septembre 2012, RG n° 10/07699.

[970] CA Paris, 10 octobre 2019, RG n° 17/20939.

[971] CA Rouen, 14 décembre 2006, RG n° 05/03484.

[972] CA Paris, 18 juin 2009, RG n° 06/06360.

et puisse alors être requalifiée en relation à durée indéterminée, ce qui impliquerait alors la prise en compte de l'ensemble de l'antériorité de la relation commerciale.

2. La preuve que le partenaire a bien été informé de la mise en concurrence

639. La preuve que le partenaire était conscient des conséquences de l'appel d'offres peut être apportée par tout moyen par son cocontractant, comme par exemple les documents et échanges de courriers précisant les conditions et les éventuelles conséquences de la mise en concurrence[973]. Par exemple, si le partenaire commercial demande un délai supplémentaire à l'entreprise suite à la décision de cette dernière de passer à un appel d'offres[974], ce comportement atteste du crédit donné à la fin possible de la relation commerciale, et permet dès lors de considérer suffisante l'information de la mise en concurrence et ses conséquences.

Section 2
Les spécificités procédurales liées aux appels d'offres

640. Le fait que la relation soit véritablement régie par un appel d'offres aura des conséquences non seulement sur le point de départ de la relation commerciale (1), mais aussi sur le point de départ du préavis (2) ou encore sur la notification de la rupture (3).

§ 1. Le point de départ de la relation commerciale

641. Le point de départ de la relation commerciale est la date à partir de laquelle les prestations ont commencé à être réalisées dans le cadre du dernier appel d'offres, et non la date à laquelle l'entreprise a soumissionné à l'appel d'offres[975], ou la date où les deux entreprises ont commencé à travailler ensemble.

§ 2. Le point de départ du délai de préavis

A. Dans le cas où la condition de transparence est remplie

642. Lorsque la relation est soumise à un appel d'offres en parfaite transparence et en toute loyauté, le délai de préavis court à partir de la date de notification de

---

[973] CA Paris, 27 mars 2019, RG n° 16/21943.
[974] CA Paris, 14 mai 2009, RG n° 06/21725.
[975] CA Paris, 11 janvier 2019, RG n° 17/00234.

l'appel d'offres[976]. En effet, en annonçant « *sa décision de recourir à un appel d'offres, [la société] manifest[e] ainsi son intention de ne pas poursuivre la relation commerciale aux conditions antérieures et a fait ainsi courir le délai de préavis* »[977].

B. Dans le cas où la condition de transparence n'est pas remplie

643. En revanche, dans l'hypothèse où les conditions de transparence et de loyauté ne sont pas remplies, l'information de la mise en concurrence par l'appel d'offres peut être considérée comme insuffisante si elle ne permet pas à la société d'appréhender la fin possible de la relation commerciale à l'issue de la procédure. Dans ce cas, la date prise en compte comme notification correspondra alors à celle de l'annonce de la rupture des relations commerciales, soit celle où la société sera informée qu'elle n'a pas remporté l'appel d'offres, et non celle de la notification de l'appel d'offres[978].

§ 3. La notification de la rupture de la relation commerciale

644. Dans le cadre d'une procédure d'appel d'offres, chaque relation commerciale doit être considérée de manière indépendante, et est donc limitée à chaque appel d'offres. Une société fabriquant plusieurs produits pour le même client dans le cadre de deux appels d'offres distincts, doit donc se voir notifier deux préavis distincts[979].

---

[976] Cass. com., 18 décembre 2007, Pourvoi n° 05-15.970 ; Cass. com., 6 juin 2001, Pourvoi n° 99-20.831 ; voir également CA Paris, 31 juillet 2019, RG n° 16/11545.

[977] Cass. com., 4 décembre 2019, Pourvoi n° 18-13768.

[978] CA Paris, 17 octobre 2019, RG n° 17/15386.

[979] CA Rouen, 26 mai 2005, RG n° 04/04404.

Chapitre 2
Les contrats de sous-traitance

Pour faciliter l'identification des différents acteurs, les appellations suivantes désigneront les opérateurs de la chaîne de sous-traitance :

Client final : opérateur final pour le compte duquel est réalisée la prestation (appelé aussi maître d'ouvrage).

Donneur d'ordre : intermédiaire entre le client final et le sous-traitant (appelé aussi entrepreneur ou maître d'œuvre).

Sous-traitant : dernier niveau de la chaîne, généralement en relation contractuelle directe uniquement avec le donneur d'ordre.

645. La sous-traitance est régie en France par l'article 1 de la loi du 31 décembre 1975 qui dispose : « *au sens de la présente loi, la sous-traitance est l'opération par laquelle un entrepreneur confie par un sous-traité, et sous sa responsabilité, à une autre personne appelée sous-traitant l'exécution de tout ou partie du contrat d'entreprise ou d'une partie du marché public conclu avec le maître de l'ouvrage* ».

646. Le fait que la relation commerciale soit régie par un contrat de sous-traitance peut avoir une influence sur le caractère établi de la relation (1) et avoir une incidence sur la responsabilité du client final (2) ou celle du sous-traitant (4), ou encore atténuer celle du donneur d'ordre (3), des cas particuliers ayant par ailleurs été développés par la pratique décisionnelle (5).

Section 1
Le caractère établi de la relation commerciale

647. Une relation de sous-traitance purement ponctuelle n'entre pas dans le champ d'application de l'article L. 442-1 du Code de commerce. La Cour d'appel considère ainsi la nécessité qu'existe « *un lien de dépendance réciproque dont la rupture mettrait, temporairement ou durablement, celui du partenaire lésé dans l'impossibilité totale ou partielle de fournir sa propre clientèle* »[980].

648. Néanmoins, le fait que la relation commerciale soit régie par un contrat de sous-traitance ne permet pas de l'analyser *de facto* comme une relation ponctuelle, par opposition à une relation commerciale établie.

---

[980] CA Versailles, 25 octobre 2011, RG n° 10/05632. Dans cette affaire, l'activité du sous-traitant se limitait à effectuer la pose des produits fabriqués par le donneur d'ordre chez les clients de ce dernier.

649. En effet, « *par la généralité de ses termes, le texte précité n'exclut pas d'une relation commerciale établie, une relation de sous-traitance qui est une forme juridique organisée d'exécution des obligations contractuelles laquelle peut recouvrer des situations profondément différentes et s'inscrire tout à la fois dans un cadre ponctuel exclusif d'une relation établie mais aussi dans le cadre de relations ayant vocation à se maintenir et à se développer de manière durable, constitutives en tout état de cause de relations établies* »[981]. Au surplus dans cette affaire, la relation devait permettre au donneur d'ordre de transmettre son savoir-faire à son sous-traitant, ce qu'une relation ponctuelle priverait de sens.

650. Si l'appréciation par la jurisprudence de ce type de relation a pu donner lieu à des divergences d'interprétation[982], il est désormais constant qu'une relation de sous-traitance n'est pas précaire, dans l'hypothèse où des contrats cadre de sous-traitance ont été conclus à plusieurs reprises[983].

651. Ainsi, des prestations de pose et installation de matériels vendus par le donneur d'ordre, prolongées durant trois années, dans le cadre d'un devis et d'une succession de missions, constituent une relation stable devant donner lieu à un préavis, en cas de rupture[984].

652. Si la démonstration du caractère établi peut être facilitée par l'existence d'une convention cadre organisant par avance et de manière générale les relations ponctuelles liées à la sous-traitance[985], une telle convention n'est toutefois pas nécessaire, et seul comptent le courant d'affaires et la prévisibilité de la poursuite de la relation commerciale.

Section 2
La responsabilité du client final

§ 1. Responsabilité invoquée par le sous-traitant

653. La loi n° 75-1334 du 31 décembre 1975 relative à la sous-traitance prévoit dans son article 3 que « *L'entrepreneur qui entend exécuter un contrat ou un marché en recourant à un ou plusieurs sous-traitants doit, au moment de la conclusion et pendant toute la durée du contrat ou du marché, faire accepter chaque sous-traitant et agréer les conditions de paiement de chaque contrat de sous-traitance par le maître de l'ouvrage ; […] Lorsque le sous-traitant n'aura pas été accepté ni les conditions de paiement agréées par le maître de l'ouvrage dans les conditions prévues à l'alinéa précédent, l'entrepreneur principal sera néanmoins tenu envers*

---

[981] CA Paris, 3 juillet 2009, RG n° 06/10552.

[982] CA Caen, 9 septembre 2010, RG n° 09/00318 cassé en cassation Cass. com., 20 mars 2012, Pourvoi n° 10-26.220.

[983] CA Paris, 18 janvier 2018, RG n° 15/13129, confirmée en cassation Cass. com., 18 septembre 2019, Pourvoi n° 18-13755.

[984] CA Paris, 5 juillet 2017, RG n° 14/12257.

[985] Cass. com., 18 septembre 2019, Pourvoi n° 18-13755.

le sous-traitant mais ne pourra invoquer le contrat de sous-traitance à l'encontre du sous-traitant » (exergue ajouté). En d'autres termes, sauf à avoir respecté ces conditions, et notamment la reconnaissance du sous-traitant par le client final, la responsabilité de ce dernier ne peut théoriquement pas être recherchée.

654. De manière générale, la demande de réparation du sous-traitant adressée directement au client final peut être jugée recevable si les trois conditions suivantes sont remplies (i) la relation contractuelle relevait de la sous-traitance au sens de l'article 3 ci-dessus, (ii) un lien commercial et/ou financier entre les deux existait, (iii) la responsabilité de la rupture incombait au client final.

655. Tel était le cas, par exemple, lorsque les contrats produits reconnaissaient au partenaire commercial la qualité de sous-traitant[986]. Tel est le cas également lorsque le sous-traitant était en réalité une filiale de la société contractuellement liée au client final, caractérisant dès lors le lien commercial, sachant qu'au surplus, la société avait elle-même dans ses écritures opéré la confusion entre la maison-mère et sa filiale sans soulever de difficultés[987].

656. La responsabilité du client final a aussi pu être recherchée lorsque le sous-traitant entretenait des relations commerciales non seulement avec le donneur d'ordre mais aussi avec le client final directement[988]. Il en est ainsi lors que le client final demandait au sous-traitant de se présenter auprès de ses clients en arborant son logo, de sorte que ce dernier était bien le véritable donneur d'ordre[989].

657. En revanche en l'absence de lien commercial et/ou financier entre le sous-traitant et le client final, la responsabilité de ce dernier a peu de chances d'être engagée au regard de la jurisprudence. Dans une affaire par exemple[990], le sous-traitant n'a pu invoquer la responsabilité du client final, mais uniquement celle de son donneur d'ordre, dans la mesure où il n'existait pas de relation commerciale entre les deux entités – chaque relation étant matérialisée par deux contrats distincts – ni de flux financier entre le client final et le sous-traitant, le donneur d'ordre disposant en outre d'une totale liberté sur ses approvisionnements. Dans ces conditions, le client final était complètement étranger à la relation commerciale entre le donneur d'ordre et son sous-traitant. Cette approche a été confirmée dans une autre affaire[991], dans laquelle un partenaire commercial sous-traitant avait été expressément accepté par le client final. Pour autant, la responsabilité du client final n'a pu être mise en cause, d'une part, en l'absence de lien commercial direct avec le sous-traitant, et d'autre part, car le partenaire commercial était libre de diversifier ses activités pour ne pas être dépendant économiquement.

658. Ceci étant, dans un jugement récent[992], la demande du sous-traitant visant le client final a été jugée recevable car les manquements subis au titre de l'ancien article L. 442-1 du Code de commerce par le donneur d'ordre, à savoir les défauts de

---

[986] CA Paris, 4 mai 2016, RG n° 13/22971.

[987] CA Riom, 10 novembre 2004, RG n° 03/00257.

[988] Cass. com., 18 mai 2010, Pourvoi n° 08-21.681.

[989] CA Paris, 5 décembre 2018, RG n° 17/000684.

[990] CA Aix-en-Provence, 7 septembre 2006, RG n° 06/01066.

[991] CA Versailles, 15 janvier 2004, RG n° 02/01923.

[992] CA Paris, 20 décembre 2018, RG n° 16/11192.

paiements dans les factures d'ordre avaient aussi causé un préjudice au sous-traitant et que le contrat conclu entre le client final et le partenaire principal avait été cédé par celui-ci au sous-traitant, avec l'accord tacite du client final.

§ 2. Responsabilité invoquée par le donneur d'ordre

659. La responsabilité du client final peut aussi être invoquée par le donneur d'ordre pour reporter sur ce dernier la responsabilité de la rupture avec le sous-traitant.

A. L'impossibilité pour le donneur d'ordre de continuer la relation

660. Le donneur d'ordre a la charge de la preuve sur le fait que la perte du marché avec le client final s'oppose à la poursuite de la relation commerciale avec son sous-traitant. Dans une affaire[993], un sous-traitant ne peut reprocher à son donneur d'ordre d'avoir brutalement cessé les relations commerciales, la cessation des commandes étant justifiée par le terme du contrat principal, ce dont le sous-traitant était d'ailleurs informé.

661. En l'absence de cette preuve, et quand bien même la société soit reconnue en tant que sous-traitant par le client final, la responsabilité de ce dernier ne pourra être engagée[994].

B. Le client final doit être à l'origine de la rupture

662. La responsabilité du client final ne peut être par ailleurs mise en cause que s'il est effectivement à l'origine de la rupture de la relation commerciale, ou tout du moins de la baisse significative du niveau de commandes. Tel n'est pas le cas, par exemple, d'une décision prise par le donneur d'ordre en anticipation de celle qu'aurait éventuellement prise le client final. Dans une affaire[995], aucune preuve sur la volonté du client final de baisser significativement le niveau de commandes à l'époque n'existait, et le donneur d'ordre n'avait pas non plus cherché à reporter la baisse de ses commandes sur l'ensemble de ses propres sous-traitants, l'imputant au contraire à une seule société. Dès lors, la condition d'extériorité n'était pas remplie, et en conséquence le moyen tiré du tiers exonératoire de responsabilité n'a prospéré (v. aussi § 585 et s.).

*

663. En définitive, il est nécessaire de démontrer, d'une part, un lien de causalité entre la décision du client final de rompre les relations commerciales avec son fournisseur de rang 1 et celle de ce dernier de rompre à son tour vis-à-vis de son propre fournisseur de rang 2, et d'autre part, l'impossibilité pour le fournisseur de rang 1 de poursuivre la relation commerciale avec le fournisseur de rang 2.

---

993 CA Paris, 18 mai 2018, RG n° 16/21132 ; voir également CA Paris, 22 février 2007, RG n° 06/10924 et CA Paris, 18 janvier 2007, RG n° 03/18220.

994 CA Rouen, 18 janvier 2007, RG n° 05/04381.

995 CA Paris, 3 juillet 2009, RG n° 06/10552.

Section 3
L'atténuation de la responsabilité du donneur d'ordre

664. Indépendamment de la mise en cause de la responsabilité du client final comme auteur du manquement, la dégradation du courant d'affaires entre le donneur d'ordre et le client final peut néanmoins contribuer à atténuer la responsabilité du donneur d'ordre. Pour ce faire, ce dernier doit rapporter la preuve qu'il ne pouvait alors plus tenir ses engagements vis-à-vis de son sous-traitant en raison de la baisse de ses propres commandes.

665. Tel est le cas, par exemple, lorsque le sous-traitant démontre non seulement que la baisse des commandes découlait de celle son client, mais aussi qu'il avait lui aussi dû concrètement recourir à des mesures de chômage partiel compte-tenu de la baisse importante d'activité (- 60 %)[996]. Au contraire, si la baisse des commandes du client final allégué par le donneur d'ordre résulte en réalité des choix stratégiques de réorganisation de ce dernier, il est alors infondé à rompre brutalement les relations commerciales avec son sous-traitant[997].

666. Suivant la même logique, le fait qu'un plan de désengagement soit proposé par le donneur d'ordre, mais que les objectifs ne soient pas atteints faute de commandes suffisantes par le client final, n'est pas opposable au donneur d'ordre.

667. De même dans une autre affaire[998], le donneur d'ordre avait pris l'engagement auprès de son sous-traitant de lui assurer un certain volume d'affaires. Cependant, il connaissait lui-même une baisse significative des commandes de ses propres clients en raison à la fois de la dégradation du marché[999], et de la concurrence accrue des pays à bas coûts. Par conséquent, il n'était pas démontré l'existence de besoin en sous-traitance qui aurait pu être octroyé au partenaire commercial, le donneur d'ordre s'efforçant de remplir ses engagements contractuels malgré les baisses de commandes. Au surplus, une partie des produits du sous-traitant était bien au-dessus des prix du marché et la baisse du courant d'affaires résultait donc non seulement de la situation du secteur non imputable au donneur d'ordre mais aussi des prix proposés par le sous-traitant sur certains produits. Dans ces conditions, la responsabilité du donneur d'ordre a été écartée.

668. Dans une autre affaire[1000], le donneur d'ordre avait proposé un plan de désengagement auquel le sous-traitant n'avait pas donné suite du fait d'une chute significative des volumes alors proposés. Seulement cette baisse des volumes était liée à la situation de crise que connaissait alors le secteur de l'aéronautique, et ne pouvait donc être imputée au donneur d'ordre. Au demeurant, le comportement du sous-traitant refusant toute coopération et de fournir la moindre contre-proposition en décidant directement d'assigner, a été pris en compte pour écarter le caractère brutal de la rupture (v. aussi § 1781 et s.).

---

996 CA Dijon, 20 septembre 2011, RG n° 10/01577.

997 CA Paris, 26 juin 2020, n° 17/16437.

998 CA Paris, 9 septembre 2009, RG n° 07/10355.

999 Marché du ferrage en l'occurrence.

1000 CA Versailles, 18 mai 2006, RG n° 05/03952.

Section 4
La responsabilité du sous-traitant

669. Si le sous-traitant a cessé de répondre en temps voulu aux nombreuses demandes d'intervention[1001] ou s'il ne lui fournit plus de produits répondant au cahier des charges convenu ce qui s'est matérialisé par de nombreuses plaintes de clients[1002], le donneur d'ordre peut alors être légitime à rompre brutalement les relations commerciales.

670. En revanche, si le client ou le donneur d'ordre demande le respect d'un cahier des charges, celui-ci doit être connu du sous-traitant. Ainsi, dans l'hypothèse où une qualification ne serait pas obtenue par le sous-traitant[1003], ou qu'une norme déterminée ne puisse être respectée[1004], le donneur d'ordre ne peut le reprocher au sous-traitant dès lors qu'il ne s'agissait pas d'obligation contractuellement convenues.

671. L'étanchéité commerciale entre le sous-traitant et le client final peut être stratégique pour le maintien de l'activité du donneur d'ordre. Pour autant, ce dernier ne peut pas automatiquement rompre brutalement sa relation commerciale avec un sous-traitant qui a réalisé une proposition de prix directement à l'un de ses clients, ce qui a eu pour résultat de le court-circuiter. Il est nécessaire qu'une telle démarche présente une certaine gravité, ce qui n'est pas le cas si le sous-traitant n'a pas pris l'initiative de la démarche, et donc en dehors de toute manœuvre déloyale, dans un contexte où de surcroît le donneur d'ordre représentait moins de 10 % de son activité[1005].

672. Enfin, à l'instar des relations commerciales en général (v. § 163 et s.), une modification substantielle de l'équilibre du contrat par le donneur d'ordre peut justifier la rupture des relations par le sous-traitant. Ainsi, une société sous-traitant la logistique auprès d'un prestataire avait décidé à la suite d'une acquisition de réorganiser ses flux logistiques remettant en cause l'économie de la prestation, à la fois par les volumes confiés, et par la localisation des points de dessertes[1006]. Le sous-traitant pouvait donc légitimement rompre les relations commerciales, et se retirer du GIE lié à son donneur d'ordre.

Section 5
Cas particuliers

§ 1. Les contrats de portage salarial

673. Ces contrats sont particuliers dans la mesure où le salarié porté est directement en relation avec le client de la société de portage. Dans l'hypothèse où le consultant rompt brutalement toute relation avec la société de courtage, le client final ne peut

---

[1001] CA Paris, 19 décembre 2018, RG n° 16/12268.
[1002] CA Amiens, 24 mars 2005, RG n° 04/03328.
[1003] CA Paris, 5 décembre 2018, RG n° 17/00684.
[1004] CA Aix-en-Provence, 25 janvier 2007, RG n° 04/03925.
[1005] CA Reims, 17 mai 2004, RG n° 03/01616.
[1006] CA Paris, 26 juin 2020, RG n° 17/16437.

utiliser cette information, ainsi que le caractère *intuitu personae* du contrat, pour rompre brutalement les relations commerciales avec la société de courtage[1007]. En effet, le client doit laisser à la société de courtage le temps nécessaire pour lui proposer un autre candidat susceptible d'être lui aussi agréé le cas échéant par le client, ou alors notifier la rupture avec un préavis raisonnable.

§ 2. Les clauses de non-concurrence

674. Pour se prémunir d'un risque de parasitisme, il peut arriver que le donneur d'ordre inclut une clause de non-concurrence dans le contrat le liant à son sous-traitant. Pour autant, une telle clause n'entrave pas sensiblement la capacité du sous-traitant de retrouver de nouveaux débouchés dès lors qu'elle est strictement limitée à la relation de sous-traitance liant les deux parties, et en l'absence de spécificité de l'activité (au niveau du personnel ou des techniques proprement dites) limitant la possibilité du partenaire commercial de trouver d'autres débouchés[1008].

[1007] CA Paris, 2 avril 2008, RG n° 06/04013.

[1008] CA Chambéry, 2 octobre 2007, RG n° 07/00807.

Chapitre 3
Les produits à marque de distributeur (MDD)

675. Avant à l'entrée en vigueur de l'ordonnance n° 2019-359 du 24 avril 2019 portant réforme du titre IV du Livre IV du Code de commerce, dans le cas où la relation commerciale consiste en la fourniture de produits à marque de distributeur (MDD), le préavis théorique devait être doublé par rapport à ce qu'il aurait été dans le cadre d'une relation classique, et ce, en référence à l'article L. 442-6-I-5° du Code de commerce (ancien), qui précisait « *lorsque la relation commerciale porte sur la fourniture de produits sous marque de distributeur, la durée minimale de préavis est double de celle qui serait applicable si le produit n'était pas fourni sous marque de distributeur* ». L'enjeu essentiel consistait donc à déterminer si le produit considéré correspondait bien à la définition des produits à marque de distributeur, lesquels sont définis à l'article L. 112-6 du Code de la consommation qui précise : « *est considéré comme produit vendu sous marque de distributeur le produit dont les caractéristiques ont été définies par l'entreprise ou le groupe d'entreprises qui en assure la vente au détail et qui est le propriétaire de la marque sous laquelle il est vendu* », cette définition étant reprise par la jurisprudence.

676. Compte tenu du caractère dérogatoire du doublement du préavis, lesdites dispositions devaient être interprétées de manière restrictive.

677. La rédaction du nouvel article L. 442-1 du Code de commerce, issu de la réforme du 24 avril 2019, n'a pas repris la règle du doublement du préavis en matière de fourniture de produits sous marque de distributeur. D'une manière générale, le législateur a ainsi souhaité simplifier et clarifier les pratiques restrictives et plafonner les délais de préavis, ce qui explique la surpression du régime dérogatoire du doublement du préavis qui trouvait à s'appliquer sous l'empire de l'ancien article L. 442-6, I, 5° du Code de commerce.

678. Les principes prévalant sous l'empire des anciennes dispositions seront tout de même décrits dans la mesure où ils pourraient être utiles pour des affaires dont les faits seraient antérieurs à la date du 24 avril 2019. Ces considérations peuvent également être utiles par analogie pour démontrer que les circonstances de l'espèce justifient un préavis plus long que la moyenne, par exemple si l'outil productif du fabricant est plus difficilement reconvertible. Pour qu'un produit soit qualifié de produit « MDD », la pratique décisionnelle imposait ainsi que les critères cumulatifs suivants soient réunis[1009] :

- l'existence d'un produit (1) ;
- réalisé pour le compte d'un distributeur (2) ;
- dont les caractéristiques sont définies par ce dernier distributeur (3) ;

1009 CA Paris, 11 avril 2018, n° 15/02833.

- qui doit être revendu en l'état, au sens où il ne doit pas être transformé (4) ;
- et ce, sous une marque dont le distributeur est propriétaire (5).

Section 1
L'existence d'un produit

679. Il est nécessaire que le partenaire commercial fabrique un produit. S'il ne vend aucun produit mais se limite à réaliser une prestation de service suivant les ordres du client final répercutés par le donneur d'ordre, ce dernier lui fournissant la matière première, il ne s'agit pas d'un produit à marque de distributeur donnant droit au doublement du préavis[1010].

680. Pour les mêmes raisons, la prestation de service rendue par une société dans le cadre de l'approvisionnement d'un distributeur en produits MDD n'entre pas dans le champ d'application du texte, le prestataire ne fabricant pas de produits sous marque de distributeur. En l'espèce[1011], le prestataire réalisait le contrôle de conformité des produits textiles fabriqués pour le compte d'un distributeur.

Section 2
Une fabrication pour le compte d'un distributeur

681. En premier lieu, il est nécessaire que le client de la société fabricant les produits ait la qualité de distributeur. Si les produits sont réalisés par un sous-traitant pour le compte d'un fabricant, ces produits ne peuvent pas être considérés comme des produits MDD, car dans ces conditions, le fabricant, ne distribuant pas lui-même ses produits, il ne peut pas être considéré comme un distributeur[1012]. Ainsi, le fait que les produits portent la marque du donneur d'ordre est insuffisant pour considérer qu'il s'agit de produits à marque de distributeur.

682. En second lieu, il est nécessaire que la société fabriquant des produits à marque de distributeur soit liée contractuellement avec le distributeur en question, *i.e.* qu'il existe un lien contractuel direct. En effet, « *la fourniture d'un produit distribué sous marque de distributeur s'apprécie en l'espèce entre les seules parties liées par le contrat de fabrication, seules au demeurant parties à l'instance* »[1013]. En l'absence d'un lien direct entre le client final distribuant les produits à sa marque et le partenaire commercial, il n'a pas été possible de considérer les produits comme à marque de distributeur.

1010 CA Paris, 3 juillet 2009, RG n° 06/10552.
1011 Cass. com., 7 juin 2011, Pourvoi n° 10-12.095.
1012 CA Chambéry, 2 octobre 2007, RG n° 07/00807.
1013 CA Paris, 3 juillet 2009, RG n° 06/10552.

Section 3
Le produit élaboré suivant les spécifications du distributeur

683. Les spécifications des produits doivent être décidées par le distributeur lui-même. Aussi, il est souvent nécessaire d'apprécier le fonctionnement de la relation commerciale *in concreto*, et ce, notamment à travers l'articulation entre le processus d'élaboration des produits et celui de décision validant le choix définitif des produits.

684. Par exemple, nombre de produits alimentaires sous marque de distributeur ont leur cahier des charges formulé par le distributeur, et peuvent dans ce cas donner lieu au doublement du préavis. Dans une affaire par exemple[1014], le partenaire commercial fournissait des pizzas surgelées. S'agissant de produits exclusifs et dédiés à la marque du réseau de distribution, ils remplissaient donc les conditions pour être considérés comme produits à marque de distributeur.

685. Inversement, dans le cas où le fabricant élabore plusieurs suggestions de produits pour une collection donnée (textile ou habillement notamment), le donneur d'ordre ne donne pas véritablement de cahier des charges, et c'est plutôt l'expérience du partenaire commercial qui sera mise à contribution pour proposer des produits en adéquation avec le marché. Dans ce cadre, aucun cahier des charges n'est donc fourni par le distributeur, il n'est donc pas considéré que de tels produits relèvent de produits à marque de distributeur au sens du texte précité[1015].

686. Une approche similaire a été utilisée dans une autre affaire[1016] où la société McDonald's avait rompu les relations commerciales entretenues avec un fournisseur en pâtisserie. Ce partenaire commercial a été néanmoins débouté de sa demande de doublement du délai de préavis, à défaut pour lui de démontrer que le distributeur avait défini les caractéristiques techniques de chacun des produits en cause, certains produits étant en outre fournis sans conditionnement, ni mention de la marque ou du logo figuratif de la société McDonald's.

Section 4
Un produit revendu en l'état

687. Afin d'être considéré comme un produit sous marque de distributeur, le produit fourni doit correspondre au produit final tel que vendu au stade de la revente aux consommateurs, lequel ne devra donc avoir subi aucune transformation.

688. Par conséquent, une pièce fabriquée pour le compte d'un équipementier, incorporée par la suite dans un produit final complexe résultant de l'assemblage des composants, n'entre pas dans le champ d'application du texte[1017].

1014 CA Paris, 9 avril 2008, RG n° 06/05722.

1015 CA Aix-en-Provence, 7 septembre 2006, RG n° 06/01066.

1016 CA Paris, 11 avril 2018, RG n° 15/02833.

1017 CA Orléans, 25 novembre 2010, RG n° 10/01178.

Section 5
Revente sous une marque dont le distributeur est propriétaire

689. En outre, la marque du produit, fût-elle d'usage, doit appartenir au distributeur, sans quoi le produit en question ne peut être considéré comme un produit MDD[1018], et d'apparaître clairement sur l'emballage des produits[1019]. La marque peut en revanche être différente du nom du distributeur[1020].

1018 CA Rennes, 26 mai 2009, RG n° 08/07916.
1019 CA Versailles, 3 juillet 2012, RG n° 10/08577.
1020 CA Paris, 14 mars 2012, RG n° 09/24566.

Chapitre 4
Les contrats de franchise, de distribution sélective et d'affiliation

690. Les contrats régissant les relations entre une tête de réseau et ses distributeurs peuvent évoluer et il convient d'apprécier les conditions de cette évolution (1). Ce type de relation régi par un cadre particulier a certaines conséquences sur les obligations contractuelles (2).

Section 1
Une évolution progressive

691. La tête d'un réseau de distribution a toute latitude pour décider d'une modification de la structure de son réseau afin de le faire évoluer. Cela implique l'acceptation par tous les membres de son réseau d'un nouveau cadre contractuel de distribution. À ce titre, deux cas de figure peuvent être distingués suivant que la relation soit régie par un unique contrat à durée déterminée arrivant à son terme, ou bien dans le cadre d'une relation à durée indéterminée.

692. La marge de manœuvre du franchiseur ou de la tête de réseau tiendra notamment au type de contrat (1) et il sera nécessaire, en cas de modification, d'apprécier les éléments essentiels du contrat (2). En tout état de cause, les mêmes obligations de transparence s'appliquent vis-à-vis du partenaire commercial (3).

§ 1. Analyse de l'évolution suivant le type de contrat

693. Si la relation commerciale est régie par un unique contrat à durée déterminée, de quelques années non renouvelé à son terme, le franchiseur n'aura pas l'obligation de donner de préavis particulier en cas de rupture à l'échéance du contrat[1021].

694. Cependant, dans le cadre d'une relation à durée indéterminée, il est nécessaire que le franchiseur déploie progressivement ces changements, en tenant compte notamment de l'ancienneté des relations commerciales établies, et ce, quand bien même l'évolution du cadre contractuel soit liée à une réglementation (v. § 371

[1021] CA Paris, 22 mai 2019, RG n° 17/23267.

et s.), ou à la cession de la branche d'activité à un concurrent[1022], ou encore à la volonté du fabricant de distribuer lui-même les produits à sa marque[1023].

695. Lorsque le contrat est requalifié en contrat à durée indéterminée (v. § 137 et s.), le fait que le contrat ait été modifié en contrat à durée déterminée n'est pas suffisant pour justifier la prévisibilité du terme des relations. En l'espèce[1024], ce changement pouvait aussi être considéré comme une mise à l'épreuve de l'ancien franchisé en vue de signer le nouveau contrat, sachant que le contrat s'était en outre poursuivi après son terme.

696. Par ailleurs, il est nécessaire que le franchiseur laisse un délai raisonnable à son partenaire pour étudier les nouvelles recommandations, notamment si cela implique une modification du point de vente[1025] ou une étude financière pour en apprécier la viabilité[1026]. De même, si dans le cadre de sa réorganisation, un franchiseur met en demeure son franchisé dans un délai d'un mois de retirer l'enseigne du fait qu'il ne respecte pas le concept commercial, ce comportement du franchiseur peut être fautif s'il ne permet pas au cocontractant de connaître avec précision les griefs invoqués, ni ne lui octroie le temps nécessaire pour y remédier alors que les relations avaient duré plus de 10 ans[1027].

§ 2. L'appréciation des éléments essentiels du contrat

697. Lorsque les éléments essentiels du contrat perdurent, si le franchiseur rompt les relations commerciales avec un des membres de son réseau agréé du fait qu'il n'a pas accepté la nouvelle charte de distribution, la rupture peut alors être considérée comme brutale en l'absence de tout préavis[1028]. Les éléments essentiels peuvent également porter sur le prix. Dans une autre affaire[1029], la suppression sans préavis par la tête de réseau de la remise annuelle sur facture, accordée depuis plusieurs années à un concessionnaire, modifiait de façon substantielle la relation commerciale, si bien que la rupture par le concessionnaire était en réalité imputable à la tête de réseau.

698. La réciproque est aussi vraie dans la mesure où le franchisé ou l'affilié ne peut justifier la fin brutale de la relation commerciale par le fait qu'il souhaitait en modifier les modalités. En l'espèce[1030], le fournisseur avait souhaité passer d'un contrat de concession à un contrat de commission-affiliation, dont il n'était pas démontré qu'il aurait été plus défavorable pour le commissionnaire. En effet, ce dernier basait ses prétentions sur le fait qu'il existait auparavant une exclusivité d'approvisionnement à son bénéfice, mais ce n'était pas le cas.

1022 CA Versailles, 14 février 2012, RG n° 09/02118.
1023 CA Paris, 11 avril 2013, RG n° 10/21428.
1024 CA Nîmes, 10 mai 2012, RG n° 10/00680.
1025 Cass. com., 14 octobre 2020, Pourvoi n° 18-22.119 ; CA Paris, 4 juillet 2018, RG n° 16/05518.
1026 CA Paris, 4 juillet 2013, RG n° 11/07179.
1027 CA Paris, 23 novembre 2016, RG n° 14/10928.
1028 CA Paris, 4 juillet 2018, RG n° 16/05518.
1029 CA Paris, 2 décembre 2020, RG n° 18/17277.
1030 CA Toulouse, 28 septembre 2010, RG n° 09/03482.

699. Bien entendu, si les éléments essentiels du contrat ont disparu, le partenaire qui se voit imposer unilatéralement les modifications est fondé à invoquer la rupture brutale de la relation commerciale par le franchiseur. Au-delà de qui vient d'être évoqué précédemment, les éléments essentiels du contrat peuvent aussi porter sur la marque des produits (A), l'exclusivité consentie (B) ou encore le schéma de distribution (C).

A. La marque des produits

700. Si le franchiseur cède la marque principale objet du contrat à une autre société qui avait décidé de passer par un autre distributeur, le contrat de franchise du premier distributeur ne pouvait dès lors être poursuivi en l'absence de l'un de ces éléments essentiels, la faute de la rupture revenant finalement au franchiseur[1031].

B. L'exclusivité

1. La suppression de l'exclusivité

701. La suppression de l'exclusivité territoriale confiée au distributeur peut constituer une modification substantielle de l'économie du contrat, et dès lors caractériser une rupture brutale, nonobstant la persistance d'un courant d'affaires entre les deux partenaires[1032]. Dans cette affaire, le fournisseur avait retiré l'exclusivité au revendeur direct et quasi-exclusif pour le territoire français, en raison du prétendu déclin de l'implication commerciale du distributeur et son désengagement de la charte de distribution, alors que les manquements n'étaient pas suffisamment caractérisés. Pour autant, la simple perte de l'exclusivité peut être insuffisante pour démontrer le caractère brutal de la rupture des relations commerciales en l'absence d'autres éléments[1033]. Pour autant, si la perte de l'exclusivité n'a pas modifié les conditions commerciales consenties, que la baisse d'activité constatée trouve son origine dans la contraction soudaine du marché, alors, il est possible d'écarter toute brutalité dans la rupture des relations en l'absence de refus de livraison[1034].

2. La modification substantielle de l'exclusivité

702. Indépendamment de sa suppression pure et simple, la dégradation du niveau d'exclusivité peut aussi modifier substantiellement l'économie de la relation commerciale suivant les caractéristiques de l'espèce. Elle peut ainsi priver le cocontractant d'une part significative de ses revenus, si bien qu'elle revient à rompre brutalement les relations[1035]. Tel est le cas, par exemple, de la modification unilatérale de l'exclusivité concédée à un revendeur, concomitamment à un changement important dans les conditions de vente[1036], de la modification de son étendue laquelle impliquait un réaménagement du point de vente[1037], ou encore

---

1031 Cass. com., 31 janvier 2012, Pourvoi n° 10-27.603.

1032 CA Paris, 12 janvier 2021, RG n° 20/02665 ; Cass. com., 10 février 2015, Pourvoi n° 13-26.414.

1033 Cass. com., 9 mars 2012, Pourvoi n° 08-20.036.

1034 CA Douai, 15 février 2012, RG n° 10/07622.

1035 CA Paris, 2 décembre 2020, RG n° 18/17277.

1036 Cass com., 3 février 2015, Pourvoi n° 13-24.592.

1037 CA Paris, 26 mars 2008, RG n° 06/12181.

de l'interdiction faite à un distributeur de livrer sur certains départements qui constituent l'essentiel de son activité[1038].

703. À l'inverse, si le fournisseur vise à renforcer l'exclusivité consentie, cette démarche peut donner lieu à une contrepartie. Ainsi, un fabricant ne peut se faire opposer le fait de souhaiter obtenir des contreparties, notamment de volumes, à l'octroi d'une exclusivité davantage contraignante[1039]. En outre dans cette affaire, le client avait lui-même modifié unilatéralement sensiblement l'économie du contrat en imposant des pénalités exorbitantes de 725 euros par produit non conforme et de 2 900 euros par produit rejeté.

3. La modification du schéma de distribution

704. Comme précisé *supra*, un fabricant a le droit de modifier le schéma du fonctionnement de son réseau de distribution en fonction de l'évolution du marché, mais si les changements impliquent une modification substantielle du niveau de concurrence auquel sera soumis le distributeur. Dès lors, cela constitue une modification significative de l'économie du contrat, laquelle nécessitera de laisser le temps nécessaire au distributeur pour s'adapter.

705. Par exemple[1040], si un fabricant décide de diminuer fortement l'avantage concurrentiel dont bénéficiait un distributeur spécialisé, et ce, en modifiant les conditions tarifaires accordées les années précédentes, les juges peuvent considérer qu'il est responsable de la rupture brutale de la relation commerciale. Il en va de même si un fabricant décide de modifier brutalement le niveau de remise dont bénéficiait un de ses grossistes[1041]. Dans ce cas, en soumettant son grossiste à une concurrence accrue susceptible d'avoir une incidence sur ses ventes pour élargir son réseau de distribution bénéficiant de conditions équivalentes, le fabricant avait rompu brutalement la relation commerciale.

706. Plus généralement, la même approche pourra prévaloir lorsque le franchiseur modifiera brutalement, et sans motif légitime, l'économie du contrat (v. § 163 et s.).

§ 3. La transparence sur le terme de la relation

707. À l'instar du cadre général, il est aussi nécessaire que la notification de fin des relations commerciales soit adressée au cocontractant, et que son contenu soit univoque. Cependant, la notification de la rupture dans le cadre de la réorganisation du réseau ne fait pas obstacle à ce que le franchiseur évoque la possibilité du nouveau contrat, sous réserve que la signature de ce nouveau contrat soit clairement présentée comme la condition nécessaire à la poursuite de la relation commerciale, s'opposant à toute prévisibilité dans la poursuite des relations en cas de désaccord[1042].

1038 CA Paris, 29 septembre 2016, RG n° 15/04154.
1039 CA Rennes, 9 mai 2012, RG n° 11/06303.
1040 CA Paris, 2 décembre 2020, RG n° 18/17277.
1041 CA Paris, 13 novembre 2013, RG n° 11/22014.
1042 CA Paris, 10 mai 2012, RG n° 11/07129.

Section 2
Les conséquences du cadre contractuel particulier franchiseur / franchisé

§ 1. La conséquence de l'exclusivité d'approvisionnement

708. Le contrat de distribution prévoit souvent une exclusivité d'approvisionnement créant dès lors un lien de dépendance du distributeur vis-à-vis du franchiseur. Aussi, dans l'hypothèse où des difficultés liées à l'approvisionnement sont récurrentes, le distributeur peut rompre la relation commerciale sans préavis, de telles défaillances constituant des manquements contractuels suffisamment graves pour justifier l'absence de préavis. Dans une affaire certes atypique[1043], les défaillances concernaient l'ensemble des fournisseurs du réseau à tel point quel le franchiseur avait fait un geste commercial en dispensant ses franchisés du paiement de la redevance pour un semestre.

709. Cette contrainte au niveau des approvisionnements peut même avoir davantage de conséquences suivant le contexte. Par exemple, en raison des investissements réalisés dans le cadre du déploiement d'un réseau, le franchisé peut disposer de peu de fonds propres. Dès lors, la perte de chance liée à l'exploitation des magasins qui ont dû être fermés du fait de la brutalité de la rupture des relations commerciales, a pu être ajoutée au préjudice induit par la perte de marge brute. En l'espèce[1044], le partenaire commercial avait dû fermer 6 magasins, et la cour a estimé qu'il devait être indemnisé sur la base de la perte de chance d'exploitation de ces 6 magasins sur une période de 18 mois.

710. Réciproquement, il est possible à la tête de réseau de rompre brutalement les relations commerciales si son distributeur ne respecte pas son obligation d'approvisionnement exclusif. Cependant, une seule violation de l'interdiction d'approvisionnement hors réseau agréé pour un distributeur, à supposer constituée, ne saurait, en l'absence de preuves d'autres approvisionnements hors réseau, revêtir un caractère de gravité tel qu'il dispenserait le fournisseur du respect de tout préavis[1045].

§ 2. La nécessité de respecter les conditions contractuelles au sein du réseau

711. Le contrat prévoit généralement des obligations essentielles que le franchisé doit respecter. Le non-respect de telles obligations peut justifier la rupture des relations par le franchiseur, comme par exemple, l'obligation consistant à disposer d'une

---

1043 CA Paris, 29 avril 2009, RG n° 07/02396.
1044 CA Paris, 2 juillet 2009, RG n° 06/08865.
1045 CA Paris, 10 avril 2013, RG n° 12/05389.

capacité financière suffisante dans la mesure où le contrat prévoyait expressément la possibilité de résilier en cas de manquement à cette obligation[1046]. Dans cette affaire, le franchiseur avait enjoint son franchisé à de nombreuses reprises de respecter ce critère, ce qui était reconnu par le franchisé qui avait proposé une solution non adaptée, de telle sorte que la faculté de résiliation pouvait trouver application.

712. Dans le cadre d'un réseau de distribution sélective, il est nécessaire que le point de vente respecte un certain nombre de critères qualitatifs, liés à l'agrément eu égard notamment à l'image de marque des produits. Dès lors, s'il est avéré que le point de vente a présenté la marque de manière dévalorisante, négligé la tenue du matériel utilisé, affiché des opération promotionnelles en violation du contrat, et qu'une partie de son personnel souffrait d'un défaut de compétence dans l'accueil et le conseil pour la vente des produits contractuels, l'accumulation de ces différents manquements peuvent suffire pour procéder à une résiliation sans préavis une fois la mise en demeure effectuée[1047].

§ 3. La nécessité de ne pas changer d'enseigne avant le terme du préavis

713. Lorsqu'un préavis a été convenu entre le franchiseur et le franchisé, il est nécessaire que ce dernier respecte les obligations qui lui incombent, notamment en termes de visibilité vis-à-vis du consommateur. Par exemple[1048], s'il adopte de nombreuses caractéristiques d'un groupe de distribution concurrent, notamment en offrant des marchandises de marque de distributeur dudit concurrent, et en usant de toute la signalétique propre à cette enseigne, le franchisé cesse alors de remplir ses obligations vis-à-vis de son ancien franchiseur, à savoir respecter l'image de l'enseigne et assurer une cohésion de l'offre au sein du réseau de distribution. Ce faisant, le franchisé a donc rompu brutalement les relations commerciales.

[1046] CA Caen, 27 novembre 2008, RG n° 05/02182.
[1047] CA Paris, 28 février 2018, RG n° 16/02263.
[1048] CA Paris, 29 juin 2016, RG n° 14/00335.

CONCLUSION DU TITRE

714. L'appréciation d'un manquement en rupture brutale des relations commerciales doit suivre les étapes suivantes (voir § 1740 et s., pour le détail de la partie spécifique à la détermination du préjudice) :

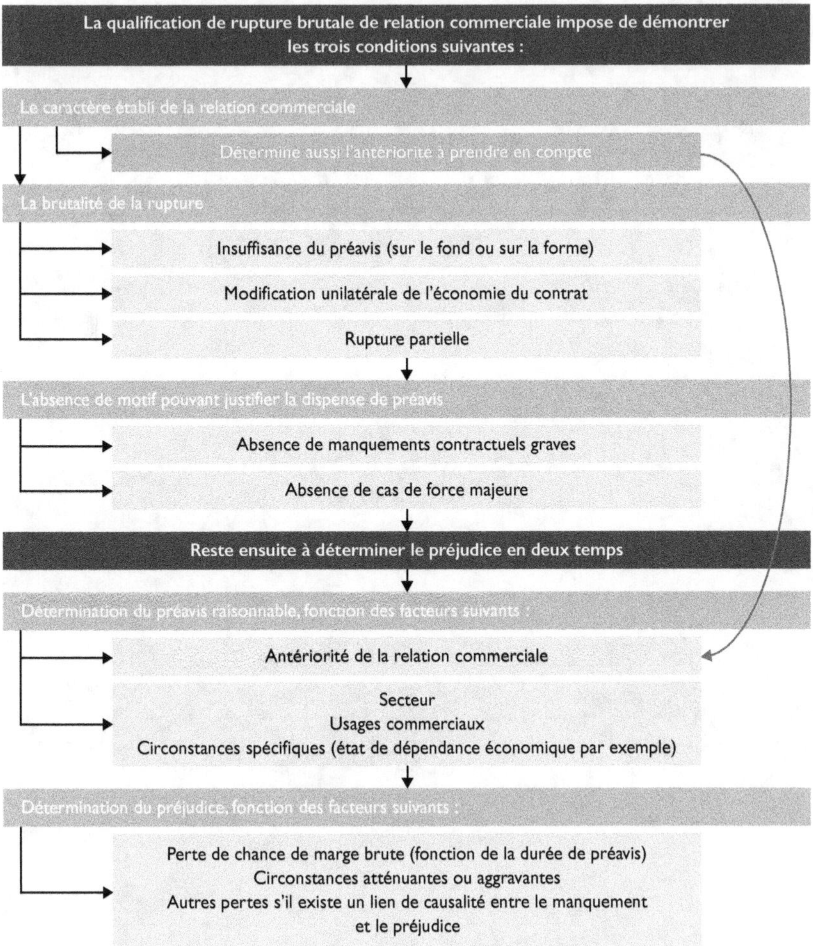

TITRE 2

LES MANQUEMENTS HORS RUPTURE BRUTALE

715. Suite à l'ordonnance de 2019, le dispositif sanctionnant les pratiques restrictives de concurrence a été profondément remanié.

716. Un certain nombre de manquements prévus par l'ancien article L. 442-6 du Code de commerce ont été supprimés comme celui consistant à régler ou facturer une commande de produits ou de prestations de services à un prix différent du prix convenu ou encore de refuser de mentionner sur l'étiquetage d'un produit vendu sous marque de distributeur le nom et l'adresse du fabricant. Ces manquements étant peu utilisés, le dispositif s'est désormais concentré, outre la rupture brutale de relation commerciale, sur les principaux manquements utilisés devant les juridictions commerciales, à savoir l'obtention d'avantages sans contrepartie ou disproportionnés, le déséquilibre significatif ou encore la violation d'exclusivité. Cela devrait permettre au dispositif de gagner en lisibilité, même si peu après, d'autres manquements ont été ajoutés, notamment fin 2020, avec l'application des règles de transparence et d'équité entre les plateformes et leurs utilisateurs.

717. Au-delà des manquements, c'est surtout le champ d'application des manquements hors rupture brutale qui a été étendu.

718. Cela se matérialise en pratique par l'élargissement des auteurs pouvant se voir imputer des manquements, en passant de la notion de « *partenaire commercial* » à celle de « *partie* », cette partie faisant l'objet de développements dans la partie relative à l'imputabilité des pratiques (v. § 1633 et s.).

719. Cela se matérialise également par la précision dans le texte que les manquements peuvent être constatés à toute étape du contrat, « *de la négociation commerciale, de la conclusion ou de l'exécution du contrat* ». En actant explicitement son application dans la phase de négociation contractuelle notamment, cette modification contribue à la cohérence globale du dispositif dans la mesure où il prévoyait déjà d'intervenir dans le champs de la négociation précontractuelle, par exemple en permettant de sanctionner la simple tentative de soumission à un déséquilibre significatif.

Chapitre 1
L'avantage sans contrepartie à la disproportion en valeur

720. L'article L. 442-1 I 1° du Code de commerce prévoit qu'« *engage la responsabilité de son auteur et l'oblige à réparer le préjudice causé le fait, dans le cadre de la négociation commerciale, de la conclusion ou de l'exécution d'un contrat, par toute personne exerçant des activités de production, de distribution ou de services (...) d'obtenir ou de tenter d'obtenir de l'autre partie* un avantage *ne correspondant à* aucune contrepartie ou manifestement disproportionné *au regard de la valeur de la contrepartie consentie* » (exergue ajouté).

721. Après avoir explicité les notions d'avantage et de contrepartie visées par ce texte (1), les éléments de jurisprudence permettant d'appréhender l'avantage sans contrepartie d'une part (2), et l'avantage manifestement disproportionné d'autre part (3) seront décryptés. Enfin, les accords de gamme et les contrats relatifs à la fourniture de produits à marque de distributeur feront l'objet de développements spécifiques en raison des spécificités que soulèvent ce type d'accord (4).

Section 1
Définitions préalables

§ 1. La notion d'« *avantage* »

722. La notion d'avantage concerne aussi bien les avantages obtenus au moment de l'opération d'achat et de vente sous forme de remises, que les avantages différés sous forme de marges arrières, ou encore les délais de paiement.

723. Toutefois, cette notion ne s'arrête pas là, et peut être étendue à tout avantage profitant à l'un des partenaires commerciaux. Elle englobe donc tout autant la mise à disposition de personnel par une société[1049] ou encore un acte de cautionnement[1050]. En définitive, il n'est donc pas nécessaire que l'avantage découle d'un service de coopération commerciale[1051], ni même plus généralement d'un service commercial financé par l'intermédiaire d'une remise ou d'une ristourne.

1049 CA Douai, 17 décembre 2009, RG n° 08/06361.

1050 Même si pour ce dernier aspect, la cour a estimé que pour l'entreprise en cause, il y avait lieu d'écarter l'application de l'article L. 442-1-I-1° du Code de commerce ; Cass. com., 9 décembre 2008, Pourvoi n° 06-21.772.

1051 CA Rennes, 20 janvier 2009, RG n° 07/07013.

§ 2. La notion de « *contrepartie* »

724. Les anciennes dispositions avant la réforme évoquaient la notion de « *service commercial effectivement rendu* ». Dans les faits, l'approche était toutefois très large, et c'est de manière pertinente que le texte a été révisé pour englober de manière explicite la notion large de « *contrepartie* ». Cette dernière fait référence dans son principe à l'approche civile, soit le bien de la chose acquise, et qui, en application de l'article 1169 du Code civil, impose l'existence d'une contrepartie non dérisoire.

725. Tout d'abord, la contrepartie peut relever des conditions générales ou particulières de vente, en référence au premier alinéa de l'article L. 441-3 III du Code de commerce. Un exemple classique est l'octroi d'une remise contre un engagement de volume d'achats déterminé.

726. Si la contrepartie consiste en un service commercial, deux types de services peuvent alors être distingués : les services de coopération commerciale, et les « *autres obligations* », faisant respectivement référence aux alinéas 2 et 3 de l'article L. 441-3 III du Code de commerce.

727. Les services de coopération commerciale sont définis comme « *les services (...) propres à favoriser la commercialisation des produits ou services du fournisseur, que le distributeur ou le prestataire de service lui rend, ne relevant pas des obligations d'achat et de vente* » et qui doivent être formalisés *« en précisant l'objet, la date prévue, les modalités d'exécution, la rémunération de ces services, ainsi que les produits ou services auxquels ils se rapportent et la rémunération globale afférente à l'ensemble de ces obligations »*[1052]. La circulaire Dutreil[1053] précise ainsi que les services de coopération commerciale doivent répondre à trois caractéristiques principales. Premièrement, ils ne doivent pas relever des obligations d'achat et de vente. Deuxièmement, ils doivent être rendus à l'occasion de la revente des produits ou des services aux consommateurs ou en vue de leur revente aux professionnels. Troisièmement, ils doivent être de nature à stimuler au bénéfice du fournisseur la revente de ses produits par le distributeur. Un exemple classique de coopération commerciale est la mise en avant d'un produit du fournisseur par l'intermédiaire du catalogue diffusé par le distributeur.

728. Les « *autres obligations* » sont quant à eux « *destinées à favoriser la relation commerciale entre le fournisseur et le distributeur ou le prestataire de services* », et correspondent peu ou prou aux anciens services distincts[1054]. Il est commun d'envisager ces services comme ceux qui ne relèvent ni des relations commerciales nouées en application des conditions générales ou particulières de vente, ni de la coopération commerciale[1055]. Il s'agit généralement de services qui sont liés à la relation commerciale dans sa globalité, qui, contrairement à la coopération commerciale, correspondent plutôt à des opérations ponctuelles portant sur des produits spécifiques.

1052 L. 441-7-I-2° du Code de commerce.

1053 Circulaire du 8 décembre 2005 relative aux relations commerciales.

1054 Soit « les conditions dans lesquelles le distributeur ou le prestataire de services s'oblige à rendre au fournisseur des services distincts de ceux visés aux alinéas précédents » en référence à l'article L. 441-7-I-3° dans sa rédaction antérieure à la LME du 6 août 2008.

1055 Circulaire du 8 décembre 2005 précitée.

Afin de répondre aux critères de légalité, de tels services doivent être détachables de l'obligation d'achat et de vente, d'une part, et être de nature à favoriser la relation commerciale, d'autre part. La principale différence entre ces services et ceux de coopération commerciale tient donc au fait que ces derniers doivent être rendus à l'occasion, ou en vue, de la revente des produits aux consommateurs. Un exemple classique de ces « *autres obligations* » est la fourniture par un distributeur de statistiques de vente des produits à un fournisseur, lesquelles lui permettent de suivre l'évolution des ventes de ses produits chez son partenaire commercial.

729. La notion de contrepartie est donc intimement liée à la délimitation jurisprudentielle établie par l'article L. 441-3 III du Code de commerce. Pour autant, l'avantage pouvant revêtir une autre forme que celle d'une remise ou d'une ristourne (voir § 722 et 723), il est indispensable qu'à tout avantage corresponde une contrepartie réelle, légitime et proportionnée.

730. Cette contrepartie peut prendre diverses formes. Il peut tout autant s'agir d'une contribution directe que d'une contribution indirecte rendue par un tiers. En effet, la contrepartie ou le service financé par le partenaire commercial et dont la société a bénéficié indûment peuvent être rendus par une société tierce. Néanmoins, une telle structure tripartite ne fait pas obstacle à l'application des dispositions de l'article L. 442-1 du Code de commerce. Dans une affaire par exemple[1056], la responsabilité d'une société a pu être valablement mise en cause, car elle bénéficiait d'intérimaires financés par son partenaire commercial par l'intermédiaire d'une société d'intérim, ce qui relevait d'avantage sans contrepartie.

Section 2
L'avantage sans contrepartie

731. Au regard du texte, il s'agit de tout avantage « *ne correspondant à aucune contrepartie* ». Plusieurs critères doivent être pris en considération pour évaluer si un avantage a bénéficié à une société sans contrepartie ou non au sens de l'article L. 442-1 I 1° du Code de commerce[1057] :

- l'existence d'un contrat préalable et exhaustif issu soit des conditions générales de vente, soit d'un accord spécifique le cas échéant (1) ;
- la contrepartie doit être distincte de la fonction inhérente du partenaire commercial (2) ;
- la contrepartie doit présenter un caractère spécifique quand il s'agit d'un service commercial (3) ;
- la contrepartie doit avoir été effectivement rendue (4) ;
- la contrepartie doit présenter un intérêt (5) ;
- l'avantage doit être proportionné à la contrepartie (6).

1056 CA Douai, 17 décembre 2009, RG n° 08/06361.

1057 Ces critères sont repris notamment des attendus du jugement du TGI Strasbourg, 25 novembre 2005, RG n° 04/00454, confirmé par la CA Colmar, 12 juin 2008, RG n° 05/05738, puis par Cass. com., 15 septembre 2009, Pourvoi n° 08-18.443.

§ 1. Le contrat

A. L'existence d'un contrat préalable

1. Tout avantage doit généralement faire l'objet d'un écrit

732. Cette obligation est générale que les avantages aient pour contrepartie des services commerciaux (b) ou non (a).

a) Les avantages n'ayant pas pour contrepartie des services commerciaux (L. 441-3 III 1°)

733. Ces avantages, qu'il s'agisse de remises, de ristournes ou de délais de paiement notamment peuvent être prévus par les conditions générales de vente du fournisseur, ou par ses conditions particulières de vente, qui, bien que négociées, doivent tout autant faire l'objet d'un écrit en vertu de l'article L. 441-3 du Code de commerce. Ainsi, une remise peut être justifiée par l'importance des volumes réalisés avec le distributeur, et en ce qu'elles l'incitent à s'approvisionner pour la totalité ou la quasi-totalité de ses besoins auprès du fournisseur en question[1058]. Dans certains cas, elle peut même être justifiée par le fait qu'elle soit proportionnelle au chiffre d'affaires, donc que son accroissement en valeur ait pour contrepartie des volumes de ventes supérieurs[1059].

734. En revanche, un avantage financier obtenu sans qu'un service ne soit rendu est susceptible de relever d'avantage sans contrepartie. Dans une affaire[1060], le donneur d'ordre avait demandé à ses sous-traitants de lui rétrocéder les avantages fiscaux qu'ils avaient obtenus au titre du CICE, et avait appliqué un escompte alors même qu'il réglait les factures en retard. Interrogée par la juridiction commerciale, la CEPC a indiqué que la remise au titre du CICE ne correspondait à aucun service commercial effectivement rendu, et que celle pour l'escompte ne correspondait à aucune contrepartie dès lors que la contrepartie disparaît dès lors que le débiteur règle son créancier au-delà du délai de règlement prévu entre les parties.

735. D'un point de vue formel, de tels avantages doivent découler de conditions générales ou particulières de vente en référence à l'article L. 441-1 du Code de commerce. Dans le cas particulier du secteur de la distribution, l'obligation de contractualiser ce type d'avantage est également prévue par l'article L. 441-3 du Code de commerce. Le vendeur a aussi l'obligation de faire figurer sur la facture tout avantage acquis au moment de l'opération d'achat-vente en application de l'article L. 441-9 du Code de commerce. Ce type de formalisme renforce d'autant la transparence, notamment aux fins de déterminer les avantages ne relevant pas de services commerciaux.

736. Le contexte de l'obtention de l'avantage peut également être pris en compte. Le défaut de paiement de certaines marchandises ne constitue ainsi pas un avantage

---

1058 CA Paris, 13 septembre 2017, RG n° 15/24117.

1059 CA Paris, 31 juillet 2019, RG n° 16/11545.

1060 CEPC, avis n° 18-6 du 7 juin 2018.

sans contrepartie si elle ont été remises pour compenser une livraison défectueuse et tardive[1061]. En l'espèce, aucune réclamation de paiement n'avait en outre été émise avant l'introduction de l'instance.

b) Les avantages ayant pour contrepartie des services commerciaux (L. 441-3 III 2° et 3°)

737. Concernant plus particulièrement le secteur de la distribution, l'obligation de contractualiser ces avantages est prévue par l'article L. 441-3 du Code de commerce, lequel impose aux partenaires de signer un contrat indiquant notamment les obligations réciproques des services de coopération commerciale et les « *autres obligations* ». À ce titre, le contrat doit reprendre le contenu des services commerciaux faisant l'objet d'une rémunération, et ainsi se suffire à lui-même.

738. C'est pourquoi dans le cadre particulier d'une relation entre un distributeur et son fournisseur, le simple accord sur la chose et le prix est insuffisant étant donné l'obligation de contractualiser préalablement à la réalisation de la prestation, en application de l'article L. 441-3 du Code de commerce[1062]. Si en l'absence de contrat avant la réalisation de la prestation, la pratique peut être sanctionnée par une amende administrative sur le fondement de l'article L. 441-6 du Code de commerce, elle peut aussi contribuer à démontrer l'existence d'un avantage sans contrepartie au sens de l'article L. 442-1 I 1° du Code de commerce.

2. L'absence de contrat ou d'écrit n'emporte pas nécessairement l'absence de contrepartie

739. Le fait qu'il n'existe pas de contrat n'emporte pas nécessairement la démonstration d'un avantage sans contrepartie (a), mais la preuve de la contrepartie peut être plus difficile à rapporter (b).

a) L'obligation de contrat n'est pas générale

740. Si les relations commerciales n'entrent pas dans le champ d'application de l'article L. 441-3 du Code de commerce, un contrat n'est pas obligatoire. Pour un contrat de courtage par exemple, sa preuve peut être rapportée par tous moyens, et si le bénéficiaire de l'avantage apporte des éléments justifiant la réalisation d'un service (mise en avant du fournisseur dans un catalogue, organisation de réunions avec les franchisés), il n'existe pas de manquement au titre de l'avantage sans contrepartie[1063].

741. Quand bien même les relations entrent dans le champ d'application de l'article L. 441-3 du Code de commerce, il n'est pas exclu que l'absence de contrat pour l'opération spécifique ne soit pas suffisante pour démontrer l'absence de contrepartie, notamment si l'opération résulte de l'application d'un contrat-cadre antérieur[1064].

1061 CA Paris, 9 avril 2015, RG n° 13/14446.

1062 TC Chartres, 14 octobre 2004, RG n° 04/606.

1063 CA Paris, 21 novembre 2012, RG n° 10/08275.

1064 CA Poitiers, 29 janvier 2013, RG n° 11/03252.

b) Les difficultés rencontrées en cas d'absence de contrat

742. L'absence de contrat peut être problématique dans la mesure où elle peut empêcher le bénéficiaire de l'avantage en cause de démontrer qu'il existe bien une réelle contrepartie à ce dernier.

743. Premièrement, il peut être difficile de justifier le bénéfice de conditions dérogatoires aux conditions générales de vente en l'absence de tout engagement réciproque, par exemple sur les volumes ou bien par la fourniture d'un service.

744. Deuxièmement, il incombe au bénéficiaire de l'avantage d'apporter la preuve qu'il s'est acquitté de ses obligations. En effet, la loi Dutreil de 2005[1065] a renversé sur le bénéficiaire de l'avantage, la charge de prouver qu'il s'était bien acquitté de son obligation. L'ancien article L. 442-6 III du Code de commerce indiquait ainsi qu'il appartenait au professionnel « *qui se prétend libéré de justifier du fait qui a produit l'extinction de son obligation* ». Cette disposition ne figure plus dans le nouveau dispositif révisé, mais il s'agit du principe applicable an matière d'obligation en application de l'article 1353 du Code civil[1066].

745. À titre d'illustration, une affaire portait sur la prestation de formation de futurs gérants-mandataires assurée par un point de vente. Il n'y avait aucun contrat et les prestations offertes par le point de vente à la tête de réseau n'avait aucune contrepartie pour le point de vente en question, si bien qu'il a été considéré que la tête de réseau avait bénéficié d'un avantage manifestement disproportionné[1067].

3. Le caractère rétroactif emporte l'absence de contrepartie

746. Comme précisé *supra*, il est nécessaire que le contrat soit signé avant l'opération d'achat-vente (L. 441-3 III 1°) ou avant que la prestation ne soit réalisée (L. 441-3 III 2° et 3°). En effet, dans le cas contraire, il peut être fait application de l'article L. 442-3 suivant lequel « *sont nuls les clauses ou contrats prévoyant [...] la possibilité [...] de bénéficier rétroactivement de remises, de ristournes ou d'accords de coopération commerciale* ». L'obtention d'un avantage rétroactif emporte donc la nullité de la clause du contrat le prévoyant. Si la clause du contrat est nulle, alors l'avantage qu'il procure à son bénéficiaire relève automatiquement d'un avantage sans contrepartie[1068].

747. Le caractère rétroactif de l'avantage peut se déduire du fait que le contrat soit signé postérieurement à la prestation[1069], mais aussi d'autres éléments tirés du contexte. À ce titre, la plupart des services étant souvent rémunérés sous la forme d'un pourcentage appliqué sur l'assiette des ventes effectivement réalisées, le montant exact ne peut être connu le jour de la signature du contrat. Aussi, le fait que les sommes prévisionnelles correspondent très exactement aux sommes demandées à la suite supposée de l'opération, peut constituer un premier indice du caractère

---

1065 Loi n° 2005-882 du 2 août 2005 en faveur des petites et moyennes entreprises.

1066 Suivant lequel notamment « celui qui se prétend libéré doit justifier le paiement ou le fait qui a produit l'extinction de son obligation ».

1067 CA Paris, 29 novembre 2017, RG n° 15/00270.

1068 CA Versailles, 21 février 2008, RG n° 06/07836 ; CA de Grenoble, 17 décembre 2009, RG n° 07/03290 ; voir aussi CA Versailles, 2 février 2006, RG n° 04/09265.

1069 TC Laval, 9 septembre 2009, RG n° 2006/3834.

rétroactif de l'avantage[1070]. Il en va de même si la facture finale est émise le même jour où le contrat est signé[1071], ou si le distributeur rembourse la somme litigieuse d'un contrat considéré comme rétroactif, car cela peut être considéré comme la reconnaissance du caractère illégal de l'effort financier demandé aux fournisseurs[1072].

748. Aucune raison ne peut justifier l'obtention d'avantages rétroactifs. Ainsi, la rétroactivité ne peut pas être invoquée pour compenser des conditions commerciales moins avantageuses que celles dont bénéficieraient des concurrents[1073]. Dans cette affaire, le distributeur s'était défendu en invoquant le principe de non-discrimination, lequel a été jugé inopérant étant donné que s'agissant de marge arrière, le fournisseur était libre de fixer la rémunération en accord avec le distributeur. Aussi, faute de comporter des obligations réciproques, notamment en termes de services, les accords consistaient simplement à l'obtention d'avantages rétroactifs, et étaient donc sans contrepartie.

749. Si un engagement contractuel ne s'est pas concrétisé dans la pratique, il ne peut donner lieu postérieurement à une régularisation, laquelle peut alors être considérée comme relevant d'un avantage rétroactif. Dans une affaire par exemple[1074], le distributeur avait demandé à son fournisseur de régulariser *ex post* sur une période allant jusqu'à trois années, le taux moyen promotionnel dont le distributeur devait théoriquement bénéficier eu égard au contrat.

750. Suivant une logique analogue, le distributeur ne peut pas requalifier l'avantage par la suite en indiquant qu'il correspond en réalité au paiement d'une pénalité, et il ne peut pas non plus se référer à une opération qui a été effectivement réalisée avant la conclusion du contrat[1075].

751. Dans le même esprit, la rétroactivité ne peut pas plus être invoquée par un magasin pour imposer à son fournisseur-grossiste ne faisant pas partie du réseau d'approvisionnement de son enseigne, des ristournes destinées à lui permettre d'acheter des produits aux mêmes conditions que par sa centrale d'achats, alors que ce fournisseur-grossiste est étranger aux accords signés par la centrale d'achats pour les produits considérés[1076].

B. Le contrat doit être exhaustif

752. Le contrat doit être exhaustif car l'absence de précisions quant à la nature exacte de la contrepartie peut porter préjudice à l'appréciation de son contenu, et partant contribuer à la démonstration d'un avantage sans contrepartie.

753. Premièrement, l'imprécision des contrats peut empêcher les différents acteurs de déterminer clairement leurs obligations réciproques[1077]. Ils peuvent dès lors

---

1070 CA Versailles, 21 février 2008, RG n° 06/07836 ; CA Aix-en-Provence, 15 septembre 2010, RG n° 08/10314.

1071 TC Chartes, 14 octobre 2004, RG n° 04/606.

1072 TC Brest, 7 décembre 2007, RG n° 2006/001400.

1073 CA Versailles, 29 octobre 2009, RG n° 08/07356 suite à Cass. com., 8 juillet 2008, Pourvoi n° 07-16.761.

1074 TC d'Arras, 27 mars 2009, n° 2007/249.

1075 CA Paris, 19 avril 2017, RG n° 15/24221.

1076 CA Bastia, 30 septembre 2009, RG n° 07/00993.

1077 CA Rennes, 20 janvier 2009, RG n° 07/07013.

se contredire dans leur appréciation du service litigieux, ce qui peut contribuer à caractériser un avantage sans contrepartie. Cela est d'autant plus vrai si les fournisseurs eux-mêmes se sont trompés en mettant directement sur facture sous la forme d'une remise la ristourne correspondant théoriquement aux services de coopération commerciale[1078]. L'imprécision des libellés des services n'est toutefois pas de nature à démontrer un manquement à elle seule, étant distincte de l'effectivité du service correspondant[1079]. Dans cette affaire, la réalisation des services avait pu être démontrée par la définition en commun de planogrammes promotionnels entre le distributeur et le fournisseur.

754. Deuxièmement, les services donnent généralement lieu au versement de rémunérations significatives, et dès lors, l'absence de précisions quant au contenu des services peut étayer l'absence de contrepartie[1080] (en l'espèce, en plus d'être imprécis, les contrats renvoyaient à des annexes vierges). À ce titre, le fait que les relations soient anciennes n'exonère pas l'auteur d'utiliser des contrats qui indiquent précisément les obligations[1081].

C. Le service mentionné ne doit pas être fictif

755. Dans une affaire[1082], le service consistait en réalité à contourner l'interdiction de consentir des remises, rabais ou ristournes en application de la loi n° 2010-874 du 27 juillet 2010, et ce, en convertissant ces avantages financiers en rémunération pour des services de coopération commerciale. Cela s'était notamment illustré par le fait que l'ensemble des fournisseurs bénéficiait desdits services.

§ 2. La contrepartie doit être distincte de la fonction inhérente du partenaire commercial

756. Dans un premier temps, quelle que soit sa nature, la contrepartie doit nécessairement être exorbitante des relations commerciales habituelles. Il est donc nécessaire, dans un premier temps, de déterminer si la contrepartie va au-delà de la fonction inhérente du partenaire commercial. Pour autant, cela ne fait pas obstacle à ce qu'un distributeur négocie des remises ou ristournes spécifiques en fonction de son organisation, comme par exemple une centrale de référencement négociant pour le compte d'acheteurs affiliés[1083], et dont le montant dépendrait du niveau de chiffre d'affaires entre les parties[1084].

757. Nous développerons essentiellement la fonction inhérente de **distributeur** étant donné la nature de la jurisprudence en la matière, bien que sur le principe, rien

1078 CA Aix-en-Provence, 15 septembre 2010, RG n° 08/10314.
1079 CA Paris, 13 septembre 2017, RG n° 15/24117.
1080 CA Paris, 24 mars 2011, RG n° 10/02616.
1081 TC Chartres, 14 octobre 2004, RG n° 04/606.
1082 CA Paris, 15 janvier 2015, RG n° 13/03832.
1083 CA Paris, 15 février 2017, RG n° 14/14971.
1084 CA Paris, 22 mars 2017, RG n° 14/26013.

ne s'oppose à ce que les éléments d'analyse puissent s'appliquer réciproquement à un fournisseur, ou à tout opérateur amont de la victime présumée de la pratique.

758. De manière générale, il est nécessaire de vérifier concrètement quelles prestations ont été rendues, afin de déterminer si elles étaient distinctes des opérations d'achats et de revente incombant au distributeur. Dans le cas contraire, si seul le libellé des factures est analysé, pour motiver l'existence d'une contrepartie, la décision peut être privée de base légale[1085]. À cet effet, tout élément peut donc être apporté pour éclairer de la matérialité des services qui ont été facturés comme, par exemple, des déclarations de fournisseurs qui ont non seulement pu décrire plus précisément les services mais également attester de leur réalité[1086].

759. Il est possible de distinguer les services rendus avant la livraison des marchandises (A), de ceux rendus postérieurement à la livraison qu'il s'agisse du stockage des marchandises (B), des services rendus dans le magasin (C), ou encore des services de gestion (D), et ce, afin d'analyser sous quelles conditions ils pourraient être exorbitants ou non de la fonction inhérente de distributeur.

A. Les services rendus avant la livraison des marchandises

1. Le référencement

760. Le référencement du fournisseur fait partie de la fonction inhérente du distributeur, car il constitue la condition *sine qua non* à la distribution des produits. En effet, sans référencement, le fournisseur n'a généralement pas accès aux magasins du distributeur, et il n'est alors pas en mesure de distribuer ses produits. Le référencement ne va donc pas au-delà des obligations d'achat et de vente d'un contrat, et à ce titre, ne peux pas faire l'objet d'une rémunération au titre d'un contrat de coopération commerciale[1087].

761. L'approche peut être différente si l'avantage est négocié sous la forme d'une remise ou d'une ristourne, et s'il constitue réellement une plus-value pour le fournisseur. Tel est le cas, par exemple, d'une remise de référencement ayant pour contrepartie l'élargissement de la clientèle au bénéfice du fournisseur durant la période de référencement dans un contexte où les affiliés à la centrale de référencement s'engagent à ne pas s'approvisionner auprès d'autres fournisseurs que ceux référencés pour chaque famille de produits[1088]. Il en va de même potentiellement pour un service « *de référencement* » inclus notamment la promotion de la société auprès des membres du réseau du distributeur, sous réserve que ces services aient eu lieu et que la société justifie de la mise à jour de ces communications, sans quoi il peut là aussi être considéré qu'il s'agit d'un avantage sans contrepartie[1089].

1085 Cass. com., 24 septembre 2013, RG n° 12-23.353.

1086 TC Créteil, 13 décembre 2016, RG n° 2008F00629.

1087 CA Versailles, 21 février 2008, RG n° 06/07780 ; CA Grenoble, 17 décembre 2009, RG n° 07/03290.

1088 CA Paris, 15 février 2017, RG n° 14/14971.

1089 CA Paris, 24 mars 2011, RG n° 07/07337.

762. Au-delà de l'engagement sur un niveau de réferencement déterminé, l'absence de contrepartie peut être démontrée dans certains cas du fait que le distributeur ne s'engage sur aucun volume, ne permettant finalement pas au fournisseur d'apprécier le risque commercial par rapport au retour attendu[1090].

2. Les services logistiques en amont de la livraison au distributeur

763. De manière générale, il est considéré que les services logistiques, et notamment ceux rendus en amont de la livraison des marchandises (voir aussi § 768 et s. pour les services logistiques rendus postérieurement à la livraison), relèvent de la fonction inhérente de distributeur. Le juge considère ainsi que le distributeur est seul responsable de la gestion de sa chaîne d'approvisionnement, et qu'il pourra s'attribuer les gains résultant d'une meilleure gestion soit directement si cela impute ses coûts, soit indirectement si cela impute les coûts de ses fournisseurs à travers la répercussion sur leurs prix de vente des éventuelles économies que le distributeur leur a fait réaliser.

764. Dès lors, les services d'optimisation logistique ne vont pas au-delà de l'opération d'achat et de vente, et ils ne peuvent donc faire l'objet d'un service spécifique. Tel est le cas, par exemple, de la réduction du temps d'attente sur les plateformes logistiques[1091]. Il est ainsi fait application de l'obligation de délivrance de l'article 1614 du Code civil, suivant lequel si le vendeur est tenu à l'obligation de délivrance, l'acheteur est tenu de prendre livraison de la chose vendue, et ce, à sa charge intégrale.

3. Les services liés à la gestion des commandes

765. L'optimisation des commandes, la centralisation, l'unicité des négociations et des décisions peuvent relever de la fonction inhérente du distributeur, s'il s'agit de la structure propre voulue par le distributeur pour gérer l'ensemble de ses approvisionnements, dans le cadre d'une centrale d'achats par exemple[1092]. Ces services peuvent toutefois être mentionnés sur les barèmes de réduction des fournisseurs et faire l'objet d'une remise sur facture[1093].

766. La prestation d'écrêtage des livraisons relève tout autant de la fonction inhérente du distributeur, et ne peut donc faire l'objet d'une rémunération en tant que prestation de service[1094].

767. De même, la diffusion des conditions tarifaires et des caractéristiques logistiques des produits du fournisseur, ainsi que les préconisations de commande en fonction de la taille des magasins relèvent de la fonction inhérente de distributeur[1095].

1090 TC Honfleur, 19 décembre 2008, RG n° 07/2252.

1091 CA Colmar, 12 juin 2008, RG n° 05/05738 confirmé par Cass. com., 15 septembre 2009, Pourvoi n° 08-18.443.

1092 Cass. crim., 25 juin 2008, Pourvoi n° 07-80.261 ; CA Paris, 8 février 2017, RG n° 15/02170.

1093 CA Paris, 8 février 2017, RG n° 15/02170.

1094 TC Dreux, 9 octobre 2008, RG n° 2008001395.

1095 TC Compiègne, 26 février 2013, RG n° 08/00492.

B. Les services logistiques une fois la livraison effectuée

768. Les services d'optimisation de la gestion de l'entrepôt de stockage du distributeur relèvent aussi de la fonction inhérente du distributeur. En effet, la vente de marchandises implique le transfert de propriété, et partant celui du risque de détérioration des produits et du coût de stockage. Le distributeur n'est donc pas légitime à se faire rémunérer en contrepartie d'un tel service, *a fortiori* si le service en question était présenté comme relevant de la coopération commerciale[1096].

769. Il en va de même pour la participation directe ou indirecte du fournisseur à l'ouverture d'un entrepôt sous forme de coopération commerciale, un tel effort de mutualisation au seul bénéfice du distributeur relevant d'un avantage sans contrepartie[1097].

770. Le distributeur ne peut pas non plus être rémunéré pour communiquer au fournisseur les dates limites de vente de ses produits stockés dans son entrepôt central[1098]. Cette gestion relève en effet de la responsabilité du distributeur, qui ayant accepté le transfert de propriété des marchandises, est le seul à même de prendre les mesures pour prévenir la vente de produits périmés ou leur destruction. Le fournisseur ne dispose d'ailleurs d'aucun levier susceptible d'influer sur la gestion du stock du distributeur, d'autant qu'il est déjà généralement tenu au titre du « *contrat date* » de livrer au distributeur des produits ayant une certaine durée de vie fixée à l'avance. À titre subsidiaire, une telle information semble présenter un intérêt pour le moins limité pour le fournisseur comme il n'est pas en mesure d'identifier la cause du problème, comme la gestion de la politique d'achats et des stocks de la centrale, ou le manque d'anticipation des magasins qui lui sont affiliés notamment.

C. Les services rendus en magasin

771. De même que pour les services visant à l'optimisation des flux d'approvisionnement ou de la logistique en général, les prestations liées à l'exploitation en magasin doivent aussi aller au-delà des obligations d'achat et de vente, et notamment de la simple présentation des produits en linéaires.

1. Les services liés à la gestion même du linéaire

772. Les services relevant de la gestion du linéaire peuvent donner lieu à rémunération du fournisseur pour autant que le distributeur réalise une prestation allant au-delà des obligations d'achat et de vente inhérentes à son activité, comme ce peut être le cas, par exemple, pour certains services de coopération commerciale, comme des services de mise en avant des produits sur « *tête de gondole* », ou encore de service d'optimisation du linéaire en tant qu'arbitrage entre différents fournisseurs pour l'attribution d'une surface donnée de linéaire[1099].

1096 CA Colmar, 12 juin 2008, RG n° 05/05738 confirmé par Cass. com., 15 septembre 2009, Pourvoi n° 08-18.443.

1097 Ibid.

1098 CA Rennes, 20 janvier 2009, RG n° 07/07013.

1099 CA Grenoble, 17 décembre 2009, RG n° 07/03290.

773. En revanche, les services suivants ont été jugés comme relevant d'un avantage sans contrepartie car correspondant à la fonction inhérente de distributeur :

- la mise en place des produits en rayon, et le suivi des références par le distributeur[1100] ;
- le service consistant pour un distributeur à être le plus réactif possible par rapport au plan média du fournisseur, si en réalité il s'agit simplement d'être le plus réactif possible pour la mise en place des produits en linéaires, *i.e.* la distribution des produits[1101].

774. Il en va de même pour la prise en charge par le fournisseur des inventaires du distributeur[1102]. L'enrichissement sans cause en découlant se déduit notamment du fait qu'une telle opération dispense le distributeur de payer du personnel chargé de réaliser ces inventaires, sachant que cette prestation ne présente aucun intérêt pour le fournisseur, et ce, d'autant qu'en l'espèce, l'inventaire qu'il réalisait ne se limitait pas aux seuls produits du fournisseur.

2. Les services consistant à transférer sur le fournisseur et après livraison un risque lié à la commercialisation des produits

775. Suivant une logique similaire, le distributeur ne peut pas faire supporter à son fournisseur le risque lié à la commercialisation de ses produits. Par exemple[1103], il ne peut facturer à son fournisseur un service consistant en une participation à l'équipement antivol des produits, l'acte d'achat ayant emporté transfert de propriété au bénéfice du distributeur, et le fournisseur ne disposant au surplus d'aucun moyen de contrôler la méthode et les moyens de commercialisation de ses produits en magasin.

776. Le distributeur ne peut pas non plus être rémunéré au titre de la participation aux soldes par le fournisseur. En effet, il s'agit en théorie d'une opération commerciale à l'initiative du distributeur afin d'écouler les produits invendus encombrant son stock, et non d'un service rendu à son fournisseur[1104].

777. Néanmoins, si le service va plus loin que la fonction inhérente du distributeur, il peut donner lieu à la facturation d'un service. Il en va ainsi, par exemple, d'un suivi qualité des produits se décomposant, d'une part, en un audit avant référencement, et d'autre part, en des contrôles sporadiques réalisés en continu durant la commercialisation des produits[1105]. Si l'audit préalable relève du référencement (et donc de la fonction inhérente de distributeur), les contrôles postérieurs peuvent en revanche présenter un intérêt réel pour le fournisseur, si bien qu'il est possible de considérer qu'un tel service ne relève pas d'un avantage sans contrepartie. Pour autant, tel ne serait pas le cas, si le service litigieux était déjà prévu par d'autres obligations, comme par exemple les certifications qualités demandées par certains distributeurs.

[1100] Ibid.

[1101] Ibid.

[1102] CA Douai, 17 décembre 2009, RG n° 08/06361.

[1103] CA Grenoble, 17 décembre 2009, RG n° 07/03290.

[1104] Ibid.

[1105] TGI Péronne, 29 mars 2007, RG n° 05/00069.

D. Les services de gestion

778. Le service de paiement centralisé comprenant le regroupement de tous les paiements qui pourraient être adressés séparément par chaque point de vente exploité par les sociétés adhérentes de l'enseigne et l'envoi au fournisseur dans des délais rapides et réguliers d'un titre de paiement uniquement pour chaque centre payeur, ne va pas au-delà de la fonction du distributeur. Ils constituent simplement des modalités particulières d'achat qui ne sont pas détachable de l'opération d'achat/vente, et qui n'ont pas pour objet de stipuler la revente des produits du fournisseur aux consommateurs[1106].

779. Suivant une logique analogue, le service correspondant à la gestion du versement centralisé des ristournes ne se distingue pas des opérations d'achat et de vente du distributeur[1107].

§ 3. La contrepartie doit présenter un caractère spécifique (applicable au 2° et 3°de l'article L. 441-3 III du Code de commerce)

780. Lorsque la contrepartie est un service commercial, il est nécessaire de déterminer non seulement si le service relève ou non de la fonction inhérente de distributeur, mais aussi s'il présente un caractère spécifique. En effet, eu égard à la nature d'un service commercial, et dans la mesure où il doit être exorbitant des obligations d'achat et de vente (soit du 1° de l'article L. 441-3 III du Code de commerce), la contrepartie fournie par le distributeur doit se distinguer des modalités habituelles de vente et d'achat de chacune des parties.

781. Cette condition peut ainsi s'analyser sous deux angles : premièrement, du point de vue des conditions de vente du fournisseur (A) ; deuxièmement, du point de vue des conditions d'achat du distributeur (B). Par ailleurs, seront abordés la question spécifique des services portant sur la réalisation d'un niveau donné de chiffre d'affaires (C) et des services rendus par un franchiseur à ses franchisés (D).

A. Du point de vue des conditions de vente du fournisseur

782. La contrepartie rendue par le distributeur doit tout d'abord se distinguer des modalités habituelles de vente du fournisseur, car dans le cas contraire, si le service commercial ne présente pas un caractère spécifique, la rémunération qui en découle peut relever d'un avantage sans contrepartie.

783. À ce titre, du fait de la nécessité pour un service de présenter un caractère spécifique, l'appréciation d'un « *accord de gamme* » peut être différente suivant qu'il

---

1106 CA Paris, 8 février 2017, RG n° 15/02170.

1107 CA Paris, 24 mars 2011, RG n° 10/02616.

s'agisse d'un service ou d'une remise. En effet, deux partenaires peuvent légitimement convenir de conditions particulières de vente comme, par exemple, une remise en contrepartie de l'engagement du distributeur de commander une part déterminée de la gamme du fournisseur. En revanche, si l'« *accord de gamme* » est rémunéré sous forme de service commercial, il doit présenter un caractère spécifique qui le distingue des obligations d'achat et de vente issues du 1° de l'article L. 441-3 III. Dès lors, cette condition peut difficilement être remplie dans la mesure où la réalisation du service découle alors directement de l'opération d'achat et de vente (pour de plus amples développements sur les accords de gamme, v. § 887 et s.).

784. Pour les mêmes raisons, un service consistant en une réduction du nombre de palettes, en présentant les produits directement sur palettes en magasin, alors que ce type de produit (eau minérale) est dans sa grande majorité livré et présenté de la sorte, ne peut faire l'objet d'une rémunération au titre d'un service commercial[1108].

785. Réciproquement, pour constituer un avantage sans contrepartie, il est nécessaire que l'avantage en cause ne relève pas de la fonction même du fournisseur. Dans une affaire par exemple[1109], la prestation de scannage dont le paiement est réclamé par un sous-traitant logistique, si elle ne constitue pas une prestation supplémentaire non prévue au contrat, ne saurait être rémunérée. Dès lors, le refus du transporteur de la payer à son sous-traitant ne constitue pas un avantage sans contrepartie.

B. Du point de vue des conditions d'achat du distributeur

786. Réciproquement, la contrepartie doit aller au-delà des modalités habituelles d'achat du distributeur. Tel n'est pas le cas, par exemple, si le service résulte du fonctionnement normal d'une relation entre un fournisseur et son client au niveau de l'organisation logistique[1110], ou que le service de coopération commerciale est suivant les propres dires du distributeur une condition *sine qua non* à la poursuite des relations commerciales[1111]. De même, un engagement de distribution quasi-exclusive n'est par définition pas propre au fournisseur[1112], comme pourrait l'être à l'inverse une réelle exclusivité, et il n'est donc pas spécifique à la relation liant le fournisseur à son distributeur.

787. Le service rendu doit non seulement se distinguer des conditions habituelles d'achat du distributeur mais aussi des autres services qu'il propose afin d'éviter toute redondance entre les prestations rendues. Par exemple, si une centrale d'achat contractualise des contrats de coopération commerciale pour la mise en avant promotionnelle de certains produits, elle ne peut pas être rémunérée par ailleurs

---

1108 TC Dreux, 9 octobre 2008, RG n° 2008001395.

1109 CA Toulouse, 2 mars 2016, RG n° 14/018885.

1110 CA Colmar , 12 juin 2008, RG n° 05/05738 confirmé par Cass. com., 15 septembre 2009, Pourvoi n° 08-18.443.

1111 TC Romans-sur-Isère, 28 mars 2012, RG n° 2007J70079.

1112 TC Tours, 23 juin 2006, RG n° 200400593.

pour communiquer à ses magasins les produits faisant l'objet de ladite opération, cela faisant déjà par nature l'objet des contrats de coopération commerciale de mise en avant promotionnelle[1113].

788. Cependant, un service rendu à un nombre important de fournisseurs peut remplir la condition de spécificité nécessaire s'il s'agit d'une prestation personnalisée, qui visait par exemple à collaborer au développement des ventes. C'est notamment le cas d'un service dit de « *singularisation* » qui visait à repenser l'ensemble de l'aménagement du magasin et à effectuer une réelle personnalisation par rapport à la commercialisation des produits du fournisseur (adaptation de l'assortiment avec la saison et des formats, planches de marchandisage adaptées, suivi de la qualité d'exposition des produits, etc.)[1114] . Du fait de son caractère personnalisé, le service peut avoir été rendu dans l'intérêt commun du fournisseur et du distributeur, et ne relevait alors pas d'une simple rénovation de magasin.

C. Le cas spécifique où le service porte sur la réalisation d'un certain montant de chiffre d'affaires

789. La réalisation d'un certain niveau de chiffre d'affaires et la collaboration à la politique commerciale du fournisseur, sont des objectifs généraux qui ne peuvent pas être considérés comme des obligations particulières exorbitantes des relations contractuelles habituelles. Ne présentant pas de caractère spécifique, ils ne peuvent donc pas être rémunérés sous forme de service commercial[1115], résultant simplement de l'activité de négoce du distributeur[1116]. Il en va de même pour la réalisation d'un certain objectif de vente et le maintien d'un stock déterminé de produits[1117], ou encore l'accroissement du chiffre d'affaires sans autre indication chiffrée[1118].

790. Néanmoins, les objectifs de chiffre d'affaires déterminés et précisés dans des conditions générales ou particulières de vente peuvent donner lieu au versement de ristournes ou de remises particulières, les affaires précitées ne concernant que les avantages dont la contrepartie correspond à un service commercial (en référence aux 2° et 3° de l'article L. 441-3 III du Code de commerce).

791. En définitive, la notion de « *caractère spécifique* » est importante dans l'appréciation des services commerciaux, car elle peut permettre de caractériser *de facto* un avantage sans contrepartie même si le service est rendu à un nombre important de fournisseurs, dans la mesure où il n'est pas suffisamment adapté à chacun d'eux.

1113 TC Compiègne, 26 février 2013, RG n° 08/00492.

1114 Cass. com., 8 juillet 2008, Pourvoi n° 07-13.350, Daniel Fasquelle, Laurent Roberval, Fausse coopération commerciale : La Cour de cassation vient au secours du ministre de l'Économie et consacre le caractère autonome de l'action prévue à l'article L. 442-6 III) C. com. (ITM alimentaire c/ ministre de l'Économie), 8 juillet 2008, Concurrences N° 4-2008, Art. N° 22308, pp. 95-96. Cass. com., 8 juillet 2008, Pourvoi n° 07-13.350.

1115 Cass. com., 27 février 1990, Pourvoi n° 88-12.189.

1116 CA Poitiers, 29 janvier 2013, RG n° 11/03252.

1117 CA Orléans, 28 octobre 1999, RG n° 98/01692.

1118 CA Angers, 29 mai 2007, RG n° 06/00563.

D. Le cas spécifique des services entre franchiseur et franchisé

792. La relation entre un franchiseur et un franchisé peut prévoir un certain nombre d'obligations réciproques. Dans une affaire[1119], un franchisé mettait en cause l'obligation qu'il avait de partager son fichier client avec son franchiseur estimant qu'il s'agissait d'un avantage sans contrepartie. Cependant, la contrepartie de cette mise à disposition consistait à permettre une meilleure exploitation des coordonnées clients soit à des fins de fidélisation, soit à des fins marketing pour accroître le volume de ventes des membres du réseau, y compris le franchisé. L'argument suivant lequel ces informations auraient permis un détournement de clientèle au profit du site internet du franchiseur était sans fondement eu égard au fait que les ventes sur internet du franchiseur sur les zones de son franchisé représentaient à peine 1 % du chiffre d'affaires réalisé dans son point de vente. Par conséquent, l'obligation de partage temporaire des données clients avait bien des contreparties réelles et sérieuses, si bien que tout manquement a été écarté.

§ 4. La contrepartie remplit la condition d'effectivité

793. La contrepartie doit avoir été rendue dans les faits (A) par celui qui bénéficie en retour de l'avantage (B) et ne pas avoir été déjà rendue dans le cadre d'autres services ou obligations (C).

A. Le service doit avoir été rendu ou l'obligation remplie

794. Suivant l'approche contractuelle classique, l'absence de cause induit la nullité de la convention. Le service doit donc avoir été rendu (A-1), et ce, de manière complète et non parcellaire (A-2). Plusieurs éléments de preuve peuvent dans ce cadre être utilement soulevés (A-3).

1. Une obligation d'effectivité générale

795. La première méthode pour démontrer l'absence de contrepartie est de prouver que le service n'a pas été rendu. À ce titre, la plupart des décisions où cette méthode a été utilisée concernent des services de coopération commerciale, comme des prestations de « *stop-rayon* » ou de « *tête de gondole* »[1120]. Pour autant, cer-

---

1119 CA Paris, 22 mai 2019, RG n° 17/05279, Nicolas Éréséo, Franchise : La Cour d'appel de Paris estime que ne constitue pas une pratique commerciale déloyale l'obligation faite au franchisé de transmettre son fichier client au franchiseur (Déco Club / Carré blanc), 22 mai 2019, Concurrences N° 3-2019, Art. N° 91860. CA Paris, 22 mai 2019, RG n° 17/05279.

1120 TC Nîmes, 6 juin 2008, n° 2007J95 ; TC Toulon, 10 juillet 2008, n° 2007F00037, n° 2008F00038, n° 2008F00039, n° 2007F00040 ; CA Douai, 13 octobre 2005, RG n° 04/01971.

taines décisions concernent aussi les « *autres obligations* », quand par exemple, un distributeur proposant des études marketing spécifiques à chaque fournisseur et adaptées aux articles de ce dernier n'est pas en mesure de communiquer lesdites études[1121], n'ayant pu en l'espèce communiquer que de simples statistiques de ventes moyennes hebdomadaires.

796. Inversement, si le service mis en cause a été rendu, comme des formations par exemple[1122], la rémunération qui lui est associée ne peut être qualifiée d'avantage sans contrepartie.

2. Le service doit être totalement rendu

797. L'accomplissement par le distributeur de son obligation s'apprécie au sens large, qu'aucun service n'ait été rendu, ou bien qu'il l'ait été mais seulement partiellement. Dans ce dernier cas, une réalisation partielle du service peut alors caractériser un avantage manifestement disproportionné (voir § 833 et s.). Le champ du service doit ainsi correspondre à ce pourquoi le fournisseur le rémunère. Le juge garde toutefois une certaine latitude pour déterminer la prestation la plus caractéristique en cas de réalisation partielle.

798. **Le champ du service en pratique doit correspondre à son contenu théorique**. Dans cette affaire[1123], les services prévus n'avaient été rendus que très partiellement du fait du manque de rigueur dans la mise en œuvre des contrats. En l'espèce, le franchiseur était rémunéré pour les services commerciaux, et en raison de la mauvaise coordination des opérations, et du manque d'information des magasins en bout de chaîne, les points de vente ne disposaient pas toujours de l'espace nécessaire à la réalisation des prestations. Ainsi, le manque de rigueur dans la mise en œuvre des opérations, qui n'ont finalement été rendues que par un nombre limité de magasins, a pu être utilement soulevé pour démontrer l'absence de contrepartie.

799. **La latitude du juge pour déterminer la prestation la plus caractéristique en cas de réalisation partielle**. Dans le cas où le service corresponde à une accumulation de plusieurs services, et si seulement une partie a été remplie, le juge garde toute latitude pour apprécier la prestation la plus caractéristique du service afin de déterminer l'absence éventuelle de contrepartie. Dans une affaire par exemple[1124], le franchiseur facturait des frais spécifiques à son franchisé au titre des frais d'ouverture et de gestion annuels. Bien que le franchisé soit ouvert depuis un certain temps, la cour a estimé qu'il demeurait des frais de gestion incombant au franchiseur et découlant des publicités à l'échelon national, de l'envoi des catalogues ou de l'organisation de salons, et partant, il existait donc bien une contrepartie au versement de la somme forfaitaire. À l'inverse, dans d'autres affaires, une telle appréciation a pu conduire à la démonstration d'un avantage disproportionné (voir § 1868).

1121 CA Rennes, 12 novembre 2008, RG n° 07/05426.

1122 CA Paris, 10 décembre 2014, RG n° 11/13313.

1123 TC Roubaix-Tourcoing, 2 juin 2004, RG n° A3/1649.

1124 CA Lyon, 15 janvier 2004, RG n° 02/03192.

3. Les éléments de preuve utilement soulevés

800. **Le caractère vague des dispositions contractuelles**. L'absence de contrepartie peut être démontrée par le caractère vague et imprécis, voire absent des dispositions contractuelles. Les éléments suivants ont ainsi pu être utilement soulevés pour démontrer un avantage sans contrepartie :

- l'absence de disposition contractuelle décrivant le service. Dès lors, l'avantage correspond finalement à une ristourne inconditionnelle, laquelle ne peut donc pas faire l'objet d'un contrat de coopération commerciale[1125] ;
- le fait que les contrats soient libellés de manière générique et vague, malgré une description apparemment et faussement détaillée[1126] ;
- le fait que les périodes d'application des contrats se superposent ou se chevauchent, surtout si les libellés des contrats étaient aussi très imprécis[1127].

801. **Le non-respect de l'obligation contractuelle**. Lorsque le service consiste en une simple obligation contractuelle, le non-respect de cette obligation peut démontrer un avantage sans contrepartie. En cas d'engagement d'exclusivité par exemple[1128], le non-respect, même partiel, de cette obligation démontre l'absence de contrepartie. Il en va de même de l'octroi d'un escompte décidé unilatéralement par le distributeur, alors qu'il ne remplit pas les conditions de son obtention[1129].

802. **L'absence de preuve par le défendeur que le service ait bien été rendu**. Le changement législatif de 2005[1130] a renversé la charge de la preuve, si bien que dès lors que les services ont bien été payés par le cocontractant[1131], il appartient désormais à celui qui a bénéficié du paiement de prouver qu'il a rendu les services litigieux, et non plus audit cocontractant comme c'était le cas auparavant (voir § 1527 et s.). Dans ce cadre, et afin de prouver que les services avaient bien été rendus, le distributeur a pu présenter dans certaines affaires des attestations de ses fournisseurs indiquant que les services avaient effectivement été rendus. Cependant, de telles attestations sont généralement jugées insuffisantes étant donné, d'une part, le pouvoir de marché dont dispose le distributeur, et d'autre part, le fait que la démonstration de l'absence de contrepartie n'est généralement pas uniquement basée sur l'absence de preuve que le service ait bien été rendu[1132] (voir § 1540 et s.).

1125 CA Rennes, 5 novembre 2008, RG n° 07/04842.
1126 CA Aix-en-Provence, 29 juin 2011, RG n° 10/02209.
1127 TC Tours, 23 juin 2006, RG n° 200400593.
1128 CA Versailles, 21 février 2008, RG n° 06/07780.
1129 TC Reims, 26 juin 2007, RG n° 200600529.
1130 Loi n° 2005-882 du 2 août 2005 en faveur des petites et moyennes entreprises (loi Dutreil).
1131 Cass. com., 26 septembre 2018, Pourvoi n° 17/10173, Jean-Louis Fourgoux, Remboursement intégral : La Cour de cassation décide que des services fictifs ou les services de coopération commerciale pour des prestations que les fournisseurs assument eux-mêmes doivent être remboursés en application de l'article L. 442-6, 1° du Code de commerce (Système U / ministre de l'Économie), 26 septembre 2018, Concurrences N° 4-2018, Art. N° 88266, p. 134. Cass. com., 26 septembre 2018, Pourvoi n° 17/10173.
1132 CA Rennes, 12 novembre 2008, RG n° 07/05426 ; CA Douai, 13 octobre 2005, RG n° 04/01971.

B. Le service ou l'obligation doit être rendu par le distributeur

803. Le service peut présenter un avantage pour le fournisseur, mais si la prestation repose essentiellement sur le fournisseur lui-même, c'est finalement lui qui rend le service et non le distributeur. Ce dernier ne peut donc pas être rémunéré pour un service qu'il n'a pas rendu, sans quoi il s'agit d'un enrichissement sans cause.

804. À titre d'illustration[1133], le distributeur peut proposer au fournisseur un service consistant à optimiser la présentation de ses produits afin d'accroître ses ventes. Cependant, si le service consiste uniquement à donner la possibilité au fournisseur de tester lui-même différentes typologies *merchandising*, le distributeur ne rend pas d'autre service que de mettre à disposition son linéaire au fournisseur. La prestation étant finalement rendue par le fournisseur, le distributeur ne peut être rémunéré au titre d'un tel service. Suivant une approche similaire, il en va de même de la simple mise à disposition du magasin au fournisseur pour que ce dernier installe lui-même des présentoirs spécifiques à ses produits[1134].

C. Le service ou l'obligation ne doivent pas avoir été déjà rendus dans le cadre d'une autre obligation

805. L'empilement des obligations contractuelles réciproques complexifie d'autant l'appréciation des avantages commerciaux et des contreparties qui leur sont associés, ce qui implique la nécessité pour le bénéficiaire des avantages de particulièrement veiller à ce qu'il n'existe pas de redondances.

806. De manière générale, les avantages relèvent principalement de trois catégories : des conditions générales de vente du fournisseur, des conditions particulières de vente négociées avec le distributeur, ou encore des services commerciaux (coopération commerciale et « *autres obligations* »). Chacun de ces avantages a pour contrepartie une obligation spécifique qui lui est propre. Aussi, dans certains cas, en raison de la complexification des contrats de distribution, et la superposition des obligations qui en découle, la même obligation peut être rendue plusieurs fois. Dès lors, cela revenant à considérer que le fournisseur a payé plusieurs fois pour le même service, un des services correspond vraisemblablement à un avantage sans contrepartie.

1. Une obligation déjà rendue au travers des conditions générales ou particulières de vente

807. Tel est le cas, par exemple, d'une remise issue des conditions particulières de vente qui a la même contrepartie qu'une remise issue des conditions générales de vente, ou encore d'un service de coopération commerciale qui prévoit une mise en avant alors qu'une remise promotionnelle ayant la même finalité a aussi été conclue en parallèle.

1133 CA Rennes, 20 janvier 2009, RG n° 07/07013.

1134 CA Rennes, 12 novembre 2008, RG n° 07/05426.

808. À titre d'illustration, dans le cas où le fournisseur facture en prix départ, le distributeur ne peut lui facturer parallèlement un service lié à la logistique jusqu'au point de vente[1135]. En effet, dans ce cas, le fournisseur a déjà consenti au distributeur des conditions commerciales tenant compte du fait qu'il n'avait pas à supporter la logistique depuis le lieu d'expédition de ses marchandises. Le distributeur ne peut donc obtenir d'autres avantages liés à sa prise en charge des aspects logistiques.

809. Pour les mêmes raisons, le distributeur ne pourra pas être rémunéré pour stocker les produits dans un entrepôt central, ce qui exonère le fournisseur de livrer l'ensemble des points de vente séparément, si un tel service fait déjà l'objet d'une remise sur facture[1136]. Il ne pourra pas non plus être rémunéré pour l'entreposage des produits du fait qu'ils soient volumineux à la fois sous la forme d'une remise, et sous la forme d'un service ayant une contrepartie identique[1137]. Ces critères d'appréciation pourraient être transposés à beaucoup de services : par exemple, dans le cas où le fournisseur laisse au distributeur la charge du SAV contre la négociation d'un prix plus bas, le fait pour le distributeur de négocier un service supplémentaire lié à la gestion des retours de marchandises pourrait relever d'un avantage sans contrepartie.

2. Une obligation rendue deux fois à travers les services commerciaux

810. La comparaison des « *autres obligations* » avec les services de coopération commerciale peut aussi servir de base à la démonstration d'un avantage sans contrepartie. Par exemple[1138], si le contrat prévoit un service ayant pour but de favoriser l'introduction des nouveaux produits dans les rayons, alors que le contrat de coopération commerciale a un objectif identique, un des deux services a alors été rendu deux fois, et la rémunération de l'un d'entre eux peut alors être considérée comme relevant d'un avantage sans contrepartie.

811. De même, un service consistant en communiquer des informations relatives à l'impantation des produits ne peut être légitimé par l'augmentation de la surface de vente du distributeur de 35 % dans la mesure où cette augmentation de la surface de vente fait déjà l'objet de la facturation d'un service[1139].

[1135] Cass. com., 27 février 1990, pourvoi n° 88-12.189 ; Cass. crim., 25 juin 2008, pourvoi n° 07-80.261, Philippe Vanni, Factures inexactes – Délit de faux : La Cour de cassation condamne pour faux en écriture des entreprises ayant émis des factures inexactes (Compagnie générale de conserves), 25 juin 2008, Concurrences N° 3-2008, Art. N° 27540.

[1136] CA Rennes, 20 janvier 2009, RG n° 07/07013.

[1137] CA Nîmes, 17 janvier 2008, RG n° 05/01724 – Dans cette affaire, l'avantage sans contrepartie a été écarté au motif que le service avait été partiellement rendu. Seulement, en considérant que le service pourrait faire l'objet d'un grief en avantage disproportionné du fait qu'une partie seulement de la rémunération corresponde à un service effectivement rendu, la cour semble avoir pour partie méconnu ses propres constatations en écartant le grief d'avantage sans contrepartie pour la partie pour laquelle aucun service n'avait été rendu. Ce jugement a été confirmé par la Cour de cassation mais les moyens soulevés ne concernaient pas de ce manquement (Cass. com., 16 décembre 2008, pourvoi n° 08-13.162).

[1138] CA Rennes, 20 janvier 2009, RG n° 07/07013.

[1139] Cass. com., 26 septembre 2018, pourvoi n° 17/10173.

3. L'extension éventuelle à une obligation déjà rendue par un tiers

812. L'appréciation de la superposition entre deux services peut même aller plus loin dans le cas où les fournisseurs utilisent parallèlement les services de tiers proposant un service de plus grande qualité. Par exemple, dans la grande distribution, un nombre important de fournisseurs font appel à des panélistes pour mieux adapter leur assortiment et leur politique commerciale. Dans ce cas, et si le distributeur propose un service d'adaptation du référencement réalisé à partir de données de panélistes, son service devra apporter une plus-value supplémentaire par rapport à celui des tiers, sans quoi la rémunération du distributeur au titre de ce service peut être considérée comme un avantage sans contrepartie[1140].

813. Si les données fournies par les panélistes sont plus pertinentes que celles de la centrale (données plus fines, mieux présentées, plus complètes), alors il peut s'en déduire que ces dernières ne présentent qu'un intérêt des plus limités, et donc que la rémunération qui leur est associée relève d'un avantage sans contrepartie. L'appréciation de la plus-value du service commercial pourra se faire de plusieurs manières, par exemple, en observant qu'il dispense le fournisseur d'entretenir un service de terrain, ou encore en constatant que les préconisations du distributeur sont réellement adaptées au contexte concurrentiel local. Il est d'ailleurs possible que la plus-value ne soit pas nulle mais simplement très faible eu égard aux sommes versées, auquel cas la comparaison des deux services peut être utilisée dans le cadre de la démonstration d'un avantage manifestement disproportionné (voir 868 à 871).

814. En définitive, il est donc important que le bénéficiaire d'un avantage apprécie la plus-value rendue par ses services et s'assure du fait qu'ils ne superposent pas à d'autres services souscrits auprès de tiers, ou d'autres contreparties issues des conditions commerciales.

§ 5. La contrepartie doit présenter un intérêt commercial

815. Les services doivent être de nature à stimuler et à faciliter la revente des produits du fournisseur pour les services de coopération commerciale (L. 441-3 III 2° du Code de commerce), ou à favoriser la relation commerciale pour les « *autres obligations* » (L. 441-3 III 3° du Code de commerce). En effet, si les remises ou ristournes négociées dans le cadre de l'opération de vente des produits ou des prestations de services[1141] doivent avoir des contreparties réelles, le texte n'impose en revanche pas qu'ils soient de nature à favoriser la vente des produits ou la relation commerciale.

1140 Cass. com., 26 septembre 2018, pourvoi n° 17/10173.

1141 Telles qu'elles résultent de la négociation commerciale en référence à l'article L. 441-7 I 1° du Code de commerce.

816. Le fournisseur doit donc théoriquement trouver un intérêt commercial spécifique en souscrivant au service proposé par le distributeur, sans quoi la contrepartie peut être remise en question. En effet, la « *participation non justifiée par un intérêt commun et sans contrepartie proportionnée au financement d'une opération d'animation commerciale d'une acquisition ou d'un investissement* » relève d'un avantage sans contrepartie[1142]. Il n'est toutefois pas exclu que l'absence d'intérêt commun puisse être étendue aux conditions de l'opération de vente des produits ou des prestations de services, telles qu'elles résultent de la négociation commerciale[1143] (L. 441-3 III 1° du Code de commerce).

817. En définitive, l'absence d'intérêt commun (A) ou l'absence de caractère légitime de la contrepartie (B) peuvent contribuer à la démonstration d'un manquement d'avantage sans contrepartie, une limite existant toutefois : l'absence d'obligation de résultat (C).

A. L'absence d'intérêt commun

818. La légitimité de l'avantage est intrinsèquement liée à l'utilité que revêt pour le fournisseur la contrepartie donnée par le distributeur. Si, par exemple, les statistiques fournies par le distributeur doivent théoriquement permettre au fournisseur d'apprécier l'efficacité de sa politique commerciale, mais ne constituent que des constatations d'ordre général, sans que soit fait référence aux produits du fournisseur, les observations succinctes, voire laconiques sont manifestement insuffisantes pour dresser un bilan personnel et détaillé des ventes passées et futures du fournisseur. Ainsi, ne lui permettant pas d'individualiser ses performances ou ses faiblesses par rapport à ses concurrents, les statistiques ne présentent aucun intérêt pour le fournisseur, et la rémunération qui leur est associée constitue dès lors un avantage sans contrepartie[1144] (voir aussi § 868 et s.).

819. L'absence d'intérêt commun peut aussi découler du fait que le service rendu ne consistait qu'à mettre à disposition du fournisseur des outils de travail interne du distributeur. S'il s'agissait, par exemple, des plans d'implantation des produits dans les différents rayons en magasin, un tel service ne présentait pas d'intérêt pour le fournisseur, car, d'une part, il n'avait aucune maîtrise sur la définition des plans d'implantation par le distributeur, et d'autre part, il pouvait constater lui-même dans les magasins la stratégie du distributeur[1145]. Il en va de même lorsque les données ne correspondent en réalité qu'à des données à usage interne du magasin sans intérêt pour le fournisseur[1146].

820. L'absence d'intérêt commun peut aussi se déduire de la répartition du risque entre les deux cocontractants. À titre d'illustration, la demande de la centrale de référencement de prise en charge par le transporteur de l'aléa lié au coût du carburant afin qu'elle puisse garantir des prix fixes à ses clients n'a aucune contrepartie.

1142 Attendus du TGI de Strasbourg, 25 novembre 2011, n° 04/00454, confirmé par la CA de Colmar, 12 juin 2008, RG n° 05/05738.

1143 CA Paris, 4 octobre 2012, RG n° 11/12684.

1144 TC Romans-sur-Isère, 28 mars 2012, RG n° 2007J70079.

1145 CA Paris, 2 février 2012, RG n° 09/22350.

1146 TC Dreux, 9 octobre 2008, RG n° 2008001395.

Dès lors, il est possible de considérer que les ristournes perçues à ce titre par la centrale doivent être remboursées[1147].

821. *A fortiori*, si le cocontractant ne tire aucun bénéfice commercial du service, l'absence d'intérêt commun peut être démontrée. Tel est le cas, par exemple, du financement par un fournisseur d'une loterie organisée par un distributeur[1148]. Le fournisseur aurait dû en tirer un avantage particulier, nécessairement distinct de l'avantage diffus et général de l'augmentation du chiffre d'affaires dont auraient bénéficié tous les fournisseurs dudit distributeur. En l'absence d'un tel avantage, le financement de la loterie a été jugé comme relevant d'un avantage sans contrepartie.

822. À l'inverse, si un intérêt commun est démontré, en l'absence d'éléments supplémentaires, l'avantage sans contrepartie peut être écarté. Il en va ainsi, par exemple, du financement par une entreprise d'un site internet commun avec un partenaire commercial, dans la mesure où le site faisait bien apparaître la prétendue victime, et qu'il permettait un accroissement de sa visibilité, lequel a été attesté par le nombre de clics enregistrés[1149].

B. L'absence de caractère légitime

823. L'avantage doit avoir une contrepartie légitime car, dans le cas contraire, si elle est non applicable au fournisseur, ou non utilisable par lui dans le cadre de son activité par exemples, la rémunération qui lui correspond est par essence non proportionnée. Dès lors, la seule constatation de l'absence d'un intérêt commun peut caractériser un avantage sans contrepartie.

824. Ainsi, une contrepartie qui ne se justifie pas eu égard à l'activité de la société victime des pratiques n'est pas justifiée. Tel est le cas, par exemple, d'une ristourne correspondant à un taux de freinte, qui ne peut être justifiée d'un point de vue technique si les produits du fournisseur sont des produits préemballés[1150], ou encore d'un service lié à un maintien de gamme alors que les produits vendus ne répondaient à aucune gamme prédéterminée, faisant l'objet de commandes déterminées suivant les usages dans le secteur (pièces de boucherie fraîche)[1151].

C. Une limite : l'absence d'obligation de résultats

825. La notion d'intérêt commun se heurte toutefois à l'absence d'obligation de résultats dont bénéficie le distributeur, et ce, suivant une jurisprudence constante. Si le distributeur a ainsi l'obligation de mettre en vente les produits du fournisseur dans ses linéaires et de rendre les services pour lesquels il est rémunéré, en revanche, il n'est pas responsable de la mévente de ces derniers, quand bien même les ventes

---

1147 CA Paris, 4 octobre 2012, RG n° 11/12684, Muriel Chagny, Rupture brutale : La Cour d'appel de Paris ordonne, à la demande d'un contractant, le remboursement des ristournes perçues en violation de l'art. L. 442-6-I du Code de commerce et octroie des dommages-intérêts en réparation du préjudice causé par la rupture brutale de la relation (Coup de pâtes), 4 octobre 2012, Concurrences N° 1-2013, Art. N° 50542, pp. 119-120. CA Paris, 4 octobre 2012, RG n° 11/12684.

1148 TC Paris, 27 mai 2019, RG n° 2017009020.

1149 CA Paris, 13 mars 2017, RG n° 15/08749.

1150 CA Douai, 8 septembre 2005, RG n° 04/01257.

1151 CA Rennes, 20 janvier 2009, RG n° 08/00246.

aient été nulles sur la période dédiée à l'opération de coopération commerciale[1152]. La jurisprudence considère donc que le distributeur a une obligation de moyens, et non de résultats.

826. Il convient toutefois de préciser que ces décisions sont antérieures à l'inversion de la charge de la preuve, et qu'à l'époque le juge estimait surtout que l'absence de ventes ne prouvait pas que le service n'ait pas été rendu. Il n'est donc pas exclu qu'un juge puisse avoir une analyse différente dans le cas où un fournisseur souscrive un service d'un montant significatif sans obtenir de résultat, à plus forte raison s'il y souscrit de manière répétée dans le temps, car cela pourrait démontrer l'absence d'intérêt commun dans les faits à la souscription de tels services. Cela est d'ailleurs cohérent avec le fait que la constatation d'une rémunération très supérieure aux ventes réalisées a pu dans certains cas permettre de démontrer un avantage disproportionné (voir § 838 à 846).

§ 6. L'avantage doit être proportionné à la contrepartie

827. L'avantage doit tout d'abord exister pour être opposable (A). Ensuite, la rémunération associée au service doit être proportionnée (B) et non discriminatoire (C).

A. L'avantage doit exister

828. En l'absence d'avantage, un manquement ne peut être démontré. Tel est le cas, par exemple, du travail réalisé en interne par un fournisseur dans le but de définir une offre pour son client potentiel en application du contrat qui les liait, ce qui ne peut conduire à caractériser un manquement[1153].

829. L'avantage peut cependant revêtir n'importe quelle forme, que ce soit sous la forme d'avantages en nature ou d'avantages financiers. Concernant plus particulièrement les avantages financiers, si généralement ils correspondent à la rémunération perçue au titre de la coopération commerciale ou des autres obligations, laquelle constitue l'essentiel de la jurisprudence, le simple non-paiement des factures dues peut aussi constituer un avantage sans contrepartie[1154].

B. La rémunération associée au service ou l'obligation doit être proportionnée

830. Le fait que le service rendu soit généralement immatériel n'exonère pas celui qui le rend de la nécessité pour la rémunération du service d'être proportionnée à la prestation rendue, cette condition étant nécessaire pour considérer le service comme

---

[1152] Cass. com., 20 février 2007, pourvoi n° 04-20.449, Daniel Fasquelle, Laurent Roberval, Coopération commerciale : La Cour de cassation apporte des précisions sur le régime applicable à la preuve en matière de coopération commerciale avant la loi PME du 2 août 2005 (Vierzon Distribution), 20 février 2007, Concurrences N° 3-2007, Art. N° 13840, pp. 109-110 ; CA de Bourges, 18 octobre 2004, RG n° 04/01019.

[1153] CA Paris du 9 juillet 2010 RG n° 10/03248.

[1154] CA Montpellier du 9 novembre 2010 RG n°09/06166.

étant légitime. Néanmoins, en raison des particularités liées à la quantification de la disproportion, ce critère fait l'objet d'une partie spécifique (voir § 833 et s.).

C. La rémunération ne doit pas être discriminatoire

831. Depuis la loi de modernisation de l'économie de 2008, la discrimination a été supprimée du dispositif sanctionnant les pratiques restrictives de concurrence, raison pour laquelle ces dispositions antérieures ne font pas l'objet de développements spécifiques, n'étant désormais plus applicables. Pour autant, certains jugements de pratiques discriminatoires reposent sur des analyses dont certains attendus pourraient être transposables à la démonstration d'un avantage sans contrepartie. En effet, un avantage donné à titre discriminatoire est par essence non justifié, il n'a donc vraisemblablement pas de contrepartie. La Cour de cassation a ainsi rappelé la nécessité de rechercher en quoi les conditions commerciales demandées ou octroyées par l'un des partenaires étaient justifiées par des contreparties réelles[1155].

832. À titre d'illustration[1156], un fournisseur octroyant une remise de 3 % à un type de distributeur particulier (pharmacies) mais pas à un autre (parapharmacies), la remise en question a donc été jugée comme relevant d'une pratique discriminatoire. Pour autant, il n'est pas exclu que la qualification d'avantage sans contrepartie puisse être recherchée dans la mesure où il n'existe pas de contrepartie déterminée à une telle remise.

Section 3
L'avantage « *manifestement disproportionné* »

833. À l'inverse de l'absence de contrepartie, dont la démonstration est relativement dichotomique, celle d'un avantage disproportionné implique d'apprécier la proportion existant entre l'avantage consenti et la valeur ajoutée du service rendu. En définitive, et suivant la même approche que précédemment, il s'agit de déterminer si l'intérêt commun des parties pour le service justifiait le niveau de rémunération qui lui était associé.

834. En premier lieu, cette appréciation ne s'oppose pas au principe de liberté de fixation des prix prévu par l'ordonnance n° 86-1243 du 1er décembre 1986 relative à la liberté des prix et de la concurrence (1). En second lieu, le caractère disproportionné peut se déduire de la comparaison du coût supporté par le fournisseur avec le montant des ventes pendant l'opération (2), ou avec le coût de l'opération supporté par le fournisseur (3), ou encore le coût de services équivalents (5). Il peut aussi se déduire des modalités de calcul des rémunérations litigieuses (4) ou encore de l'appréciation *in concreto* du service par l'analyse de son contenu (6).

[1155] Cass. com., 16 décembre 2009, pourvoi n° 06-21.118.

[1156] CA Versailles, 27 janvier 2005, RG n° 03/06500.

835. En tout état de cause, la difficulté inhérente à la démonstration de ce type de manquement, moins clairement balisé que l'avantage sans contrepartie, peut expliquer pourquoi il existe moins de décisions relatives à des manquements en obtention d'avantage manifestement disproportionné, et ce, d'autant que la notion de « déséquilibre significatif » peut offrir plus de souplesse à cet égard.

§ 1. La compatibilité avec le principe de libre fixation des prix

836. Depuis 1986, les acteurs privés sont libres de définir le niveau du prix qu'ils souhaitent pratiquer. Néanmoins, le législateur a gardé la capacité de sanctionner d'éventuels abus manifestes, et ce, que ce soit au travers des pratiques anticoncurrentielles, ou bien des pratiques restrictives de concurrence. Ainsi, sur le principe, la démonstration d'un manquement reposant sur la constatation que le service est facturé à un niveau de prix tel qu'il porte atteinte à l'ordre public économique, n'est donc pas incompatible avec la liberté des prix accordée aux acteurs économiques.

837. La jurisprudence a ainsi rappelé que le principe de liberté des prix ne constitue pas une liberté absolue, cette dernière s'exerçant dans le cadre de différentes réglementations œuvrant dans l'intérêt général[1157]. Il appartient *in fine* à la juridiction invoquée d'apprécier au fond, et dans le respect notamment de ce principe, les demandes et les moyens invoqués par l'administration dans le cadre de procédures civiles sur la base de l'article L. 442-1 du Code de commerce[1158].

§ 2. La comparaison avec le montant des ventes

A. Le montant des ventes pendant l'opération commerciale (services de coopération commerciale)

1. La seule comparaison avec le montant des ventes est insuffisante

838. Comme précisé précédemment (voir § 825 et 826), le distributeur n'a pas d'obligation de résultat quant au service qu'il propose, notamment car il est possible que le produit ne corresponde pas aux attentes de la demande. Ainsi, le faible niveau des ventes du (ou des) produit(s) faisant l'objet du service commercial ne permet pas toujours de démontrer que le niveau de rémunération associé au service est disproportionné[1159].

1157 CA Paris, 2 février 2012, RG n° 09/22350.

1158 CA Nîmes, 25 février 2010, RG n° 07/00606.

1159 CA Rennes, 20 janvier 2009, RG n° 07/07013 ; Cass. com., 20 février 2007, Pourvoi n° 04-20.449 ; CA Bourges, 18 octobre 2004, RG n° 04/01019. Ces décisions sont généralement antérieures à la LME et le renversement induit de la charge de la preuve au bénéfice du demandeur.

839. Dans certains cas toutefois, la comparaison du chiffre d'affaires des produits concernés avec le montant payé par le fournisseur a pu contribuer à démontrer l'obtention d'un avantage manifestement disproportionné. En effet, si l'opération peut éventuellement influer positivement sur les ventes de toute la gamme du fournisseur, la comparaison entre le montant payé au distributeur et les ventes limitées aux produits concernés par l'opération demeure néanmoins pertinente[1160].

840. Tel est le cas par exemple[1161], lorsque le montant payé par le fournisseur au titre du service était environ 10 fois supérieur au montant des ventes réalisées pendant l'opération, dans un contexte où de surcroît certains magasins n'avaient pas été approvisionnés en produits pendant la période promotionnelle. Ne s'agissant pas de produits nouveaux, et étant donné son expérience, le distributeur aurait dû être en mesure d'évaluer le chiffre d'affaires induit par l'opération commerciale. Dans une autre affaire[1162], la disproportion trouvait son origine dans le fait que les montants de coopération commerciale étaient négociés en amont entre les fournisseurs et le franchiseur, et qu'ensuite chaque magasin mettait en œuvre lui-même les opérations ainsi contractualisées, et ce, indépendamment du montant de rémunération du service fourni.

841. La comparaison peut même être encore plus fine, car dans certaines affaires, il a été considéré que l'intérêt commun réside non de la constatation d'un chiffre d'affaires en produits supérieur au coût de la prestation supporté par le fournisseur, mais que seule l'existence d'une marge supérieure à ce coût permet de conclure à l'existence d'un intérêt commun[1163]. Par conséquent, quand bien même le chiffre d'affaires soit supérieur au montant de l'opération financé par le fournisseur, si la marge qu'il avait obtenu était négative, cela pourrait démontrer l'absence d'intérêt commun à la souscription du service, et partant une disproportion manifeste.

842. Néanmoins, cette condition n'a pas toujours été jugée pertinente, ce qui a conduit à des divergences de jurisprudence en la matière. Dans une affaire par exemple[1164], partant du principe que le service peut être légitimement négocié en amont, soit un moment où par définition le chiffre d'affaires est inconnu, les juges ont estimé que le fait que le montant supporté par le fournisseur soit supérieur au chiffre d'affaires réalisé ne saurait constituer *de facto* une violation de l'article L. 442-1 au titre d'un avantage manifestement disproportionné.

843. La Cour de cassation a finalement tranché récemment en estimant que « *si la faiblesse du chiffre d'affaires réalisé par le distributeur sur le ou les produits concernés par une action de coopération commerciale pendant la période de référence au regard de l'avantage qui lui a été consenti ou l'absence de progression significative des ventes pendant cette période de référence peuvent constituer des éléments d'appréciation de l'éventuelle disproportion manifeste entre ces deux éléments, elles ne peuvent à elles seules constituer la preuve de cette disproportion manifeste, les distributeurs qui*

1160 CA Angers, 10 juin 2008, RG n° 07/01769.

1161 CA Nîmes, 17 janvier 2008, RG n° 05/01724 confirmé par Cass. com., 16 décembre 2008, Pourvoi n° 08-13.162.

1162 CA Angers, 10 juin 2008, RG n° 07/01769.

1163 CA Bourges, 10 décembre 2009, RG n° 09/00464 ; Voir aussi CA Versailles, 24 septembre 2009, RG n° 08/05366.

1164 CA Versailles, 24 septembre 2009, RG n° 08/05366.

concluent des accords de coopération commerciale n'étant pas tenus à une obligation de résultat [... et dès lors] qu'en se déterminant par de tels motifs impropres à caractériser une disproportion manifeste entre les avantages obtenus par la société Carrefour et la valeur des services rendus, la Cour d'appel n'a pas donné de base légale à sa décision »[1165]. Il semble désormais qu'une telle approche ne soit plus acceptée par la jurisprudence en l'absence d'autres éléments pour corroborer la disproportion, position suivie par la Cour d'appel dans cette affaire[1166].

844. Par conséquent, la disproportion ne peut être tirée de la seule constatation d'une disproportion manifeste entre le chiffre d'affaires réalisé avec le produit concerné, et le prix de la rémunération du service versée au distributeur.

2. Une utilisation possible de l'argument du montant des ventes sous certaines conditions

845. Une telle comparaison peut néanmoins contribuer à la démonstration dans le cadre d'une accumulation d'indices laissant présumer la disproportion, si en plus de ce premier critère, aucune vente n'a été réalisée, ou si les libellés de contrats étaient imprécis[1167], ou encore par la persistance de la souscription au service, le fournisseur ne semblant en tirer qu'un bénéfice très limité.

846. Par ailleurs, l'évolution de la rémunération versée au distributeur peut aussi être comparée utilement à l'évolution du chiffre d'affaires du fournisseur, notamment si la participation demandée aux fournisseurs d'une année sur l'autre est sans corrélation avec l'évolution de leur chiffre d'affaires, par exemple, si un fournisseur paye deux fois plus alors que son chiffre d'affaires a baissé de 50 % (d'autres critères avaient aussi été utilisés – voir § 883 à 885)[1168].

847. Toutefois, le seul constat de l'accroissement brutal de la rémunération des services au bénéfice du distributeur ne constitue pas nécessairement un avantage disproportionné, notamment dans le cas où le chiffre d'affaires a également fortement progressé sur la période. En l'espèce, le chiffre d'affaires avait quasiment doublé sur la période et le taux de coopération commerciale était passé de 2 % à 23 %. D'autres éléments montraient également que le fournisseur ne contestait pas le montant des services et négociait des contreparties, ce qui attestait du caractère négociable du contrat avec le distributeur.

B. Le montant des ventes découlant du contrat (services correspondant aux « *autres obligations* »)

848. Dans le cadre du contrat liant un franchiseur avec son franchisé, ce dernier ne peut démontrer une disproportion en comparant les ventes réalisées en direct grâce au système centralisé de l'enseigne avec les rémunérations versées dans le cadre du

---

1165 Cass. com., 27 avril 2011, Pourvoi n° 10-13.690.

1166 CA Orléans, 12 avril 2012, RG n° 11/02284.

1167 Le jugement définitif (CA Orléans, 12 avril 2012, RG n° 11/02284) a seulement réformé partiellement la décision initiale (CA Bourges, 10 décembre 2009, RG n° 09/00464) et notamment pour des services vis-à-vis desquels les ventes de produits n'avaient pas été négligeables.

1168 TC Compiègne, 26 février 2013, RG n° 08/00492.

contrat. En l'espèce[1169], il s'agissait de prestations hôtelières, le courant d'affaires découlant non seulement du propre système du franchiseur, mais aussi des autres circuits classiques de réservation. Dès lors, il ne pouvait être soutenu que l'apport du franchiseur se limitait aux réservations directes, les services étant plus larges et susceptibles d'avoir un impact sur les ventes indirectes.

§ 3. La comparaison avec le coût de l'opération supporté par le cocontractant

849. La comparaison de la rémunération versée au cocontractant, comme le distributeur par exemple, avec le coût de revient de l'opération en elle-même supporté par ce dernier, dans le cas où ce coût est dérisoire par rapport aux montants versés par les fournisseurs, peut aussi contribuer à étayer la démonstration d'un avantage disproportionné, et notamment à l'appui de la comparaison avec le chiffre d'affaires réalisé durant la période. Dans une affaire par exemple[1170], le fournisseur avait payé 25 % du coût d'une des prestations (catalogue) bien qu'elle concernait près d'une centaine de fournisseurs, dans un contexte où ses produits étaient de surcroît mal mis en valeur.

850. Néanmoins, à l'instar de la comparaison avec le montant des ventes, la seule comparaison de la rémunération versée par le fournisseur avec le coût supporté par le distributeur n'est pas toujours suffisante. Dans une affaire par exemple[1171], près de la totalité du coût du catalogue avait été financé par une quinzaine de fournisseurs. Cependant, d'une part, le coût pris en compte ne comportait pas les coûts de diffusion, et donc ne correspondait pas au coût total de l'opération, et d'autre part, aucun élément n'avait été versé afin de comparer les marges bénéficiaires de chacun des partenaires pour apprécier leur intérêt respectif à l'opération, si bien que finalement le caractère disproportionné n'a pas été retenu.

851. Le principe d'une telle comparaison a aussi été validé dans le cadre d'un litige opposant un éditeur de jeux vidéo et une société octroyant des licences pour la fabrication desdits jeux[1172]. La prestation comportait, d'une part, le pressage des disques, et d'autre part, l'utilisation d'une technologie spécifique pour permettre le fonctionnement du jeu compatible avec la console. Sur le premier point, l'éditeur avait pu utilement mettre en avant le prix de prestatations similaires pour des CD-Rom qui pouvaient être comparable. Sur le second point en revanche, son argument était fondé sur la comparaison avec le prix de licence payé pour des supports Blu-Ray. Le demandeur n'avait toutefois pas démontré en quoi les dispositifs de protection étaient comparables, alors même que les technologies utilisées dans les deux cas n'étaient pas identiques en raison de contraintes techniques différentes.

852. Dans une affaire, la disproportion a été démontrée en comparant le coût de l'opération (remise à titre gratuit de 1 800 unités pour un coût de 24 K €) avec les

---

1169 CA Paris, 28 novembre 2012, RG n° 10/06796.

1170 CA Nîmes, 17 janvier 2008, RG n° 05/01724, confirmé par Cass. com., 16 décembre 2008, Pourvoi n° 08-13.162.

1171 CA Versailles, 24 septembre 2009, RG n° 08/05366.

1172 CA Paris, 4 octobre 2017, RG n° 16/06674.

ventes réalisées avec le distributeurs en cause (11 000 unités seulement), ce qui représentait finalement l'équivalent d'une remise de 14 %[1173]. Le bénéfice commercial dont a bénéficié le distributeur a ainsi été considéré comme disproportionné par rapport à celui dont a bénéficié le fournisseur.

853. Dans le cadre de clauses liées à la résiliation d'un contrat, si l'application d'une clause permet au cocontractant de bénéficier d'une somme supérieure à celle dont il aurait bénéficié en cas d'exécution du contrat, alors un déséquilibre pourrait probablement être démontré[1174].

854. De manière générale, il peut être difficile de déterminer de manière exacte les coûts supportés par le cocontractant, nécessitant des calculs de coût de revient soumis à caution, notamment quand une partie de la prestation est internalisée. Si cette comparaison constitue un argument, cela explique aussi pourquoi ce seul constat n'est pas toujours suffisant pour démontrer un manquement.

§ 4. Les modalités de calcul des rémunérations disproportionnées ou le contexte

855. Les modalités de calcul des rémunérations peuvent permettre de démontrer la disproportion : que ce soit par rapport au mode de calcul en lui-même (A), ou en cas de régularisation *ex post* d'un engagement contractuel (B), ou si le service n'avait été que partiellement rendu (C), ou encore la marge dégagée par le cocontractant ayant bénéficié du service en question (D).

A. La formule de base utilisée

856. Dans certains contrats, il peut exister deux modes de rémunération : l'un au forfait, l'autre en pourcentage. Dans l'hypothèse où le distributeur choisit systématiquement le mode de financement qui lui est le plus favorable, en l'occurrence celui au forfait, indépendamment des dispositions contractuelles convenues avec le fournisseur, cela peut caractériser un avantage disproportionné[1175].

857. Dans le même esprit, il est nécessaire que les critères pris en compte dans le calcul soient ceux initialement convenus et ne conduisent pas à gonfler artificiellement le montant des rémunérations versées au distributeur. Tel peut être le cas, par exemple, si la rémunération, bien que théoriquement proportionnelle à la surface de vente des magasins du distributeur, était en réalité calculée sur la base de la surface totale des centres commerciaux, ce qui permettait dès lors au distributeur de bénéficier d'une rémunération manifestement disproportionnée[1176].

1173 CA Paris, 13 juin 2018, RG n° 18/04602.

1174 Le montant de pénalité a été réduit en application de l'article 1152 du Code civil, mais les considérants pourraient être utilisés en application du dispositif sanctionnant le déséquilibre significatif qui avait d'ailleurs été invoqué par le demandeur (CA Bordeaux, 31 janvier 2017, RG n° 15/02631).

1175 TC Lille, 4 mars 2008, RG n° 2006-03753 ; TGI Hazebrouck, 7 mai 2008, RG n° 06/00167.

1176 TGI Hazebrouck, 7 mai 2008, RG n° 06/00167.

B. La régularisation *ex post* d'un engagement contractuel

858. Un engagement de taux moyen promotionnel annuel relève de la négociation entre les parties et, en cela, n'est pas discutable dans son principe. En revanche, si le taux effectivement consenti en fin d'année n'atteint pas le niveau prévu, le distributeur ne peut pas demander à son fournisseur de payer la différence afin d'atteindre le niveau théorique du taux moyen promotionnel initialement convenu. En outre, cette constatation se trouvait renforcée par le fait que l'avantage avait été rétrocédé sous la forme de service commercial, une forme différente de celle initialement prévue, laquelle ne permettait pas à l'époque une baisse du prix au profit du consommateur comme c'est le cas d'un taux promotionnel figurant sur facture. Dès lors, cette régularisation *ex post* de l'engagement contractuel relevait d'un avantage disproportionné, l'indu correspondant au complément demandé. Au surplus, le caractère unilatéral de la démarche du distributeur se trouvait renforcé par le fait que les services facturés par ce dernier avaient été directement compensés sur des factures de marchandises.

859. La régularisation *ex post* d'avantages peut également caractériser un avantage sans contrepartie (v. § 746 et s.).

C. Le fait que le service n'ait été que partiellement rendu

860. Le fait que le service n'ait été que partiellement rendu a pu être avancé pour tenter de démontrer une disproportion entre le coût facturé et le service rendu. Dans une affaire par exemple[1177], une société mettait en avant qu'elle n'avait pas obtenu tous les rapports prévus dans le cadre de la convention de services signée avec le cabinet de consultant. Pour autant, elle avait été à l'origine de la rupture dudit contrat et ne pouvait donc s'en prévaloir pour démontrer un éventuel manquement au titre de la disproportion.

861. Pour autant, cette approche a pu prospérer lorsque l'écart a pu être démontré, par exemple en analysant le nombre de magasins ayant mis en place le service (1), ou le nombre de fournisseurs ayant bénéficié du service (2).

1. Le nombre de magasins ayant mis en place le service

862. La proportion peut aussi se déduire du nombre de points de vente ayant rendu le service en pratique par rapport au nombre théoriquement prévu au contrat. Dans une affaire[1178], une centrale d'achats proposait un service de « *singularisation* » qui consistait à réorganiser les produits dans les magasins, et à adapter leur assortiment, ainsi que leur présentation dans le temps (voir § 788). Ce service avait été souscrit par un grand nombre de fournisseurs, mais à l'aval moins de 20 % des points de vente l'avaient en retour souscrit auprès de la centrale d'achats.

1177 CA Paris, 14 février 2018, RG n° 16/07983.

1178 Cass. com., 8 juillet 2008, Pourvoi n° 07-13.350.

De plus, seule une partie de ces 20 % avait eu le temps matériel de mettre en œuvre les changements proposés dans le cadre du service. En définitive, le nombre de magasins ayant rempli le service a été jugé à ce point disproportionné que la clause de « *singularisation* » a été annulée de l'ensemble des contrats.

2. Le nombre de fournisseurs ayant bénéficié du service

863. Un avantage disproportionné peut aussi être démontré si un service souscrit par un nombre important de fournisseurs n'est en réalité rendu que partiellement et pour une partie d'entre eux. Dans une affaire par exemple[1179], le service proposé par le distributeur était un service général comprenant notamment des prestations d'animation, de déploiement d'une force de vente dédiée, et de mise en avant des produits en magasin ou sur prospectus. Or l'action des animateurs commerciaux ne concernait que très peu de fournisseurs, l'implantation des produits était réalisée par les fournisseurs eux-mêmes, et de manière plus générale, seulement une partie des services étaient rendus. En définitive, les moyens étant largement sous-estimés par rapport à l'objectif du service, ces éléments ont permis de démontrer un avantage disproportionné une partie seulement des services ayant été rendus.

D. La marge dégagée par le cocontractant

864. Comme indiqué précédemment (voir § 841), le juge a pu estimer dans certains cas que des données de marges pouvaient être nécessaires afin d'apprécier les intérêts respectifs des parties prenantes à la réalisation de telle ou telle opération commerciale. En pratique, de telles données sont difficiles à produire, aussi une analyse circonstanciée peut-elle être menée pour caractériser une éventuelle disproportion.

865. Dans une affaire par exemple[1180], les opérations de coopération commerciale « *stop-rayon* » étaient systématiquement précédées plusieurs semaines auparavant par des prix promotionnels qui, d'une part, diminuaient encore la marge des fournisseurs, et d'autre part, avaient un véritable effet sur les ventes de produits, bien plus que ces opérations « *stop-rayon* » pour lesquelles le distributeur n'a pas été en mesure de prouver l'effet sur les ventes de produits. Eu égard aux circonstances de l'espèce, la rémunération associée à ces services de coopération commerciale a donc été jugée disproportionnée.

866. Tel n'est pas le cas, en revanche, d'une indemnité de résiliation de la location de matériel consistant à régler les loyers restants sur la durée du contrat[1181].

867. Tel n'est pas le cas non plus du montant de la prime d'assurance pour garantir des marchandises entreposées. Dans une affaire[1182], le fournisseur avait entreposé de la marchandise chez un transporteur, qui, suite à une mauvaise

---

[1179] TC Orléans, 11 décembre 2009, RG n° 2008/7224.

[1180] CA Bourges, 10 décembre 2009, RG n° 09/00464. Après cassation partielle (Cass. com., 27 avril 2011, Pourvoi n° 10-13.690), le jugement définitif (CA Orléans, 12 avril 2012, RG n° 11/02284) a seulement réformé partiellement la décision initiale et notamment validé l'appréciation ici développée.

[1181] CA Paris, 12 décembre 2016, RG n° 15/15179.

[1182] CA Angers, 2 décembre 2014, RG n° 13/00373.

manipulation, a rendu l'un des conteners impropre à la revente. Les juges ont considéré que le fournisseur n'était pas fondé à comparer le montant versé au titre de l'assurance des marchandises avec le montant du plafond de garanti stipulé dans les conditions générales de vente du transporteur pour le litige en question au motif que l'assurance couvrait davantage de marchandises que celles objet du litige.

§ 5. La comparaison avec des services équivalents fournis par des tiers

868. L'appréciation du caractère disproportionné de la rémunération d'un service peut aussi se baser sur la comparaison entre le coût supporté par le fournisseur au titre du service litigieux avec celui de services similaires proposés par des tiers.

A. Exemples de services équivalents rendus par des tiers

1. Les services bancaires

869. Si le service rendu par le distributeur consiste en des facilités de paiement, son coût peut être comparé avec celui de services bancaires équivalents. Dans une affaire par exemple[1183], ce type de comparaison a permis de conclure au caractère proportionné de la rémunération. En l'espèce, la rémunération du distributeur était effectivement plus élevée que celle de services bancaires, mais les services étaient plus souples et ne présentaient pas un caractère obligatoire, le fournisseur ayant souscrit au service de manière discontinue.

2. Les services de fourniture de statistiques

870. Si le service rendu par le distributeur consiste en la fourniture de statistiques de vente, son coût peut être comparé avec celui de services rendus par les panélistes. Dans une affaire par exemple[1184], la comparaison du prix payé pour ces statistiques avec celui payé à des panélistes pour des données au demeurant davantage détaillées, a permis de démontrer le caractère disproportionné de la rémunération perçue par le distributeur. En l'espèce, les données fournies par le distributeur étaient difficilement exploitables et ne donnaient pas une vision globale du marché, ce qui conduisait les fournisseurs à acheter par ailleurs des données plus complètes aux panélistes, alors même que le prix payé au distributeur était entre 10 à 20 fois supérieur à celui payé aux panélistes. D'autres critères supplémentaires avaient aussi étayé la démonstration tels que la disproportion entre le prix et le coût de revient pour le distributeur, ou encore l'absence de logique dans la tarification du distributeur vis-à-vis de ses fournisseurs.

1183 CA Nîmes, 25 février 2010, RG n° 07/00606 – La qualification retenue était celle de l'abus de dépendance économique. Toutefois, ces attendus semblent transposables à la qualification d'avantage disproportionné.

1184 CA Paris, 2 février 2012, RG n° 09/22350.

3. Les services souscrits auprès du franchiseur

871. Le fait pour un franchisé de facturer pour un même service, un prix supérieur à celui convenu entre le fournisseur et son franchiseur, peut être utilisé pour démontrer une éventuelle disproportion. Dans cette affaire[1185], la cour avait conclu que la facturation supplémentaire obtenue par le magasin ne correspondait pas de manière univoque à un avantage manifestement disproportionné dans la mesure où, les faits étant antérieurs à l'inversion de la charge de la preuve, elle a considéré que l'administration n'avait pas apporté la preuve que des prestations complémentaires n'avaient pas été réalisées. Ce jugement est toutefois intéressant en ce qu'il introduit la possibilité de comparer les services facturés initialement par la centrale de référencement avec ceux qui seront facturés par le point de vente, afin de caractériser une éventuelle disproportion à contenu de service équivalent.

4. Les services de comptabilité

872. L'externalisation de la comptabilité vers un cocontractant ne constitue pas un avantage disproportionné dans le cas où le prix ne semble pas manifestement excessif et en l'absence de toute comparaison avec d'autres opérateurs économiques de taille équivalente[1186].

5. Les services de redevance d'accès à des logiciels

873. La comparaison des taux de redevance versés pour l'accès à des logiciels est susceptible d'être utilisée pour démontrer un manquement sous réserve de démontrer une disproportion. Dans une affaire[1187], les taux de redevance appliqués se situaient entre 41 et 48 % sur la période, et représentaient environ 30 % des prix de revente au détail des produits. Or en réalité, le taux de redevance allégué avait été artificiellement gonflé par la diminution significative au cours du temps du coût de revient à la charge de l'éditeur. En outre, ce dernier mettait en avant un taux usuel de 10 % sans qu'il soit démontré qu'il puisse être applicable au secteur très spécifique en cause. Enfin, le taux appliqué par des fabricants de consoles concurrents pour une autre partie du marché (celle des jeux compatibles avec de nouvelles générations de consoles) était aligné avec celui dont le caractère manifestement disproportionné était allégué, dans un contexte où d'autres plateformes appliquaient des taux de redevance très élevés (comme Apple, par exemple, qui appliquait une redevance de 30 %). À la lumière de ces différents éléments, et bien que le principe de la comparaison ait été validé, les éléments apportés par le demandeur n'ont pas permis de démontrer un avantage manifestement disproportionné.

1185 CA Rennes, 20 janvier 2009, RG n° 08/00246.

1186 CA Paris, 10 décembre 2014, RG n° 11/13313.

1187 CA Paris, 4 octobre 2017, RG n° 16/06674.

B. La nécessité d'une équivalence entre les services

874. Pour que le coût du service rendu par le distributeur puisse être comparé avec celui de services rendus par des tiers, il est indispensable que les services soient relativement équivalents. Ainsi, il n'est pas pertinent pour un distributeur de comparer la rémunération obtenue au titre d'un catalogue avec le montant nécessaire pour diffuser une publicité à la radio ou à la télévision, les deux canaux n'ayant pas la même finalité[1188]. En l'espèce, une publicité par ces médias a pour but de faire connaître les produits du fournisseur sur une échelle très large, indépendamment du magasin alimentaire dans lequel ils sont commercialisés, alors que le catalogue a pour but d'attirer des clients en les détournant des points de vente concurrents.

875. Il n'est pas non plus possible de comparer entre des prestations de *consulting* faute de préciser les délais de réalisation des prestations respectives et de pouvoir comparer les services aboutis[1189].

§ 6. L'appréciation *in concreto* du service rendu par le distributeur

876. Une appréciation concrète du service, au regard de l'environnement économique dans lequel il s'insère, peut aussi étayer la démonstration d'un avantage disproportionné, et ce, en complément ou indépendamment de toute comparaison comme base d'étalonnage.

A. Le contenu au support de la comparaison avec une base d'étalonnage

877. En plus d'une comparaison du coût supporté par le fournisseur avec une base d'étalonnage (service identique de tiers, coûts supportés par le distributeur, chiffre d'affaires réalisé par le fournisseur sur la période, etc.), d'autres critères peuvent aussi être utilisés afin d'étayer la démonstration d'un avantage disproportionné :

- pour la fourniture de statistiques de vente : le contenu du service est peu exploitable et ne donne pas une vision exhaustive du marché comparativement à des services de panélistes[1190] ;
- pour un service de mise en avant sur prospectus : les produits du fournisseur étaient mal mis en avant alors qu'il finançait 25 % du coût de l'opération[1191].

878. Ainsi, l'appréciation du contenu peut renforcer la démonstration du caractère proportionné ou non de la rémunération associée à un service.

1188 CA Nîmes, 17 janvier 2008, RG n° 05/01724, confirmé par Cass. com., 16 décembre 2008, Pourvoi n° 08-13.162.
1189 CA Paris, 14 février 2018, RG n° 16/07983.
1190 CA Paris, 2 février 2012, RG n° 09/22350.
1191 CA Nîmes, 17 janvier 2008, RG n° 05/01724, confirmé par Cass. com., 16 décembre 2008, Pourvoi n°08-13.162.

B. Le contenu comme seule base de la démonstration du manquement

879. La seule analyse du contenu peut éventuellement permettre de démontrer un avantage manifestement disproportionné. Dans une affaire par exemple[1192], le distributeur proposait un service d'analyse marketing théoriquement personnalisé suivant chaque fournisseur et son activité spécifique. Pourtant en pratique, l'analyse des contenus communiqués par le distributeur a permis de démontrer qu'il s'agissait seulement de données générales non personnalisées en fonction de chaque fournisseur, et commentées de manière marginale, attestant dès lors du caractère disproportionné de la rémunération associée au service.

880. Ainsi, il est nécessaire au distributeur d'adapter son offre à chacun de ses fournisseurs. En effet, si un service peut correspondre à une contrepartie réelle pour certains, cela n'est pas forcément le cas pour d'autres fournisseurs étant donné leur spécificité propre. Par exemple[1193], dans le cas d'un service donnant accès à des financements, la situation est totalement différente pour un fournisseur utilisant le service, par rapport à un fournisseur n'utilisant pas ou très peu le service, et ce d'autant que ce dernier avait payé un prix bien supérieur à celui versé par la société utilisant davantage le service. Dès lors, il s'infère de la comparaison des rémunérations versées par chaque fournisseur, et de la constatation que le prix facturé par le distributeur présente un caractère aléatoire indépendant de son coût (lequel dépend notamment de l'utilisation qui en est faite par le fournisseur) que la rémunération présente un caractère manifestement disproportionné (voir § 1874).

C. Le pouvoir d'appréciation discrétionnaire du juge

881. Il est possible au juge de considérer sur la base d'un faisceau d'indices précis et pertinents que la rémunération versée pour des services a été manifestement disproportionnée, et de décider de manière discrétionnaire quel aurait dû être le niveau de rémunération adéquat (v. § 1869 et s.).

882. Dans une affaire par exemple[1194], les services de coopération commerciale étaient libellés de manière floue et leur contenu n'était pas clairement défini, si bien qu'il pouvait être difficile de distinguer les services entre eux, notamment les services « *classification, sélection, assortiment des produits* » des services de « *mise en avant en magasin* ». À ce titre, le seul service paraissant correspondre à une vraie contrepartie (l'utilisation d'un centre de règlement des fournisseurs) était celui qui était facturé le moins cher (seulement 1,2 % du chiffre d'affaires). En définitive, les rémunérations associées aux services de coopération commerciale n'étaient pas établies en considération de la consistance des services rendus, mais en fonction d'un taux global arrêté préalablement. Un courrier du distributeur indiquait en effet au fournisseur que pour être compétitif il était nécessaire d'affecter 50 %

1192 CA Paris, 2 février 2012, RG n° 09/22350.

1193 CA Nîmes, 25 février 2010, RG n° 07/00606.

1194 Cass. com., 11 septembre 2012, pourvoi n° 11-14.620 ; voir aussi pour davantage de précisions, le jugement en appel, CA Paris, 19 janvier 2011, RG n° 07/22152.

du chiffre d'affaires à la coopération commerciale, ce taux ayant effectivement été constaté chez d'autres fournisseurs concurrents. Sur la base de l'ensemble de ses éléments, les juges ont considéré que les rémunérations étaient manifestement disproportionnées.

D. Autres cas

883. Une société avait facturé une prestation de service consistant simplement à mettre en relation son client avec des gardiens d'immeubles, et d'envoyer deux simples courriers à l'administration[1195]. Eu égard au montant de la prestation facturée 80 000 €, le juge a estimé que le prix n'aurait pas dû excéder 30 000 €[1196].

884. L'objectif quantitatif imposé par un fournisseur à un détaillant peut constituer un avantage disproportionné s'il est hors de proportion avec la consommation réelle du détaillant. Dans une affaire par exemple[1197], le fournisseur imposait une obligation d'approvisionnement à hauteur de 150 HL, alors que la consommation moyenne du détaillant se situait aux alentours de 80 HL. Pour autant, le contrat n'avait jamais été exécuté, ni résilié sur la base de cette exigence contractuelle, comme la non-atteinte de ces objectifs n'avait pas donné lieu à des réclamations quant à la différence du niveau d'approvisionnement, le contrat de fourniture de matériel ayant même été amorti sur la base du temps restant à courir et non sur la base des quantités de bières qui auraient dû être achetées. Par conséquent, cet engagement ne constituait pas un avantage manifestement disproportionné au détriment du détaillant.

885. La rémunération associée à la prestation de service consistant pour la centrale d'achats à organiser des salons professionnels dans le but de présenter les produits du fournisseur à ses adhérents, peut être remise en cause si le distributeur n'apporte aucun élément permettant de corréler les montants demandés au titre du service avec des éléments susceptibles de déterminer objectivement le prix de cette participation : nature et nombre de produits présentés, positionnement des produits dans la gamme de la centrale d'achats, nombre de m² et positionnement au sein du salon[1198]. En outre, la centrale n'avait pas non plus démontré que des commandes importantes n'entrant pas dans le champ de son activité classique avaient été conclues dans le cadre de ces salons, si bien que la rémunération associée à ce service a été considérée comme disproportionnée.

Section 4
Les problématiques spécifiques

886. L'approche peut être particulière dans certaines situations, notamment dans le cadre des accords de gamme (1), ou si le produit faisant l'objet du contrat est un produit sous marque de distributeur (2).

1195 CA Aix-en-Provence, 7 septembre 2011, RG n° 10/05892.
1196 Le jugement n'indique pas les éléments ayant permis d'arriver à une telle conclusion.
1197 CA Montpellier, 6 mars 2013, RG n° 11/06291.
1198 TC Compiègne, 26 février 2013, RG n° 08/00492.

§ 1. Les accords de gamme

887. La problématique des accords de gamme est ancienne et peut paraître, de prime abord, avoir été appréhendée de manière hétérogène par la jurisprudence. Cette partie vise donc à dresser un bilan en la matière pour déterminer aussi clairement que possible si les « *accords de gamme* » sont compatibles avec l'article L. 442-1 du Code de commerce.

A. Définition d'un « *accord de gamme* »

888. Un « *accord de gamme* » consiste pour le fournisseur à rémunérer le distributeur afin que ce dernier référence une part déterminée, voire la totalité, de sa gamme. Dans la pratique, cette contrepartie a pu être rémunérée sous la forme d'une remise ou bien d'un service commercial (de coopération commerciale ou relevant des « *autres obligations* »).

889. En référence aux développements précédents (voir § 780 à 788), si un service ne présente pas de caractère spécifique, alors la rémunération qui lui est associée constitue un avantage sans contrepartie au sens de l'article L. 442-1 du Code de commerce. Suivant cette approche, les « *accords de gamme* » ont pu être considérés dans certains cas comme non spécifiques à la relation commerciale (B), la rémunération qui leur était associée constituant dès lors un avantage sans contrepartie. Par ailleurs, si la jurisprudence n'a pas toujours été très constante en la matière, il convient de relever que les faits litigieux auxquels ces affaires faisaient référence, étaient dans la plupart des cas antérieurs au reversement de la charge de preuve opéré suite à l'application de la loi Dutreil de 2005 (C).

B. L'accord de gamme considéré comme un service non spécifique

890. Si l'« *accord de gamme* » relève des conditions commerciales négociées entre les deux partenaires, un tel avantage est donc lié à la commande. D'une part, son effectivité est simple à démontrer, et d'autre part, l'engagement coïncide avec l'opération d'achat-vente. Il est donc envisageable pour un fournisseur d'octroyer à son distributeur une remise contre l'engagement que son client lui commandera une part déterminée de sa gamme.

891. En revanche, si l' « *accord de gamme* » consiste en un service commercial (2° et 3° de l'article L. 441-3 III du Code de commerce), le distributeur est alors théoriquement déjà propriétaire des marchandises. Le service devant être exorbitant des obligations d'achat et de vente des produits, le distributeur ne peut dès lors prétendre à être rémunéré, car cela reviendrait à lui permettre d'obtenir une rémunération du seul fait de la possession des marchandises, et constituerait ainsi un enrichissement sans cause.

1. L'accord de gamme ne va pas au-delà des obligations d'achat et de vente

892. Dans un arrêt qui constitue la base jurisprudentielle en la matière[1199], la Cour de cassation avait estimé que « *les obligations des détaillants se limita[nt] à la réalisation d'un chiffre d'affaires annuel déterminé, à maintenir en exposition un échantillonnage complet de la gamme de produits, et à collaborer à la politique commerciale de la société [victime des pratiques] [...] n'allaient pas au-delà des simples obligations résultant des achats et des ventes, et que ces objectifs généraux ne pouvaient être considérés comme des obligations particulières exorbitantes des relations commerciales habituelles et susceptibles de recevoir de la part du fournisseur une rémunération spéciale* ». Suivant ces considérations, les accords de gamme ne semblent donc pas pouvoir donner lieu à une rémunération du distributeur au titre d'un service commercial.

893. Cette approche a été confirmée dans une autre affaire[1200], la cour considérant qu'un service consistant à référencer l'intégralité de la gamme d'un fournisseur n'allait pas au-delà des simples obligations résultant des achats et des ventes. Les services en question allaient théoriquement plus loin que le seul référencement, en proposant par exemple une optimisation de la gamme suivant la période, mais la redondance des services entre la centrale de référencement et la centrale d'achats, le fait que les produits n'étaient soumis à aucune saisonnalité, ou encore le fait que la mise en rayon des produits soit inhérente à la fonction de distributeur, ont contribué à démontrer l'avantage sans contrepartie.

894. Cette approche a également été confirmée dans une affaire où le service en question de « *tronc d'assortiment commun* » ou « *TAC* » consistait en plusieurs services consistant à définir et à optimiser l'assortiment des produits en magasin[1201]. Les services étaient à ce point mal définis qu'ils n'étaient pas compris de manière uniforme par les fournisseurs. En outre, les recommandations communiquées par le distributeur sur l'implantation des produits étaient si vagues que les fournisseurs devaient réaliser le travail directement en magasin pour prendre en compte les spécificités locales, démontrant ainsi la plus-value limitée des services rendus par le distributeur, alors qu'au contraire la plus-value apportée en la matière par les fournisseurs était reconnue par les responsables de points de vente locaux. Au-delà de ces considérations, les juges ont considéré que ce type de prestation relevait de la fonction essentielle de la centrale d'achats consistant à référence pour l'ensemble de ses adhérents des produits et d'en négocier le prix, et ce, d'autant que ces services sont probablement facturés à ces adhérents également[1202].

1199 Cass. com., 27 février 1990, Pourvoi n° 88-12.189.

1200 CA Grenoble, 17 décembre 2009, RG n° 07/03290.

1201 Cass. com., 26 septembre 2018, Pourvoi n° 17/10173, Jean-Louis Fourgoux, Remboursement intégral : La Cour de cassation décide que des services fictifs ou les services de coopération commerciale pour des prestations que les fournisseurs assument eux-mêmes doivent être remboursés en application de l'article L. 442-6, 1° du Code de commerce (Système U / ministre de l'Économie), 26 septembre 2018, Concurrences N° 4-2018, Art. N° 88266, p. 134. Cass. com., 26 septembre 2018, Pourvoi n° 17/10173.

1202 CA Paris, 8 février 2017, RG n° 15/02170.

895. Par ailleurs, l'optimisation de la gamme, au travers d'un service d'« *analyse de l'assortiment* » par exemple, a aussi été jugée comme n'allant pas au-delà des obligations d'achat et de vente du fait que rien ne soit communiqué au fournisseur, les études réalisées par le distributeur restant ainsi d'une portée uniquement interne[1203]. Dans l'hypothèse où ces études eues été communiquées, il n'est pas exclu que cela ait pu infléchir la position du juge pour autant que le service apporte une plus-value réelle au fournisseur.

2. L'accord de gamme ne doit pas créer de distorsion de concurrence

896. Ces considérations relèvent généralement davantage du droit des pratiques anticoncurrentielles, mais il a pu arriver qu'elles soient abordées sous l'angle des pratiques restrictives de concurrence. Dans une affaire par exemple[1204], même si la pratique visée à la base relevait d'un comportement discriminatoire, les arguments paraissent transposables à la démonstration d'un manquement en avantage sans contrepartie, notamment en partant du principe qu'un « *accord de gamme* » doit s'appliquer à des produits de nature identique. En l'espèce, l'octroi d'une remise pour des produits cosmétiques à des pharmacies et non aux parapharmacies en raison d'un effet de gamme pour les premiers n'était pas justifié si les pharmaciens, bénéficiaires de cette remise étaient les seuls à pouvoir commercialiser la gamme complète en raison d'une règlementation particulière (couplage entre produits pharmaceutiques et produits cosmétiques). En définitive, la démonstration reposait sur la considération qu'une telle remise de gamme n'avait pas de contrepartie réelle, car aucun effet de gamme ne peut exister entre des produits qui ne soient pas de même nature eu égard aux contraintes techniques et réglementaires s'appliquant à leur commercialisation.

3. L'accord de gamme est inconsistant en l'absence d'engagement quantitatif

897. Indépendamment de savoir si un « *accord de gamme* » va intrinsèquement au-delà des obligations d'achats et de vente, il est possible de démontrer directement l'absence de contrepartie si rien dans le contrat ne permet de vérifier ou de quantifier la nature de l'engagement véritable du distributeur[1205]. Ces éléments sont de nature à mettre en doute le caractère spécifique des services rendus, caractère nécessaire pour considérer les services comme exorbitants des obligations d'achat et de vente[1206]. À plus forte raison, le fait que des produits de la gamme ne soient pas présents en linéaire atteste généralement du caractère fictif du service[1207].

1203 CA Rennes, 20 janvier 2009, RG n° 08/00246.

1204 CA Versailles, 27 janvier 2005, RG n° 03/06500.

1205 TC Manosque, 6 mai 2008, n° 2006/000120 ; TC Tours, 23 juin 2006, n° 200400593 ; CA Rennes, 20 janvier 2009, RG n° 08/00246.

1206 TC Tours, 23 juin 2006, n° 200400593.

1207 CA Rennes, 20 janvier 2009, RG n° 08/00246.

C. Des jurisprudences contradictoires mais antérieures à l'inversion de la charge de la preuve en 2005

898. La différence d'approche entre les décisions relatives à des faits antérieurs à 2005 et celles concernant des pratiques postérieures à cette date doit être prise en compte. En effet, lorsque les faits étaient antérieurs à 2005, il incombait au demandeur, soit généralement à l'administration, et non au défendeur, d'apporter la preuve que le service n'avait pas été rendu. Par conséquent, la démonstration a pu faire défaut et ainsi expliquer certaines décisions visant à considérer les « *accords de gamme* » comme relevant de contreparties effectives, et ce, finalement non pas parce que les services allaient au-delà des obligations d'achats et de ventes, mais plutôt parce que le demandeur n'avait pas su démontrer que le service n'avait pas été rendu.

899. Dans une affaire[1208], un distributeur avait facturé un service de préconisation de gamme à destination de ses magasins, alors que parallèlement il bénéficiait d'une ristourne de gamme, comme il référençait la totalité de la gamme du fournisseur. La cour a considéré que les rémunérations associées aux deux services ne faisaient pas doublon au motif que la préconisation de gamme présentait un caractère spécifique, et que l'administration n'avait pas démontré la non-effectivité de ce service, ni que l'ensemble des références n'ait pas été mis en vente. Toutefois, la remise dont bénéficiait le distributeur consistait à acquérir une gamme complète. Aussi, quand bien même le service de préconisation ait été effectivement rendu, la Cour d'appel semble avoir méconnu ses propres constatations, car si la ristourne avait pour contrepartie l'engagement de commercialiser la totalité des produits, il importe finalement peu que le distributeur procède à des préconisations de gamme auprès de ses magasins, son engagement premier consistant à commercialiser la totalité de la gamme auprès de ces derniers.

900. De la même manière, la Cour de cassation a estimé que la « *« détention de gamme » par laquelle un fournisseur est assuré de la présence dans les linéaires d'une partie très importante ou de l'intégralité de sa gamme de produits constitue une prestation spécifique* »[1209]. À première vue, cet arrêt semble entrer en contradiction avec le fait de considérer l'accord de gamme comme n'allant pas au-delà des obligations d'achat et de vente (voir § 892). Toutefois, cette conclusion était essentiellement tirée du fait que le demandeur n'avait pas apporté la preuve de l'absence de service effectivement rendu. Ainsi, le moyen consistant à analyser en quoi le service se détachait de l'obligation d'achat et de vente n'avait pas été soumis. À cet effet, le fait que la marchandise ait été achetée paraît difficilement compatible avec la possibilité pour le distributeur d'être rémunéré ensuite à ce titre. Cela reviendrait à un enrichissement sans cause, les services commerciaux

---

1208 CA Reims, 5 novembre 2007, RG n° 06/01898.

1209 Cass. com., 20 février 2007, Pourvoi n° 04-20.449, Daniel Fasquelle, Laurent Roberval, Coopération commerciale : La Cour de cassation apporte des précisions sur le régime applicable à la preuve en matière de coopération commerciale avant la loi PME du 2 août 2005 (Vierzon Distribution), 20 février 2007, Concurrences N° 3-2007, Art. N° 13840, pp. 109-110. Cass. com., 20 février 2007, Pourvoi n° 04-20.449.

devant nécessairement être distincts des conditions commerciales découlant des obligations d'achat et de vente.

901. En définitive, étant donné leurs lacunes respectives, ces jugements ne semblent pas s'opposer aux développements présentés dans la partie précédente, consistant à apprécier la rémunération d'un « *accord de gamme* » sous forme de service commercial, comme relevant d'un avantage sans contrepartie.

§ 2. Les produits sous marque de distributeur (MDD)

902. Pour considérer qu'un produit est à marque de distributeur, il est nécessaire que ses caractéristiques soient définies par le distributeur en référence de l'article L. 112-6 du Code de la consommation qui précise : « *est considéré comme produit vendu sous marque de distributeur le produit dont les caractéristiques ont été définies par l'entreprise ou le groupe d'entreprises qui en assurent la vente au détail et qui est le propriétaire de la marque sous laquelle il est vendu* ».

903. Aucune affaire relative à des manquements en avantage sans contrepartie ou manifestement disproportionné sur un fondement civil ne concernait des produits à marque de distributeur sur la période analysée, ce type de problématique, à travers notamment les services commerciaux, concernant essentiellement les produits à marque nationale. Pour autant, si la rémunération par le fournisseur d'un service de mise en avant des produits à ses marques peut paraître légitime, un tel service paraît en revanche plus discutable quand il s'agit de produits à marque de distributeur, et ce, d'autant que dans un certain nombre de cas, le même produit MDD peut être fabriqué par plusieurs fournisseurs.

904. La Commission d'examen des pratiques commerciales a ainsi rendu un avis dans ce sens[1210] en indiquant que « *la commercialisation d'un produit MDD ne peut donner lieu à une facturation par le distributeur de prestations de services ayant pour objectif la mise en avant du produit élaboré par le fournisseur auprès des consommateurs* », notamment car cet outil n'est « *absolument pas adapté au cas des MDD produits de fidélisation des clients à l'enseigne et non au fabricant* »[1211].

905. Cette approche a, par ailleurs, été reprise dans un arrêt de la Cour de cassation particulièrement intéressant[1212], où il était reproché à la tête de réseau d'avoir obtenu des avantages sans contrepartie notamment dans le but de masquer ses prix d'achats réels vis-à-vis de ses franchisés. Les produits considérés étaient pour partie des produits MDD et les attendus du jugement sont très clairs en ce qu'ils confirment, à l'appui de la position de la CEPC, que la Cour de cassation considère les services commerciaux relatifs aux produits MDD comme sans

---

1210 CEPC, recommandation du 1er septembre 2009 n° 10-01 relative à l'élaboration des contrats de marques de distributeurs.

1211 CEPC, avis du 1er janvier 2009 n° 09-13, venant compléter le dispositif de questions-réponses relatif à la mise en œuvre de la loi de modernisation de l'économie, point n° 09120906.

1212 Cass. crim., 25 juin 2008, Pourvoi n° 07-80.261. Ce jugement est original car il s'agit d'une procédure pénale en faux en écriture privée sur la base de l'article 441-1 du Code pénal, et non d'une procédure civile sur la base de l'article L. 442-1 du Code de commerce.

réelle contrepartie. En conséquence, la rémunération qui leur est associée relève d'avantages sans contrepartie.

906. Plus précisément, la cour considère que « *la mise en avant de ces produits [MDD] ne procure, en tout état de cause, [au fournisseur] aucun avantage particulier, étant observé au demeurant que [le fournisseur] n'est pas le seul fournisseur de la [MDD] et qu'elle ne pourrait, en tout état de cause, satisfaire à des commandes supplémentaires alors que les volumes sur lesquels elle s'engage constituent des maxima ; que, par conséquent, la présence sur les cadenciers [du distributeur] toute l'année, des produits sous MDD [...] ne saurait être assimilée à une opération de «diffusion de marque» faite dans l'intérêt du fournisseur, pour mettre en avant un produit de sa marque auprès des consommateurs ; que l'avantage prétendu [...] et sa rémunération imposée corrélativement au fournisseur [...], apparaissent donc dépourvus de fondement réel* ».

907. Au demeurant, les services éventuellement souscrits par un fournisseur auprès du distributeur doivent aussi être appréciés dans le contexte particulier de ce type de relation commerciale. Par exemple, tout service visant à optimiser l'adéquation du produit avec les attentes du marché relève clairement du distributeur, et partant, un tel service ne peut avoir de contrepartie réelle. En effet, les produits MDD répondent au cahier des charges du distributeur qui en le définissant est responsable de l'adéquation du produit avec la demande (voir aussi sur la définition de produit MDD § 675 et 676).

908. En définitive, il est peu probable qu'un service commercial attaché à la fourniture d'un produit à marque de distributeur puisse ne pas relever d'un manquement au titre de l'avantage sans contrepartie.

Section 6
Conclusion

909. Les cases de couleur verte correspondent à des conditions qui si elles ne sont pas remplies peuvent caractériser directement un manquement au titre des dispositions du L. 442-1 I 1° du Code de commerce. Pour les autres, le non-respect de cette seule condition n'est pas toujours suffisant.

L'avantage sans contrepartie à la disproportion en valeur

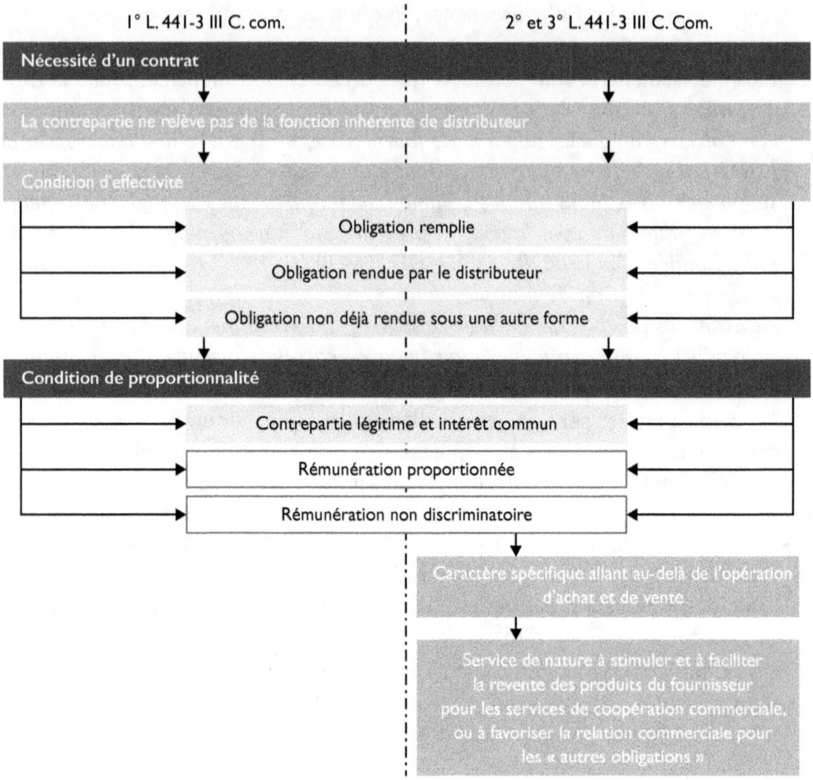

Chapitre 2
Le déséquilibre significatif

910. L'article L. 442-1 du Code de commerce prévoit qu'« engage la responsabilité de son auteur et l'oblige à réparer le préjudice causé le fait, dans le cadre de la négociation commerciale, de la conclusion ou de l'exécution d'un contrat, par toute personne exerçant des activités de production, de distribution ou de service [...] *2° De soumettre ou de tenter de soumettre l'autre partie à des obligations créant un déséquilibre significatif dans les droits et obligations des parties* ».

911. La sanction du déséquilibre significatif entre les droits et obligations des parties a été introduite en remplacement de celle « *d'abus de dépendance économique* » ou son pendant « *l'abus de puissance d'achat* ». En effet, étant donné la difficulté de démontrer la condition préalable, soit un état de dépendance économique ou réciproquement une situation de puissance d'achat, les dispositions antérieures ont été peu mises en œuvre. Ce manquement peut être invoqué de manière cumulative avec d'autres manquements, comme l'avantage sans contrepartie par exemple[1213].

912. L'introduction de la notion de « *déséquilibre significatif* » entre les droits et obligations des parties vise ainsi à sanctionner toute asymétrie significative dans la relation commerciale entre deux entreprises indépendamment du poids que la relation représente dans l'activité de chacune d'elles. Une telle asymétrie peut donc être sanctionnée *per se*, ce qui met à niveau ce manquement avec les autres pratiques prohibées par l'article L. 442-1 du Code de commerce, sa mise en œuvre n'étant désormais plus soumise à une condition initiale restrictive. Néanmoins, à l'instar de la pratique décisionnelle relative à la rupture de relation commerciale, il n'est pas exclu que le constat d'une dépendance économique de la société victime puisse accentuer la gravité de la pratique, et par conséquent, le montant du préjudice et de la sanction.

913. Introduite dans le cadre de la loi n° 2008-776 du 4 août 2008, dite « LME », la notion de « *déséquilibre significatif* » a été jugée trop imprécise par certains opérateurs, ce qui pouvait être de nature, selon eux, à porter atteinte au principe de légalité des délits et des peines consacré par l'article 8 de la Déclaration des droits de l'homme et du citoyen de 1789. Néanmoins, le Conseil constitutionnel a validé la notion de « *déséquilibre significatif* »[1214]. En premier lieu, il rappelle que cette notion est utilisée en droit de la consommation (en référence à l'article L. 132-1 du Code de la consommation), sa mise en œuvre donnant lieu à des précisions par la jurisprudence sans que son interprétation puisse encourir la critique d'arbitraire. En second lieu, il met en avant que les avis de la Commission

---

1213 CA Paris, 16 mai 2018, RG n° 17/11187.

1214 Cons. const., 13 janvier 2011, n° 2010-85 DC, Établissements Darty et Fils [Déséquilibre significatif dans les relations commerciales].

d'examen des pratiques commerciales constituent un premier guide pour apprécier la compatibilité des pratiques avec l'article L. 442-1 du Code de commerce.

914. En tous cas, cette notion a donné lieu à une construction jurisprudentielle des plus intéressantes, qui s'est peu à peu étendue à de nombreux secteurs et types de litiges. La pratique décisionnelle a démontré au cours de son développement que le déséquilibre significatif demeure une option intéressante dans le cadre du règlement de litiges commerciaux. Plus souple dans son application que les dispositions classiques du Code civil sur le consentement par exemple[1215], cette notion est sans conteste un levier intéressant à actionner si les circonstances de l'espèce s'y prêtent.

915. Afin de démontrer un tel manquement, il est nécessaire au préalable de vérifier qu'un certain nombre de conditions initiales sont remplies (1). Les clauses litigieuses peuvent être susceptibles de créer un déséquilibre contractuel (3), ou bien plus simplement un déséquilibre financier (2). Il existe toutefois certaines limites à la démonstration d'un manquement en déséquilibre significatif (4). Enfin, la démonstration d'un manquement est susceptible d'avoir différentes conséquences suivant les circonstances de l'espèce (5).

Section 1
Conditions d'applications initiales

§ 1. Champs d'application

916. Premièrement, il n'est plus nécessaire depuis 2019 que la société qui se prétend victime ait la qualité de partenaire économique vis-à-vis de la société qu'elle met en cause, ce qui constituait une condition préalable sous l'égide des anciennes dispositions[1216] (voir § 1633 et s.).

917. Deuxièmement, le texte peut s'appliquer à tout moment de la vie du contrat, non seulement après sa conclusion et durant son exécution, mais également lors de la phase de négociation. La révision du dispositif en 2019 a clarifié ce point, mettant ainsi le texte en cohérence avec le fait qu'il permette de sanctionner tant la soumission à un déséquilibre significatif, que la simple soumission.

918. Troisièmement, le manquement relatif au déséquilibre significatif ne peut être formé que lorsque les conventions auxquels les faits se rapportent ont été conclues postérieurement au 1er janvier 2009, date d'entrée en vigueur du manquement correspondant au déséquilibre significatif[1217]. Dans ce cadre, il importe peu qu'un

---

[1215] Une décision est assez intéressante à ce titre dans la mesure où les manquements invoqués portaient non seulement sur le consentement classique en droit commun des contrats et sur le déséquilibre significatif en pratiques commerciales restrictives (CA Paris, 11 octobre 2017, RG n° 15/03313). Il est intéressant de constater que seul le déséquilibre significatif a pu en l'espèce être démontré dans cette affaire.

[1216] CA Lyon, 13 mars 2014, RG n° 12/06585.

[1217] TC Paris, 9 février 2012, RG n° 2010024988 ; CA Metz, 24 mai 2012, RG n° 12/00311 ; CA Montpellier, 18 septembre 2012, RG n° 11/03272 ; CA Paris, 17 décembre 2018, RG n° 14/09533 ; CA Paris, 3 octobre

avenant ait été conclu[1218] ou qu'une reconduction tacite soit intervenue[1219] postérieurement à cette date dans la mesure où les clauses litigieuses portent sur le contrat initial, lequel a été conclu avant cette date. À noter que la juridiction spécialisée n'a pas à effectuer de recherche relative à un déséquilibre significatif si la demande a été fondée sur des pratiques discriminatoires dans la mesure où cette interdiction a été supprimée en 2008[1220]. Une limite importante apparaît toutefois dans un jugement de la Cour d'appel de Paris en 2017. Si elle écarte l'application du déséquilibre significatif aux contrats signés antérieurement à la loi, elle précise que les effets légaux desdits contrats, à les supposer établis, et l'exécution des obligations découlant de ces contrats pourraient être analysés au regard du déséquilibre significatif[1221], ce qui a également un impact sur la prescription (voir § 1452).

919. Quatrièmement, le texte sanctionnant le déséquilibre significatif ne se limite pas aux clauses contractuelles insérées dans les contrats signés entre les partenaires commerciaux, mais vise également les pratiques entre ces mêmes partenaires commerciaux, aucune distinction n'étant faite par le texte et l'équilibre des droits et obligations des parties pouvant être modifié par des pratiques non prévues dans la convention écrite[1222].

920. Cinquièmement, ces dispositions ne peuvent s'appliquer dans l'hypothèse où ait été conclu un protocole transactionnel. Ce dernier revêt en effet la force exécutoire ayant les effets d'un jugement de dernier ressort en application de l'article 2052 du Code civil, sa nature de transaction expressément visée par les parties reposant sur des concessions réciproques. Les dispositions relatives au déséquilibre significatif ont donc été écartées, les juges rappelant qu'une transaction peut être remise en cause en cas de vice de consentement en application de l'article 2053 du Code civil[1223] (désormais les dispositions de droit commun des contrats), ou en l'absence de concessions réciproques en application de l'article 2044 du Code civil[1224].

§ 2. Le litige doit être rattachable à une obligation

921. Le litige soit rattachable à une obligation spécifique[1225], ou générale. Il paraît en effet logique que le déséquilibre significatif soit lié à une obligation. En l'absence d'une telle obligation, si par exemple la clause visée ne constitue qu'une simple déclaration, elle ne peut constituer un manquement au titre du déséquilibre significatif. Dans une affaire par exemple, un distributeur avait inscrit dans ces contrats

---

2018, RG n° 16/05817 ; CA Paris, 3 avril 2019, RG n° 16/16071.

1218 CA Paris, 30 juin 2017, RG n° 16/08818.

1219 CA Paris, 10 janvier 2018, RG n° 15/01717.

1220 Cass. com., 15 mars 2017, Pourvoi n° 15-17.053 ; Cass. com., 15 mars 2017, Pourvoi n° 15-17.054.

1221 CA Paris, 7 décembre 2017, RG n° 17/06910.

1222 CA Paris, 16 mai 2018, RG n° 17/11187.

1223 CA Paris, 21 mars 2017, RG n° 16/06315.

1224 CA Paris, 19 avril 2017, RG n° 15/24221.

1225 TC Paris, 20 mai 2014, RG n° 2013/0707793.

une clause précisant qu'« *au terme de leur négociation, les parties déclarent que l'ensemble des clauses et conditions récapitulées dans le présent contrat-cadre et ses annexes sont équitables, chacune participant à l'équilibre contractuel voulu de part et d'autre sans lequel elles n'auraient pas contracté. Les parties déclarent avoir négocié de bonne foi, puis signé le contrat librement sans aucune soumission de l'une à l'autre* »[1226]. En effet, une telle clause n'établissant de droits ou obligations au profit de l'une ou l'autre des parties, elle ne peut constituer un manquement au titre du déséquilibre significatif.

922. Le manquement relatif au déséquilibre significatif peut être invoqué non seulement sur une clause présente au contrat, mais aussi sur une clause supprimée de ce dernier à l'issue de la renégociation de son contenu[1227].

923. L'évaluation du déséquilibre significatif peut aussi être effectuée au regard des conditions d'exécution du contrat indépendamment des stipulations contractuelles. Si l'existence d'une obligation paraît être un préalable théorique à la démonstration d'un manquement, une ouverture a pu être faite dans une affaire invoquant le principe d'exécution normale du contrat. En l'espèce, un mandataire gérant exploitant un point de vente avait attaqué son mandant sur la base d'un déséquilibre significatif notamment en invoquant des problèmes de gestion des stocks, du logiciel ou encore des locaux mis à sa disposition[1228]. Le stock insuffisamment fourni occasionnait des ruptures, de même que le logiciel obsolète mis à la disposition du gérant. S'agissant des locaux, si la partie réservée au public ne présentait pas d'anomalies, le reste des locaux était en mauvais état, voire insalubre. Ayant failli à ses obligations en ne mettant pas à disposition du mandataire gérant les moyens permettant une gestion normale du fonds de commerce, la société propriétaire a été condamnée à verser des dommages et intérêts. Bien que le lien entre déséquilibre significatif et la condamnation ne soit pas très clair à la lecture du jugement, il paraît intéressant en ce qu'il semble ouvrir la possibilité de mettre en œuvre le déséquilibre significatif en opposant non seulement les clauses contractuelles, mais aussi la réalité concrète dans laquelle s'insérait la relation commerciale, et notamment en invoquant le principe de bonne foi.

§ 3. L'existence d'un rapport de force

924. Au-delà de l'existence d'une obligation, il est nécessaire, pour caractériser un manquement, de démontrer la soumission (A) ou la tentative de soumission (B) à un déséquilibre significatif entre les droits et obligations des parties. Cela implique la démonstration de l'absence de négociation effective, l'usage de menaces ou de mesures de rétorsion visant à forcer l'acceptation impliquant cette absence de négociation effective[1229].

925. Cette condition est une condition préalable à la démonstration d'un manquement, si bien qu'en son absence il n'est pas utile de rechercher l'existence ou non d'un

---

1226 TC Paris, 20 mai 2014, RG n° 2013/0707793.
1227 CA Paris, 6 février 2014, RG n° 12/04086.
1228 TC Paris, 11 février 2014, RG n° 2012079077.
1229 CA Paris, 16 mai 2018, RG n° 17/11187.

déséquilibre[1230]. Réciproquement, l'absence de caractérisation de ce critère dans la décision peut priver cette dernière de base légale[1231].

A. La soumission

926. La condition de soumission ne suppose pas l'exercice de pressions irrésistibles ou de coercition mais l'existence d'un rapport de force économique et déséquilibré entre les parties[1232].

927. La soumission à de telles conditions déséquilibrées peut être démontrée par plusieurs moyens que ce soit en analysant le fonctionnement du marché en lui-même à travers l'appréciation du pouvoir de marché du fournisseur ou du pouvoir de négociation de l'acheteur, ou encore en analysant le fonctionnement du contrat en lui-même, et les conditions de renégociation par exemple.

1. Les contrats d'adhésion

928. À ce titre, le contrat d'adhésion, défini comme « *celui qui comporte un ensemble de clauses non négociables, déterminées à l'avance par l'une des parties* »[1233], constituera un premier guide sur lequel le juge pourra se baser pour démontrer concrètement le rapport de force pouvant exister entre les deux cocontractants. Cette approche a pu être utilisée non seulement dans le secteur de la grande distribution[1234], mais également dans d'autres secteurs :

- dans le secteur de la fourniture de produits et de services de photocopiage et d'impression[1235] : les concessionnaires, revendeurs exclusifs du fournisseur, s'étaient vus imposer un certain nombre de clauses litigieuses identiques sans pouvoir en négocier le contenu, y compris après qu'ils se soient réunis en amont de la procédure judiciaire ;
- dans le secteur de la vente en ligne *via* une place de marché[1236] : compte tenu de ses besoins d'automatisation, cette dernière imposait un contrat-type à l'ensemble des vendeurs tiers qui souhaitaient l'utiliser ;
- dans le secteur de l'industrie[1237] : pour mettre en cause, par exemple, certaines clauses imposées par un donneur d'ordre actif dans la fabrication de turbines et ses sous-traitants ;
- dans le rapport entre un franchiseur et son franchisé, ces derniers ne pouvant négocier le cadre contractuel proposé par l'enseigne[1238]. Le fait qu'il s'agisse de contrat d'adhésion était conforté par le franchiseur lui-même selon lequel

---

1230 Cass. com., 8 juin 2017, Pourvoi n° 15.15.417.

1231 Cass. com., 14 février 2018, Pourvoi n° 17 11924.

1232 TC Paris, 13 octobre 2020, RG n° 2017005123.

1233 Article 1110 du Code civil.

1234 CA Paris, 19 avril 2017, RG n° 15/24221.

1235 CA Paris, 11 octobre 2017, RG n° 15/03313.

1236 TC Paris, 2 septembre 2019, RG n° 2017050625.

1237 CA Paris, 12 juin 2019, RG n° 18/20323, Sibylle Chaudouet, Déséquilibre significatif : La Cour d'appel de Paris donne des précisions utiles en matière de preuve et de sanction d'un déséquilibre significatif (GEEPF), 12 juin 2019, Concurrences N° 3-2019, Art. N° 91847. CA Paris, 12 juin 2019, RG n° 18/20323.

1238 TC Paris, 13 octobre 2020, RG n° 2017005123.

l'homogénéité des contrats de franchise est indispensable à tout réseau de franchise pour permettre de développer une identité commune, qui serait indispensable à l'homogénéité du réseau. Le franchiseur considérait donc logique que les contrats soient tous rédigés sur le même modèle. Le fait qu'il s'agissait d'un contrat d'adhésion était aussi conforté par le fait que certaines dispositions issues du contrat américain étaient vraissemblablement inapplicables, comme la référence au « *comté* » de résidence du franchisé.

929. À noter qu'une clause découlant directement d'un contrat-type utilisé par tout un secteur (en l'occurrence celui du transport de marchandises) ne peut constituer un manquement au titre de la soumission à un déséquilibre significatif[1239].

930. La démonstration de manquements au titre du déséquilibre significatif est donc plus simple en présence de contrats d'adhésion, compte tenu de l'absence de négociabilité des clauses pouvant poser problème. Cette distinction fondamentale explique vraisemblablement les raisons pour lesquelles certaines clauses bien que potentiellement déséquilibrées n'ont pas été jugées comme relevant d'un manquement, ce qui a pu amener certains auteurs à parler d'un déséquilibre significatif à deux vitesses[1240].

931. Pour autant, indépendamment de l'existence ou non d'un contrat d'adhésion, l'analyse peut aussi porter sur différents critères.

2. La part de marché de la société mise en cause

932. La part de marché de la société mise en cause a, par exemple, pu être utilisée pour caractériser la position de force de la société imposant des pratiques déloyales. La détermination du seuil de parts de marché à partir duquel il est possible d'estimer que le cocontractant dispose d'un pouvoir de marché important dépend du secteur. À titre d'illustration, le fait de disposer d'une part de marché de 15 à 20 % environ peut être suffisant dans le secteur de la grande distribution[1241], et insuffisant dans d'autres secteur, comme par exemple dans le secteur de la sous-traitance en chaudronnerie industrielle[1242]. Dans le secteur de la réservation d'hôtels en ligne, la plateforme sanctionnée disposait d'une part de marché supérieure à 30 %[1243].

933. L'appréciation est plus souple qu'en droit des pratiques anticoncurrentielles, dans la mesure où il n'est pas nécessaire d'avoir une définition aussi stricte que celle du marché pertinent pour apprécier la structure du marché[1244].

934. Il est d'ailleurs important de souligner que la démonstration d'une position dominante de l'entreprise n'est pas nécessaire à l'application du texte. La jurisprudence considère une telle position dominante non pas comme une condition *sine qua non* mais comme pouvant participer au faisceau d'indices permettant de caractériser la soumission, puisque la position dominante détenue sur un marché rend plus

---

1239 CA Paris, 6 septembre 2016, RG n° 15/21026

1240 Behar-Touchais M. Un déséquilibre à deux vitesses. JCP G, 2015, doctr. 603.

1241 20 % environ : TC Paris, 20 mai 2014, RG n° 2013/0707793. – 16,9 % : Cass. com., 27 mai 2015, Pourvoi n° 14-11.387.

1242 CA Paris, 30 mai 2014, RG n° 11/23178.

1243 CA Paris, 21 juin 2017, RG n° 15/18784.

1244 CA Paris, 12 juin 2019, RG n° 18/20323.

facile à l'acteur en bénéficiant de refuser toute négociation du contrat d'adhésion qu'il propose[1245].

3. La structure du marché en général

935. Au-delà des seules parts de marché, la structure du marché en général et la place de la société mise en cause peuvent être mis en avant. Dans une affaire par exemple, la société se présentait comme « *leader* » de son marché de la fabrication de turbine, seul producteur en France, si bien qu'au regard des spécificités du secteur de l'industrie de haute technologie de l'énergie, son chiffre d'affaires et sa place dans le commerce international, ses fournisseurs ne pouvaient se passer d'un tel fabricant[1246]. De même, une place de marché en ligne disposant d'un chiffre d'affaires mondial très important et dont le principal concurrent en France disposait d'un chiffre d'affaires trois à quatre fois moins important, disposait d'une puissance importante, d'autant que les vendeurs l'utilisant étaient très atomisés (tant en taille qu'en chiffre d'affaires), réalisaient une part substantielle de leur chiffre d'affaires avec elle (entre 15 et 35 %) et que la dynamique d'évolution du marché lui était significativement favorable[1247].

936. Dans une autre affaire[1248], la société mise en cause, une enseigne de restauration rapide, se situait à la deuxième place en France, sa marque ayant un rayonnement mondial. En outre, elle était la seule à donner au consommateur la possibilité de choisir parmi plusieurs ingrédients ceux qui seront utilisés dans son sandwich ou sa salade. Dès lors, le faible coût d'entrée couplé au caractère unique de la formule proposée en faisait une enseigne incontournable.

937. Il faut toutefois que l'activité en question corresponde à celle sur laquelle l'entreprise est en position de force, et non un marché secondaire annexe, sans quoi la soumission peut être écartée[1249].

938. Il faut également que les éléments relatifs à la structure du marché soient corroborés par d'autres éléments dans la mesure où le rapport de soumission ne peut se déduire de la seule structure du marché sans que d'autres critères ne viennent corroborer ce constat[1250].

939. Dans une affaire[1251], le ministre mettait en avant la structure de l'ensemble du marché de la grande distribution à dominante alimentaire pour démontrer l'existence d'un rapport de force déséquilibré. Or ce constat, s'il peut constituer un indice, est insuffisant à lui seul à caractériser un tel rapport de force, et ce, d'autant que d'autres éléments montraient plutôt le contraire. En l'espèce, seul un nombre limité de contrats avait été versé, et ils concernaient des fournisseurs qui étaient de grands groupes internationaux qui ne peuvent être qualifiés de TPE ou de PME. Un certain nombre d'entre eux avaient aussi

---

1245 TC Paris, 13 octobre 2020, RG n° 2017005123.
1246 CA Paris, 12 juin 2019, RG n° 18/20323.
1247 TC Paris, 2 septembre 2019, RG n° 2017050625.
1248 TC Paris, 13 octobre 2020, RG n° 2017005123.
1249 CA Paris, 11 janvier 2018, RG n° 17/00234.
1250 CA Paris, 6 novembre 2019, RG n° 18/03352.
1251 Cass. com., 20 novembre 2019, Pourvoi n° 18-12.823.

réussi à négocier certaines clauses, et l'un d'eux avait fait le choix de ne pas dénoncer la clause litigieuse.

940. Dans le même esprit, dans une autre affaire, le fait que le capital social des deux sociétés soit du même ordre de grandeur a pu être utilisé pour écarter toute soumission[1252]. *A fortiori*, l'absence d'un tel rapport de force peut se déduire de la taille très différente entre les deux entreprises, si la société prétenduement victime des pratiques est beaucoup plus importante, par exemple, que la société qui en serait la cause[1253] ou s'il s'agit d'une société nationale détenue par un État[1254].

4. Les alternatives pouvant exister

941. Au-delà du rapport de force économique entre les deux cocontractants, la soumission peut également être démontrée compte tenu des alternatives pouvant exister pour chacun d'eux.

942. Dans le cadre d'une relation entre un franchiseur et un franchisé, la réputation du réseau, dont l'équivalent est difficile à trouver dans le même segment de marché (cours de langues), et l'engagement exclusif pendant 10 ans du franchisé ont pu mettre ce dernier en position défavorable et dissymétrique quant à la poursuite de leurs relations commerciales[1255].

943. Dans le cadre d'une relation entre un vendeur et une place de marché en ligne[1256], l'attractivité de cette dernière peut être mise en avant pour défendre son caractère incontournable. En l'espèce, si le recours à un site internet individuel est théoriquement possible, il n'est pas applicable en pratique compte tenu du niveau de fonctionnalité et d'ergonomie nécessaires, et de l'importance de disposer d'une gamme étendue pour générer du trafic. Cela s'illustrait par le fait que 25 % des vendeurs n'avaient pas de site internet et que 40 % n'avaient pas non plus de magasin physique. En outre, la place de marché en ligne bénéficiait d'effets de réseaux directs et indirects significatifs et les coûts pour changer de plateforme pouvaient être importants compte tenu des restrictions imposées par la plateforme (comme la possibilité de modifier le process de manière soudaine et unilatérale).

944. En revanche, si la société disposait de plusieurs alternatives possibles, elle était libre de ne pas accepter les clauses dont elle allègue un déséquilibre[1257]. De même, si elle a conclu le contrat dans le cadre d'un projet qu'elle avait elle-même initié (soit qui était extérieur au futur cocontractant), et qu'elle disposait alors de plusieurs alternatives possibles, l'existence d'une soumission n'est pas établie[1258]. Enfin, elle est d'autant moins fondée à invoquer un déséquilibre qu'elle a poursuivi la relation pendant un temps significatif sans soulever d'objections particulières[1259]. L'existence d'alternatives ne constitue cependant pas une condition suffisante pour

[1252] CA Paris, 19 avril 2019, RG n° 16/14293.
[1253] CA Paris, 4 juillet 2018, RG n° 17/10361.
[1254] CA Paris, 25 janvier 2019, RG n° 17/08241.
[1255] CA Paris, 7 juin 2017, RG n° 15/24846.
[1256] TC Paris, 2 septembre 2019, RG n° 2017050625.
[1257] CA Paris, 3 décembre 2018, RG n° 17/09349.
[1258] CA Paris, 28 février 2018, RG n° 16/16802.
[1259] CA Paris, 19 juin 2019, RG n° 16/16831.

écarter tout manquement, notamment car les dispositions permettent de sanctionner non seulement la soumission mais également la tentative de soumission à un déséquilibre significatif (voir § 958).

945. De manière générale, il est nécessaire que les éléments mis en avant soient liés à la nature du litige. Par exemple, dans le cadre d'une relation entre un distributeur et un fournisseur, la notoriété de la marque de ce dernier peut être invoquée mais est inopérante si les manquements en cause ont concerné des produits d'autres marques moins connues dudit fournisseur[1260].

5. Les modalités de négociation

946. **L'analyse peut aussi porter sur les modalités de négociation du cadre contractuel initial.** Par exemple, lorsque les clauses du contrat initial s'appliquent dans tous les cas nonobstant les réserves ou propositions d'avenants proposées par les cocontractants, ces contrats peuvent être qualifiés de véritables contrats d'adhésion ne donnant lieu à aucune négociation[1261] ou si l'acceptation de la clause litigieuse est le préalable pour soumissionner aux appels d'offres du donneur d'ordre[1262], ou encore si aucune réponse n'est donnée au cocontractant sur des questions essentielles alors que ce dernier engage sa responsabilité personnelle[1263].

947. Inversement, tout élément susceptible de démontrer que le cocontractant avait la capacité de négocier les clauses du contrat peut être pris en compte pour écarter tout manquement, comme le fait, par exemple, que le cocontractant ait rayé une des clauses qui avait été initialement proposée par son partenaire[1264], qu'il ait réussi à négocier un point comme la reprise des invendus par exemple ou à diminuer les avantages financiers dont il faisait bénéficier le distributeur[1265]. La capacité de négocier peut aussi découler de la longueur de la négociation qui a duré 3 mois et qui a donné lieu à de nombreux échanges et modifications qui ont d'ailleurs conduit le plaignant à finalement se déclarer en phase avec le projet négocié[1266]. Dans ces différents cas, la soumission ou la tentative de soumission ont ainsi pu être écartées s'il est établi que les conditions contractuelles étaient discutées entre les parties et que le demandeur a été en mesure d'obtenir des modifications non négligeables. De même, le fait que le cocontractant se soit opposé au nouveau contrat alors qu'il n'était pas dépendant de son fournisseur, réalisant une partie significative de son chiffre d'affaires avec l'un des concurrents de ce dernier, est également de nature à écarter la première condition d'application du texte, celle de la soumission[1267].

1260 CA Paris, 16 mai 2018, RG n° 17/11187.

1261 Cass. com., 3 mars 2015, Pourvoi n° 14-10.907 ; Cass. com., 3 mars 2015, Pourvoi n° 13-72.525.

1262 CA Paris, 12 juin 2019, RG n° 18/20323.

1263 TC Paris, 13 octobre 2020, RG n° 2017005123.

1264 CA Rennes, 10 avril 2018, RG n° 15/08493.

1265 CA Paris, 9 janvier 2019, RG n° 17/09617, Sibylle Chaudouet, Déséquilibre significatif : La Cour d'appel de Paris se prononce sur la soumission d'un partenaire commercial à un déséquilibre significatif (Bizcom Europe / Hewlett-Packard France…), 11 janvier 2019, Concurrences N° 2-2019, Art. N° 89937. CA Paris, 9 janvier 2019, RG n° 17/09617.

1266 CA Paris, 6 février 2019, RG n° 18/21919.

1267 CA Paris, 6 novembre 2019, RG n° 18/03352.

948. La capacité à négocier peut aussi être déduite d'autres circonstances spécifiques :

- du type de relation contractuelle : dans le cadre de la relation spécifique entre franchisé et franchiseur, le fait que l'obligation en cause ne figure pas dans le DIP remis initialement au franchisé ne suffit pas à démontrer à lui seul que la condition de soumission est remplie dans la mesure où les rapports entre franchisés et franchiseur sont régie par le principe du consensualisme, et que les obligations en cause ont été mises en œuvre régulièrement sans qu'aucune contestation ne soit soulevée[1268] ;
- de la qualification du cocontractant : si, par exemple, la victime est un professionnel rompu à l'examen des clauses contractuelles, l'absence de négociabilité est d'autant plus difficile à démontrer[1269].

949. Pour autant, il n'est pas obligatoire que les contrats négociés soient strictement homogènes ou appliqués de manière identique à l'ensemble des cocontractants. En effet, le fait que les contrats-types puissent comporter plusieurs versions ne saurait témoigner de l'existence de réelles négociations dans la mesure où les modifications sont de pure forme et ne tiennent qu'au fait que les contrats aient été signés par différentes filiales de la société en cause[1270]. Des modifications à la marge ne sont pas non plus en mesure de démontrer l'existence d'une négociation, surtout si les contrats communiqués ne sont pas complets, ce qui ne permet pas à la cour d'apprécier l'équilibre général du contrat[1271]. Il n'est pas non plus forcément nécessaire que l'intégralité des cocontractants ait été soumise à la clause déséquilibrée si elle a été appliquée sans négociation à un nombre significatif d'entre eux (en l'espèce 60 % des fournisseurs représentant 75 % du volume d'affaires)[1272]. Cette approche est conforme avec le fait qu'au-delà de la seule soumission, la tentative de soumission peut également être sanctionnée (voir § 957).

950. Il paraît préférable que le cocontractant tente d'obtenir la suppression ou la modification des clauses litigieuses, sans quoi la condition de soumission peut être écartée[1273]. Il est important dans ce cadre de documenter les éventuelles réserves vis-à-vis des obligations déséquilibrées que le cocontractant qui se prétend victime aurait subi[1274].

951. Cette condition n'est toutefois pas toujours nécessaire. Dans une affaire par exemple, l'absence de négociation de la clause ne contredisait pas l'existence d'un déséquilibre significatif dans la mesure où la plupart indiquaient que la clause leur paraissait revêtir un enjeu secondaire par rapport aux objectifs principaux de la relation commerciale, *i.e.* la partie économique et tarifaire de la négociation,

---

1268 TC Rennes, 22 octobre 2019, RG n° 2017F00131.

1269 CA Douai, 16 mars 2017, RG n° 16/01274.

1270 CA Paris, 21 juin 2017, RG n° 15/18784.

1271 CA Paris, 19 avril 2017, RG n° 15/24221.

1272 CA Pari, 12 juin 2019, RG n° 18/20323.

1273 CA Paris, 30 octobre 2019, RG n° 17/10872, Sibylle Chaudouet, Déséquilibre significatif : La Cour de cassation se prononce sur la répartition de la charge de la preuve de la soumission à un déséquilibre significatif dans la grande distribution (ITM Alimentaire International), 20 novembre 2019, Concurrences N° 1-2020, Art. N° 93154. CA Paris, 30 octobre 2019, RG n° 17/10872.

1274 CA Paris, 13 juin 2018, RG n° 15/14893 ; CA Paris, 9 janvier 2019, RG n° 17/09617.

et où la portée exacte de la clause leur paraissait obscure, une partie ne disposant en outre pas de service juridique[1275].

952. **L'analyse peut également porter sur la négociation de l'évolution du cadre contractuel**. C'est notamment le cas lorsqu'est constatée une modification des conditions économiques attachées à la réalisation du contrat (voir § 1064 et s.).

953. De même, si les clauses incriminées font partie d'un règlement intérieur dont les conditions de renégociation sont difficilement réalisables, cela peut être suffisant pour démontrer la condition de soumission. En l'espèce, il s'agissait du règlement intérieur d'un GIE créé par plusieurs radios pour mutualiser la commercialisation de leurs espaces publicitaires. La société prétendument victime, souhaitant sortir du groupement, ne disposait pas d'une majorité de voix, avait seulement une voix au conseil d'administration, dans un contexte où la révision d'un règlement intérieur ne constitue pas une procédure fréquente et aisée à mettre en œuvre compte tenu des intérêts divergents entre une radio sortante et de celles subsistant dans le groupement[1276].

954. À l'inverse, l'exercice du pouvoir de négociation du cocontractant qui conduit à un assouplissement en sa faveur de certaines conditions permet d'écarter toute soumission de ce dernier aux conditions contractuelles[1277].

6. Le fonctionnement unilatéral du contrat

955. La soumission peut aussi être démontrée en mettant en avant un fonctionnement unilatéral du contrat. Par exemple, un contrat entre un fournisseur et un distributeur prévoyait le versement de ristournes suivant des modalités contradictoires, par acomptes mensuels payables le 1er du mois, ou à 30 jours après livraison. Cette contradiction dans les délais permettait au distributeur de bénéficier d'un acompte avant même d'avoir à payer son fournisseur pour les marchandises en question, et elle n'a pu être corrigée par aucun fournisseur sur 118 contrats analysés pour 48 fournisseurs, ce qui démontrait que les fournisseurs se voyaient imposer le versement de la ristourne par le distributeur[1278].

B. La tentative de soumission est suffisante

956. La seule tentative d'imposition à un partenaire commercial d'une clause créant un déséquilibre significatif entre les droits et obligations des parties est répréhensible. La Cour d'appel a eu l'occasion de préciser que « *la tentative de soumission ne suppose pas l'exercice de pressions irrésistibles ou de coercition, mais plutôt l'existence d'un rapport de force économique déséquilibré entre les parties dont il se déduit la soumission du partenaire, influencé par de simples suggestions, invitations fermes ou pressions* »[1279].

1275 TC Paris, 20 mai 2014, RG n° 2013/0707793.

1276 CA Paris, 29 octobre 2014, RG n° 13/11059.

1277 CA Paris, 24 mai 2019, RG n° 17/08357.

1278 CA Paris, 1er juillet 2015, RG n° 13/19251.

1279 CA Paris, 18 septembre 2013, RG n° 12/03177 et TC Paris, 20 mai 2014, RG n° 2013/0707793.

957. Suivant ces considérations, il n'est donc pas nécessaire de démontrer que la clause a été systématiquement appliquée dès lors qu'elle est, dans les faits, imposée au partenaire commercial dès le début de la négociation commerciale[1280]. La seule tentative de soumission d'un partenaire commercial à une clause significativement déséquilibrée est ainsi répréhensible dans la mesure où elle confère en effet à son bénéficiaire la portée d'un principe auquel le partenaire commercial ne peut déroger qu'aux termes d'une négociation qui n'est dans beaucoup de cas pas à leur portée[1281]. Suivant une approche analogue, et dans un contexte où la grande distribution est en oligopole, il a pu être considéré que l'envoi de simples lettres-types invitant certains fournisseurs à restituer des fonds était automatiquement perçu comme une injonction directive[1282].

958. Dans le même esprit, il importe peu que les cocontractants aient pu, avant de signer le contrat litigieux, disposer d'alternatives, car non seulement le texte n'exige pas la démonstration d'une position dominante, mais surtout la seule tentative de soumettre un partenaire commercial est sanctionnable[1283].

959. L'analyse des clauses du contrat indépendamment de leur application dans les faits ne fait pas plus obstacle à la démonstration d'un manquement. Le juge est invité à se prononcer sur un cas d'espèce, composé d'un ensemble précis de droits et d'obligations, et non sur une disposition d'ordre général sans considération des éléments concrets et particuliers du dossier. Dès lors, il ne porte pas atteinte au principe de l'interdiction des arrêts de règlement[1284]. Dans ce cadre, le fait que certains partenaires ne se soient pas vus appliquer la clause litigieuse n'est pas opposable dans la mesure où les fournisseurs en question avaient un poids économique certain[1285].

§ 4. La démonstration du déséquilibre significatif

960. Une fois démontrée l'existence d'une obligation et que celle-ci a été imposée, ou que le cocontractant a tenté de soumettre son partenaire à cette obligation, il est alors nécessaire de démontrer le déséquilibre significatif entre les droits et obligations des parties d'autre part[1286].

961. Il existe différentes méthodes pour caractériser un déséquilibre significatif (A), la charge de la preuve incombant au demandeur (B). Une fois un déséquilibre démontré, il est toutefois possible de le justifier eu égard aux contexte économique et juridique dans lequel évolue la relation commerciale (C), d'où l'importance d'une analyse circonstanciée de l'ensemble du contrat.

1280 Cass. com., 29 septembre 2015, Pourvoi n° 13-25.043 ; Cass. com., 27 mai 2015, Pourvoi n° 14-11.387.

1281 Cass. com., 29 septembre 2015, Pourvoi n° 13-25.043.

1282 CA Paris, 18 septembre 2013, RG n° 12/03177.

1283 TC Paris, 13 octobre 2020, RG n° 2017005123.

1284 Cass. com., 4 octobre 2016, Pourvoi n° 14-28.013.

1285 CA Paris, 20 novembre 2013, RG n° 12/04791 ; Cass. com., 29 septembre 2015, Pourvoi n° 13-25.043.

1286 CA Paris, 29 octobre 2014, RG n° 13/11059.

A. La méthode de démonstration du déséquilibre

962. Le déséquilibre significatif peut se déduire des éléments suivants :
- d'une absence totale de réciprocité ou de contrepartie à une obligation[1287] ;
- d'une disproportion importante entre les obligations respectives des parties[1288] ;
- du caractère potestatif d'une clause[1289] ;
- de l'absence d'intérêt de cette dernière ;
- ou du fait qu'elle fasse naître des obligations injustifiées[1290].

963. S'agissant de la disproportion importante entre les obligations respectives des parties, la CEPC a indiqué « *l'appréciation à porter pour identifier un éventuel déséquilibre significatif d'ordre tarifaire se rapproche nettement de celle requise [pour] appréhend[er] l'avantage manifestement disproportionné au regard de la valeur du service rendu. La démonstration peut donc être effectuée de façon similaire. Dès lors, la construction du barème, sous réserve que les pourcentages retenus ne soient pas excessifs, paraît écarter le risque d'un déséquilibre significatif dans les droits et obligations des parties* »[1291].

964. Le déséquilibre peut être démontré sur la base d'éléments financiers dans l'hypothèse où un déséquilibre financier significatif peut être caractérisé entre les deux cocontractants.

965. En revanche, faute d'un tel déséquilibre, le manquement peut être écarté, par exemple, s'il apparaît que les obligations et avantages financiers découlant de la clause litigieuse sont proportionnés à la finalité que constitue la relation économique entre les deux partenaires commerciaux[1292]. Dans une affaire, la société mettait en cause une clause l'obligeant à procéder au remboursement des sommes dépensées pour son compte par l'incubateur de start-up. Pour autant, non seulement la prestation rendue par l'incubateur dépassait largement la simple mission de levée de fonds, mais aussi la prétendue stagnation de l'activité de la société n'était étayée par aucune donnée chiffrée tant au cours de la période d'exécution du contrat que postérieurement à la rupture[1293]. Dans une autre affaire, il n'était pas démontré que les investissements du fournisseur (fabrication et délais de paiements) étaient d'un niveau tel qu'ils créaient un déséquilibre significatif[1294].

966. Le déséquilibre peut aussi être démontré en raisonnant par analogie avec les principes dégagés par la jurisprudence en droit de la consommation, par exemple. En effet, le Conseil constitutionnel a considéré que « *le législateur s'est référé à la notion juridique de déséquilibre significatif entre les droits et obligations des parties qui figure à l'article L. 132-1 du Code de la consommation reprenant*

1287 CA Paris, 21 juin 2017, RG n° 15/18784.

1288 CA Paris, 16 mai 2018, RG n° 17/11187 ; CA Paris, 21 juin 2017, RG n° 15/18784.

1289 *i.e.* que son critère de déclenchement dépende de la seule volonté de l'autre cocontractant, signifiant donc qu'il a la maîtrise de l'exécution du contrat et de la discussion *a posteriori* et de son application.

1290 TC Paris, 2 septembre 2019, RG n° 2017050625.

1291 CEPC, avis n° 15-24 du 25 août 2015.

1292 CA Paris, 12 décembre 2013, RG n° 11/18274.

1293 CA Douai, 14 avril 2011, RG n° 10/00238.

1294 CA Paris, 3 octobre 2012, RG n° 10/10308.

les termes de l'article 3 de la directive 93/13/CEE du Conseil du 5 avril 1993 susvisée » et « *qu'en référence à cette notion, dont le contenu est déjà précisé par la jurisprudence, l'infraction est définie dans des conditions qui permettent au juge de se prononcer sans que son interprétation puisse encourir la critique d'arbitraire* »[1295]. À titre d'illustration, le juge a ainsi pu s'inspirer, s'agissant d'une clause pénale d'un montant prétendument déséquilibré, des dispositions du Code de la consommation interdisant d'« *imposer au non-professionnel ou au consommateur qui n'exécute pas ses obligations une indemnité d'un montant manifestement disproportionné* »[1296]. Toutefois, il est nécessaire que le juge prenne en compte le fait que les deux textes ont vocation à s'appliquer sur des relations contractuelles régies par des rapports de force différents entre B-to-C, d'une part, et B-to-B, d'autre part.

967. Le déséquilibre peut enfin être démontré par le fait qu'il ne soit pas justifié par des raisons économiques liées au fonctionnement du secteur ou à travers l'imprécision des clauses litigieuses[1297].

968. *A fortiori*, le simple énoncé du grief est insuffisant pour faire foi en l'absence d'éléments de nature à le corroborer.

B. La charge de la preuve

969. Il appartient au demandeur, *i.e.* la société qui se prétend victime et/ou le ministre, d'apporter la preuve du déséquilibre subi.

970. Dans le cas contraire, si le demandeur met simplement en avant des éléments sans les relier à une matière contractuelle, la demande peut être rejetée directement sans même que soit recherchée l'existence ou non d'un équilibre contractuel. Dans une affaire par exemple[1298], un franchisé alléguait d'un déséquilibre en raison des conditions posées par le franchiseur au renouvellement de son contrat, visant simplement le contrat de façon globale et le fait que le franchiseur leur proposait une prise de participation à leur capital à hauteur de 20 %. La cour ne pouvant se saisir d'office de l'entier contrat et du pacte d'associé pour en déduire quelles étaient les clauses qui isolément ou prises ensemble pouvaient créer un déséquilibre significatif, aucun manquement à ce titre n'a pu être démontré.

971. À l'instar des autres manquements visés par l'article L. 442-1 du Code de commerce, la démonstration des effets éventuels du déséquilibre sur l'activité du cocontractant, n'est pas nécessaire[1299].

C. L'analyse globale de la relation

972. Les pratiques peuvent être appréciées dans leur contexte, au regard de l'économie générale de la relation contractuelle. En effet, lorsqu'une partie met en avant que les clauses déséquilibrées sont contrebalancées par d'autres pour rétablir l'équilibre

---

1295 Cons. const., 13 janvier 2011, n° 2010-85 DC, Établissements Darty et Fils.

1296 CA Paris, 29 octobre 2014, RG n° 13/11059.

1297 CEPC, avis n° 04-04 du 7 juillet 2004, concernant certaines clauses contenues dans les conditions d'achat.

1298 CA Paris, 7 juin 2017, RG n° 15/24846.

1299 Cass. com., 3 mars 2015, Pourvoi n° 14-10.907.

dans les droits et obligations au contrat, il lui appartient d'apporter la preuve que la clause incriminée s'inscrit dans un tel contexte contractuel plus large et que d'autres clauses rétablissent l'équilibre contesté[1300], sans que l'on puisse considérer qu'il y a inversion de la charge de la preuve[1301].

973. La démonstration d'un manquement passe donc par une analyse *in concreto* des clauses litigieuses en prenant en compte l'ensemble des droits et obligations des parties tel qu'il ressort du contrat pris dans sa globalité[1302].

974. Si certaines clauses introduisent un déséquilibre tel qu'il paraisse difficile d'établir quelle pourrait en être la compensation raisonnable, d'autres, au contraire, peuvent être compensées par des engagements contractuels, ou par le contexte dans lequel s'insère ou a évolué la relation commerciale.

975. Tel est le cas, par exemple, d'une clause prévoyant des objectifs commerciaux assortis d'une garantie financière imposés à une société à qui il appartenait d'évaluer convenablement ses objectifs commerciaux, sachant que parallèlement, la conclusion du contrat d'achat exclusif lui avait permis de bénéficier d'une avance de ristourne source de trésorerie et d'un cautionnement permettant de crédibiliser sa demande de financement bancaire, et donc le démarrage de son activité économique[1303]. De même, la suppression brutale par un fournisseur des conditions commerciales plus avantageuses consenties à son client ne constitue pas un manquement si cela fait suite aux difficultés de paiement du client et que cette situation était par ailleurs prévue dans les CGV du fournisseur[1304]. Les obligations auxquelles peut être soumis un franchisé ne constituent pas non plus nécessairement un déséquilibre significatif dans la mesure où ce dernier a bénéficié de contreparties réelles du franchiseur pour son engagement, notamment à travers la transmission du savoir-faire ou la fourniture de services d'assistance[1305]. Dans ces différents cas, le déséquilibre significatif a finalement été écarté en raison des contreparties dont avait bénéficié le demandeur.

976. Par conséquent, il est possible de « *racheter* » le déséquilibre significatif induit par une clause sur la base de l'équilibre général du contrat.

977. Dans une affaire par exemple, une clause pénale dont le déclenchement pouvait être ordonné par le distributeur en cas de non-réalisation d'objectifs de vente pouvait paraître de prime abord disproportionnée en l'absence de réciprocité. Pour autant, son existence était justifiée par le fait que la résiliation du contrat découlait de la non-obtention d'objectifs précis, librement consentis et fixés au fournisseur en contrepartie de l'exclusivité dont il bénéficiait sur le site internet de son client distributeur, ce dernier misant sur un seul partenariat et escomptant une progression de son chiffre d'affaires[1306] (v. § 1078 et s.).

1300 Cass. com., 4 octobre 2016, Pourvoi n° 14-28.013 ; Cass. com., 3 mars 2015, Pourvoi n° 13-27.725. TC Paris, 29 novembre 2016, RG n° 2014027403.

1301 CA Paris, 16 mai 2018, RG n° 17/11187.

1302 Cass. com., 29 septembre 2015, Pourvoi n° 13-25.043.

1303 CA Lyon, 4 novembre 2011, RG n° 10/03606.

1304 CA Versailles, 4 juin 2013, RG n° 12/01171.

1305 CA Paris, 3 septembre 2014, RG n° 12/09785.

1306 CA Paris, 8 octobre 2015, RG n° 13/22006.

978. Bien que les circonstances de l'espèce ne permettent pas toujours le rachat des clauses litigieuses[1307], cette possibilité de rachat apparaît dans plusieurs décisions[1308] (v. également § 1200) :

- une décision procède, par exemple, à une analyse circonstanciée de l'équilibre du contrat en mettant en balance les freins à la sortie d'un GIE de la nécessité pour ce dernier de maintenir un nombre d'adhérents significatif pour demeurer attractif. En l'espèce, la sortie de deux adhérents n'a pas eu d'incidence significative sur l'attractivité de l'offre commercialisée par le GIE, qui comptait plus d'une centaine d'adhérents, et dont la particularité consistait à toucher une population diverse sur tout le territoire national[1309]. Au-delà de l'analyse menée, cette décision est intéressante en ce qu'elle marque une certaine porosité avec le droit de la concurrence, par exemple lorsque sont analysées des clauses de non-concurrence ou de non-réaffiliation.
- Dans une autre affaire mettant en cause une clause de parité[1310], la société en cause défendait que la clause bénéficiait essentiellement au consommateur et surtout qu'il s'agissait de la contrepartie des investissements importants qu'elle consentait et du modèle de rémunération à la réservation et non à la simple visite sur son site. Pour autant, il ne s'agissait que d'un intermédiaire qui ne prenait donc aucun risque lié à la réservation ou non d'une chambre, si bien que la clause n'était pas la contrepartie d'un risque financier ou d'un engagement d'achat minimum, alors que parallèlement cette clause entravait complètement l'hôtelier dans la détermination de ses prix, qu'il s'agisse de la prestation principale, la nuitée ou des prestations de service annexes.

979. *A fortiori*, le fait que la clause litigieuse soit nécessaire à l'opération principale, et donc à l'équilibre du contrat pourrait conduire à écarter tout manquement au titre du déséquilibre. Tel est le cas, par exemple, d'une clause permettant au franchiseur de résilier unilatéralement le contrat après une mise en demeure au franchisé de payer les redevances dues par ce dernier, sans qu'une même disposition en sens inverse n'existe pour le non-reversement par le franchiseur des frais d'inscription revenant au franchisé. Au regard de l'économie globale de la relation, la clause ne recevait application qu'en cas de défaillance du franchisé et apparaissait habituelle dans ce type de contrat, si bien qu'elle ne constituait pas un déséquilibre significatif[1311]. En revanche, le franchiseur ne peut invoquer le nécessité d'avoir un réseau homogène, et donc des contrats identiques, pour justifier le déséquilibre des clauses qu'ils contiennent, puisque rien ne lui interdit de donner au franchisé une

---

1307 Cass. com., 29 septembre 2015, Pourvoi n° 13-25.043 ; CA Paris, 29 octobre 2014, RG n° 13/11059 ; CA Paris, 4 juillet 2013, RG n° 12/07651 ; CA Paris, 18 décembre 2013, RG n° 12/100150 ; TC Paris, 29 novembre 2016, RG n° 2014027403.

1308 Dans une autre affaire, une clause mettait à la charge du locataire professionnel de très nombreux postes, y compris ceux liés à l'entretien et à la vétusté. Bien que la cour n'ait pas eu à se prononcer comme les faits dataient d'avant 2008, elle a tout de même indiqué que le loyer modéré dont bénéficiait le locataire apparaissait comme le pendant de la charge financière qui incombait au locataire (CA Paris, 28 octobre 2016, RG n° 14/17987).

1309 CA Paris, 29 octobre 2014, RG n° 13/11059.

1310 TC Paris, 29 novembre 2016, RG n° 2014027403 ; CA Paris, 21 juin 2017, RG n° 15/18784.

1311 CA Paris, 3 mai 2017, RG n° 12/23530.

compensation pour rétablir l'équilibre de la clause, ou à défaut de la rééquilibrer dans la globalité du contrat[1312].

980. Le rééquilibrage d'obligations déséquilibrées s'analyse cependant de manière restrictive tant vis-à-vis du critère de nécessité que vis-à-vis des parties susceptibles d'en bénéficier.

981. Concernant le critère de nécessité, il peut être écarté si les circonstances montrent que les restrictions en cause ne sont pas absolument nécessaires à l'activité. Par exemple, une entreprise ne peut invoquer le caractère nécessaire de la clause, pour la pérennité du modèle économique par exemple, pour en justifier l'existence si une disposition législative a rendu caduque le type de clause en question sans que la société mise en cause justifie aujourd'hui d'un quelconque problème de rentabilité ou d'une remise en cause de son modèle économique[1313].

982. Le rééquilibrage ne peut être apprécié que vis-à-vis du seul cocontractant, et non d'autres utilisateurs de la plateforme. Dans une affaire entre des vendeurs tiers et une place de marché en ligne[1314], cette dernière invoquait les gains dont bénéficiaient les consommateurs, utilisateurs finaux de la plateforme. Les juges ont toutefois considéré que le déséquilibre significatif constaté ne peut être rééquilibré par la rétrocession aux consommateurs d'une partie de ces avantages, puisque l'interdiction des pratiques restrictives de concurrence vise à protéger le cocontractant, partie faible, d'autant que les restrictions n'étaient pas nécessaires, au sens où il était possible d'avoir le même taux de service auprès des consommateurs sans utiliser les restrictions en cause.

983. Il est ainsi inutile pour un défendeur d'évoquer sa situation de concurrence sur d'autres marchés pour justifier des pratiques en cause. Par exemple, un distributeur ne peut invoquer le contexte général de guerre des prix et son impossibilité de pratiques à l'égard des consommateurs des prix compétitifs par rapport à l'un de ses concurrents qui vendrait certaines références aux consommateurs au prix auquel elle-même les achète au fournisseur. La Cour de d'appel a ainsi précisé *« s'il est admis que la modification substantielle du contexte économique puisse justifier la remise en cause, par le distributeur, des conditions financières négociées dans la convention annuelle, encore faut-il que ces conditions aient été réellement discutées et négociées entre les parties et non imposées unilatéralement par le distributeur. Par ailleurs, la circonstance que le [distributeur concurrent] obtienne de la part des fournisseurs des conditions plus favorables ne saurait exonérer cette pratique, la pratique de discrimination ayant été supprimée par le législateur »*[1315].

1312 TC Paris, 13 octobre 2020, RG n° 2017005123.

1313 CA Paris, 21 juin 2017, RG n° 15/18784, Frédéric Buy, Clauses de parité : La Cour d'appel de Paris censure, au visa de l'article L. 442-6 du Code de commerce, les « clauses de parité » imposés aux hôteliers, en retenant la compétence du juge français et l'application de la loi française (Expedia), 21 juin 2017, Concurrences N° 4-2017, Art. N° 85001, pp. 117-119. CA Paris, 21 juin 2017, RG n° 15/18784.

1314 TC Paris, 2 septembre 2019, RG n° 2017050625 – voir également CA Paris, 16 mai 2018, RG n° 17/11187, Frédéric Buy, Déséquilibre significatif : La Cour d'appel de Paris fixe les conditions dans lesquelles la convention unique peut être modifiée (ministre de l'Économie / Système U), 16 mai 2018, Concurrences N° 4-2018, Art. N° 88265, pp. 132-133.

1315 CA Paris, 16 mai 2018, RG n° 17/11187.

984. Pour les mêmes raisons, il ne peut pas non plus justifier l'asymétrie d'une clause de renégociation tarifaire par son objectif de lutter contre l'inflation. En l'espèce, le distributeur ne s'engageait pas formellement sur le niveau du prix de revente au détail ou sur sa marge. En outre, si la LME avait pour objectif de lutter contre l'inflation, elle avait aussi pour objectif de protéger les petites et moyennes entreprises des abus de leurs partenaires commerciaux[1316].

985. En tout état de cause, il est nécessaire que les compensations avancées soient en lien avec le déséquilibre significatif allégué[1317].

986. Au-delà des clauses, le texte a une portée plus importante comme il s'applique tant aux clauses qu'aux pratiques nouées dans le cadre de la relation commerciale (v. § 919). Dès lors, l'équilibre peut être recherché tant vis-à-vis du contrat lui-même que des pratiques pouvant prévaloir entre les deux sociétés.

Section 2
Le déséquilibre significatif lié à des avantages financiers

§ 1. Le prix convenu

A. De l'intangibilité du prix librement consenti…

987. En raison du principe de liberté de prix, la contestation du prix convenu au titre du déséquilibre significatif semble difficile.

988. Établissant un parallèle avec l'article L. 132-1 du Code de la consommation, lequel exclu expressément l'adéquation du prix ou de la rémunération au bien vendu ou au service, le juge a pu considérer que la notion de déséquilibre significatif telle que visée par l'article L. 442-1 du Code de commerce, ne saurait être étendue à l'adéquation du prix avec le bien ou le service vendu[1318]. Ce constat se trouverait par ailleurs renforcé par l'impossibilité pour le juge de modifier le prix en vertu de l'article L. 410-2 du Code de commerce, aux termes duquel « *sauf dans les cas où la loi en dispose autrement, les prix des biens, produits, et services […] sont librement déterminés par le jeu de la concurrence* ».

989. S'agissant de relations entre professionnels, les juges considèrent que l'ensemble des composantes du contrat, et en l'espèce principalement la chose et le prix, sont connus des deux partenaires commerciaux dès la signature, si bien que le cocontractant ayant librement accepté ces conditions commerciales, le contrat ne faisait naître aucun déséquilibre significatif entre les parties. Cela est d'autant plus avéré que les relations se sont poursuivies dans ces termes pendant de nombreuses années sans que le prix convenu ne soulève de préoccupations quelconques et

---

1316 CA Paris, 4 juillet 2013, RG n° 12/07651.

1317 TC Paris, 20 mai 2014, RG n° 2013/0707793.

1318 TC Paris, 24 septembre 2013, RG n° 2011058615.

que le demandeur gardait la possibilité de passer par un autre cocontractant[1319]. Cette approche peut demeurer valable même si le mode de règlement n'incluait pas toutes les prestations dans la mesure où ce mode de règlement avait été accepté pendant plusieurs années. Dans une affaire[1320], un prestataire de service était facturé non sur la base des prestations réellement effectuées mais sur celles figurant sur l'ordre d'achat émis par son client. Dès lors, un certain nombre de prestations n'étaient pas prises en compte. Cependant, ce mode de fonctionnement quoique discuté par le prestataire lors de sa mise en place, a été utilisé pendant 5 ans, traduisant ainsi un accord des parties sur ce point.

990. Au contraire, en modifiant un paramètre essentiel du contrat (comme la durée par exemple), le cocontractant est susceptible de déséquilibrer l'économie du contrat, ce qui fonde son partenaire à lui réclamer des dommages et intérêt à travers une clause pénale[1321], ou à rompre la relation commerciale (v. § 166 et s.).

991. La CEPC a toutefois été plus loin en considérant que le fait pour un prestataire de services de bénéficier d'un taux de rémunération nettement supérieur à celui en usage (*i.e.* 50 % contre 10-20 % habituellement) pourrait constituer un déséquilibre significatif dans la mesure où le client y était soumis[1322]. Elle se base néanmoins sur une décision suivant laquelle ce n'est pas tant le prix en lui-même que les modalités ayant conduit à sa détermination qui pose problème, ce qui laisse à penser que le prix librement convenu, en l'absence d'un rapport de force clairement défavorable à l'un des cocontractants, a peu de chances d'être révisé en pratique par le juge, nonobstant le déséquilibre financier induit au départ par la conclusion du contrat. Cela est confirmé par le fait que ne constituent pas un déséquilibre significatif, les clauses suivant lesquelles, dans un contrat de location, le paiement des loyers impliquait pour le locataire de payer une somme dépassant largement le prix du matériel neuf[1323], ou l'acquittement d'une clause pénale revenant à s'acquitter du prix d'un véhicule neuf (v. § 1079). *A fortiori*, si le demandeur lui-même reconnaît conserver un niveau de marge suffisant, il est en outre mal fondé à remettre en cause les remises qu'il avait consenties[1324].

992. En définitive, et sauf dans le cas où le prix exigé soit de nature à remettre en cause l'existence de l'entreprise cliente ou fournisseur, il est peu probable que le juge s'immisce dans la négociation du prix librement convenu entre deux partenaires commerciaux.

993. Le consensualisme constitue en effet le principe prévalant aux négociations dans le cadre de relations commerciales. Les parties sont ainsi libres de choisir la forme de la rémunération qu'elle soit forfaitaire ou proportionnelle, ce qui permet alors d'intéresser le cocontractant aux résultats réalisés[1325]. Elles sont également libres

---

1319 CA Paris, 22 mars 2017, RG n° 14/11255.

1320 CA Limoges, 5 décembre 2012, RG n° 12/01327.

1321 CA Riom, 8 avril 2015, RG n° 13/03205.

1322 CEPC, avis n° 15-21 du 26 juin 2015, relatif à une demande d'avis d'un professionnel concernant l'application de l'article L. 442-6 du Code de commerce au secteur d'activité du conseil aux entreprises.

1323 CA Paris, 14 novembre 2014, RG n° 12/14728.

1324 CA Paris, 14 décembre 2016, RG n° 14/12201.

1325 CA Paris, 2 avril 2015, RG n° 13/17628.

de négocier un prix de vente spécifique, comme celui d'un fonds de commerce par exemple, sans que le déséquilibre significatif puisse être invoqué dans la mesure où il résulte de la libre négociation des parties[1326]. Dans le cadre de la diffusion d'un bouquet de chaîne de télévision par exemple, un titulaire de droit peut ainsi tout à fait inclure une part variable proportionnelle au nombre d'abonnés du diffuseur exploitant la licence d'exploitation, laquelle ne constitue pas un déséquilibre significatif[1327].

994. Le cocontractant peut ainsi valablement faire référence à un texte réglementaire prévoyant que le prix est déterminé de manière à assurer la couverture des coûts réels du service, mais il ne peut tirer d'obligations qui n'y figurent pas. En l'espèce[1328], l'article 14 de l'annexe du décret n°2005-566 du 17 avril 2002 portant approbation du contrat type pour le transport de marchandise ne va pas au-delà de l'évocation de la couverture des coûts fixes, et n'impose pas, par exemple, la réalisation d'une étude préalable entre les parties afin de déterminer le prix des prestations.

995. Les parties sont aussi libres de choisir le mode de négociation, et peuvent tout à fait procéder par l'intermédiaire d'enchères inversées, dont le but consistant à obtenir les prix les plus bas n'est pas abusif en soi, sauf à priver tout opérateur de la possibilité de mettre ses fournisseurs en concurrence[1329]. L'abus ne pourrait résulter que de ce qu'il aurait abouti à faire obstacle à la fixation des prix par le libre jeu du marché en favorisant artificiellement leur baisse. De même, le donneur d'ordre est tout à fait légitime à ne pas retenir du tout certains fournisseurs, sans leur donner de part de marché individuelle, car sinon cela reviendrait à leur accorder le droit acquis de continuer à fournir leur client[1330].

996. L'appréciation dépendra également des prévisions contractuelles. Le fait que la révision ligieuse soit potentiellement prévue par le contrat peut être mis en avant pour écarter tout déséquilibre. Encore faut-il qu'elle soit effectivement prévue au contrat. Un fournisseur ne peut pas, par exemple, invoquer une clause qui permettait seulement une augmentation tarifaire unilatérale pour imposer des pénalités qui n'étaient pas prévues au départ[1331].

B. …Aux limites du prix convenu

997. La Cour d'appel considère toutefois que si le déséquilibre ne saurait être étendu à l'adéquation du prix avec le bien ou le service vendu, il est tout de même possible pour le juge de sanctionner une clause créant un déséquilibre même lorsque cette clause est relative à la détermination du prix. La Cour d'appel précise à cet effet que « *le principe de la libre négociabilité des conditions de vente n'est pas sans limite et l'absence de contrepartie ou de justification aux obligations prises par les cocontractants, même lorsque ces obligations n'entrent pas dans*

1326 CA Paris, 10 avril 2019, RG n° 18/00311.
1327 CA Paris, 13 mars 2013, RG n° 11/14346.
1328 CA Paris, 9 mai 2018, RG n° 16/02810.
1329 CA Paris, 2 juillet 2015, RG n° 13/22609.
1330 CA Paris, 2 juillet 2015, RG n° 13/22609.
1331 CA Paris, 11 octobre 2017, RG n° 15/03313.

la catégorie des services de coopération commerciale, peut être sanctionnée au titre de l'article L. 442-[1] I 2° du Code de commerce, dès lors qu'elle procède d'une soumission ou tentative de soumission et conduit à un déséquilibre significatif »[1332].

998. La Cour de cassation considère ainsi « *que l'article L. 442-[1] I 2° du Code de commerce invite à apprécier le contexte dans lequel le contrat est conclu et son économie* »[1333]. Cette approche est cohérente avec celle consistant à permettre au juge de remettre en cause des clauses d'indexation de prix par exemple (v. § 1025), ainsi qu'avec celle de la CEPC consistant à considérer qu'un avantage financier comme condition préalable au référencement pourrait constituer un déséquilibre significatif[1334].

999. Un déséquilibre significatif pourrait ainsi naître dans l'hypothèse où le contrat prévoit un avantage financier dont la contrepartie serait nulle ou dérisoire. Dans une affaire par exemple[1335], le ministre remettait en cause une ristourne de fin d'année (RFA) issue des conditions d'achat du distributeur et qui présentait un caractère inconditionnel, soit du fait de l'absence de contrepartie clairement établie, soit du fait du plafond artificiellement bas des contreparties de volumes sur lesquelles s'engageait le distributeur. La Cour d'appel a ainsi précisé que « *si la LME a instauré le principe de libre négociabilité des conditions de vente et fait des CPV le siège de la négociation commerciale, la loi n'a pas supprimé la nécessité de contrepartie ou de justification aux obligations prises par les cocontractants, même lorsque ces obligations ne rentrent pas dans la catégorie des services de coopération commerciale* ». Le fait que les réductions de prix présentent un caractère conditionnel ou non n'a par ailleurs pas d'effet sur la nécessité, dans tous les cas, qu'elles soient causées par une obligation spécifique incombant au distributeur. La Cour de cassation a ainsi confirmé que le prix convenu pouvait entrer dans le champ d'application du texte en indiquant que le dispositif sanctionnant le déséquilibre significatif « *n'exclut pas, contrairement à l'article L. 212-1 du Code de la consommation, que le déséquilibre significatif puisse résulter d'une inadéquation du prix au bien vendu ; qu'en outre, la Cour d'appel a exactement retenu que la loi du 4 août 2008, en exigeant une convention écrite qui indique le barème de prix tel qu'il a été préalablement communiqué par le fournisseur, avec ses conditions générales de vente, a entendu permettre une comparaison entre le prix arrêté par les parties et le tarif initialement proposé par le fournisseur ; qu'il suit de là que [ce dispositif] autorise un contrôle judiciaire du prix, dès lors que celui-ci ne résulte pas d'une libre négociation et caractérise un déséquilibre significatif dans les droits et obligations des parties* »[1336].

1332 CA Paris, 12 juin 2019, RG n° 18/20323, Sibylle Chaudouet, Déséquilibre significatif : La Cour d'appel de Paris donne des précisions utiles en matière de preuve et de sanction d'un déséquilibre significatif (GEEPF), 12 juin 2019, Concurrences N° 3-2019, Art. N° 91847. CA Paris, 12 juin 2019, RG n° 18/20323.

1333 Cass. com., 3 mars 2015, Pourvoi n° 13-27.525.

1334 CEPC, avis n° 10-15 du 1er janvier 2009, sur l'application de la LME à certaines relations fournisseurs/distributeurs.

1335 CA Paris, 1er juillet 2015, RG n° 13/19251.

1336 Cass. com., 25 janvier 2017, Pourvoi n° 15-23.547.

1000. La possibilité pour le déséquilibre significatif du droit spécial de s'appliquer au moins en partie au prix le distingue du déséquilibre significatif prévu par le droit des contrats[1337] ou de celui prévu par le droit de la consommation[1338]. Ce point a été validé par le Conseil constitutionnel qui a considéré : « *il est loisible au législateur d'apporter à la liberté d'entreprendre et à la liberté contractuelle, qui découlent de l'article 4 de la Déclaration de 1789, des limitations liées à des exigences constitutionnelles ou justifiées par l'intérêt général, à la condition qu'il n'en résulte pas d'atteintes disproportionnées au regard de l'objectif poursuivi. D'une part, en adoptant les dispositions contestées, le législateur a entendu rétablir un équilibre des rapports entre partenaires commerciaux. Il a ainsi poursuivi un objectif d'intérêt général. D'autre part, les dispositions contestées permettent au juge de se fonder sur le prix pour caractériser l'existence d'un déséquilibre significatif dans les obligations des partenaires commerciaux. Dès lors, le législateur a opéré une conciliation entre, d'une part, la liberté d'entreprendre et la liberté contractuelle et, d'autre part, l'intérêt général tiré de la nécessité de maintenir un équilibre dans les relations commerciales. L'atteinte portée à ces deux libertés par les dispositions contestées n'est donc pas disproportionnée au regard de l'objectif poursuivi* »[1339].

1. Sous l'angle de la contrepartie accordée au cocontractant en échange du prix

1001. La comparaison entre la contrepartie accordée au cocontractant avec la réduction de prix qui en découle peut potentiellement servir à démontrer un déséquilibre significatif. À titre d'illustration, dans une affaire opposant un concessionnaire à un constructeur[1340], le distributeur reprochait à ce dernier d'avoir décidé unilatéralement de supprimer l'octroi d'une remise laquelle avait pour contrepartie la réalisation d'investissements par le distributeur. Or le montant des investissements dont il aurait dû s'acquitter était bien supérieur au préjudice qu'il alléguait. Dès lors, la suppression de la remise ne constituait pas un déséquilibre significatif. Dans ce jugement, la cour valide également la possibilité pour le constructeur de conditionner des remises à des conditions spécifiques comme, par exemple, la publication d'un rapport de gestion agréé.

1337 L'article 1171 du Code civil limite en effet l'application du déséquilibre significatif de la manière suivante : « l'appréciation du déséquilibre significatif ne porte ni sur l'objet principal du contrat ni sur l'adéquation du prix à la prestation ».

1338 L'article L. 212-1 du Code de la consommation prévoit également une limite similaire en indiquant « l'appréciation du caractère abusif des clauses au sens du premier alinéa ne porte ni sur la définition de l'objet principal du contrat ni sur l'adéquation du prix ou de la rémunération au bien vendu ou au service offert pour autant que les clauses soient rédigées de façon claire et compréhensible ».

1339 Cons. const., 30 novembre 2018, n° 2018-749, QPC, Societés Interdis et autres [Déséquilibre significatif dans les relations commerciales].

1340 CA Paris, 6 novembre 2019, RG n° 18/03352, Nicolas Éréséo, Distribution exclusive : La Cour d'appel de Paris rappelle que le fournisseur n'est pas tenu d'assister le distributeur en vue de sa reconversion et juge que les dispositions du Code de commerce relatives à la transparence tarifaire et aux pratiques restrictives de concurrence s'appliquent au secteur automobile (Monchapet Automobiles et Est Automobiles / Mazda Automobiles), 6 novembre 2019, Concurrences N° 1-2020, Art. N° 92953, pp. 100-101. CA Paris, 6 novembre 2019, RG n° 18/03352.

1002. Dans le cas d'une réduction de prix liée à une contrepartie spécifique, la rémunération perçue ne peut constituer un déséquilibre significatif que si le demandeur prouve que la contrepartie n'a pas été réalisée.

1003. Dans une affaire entre un franchiseur et ses franchisés[1341], ces derniers versaient un pourcentage de leur chiffre d'affaires pour financer la publicité institutionnelle de l'enseigne. Il n'était pas démontré sur les sommes versées qu'elles n'avaient pas été utilisées à cette fin, ce qui a permis d'écarter tout déséquilibre.

1004. Dans le cadre d'un réseau de distribution sélective, un fabricant avait refusé à l'un de ses distributeurs la commercialisation d'une gamme spécifique de produits, présentée comme particulièrement innovante, et sur laquelle le fabricant avait réalisé un effort significatif de promotion. Or, à travers les redevances versées dans le cadre du contrat de distribution sélective, une partie de la somme versée par la société exploitant le point de vente servait à couvrir les frais publicitaires supportés par le fabricant. En effet, l'obtention de cette redevance par le fabricant s'effectuait dans un contexte où ce dernier avait abondamment communiqué sur la commercialisation de cette nouvelle gamme de produits. De plus, le fabricant consentait à d'autres distributeurs la commercialisation de la gamme litigieuse, sans avoir été en mesure d'expliquer les critères objectifs conduisant à l'exclusion du point de vente. Enfin, le site internet du fabricant renvoyait expressément les clients désirant avoir des informations sur la gamme litigieuse vers le point de vente en question. En définitive, en exigeant du point de vente le versement des redevances de publicité alors qu'il se trouvait placé dans l'impossibilité de commercialiser la gamme de produits, le fabricant a créé un déséquilibre significatif ouvrant droit à réparation au titre du préjudice subi[1342].

1005. La clause imposant un objectif spécifique au cocontractant pour toucher une commission n'est pas nécessairement déséquilibrée, d'autant que le contrat a été par la suite renégocié pour tenir compte des évolutions du marché, et permettre une juste rémunération du partenaire commercial distribuant les offres du fournisseur[1343].

1006. À noter que le partenaire commercial n'est pas nécessairement soumis à une obligation de résultats. Tel est le cas, par exemple, des contreparties pouvant être rendues par le distributeur, si bien que l'inefficacité du service ou de la contrepartie ne saurait constituer en elle-même un déséquilibre significatif entre les droits et obligations des parties[1344].

1007. Une appréciation plus souple de la contrepartie peut néanmoins être faite si parallèlement à la remise accordée, les fournisseurs s'étaient entendus, ce qui avait faussé la libre fixation du prix par la concurrence[1345].

1341 TC Paris, 13 octobre 2020, RG n° 2017005123.

1342 CA Paris, 18 mars 2015, RG n° 12/21497.

1343 CA Paris, 20 décembre 2019, RG n° 17/20743.

1344 CEPC, avis n° 15-01 du 30 septembre 2015, relatif à une demande d'avis sur un contrat portant sur la création de site internet au regard de sa conformité avec l'article L. 442-6-I, 1° et 2° du Code de commerce ; avis n° 15-03 du 17 avril 2015, relatif à une demande d'avis portant sur l'existence d'un déséquilibre significatif dans les droits et obligations des parties, dans le cadre de contrats signés par des professionnels pour la création de site internet.

1345 CA Paris, 2 juillet 2015, RG n° 13/22609, Christophe Lemaire, Simon Naudin, Actions en nullité : La Cour d'appel de Paris juge non prescrites des actions en nullité de contrats faussés par une entente condamnée

1008. Il est aussi possible au juge d'intervenir dans le cadre d'appels d'offres, procédures au cours desquelles un prix est intrinsèquement lié à une quantité, elle-même découlant du cahier des charges de départ. Ainsi, l'imposition du prix le plus avantageux qui ne tiendrait pas compte des volumes à partir desquels a été réalisée la cotation, pourrait constituer un déséquilibre significatif.

1009. Néanmoins, il est nécessaire pour cela que le prix finalement obtenu n'ait pas été renégocié compte tenu de la baisse de volume, auquel cas, il ne saurait constituer en lui-même un déséquilibre, peu importe que le niveau de prix issu de la négociation ne soit pas favorable au fournisseur[1346].

2. Sous l'angle du caractère abusif du prix en tant que tel

1010. Il est également possible en théorie de mettre en cause le niveau de prix si son caractère abusif est démontré.

1011. Le déséquilibre significatif peut, par exemple, être invoqué pour contester le niveau de prix accordé par un franchiseur à son franchisé si son niveau trop élevé ne permettait pas à ce dernier d'avoir une activité commerciale viable. Dans une affaire opposant un constructeur à un concessionnaire automobile[1347], ce dernier mettait en avant la modification de la politique commerciale du constructeur, et notamment l'utilisation plus massive de prix promotionnels, qui aurait très fortement dégradée la marge qu'il réalisait sur la vente de véhicules, jusqu'à la rendre négative. Si des éléments montraient que le concessionnaire avait dû céder des véhicules à un prix inférieur au prix d'achat auprès du constructeur, ils ne démontraient pas que la rentabilité finale de ces ventes promotionnelles était négative pour les sociétés concessionnaires, ni que les remises accordées pour ces ventes ne leur permettaient pas de générer une marge au moins similaire aux ventes à prix public. D'autre part, les tableaux financiers dressés par le concessionnaire faisaient apparaître une trésorerie négative à la livraison, mais en réalité la trésorerie était positive compte tenu des primes accordées par le constructeur posétrieurement à la livraison des véhicules. Dans une autre affaire opposant un franchisé à son franchiseur[1348], le premier reprochait les hausses de prix d'achats soudaines qu'il avait subi de la part du franchiseur. Toutefois, rien ne démontrait que les tarifs en cause l'aient empêché d'exploiter son activité de manière concurrentielle et rentable, alors qu'il disposait par ailleurs de la possibilité avérée – d'environ 20 % – de s'approvisionner auprès d'autres membres du réseau. Le déséquilibre significatif n'a pas pu être démontré en l'espèce, mais ces affaires démontrent que le manquement peut être recherché dans le niveau de prix accordé par un franchiseur à son franchisé.

---

par l'Autorité de la concurrence en estimant que le délai de prescription a couru à compter de la décision de l'Autorité et non de sa saisine par le demandeur mais rejette les demandes d'indemnisation (EDF, ERDF), 2 juillet 2015, Concurrences N° 4-2015, Art. N° 76385, pp. 186-188. CA Paris, 2 juillet 2015, RG n° 13/22609.

[1346] CA Paris, 23 mai 2013, RG n° 12/01166.

[1347] CA Paris, 20 mars 2019, RG n° 17/01247.

[1348] CA Paris, 11 décembre 2019, RG n° 18/28097, Sibylle Chaudouet, Franchise : La Cour d'appel de Paris se prononce sur un melting-pot de fondements invoqués en matière d'exclusivité dans la franchise (Lara / Casino), 11 décembre 2019, Concurrences N° 1-2020, Art. N° 94102.

1012. Au-delà du caractère abusif en tant que tel, il est également possible d'invoquer un déséquilibre significatif lorsque le franchiseur discrimine sans raison ses franchisés au niveau de leurs prix d'achat (voir § 1014-1015).

1013. Suivant une approche analogue, il semble possible de remettre en cause le prix payé dans le cadre d'un contrat s'il crée un déséquilibre par rapport au risque commercial. Dans une affaire par exemple, une société avait signé un contrat avec une société de production dans le but de produire un film, et elle mettait en avant que le contrat prévoyait un partage très inégal des recettes alors même que l'apport financier était dérisoire[1349]. Pour autant, la société de production avait en réalité souscrit un engagement financier conséquent, si bien qu'aucun déséquilibre significatif ne pouvait être démontré.

3. Sous l'angle de la discrimination tarifaire

1014. Il est également possible d'invoquer un déséquilibre significatif lorsque le franchiseur discrimine sans raison ses franchisés au niveau de leurs prix d'achat. Dans une affaire par exemple, le franchisé reprochait à son franchiseur de lui pratiquer des prix d'achat plus importants qu'à son concurrent direct, dans un contexte où le franchisé en question cherchait à sortir du réseau du franchiseur. La différence de facturation entre les deux magasins, pour laquelle le franchiseur n'a pas pu apporter d'explication, a conduit le point de vente à supporter un surcoût de 1 %, créant un déséquilibre significatif entre les droits et obligations des parties[1350].

1015. Le déséquilibre peut toutefois être écarté dès lors que les différences de prix entre franchisés étaient justifiées par le franchiseur par des éléments objectifs liés à la différence de taille des deux supérettes, et à leurs jours et horaires d'ouverture différents[1351].

§ 2. Les clauses imposant un prix déterminé

A. Les clauses de parité

1016. Les clauses de parité, aussi connues sous le nom de clauses « *MFN* »[1352], consistent à permettre à un acheteur ou un intermédiaire de sysmétiquement bénéficier des meilleures conditions octroyées par le vendeur. En d'autres termes, si le vendeur baisse le prix sur un autre canal de vente ou vis-à-vis d'autres clients, il doit alors automatiquement aligner le prix qu'il a consenti à son cocontractant bénéficiant d'une clause de parité.

1017. L'article L. 442-3 du Code de commerce prévoit la nullité des clauses ou contrats prévoyant pour un producteur, un commerçant, un industriel ou une personne immatriculée au répertoire des métiers, la possibilité « *de bénéficier automatiquement des conditions plus favorables consenties aux entreprises concurrentes par le cocontractant* ».

1349 CA Paris, 23 octobre 2014, RG n° 13/00181.

1350 CA Amiens, 10 janvier 2019, RG n° 17/01699.

1351 CA Paris, 7 décembre 2017, RG n° 16/00113.

1352 Most Favoured Nation.

1018. En 2015, et dans le cadre spécifique du secteur hôtelier, la loi n° 2015-990 du 6 août 2015, dite loi « *Macron* », a renforcé cette interdiction. L'article L. 311-5-1 du Code du tourisme prévoit ainsi que « *l'hôtelier conserve la liberté de consentir au client tout rabais ou avantage tarifaire, de quelque nature que ce soit, toute clause contraire étant réputée non écrite* ». Ces dispositions interdisent donc *de facto* les clauses MFN restreintes[1353].

1019. En plus d'être appréhendées par les dispositifs spécifiques décrits ci-dessus, les clauses MFN peuvent également être appréhendées *via* le prisme du déséquilibre significatif. Dans une affaire importante relative à une plateforme de réservation en ligne de services d'hébergement[1354], le contrat entre cette dernière et les hôtels prévoyait un dispositif contractuel lui permettant de systématiquement bénéficier non seulement des prix les plus avantageux, mais également des mêmes disponibilités que les plateformes concurrentes. La combinaison des deux obligations de parité (prix et disponibilité) empêchait l'hôtelier de développer des promotions sur une partie de son offre[1355]. Le dispositif contractuel en cause peut à ce titre aussi bien être une clause explicite qu'une combinaison de clause dont l'effet est identique, notamment *via* l'engagement du cocontractant de prendre en compte les conséquences de l'application de la clause ou de compenser financièrement la plateforme s'il ne l'applique pas. En utilisant ce type de clause, l'avantage tarifaire et concurrentiel dont bénéficie la plateforme est entièrement pris en charge par les hôteliers sans que cette dernière ne prenne en retour aucun risque[1356].

1020. Pour « *racheter* » le déséquilibre, les parties avaient invoqué le risque de parasitisme. Ce dernier n'avait néanmoins pas été démontré car les plateformes sont conçues pour capter le plus de consommateurs et déclencher le plus de conversions possibles, et que les hôtels ne sont pas aussi facilement joignables, soit parce qu'ils ne permettent pas de réserver en ligne, soit parce qu'ils ne sont pas joignables au téléphone à tout moment[1357].

1021. **L'approche utilisant le déséquilibre significatif est intéressante en ce qu'elle permet une appréhension plus large des clauses de parité**.

1022. Premièrement, s'agissant du prix, elle permet de viser les clauses MFN restreintes en plus de celles étendues. Dans une affaire[1358], les juges ont bien précisé que le champ de l'interdiction *per se* désormais prévue à l'article L. 441-3 du Code de commerce ne visait pas l'alignement automatique des conditions avec les conditions pratiquées par l'hôtelier lui-même sur son propre site.

1023. Deuxièmement, elle permet d'appréhender non seulement le prix mais également d'autres critères de l'offre (comme la disponibilité ou la description technique par

---

1353 Par opposition aux clauses MFN étendues qui obligent l'hôtelier à ne pas proposer de prix plus bas non seulement en direct, sur son site internet par exemple, mais également sur d'autres plateformes de réservation concurrentes.

1354 TC Paris, 29 novembre 2016, RG n° 2014027403.

1355 CA Paris, 21 juin 2017, RG n° 15/18784, confirmée par Cass. com., 8 juillet 2020, Pourvoi n° 17-31.536.

1356 CA Paris, 21 juin 2017, RG n° 15/18784, confirmée par Cass. com., 8 juillet 2020, Pourvoi n° 17-31.536.

1357 *i.e.* celui permettant à l'hôtel de bénéficier de la visibilité offerte par la plateforme tout en pouvant la court-circuiter pour vendre le service en vendant directement au consommateur sans passer par la plateforme.

1358 CA Paris, 21 juin 2017, RG n° 15/18784, confirmée par Cass. com., 8 juillet 2020, Pourvoi n° 17-31.536.

exemple). Dans une affaire[1359], la clause de parité interdisait aux vendeurs de proposer de meilleures descriptions techniques de leurs produits sur leurs propres sites. Cette clause qui comportait une ambiguité car pouvait potentiellement s'appliquer au prix, bénéficiait surtout à la plateforme alors que cette dernière et le vendeur tiers demeurent des concurrents, si bien qu'elle était constitutive d'un déséquilibre significatif.

B. Les obligations revenant à imposer un prix de revente

1024. Dans une affaire entre des franchisés et un franchiseur dans le secteur de la restauration rapide[1360], l'outil informatique imposé par ce dernier prévoyait des prix recommandés par l'enseigne. Le franchisé avait la possibilité de changer les prix mais lorsque le franchiseur mettait à jour la carte, cela avait pour conséquence de remettre tous les prix recommandés et donc d'obliger le franchisé s'il souhaitait modifier les prix à les remettre manuellement dans le système. En pratique, l'utilisation de ce système avait pour effet de décourager les franchisés de pratiquer des prix de manière autonome. En ne permettant pas à l'outil de conserver les prix initialement rentrés par les franchisés, l'utilisation de l'outil entraînait un déséquilibre significatif entre les droits et obligations des parties.

§ 3. Les clauses de renégociation tarifaire

1025. De manière générale, le principe d'indexation automatique des prix des biens et services n'est pas illicite au regard des articles L. 112-1 et suivant du Code monétaire et financier, dès lors que l'indexation est fondée sur le niveau général des prix des biens, produits ou services en relation directe avec l'objet du contrat ou l'activité de l'une des parties. Une telle clause ne constitue donc pas en soi un déséquilibre significatif.

1026. Indépendamment d'une clause d'indexation, les parties sont libres de négocier une clause de révision tarifaire, fixant le cadre de la négociation d'un nouveau tarif en fonction de paramètres déterminés, comme le coût des matières premières par exemple. Cela est même obligatoire pour certains produits comme dans le cas des produits agricoles et alimentaires par exemple, l'article L. 441-8 du Code de commerce prévoyant que « *les contrats d'une durée d'exécution supérieure à 3 mois [...] dont les prix de production sont significativement affectés par des fluctuations des prix des matières premières agricoles et alimentaires comportent une clause relative aux modalités de renégociation du prix permettant de prendre en compte ces fluctuations à la hausse comme à la baisse* ». Cet article prévoit que cette clause puisse se baser sur des indicateurs sectoriels pertinents que doivent mettre en place les organisations professionnelles[1361].

1359 TC Paris, 2 septembre 2019, RG n° 2017050625.

1360 TC Rennes, 22 octobre 2019, RG n° 2017F00131 2017F0013.

1361 Article L. 631-24 du Code rural et de la pêche maritime, ces dispositions découlant de la loi n° 2018-938 du 30 octobre 2018 pour l'équilibre des relations commerciales dans le secteur agricole et alimentaire et une

1027. La CEPC considère quant à elle qu'il n'est pas possible pour un acheteur d'exclure toute clause d'indexation, fonction d'une autre donnée, et/ou une clause de « *hardship* » (ou clause d'adaptation, de sauvegarde ou d'imprévision permettant à l'une des parties d'exiger de l'autre la renégociation de leur accord à exécution successive lorsque l'équilibre économique qui existait lors de sa conclusion a disparu par suite d'un bouleversement des circonstances techniques, économiques ou politiques – notion distincte de la force majeure), sans quoi cela pourrait caractériser un déséquilibre significatif[1362].

1028. Lorsque le contrat prévoit une clause de renégociation de prix, il est toutefois nécessaire que soit prévue une certaine réciprocité dans les modalités de révision tarifaire sans quoi l'asymétrie significative de négociation tarifaire entre les deux partenaires commerciaux pourrait relever d'un déséquilibre significatif. Tel est le cas lorsqu'un fournisseur a l'obligation de baisser ses tarifs suite à une baisse des prix de ses intrants, alors que réciproquement les conditions lui permettant d'appliquer une hausse tarifaire sont très strictes et rigides[1363] et sont susceptibles de laisser un pouvoir discrétionnaire au distributeur quant à l'application effective de la hausse sans contrepartie objective[1364]. Tel est le cas également lorsque la hausse des intrants d'un fournisseur n'est susceptible de pouvoir justifier une hausse du prix que dans des conditions restrictives, alors que réciproquement leur baisse vaut dénonciation de l'accord et obligation de renégociation[1365]. De telles clauses constituent un déséquilibre significatif dans la mesure où elles peuvent notamment remettre en cause la rentabilité d'un des deux cocontractants sans réciprocité au seul profit d'un seul d'entre eux, et sans justification objective, donnant un pouvoir discrétionnaire au cocontractant bénéficiant des clauses déséquilibrées.

1029. Cependant, la clause permettant la modification unilatérale des tarifs peut ne pas constituer un déséquilibre significatif lorsqu'elle est justifiée par l'activité en cause. En effet, lorsque les tarifs dépendent intrinsèquement des conditions d'approvisionnement (secteur de l'énergie, par exemple), l'intermédiaire d'approvisionnement peut modifier unilatéralement ses prix de vente à ses courtiers suivant l'évolution des propres intrants, sauf à prendre le risque d'obérer sa propre activité économique, si bien que cela ne constitue pas un déséquilibre significatif[1366].

1030. Si elle est réciproque et justifiée, la clause permettant une modification du prix ne constitue pas cependant un déséquilibre significatif. Tel est le cas, par exemple, si elle est assortie de la possibilité pour l'autre cocontractant de mettre fin à la relation commerciale avec préavis dans l'hypothèse où il conteste ladite modification et

---

alimentation saine, durable et accessible à tous (dite loi « *EGALIM* »).

1362 CEPC, avis n° 11-06 du 1er juin 2011, relatif à deux questions posées par une fédération professionnelle industrielle.

1363 CA Paris, 4 juillet 2013, RG n° 12/07651.

1364 Cass. com., 3 mars 2015, Pourvoi n° 13-27.725 – CEPC, avis n° 15-22, 23 juin 2015, relatif à une demande d'avis d'un professionnel sur la validité des conditions de révision du prix d'un abonnement.

1365 Cass. com., 3 mars 2015, Pourvoi n° 13-27.525.

1366 CA Paris, 12 septembre 2013, RG n° 11/22934, Mary-Claude Mitchell, Rupture brutale des relations commerciales établies : La Cour d'appel de Paris apporte des limites à l'action exercée cumulativement sur le fondement d'une rupture brutale et d'un déséquilibre significatif (Omnitrade / Poweo Direct Energie), 12 septembre 2013, Concurrences N° 4-2013, Art. N° 59281, p. 106. CA Paris, 12 septembre 2013, RG n° 11/22934.

qu'en outre une telle évolution repose sur une formule claire prenant en compte des paramètres extérieurs au cocontractant modifiant le prix[1367].

1031. Le fait que la clause d'indexation tarifaire ait été appliquée pendant plusieurs années sans que cela ne soulève de problème de la part du cocontractant peut également être mis en avant pour écarter tout déséquilibre significatif[1368].

§ 4. La modification du prix

1032. Indépendamment de toute clause d'indexation de prix, le prix convenu peut évoluer au cours du temps suivant les modalités convenues par les parties. Cette modification du prix souhaitée par un des cocontractants peut porter non seulement sur les livraisons à venir, et donc les futures conditions commerciales (A), mais aussi sur les conditions commerciales passées (B), auquel cas elles seront plus ou moins admises.

A. La modification du prix futur

1033. Le simple fait pour un partenaire commercial d'annoncer une révision de ses tarifs à l'issue de l'année écoulée ne crée pas nécessairement un déséquilibre significatif entre les droits et obligations des parties en l'absence notamment de brutalité dans la notification de la hausse, et de formalisme contractuel prévu en la matière[1369].

1. La modification laissant un préavis suffisant pour négocier

1034. L'évolution du prix qui a fait l'objet de négociations laissant un temps suffisant aux cocontractants pour en discuter les termes, ne peut constituer un déséquilibre significatif entre les droits et obligations des parties[1370].

1035. Un acheteur est ainsi légitime à demander une baisse de ses prix d'achats, et en cas de refus rompre les relations commerciales en respectant un préavis raisonnable compte tenu de la durée de la relation commerciale établie[1371]. Un fournisseur ne peut d'autant moins mettre en cause son client en invoquant un prix de vente trop bas qu'il a accepté de réévaluer ce prix au cours de la relation commerciale, ce qui a donné lieu à la signature d'un avenant librement accepté par lequel le fournisseur reconnaissait que la renégociation satisfaisait ses demandes[1372].

1036. Indépendamment du prix, le distributeur peut réorganiser ses achats en jouant sur l'assortiment des produits achetés. Il a ainsi la faculté d'adapter son assortiment en respectant un préavis raisonnable si la rentabilité est significativement dégradée.

1367 CA Paris, 2 juin 2017, RG n° 15/15826.

1368 CA Paris, 24 avril 2019, RG n° 16/22793.

1369 CA Douai, 9 mai 2012, RG n° 11/00533. Dans une affaire, bien que la hausse de prix ait été appliquée sans préavis, les juges ont considéré qu'aucun déséquilibre significatif n'avait été caractérisé dans la mesure où le fournisseur avait pris cette décision suite à la résiliation du contrat de distribution exclusive comme le distributeur n'avait pas réalisés les objectifs commerciaux qui lui avaient été fixés (CA Paris, 6 novembre 2019, RG n° 18/03050).

1370 CA Paris, 26 mars 2015, RG n° 13/14590.

1371 CA Paris, 29 septembre 2016, RG n° 14/16968.

1372 CA Paris, 4 septembre 2015, RG n° 14/04137.

Dans ce cadre, il est légitime à demander une modification du prix et, en cas de refus du fournisseur, décider d'un déréférencement partiel respectant un préavis.

1037. Il peut également faire évoluer les modalités de négociation. Ainsi, le simple fait pour un donneur d'ordre de procéder à un appel d'offres, en respectant les conditions de préavis en cas de rupture, dans le but de baisser les prix accordés par son sous-traitant ne constitue pas en soi un déséquilibre significatif, quand bien même le prix proposé par le sous-traitant dans le cadre de l'appel d'offres ne puisse être plus bas sauf à remettre en cause la pérennité de son entreprise[1373].

1038. Un fournisseur est également légitime à adapter son organisation commerciale en créant une filiale en France, ce qui revient à forcer son distributeur français de s'approvisionner auprès de cette dernière, étant entendu que si le distributeur n'a plus eu accès à certains prix spéciaux, les prix dont il bénéficiait en passant par la filiale étaient relativement similaires à ceux dont il bénéficiait auparavant[1374].

1039. Le cocontractant est d'autant plus fondé à demander une modification du prix que cette possibilité est prévue contractuellement. Dans une relation entre une blanchisserie et une clinique[1375], le contrat prévoyait une modification du prix à la hausse ou à la baisse en fonction de la quantité. Cette quantité était objectivée par un critère indépendant lié à l'effectif de la clinique, de sorte que les modifications devaient correspondre à une évolution de son effectif. Dans la mesure où l'évolution du prix était objectivée et prévue, le contrat ne faisait donc pas naître de déséquilibre significatif entre les parties. Dans une autre affaire[1376], la résiliation du contrat faisait perdre à l'acheteur le bénéfice d'une remise de 80 %, ce qui correspondait finalement à une indemnité du préjudice subi par le vendeur au regard de la rémunération contractuelle escomptée en l'absence de résiliation, si bien que la modification des conditions de vente ne constituait pas un déséquilibre significatif.

1040. Le cocontractant n'est pas tenu d'accepter la modification proposée par son cocontractant. Cette approche logique est en ligne avec le fait qu'une modification brutale de l'économie du contrat peut être assimilée à une rupture brutale de relation commerciale (v. § 200 et s.). Dans une affaire[1377], le fournisseur invoquait le déséquilibre significatif suite au refus du distributeur d'accepter une revalorisation de ses tarifs. Pour autant, une telle revalorisation était conditionnée contractuellement à l'accord de l'acheteur et le fournisseur ne démontrait pas en quoi son absence l'aurait placé dans une situation inextricable par la faute du distributeur, et que son refus aurait été à l'origine de sa liquidation judiciaire.

1041. Pour autant, si la modification a été réalisée très peu de temps après le début de la relation commerciale, qu'elle a été acceptée par les prestataires de services

---

1373 CA Paris, 23 mai 2013, RG n° 12/01166, Jean-Louis Fourgoux, Rupture partielle des relations commerciales établies : La Cour d'appel de Paris indemnise le fournisseur de canapés pour rupture brutale des relations commerciales et double le préavis dû en matière de produits à marque de distributeur mais écarte le grief de clause déséquilibrée sur les conditions de la négociation tarifaire (GSD / Ikea), 23 mai 2013, Concurrences N° 3-2013, Art. N° 54002, p. 99. CA Paris, 23 mai 2013, RG n° 12/01166.

1374 CA Paris, 26 octobre 2016, RG n° 14/08041.

1375 CA Basse-Terre, 12 novembre 2019, RG n° 17/01135.

1376 CA Paris, 15 novembre 2019, RG n° 17/19503.

1377 CA Paris, 20 mai 2015, RG n° 13/03888.

lesquels ont modifié leur facture en fonction, dans un contexte où de surcroît le tarif initial n'avait pas été contractualisé, une telle modification ne constitue pas un déséquilibre significatif[1378]. De même, dans le cadre d'un mandat d'agent, si le mandant modifie substantiellement la rémunération perçue par le mandataire en baissant le niveau de variabilité des commissions, mais que ces nouvelles conditions commerciales ont été acceptées par le syndicat des agents sans que cela ne soulève de contestation de leur part, alors la modification ne constitue pas un déséquilibre significatif[1379].

1042. Pour caractériser un manquement au titre du déséquilibre significatif, il est nécessaire non seulement que la prestation concernée par l'évolution unilatérale constitue la prestation principale et ne soit pas accessoire, mais aussi qu'elle ne soit pas compensée par l'augmentation (ou réciproquement la diminution) de la rémunération d'autres prestations[1380]. Dans le cadre d'une diminution imposée à son fournisseur par un distributeur par exemple, si les diminutions de prix avaient été en partie compensées par des augmentations sur certaines références, dans un contexte où les prix étaient en outre supérieurs à ceux pratiqués par la concurrence, tout manquement au titre du déséquilibre significatif a pu être écarté[1381]. De même, dans le cadre d'une relation entre un architecte et une société de location de matériel informatique, l'augmentation du loyer ne peut constituer un déséquilibre si elle se justifie par la prise en charge préalable de tout ou partie des indemnités de résiliation du contrat précédent[1382].

1043. *A contrario*, lorsqu'elle est brutale, la modification du prix pourrait constituer sous réserve qu'elle soit unilatérale et n'ait pas été librement acceptée par l'autre partie, un déséquilibre significatif des droits et obligations des parties, en plus de constituer une rupture brutale des relations commerciales (voir § 163 et s.). En effet, le fait pour un client de pouvoir fixer unilatéralement le prix des produits de son fournisseur à défaut d'accord avec ce dernier peut constituer un déséquilibre significatif[1383].

2. La modification objectivement nécessaire

1044. Si l'évolution du prix des intrants conduit à ce que le coût de revient du fournisseur n'est pas couvert par le prix d'achat de son distributeur, le refus de ce dernier d'accepter une revalorisation du prix pourrait être susceptible de constituer un déséquilibre significatif, dans la mesure où il pourrait conduire au redressement, voire à la liquidation dudit fournisseur.

1045. Pour démontrer un manquement, il est toutefois nécessaire que le fournisseur démontre la hausse de ses intrants par des éléments factuels et objectifs[1384], ainsi

---

1378 TC Paris, 10 février 2014, RG n° 2012052714.

1379 CA Paris, 3 juillet 2014, RG n° 12/17885.

1380 TC Paris, 11 février 2014, RG n° 2012079077 ; CA Paris, 26 mars 2015, RG n° 13/14590.

1381 CA Paris, 30 mai 2014, RG n° 11/23178.

1382 CA Paris, 30 juin 2017, RG n° 15/05148.

1383 CEPC, avis n° 14-06 du 30 sept. 2014, relatif à une demande d'avis d'un syndicat de fabricants du secteur automobile sur les nouvelles conditions générales d'achat proposées à ses membres par un constructeur français d'automobiles.

1384 CA Paris, 23 mai 2013, RG n° 12/01166.

que la part qu'ils représentent dans son coût de revient, afin d'apprécier l'impact de la hausse de son prix sur son coût de revient[1385]. En l'absence de tels éléments, tout déséquilibre significatif pourra être écarté.

1046. Cette approche demeure valable y compris sur des prestations annexes à la vente, comme les frais d'expédition par exemple. Dans une affaire[1386], une place de marché en ligne pouvait modifier de manière unilatérale les frais d'expédition de certains produits spécifiques en fixant elle-même les frais d'expédition et de traitement de ces produits.

1047. En définitive, la notion de déséquilibre en pratiques restrictives de concurrence peut avoir un impact potentiellement plus important que celles de droit commun pour la prise en compte de l'imprévision[1387].

B. La clause permettant de baisser rétroactivement les conditions d'achat

1048. En principe, l'obtention d'avantages rétroactifs est interdite en application des dispositions de l'article L. 442-3 du Code de commerce suivant lesquelles « *sont nuls les clauses ou contrats prévoyant pour toute personne exerçant des activités de production, de distribution ou de services, la possibilité (...) de bénéficier rétroactivement de remises, de ristournes ou d'accords de coopération commerciale* ».

1049. Un distributeur de produits informatiques et d'électroménager avait introduit dans ses contrats une clause lui permettant de bénéficier postérieurement à l'acquisition des produits, d'avantages venant diminuer leur prix d'achat, et ce, par l'intermédiaire de deux clauses qui en pratique conduisaient au même résultat : (i) si le fournisseur baissait ses tarifs, il devait répercuter cette baisse rétroactivement sur le stock déjà en possession du distributeur, (ii) si les produits devenaient obsolètes et/ou se vendaient mal, le fournisseur devait verser une compensation au distributeur[1388].

1050. La capacité pour un distributeur de rétroagir sur les conditions d'achats des produits qu'il a acquis, constitue déjà en soi un déséquilibre, mais plusieurs autres considérations renforçaient la démonstration du manquement.

1051. Premièrement, les clauses étaient rédigées de manière confusionnelle, ce qui donnait un pouvoir discrétionnaire au distributeur sur le montant d'avoir dont il pouvait bénéficier. À ce titre, rien ne faisait contractuellement obstacle à ce que le distributeur cumule des avoirs liés à une mévente des produits avec d'autres découlant d'une baisse de tarifs.

1052. Deuxièmement, ces clauses n'étaient compensées par aucune autre obligation imputable au distributeur comme la rotation de stock, sachant que le fournisseur ne disposait que de leviers limités pour influer sur les conditions de commercialisation des produits. En tout état de cause, partant du principe que le risque de

---

1385 CA Paris, 20 mai 2015, RG n° 13/03888 ; Cass. com., 25 octobre 2017, Pourvoi n° 15-24.060.

1386 TC Paris, 2 septembre 2019, RG n° 2017050625.

1387 « Imprévision en droit commun des contrats : une ouverture trompeuse par rapport au projet initial de la Chancellerie », E. Kerguelen, Editions Législatives, 2016.

1388 Cass. com., 26 avril 2017, Pourvoi n° 15-26.780.

mévente est pris en compte par le distributeur dans sa négociation commerciale, les juges ont considéré qu'en définitive, ces clauses constituaient l'assurance pour le distributeur de ne pas prendre de risque commercial dans le cadre de la distribution des produits, caractérisant dès lors un déséquilibre significatif au détriment des fournisseurs concernés. Le caractère significatif se trouvait d'ailleurs renforcé par le fait que les clauses litigieuses s'appliquaient à l'ensemble des fournisseurs et à l'ensemble de leurs produits.

C. La pratique consistant à baisser rétroactivement les conditions d'achat

1053. Si l'obtention d'avantages rétroactifs est interdite par l'utilisation de clauses, elle l'est également par la mise en œuvre d'un ensemble de pratiques par le cocontractant.

1054. Dans une affaire[1389], le distributeur avait appliqué d'office une réduction significative (en l'espèce 5 % sur 12 références pour un fournisseur ; et 2 % sur 3 références pour un autre) en le justifiant auprès de lui par la nécessité d'être en mesure de gagner en compétitivité prix à l'aval. Les demandes s'étaient matérialisées par une demande de taux promotionnel plus important, et avaient par la suite été étendues d'office par le distributeur à davantage de références, et ce, en dehors de tout accord du cocontractant. Pour certains fournisseurs, elles s'étaient accompagnées de mesures de rétorsion de différentes formes : interdiction pour les représentants commerciaux du fournisseur d'accéder aux magasins du distributeur, menaces de déréférencement. Il est toutefois nécessaire que soit démontré un lien entre les avantages financiers demandés, voire obtenus et les menaces ainsi invoquées, sans quoi à l'issue d'une analyse circonstanciée le déséquilibre significatif peut être écarté pour certains fournisseurs.

1055. Ce type de pratique peut également être appréhendé sous l'angle de l'avantage sans contrepartie (voir § 746 et s.).

§ 5. La détermination asymétrique du prix dans la publicité en ligne

1056. Le déséquilibre significatif peut également être invoqué pour mettre en cause l'absence de transparence sur les mécanismes de formation du prix. Suivant les secteurs, ces mécanismes peuvent en effet être très complexes comme dans le secteur de la publicité en ligne par exemple, si bien qu'un cocontractant bénéficiant d'un rapport de force favorable peut être tenté de profiter d'une asymétrie d'information pour déterminer les prix à son avantage.

1057. Dans une affaire[1390], une société faisait la promotion de ses jeux en ligne notamment *via* le portail d'un opérateur télécom, et dont la régie publicitaire était gérée par une société distincte du groupe. Bien que non prévu par les conditions générales

---

1389 CA Paris, 16 mai 2018, RG n° 17/11187.

1390 CA Paris, 19 janvier 2018, RG n° 16/11167.

de vente, le processus d'achat commençait avec l'obligation pour la société de communiquer à la régie la liste des espaces publicitaires souhaités, et le prix que l'annonceur était disposé à payer pour les obtenir (CPM, coût pour mille impressions). La régie publicitaire lui avait par la suite communiqué une proposition très en-dessous de ses demandes en y associant une part non négligeable d'espaces non demandés. La régie se justifiait uniquement par l'importance des demandes également formulées par d'autres annonceurs pour les mêmes espaces publicitaires. Le choix de la société consistait finalement soit à renoncer à acquérir tout espace sur le portail de l'opérateur, soit à accepter la proposition de la régie sans possibilité de négocier ni les espaces, ni leurs prix en raison de la méconnaissance du prix proposé par les autres annonceurs en concurrence pour l'acquisition du même espace publicitaire. En utilisant ce processus et en maintenant au détriment de son client l'opacité sur les conditions de négociation, la régie publicitaire avait soumis son partenaire commercial à un déséquilibre significatif. Si la société pouvait effectivement passer par d'autres régies publicitaires en ligne, il n'en demeure pas moins qu'une telle faculté ne peut justifier une pratique commerciale restrictive, et ce, d'autant que la société pouvait avoir besoin d'accéder au site de l'opérateur télécom compte tenu des caractéristiques des produits qu'elle souhaitait offrir à la vente aux internautes.

§ 6. L'asymétrie en termes de délais de paiement

1058. Dans le cadre d'un flux financier simple d'un acheteur vers un vendeur, si les délais de paiement ne sont pas contraires aux accords interprofessionnels[1391] ou aux délais légaux, ils ne sont pas constitutifs d'un déséquilibre significatif. Tel est le cas également lorsqu'ils permettent au franchiseur de lisser le versement des paiements dus par le franchisé plutôt que d'être concentrés sur des échéances plus espacées[1392]. Les flux peuvent toutefois être plus complexes ce qui peut réserver cette conclusion que ce soit dans le cadre d'une relation bilatérale (A) ou tripartite (B). Au-delà du niveau où ils sont fixés, la modification de cet élément déterminant des conditions économiques de mise en œuvre de la relation d'affaires peut relever du déséquilibre significatif (C).

A. Asymétrie bilatérale entre le paiement des marchandises et celui des services

1059. Une clause créant une asymétrie significative en termes de délais de paiement entre le distributeur et son fournisseur peut constituer un déséquilibre significatif dans la mesure où elle permet alors au distributeur de bénéficier d'un apport de

---

[1391] CA Paris, 23 mars 2020, RG n° 14/23748.

[1392] TC Paris, 13 octobre 2020, RG n° 2017005123. En outre dans cette affaire, l'activité en cause (restauration rapide) générait un besoin en trésorerie négatif si bien que le versement mensuel des redevances au franchiseur ne constituait pas un déséquilibre.

trésorerie supplémentaire au détriment de son fournisseur. Tel est le cas, par exemple, lorsque le distributeur demande le paiement des prestations de services à son profit, avant même d'avoir payé les marchandises ou dans un délai significativement plus court[1393]. Il importe peu que les délais de paiement concernent des obligations différentes, qu'aucun décalage de paiement n'apparaisse en l'absence de prestation de coopération commerciale, ou encore que le demandeur fournisse des exemples concrets démontrant l'incidence de la clause contestée sur le besoin en fond de roulement de la partie lésée[1394].

1060. Si ce raisonnement est valable en considération des délais de paiement introduits par la LME (45 jours fin de mois ou 60 jours date de facture), il est *a fortiori* transposable en cas d'accord dérogatoire prévoyant des délais de paiement plus longs pour les marchandises. Dans le secteur des articles de bricolage par exemple, les opérateurs avaient négocié un accord dérogatoire portant le délai de paiement des marchandises à 75 jours fin de mois. La modification litigieuse introduite par le distributeur, d'une part, exigeait le paiement de la marge arrière sous forme d'acomptes mensuels, ce qui lui permettait de bénéficier *in fine* d'un apport de trésorerie significatif contraire à l'esprit de la LME, et d'autre part, était assortie de pénalités exorbitantes payées par compensation, basculant ainsi sur les fournisseurs la charge de la contestation, ce qui créait finalement un déséquilibre significatif au seul profit du distributeur[1395].

1061. Au surplus, l'Autorité de la concurrence a indiqué qu'il ne paraissait pas acceptable que les prestations de service soient payées avant les marchandises, ce qui revenait à traiter différemment les débiteurs, suivant qu'il s'agisse de distributeurs ou de fournisseurs[1396].

1062. De même, la clause imposant au fournisseur de s'engager à avoir une couverture de stock inférieure ou égale à ses délais de paiement, soit des produits qui se vendent plus vite qu'ils ne sont payés, faute de quoi il s'engage à reprendre les produits à faible rotation, peut relever d'un déséquilibre significatif[1397]. Elle décharge en effet le distributeur de tout risque commercial tout en lui faisant bénéficier de la gamme la plus large possible, dans un contexte où le distributeur détient presque tous les leviers permettant d'agir sur le niveau des ventes (fixation du prix de vente, choix de l'emplacement, opérations promotionnelles). Une telle clause permet finalement au distributeur de contourner l'un des objectifs de la réglementation relative aux délais de paiement en continuant de financer sa trésorerie par le biais du crédit fournisseur et de faire reprendre par ce dernier et à sa discrétion les produits qu'il ne souhaite plus vendre.

1393 TC Lille, 6 janvier 2010, RG n° 2009/05184 ; CA Paris, 20 novembre 2013, RG n° 12/04791 ; CA Paris, 18 décembre 2013, RG n° 12/100150 ; Cass. com., 4 octobre 2016, Pourvoi n° 14-28.013 ; Cass. com., 27 mai 2015, Pourvoi n° 14-11.387.

1394 Cass. com., 4 octobre 2016, Pourvoi n° 14-28.013, Pourvoi n° 14-28.013, Frédéric Buy, Soumission : La Cour de cassation approuve, une nouvelle fois, la condamnation d'un grand distributeur ayant soumis ou tenté de soumettre ses fournisseurs à des obligations créant un déséquilibre significatif (Carrefour), 4 octobre 2016, Concurrences N° 1-2017, Art. N° 83380, pp. 122-123. Cass. com., 4 octobre 2016, Pourvoi n° 14-28.013.

1395 TC Lille, 6 janvier 2010, RG n° 2009/05184.

1396 Adlc, avis n° 09-A-02, 20 février 2009, relatif à un accord dérogatoire pour les délais de paiement dans le secteur du bricolage, § 73-75.

1397 CA Paris, 19 avril 2017, RG n° 15/24221.

B. Asymétrie tripartite des délais de paiement entre l'amont et l'aval d'une filière

1063. De même, il peut être considéré comme constitutif d'un déséquilibre significatif le fait pour une entreprise de soumettre ses fournisseurs et/ou sous-traitants à des conditions de paiement non justifiées eu égard à celles dont elle bénéfice elle-même[1398]. Par extension au secteur de la sous-traitance, il n'est donc pas exclu que l'imposition à un sous-traitant par le donneur d'ordre, de délais de paiement significativement plus courts que ceux dont il bénéficie vis-à-vis du client final, puisse être considérée comme relevant d'un déséquilibre significatif.

C. Modification brutale des délais de paiement

1064. La modification brutale des délais de paiement peut créer un effet « *ciseau* » au détriment de la société devant régler sa dette dans un délai significativement plus court. Si une telle modification peut entraîner une rupture brutale des relations commerciales eu égard aux conséquences qu'elle est susceptible d'entraîner au niveau de la trésorerie de la société, elle peut aussi être invoquée par la société victime de la modification pour démontrer un déséquilibre significatif. Néanmoins, il appartient alors à cette dernière d'apporter la preuve, d'une part, que le délai convenu antérieur était plus long, et d'autre part, que l'autre société a modifié ce délai de manière substantielle[1399].

1065. Il est également nécessaire que la modification des délais de paiement ne puisse pas être objectivement justifiée, par exemple par des manquements contractuels d'une des parties. Si cette modification, comme le passage à un paiement comptant par exemple, fait suite à des retards de paiement de la part du client, elle ne constitue pas un déséquilibre significatif, ayant simplement pour objectif de permettre au fournisseur de se protéger des risques d'impayés[1400]. De même, la réduction des délais de paiement, consistant en l'occurrence en une augmentation du montant à acquitter suite à la finalisation de la première phase des projets, ne constitue pas un déséquilibre significatif dans la mesure où cette phase représentait un coût important pour le prestataire[1401].

D. Le taux d'escompte

1. L'absence de réciprocité

1066. Suivant le même principe que pour les délais de paiement, l'absence de réciprocité peut être invoquée sous certaines conditions pour démontrer un déséquilibre

---

1398 CEPC, avis du 1er janvier 2009 n° 09-12, venant compléter le dispositif de questions-réponses relatif à la mise en œuvre de la loi de modernisation de l'économie ; directive 2000/35/CE du parlement européen et du conseil, 29 juin 2000, concernant la lutte contre le retard de paiement dans les transactions commerciales.

1399 CA Rennes, 17 mars 2011, RG n° 09/06455.

1400 CA Paris, 29 janvier 2014, RG n° 12/08976, Mary-Claude Mitchell, Distribution : La Cour d'appel de Paris reconnaît à la tête d'un réseau de distribution sélective la faculté de se délier de ses distributeurs agréés en conformité avec les termes du contrat (Cartier), 29 janvier 2014, Concurrences N° 2-2014, Art. N° 65786, pp. 123-124. CA Paris, 29 janvier 2014, RG n° 12/08976.

1401 CA Paris, 6 février 2014, RG n° 12/04086.

significatif. En effet, le fait pour un partenaire de pouvoir bénéficier d'un escompte en cas de paiement anticipé, sans que cette possibilité ne soit ouverte réciproquement à l'autre partenaire commercial, peut constituer un déséquilibre significatif[1402].

2. L'imposition d'un taux déséquilibré

1067. Dans une affaire[1403], un acheteur avait imposé à ses fournisseur une clause lui permettant de bénéficier d'un escompte en cas de paiement avant l'échéance du délai de paiement indiqué sur la facture. La clause prévoyait ainsi « *[Le] montant [de cette rémunération] sera de 2,5 % du montant TTC de la facture si le paiement intervient le 15e jour suivant l'émission de la facture. En cas de paiement effectué avant ce 15e jour, une somme supplémentaire correspondant à 0,0333 % sera prélevée par jour précédant ce 15e jour. Si le paiement est effectué après le 15e jour, le montant perçu à titre de paiement anticipé sera réduit de 0,0333 % par jour suivant ce 15e jour. Aucun montant ne sera perçu si le règlement intervient le 50e jour ou après le 50e jour à compter de la date de la facture* ». Or, le délai légal applicable était de 60 jours maximum à compter de la date d'émission de la facture. Bien que non problématique en tant que telle, la clause imposait un coût très élevé au fournisseur, sans que cela ne soit rééquilibré par une quelconque contrepartie, alors qu'il appartient à l'acheteur de payer ses fournisseurs au plus vite et au maximum dans les délais légaux fixés par le législateur. Le taux ainsi pratiqué par l'acheteur était significativement supérieur à celui dont auraient pu bénéficier les fournisseurs auprès de leurs banques. Ce constat était de nature à expliquer pourquoi 40 % des fournisseurs de l'acheteur n'avaient pas acceptés la clause en question, dans la mesure où ils ont pu la négocier à l'inverse des autres fournisseurs à qui elle a été imposée.

§ 7. Clause pénale et autres pénalités

1068. Dans son principe, une clause pénale sanctionnant une des parties en cas de défaillance de l'une d'entre elles ne crée pas de déséquilibre significatif entre les droits et obligations des parties[1404]. Premièrement, elle n'est appliquée qu'en cas de défaillance de l'une des parties, et ne constitue pas la source de la défaillance[1405]. Deuxièmement, elle tire sa justification du préjudice subi par la partie lésée, que ce soit par rapport à l'investissement déjà engagé[1406], ou eu égard à la nécessité d'assurer une bonne exécution de l'approvisionnement[1407].

1069. Pour autant, et avant même l'introduction de la notion de déséquilibre significatif, la CEPC s'est prononcée sur le caractère excessif que pouvaient revêtir certaines

---

1402 CA Paris, 18 décembre 2013, RG n° 12/100150.

1403 CA Paris, 12 juin 2019, RG n° 18/20323, Sibylle Chaudouet, Déséquilibre significatif : La Cour d'appel de Paris donne des précisions utiles en matière de preuve et de sanction d'un déséquilibre significatif (GEEPF), 12 juin 2019, Concurrences N° 3-2019, Art. N° 91847. CA Paris, 12 juin 2019, RG n° 18/20323.

1404 CA Paris, 17 décembre 2014, RG n° 13/08615 ; CA Nancy, 4 février 2015, RG n° 14/02710 ; CA Paris, 7 octobre 2016, RG n° 13/19175.

1405 CA Aix-en-Provence, 9 novembre 2011, RG n° 10/11739.

1406 CA Nancy, 14 décembre 2011, RG n° 10/02664.

1407 CA Paris, 18 décembre 2013, RG n° 12/00150.

pénalités applicables par les distributeurs à leurs fournisseurs en cas de défaillance de ces derniers[1408], en indiquant que « *les parties sont libres de convenir de la sanction de l'inexécution de leurs engagements contractuels, en particulier du montant des pénalités exigibles [...]. Cependant, certaines conditions d'achat prévoient des sanctions disproportionnées et brutales* ».

1070. Pour démontrer un déséquilibre significatif, il est nécessaire que le déséquilibre découle d'une obligation, notamment contractuelle. Une société ne peut, par exemple, pas invoquer un retard de livraison et le refus du fournisseur d'indemniser son préjudice alors qu'il s'y était engagé pour démontrer un déséquilibre significatif[1409].

1071. Par conséquent, le déséquilibre significatif peut théoriquement apparaître non seulement dans la disproportion entre le niveau de la pénalité et le préjudice réellement subi (A), mais aussi dans les circonstances déclenchant leur application (B).

A. Quantum de la pénalité

1. L'apport du droit spécial

1072. De manière générale, une clause indemnitaire peut être révisée par le juge[1410] en application de l'article 1231-5 du Code civil[1411], mais seulement si elle peut être qualifiée de clause pénale, *i.e.* en ce qu'elle vise à sanctionner un manquement contractuel[1412].

1073. Dans le cas contraire, il s'agit uniquement d'une indemnité contractuelle, et dès lors, seul le déséquilibre significatif peut éventuellement être invoqué afin d'en diminuer le montant. L'intérêt de mettre en œuvre le droit spécial par rapport au droit commun réside ainsi dans le champ d'application plus large du droit spécial.

1074. Les dispositions de l'article 1231-5 du Code civil ne font néanmoins pas obstacle à l'application à une clause pénale des dispositions sanctionnant le déséquilibre significatif entre les droits et obligations des parties[1413]. Le déséquilibre significatif peut donc également être invoqué pour réévaluer une clause pénale entre deux partenaires commerciaux.

[1408] CEPC, avis n° 04-04, 7 juill. 2004, concernant certaines clauses contenues dans des conditions d'achat.

[1409] CA Paris, 30 janvier 2019, RG n° 16/14086.

[1410] CA Aix-en-Provence, 9 novembre 2011, RG n° 10/11739 ; CA Paris, 13 novembre 2015, RG n° 13/13999.

[1411] « Lorsque le contrat stipule que celui qui manquera de l'exécuter paiera une certaine somme à titre de dommages et intérêts, il ne peut être alloué à l'autre partie une somme plus forte ni moindre. Néanmoins, le juge peut, même d'office, modérer ou augmenter la pénalité ainsi convenue si elle est manifestement excessive ou dérisoire ».

[1412] En l'espèce, la somme correspondait à un passif entre les deux sociétés. Le bénéficiaire avait accepté de ne pas la réclamer sous réserve que son cocontractant s'engage à nouveau pour une durée significative (CA Paris, 1er juillet 2019, RG n° 18/15322).

[1413] Cass. com., 27 mai 2015, Pourvoi n° 14-11.387, Valérie Durand, Déséquilibre significatif : La Cour de cassation ayant rappelé les conditions de recevabilité de l'action du ministre et constaté l'existence de déséquilibres significatifs entre les droits et les obligations au détriment des fournisseurs, retient que les dispositions de l'article 1152 du Code civil ne font pas obstacle à l'application de l'article L. 442-6 I 2° du Code de commerce à une clause pénale, dès lors que les conditions en sont réunies (GALEC), 27 mai 2015, Concurrences N° 3-2015, Art. N° 75063, p. 106. Cass. com., 27 mai 2015, Pourvoi n° 14-11.387.

1075. Si la qualification de déséquilibre significatif peut permettre de réviser le montant d'une pénalité dans des cas où l'article 1231-5 du Code civil ne le permet pas, la réciproque est également vraie. Dans une affaire liée à une location financière dont la résiliation entraînait le paiement par le locataire des échéances restant à courir majorées de 8 %[1414], les juges ont considéré qu'elle ne constituait pas un déséquilibre significatif dans la mesure où notamment son déclenchement avait pour origine le manquement initial du locataire. Pour autant, la pénalité a été jugée excessive et son montant réduit à 1 euro.

2. Un équilibre nécessaire entre le préjudice subi et la pénalité

1076. Il semble préférable que la pénalité soit équilibrée au regard du préjudice subi, ce qui signifie dans le cas, par exemple, d'une pénalité de résiliation anticipée, qu'elle soit équilibrée au regard des gains attendus du contrat. Cela est d'autant plus important que le texte interdit désormais expressément « *d'imposer des pénalités disproportionnées au regard de l'inexécution d'engagements contractuels* »[1415].

1077. Pour autant, afin qu'un manquement de déséquilibre significatif soit prononcé, il est nécessaire que la clause n'ait pas été librement négociée entre les parties, ou en tous cas que la partie qui s'estime lésée puise justifier de l'existence d'une pression, d'une contrainte, d'un rapport déséquilibré ou d'un état de dépendance économique l'ayant contrainte à signer le contrat contenant les clauses litigieuses.

1078. En l'absence d'une telle condition, la clause pénale revenant à payer suite à la résiliation d'un contrat à durée déterminée la somme des loyers restants théoriquement à échoir au regard de la durée initiale du contrat ne constituera pas nécessairement un manquement au titre du déséquilibre significatif[1416], nonobstant la faculté du juge de la modérer en application de l'article 1231-5 du Code civil[1417]. Cette approche est d'autant plus pertinente que la disposition en cause n'est pas applicable en cas de défaillance du bailleur qui s'estime victime de la pratique[1418]. Il en va de même de la clause garantissant un niveau déterminé de CA à l'issue de la résiliation pour assurer une transition réussie des outils couverts par le périmètre fonctionnel de la prestation de développement fournie[1419].

1079. Une telle clause est d'autant moins déséquilibrée qu'elle peut être justifiée suivant les circonstances. Dans une affaire par exemple[1420], il ressortait du contrat que l'autre opérateur devait supporter des frais importants de pose et de fabrication des panneaux publicitaires objets du contrat, lesquels étaient répartis sur 3 ans, si bien que l'examen de cette clause au regard de l'économie

---

[1414] CA Paris, 13 octobre 2017, RG n° 15/03694 – La même approche a pu prévaloir dans une autre affaire relative au même secteur (CA Paris, 23 octobre 2017, RG n° 15/10489).

[1415] Article L. 442-1 du Code de commerce, modifié par la loi n° 2020-1525 du 7 décembre 2020.

[1416] CA Paris, 5 juin 2015, RG n° 13/03110 ; CA Paris, 24 juin 2016, RG n° 13/20422 ; CA Rouen, 13 décembre 2016, RG n° 15/05225 ; CA Paris, 16 décembre 2015, RG n° 13/11879 ; CA Paris, 17 décembre 2015, RG n° 14/18017.

[1417] CA Paris, 13 novembre 2015, RG n° 13/13999.

[1418] CA Paris, 3 juin 2016, RG n° 13/20153.

[1419] CA Versailles, 17 mai 2016, RG n° 14/06579.

[1420] CA Nancy, 14 décembre 2011, RG n° 10/02664.

générale du contrat ne permettait pas de déduire l'existence d'un déséquilibre significatif. De même dans le cadre d'une prestation de location de matériel de photocopiage[1421], l'indemnité de résiliation était justifiée par le souci de rétablir un équilibre qui serait mis à mal par une rupture anticipée de la part du locataire, le loueur mettant en avant, l'obligation de maintenir un stock de pièces détachées, de consommables, de matériel de prêt, ainsi que la nécessité de maintenir un personnel hautement qualifié. Il en va de même d'une clause pénale contenue dans un contrat de location de voiture pouvant conduire le locataire à acquitter un montant équivalent au prix du véhicule neuf en cas de dépassement du nombre de kilomètres prévus[1422]. En effet, si le locataire avait dès le départ planifié une utilisation du véhicule d'une durée supérieure, il aurait dû acquitter une redevance de location plus élevée tenant compte de l'usure accélérée du véhicule.

1080. La clause entre un franchiseur et un franchisé imposant, en cas de résiliation au tort du franchisé, le paiement des redevances restant à courir jusqu'au terme contractuel et le remboursement du budget d'enseigne du franchisé *au prorata temporis* de la durée d'exécution du contrat ne constituent pas un déséquilibre significatif[1423]. Pour mener son évaluation, la cour semble, dans cette affaire, s'être surtout attachée au principe des clauses plutôt qu'à leurs montants, dans la mesure où bien qu'écartant un manquement au titre du déséquilibre significatif, elle les a significativement réduites.

1081. Les bénéfices attendus du contrat sont ainsi pesés au regard des investissements consentis[1424], et si ces derniers sont importants, ce constat est susceptible d'écarter tout déséquilibre en l'absence de rapport de force déséquilibré dans la négociation commerciale. Il convient toutefois de préciser que parmi les décisions ci-dessus écartant tout déséquilibre significatif, ni la condition de soumission, ni celle de déséquilibre n'étaient remplies.

1082. Dans l'hypothèse où la condition de soumission soit remplie, la clause pénale consistant à réclamer une somme correspondant aux sommes qu'aurait dû percevoir le cocontractant pourrait être considérée comme déséquilibrée. En effet, cette position développée par la CEPC[1425], a pu être confirmée par des juges, considérant que la clause imposant le paiement par le locataire du reste des échéances prévues au contrat pouvait être déséquilibré, notamment au regard de l'absence patente de réciprocité. En l'espèce, le prestataire ne devait s'acquitter au maximum que d'un montant équivalent à 3 mois de loyer au maximum[1426]. De même, d'autres jugements ont considéré que la clause pénale d'un an de loyers qui ne pouvait être

---

1421 CA Bordeaux, 24 juin 2019, RG n° 16/07291.

1422 CA Paris, 29 janvier 2014, RG n° 12/07258.

1423 CA Paris, 15 mai 2019, RG n° 17/20051. À noter que dans cette affaire, les juges avaient d'abord considéré que la condition relative à la soumission n'était pas remplie.

1424 CA Rennes, 31 janvier 2017, RG n° 14/09165 ; CA Paris, 26 janvier 2018, RG n° 16/00105 ; CA Paris, 6 avril 2018, RG n° 16/00425.

1425 CEPC, avis n° 15-03 du 17 avril 2015, relatif à une demande d'avis portant sur l'existence d'un déséquilibre significatif dans les droits et obligations des parties, dans le cadre de contrats signés par des professionnels pour la création de site internet.

1426 CA Versailles, 23 juin 2016, RG n° 14/06181.

évitée qu'en prenant un nouvel engagement long de plusieurs années constituait un déséquilibre significatif entre les droits et obligations des parties[1427].

1083. Cette réévaluation a ainsi pu être fondée sur un raisonnement par analogie avec le droit de la consommation, et notamment celles interdisant d'« *imposer au non-professionnel ou au consommateur qui n'exécutent pas ses obligations une indemnité d'un montant manifestement disproportionné* »[1428] (v. § 966). Dans cette affaire, la radio, suite à sa sortie du GIE mandaté pour commercialiser ses espaces publicitaires, perdait non seulement l'intégralité du chiffre d'affaires de l'année antérieure, mais devait en outre s'acquitter d'une pénalité supplémentaire équivalant à 30 % de ce montant. Le caractère disproportionné de cette pénalité a pu être démontré par le fait que son paiement serait susceptible de déclencher une situation de cessation de paiement, et ce, nonobstant le fait que le GIE ait proposé un échelonnement des paiements. En définitive, le juge a réévalué la clause en la limitant à uniquement 30 % du chiffre d'affaires réalisé l'année précédente.

1084. La disproportion peut, par exemple, être démontrée si le gain du cocontractant en mettant en œuvre la clause indemnitaire excède les gains qu'il aurait potentiellement réalisé en exécution du contrat. Même si une telle pratique peut potentiellement être qualifiée d'avantage disproportionné[1429], elle pourrait également être appréhendée sous l'angle du déséquilibre, plus encore en l'absence de réciprocité. Tel pourrait être le cas, par exemple, d'une clause permettant à un commissionnaire de transport, en cas de défaillance du transporteur, non de refacturer le surcoût ou le préjudice qu'il subit mais l'intégralité de la prestation de service[1430].

1085. La disproportion peut également être démontrée par le cumul de pénalités ayant le même objet. Par exemple, si un contrat contient deux pénalités en cas de résiliation anticipée, et que ces deux pénalités visent à couvrir le même dommage, le fait qu'elles fassent ainsi double emploi pourrait caractériser un déséquilibre significatif. Tel n'est pas le cas en revanche si les deux pénalités ne visent pas à couvrir le même dommage. Par exemple[1431], dans le cadre d'une relation entre un loueur de matériel et un utilisateur, une pénalité visait à réparer le dommage résultant du défaut de restitution du bien loué, l'autre la résiliation anticipée du contrat par l'utilisateur. Il n'était donc pas démontré qu'elles faisaient double emploi n'intervenant pas forcément de manière cumulative.

1086. *A contrario*, si le niveau de pénalité paraît approprié au regard des circonstances de l'espèce, une telle pénalité ne constitue pas un déséquilibre significatif[1432]. Tel est le cas, par exemple, d'une clause pénale correspondant à 10 % des loyers à échoir en cas de résiliation anticipé du locataire[1433].

1427 CA Toulouse, 7 décembre 2016, RG n° 16/02774 (cette décision a toutefois été cassée en cassation compte tenu de l'absence de compétence de la Cour d'appel – Cass. com., 16 mai 2018, Pourvoi n° 17-12.458 ; Un autre jugement similaire ne visait pas le déséquilibre significatif mais l'avantage disproportionné (CA Paris, 12 décembre 2016, RG n° 15/15179).

1428 CA Paris, 29 octobre 2014, RG n° 13/11059.

1429 CA Bordeaux, 31 janvier 2017, RG n° 15/02631.

1430 CA Toulouse, 28 juin 2017, RG n° 16/02093.

1431 CA Paris, 7 février 2013, RG n° 12/01230.

1432 CA Colmar, 19 novembre 2010, RG n° 07/03189 ; CA Paris, 17 décembre 2014, RG n° 13/08615.

1433 CA Aix-en-Provence, 20 juin 2013, RG n° 12/07275.

B. Les circonstances déclenchant son application

1087. Indépendamment du rapport de soumission, le contexte d'exécution de la clause peut être pris en compte.

1088. Le déséquilibre significatif peut, par exemple, être écarté lorsque l'indemnité imputée à la société ne constitue que la contrepartie à la faculté de résiliation unilatérale dont elle bénéficie[1434]. La clause pénale liée à la résiliation du contrat suivant les conditions initialement prévues n'est pas en soi susceptible de faire naître un déséquilibre significatif, même si son montant peut être important compte tenu des montants restant à payer. Un contrat de crédit-bail permettait la résiliation unilatérale du contrat par le crédit-bailleur en cas d'arrêt du paiement des échéances par le crédit-preneur avec restitution du matériel[1435]. Une telle clause ne constitue pas un déséquilibre significatif, et son application ne peut être suspendue sous prétexte que le matériel en question était indispensable à l'activité du crédit-preneur[1436].

1089. Dans l'hypothèse où puisse être démontré un rapport de soumission, il semble préférable que le cocontractant bénéficiant du rapport de force attache une importance particulière à certains paramètres du contrat.

1090. **En premier lieu, si l'introduction d'une clause pénale n'est pas discutable dans son principe, il semble préférable qu'il existe une certaine réciprocité entre les deux partenaires commerciaux**. Dans le cas contraire, cela pourrait conduire à un déséquilibre significatif, notamment si, par exemple, une clause pénale a vocation à s'appliquer uniquement à l'un des deux partenaires commerciaux, sans qu'il ne soit rien prévu pour l'autre, alors même que le non-respect de certaines obligations de ce dernier peut aussi avoir des conséquences financières importantes, et dès lors justifier l'application d'une clause pénale[1437]. Tel pourrait être le cas, par exemple, si la sanction du non-respect de ses obligations pour le prestataire de service est limitée au montant acquitté par le client sur un trimestre, alors qu'inversement, le non-paiement d'une mensualité par le client l'expose à la résiliation du contrat, au paiement de l'intégralité des soldes restant dus majorés de 10 % et de divers frais de relance et de pénalités de retard[1438].

1091. **En second lieu, l'application de la clause pénale doit être légitime eu égard aux circonstances de l'espèce**.

1092. Le fait pour un fournisseur de se voir appliquer une pénalité par compensation sans avoir pu discuter la réalité du grief pourrait constituer un déséquilibre significatif, car si la compensation peut être légale, encore faut-il qu'elle corresponde à une créance réelle et avérée. C'est notamment pour éviter une telle situation que six distributeurs de la grande distribution ont pris le 5 octobre 2010 un engagement, aux termes duquel ils se sont engagés à mettre en place une procédure « *mettant le*

1434 CA Paris, 5 septembre 2019, RG n° 17/01506.

1435 CA Paris, 6 janvier 2017, RG n° 14/03114.

1436 CA Grenoble, 1er octobre 2015, RG n° 14/04801 ; CA Paris, 18 mars 2016, RG n° 16/16867.

1437 CA Paris, 18 décembre 2013, RG n° 12/00150.

1438 CEPC, avis n° 15-03 du 17 avril 2015, relatif à une demande d'avis portant sur l'existence d'un déséquilibre significatif dans les droits et obligations des parties, dans le cadre de contrats signés par des professionnels pour la création de site internet.

fournisseur en mesure de contrôler la matérialité des griefs qui lui sont reprochés et à lui accorder un délai pour les contester de bonne foi ».

1093. Suivant la même logique, l'application d'une clause pénale peut entraîner un déséquilibre significatif en cas d'exception d'inexécution. Par exemple, si la défaillance incombe initialement à la partie invoquant la clause pénale, cette dernière est alors mal fondée à s'en prévaloir ayant, la première, manqué à ses obligations. Dans une affaire par exemple[1439], un vendeur devait livrer une remorque à un client, mais n'avait pu respecter le délai de livraison contractuellement prévu. Suite à un retard significatif, le client avait alors résilié sa commande, et le fabricant demandait alors l'application de la clause pénale. Cependant, l'application d'une telle clause eu égard au contexte serait de nature à créer un déséquilibre significatif, comme cela reviendrait à priver l'acquéreur sans contrepartie de toute possibilité de résiliation, alors que le vendeur a manqué à l'une des obligations essentielles du contrat.

1094. De même, la clause prévoyant le paiement de pénalités lorsque le client ne fait que dénoncer la reconduction du contrat au terme du délai prévu peut constituer un déséquilibre significatif[1440].

1095. Dans une autre affaire opposant des revendeurs de matériels de photocopiage et d'impression à un fabricant, une clause déclenchait une facturation automatique en cas de déconnexion du matériel sans distinguer le cas où le problème était dû à une absence de connexion au moment de l'installation (faute incombant au revendeur) de celui où le problème était extérieur au revendeur, ce qui permettait au fabricant de facturer des pénalités dans toutes les hypothèses, y compris celles ne relevant pas de la responsabilité du revendeur[1441]. Cela était encore plus patent si l'installation était réalisée par du personnel du fabricant lui-même. La mise en œuvre systématique de cette pénalité se conjugait avec l'impossibilité pratique pour les concessionnaires de vérifier le bien-fondé de son application, leur interdisant dès lors d'être en mesure de contrôler la réalité des griefs qui leur étaient imputés. En l'absence d'autres obligations imputables au fabricant, la clause créait un déséquilibre significatif entre les parties.

1096. Également, la clause permettant à un franchiseur de mettre à la charge du franchisé les frais qu'il supporte pour faire respecter différentes clauses du contrat peut être déséquilibré compte tenu du caractère potestatif de ladite clause en l'absence de plafond des frais décidés par le franchiseur ou de justification objective à leur déclenchement[1442]. À l'inverse, des clauses indemnitaires peuvent parfaitement être légitimes suivant les circonstances de l'espèce, notamment en l'absence d'un rapport de force défavorable :

- **la clause de remboursement d'un investissement en l'absence de réalisation des objectifs**. Une société d'assurance avait investi 25 000 euros pour aider un courtier d'assurance à s'implanter et se développer, lequel s'était engagé à lui fournir en contrepartie 200 000 euros de contrats, et dans le cas contraire, devait contractuellement rembourser la somme initialement

---

1439 CA Bordeaux, 21 novembre 2011, RG n° 10/02746.
1440 CA Versailles, 23 juin 2016, RG n° 14/06181.
1441 CA Paris, 11 octobre 2017, RG n° 15/03313.
1442 TC Paris, 13 ocrobre 2020, RG n° 2017005123.

fournie par la société d'assurance. Le courtier n'a pas démontré en quoi les clauses lui auraient été imposées, ni en quoi les objectifs auraient été irréalisables, si bien qu'aucun déséquilibre significatif ne naissait de l'exécution du contrat[1443].

- **La clause imposant le paiement d'une somme forfaitaire en cas de non-réalisation des objectifs.** Un contrat entre un fabricant et une plateforme de commerce électronique prévoyait une clause pénale à la charge du fabricant en cas d'absence d'atteinte des objectifs contractuels. Or, l'existence d'un rapport de force défavorable au fournisseur n'était pas démontré, plusieurs échanges démontrant au contraire des discussions équilibrées. Le fournisseur avait, par exemple, formulé l'exigence d'une exclusivité à son profit, et la plateforme était encline à étudier toute proposition raisonnable pour fixer les grandes lignes d'un partenariat équilibré. Dès lors, une telle clause pénale ne constituait pas un déséquilibre significatif entre les deux cocontractants[1444].
- **La clause imposant le remboursement au titre de pénalité de primes versées par un fournisseur pour l'ouverture de points de vente de son partenaire distributeur.** Le versement de cette indemnité ne constituait pas un déséquilibre significatif dans la mesure où ce remboursement était justifié par la fin de la relation commerciale, et qu'il était légitime que le fournisseur ne réalise plus des investissements en pure perte représentant une rémunération sans contrepartie pour le distributeur[1445].

Section 3
Le déséquilibre significatif lié à des dispositifs contractuels

1097. Au-delà des clauses ayant un impact financier direct, il est également possible de faire valoir le déséquilibre significatif vis-à-vis de manquements contractuels. À ce titre, la reconnaissance par le cocontractant de l'absence de manquements non seulement n'est pas suffisante pour écarter la qualification de déséquilibre significatif, mais elle peut permettre de la caractériser (1). De la même manière, et parce qu'elle va à l'encontre du processus de négociation souhaité par le législateur, l'imposition des conditions générales d'achat sur les conditions générales de vente du fournisseur peut également constituer un manquement (2).

1098. Une attention particulière doit être apportée aux points suivants :

- les conditions logistiques (3) ;
- les clauses relatives au retour des invendus ou des produits dégradés par la clientèle (4) ;
- les clauses relatives à la rupture du contrat (5) ;

[1443] CA Douai, 16 avril 2015, RG n° 14/01303.

[1444] CA Paris, 8 octobre 2015, RG n° 13/22006.

[1445] CA Paris, 20 décembre 2019, RG n° 17/20743.

- les clauses limitatives de responsabilité (6) ;
- la modification unilatérale du contrat (7) ;
- les clauses compromissoires (8) ;
- les clauses d'agrément ou d'*intuitu personae* (9) ;
- la durée d'engagement contractuel (10) ;
- les clauses de préférence (11).

1099. Il appartient au demandeur de démontrer l'obligation à laquelle il était soumis, et en quoi elle constituerait un déséquilibre significatif.

1100. La simple inexécution contractuelle ne peut constituer qu'une violation de l'article 1104 du Code civil, et non créer un déséquilibre significatif au sens de l'article L. 442-1 du Code de commerce[1446].

§ 1. La reconnaissance de l'absence de manquements

1101. Des cocontractants ont pu être tentés d'introduire des clauses par lesquelles leurs partenaires reconnaissaient l'absence de manquements au titre du déséquilibre significatif. Dans une affaire par exemple, un distributeur avait introduit une clause obligeant son cocontractant à intervenir dans « *toute procédure ou instance qui viendrait à être engagée par un tiers au contrat, pour faire valoir sa position sur celui-ci* », dans un contexte où le contrat précisait que le fournisseur déclarait qu'il avait librement accepté le contrat dont les obligations étaient réciproquement équilibrées[1447]. En lui permettant d'obliger son partenaire commercial à intervenir volontairement dans une action judiciaire, la clause constituait un déséquilibre significatif, étant d'une portée générale, et violant le principe défini par l'article 6-1 de la Convention européenne de sauvegarde des droits de l'homme et des libertés fondamentales (CESDH) dont le corolaire est de ne pas agir en justice, et ce, quand bien même le fait de « *faire valoir sa position* » soit suffisamment vague pour permettre une mise en œuvre nuancée qui tienne compte de la spécificité des situations et des intérêts de chacun.

1102. En revanche, la clause indiquant que le paiement des factures présume l'effectivité de la prestation et la proportionnalité de la rémunération qui lui est associée ne constitue pas un déséquilibre significatif. Une telle clause ne faisait que rappeler les dispositions du droit des obligations selon lequel la charge de la preuve du paiement indu incombe au demandeur en restitution, si bien que ne faisant que rappeler un principe élémentaire du Code civil, elle ne pouvait ainsi constituer une clause abusive susceptible de déséquilibrer un contrat de manière significative[1448].

[1446] CA Paris, 29 mars 2018, RG n° 15/09798.

[1447] TC Paris, 20 mai 2014, RG n° 2013/0707793.

[1448] CA Paris, 20 décembre 2017, RG n° 13/04879, Jean-Louis Fourgoux, Soumission : La Cour d'appel de Paris refuse de condamner les clauses contractuelles d'un grand distributeur en l'absence de soumission même en présence d'un déséquilibre significatif (ITM Alimentaire International), 20 décembre 2017, Concurrences N° 2-2018, Art. N° 86900, pp. 108-109. CA Paris, 20 décembre 2017, RG n° 13/04879.

1103. Indépendamment des clauses visant à la reconnaissance par le cocontractant de l'absence de manquements, ont être constatées des tentatives de détournement de procédure par la partie sanctionnée à une restitution d'indu.

1104. À l'issue d'une affaire, un distributeur avait ainsi été condamné à rembourser un certain nombre de ses fournisseurs pour avoir perçu rétroactivement des rémunérations sans contrepartie car ne correspondant à aucune prestation commerciale. Au cours de l'instance, le distributeur avait obtenu de ses fournisseurs leur engagement à ne pas faire valoir les droits qui leur seraient ouverts par décision de justice. En novembre 2010, soit en pleine période de renégociation des contrats annuels avec ses fournisseurs, le distributeur leur a envoyé un courrier leur rappelant cet engagement, et leur demandant de restituer les sommes perçues au titre de l'indu par l'intermédiaire du trésor public, ce qui aurait finalement conduit ce dernier à restituer les sommes au distributeur. Dès lors, la démarche du distributeur en ce qu'elle constituait une tentative de soumettre ses fournisseurs à une obligation de restitution des sommes versées au mépris d'une décision de justice, relevait d'un déséquilibre significatif des droits et obligations des parties[1449].

§ 2. L'imposition unilatérale des conditions générales d'achat de l'acheteur au détriment des conditions générales de vente du fournisseur

1105. La CEPC s'est prononcée avant même l'introduction de la notion de « *déséquilibre significatif* » sur la prédominance des conditions d'achat du distributeur en indiquant que les conditions générales de vente du fournisseur « *ne sauraient être globalement remises en cause par des conditions d'achat [car] la clause excluant les « conditions générales de vente » conduit à leur substituer les conditions d'achat, de sorte que le sens, prévu à l'article L. 441-[3] du Code de commerce, de l'établissement des relations entre fournisseur et distributeur à partir précisément de l'offre du fournisseur se trouve inversé puisque les relations sont ici établies à partir de l'offre du distributeur. Or, ce sens commande tout le dispositif des articles L. 441-1 et s. du Code de commerce, c'est-à-dire le contrôle de la « transparence » de l'offre […] et, grâce à cette transparence, le contrôle des « pratiques restrictives de concurrence » […] ces règles de concurrence ayant pour finalité de faire ainsi jouer la concurrence non seulement entre les fournisseurs en leur imposant de communiquer leurs conditions de vente à l'ensemble des distributeurs mais également entre les distributeurs en les soumettant aux mêmes conditions de vente de la part de chaque fournisseur* »[1450]. C'est aussi pour éviter un tel contournement

[1449] CA Paris, 18 septembre 2013, RG n° 12/03177, Jean-Louis Fourgoux, Déséquilibre significatif : La Cour d'appel de Paris condamne un distributeur pour avoir tenté de faire renoncer ses fournisseurs aux remboursements auxquels il a été condamné dans une procédure engagée par le ministre de l'Économie (Galec), 18 septembre 2013, Concurrences N° 4-2013, Art. N° 59283, p. 108. CA Paris, 18 septembre 2013, RG n° 12/03177.

[1450] CEPC, avis n° 04-04 du 7 juillet 2004, concernant certaines clauses contenues dans des conditions d'achat.

que le législateur a modifié l'article L. 441-1 du Code de commerce[1451] afin de préciser que, plus que le point de départ, « *les conditions générales de vente (...) constituent le socle unique de la négociation commerciale* ».

1106. La jurisprudence a adopté une approche similaire lorsqu'elle a eu à connaître d'une clause excluant l'application des conditions générales de vente des fournisseurs au profit des conditions générales d'achat du distributeur. C'était ainsi l'éviction pure et simple des conditions générales de vente des fournisseurs, et non leur inadéquation qui créait un déséquilibre entre les droits et obligations des parties. En outre, cette approche demeure valable quand bien même certaines CGV excluent aussi les CGA dans la mesure où le distributeur ne démontre pas en quoi elles lui seraient opposables, car seules les CGA étaient contresignées, et surtout le distributeur ne précisait pas ce qui résultait de la confrontation entre les conditions générales d'achat et de vente[1452].

1107. Le fait d'écarter automatiquement les conditions générales de vente du vendeur est contraire à la volonté du législateur dans la mesure où elle conduit à inverser l'initiative de la négociation prévue par l'article L. 441-1 du Code de commerce[1453].

1108. La démonstration du manquement incombant au demandeur, il est nécessaire qu'il apporte des éléments susceptibles de montrer à la fois que les clauses litigieuses ont été imposées à l'ensemble des fournisseurs, et qu'elles n'ont pu être négociées. Dans une affaire[1454], la clause consistait à permettre la remise en cause par le distributeur de certaines clauses des conditions générales de vente des fournisseurs. Consultée pour avis[1455], la CEPC avait estimé que la disposition était susceptible de remettre en cause la valeur obligatoire du contrat, et ainsi de créer une certaine incertitude quant à sa force exécutoire. Pour autant, si seul un nombre très réduit de conventions a été versé, et que les éléments du dossier ne montraient pas que les fournisseurs avaient cherché à négocier lesdites clauses, alors les juges ont pu considérer que la soumission ou la tentative de soumission requise par le dispositif n'était pas établie.

§ 3. Les conditions logistiques

A. Les conditions à un moment donné

1109. Un déséquilibre significatif peut naître des conditions logistiques imposées par un cocontractant à son partenaire commercial, comme par exemple les obligations

---

[1451] Loi n° 2014-344 du 17 mars 2014, relative à la consommation : JO, 18 mars 2014, p. 5400, anciennement codifié à l'article L. 441-6 du Code de commerce.

[1452] Cass. com., 27 mai 2015, Pourvoi n° 14-11.387.

[1453] CA Paris, 12 juin 2019, RG n° 18/20323, Sibylle Chaudouet, Déséquilibre significatif : La Cour d'appel de Paris donne des précisions utiles en matière de preuve et de sanction d'un déséquilibre significatif (GEEPF), 12 juin 2019, Concurrences N° 3-2019, Art. N° 91847. CA Paris, 12 juin 2019, RG n° 18/20323.

[1454] CA Paris, 20 décembre 2017, RG n° 13/04879, Jean-Louis Fourgoux, Soumission : La Cour d'appel de Paris refuse de condamner les clauses contractuelles d'un grand distributeur en l'absence de soumission même en présence d'un déséquilibre significatif (ITM Alimentaire International), 20 décembre 2017, Concurrences N° 2-2018, Art. N° 86900, pp. 108-109. CA Paris, 20 décembre 2017, RG n° 13/04879.

[1455] CEPC, avis n° 15-23 du 25 juin 2015.

liées au taux de service logistique, celles liées aux délais de livraison en général, celles relatives aux dates de DLC/DLUO des produits, ou encore celles relatives aux obligations de stockage.

1. Le taux de service

1110. Concernant le taux de service logistique, soit le pourcentage de livraisons respectées eu égard aux commandes passées, un distributeur imposait un taux de service logistique de 98,5 % à ses fournisseurs. Ce taux d'un niveau élevé était calculé mensuellement, et non annuellement, rendant d'autant plus difficile le lissage d'éventuels aléas, et il était parallèlement assorti de pénalités très importantes, représentant 10 % du prix de la marchandise livrée pour les produits permanents et 20 % pour les produits promotionnels[1456].

1111. Ce taux de service était imposé à l'ensemble des fournisseurs sans recherche d'un objectif commun, le distributeur n'ayant pas apporté la preuve que des fournisseurs aient pu négocier un taux différent. Or, 60 % d'entre eux n'atteignaient pas l'objectif, si bien que seulement 25 % des pénalités calculées automatiquement étaient appliquées, et ce, sans qu'une règle objective soit utilisée pour déterminer quand elles devaient s'appliquer ou non. Ce type de pénalité était ainsi susceptible de constituer un levier significatif lors de la négociation du prochain contrat annuel, et, ce, au profit du seul distributeur.

1112. De surcroît, les pénalités étaient appliquées par compensation, alors que le distributeur visé avait pris un engagement vis-à-vis du ministre pour permettre aux fournisseurs de vérifier la matérialité du grief qui leur était reproché avant de déclencher une pénalité[1457].

1113. Finalement, un tel taux de service, de par son niveau et ses conditions d'application, créait un déséquilibre significatif.

1114. La même approche a pu prévaloir dans une autre affaire où le taux de service imposé était de 97 % et dont le non-respect était sanctionné par l'annulation des commandes et/ou la résiliation immédiate du contrat de référencement pour inexécution fautive du fournisseur, ainsi que par une pénalité estimée à 25 % de la valeur d'achat hors taxe commandée et non livrée[1458]. Les éléments de la motivation de la décision se basent notamment sur les éléments suivants :

- le taux de service était appliqué de manière uniforme à tous les fournisseurs alors que les préconisations de l'*Efficient Consumer Response* (ECR), un réseau d'échanges entre fournisseurs et distributeurs, adoptées par la CEPC, recommandait que ces taux soient définis d'un commun accord entre les parties en fonction de leurs caractéristiques réciproques propres (notamment délais de production, mode d'approvisionnement, typologie des flux, modalités de livraison, nature des produits entre permanents ou promotion, et des commandes entre fermes ou sur réservation) ;

1456 Cass. com., 3 mars 2015, Pourvoi n° 13-27.725.

1457 Engagement n° 2 de clarification des relations commerciales du 5 octobre 2010.

1458 CA Paris, 19 avril 2017, RG n° 15/24221.

- si les pièces présentées démontraient au mieux qu'un standard de la profession pouvait se situer à 95 %, le coût marginal d'un accroissement du taux était très élevé au-delà de ce taux ;
- le comportement du distributeur pouvait influer de manière significative sur le taux, notamment s'ils faisaient appel à des prestataires logistiques extérieurs ;
- il n'existait aucun barême pour apprécier de manière objective la gravité du manquement, si bien que la pénalité pouvait être identique pour des dommages très variables.

2. Les délais de livraison

1115. Concernant les délais de livraison, un distributeur avait introduit dans ses conditions générales d'achat une clause imposant des délais de livraison très stricts (acceptant uniquement 30 minutes à 1 heure de retard suivant les cas), et en cas de non-respect pouvait refuser les livraisons indépendamment des causes du retard, facturer automatiquement des pénalités significatives, tout en se réservant la possibilité de réclamer la réparation du préjudice résultant de la livraison tardive. Parallèlement, les engagements de sa part vis-à-vis du fournisseur concernant le déchargement des marchandises étaient beaucoup plus souples et ne donnaient lieu qu'à une négociation éventuelle de pénalités de retard. En définitive, en l'absence de réciprocité, les sanctions prévues étaient disproportionnées au regard des impératifs d'approvisionnement et le risque de désorganisation des entrepôts ou magasins[1459]. Inversement dans une autre affaire[1460], si une clause imposait des obligations de ponctualité strictes au transporteur sous peine de pénalités, la tarification des prestations du donneur d'ordre/client variait en fonction des heures limites de livraison qu'il s'engageait à assurer lui-même auprès de ses clients finaux, si bien qu'elle était nécessaire à la réalisation de la prestation de service, et donc à l'équilibre contractuel.

1116. Concernant les clauses relatives aux DLUO ou DLC, un distributeur imposait à son fournisseur que les DLUO ou DLC des produits livrés à J+1 soient strictement supérieures à celles des produits livrés à J, indépendamment du respect du contrat-date imposant au fournisseur de livrer des produits qui puissent être commercialisés pendant une durée déterminée (compte tenu de leur DLUO ou DLC). Si la nécessité de gestions des stocks et des magasins du distributeur pouvait justifier que les produits livrés ne comportent pas de dates antérieures à celles des produits déjà en stocks, le fait que la date soit identique n'était pas susceptible d'entraîner une quelconque désorganisation. Dès lors, la clause introduite par le distributeur créait un déséquilibre significatif entre les droits et obligations des parties[1461].

1459 Cass. com., 4 octobre 2016, Pourvoi n° 14-28.013.

1460 CA Paris, 13 février 2019, RG n° 16/19882.

1461 Cass. com., 4 octobre 2016, Pourvoi n° 14-28.013, Frédéric Buy, Soumission : La Cour de cassation approuve, une nouvelle fois, la condamnation d'un grand distributeur ayant soumis ou tenté de soumettre ses fournisseurs à des obligations créant un déséquilibre significatif (Carrefour), 4 octobre 2016, Concurrences N° 1-2017, Art. N° 83380, pp. 122-123. Cass. com., 4 octobre 2016, Pourvoi n° 14-28.013.

3. Les obligations de stockage

1117. Concernant les obligations de stockage, il est possible de considérer que théoriquement de telles obligations imposées au fournisseur, ou réciproquement à son client suivant l'origine du pouvoir de marché, peuvent éventuellement créer un déséquilibre significatif. Pour autant, la seule mention de « *règles* » censées imposer un minimim de commandes au point de vente sans corrélation avec ses ventes réelles n'est pas de nature à suffire à une telle démonstration de l'obligation[1462]. Dans cette affaire, le guide en cause allégué par le franchisé n'avait en outre pas été communiqué, et l'examen des ventes et des commandes du point de vente montrait bien que ses commandes baissaient davantage que ses ventes, contredisant dès lors le demandeur.

1118. De même, le fait de prévoir un minimum de commandes et un minimum de stock ne constitue pas un déséquilibre significatif dans la mesure où ces obligations visaient à permettre un approvisionnement du réseau lissé dans le temps pour éviter tout rupture dommageable à l'image de ce dernier[1463].

1119. *A fortiori*, si le niveau de stock faisant l'objet du litige n'est pas imposé par la partie mise en cause, et n'est finalement que la conséquence d'une erreur de prévision de la partie qui se prétend victime, il ne saurait constituer un manquement, et ce, d'autant que cette dernière gardait la faculté d'écouler elle-même le produit[1464].

B. L'évolution des conditions logistiques

1120. Indépendamment de l'appréciation des conditions logistiques à un moment donné, la question du déséquilibre peut aussi naître à l'occasion de l'évolution de l'organisation logistique du partenaire commercial.

1121. Si une telle modification peut résulter de la volonté des parties de faire évoluer les schémas organisationnels afin de les rationnaliser par exemple, encore faut-il que cette évolution respecte plusieurs conditions pour ne pas créer de déséquilibre significatif[1465].

1122. Premièrement, le distributeur doit laisser un délai suffisant – généralement de plusieurs mois – pour permettre à son partenaire d'adapter son organisation. À ce titre, l'engagement pris par plusieurs distributeurs sur les stocks déportés peu de temps après cet avis répond aussi à cette problématique, en indiquant qu'un délai de plusieurs mois est nécessaire[1466].

1123. Deuxièmement, les coûts et gains supportés par chacune des parties doivent être estimés aussi précisément que possible, de telle sorte que leur répartition, et l'éventuelle renégociation des conditions commerciales en découlant, ne doivent

---

1462 CA Paris, 6 juin 2018, RG n° 16/10621.

1463 TC Rennes, 22 octobre 2019, RG n° 2017F00131.

1464 CA Paris, 16 mars 2011, RG n° 10/04224.

1465 CEPC, avis n° 10-13 du 29 septembre 2010, relatif à une demande d'avis émanant d'une organisation professionnelle de fournisseurs portant sur une pratique d'un distributeur à l'égard de ses fournisseurs en matière d'organisation logistique ; CEPC, avis n° 14-06 du 30 septembre 2014, relatif à une demande d'avis d'un syndicat de fabricants du secteur automobile sur les nouvelles conditions générales d'achat proposées à ses membres par un constructeur français d'automobiles.

1466 Engagements de clarification des relations commerciales du 5 octobre 2010.

pas être susceptibles de créer un déséquilibre significatif par rapport à la situation antérieure. Au demeurant, dans l'hypothèse où une telle modification des conditions logistiques permette à un seul partenaire d'en tirer un bénéfice financier au détriment de l'autre, il n'est pas exclu qu'une telle situation puisse aussi caractériser un avantage sans contrepartie.

§ 4. La clause relative au retour des invendus ou des produits dégradés par la clientèle

1124. **La clause de retour des invendus** peut obliger le fournisseur à s'engager à reprendre les marchandises non vendues en fin d'exercice ou de période de commercialisation saisonnière. Si la reprise peut être légitime dans certains cas (lancement d'un nouveau produit, par exemple), ce n'est pas le cas quand la portée de la clause est générale et s'applique potentiellement à l'ensemble des produits de manière systématique. En l'espèce[1467], la préservation du risque de dégradation des produits référencés au bénéfice du distributeur, pas plus que la mise à disposition desdits produits tout au long de l'année, n'ont été considérées comme une justification suffisante, de même pour le marketing du produit, qui, s'il est essentiel, est connu au moment du référencement, sachant qu'encore une fois, seul le distributeur maîtrise les conditions de commercialisation des produits.

1125. De même, l'absence de justification pour le déclenchement de retours à la seule discrétion du distributeur, sans que les volumes n'en soient limités, alors qu'il ne s'agissait pas de produits périssables, ont pu être pris en compte pour étayer le déséquilibre significatif[1468]. En outre dans cette affaire, l'absence d'alternative au détriment du fournisseur avait pu être démontrée par le fait que les marchandises en question avaient dû être reprises par la maison-mère du fabricant.

1126. Cette approche est d'autant plus valable si, au-delà d'être potentiellement discrétionnaire, la clause est susceptible d'imposer le remboursement des produits dans des cas potentiellement non justifiés. Dans une affaire entre des vendeurs tiers et une place de marché en ligne[1469], cette dernière leur imposait de rembourser des produits, y compris dans les cas où ces derniers n'avaient pas été retournés par les consommateurs. Dès lors, cette clause faisait naître un déséquilibre significatif entre les droits et obligations des parties.

1127. **La clause relative aux produits dégradés par la clientèle**. L'approche demeure identique dans le cas d'une clause permettant au distributeur de faire supporter à son fournisseur le coût de produits dégradés par la clientèle qu'elle porte sur tous les produits[1470] ou uniquement ceux en promotion[1471]. Malgré l'existence d'engagements de volumes, le distributeur se doit d'assumer les conséquences de ses décisions d'achats, si bien que la clause conduisant à faire supporter par le fournisseur, après

---

1467 Cass. com., 29 septembre 2015, Pourvoi n° 13/25043.
1468 CA Paris, 22 octobre 2015, RG n° 14/01030.
1469 TC Paris, 2 septembre 2019, RG n° 2017050625.
1470 Cass. com., 4 octobre 2016, Pourvoi n° 14-28.013.
1471 Cass. com., 27 mai 2015, Pourvoi n° 14-11.387.

le transfert de propriété, les risques inhérents au mode de commercialisation du distributeur, crée un déséquilibre significatif, alors même que le fournisseur ne maîtrise pas les conditions de commercialisation des produits (notamment l'emplacement, la mise en rayon, ou encore la surveillance des produits).

1128. *A fortiori*, le juge aura une approche similaire dans le cas d'une clause combinant à la fois la reprise d'invendus et de produits détériorés par la clientèle. Dans une autre affaire, un distributeur émettait des factures correspondant indistinctement à des produits dont l'emballage était dégradé ou dont la date limite de consommation était dépassée[1472]. De telles pratiques en ce qu'elles consistaient pour le distributeur à reporter la responsabilité de ses propres pratiques commerciales sur le fournisseur en termes d'invendus, constituait un déséquilibre significatif, et ce, quand bien même le montant ne représente qu'une faible part du courant d'affaires (entre 1,2 et 2,7 %). Ce constat se trouvait renforcé par le fait que les fournisseurs ne disposaient d'aucun contrôle sur les produits visés par les demandes du distributeur.

1129. Néanmoins, ce type de clause peut sous certaines conditions ne pas constituer un déséquilibre significatif lorsqu'elle est justifiée.

1130. Cette justification peut notamment découler des caractéristiques des produits ou du marché. Dans le domaine de la diffusion musicale par exemple, un producteur avait bénéficié de commissions sensiblement supérieures à la moyenne, soit 71-74 % contre 60-65 %, si bien qu'eu égard au risque lié à la commercialisation d'un disque, le distributeur était alors fondé à bénéficier de la reprise des invendus[1473].

1131. Elle peut aussi venir du caractère légitime du manquement qu'elle vise à contrer, comme par exemple la clause imposant à un commerçant le remboursement de paiement frauduleux. Un contrat monétique entre un établissement bancaire et un commerce prévoyait de faire assumer à ce dernier le risque lié à des paiements frauduleux reçus de ses clients par carte bancaire à distance ou en boutique. Une telle obligation ne crée pas de déséquilibre significatif d'une faute qui est également extérieure à la banque, sachant que des garanties complémentaires existent pour couvrir ces cas mais qu'elles n'avaient pas été souscrites[1474].

§ 5. La clause relative à la rupture de relation commerciale

A. La prévision d'un préavis contractuel

1132. Une clause prévoyant un préavis contractuel et librement consentie ne constitue pas *de facto* un déséquilibre significatif, sachant que dans les faits le juge n'est pas tenu au prévis contractuel pour déterminer le préavis raisonnable (voir § 291).

1133. Par exemple, la clause imposant un préavis de 6 mois avant l'échéance du contrat et son renouvellement pour 12 mois supplémentaires ne constitue pas un déséquilibre

1472 TC Lyon, 21 mai 2013, RG n° 2012J2351.

1473 CA Paris, 22 mai 2013, RG n° 10/19022.

1474 CA Paris, 25 mai 2018, RG n° 16/02110.

significatif dès lors qu'elle a été acceptée par le cocontractant dès la signature du contrat et qu'elle doit permettre au bailleur de connaître la décision de son locataire dans un délai raisonnable compte tenu de la durée du contrat[1475].

1134. Suivant une approche analogue, la clause de tacite reconduction révocable pouvant être levée à une durée déterminée avant l'échéance ne constitue pas un déséquilibre significatif entre les droits et obligations des parties, que ce soit au regard des modalités de résiliation ou de la durée de préavis compte tenu de l'antériorité, dans la mesure où les clauses s'appliquent réciproquement aux deux partenaires[1476], et que les conditions commerciales demeurent identiques[1477].

1135. Indépendamment de toute qualification de déséquilibre significatif, l'application d'un délai de préavis contractuel peut toutefois relever d'un manquement en rupture brutale de la relation commerciale dans la mesure où le partenaire souhaitant rompre la relation commerciale doit respecter un délai de préavis tenant compte des caractéristiques de la relation commerciale, et notamment de sa durée et son intensité. Dans ce cadre, le délai de préavis contractuel peut éventuellement être revu par le juge si son application conduit à des ruptures brutales de relation commerciale (v. § 290 et s.). Les opérateurs économiques sont libres de s'organiser librement, et donc de continuer ou non la relation commerciale qu'ils ont noué avec un partenaire. En pratique, par exemple, le propriétaire d'un fonds de commerce est donc légitime à confier la gérance-mandat à un tiers avant de céder l'établissement à un autre groupe, et à résilier le contrat le liant avec le gérant-mandataire en cours[1478].

1136. Pour apprécier si un délai de préavis contractuel est susceptible de constituer un déséquilibre significatif, il est nécessaire de distinguer deux situations : suivant que le contrat soit régi par un unique contrat à durée déterminée, ou par un contrat à durée indéterminée.

1137. **En présence d'un contrat à durée déterminée**, si la relation est née d'un premier contrat à durée déterminée, les parties sont tout à fait libres de fixer les conditions de résiliation. Ainsi si la relation commerciale est nouvelle, et que la faculté de résiliation a été acceptée librement au départ, elle ne constitue pas un déséquilibre significatif[1479]. Il en va de même lorsque deux contrats à durée déterminée d'un an ont été conclus successivement avec à chaque fois une période d'essai de 4 mois dans la mesure où les deux parties avaient la faculté de résilier le contrat[1480].

1138. **En présence d'un contrat à durée indéterminée**, lorsque la relation est régie par un contrat à durée indéterminée, il est là aussi possible aux partenaires commerciaux de prévoir un délai de préavis contractuel. Si le même délai s'applique aux deux partenaires commerciaux, il ne constitue pas un déséquilibre significatif[1481].

1475 CA Paris, 20 novembre 2015, RG n° 13/10448.

1476 CA Versailles, 12 mai 2011, RG n° 10/00800 ; CA Paris, 2 avril 2015, RG n° 13/17628.

1477 CA Montpellier, 17 septembre 2012, RG n° 12/05690.

1478 CA Paris, 7 novembre 2016, RG n° 15/16513.

1479 CA Douai, 23 mai 2013, RG n° 12/01628.

1480 CA Paris, 1er février 2013, RG n° 11/06560.

1481 CA Paris, 25 octobre 2013, RG n° 11/20079.

B. Les limites à la résiliation unilatérale

1139. Le fait qu'aucun préavis ne soit prévu en cas de défaillance du cocontractant ne constitue pas plus un déséquilibre significatif. En effet en application de l'article 1184 du Code civil, la condition résolutoire est toujours sous-entendue dans les contrats synallagmatiques pour le cas où l'une des parties manquerait à ses obligations[1482].

1140. À titre d'illustration, l'absence de préavis en cas de défaillance du locataire ne constitue pas non plus un déséquilibre significatif[1483]. Dans ce cas, s'oppose en effet l'exécution instantanée de l'obligation du bailleur de délivrance du matériel loué, accomplie dès l'origine du contrat, à celle successive de l'obligation du locataire de payer trimestriellement ses loyers, ce qui justifie la stipulation unilatérale de résiliation au seul profit du bailleur en cas de défaut d'exécution du locataire[1484].

1141. Il est toutefois nécessaire que les manquements justifiant la résiliation soient fondés et proportionnés.

1. L'absence de réciprocité

1142. L'absence de caractère proportionné peut notamment se déduire de l'absence réciprocité dans les droits et obligations. À l'instar des autres critères déterminant les conditions économiques et juridiques de la relation commerciale, il semble préférable qu'un certain niveau de réciprocité puisse prévaloir. À titre d'illustration, un préavis de 9 mois au bénéfice du bailleur alors que ce dernier peut résilier avec un prévis de 8 jours en présence d'un seul impayé peut constituer un déséquilibre significatif[1485].

1143. À l'inverse, la réciprocité dans les droits et obligations réciproques peut permettre d'écarter la démonstration d'un déséquilibre significatif. Une clause de résiliation anticipée s'appliquant de manière symétrique aux deux cocontractants ne constitue pas un manquement dans la mesure où leurs intérêts respectifs peuvent évoluer au cours du temps en fonction de leur situation propre et de celle du marché[1486], *a fortiori* si cette possibilité est prévue à l'issue d'une période probatoire[1487].

2. Les manquements contractuels insuffisants

1144. Indépendamment de l'existence ou non d'un préavis, une clause de résiliation unilatérale peut être déséquilibrée lorsqu'elle est générale (pouvant être invoquée pour toute raison), discrétionnaire (en l'absence de motivation) et non proportionnée au manquement.

1145. Dans une affaire entre des vendeurs tiers et une place de marché en ligne[1488], cette dernière pouvait suspendre ou résilier le compte de ses vendeurs « *à [son] entière*

1482 CA Paris, 18 mars 2016, RG n° 16/16867.
1483 CA Paris, 10 décembre 2015, RG n° 14/11538.
1484 CA Pau, 13 juin 2016, RG n° 14/03617.
1485 CA Orléans, 25 février 2016, RG n° 15/01666.
1486 Cass. com., 12 avril 2016, Pourvoi n° 13-27712.
1487 CA Paris, 6 mai 2016, RG n° 14/04905.
1488 TC Paris, 2 septembre 2019, RG n° 2017050625.

discrétion » sans que la durée de la suspension soit encadrée ou proportionnelle au manquement. La prise en compte du caractère proportionné de la sanction au manquement contractuel est d'ailleurs essentiel, car quand bien même une justification objective existe, encore est-il nécessaire qu'elle justifie d'aller aussi loin que la suspension ou la résiliation du compte du vendeur. Dans cette affaire, les comptes des vendeurs tiers pouvaient être suspendus si des critères de performance n'étaient pas atteints. Cette disposition a aussi été jugée déséquilibrée au motif que la définition des critères de performance était imprécise, donnant un pouvoir discrétionnaire à la plateforme, et compte tenu du caractère disproportionné de la sanction (résiliation ou suspension du compte) au regard du manquement contractuel. Le pouvoir discrétionnaire lié aux critères d'évaluation de la performance était d'autant plus important que certains d'entre eux étaient indépendants du comportement du cocontractant (les réclamations infondées pouvaient, par exemple, dégrader la note du vendeur), et qu'ils pouvaient évoluer sans préavis à la discrétion de la plateforme. Le déséquilibre significatif demeurait démontré, y compris par rapport à certaines raisons *a priori* légitimes, mises en avant par la plateforme comme des problèmes techniques ou la lutte contre les trafics. En effet, la faculté de résiliation ou de suspension dépassait largement ce seul cadre et pouvait être utilisée de manière non objective et sans préavis, ce qui constituait dès lors un déséquilibre significatif. En revanche, si la suspension ou la résiliation vise à éviter les cas de paiements frauduleux, cela ne constitue pas un déséquilibre significatif dans la mesure où cela vise à prévenir des conséquences d'une fraude à l'utilisation de la carte bancaire.

1146. Seuls des manquements graves ou un cas de force majeure peuvent être à même de légitimer le caractère brutal d'une rupture des relations commerciales. Ainsi, si les raisons invoquées n'entrent pas dans ce champ, la résiliation fondée sur cette clause est susceptible de créer un déséquilibre significatif. Tel est le cas de clauses permettant la résiliation en cas d'inexécution par le fournisseur de l'une quelconque de ses obligations contractuelles, ou si le client estime que son fournisseur ne justifie pas d'une garantie adéquate quant à la poursuite de l'exécution du contrat[1489]. Tel est le cas également d'une clause permettant une résiliation pour « *quelque cause que ce soit* »[1490].

1147. De même, la clause résolutoire permettant à un prêteur de dénoncer le contrat en cas de non-respect d'un délai d'achèvement impératif ne constitue pas un déséquilibre significatif dans la mesure où le délai est justifié par les circonstances de l'espèce. Dans cette affaire, plusieurs sociétés avaient contracté par l'intermédiaire de montages financiers afin de créer puis exploiter une centrale photovoltaïque construite sur le toit d'un bâtiment industriel. Pour ce faire, il était donc nécessaire que le bâtiment industriel soit construit afin que les autres contrats (pose des panneaux, exploitation, etc.) puissent être exécutés. Par conséquent, s'agissant d'un élément essentiel à l'exécution de l'ensemble contractuel entres les différentes

---

1489 CEPC, avis n° 14-06 du 30 septembre 2014, relatif à une demande d'avis d'un syndicat de fabricants du secteur automobile sur les nouvelles conditions générales d'achat proposées à ses membres par un constructeur français d'automobiles.

1490 TC Rennes, 22 octobre 2019, RG n° 2017F00131.

sociétés, le retard de réalisation du bâtiment était susceptible de remettre en cause l'équilibre économique résultant de ces conventions. Dès lors, la clause résolutoire ne constituait pas un déséquilibre significatif[1491].

1148. Le niveau de performance avec le contractant peut légitimer une résiliation du contrat mais sous réserve que ce dernier puisse intervenir sur ce niveau de performance et que les critères soient explicites. Dans une affaire par exemple, un distributeur avait introduit une clause lui permettant de résilier le contrat en cas de sous-performance du produit, et ce, dans un délai très court. Étant donné le pouvoir discrétionnaire qu'elle lui conférait quant à la rupture de la relation commerciale indépendamment de son antériorité, ne laissant pas forcément au partenaire commercial le temps de corriger le manquement avant la résiliation, alors même que seul le distributeur maîtrise les conditions de commercialisation des produits en magasin, cette clause constituait un déséquilibre significatif[1492]. En raison de son caractère unilatéral, en faisant porter uniquement sur le fournisseur la charge éventuelle de la mévente d'un produit, la clause ne met pas en perspective la responsabilité de chaque cocontractant, générant ainsi un déséquilibre significatif[1493]. Le déséquilibre était d'autant plus avéré qu'en l'espèce les objectifs de performance n'étaient pas définis et ne résultaient pas d'une négociation entre les parties, sachant que la sous-performance d'une seule référence emportait la résiliation automatique du contrat.

1149. Dans une autre affaire entre des franchisés et un franchiseur dans le secteur de la restauration rapide, les conditions de résiliation ont également été jugées déséquilibrées[1494]. Premièrement, certains manquements n'étaient pas clairement définis, ce qui offrait un caractère potestatif à la clause. Tel était le cas notamment de la possibilité de mettre fin au contrat en cas d'« *insolvabilité* », ou d'imputer des pénalités d'astreinte si le franchisé n'ôtait pas tout signe distinctif de l'enseigne « *dans un délai raisonnable* », ces notions n'étant pas définies de manière univoque. Deuxièmement, certains manquements ne présentaient pas un caractère suffisant de gravité. Tel était le cas, par exemple, de deux retards ou omissions de paiement successifs.

1150. De même, la clause permettant à un fournisseur en position dominante (messageries de presse) d'imposer dans le contrat de son revendeur une clause stipulant que l'agrément était personnel et révocable *ad nutum* avec un préavis de 48 heures, a pu être considérée comme constitutive d'un déséquilibre significatif des droits et obligations des parties, car non seulement elle rendait le revendeur totalement dépendant sans contrepartie clairement indentifiable, mais aussi du fait de l'absence de réciprocité, le revendeur ne pouvant quant à lui mettre fin à la relation commerciale qu'en respectant certaines conditions précises, et notamment un préavis d'un mois[1495].

1151. Les exemples précédents montrant qu'une clause résolutoire peut être licite dans la mesure où elle est prévue contractuellement, et que les manquements sont

---

1491 CA Montpellier, 3 février 2015, RG n° 13/05215.
1492 CA Paris, 20 novembre 2013, RG n° 12/04791.
1493 CA Paris, 19 avril 2017, RG n° 15/24221.
1494 TC Paris, 13 octobre 2020, RG n° 2017005123.
1495 CA Paris, 27 avril 2011, RG n° 08/21750.

suffisamment graves, il semble logique que l'approche soit *a fortiori* valable s'agissant d'une clause suspensive. Ainsi, la clause permettant au prestataire de service de suspendre après une relance écrite le service en cas de non-règlement de ses factures à échéance ne constitue pas un déséquilibre significatif[1496].

1152. Les exemples précédents montrant qu'une clause résolutoire peut être licite dans la mesure où elle est prévue contractuellement, et que les manquements sont suffisamment graves, il semble logique que l'approche soit *a fortiori* valable s'agissant d'une clause suspensive. Ainsi, la clause permettant au prestataire de service de suspendre après une relance écrite le service en cas de non-règlement de ses factures à échéance ne constitue pas un déséquilibre significatif[1497].

§ 6. La clause limitative de responsabilité

1153. Un contrat peut contenir des clauses visant à restreindre la responsabilité du cocontractant.

1154. Par exemple, un assureur peut mettre en place une clause pour limiter l'indemnisation de l'assuré à des conditions restrictives. En l'espèce[1498], la clause imposait deux conditions cumulatives, à savoir l'impossibilité pour l'assuré de continuer son activité dans les locaux assurés, et l'impossibilité de la transférer dans d'autres locaux sans perdre la totalité de sa clientèle. De la même manière, un fabricant peut limiter la garantie du produit vendu (en l'occurrence une machine agricole) à la restitution du prix à l'exclusion de tout autre dommage et sauf extrême négligence du fabricant[1499]. Une place de marché en ligne peut également prévoir une clause l'exonérant de sa responsabilité en cas de dysfonctionnement ou de rupture de service qui peut être dû à des causes externes par essence non maîtrisables (par exemple, piratage)[1500].

1155. La clause de limitation de responsabilité entre une plateforme de réservation en ligne et des hôtels ne constitue pas un déséquilibre significatif dans la mesure où elle est réciproque, et que la plateforme n'est tenue qu'à une obligation de moyens n'étant pas à l'abri de dysfonctionnements informatiques[1501]. Au surplus, l'hôtelier n'étant pas lié à la plateforme par une exclusivité, ses clients demeuraient en mesure de réserver *via* d'autres canaux dans l'hypothèse d'un dysfonctionnement.

1156. Dans le cadre d'une activité commerciale visant pour une société à trouver de nouveaux clients à un fournisseur pour leur proposer des contrats de location auxquels cette société n'était pas partie, le contrat prévoyait que la responsabilité de cette société pouvait être engagée pour assumer le risque de défaillance si le locataire ne payait pas la 1re mensualité. Dans la mesure où sa responsabilité se limitait aux cas où le locataire ne payait pas la 1re mensualité, cela ne revenait pas à transférer à cette société l'intégralité du risque de défaillance des clients comme

---

1496 CA Colmar, 20 janvier 2014, RG n° 12/04992.
1497 CA Colmar, 20 janvier 2014, RG n° 12/04992.
1498 CA Aix-en-Provence, 14 septembre 2017, RG n° 15/19484.
1499 CA Colmar, 8 mars 2018, RG n° 16/01109.
1500 TC Paris, 2 septembre 2019, RG n° 2017050625.
1501 TC Paris, 29 novembre 2016, RG n° 2014027403.

elle le soutenait. La clause ne faisait donc pas naître un déséquilibre significatif eu égard à l'ensemble des droits et obligations des parties[1502].

1157. La capacité de prévoir une clause limitative de responsabilité est d'autant plus possible que sa portée juridique est limitée, notamment s'il s'agit d'une déclaration unilatérale du franchiseur n'ayant pas de portée juridique[1503].

1158. Pour que sa responsabilité soit engagée, le cocontractant peut tout à fait prévoir un délai de réclamation. Une société contestait la clause limitative de responsabilité insérée au contrat, laquelle lui imposait de formuler une réclamation sur le produit fourni (en l'occurrence du carburant) au moment de la livraison. Cependant, non seulement la clause avait été régulièrement acceptée par les parties sans qu'une contestation ne soit formulée, mais aussi, il était facile de voir sans analyse que le produit livré était altéré, si bien que le déséquilibre significatif a été écarté[1504]. Suivant une approche analogue, le fait d'exiger que toute réclamation liée à l'application du contrat soit formulée dans un délai de deux jours sous peine d'être irrecevable ne constitue pas un déséquilibre significatif[1505].

1159. La clause limitative de responsabilité comporte toutefois une limite dans la mesure où elle ne doit pas vider le contrat de sa substance. Par exemple[1506], une clause visant à écarter la responsabilité de la société en charge d'un système d'anti-intrusion pour quelque cause que ce soit, y compris le vol en l'absence d'une faute dûment prouvée par le client dans l'exécution du contrat, vide le contrat de ce qui en fait l'essence même, à savoir le bon fonctionnement de la prestation d'alarme pour prévenir le vol. Il en résulte que, sous réserve qu'elle soit imposée[1507], une telle clause pourrait être susceptible de créer un déséquilibre significatif entre les droits et obligations des parties. De même, la clause exonérant une place de marché en ligne de toute responsabilité en cas d'envoi du produit à l'étranger est disproportionnée et constitue un déséquilibre significatif[1508].

§ 7. La modification unilatérale du contrat

1160. La modification unlatérale du contrat n'est pas interdite en soi, notamment dans le cas de l'activité spécifique d'une place de marché en ligne devant gérer de très nombreux vendeurs tiers, ce qui implique la nécessité d'automatiser un certain nombre de processus. Rien n'empêche toutefois ladite plateforme de donner un préavis raisonnable à ses cocontractants pour l'application des modifications[1509]. En l'espèce, les modifications n'étaient en plus pas clairement notifiées aux

---

1502 CA Paris, 10 janvier 2018, RG n° 15/01717.
1503 TC Paris, 13 ocrobre 2020, RG n° 2017005123.
1504 CA Besançon, 19 décembre 2012, RG n° 11/02445.
1505 CA Montpellier, 9 avril 2013, RG n° 11/08596.
1506 CA Paris, 25 octobre 2016, RG n° 14/20906.
1507 En l'espèce, le jugement en appel après cassation a cassé la décision de la CA Paris, 25 octobre 2016, RG n° 14/20906 en considérant qu'eu égard au rapport de force entre les parties, de leur taille, de leur poids économique et de la présence sur le marché, il n'était pas démontré que le cocontractant s'était vu imposer la clause (CA Paris, 27 juin 2019, RG n° 18/07576).
1508 TC Paris, 2 septembre 2019, RG n° 2017050625.
1509 TC Paris, 2 septembre 2019, RG n° 2017050625.

vendeurs. Ils pouvaient être informés postérieurement plusieurs jours seulement après les changements, alors que l'obligation d'information en cas de changement incombe au responsable du contrat d'adhésion et non à son cocontractant. Les modifications pouvaient enfin être substantielles car susceptibles d'induire des changements dans l'organisation commerciale du vendeur tiers (en cas de modification du délai de réclamation, par exemple), voire une modification de l'économie du contrat (en cas de modification du taux de commission perçu par la plateforme, par exemple). En définitive, la clause telle que prévue et appliquée constituait un déséquilibre significatif entre les droits et obligations des parties.

§ 8. La clause compromissoire

1161. Généralement, le fait pour deux entreprises de conclure une clause désignant en cas de litige un tribunal arbitral en application des règles d'abitrage de la chambre de commerce internationale n'est pas susceptible de créer un déséquilibre entre les parties. Le demandeur n'est en effet pas fondé à se dire lésé par l'utilisation de la langue anglaise pour la procédure alors que le contrat en cause est en anglais, ni que le coût d'une telle procédure serait trop important, en l'absence d'éléments susceptibles de démontrer en quoi il serait dans l'incapacité d'y faire face[1510].

1162. Cette approche semble toutefois comporter une limite dans la mesure où cette solution n'a pas été retenue dans une décision récente compte tenu de la difficulté en pratique pour les franchisés de pouvoir agir en justice pour défendre leurs droits. En l'espèce, ce n'est pas tant la clause compromissoire que sa combinaison avec un certain nombre de restrictions qui a convaincu les juges qu'elle était manifestement déséquilibrée. Dans cette affaire entre des franchisés et un franchiseur dans le secteur de la restauration rapide[1511], en plus de la clause compromissoire, le contrat prévoyait l'obligation d'utiliser la langue anglaise, l'application du droit néarlandais, et le déroulement de la procédure aux États-Unis. L'accumulation et la conjonction de ces contraintes imposées au franchisé, tant sur le plan juridique que culturel, et sans qu'il soit besoin de rechercher si le coût est ou non supérieur ou inférieur à celui d'une procédure devant les tribunaux français ou à celui d'un mode alternatif de réglement des différends, caractérisaient un déséquilibre significatif en défaveur du franchisé.

§ 9. La clause d'agrément ou d'*intuitu personae*

1163. Un fournisseur ou un franchiseur peut organiser son réseau de distribution librement, et, à ce titre, prévoir un certain nombre de clauses pour maintenir un certain niveau de contrôle de son réseau de distribution. Ce contrôle peut s'exercer par rapport au choix du distributeur lui-même. Il est ainsi possible qu'un contrat prévoit une obligation d'*intuitu personae* envers l'un des cocontractants seulement, et que

[1510] CA Paris, 5 décembre 2018, RG n° 18/18095.
[1511] TC Paris, 13 octobre 2020, RG n° 2017005123.

cette obligation ne soit donc pas réciproque. En l'espèce, il est normal que dans le cadre d'une prestation de service spécifique, un client se garantisse le même niveau de qualité de service à travers une telle clause, sans que l'absence de réciprocité ne puisse constituer de déséquilibre significatif, le client étant au contraire un grand groupe ayant vocation à être représenté par de multiples représentants[1512].

1164. La possibilité pour le franchiseur de bénéficier d'une absence de réciprocité n'est pas absolue et doit être appréhendée avec précaution. Dans une affaire en effet[1513], le contrat permettait au franchiseur de mettre fin à la relation en cas de changement de contrôle du franchisé alors que la réciproque n'était pas vraie. Or les juges ont estimé que si la personnalité du franchisé est importante pour le franchiseur, la réciproque est vraie, et ce, à plus forte raison dans le cadre du développement d'un réseau naissant implanté régionalement. Ils ont ainsi considéré que cette absence de réciprocité constituait un déséquilibre significatif, d'autant qu'en l'espèce le franchiseur avait été absorbé par un franchiseur de taille beaucoup plus importante.

§ 10. La durée d'engagement contractuel

1165. La durée d'engagement entre un franchiseur et son franchisé a pu faire l'objet de litiges, notamment par l'effet qu'elle est susceptible d'entraîner sur la mobilité des points de vente.

1166. À ce titre, une durée d'engagement de quelques années n'est pas susceptible de caractériser un déséquilibre significatif. Dans une affaire par exemple, la durée d'engagement de 3 ans du contrat signé n'a pas permis de démontrer un déséquilibre significatif en l'absence d'éléments relatifs aux investissements dont le franchisé aurait dû s'acquitter, et ce d'autant que les nouveaux contrats du franchiseur prévoient désormais des durées d'engagement de 7 ans[1514].

1167. L'appréciation peut être différente dans le cas où l'engagement est significativement long, notamment supérieur à 10 ans. Dans une autre affaire, il existait une obligation d'approvisionnement exclusif pour une durée de 20 ans[1515]. Afin d'analyser l'équilibre d'un telle clause, les dispositions communautaires peuvent constituer un premier guide d'analyse[1516], mais ne permettent pas forcément d'apprécier si une telle durée est licite[1517]. En revanche, les dispositions nationales prévoient qu'une obligation de fourniture exclusive ne peu être supérieure à 10 ans[1518]. L'article

1512 CA Paris, 2 avril 2015, RG n° 13/17628.

1513 TC Rennes, 22 octobre 2019, RG n° 2017F00131.

1514 CA Paris, 26 février 2019, RG n° 18/17840.

1515 TC Paris, 13 ocrobre 2020, RG n° 2017005123.

1516 Le règlement n° 330/2010 prévoit que l'exemption ne s'applique pas si l'obligation de non-concurrence est à durée indéterminée ou supérieure à 5 ans.

1517 Dans ses lignes directrices sur l'application dudit règlement, la Commission considère toutefois qu'une obligation de non-concurrence prévue dans un contrat de franchise ne relève pas de l'article 101 § 1 du TFUE lorsqu'elle est nécessaire à la réputation du réseau franchisé. Elle peut dès lors être d'une durée indéterminée ou supérieure à 5 ans à condition que sa durée n'excède pas celle de l'accord de franchise lui-même (lignes directrices, § 190 b).

1518 Art. L. 330-1 du Code de commerce.

L. 330-2 du Code de commerce précise que « *lorsque le contrat comportant la clause d'exclusivité mentionnée à l'article L. 330-1 est suivi ultérieurement, entre les mêmes parties, d'autres engagements analogues portant sur le même genre de biens, les clauses d'exclusivité contenues dans ces nouvelles conventions prennent fin à la même date que celle figurant au premier contrat* ». Par conséquent, dès lors que le contrat de franchise prévoit une exclusivité, celle-ci doit prendre fin à la même échéance que ce contrat. La durée de l'exclusivité ne pouvant être supérieure à 10 ans, le contrat de franchise ne peut avoir lui-même une durée excédant 10 années. La durée de 20 ans mise en cause relevait donc d'un déséquilibre significatif entre les droits et obligations des parties.

§ 11. Les clauses de préférence

1168. La question de l'équilibre contractuel a pu se poser pour apprécier la capacité d'un franchiseur à choisir les franchisés qui seraient susceptibles d'exploiter de nouveaux points de vente.

1169. À ce titre, le franchiseur dispose d'une certaine lattitude pour choisir ses nouveaux franchisés. Dans le cadre d'une relation entre un franchiseur et un master-franchisé par exemple, il est possible au premier de prévoir l'obligation pour le master-franchisé de communiquer un plan d'ouverture de nouveaux magasins, tout en permettant au franchiseur de refuser l'ouverture de certains magasins s'ils ne sont pas conformes à ses exigences[1519].

1170. Il peut néanmoins exister certaines limites dans les restrictions qu'un franchiseur peut imposer au franchisé par rapport au développement de nouveaux points de vente. Dans une affaire entre un franchisé et un franchiseur dans le secteur de la restauration rapide[1520], le contrat permettait à ce dernier, lorsqu'une nouvelle implantation se situait dans la zone de l'un de ses franchisés existants, d'empêcher ce franchisé de se positionner sur la nouvelle implantation. En l'espèce, le contrat empêchait le franchisé de résilier le contrat relatif à son emplacement actuel alors que la nouvelle implantation aurait pu être plus avantageuse. Cette clause a donc été jugée déséquilibrée au profit du seul franchiseur.

§ 12. Autres clauses susceptibles de créer un déséquilibre significatif

i. Le couplage d'un contrat de référencement avec un contrat de prestation de services

1171. La CEPC a considéré qu'une telle pratique pouvait constituer un déséquilibre significatif[1521]. En effet, non seulement l'arrêt du référencement entraînait la fin

---

1519 CA Paris, 5 juillet 2017, RG n° 15/05450.

1520 TC Paris, 13 octobre 2020, RG n° 2017005123.

1521 CEPC, avis n° 10-15 du 4 novembre 2010, sur l'application de la LME à certaines relations fournisseurs/distributeurs.

immédiate de la convention de service, pouvant ainsi constituer une rupture brutale de la relation commerciale, mais aussi, ce couplage privait le fournisseur de l'opportunité de bénéficier de conditions plus avantageuses auprès d'autres prestataires.

ii. La clause obligeant le partenaire à utiliser un moyen de paiement déterminé

1172. Un distributeur peut valoriser un moyen de paiement comme le virement par exemple, mais il paraît difficile de l'imposer quant à l'inverse le distributeur ne s'interdit aucun moyen de paiement pour les factures de marchandises, dans un contexte où de surcroît, il était hostile à la compensation à échéance qu'il pratiquait pourtant lui-même[1522].

1173. En revanche, une clause imposant le paiement différé des prestations par voie de prélèvement bancaire, et non par chèque peut ne pas constituer un déséquilibre significatif dans la mesure où elle constitue une contrainte minime quand bien même certains dysfonctionnements existent, et ce, en raison non seulement de l'avantage que constitue le différé du paiement, mais aussi de la remise de 1 % qui en découlait au cas d'espèce[1523].

iii. La clause interdisant la publication de données d'audience

1174. Dans le cadre d'un GIE, dont le rôle consistait à commercialiser les espaces publicitaires de plusieurs radios, une clause interdisait à un adhérent d'apparaître dans un autre produit ou couplage commercial tant que la durée du préavis n'était pas terminée, que celui-ci soit exécuté ou non. Or, les radios sortantes souhaitaient communiquer leurs audiences individuelles afin de préparer la commercialisation en propre de leurs espaces l'année suivante, une fois le préavis de rupture avec le GIE écoulé. Cette communication en fin d'année avant le terme du contrat était en effet importante dans la mesure où les campagnes étaient calées sur l'année civile. Dès lors, en ce qu'elle interdisait à un adhérent de préparer sa sortie de manière légitime, et en l'absence de contrepoids dans la pratique du GIE, la clause incriminée constituait un déséquilibre significatif[1524]. Ce constat ne trouvait renforcé par le fait que le GIE lui-même communiquait en amont les audiences prévisionnelles pour l'année suivante, et non les réelles de l'année en cours.

iv. La clause non réciproque de non-divulgation d'informations techniques

1175. Dans le cadre d'une relation entre un équipementier et un constructeur, une clause prévoyait que toute information communiquée par l'équipementier ne ferait l'objet d'aucune obligation de confidentialité ou de non-divulgation, à moins d'un accord de confidentialité ou de non-divulgation distinct avant la

1522 TC Lille, 6 janvier 2010, n° 2009/05184.

1523 CA Toulouse, 10 janvier 2012, RG n° 10/01200.

1524 CA Paris, 29 octobre 2014, RG n° 13/11059, Muriel Chagny, Règlement intérieur : La Cour d'appel de Paris, après avoir admis l'existence d'un déséquilibre significatif, prononce la nullité de la clause litigieuse et ordonne en conséquence la correction du règlement intérieur dans laquelle elle figure (Radiophonie), 29 octobre 2014, Concurrences N° 1-2015, Art. N° 71309, pp. 126-127. CA Paris, 29 octobre 2014, RG n° 13/11059.

date de prise d'effet du contrat. N'étant pas justifiée objectivement, une telle clause était susceptible de créer un déséquilibre significatif[1525]. Ce constat se trouvait aggravé par l'absence de réciprocité dans la mesure où, à l'inverse, le constructeur n'était pas du tout soumis aux mêmes règles, le fournisseur étant soumis à une obligation de confidentialité de principe relative aux informations qui lui étaient transmises.

1176. En revanche, le principe même d'une obligation de confidentialité d'un client vis-à-vis de son fournisseur ou de son prestataire de service ne constitue pas un déséquilibre significatif dans la mesure où le caractère sensible des informations justifie leur protection vis-à-vis des concurrents du client[1526].

v. La clause excluant l'escompte au détriment d'un seul cocontractant

1177. Dans le cadre d'une relation entre un distributeur et ses fournisseurs, le premier pouvait bénéficier d'un escompte en cas de paiement comptant, alors que le second ne pouvait en bénéficier dans le cadre du paiement des prestations de coopération commerciale ou de ristourne. Dès lors, l'exclusion systématique de cette possibilité, sans qu'existe une quelconque réciprocité, dans un contexte où de surcroît le non-respect des échéances de paiement entraînait l'exécution d'une clause pénale, là encore non réciproque, au seul bénéfice du distributeur, constituait un déséquilibre significatif[1527].

vi. La clause imposant un approvisionnement exclusif auprès du franchiseur

1178. Dans une affaire[1528], un franchisé prétendait que son franchiseur lui a imposé à plusieurs reprises des obligations injustifiées en s'appuyant sur son obligation d'approvisionnement exclusif. Il n'existait pas d'obligation contractuelle, et son application *de facto* n'avait pas pu non plus être démontrée par le franchisé. En outre, les prix d'achat du franchisé étaient plus bas que ceux du marché compte tenu du poids représenté par la centrale d'achat sur le marché. Enfin, l'appartenance au réseau avait constitué un amortisseur à la baisse générale du marché. Dans ce contexte, les résilitations d'autres franchisés n'étaient pas dues à un défaut de rentabilité mais à la vente du fonds de commerce ou à la disparition du gérant.

1179. De même, dans une autre affaire[1529], si le contrat entre le franchisé et son franchiseur un approvisionnement exclusif à 90 %, le fait que certains produits achetés ainsi soit plus chers que *via* d'autres canaux ne suffit pas à démontrer un déséquilibre significatif en l'absence d'éléments montrant le refus du franchiseur d'un tel approvisonnement.

1525 CEPC, avis n° 14-06 du 30 septembre 2014, relatif à une demande d'avis d'un syndicat de fabricants du secteur automobile sur les nouvelles conditions générales d'achat proposées à ses membres par un constructeur français d'automobiles.

1526 CA Paris, 2 avril 2015, RG n° 13/17628.

1527 Cass. com., 27 mai 2015, Pourvoi n° 14-11.387.

1528 CA Paris, 10 décembre 2014, RG n° 11/13313.

1529 TC Rennes, 22 octobre 2019, RG n° 2017F00131.

vii. La clause empêchant le marketing direct

1180. Dans une affaire entre une plateforme de réservation et des hôtels[1530], des clauses interdisaient aux hôteliers, d'une part, de communiquer des indications telles que le numéro de téléphone, de télécopie ou l'adresse de leur réseau social, et d'autre part, d'utiliser les coordonnées de leur clientèle. L'hôtelier en question étant en droit de prospecter sa clientèle par les moyens qu'il souhaite, ces clauses contrevenaient à sa liberté de démarcher ses clients, et donc constituaient un déséquilibre significatif.

viii. La clause relative au classement des tiers vendeurs

1181. Il est assez fréquent qu'une plateforme d'intermédiation utilise des algorithmes ou différentes règles pour définir la manière dont vont être mis en avant les clients sur une autre face du marché, et pour le compte desquels elle joue un rôle d'intermédiaire.

1182. Dans une affaire entre une plateforme de réservation en ligne et des hôtels[1531], il a été considéré que les clauses relatives au classement de l'hôtel en fonction de différents paramètres comme le niveau de commission versé par l'hôtelier, le délai de paiement de cette commission, ou encore la souscription à un programme de fidélité particulier, créaient une déséquilibre significatif dans la mesure où elles pouvaient donner aux consommateurs l'impression erronée que le classement des hôtels était assis sur des critères qualitatifs, et qu'elles conféraient un pouvoir unilatéral et discrétionnaire à la plateforme.

ix. La clause de force majeure non réciproque

1183. La clause étendant les cas de force majeur à un seul des cocontractants, excluent le locataire de la protection de l'article 1148 du Code civil, est susceptible de constituer un déséquilibre dans les droits et obligations des parties[1532].

x. La clause imposant des horaires d'ouverture importants et homogènes

1184. Dans le cadre d'une relation entre un franchisé et son franchiseur dans le secteur de la restauration rapide[1533], le contrat imposait au point de vente d'ouvrir 7 jours sur 7 pour 98 heures par semaine. Cette obligation a été jugée disproportionnée, et donc déséquilibrée car elle obligeait le point de vente à rester ouvert y compris pendant des plages horaires où la fréquentation était nulle ou très faible, lui occasionnant ainsi un coût élevé. En outre, en raison de son caractère général, la clause n'était pas adaptée aux spécificités de chaque point de vente et de sa localisation. Le franchiseur se défendait en indiquant qu'une dérogation avait été accordée à de nombreux restaurants (60 % en 2013) pour leur permettre d'ouvrir sur des plages plus restreintes, mais cela prouvait seulement que l'obligation mise en place par le franchiseur n'était pas nécessaire à la cohérence et à l'homogénéité du réseau.

1530 TC Paris, 29 novembre 2016, RG n° 2014027403.

1531 TC Paris, 29 novembre 2016, RG n° 2014027403.

1532 CA Versailles, 23 juin 2016, RG n° 14/06181.

1533 TC Paris, 13 octobre 2020, RG n° 2017005123.

§ 13. Les clauses ne créant pas de déséquilibre significatif

i. La clause imposant une restitution du matériel loué dans des conditions normales d'utilisation

1185. Dans le cadre d'une location longue durée, la clause imposant au locataire la restitution en bon état du bien loué, par laquelle le matériel devra avoir subi une usure normale, et être le cas échéant remis en état par le locataire, ne constitue pas un déséquilibre significatif[1534].

ii. La clause imposant la présentation des produits (voitures) dans un local séparé

1186. Ne constitue pas un déséquilibre significatif dans la mesure où le fournisseur laissait un temps raisonnable à son distributeur pour construire ledit bâtiment[1535].

iii. La clause imposant lors de la livraison du produit (site internet) la signature d'un procès-verbal de conformité de la prestation

1187. Si la signature du procès-verbal entraînait l'exigibilité des loyers découlant de la prestation, il appartenait au client de ne pas signer le document si la prestation ne répondait pas à son cahier des charges ou s'il n'avait pas été en mesure d'en vérifier le contenu. Une telle clause ne constituait donc pas un déséquilibre significatif[1536].

iv. La clause résultant de la mise en adéquation du contrat avec un texte réglementaire

1188. Une telle modification ne peut pas être considérée comme constitutive d'un déséquilibre significatif dans la mesure où elle consistait à mettre la rédaction en adéquation avec les exigences d'une directive communautaire[1537].

v. Les clauses d'exclusivité et de non-concurrence

1189. Le simple fait de souscrire une exclusivité n'est pas en soit constitutif d'un déséqulibre significatif, surtout si elle a été octroyée en contrepartie d'une rémunération spécifique[1538]. Dans une affaire[1539], le franchisé indiquait que la mise en œuvre de la clause revenait à lui imposer un niveau de commandes trop important par rapport à son activité mais il n'en apportait pas la preuve. Réciproquement, le simple refus pour un fournisseur de consentir une exclusivité à son distributeur ne constitue pas non plus un déséquilibre significatif[1540].

1534 CA Versailles, 12 mai 2011, RG n° 10/00800.

1535 CA Paris, 15 janvier 2014, RG n° 12/13845, Nicolas Éréséo, Automobile : La Cour d'appel de Paris considère que la primauté du droit de l'Union ne s'oppose pas à ce que l'article L. 442-6 du Code de commerce impose une durée de préavis plus longue que celle exemptée par le règlement n° 1400/2002 (Europe Auto / Volkswagen), 15 janvier 2014, Concurrences N° 2-2014, Art. N° 65874, pp. 115-116 . CA Paris, 15 janvier 2014, RG n° 12/13845.

1536 CA Lyon, 13 janvier 2012, RG n° 10/08521.

1537 CA Paris, 27 mars 2014, RG n° 12/04409.

1538 CA Paris, 17 avril 2019, RG n° 17/10292.

1539 CA Paris, 15 mai 2019, RG n° 17/23105.

1540 CA Paris, 13 septembre 2017, RG n° 14/25484.

1190. La simple résiliation de l'engagement d'exclusivité en application du contrat n'est pas susceptible de faire nécessairement naître un déséquilibre significatif. Dans la mesure où le contrat a été librement négocié, la suspension automatique et réciproque de l'engagement d'exclusivité dès le début du préavis ne constitue pas plus un déséquilibre significatif[1541].

1191. Cette approche est *a fortiori* valable si cette résiliation a été réalisé dans un certain délai. Dans une affaire par exemple[1542], le concédant d'un contrat de concession avait notifié la rupture de la relation avec un préavis de 2 ans. Au bout de 6 mois, il avait décidé de suspendre leurs engagements réciproques d'exclusivité, le concessionnaire contestant la validité de cette clause. Pour autant, les juges ont considéré que la tentative de soumission n'était pas démontrée et que la clause n'était pas dépourvue de réciprocité effective, indépendamment du fait que le concessionnaire s'en soit prévalu pour commercialiser des marques concurrentes ou non.

1192. Il en va de même lorsque la résiliation de l'exclusivité est couplée à une clause de non-concurrence post-contractuelle. Ces clauses ne constituent pas un déséquilibre significatif dans la mesure où le partenaire commercial garde la possibilité de développer ou maintenir son activité par diversification.

1193. Dans une affaire par exemple, l'exclusivité concernait uniquement d'autres sociétés du même secteur (énergie) et la clause de non-concurrence était limitée dans le temps, si bien que le partenaire commercial disposait toujours de la faculté de se diversifier dans des secteurs différents[1543].

1194. Dans une autre affaire[1544], le franchisé attaquait la combinaison d'une clause de non-concurrence post-contactuelle et d'une clause excluant toute exclusivité à son profit pendant la durée du contrat. Dans la mesure où la clause de non-concurrence d'une durée limitée visait à protéger un savoir-faire, elle était justifiée par l'objet lui-même de la franchise. Il n'appartient pas non plus au franchiseur de protéger son franchisé de la concurrence d'autres franchisés sur la zone d'exécution du contrat, si bien que ces clauses ne sont pas disproportionnées au regard des obligations mises à la charge du franchiseur de mise à disposition de l'enseigne, de fourniture du savoir-faire et d'assistance.

1195. Dans une autre affaire[1545], la clause de non-concurrence post-contractuelle était applicable pendant 5 ans après la fin du contrat. Si elle empêchait la société en question, et son dirigeant d'exercer dans le même domaine d'activité, elle était néanmoins proportionnée compte tenu du contexte. En effet, dans le cadre du plan de cession pour éviter la liquidation judiciaire, la société repreneuse avait

---

1541 CA Paris, 7 novembre 2016, RG n° 15/10249, Muriel Chagny, Rupture brutale des relations commerciales : La Chambre 5-10 de la Cour d'appel de Paris écarte le grief de rupture brutale et de déséquilibre significatif à raison de la levée d'une exclusivité en cours de préavis (Nadal / Agco), 7 novembre 2016, Concurrences N° 1-2017, Art. N° 83211. CA Paris, 7 novembre 2016, RG n° 15/10249.

1542 CA Paris, 13 janvier 2016, RG n° 13/11338.

1543 CA Paris, 12 septembre 2013, RG n° 11/22934, Mary-Claude Mitchell, Rupture brutale des relations commerciales établies : La Cour d'appel de Paris apporte des limites à l'action exercée cumulativement sur le fondement d'une rupture brutale et d'un déséquilibre significatif (Omnitrade / Poweo Direct Energie), 12 septembre 2013, Concurrences N° 4-2013, Art. N° 59281, p. 106. CA Paris, 12 septembre 2013, RG n° 11/22934.

1544 Cass. com., 30 mai 2018, Pourvoi n° 17-14.303.

1545 CA Paris, 17 avril 2019, RG n° 17/10292.

exigé de l'ancien dirigeant et seul associé de la société en demande une clause de non-concurrence. Cette dernière était justifiée par la loyauté demandée par la société repreneuse et par le fait qu'elle avait besoin de temps pour développer une activité pérenne, de sorte que la durée de la clause de non-concurrence n'instaurait pas de déséquilibre significatif dans les droits et obligations des parties.

1196. Il semble toutefois préférable que la clause de non-concurrence soit limitée dans le temps et dans l'espace et proportionnée aux intérêts légitimes à protéger. Dans une affaire, bien que le fondement ne soit pas basé sur le déséquilibre significatif, les juges ont considéré que la clause pouvait être disproportionnée sur la base de ces critères. En l'espèce[1546], elle limitait à un rayon de 50 km autour des magasins du franchiseur la possibilité au gérant mandataire et ses représentants de pouvoir exercer une activité susceptible de concurrencer, et durait 2 ans, alors que le savoir-faire à protéger n'était pas démontré.

vi. La suppression de la clause interdisant au mandant de négocier pour le compte de son mandataire

1197. Un prestataire de service réalisant des projets pour le compte d'un fournisseur de produits éoliens avait fait évoluer le contrat en supprimant la clause lui interdisant de négocier avec une société d'exploitation, pour le compte de son fournisseur, les droits de développements relatifs à une centrale. Pour autant, le prestataire avait agi selon les protocoles d'accords remis par le fournisseur, et dès lors, aucun déséquilibre significatif n'a pu être caractérisé s'agissant d'une prestation accomplie pour le compte du fournisseur selon des modalités qu'il avait lui-même fixées[1547].

vii. La clause mettant à la charge de l'intermédiaire les éventuels impayés

1198. Une société avait entretenu une relation commerciale avec des centres commerciaux dans le but de négocier pour leur compte des conventions d'occupation pour des entités commerciales spécialisées dans les événements, spécialement les marchés de Noël. Elle percevait les montant des loyers qu'elle reversait par la suite aux centres commerciaux en défalquant le montant de sa commission. Le contrat prévoyait une clause mettant à sa charge les éventuels impayés, mais la société n'a pas été en mesure de prouver en quoi cette clause, compte tenu de sa marge, pouvait relever d'un déséquilibre significatif[1548].

viii. La clause de solidarité entre cédant et cessionnaire

1199. Une société avait cédé à une autre un contrat ainsi que l'ensemble de ses droits et obligations qui y étaient attachés. Suite à des impayés, l'autre contractant, fournissant la prestation de service, a mis en demeure le cessionnaire de s'acquitter de sommes impayées en invoquant la clause de solidarité des dettes du cédant vis-à-vis du cessionnaire stipulée au moment de la cession du contrat. Une telle clause, qui constituait la condition de l'acceptation par le prestataire de service

---

[1546] CA Paris, 17 janvier 2018, RG n° 15/04973.

[1547] CA Paris, 6 février 2014, RG n° 12/04086.

[1548] CA Paris, 11 septembre 2014, RG n° 12/19041.

de la cession, ne constitue pas en elle-même un déséquilibre significatif entre les droits et obligations des parties, et ce, quand bien même elle s'étende aux obligations du cédant nées antérieurement à la cession du contrat[1549].

ix. La clause relatives aux objectifs à atteindre

1200. **L'engagement de volume limité à 50 % des achats de l'année précédente.** Dans une affaire, la dégradation tarifaire consentie par le fournisseur de fruits et légumes avait pour contrepartie un engagement limité du distributeur, ce dernier ne s'engageant que sur 50 % des volumes réalisés l'année précédente, cet engagement étant lui-même conditionné à plusieurs points (tarif tenant compte de la réalité du marché, conditions climatiques, cours de change, etc.). Le juge a estimé qu'il n'existait pas de déséquilibre significatif dans la mesure où les avantages consentis par le fournisseur pouvaient être automatiquement ajustés dans l'hypothèse où l'engagement de volume ne soit pas atteint, et où il était possible que les volumes réalisés soient sensiblement les mêmes d'une année sur l'autre[1550].

1201. **L'engagement de volume avec une tolérance de 5 %.** Dans le cadre d'un appel d'offres, le donneur d'ordre s'engageait sur un volume en instituant une tolérance de 5 % suivant laquelle une indemnité pouvait être versée au fournisseur dans l'hypothèse où les volumes soient finalement inférieurs de 5 % à ceux initialement prévus. Une telle marge de tolérance, laquelle était justifiée par l'imprévisibilité propre à l'activité, n'était pas abusif ni excessif, et ne pouvait donc créer un déséquilibre significatif[1551].

x. La clause de priorité pour un client

1202. Une clause entre un prestataire de service et son client indiquait que le prestataire devait donner la priorité à ce client spécifique en cas de réalisation d'autres prestations de tiers. Dans un contexte où il ne s'agissait pas d'un contrat d'adhésion, cette clause signifiait simplement que le prestataire devait exécuter au mieux ses engagements, la diversification de son activité ne pouvant justifier la dégradation de sa qualité de service. Dès lors, cette clause ne faisait naître aucun déséquilibre significatif[1552].

xi. La clause attributive de compétence

1203. Une clause attributive de compétence ne constitue pas un déséquilibre significatif, et ce, d'autant plus lorsqu'elle n'empêche pas la société victime de saisir les juridictions françaises[1553].

xii. La clause relative aux contrôles par le client de la qualité des produits ou de la prestation de service

1204. Dans une affaire entre un sous-traitant et son donneur d'ordre, le premier avait prévu une clause lui permettant d'effectuer des contrôles techniques conformément aux

---

1549 CA Paris, 29 janvier 2015, RG n° 13/09914.
1550 Cass. com., 4 octobre 2016, Pourvoi n° 14-28.013.
1551 CA Paris, 2 juillet 2015, RG n° 13/22609.
1552 CA Paris, 2 avril 2015, RG n° 13/17628.
1553 CA Paris, 2 avril 2015, RG n° 13/17628.

spécifications prévues afin de vérifier la qualité des travaux réalisés. Les contrôles étaient réalisés à sa charge et en cas de non-conformité, il incombait alors au sous-traitant de se mettre en conformité. Le donneur d'ordre était tout à fait fondé à mettre en place des contrôles de qualité librement acceptés par ailleurs par le sous-traitant, qui ne pouvait alors en contester les modalités de mise en œuvre, si bien que la clause ne constituait pas un déséquilibre significatif[1554].

xiii. Les clauses imposant des démarches administratives significatives

1205. Afin de lutter contre la contrefaçon, un fabricant titulaire de différents brevets nécessaires à la fabrication de lecteurs DVD imposait à un importateur des formalités administratives spécifiques, et notamment des demandes à adresser avant expédition des produits assorties de plusieurs informations. Cependant, ces obligations étaient circonscrites et justifiées par la nécessité de permettre l'identification des produits concernés, afin de permettre aux services douaniers d'établir l'absence d'atteinte aux droits de propriété intellectuelle du fabricant, et dès lors n'apparaissaient pas disproportionnées au regard de l'objectif poursuivi de lutte contre les contrefaçons[1555].

xiv. La clause introduisant la possibilité de réalisation de prestations annexes non totalement spécifiées

1206. Une clause entre un prestataire de service et son client indiquait la possibilité pour le client de demander en plus des actions générales constituant le cœur du contrat, des actions spécifiques. Dans un contexte où il ne s'agissait pas d'un contrat d'adhésion, une telle clause n'était pas abusive dès lors que les actions spécifiques restaient dans les limites de la mission confiée au prestataire et qu'elles concouraient à sa réalisation[1556].

xv. La clause imposant un outil informatique dédié

1207. L'outil en question visait à accroître la cohérence de l'enseigne, améliorer les synergies et faciliter la communication[1557]. Contrairement à ce que soutenait le franchisé, ses prix de vente pouvaient être modifiés dans le système, la seule limite étant qu'ils ne pouvaient être inférieurs au prix d'achat. Dès lors, l'imposition de cet outil ne constituait pas un déséquilibre significatif entre les droits et obligations des parties. De même, le fait d'imposer un outil informatique spécifique pour permettre au franchiseur de centraliser les informations relatives à ses nombreux points de vente franchisés (40 000) n'est pas illégitime et ne constitue pas un déséquilibre significatif[1558]. Si l'obligation ne constitue pas en soi un déséquilibre significatif, il semble en revanche que l'appréciation puisse être différente si l'utilisation de l'outil en question conduit en pratique à imposer au franchisé ses prix de revente au détail (voir § 1024).

1554 CA Paris, 2 juillet 2015, RG n° 13/22609.
1555 CA Paris, 3 avril 2015, RG n° 13/07413.
1556 CA Paris, 2 avril 2015, RG n° 13/17628.
1557 CA Paris, 3 septembre 2014, RG n° 12/09785.
1558 TC Paris, 13 octobre 2020, RG n° 2017005123.

xvi. La clause d'octroi de licence de propriété intellectuelle nécessaire à l'activité de la société mise en cause

1208. Les clauses relatives aux droits de propriété intellectuelle entre une place de marché et des vendeurs qui ne prévoient pas une cession à titre gratuit du vendeur au profit de la place de marché de ses droits de propriété intellectuelle mais l'octroi d'une licence non exclusive et gratuite portant sur ces droits, et qui est nécessaire à l'activité d'intermédiaire de la plateforme ne constitue pas un déséquilibre significatif[1559]. Il n'est pas besoin qu'existe une réciprocité dans la mesure où ces obligations concourrent à la mutualisation des moyens qui vont servir à mettre à jour les fiches produits et qui constitue le cœur de l'activité d'une place de marché[1560].

xvii. L'absence d'engagement sur la commercialité d'un local

1209. Un demandeur opposait l'absence d'engagement d'un bailleur sur la commercialité d'un local commercial avec son engagement de louer pendant 6 ans pour en tirer la démonstration d'un déséquilibre significatif, démonstration que n'ont pas suivi les juges[1561].

xviii. La clause de transfert des droits et action du bailleur vers le locataire

1210. Une telle clause relative à la garantie du matériel loué par un locataire auprès d'un bailleur et qui opère un transfert au locataire des droits et actions du bailleur contre le fournisseur ne constitue pas une obligation injustifiée, d'autant que le bailleut doit imputer, en cas de résolution judiciaire de la vente, les sommes effectivement perçues du fournisseur sur l'indemnité de résilitation due par le locataire[1562].

xix. La clause de redevance d'un franchisé

1211. **Au titre de la formation initiale**. La clause prévoyant une redevance forfaitaire due par un franchisé au titre de la formation initiale ne constitue pas un déséquilibre significatif dans la mesure où elle est versée en contrepartie de la concession de franchise, du droit d'utilisation des marques, du droit d'utilisation du savoir-faire et de la formation initiale[1563]. Le fait que le concept ait été intialement développé par une autre société que le franchiseur était indifférent dans la mesure où les droits de ce dernier sur le concept n'étaient pas contestés.

1212. Cette approche demeure valable même s'il n'est pas garanti au franchisé de pouvoir finalement exploiter le point de vente en question. Dans une affaire entre un franchiseur et un potentiel futur franchisé[1564], ce dernier devait s'acquitter d'une somme de 10 000 € pour sa formation à la gestion d'un point de vente, somme qui n'était pas récupérable si finalement il s'avérait qu'il n'avait pas les compétences pour ouvrir un point de vente. Ce montant qui constituait en réalité

1559 TC Paris, 29 novembre 2016, RG n° 2014027403.
1560 TC Paris, 2 septembre 2019, RG n° 2017050625.
1561 CA Paris, 21 avril 2017, RG n° 16/03003.
1562 CA Bordeaux, 31 janvier 2017, RG n° 15/02631.
1563 CA Paris, 17 mai 2017, RG n° 14/18290.
1564 TC Paris, 13 octobre 2020, RG n° 2017005123.

un droit d'entrée classique dans les réseaux de franchise était significativement plus bas comparativement à celui demandé par d'autres réseaux de franchise concurrents. En outre, le franchiseur donnait la possibilité au franchisé de pouvoir passer l'examen plusieurs fois. Enfin, il était également légitime pour l'image du réseau et de la marque que le franchiseur puisse ne pas agréer une personne qui ne respecterait pas son code de conduite comme les obligations relatives au harcèlement, les agressions ou les abus d'alcool par exemple. La clause ne constituait donc pas un déséquilibre significatif.

1213. **Au titre de la publicité institutionnelle**. Le fait pour un franchiseur de demander le versement de redevances pour financer la publicité institutionnelle de la marque ne constitue pas un déséquilibre significatif en l'absence d'éléments contestant la réalité des prestations de publicités payées, et ce, même si cette redevance ne figurait pas dans le DIP remis initialement au franchisé[1565]. L'approche peut toutefois être différente si le franchiseur refuse de vendre au franchisé les produits faisant l'objet de la campagne de publicité et vis-à-vis desquels les budgets publicitaires sont fléchés (voir § 1004).

xx. La clause de garantie financière entre un franchisé et le franchiseur

1214. Un contrat entre un franchiseur et un master-franchisé prévoyait l'obligation pour ce dernier de souscrire à une garantie financière égale à 75 % du montant des commandes. Cette clause n'entraînait pas un déséquilibre significatif entre les droits et obligations des parties dans la mesure où cette garantie était destinée à couvrir partie du prix de la commande et non un paiement[1566]. Elle constituait ainsi un avantage pour le master-franchisé en lui permettant un paiement postérieur à la commande alors que le franchiseur supportait le non-paiement de 25 % du montant.

1215. De même, l'obligation pour un franchisé de souscrire une assurance pour couvrir un montant déterminé ne constitue pas un déséquilibre significatif dans la mesure où la charge financière est mesurée (entre 1 000 et 2 000 € par an et par point de vente) et qu'elle vise également à permettre au franchiseur d'agir par subrogation dans le cas où une indemnisation de la perte de chiffre d'affaires soit possible, ce qui lui permettrait de bénéficier d'une partie des redevances qu'il aurait pu percevoir[1567].

xxi. La clause imposant la signature d'une convention distincte pour la commercialisation en ligne

1216. Le fait de subordonner la commercialisation des produits ou des services en ligne par le distributeur à la conclusion par ce dernier d'une convention *ad hoc* séparée ne constitue pas une interdiction de vendre sur internet, et ce d'autant que le distributeur en question ne démontrait pas avoir demandé ladite convention ni qu'elle lui avait été refusée[1568].

1565 TC Rennes, 22 octobre 2019, RG n° 2017F00131.

1566 CA Paris, 5 juillet 2017, RG n° 15/05450.

1567 TC Paris, 13 octobre 2020, RG n° 2017005123.

1568 CA Paris, 13 septembre 2017, RG n° 16/04443.

xxii. La clause imposant au franchisé de réaliser des investissements spécifiques

1217. Le contrat de franchise peut contenir des obligations imposant au franchisé des aménagements spécifiques de son point de vente. Cette obligation inhérente au contrat de franchise est justifiée en ce que, protégeant le savoir-faire du franchiseur, elle permet d'assurer l'uniformité et l'identité commune du réseau et par suite, son développement. Elle constitue finalement la contre-partie de la transmission du savoir-faire du franchiseur et est donc nécessaire à l'équilibre de la convention[1569]. Au surplus, le franchiseur justifiait avoir procédé à des investissements importants dans ses propres succursales, attestant de l'application uniforme de ses obligations.

xxiii. Les clauses visant à définir le process de l'appel d'offres

1218. Un acheteur est libre d'organiser les appels d'offres en édictant un certain nombre d'obligations et le processus que devront respecter les soumissionnaires[1570]. À ce titre, une société choisie pour un appel d'offres ne peut alléguer avoir été soumise à un déséquilibre significatif du seul fait de la procédure d'appel d'offres. Le fait que la procédure lui ait occasionné un coût ne peut prospérer au regard de l'écart avec le montant potentiel en cas d'obtention du marché (100 k€ pour un marché évalué à 145 M€). De même, la demande de fourniture de garantie, de trésoreries et d'assurance de responsabilité civile constituent des clauses insérées classiquement dans les contrats, ce qui ne peut donc servir à démontrer un déséquilibre d'autant que le demandeur n'avait pas à redire avant le litige, et qu'il avait reconnu antérieurement qu'une partie de ces obligations lui était favorables.

xxiv. La clause relative à l'origine des informations servant de base au calcul de l'indemnité

1219. Le contrat peut prévoir que l'indemnisation est calculée par rapport à des données spécifiques. Par exemple[1571], dans le cadre d'un litige entre un loueur et le locataire, le fait que seuls feront foi les chiffres enregistrés sur les documents comptables du loueur ne crée pas de déséquilibre significatif.

xxv. La clause imputant la charge de frais liés à une défaillance

1220. Un contrat entre un apporteur d'affaire et un acheteur prévoyait une commission pour le premier, calculée sur le montant de la transaction, ainsi que l'apporteur d'affaire devait supporter la charge de frais juridiques découlant d'une défaillance des vendeurs qu'il présentait. Cette charge avait une contrepartie financière à travers la commission et s'inscrivait dans les usages du secteur (achat de métaux précieux) si bien qu'aucun déséquilibre significatif n'a pu être démontré[1572].

1569 CA Paris, 22 novembre 2017, RG n° 15/01067.
1570 CA Paris, 11 janvier 2019, RG n° 17/000234.
1571 CA Paris, 28 octobre 2019, RG n° 18/19800.
1572 CA Paris, 4 novembre 2019, RG n° 18/18159.

xxvi. La clause octroyant un droit exclusif de reprise du bail commercial du franchiseur en cas de résiliation du bail par le franchisé

1221. Cette clause permettait au franchiseur de choisir un autre franchisé pour exploiter le fonds de commerce sans qu'il puisse être repris par une autre enseigne[1573]. Vis-à-vis du franchisé, la clause a été jugée non déséquilibrée car ce dernier ayant mis fin au contrat de bail, la résiliation lui a alors retiré dans ce cas tout droit au titre de ce bail préalablement à la mise en œuvre de ladite clause.

xxvii. L'obligation de recourir à une filiale du franchiseur pour l'aménagement du point de vente

1222. Aux fins d'aménager son point de vente, le franchisé devait passer par une filiale du franchiseur, ou passer par son propre architecte, sous réserve qu'il supporte lui-même les frais d'agrément de ce dernier par le franchiseur. Or, l'impossibilité de passer par un tiers n'était pas démontrée comme en l'espèce une partie des franchisés n'étaient pas passés par ladite filiale. La clause ne consituait donc pas un déséquilibre significatif, pas plus que la rémunération de la filiale, calculée en pourcentage du montant total des travaux, qui est ordinaire dans le cadre de chantiers de construction ou d'aménagements[1574].

xxviii. La clause permettant une segmentation des canaux de vente

1223. Indépendamment du prix, le fournisseur peut décider une segmentation des canaux de vente de ses produits et/ou services lorsque cela est justifié. Dans une affaire par exemple[1575], un fournisseur de service de téléphonie avait décidé de commercialiser lui-même une offre agressive sur internet pour faire face à l'un de ses concurrents agressifs, et sans laisser la possibilité à un réseau de distribution physique partenaire de faire de même. Pour autant, l'offre en question était proposée à un prix particulièrement bas précisément parce qu'elle était disponible uniquement sur internet, si bien qu'elle ne pouvait être commercialisée en boutique en raison de coûts internes élevés. Dès lors, le fait pour le fournisseur de ne commercialiser cette offre que sur son propre site internet n'était pas susceptible de faire naître un déséquilibre significatif.

xxix. La clause transférant la base de données clients d'un franchisé à son franchiseur

1224. Dans une affaire[1576], un franchisé mettait en cause notamment l'obligation qu'il avait de partager son fichier client avec son franchiseur et les modalités tarifaires attachées à la vente en ligne, estimant que leur combinaison faisait naître un déséquilibre significatif en permettant un détournement de clientèle *via* le site

---

1573 TC Paris, 13 octobre 2020, RG n° 2017005123.

1574 TC Rennes, 22 octobre 2019, RG n° 2017F00131.

1575 CA Paris, 20 décembre 2019, RG n° 17/20743.

1576 CA Paris, 22 mai 2019, RG n° 17/05279, Nicolas Éréséo, Franchise : La Cour d'appel de Paris estime que ne constitue pas une pratique commerciale déloyale l'obligation faite au franchisé de transmettre son fichier client au franchiseur (Déco Club / Carré blanc), 22 mai 2019, Concurrences N° 3-2019, Art. N° 91860. CA Paris, 22 mai 2019, RG n° 17/05279.

internet du franchiseur tout en faisant supporter des charges importantes sur le franchisé. Cependant, l'argument suivant lequel ces informations auraient permis un détournement de clientèle au profit du site internet du franchiseur était sans fondement eu égard au fait que les ventes sur internet du franchiseur sur les zones de son franchisé représentaient à peine 1 % du chiffre d'affaires réalisé dans son point de vente. De plus, le coût lié aux ventes sur internet était supporté par le franchiseur, le franchisé n'ayant que l'obligation de gérer les échanges, en l'absence de tout remboursement. Quand le produit était retiré directement en boutique, le franchisé percevait une commission de 20 % contre 50 % lorsque la vente est faite en dehors du site internet, mais il n'avait pas démontré en quoi ce montant était insuffisant pour couvrir les coûts liés à la vente. Ces différentes obligations ne constituaient donc pas un déséquilibre significatif.

Section 4 Limites dans l'application de ces dispositions

§ 1. La difficulté de viser l'ensemble des partenaires commerciaux de la société mise en cause

1225. Souvent, le déséquilibre significatif découle de clauses générales, ce qui a pu conduire le demandeur à considérer qu'elles s'appliquaient à l'ensemble des partenaires économiques de la société mise en cause. Néanmoins, la jurisprudence considère qu'il est nécessaire de prouver que les contrats s'appliquent à l'ensemble des partenaires visés sans quoi l'appréciation du juge – qui impacte notamment l'amende civile – peut se limiter aux seuls fournisseurs pour lesquels il est démontré que les clauses litigieuses s'appliquent. En pratique, cela peut revenir à limiter la constatation d'un manquement aux seuls fournisseurs pour lesquels les contrats ont été portés à la procédure[1577].

1226. Si en revanche la preuve est apportée qu'il s'agit de contrats-types[1578], ou que les contrats sont conclus à l'identique sans que la société en cause ne puisse apporter la preuve de modifications substantielles pour certains fournisseurs[1579],

---

[1577] Cass. com., 26 avril 2017, Pourvoi n° 15-26.780 ; TC Créteil, 13 décembre 2011, RG n° 2009F01018, n° 2009F01017 ; TC Rennes, 22 octobre 2019, RG n° 2017F00131.

[1578] CA Paris, 11 septembre 2013, RG n° 11/17941, Mireille Dany, Marianne Le Moullec, Déséquilibre significatif : La Cour d'appel de Paris confirme la décision du Tribunal de commerce de Lille qui, sur saisine du ministre de l'Économie, avait condamné un distributeur à une lourde amende civile en raison du caractère déséquilibré de deux clauses de la convention annuelle conclue avec ses fournisseurs (Eurauchan), 11 septembre 2013, Concurrences N° 4-2013, Art. N° 59272, p. 103. CA Paris, 11 septembre 2013, RG n° 11/17941.

[1579] CA Paris, 20 novembre 2013, RG n° 12/04791 ; Cass. com., 29 septembre 2015, Pourvoi n° 13/25043, Frédéric Buy, Déséquilibre significatif : La Cour de cassation bâtit, petit à petit, une jurisprudence rigoureuse sur le

alors l'appréciation du juge peut être étendue à l'ensemble des fournisseurs ou clients de la société en cause.

§ 2. En cas de comportement discutable de la société victime des pratiques

1227. Le déséquilibre significatif ne doit pas résulter d'une attitude discutable du cocontractant. Dans une affaire, un concessionnaire avait bénéficié de remises spécifiques dans le cadre d'une opération, en contrepartie desquelles il devait permettre au concédant de réaliser un audit pour vérifier que les modalités de l'opération commerciale avaient bien été respectées. Le concessionnaire n'ayant pu justifier de certaines pièces pourtant simples à produire, le concédant demandait le remboursement des remises consenties. Cette demande ne constituait pas un déséquilibre significatif car non seulement les pièces étaient faciles à produire par le concessionnaire, mais aussi du fait que le principe de l'audit avait été librement accepté, le concessionnaire étant initialement libre de ne pas participer à l'opération[1580].

§ 3. Discrimination tarifaire et déséquilibre significatif

1228. L'utilisation de la notion de déséquilibre significatif comme rempart contre la discrimination tarifaire paraît difficile. En effet, le texte doit s'apprécier dans la formation et l'exécution des relations contractuelles entre les parties au contrat, et non, de celles liant la société mise en cause à d'autres sociétés concurrentes du demandeur[1581]. Dès lors, les moyens tirés de la comparaison des conditions commerciales consenties entre un partenaire commercial et plusieurs de ses clients ou fournisseurs concurrents semblent avoir peu de chance de prospérer au titre du déséquilibre significatif.

1229. Dans une affaire par exemple[1582], la société victime se plaignait du fait que son fournisseur avait accordé des conditions commerciales plus avantageuses à l'un de ses concurrents, notamment au regard des contreparties exigées pour avoir les prix d'achat les plus bas. Néanmoins, elle s'était vue appliquer les conditions litigieuses depuis plusieurs années sans que cela n'ait entravé son développement ou qu'elle s'en soit ouverte auprès de son fournisseur, conditions qui n'avaient pas évolué suite à l'arrivée de son concurrent. En définitive, le constat de l'octroi de conditions commerciales plus avantageuses à un concurrent est inopérant à lui seul pour caractériser le déséquilibre significatif dans les droits et obligations des parties. En tout état de cause, il ne ressortait pas de façon indiscutable que les

---

déséquilibre significatif dans les contrats de la grande distribution (EMC distribution), 29 septembre 2015, Concurrences N° 1-2016, Art. N° 77385, pp. 119-120.

1580 TGI Paris, 3 mars 2009, RG n° 09/00356.

1581 CA Versailles, 27 octobre 2011, RG n° 10/05259.

1582 CA Versailles, 27 octobre 2011, RG n° 10/05259.

conditions commerciales accordées à la société concurrente aient été significativement plus avantageuses.

1230. Pour autant, si la discrimination était telle qu'elle empêche la société victime de concurrencer un opérateur bénéficiant de conditions commerciales plus avantageuses, il n'est pas exclu qu'indépendamment de la qualification de déséquilibre significatif, celle de rupture brutale de relation commerciale puisse être retenue, en raison des effets possibles d'une telle situation sur l'évolution du chiffre d'affaires de l'ancien partenaire commercial, voire d'abus de position dominante suivant le pouvoir de marché de l'opérateur.

§ 4. Sur l'absence de réciprocité

1231. La réciprocité n'est pas une condition absolue, l'absence de réciprocité pouvant se justifier par la nature du contrat. Dans une affaire par exemple[1583], une société considérait qu'il existait un déséquilibre significatif dans le contrat de location financière liant la société à son bailleur (crédit), du fait que la faculté pour ce dernier de céder son contrat ne lui était pas accordée réciproquement. Pour autant, la cour a considéré que ce type de contrat de crédit était empreint de par sa nature d'*intuitu personae*, ce qui justifiait dès lors sont incessibilité. Inversement, seules les conditions de financement proposées intéressent le preneur, et non la personne du bailleur. Ainsi, l'absence de réciprocité étant la conséquence du type de contrat, elle ne constituait pas un déséquilibre significatif.

1232. L'absence de réciprocité peut ainsi se justifier par les caractéristiques du marché, des produits, et du type de partenariat choisi par les cocontractants notamment, ce qui explique pourquoi plusieurs des clauses analysées précédemment n'ont pas été jugées comme déséquilibrées bien que faisant état d'un défaut de réciprocité (v. § 1163).

Section 5
Les effets du déséquilibre significatif

1233. À l'instar des autres manquements prévus par l'article L. 442-1 du Code de commerce, la démonstration d'un déséquilibre significatif peut avoir plusieurs conséquences.

1234. En premier lieu, la démonstration d'un manquement peut entraîner la nullité des clauses incriminées. Dans le cas d'une action du ministre au titre de ses prérogatives visant à éviter tout trouble à l'ordre public économique, il est possible de demander non seulement la cessation des pratiques, mais aussi la nullité des clauses en application de l'article L. 442-3 du Code de commerce. En dehors de l'action des pouvoirs publics, il demeure possible au cocontractant lésé d'invoquer le droit commun pour annuler les clauses litigieuses, notamment sur la base

---

[1583] CA Paris, 21 octobre 2011, RG n° 10/12570.

des dispositions générales du Code civil. En effet, la CEPC a précisé dans un avis que « *s'il est vrai que l'article L. 442-[1] du Code de commerce mentionne uniquement l'engagement de la responsabilité civile de l'auteur de la pratique, cette disposition spéciale n'interdit pas à la victime d'une pratique visée par ce texte de demander la nullité de la clause ou du contrat contraire à l'ordre public concurrentiel sur le fondement du droit commun* »[1584]. Cette extension de la nullité aux cocontractants a toutefois pu faire l'objet de discussions, certains auteurs estimant que le régime renvoie à un simple régime de responsabilité et non à la nullité de la clause[1585]. Cette faculté devrait se trouver facilitée par l'introduction de la notion de déséquilibre significatif en droit commun des obligations[1586]. En tout état de cause, la nullité d'une clause litigieuse au titre du déséquilibre significatif, n'emporte pas la nullité de l'ensemble du contrat[1587], sauf à ce que le déséquilibre ne puisse être corrigé par l'annulation de la clause.

1235. En second lieu, il est possible, mais cette fois uniquement dans le cas d'une action introduite par le ministre, de demander une amende civile. À noter qu'il est possible de caractériser un manquement et demander la nullité des clauses pour le passé et l'avenir tout en ne prononçant pas d'amende civile si la clause litigieuse n'a pas été appliquée[1588].

1236. En dernier lieu, et toujours dans le cas d'une action introduite par le ministre, il est possible de demander la restitution de l'indu. À noter dans ce cadre, le motif inopérant en défense consistant pour la société mise en cause à invoquer le déséquilibre significatif pour s'opposer suivant le principe « *nemo auditur* » à la restitution des sommes indûment perçues au bénéfice de ses fournisseurs dans la mesure où ayant accepté de conclure le contrat, ils ont participé à l'illicéité alléguée. Pour autant, la Cour de cassation a précisé que « *la règle suivant laquelle nul ne peut se prévaloir de sa propre turpitude ne s'applique pas en matière délictuelle* »[1589].

Section 6
Conclusion

1237. Le schéma ci-dessous résume les questions auxquelles il est nécessaire de répondre afin de déterminer si un manquement au titre du déséquilibre significatif entre les droits et obligations des parties peut être démontré. À ce titre, la seule absence de réciprocité peut être nécessaire mais elle n'est pas toujours suffisante. En revanche, si la réponse aux trois questions de la qualification (en bleu) est négative, alors il est probable qu'un déséquilibre significatif puisse être démontré.

1584 CEPC, avis n° 14-02 du 13 février 2014, relatif à une demande d'avis d'une entreprise sur la possibilité pour le partenaire commercial lésé de cumuler une action en responsabilité contre le partenaire commercial et une action en nullité de la clause abusive.

1585 Mainguy D. Défense, critique et illustration de certains points du projet de réforme du droit des contrats : D. 2009, 308.

1586 Art. 1171 du Code civil.

1587 CA Lyon, 13 janvier 2012, RG n° 10/08521.

1588 TC Paris, 20 mai 2014, RG n° 2013/0707793.

1589 Cass. com., 8 juin 2017, Pourvoi n° 15-25.712.

1238. Quand bien même un manquement puisse être démontré, il est possible qu'il n'ait eu qu'un impact limité, ce qui pourra contribuer à diminuer le montant de sanction (en vert), cette partie faisant l'objet de développements infra (voir § 1876 et s.).

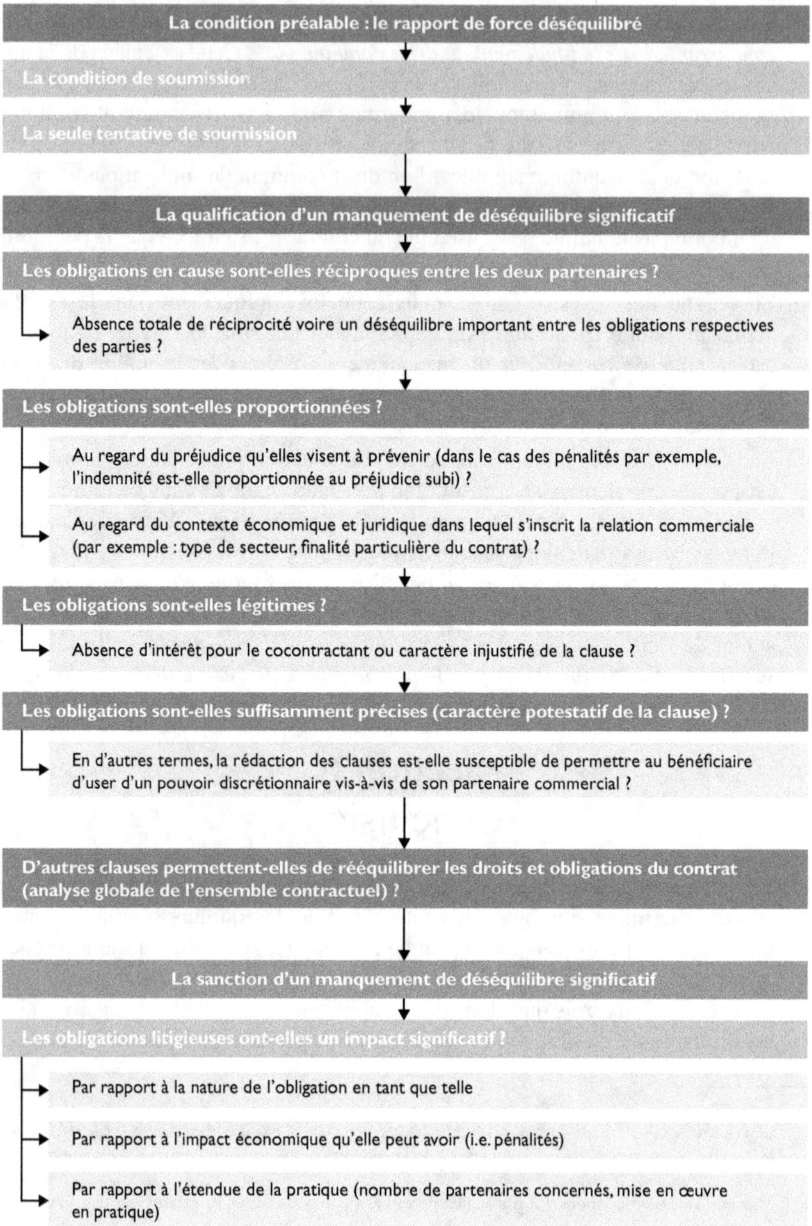

Chapitre 3
Les autres manquements

1239. Le dispositif sanctionnant les pratiques restrictives de concurrence a été autant marqué par un foisonnement législatif introduisant de nouveaux manquements, que par une révision du texte qui au contraire en a supprimé certains. Bien qu'ils aient été peu utilisés, certains de ces anciens manquements qui ont été supprimés seront décrits ci-après dans la mesure où des faits antérieurs à la mise en œuvre de l'ordonnance n° 2019-359 du 24 avril 2019 pourraient relever de ces dispositions (1). Un focus particulier sera fait vis-à-vis de la violation d'exclusivité qui a réussi à demeurer interdite par le dispositif bien que ne figurant pas dans le projet initial d'ordonnance (2). Enfin, seront décrits les autres manquements qui existent mais pour lesquels il n'existe pas encore de pratique décisionnelle significative (3).

Section 1
Les anciens manquements supprimés par l'ordonnance de 2019

§ 1. L'obtention d'un avantage comme condition préalable à la passation de commande

1240. L'ancien article L. 442-6 du Code de commerce prévoyait qu' : « *engage la responsabilité de son auteur et l'oblige à réparer le préjudice causé le fait, par tout producteur, commerçant, industriel ou personne immatriculée au répertoire des métiers : [...]*

3° D'obtenir ou de tenter d'obtenir un avantage, condition préalable à la passation de commandes, sans l'assortir d'un engagement écrit sur un volume d'achats proportionné et, le cas échéant, d'un service demandé par le fournisseur et ayant fait l'objet d'un accord écrit ».

1241. Ces dispositions ont peu été utilisées étant donné les restrictions inhérentes à la définition du manquement. À ce titre, il semble que la qualification d'avantage sans contrepartie ou de déséquilibre significatif soit préférable étant donné la souplesse qu'elle procure. Ces considérations ont certainement contribué à la suppression de ce manquement dans le cadre de la révision du dispositif sanctionnant les pratiques restrictives en 2019.

A. Des exemples d'avantages comme conditions préalables à la passation de commande

1242. La prestation consistant pour le distributeur à se faire rémunérer contre le simple référencement peut constituer un tel manquement. Dans une affaire par exemple[1590], le distributeur auteur du manquement était rémunéré au titre d'un « *budget de référencement* », et en l'absence de tout engagement de volume écrit, une telle somme a pu être jugée illicite.

1243. La même approche demeure valable lorsqu'un fournisseur se voit imposer l'octroi d'une remise supplémentaire et un allongement des délais de paiement au bénéfice de son client[1591], ou lorsque le sous-traitant réalise un investissement en termes d'outils industriels servant à la production des produits contractuels[1592], si cela n'est assorti d'aucun minimum de commande ou autre engagement de volume.

B. Les limites d'une telle qualification

1244. À l'instar des autres manquements prévus par l'article L. 442-1 du Code de commerce, l'appréciation de l'avantage donné peut être réalisée *in concreto*, que ce soit en prenant en compte l'ensemble des éléments susceptibles d'impacter la relation commerciale (A), ou que ce soit en appréciant le fonctionnement de fait de la relation commerciale (B).

1. La nécessité de prendre en compte l'ensemble de la relation

1245. Dans une affaire[1593], un des services litigieux consistait pour le distributeur à optimiser pour son seul bénéfice la logistique aval et le système d'information afférant aux produits, soit une fois la livraison des produits réalisée. Le ministre considérait qu'il s'agissait d'un avantage préalable à la passation de commande dans la mesure où il n'existait pas d'engagements sur les volumes. Pourtant, les juges ont finalement estimé qu'un tel service pouvait relever d'une prestation globale de référencement impliquant un engagement sur les volumes d'achats, car le contrat d'enseigne du franchiseur obligeait ses franchisés à réaliser 80 % de leurs achats auprès des fournisseurs référencés par la centrale. Il a donc été considéré que même en l'absence d'engagement de volume, une telle disposition complétait le contrat cadre de référencement, de telle sorte que le référencement impliquait dans les faits un certain volume d'achats du fait de l'obligation d'approvisionnement.

1246. Pour autant, il n'est pas exclu qu'un tel service puisse relever de la fonction inhérente du distributeur, constituant dès lors un avantage sans contrepartie (voir § 756 à 777).

1590 Cass. com., 5 mai 2009, Pourvoi n° 08/15.264.

1591 CA Versailles, 18 mai 2006, RG n° 04/08829.

1592 CA Paris, 6 juillet 2011, RG n° 10/008832 – En l'espèce, le sous-traitant avait cofinancé à hauteur de 43 % les nouveaux outils industriels alors que le donneur d'ordre en demeurait de surcroît pleinement propriétaire.

1593 TC Orléans, 11 décembre 2009, RG n° 2008/7224.

2. La nécessité d'apprécier le fonctionnement de la relation commerciale en pratique

1247. Dans leur analyse de la compatibilité d'un avantage avec les dispositions de l'ancien article L. 442-6, les juges ne se limitent pas au seul constat qu'aucun contrat n'ait été signé entre les parties, mais analysent la situation *in concreto*. Ainsi, bien qu'elle ne soit versée au support d'aucun contrat, une rémunération peut tout de même avoir une contrepartie dans les faits. Au-delà d'une contrepartie détachable de l'opération d'achat/vente, le prix consenti lui-même par un fournisseur à un distributeur ne constitue pas un avantage préalable à la passation de commande[1594].

1248. Tel est le cas, par exemple, d'un fournisseur ayant initialement négocié un contrat par lequel il rémunérait la centrale d'achats à hauteur de 5 % du chiffre d'affaires réalisé avec ses adhérents, en échange de quoi il avait accès au réseau d'adhérents, soit autant de débouchés commerciaux possibles[1595]. Si le contrat avait été résilié, il avait néanmoins perduré en pratique avec, d'une part, le versement des 5 % à la centrale, et d'autre part, l'accès au réseau d'adhérents pour le fournisseur. Le versement ayant donc une contrepartie réelle découlant d'un contrat de fait, il ne pouvait donc être considéré comme un avantage préalable à la passation de commande.

1249. De même, une prestation de service visant à procurer au fournisseur une programmation des futures commandes assortie d'engagements de volumes peut être bénéfique pour le fournisseur en lui permettant de mieux planifier ses ventes, et donc ne constitue pas un avantage préalable à la passation de commande[1596].

1250. Par ailleurs, la remise en cause de l'augmentation de la rémunération concédée à l'un des deux partenaires commerciaux au titre de l'avantage préalable à la passation de commande ne peut prospérer s'il n'est pas démontré que son montant est abusif, et si son augmentation s'explique par le jeu de la concurrence[1597].

1251. Enfin, le fait pour un acheteur de passer par une procédure d'appels d'offres ne constitue pas *per se* un avantage avant la passation de commande dans la mesure où ce type de procédure comporte nécessairement un aléa quant aux chances du soumissionnaire d'être retenu ou non[1598].

§ 2. La menace de rupture brutale des relations commerciales

1252. L'ancien article L. 442-6 du Code de commerce prévoyait qu'« *engage la responsabilité de son auteur et l'oblige à réparer le préjudice causé le fait, par tout producteur, commerçant, industriel ou personne immatriculée au répertoire des métiers : [...]*

1594 CA Paris, 18 février 2016, RG n° 15/14989.
1595 Cass. com., 17 mars 2004, Pourvoi n° 02-14.751.
1596 TC Créteil, 13 décembre 2016, RG n° 2008F00629.
1597 CA Paris, 9 juillet 2010, RG n° 10/03248.
1598 CA Paris, 28 novembre 2016, RG n° 15/17318.

4° D'obtenir ou de tenter d'obtenir, sous la menace d'une rupture brutale totale ou partielle des relations commerciales, des conditions manifestement abusives concernant les prix, les délais de paiement, les modalités de vente ou les services ne relevant pas des obligations d'achat et de vente ».

1253. Cette notion est intimement liée à celle de rupture brutale des relations commerciales du fait de la mise en œuvre de la menace dans certains cas. Par ailleurs, si la relation perdure, il n'est pas exclu que la qualification en avantage sans contrepartie puisse se révéler plus pertinente suivant les circonstances de l'espèce. De même que pour l'avantage préalable à la passation de commande, ces considérations ont certainement contribué à la suppression de ce manquement dans le cadre de la révision du dispositif sanctionnant les pratiques restrictives en 2019.

1254. En tout état de cause, et de même que pour les autres manquements, la charge de la preuve incombe au demandeur qui en fait la demande, en l'absence de laquelle le grief ne sera pas retenu[1599].

1255. Bien que peu de décisions aient eu à traiter ce manquement, et outre la démonstration préalable de l'existence d'une relation commerciale établie (v. § 63 et s.), il paraît nécessaire que deux conditions cumulatives soient remplies pour le caractériser : l'existence d'un avantage, d'une part (A), et la matérialité de la menace, d'autre part (B).

A. L'existence d'un avantage

1256. En premier lieu, il est nécessaire que le mis en cause ait obtenu ou tenté d'obtenir un avantage quelconque car en l'absence de cette condition, la demande a peu de chance de prospérer[1600]. Il doit sortir du cadre habituel de collaboration entre les entreprises, comme le fait pour un distributeur de disposer d'un certain stock de produits[1601], si bien que cet avantage découle généralement de la modification unilatérale de ses conditions d'achat ou de vente.

1. La modification unilatérale de ses conditions d'achats par le client

a) Les critères essentiels de l'économie du contrat

1257. Plus concrètement, la modification des conditions d'achats peut notamment correspondre à une baisse du tarif. Une telle baisse peut en premier lieu être directe, par la demande explicite d'une baisse de prix des produits ou des prestations[1602]. Dans une affaire par exemple[1603], le demandeur effectuait les prestations d'après-vente pour un fabricant de produits électroniques. Cependant, les conditions avaient évolué car non seulement la part de marché du fabricant s'était fortement dégradée, mais aussi les évolutions apportées aux produits rendaient moins coûteuses les

---

1599 Cass. com., 9 décembre 2008, Pourvoi n° 06-21.772.

1600 CA Paris, 14 mai 2009, RG n° 06/21725 ; CA Rouen, 24 juin 2010, RG n° 09/02193.

1601 CA Paris, 13 juin 2019, RG n° 17/01518.

1602 CA Nancy, 5 novembre 2014, RG n° 12/03161.

1603 CA Versailles, 18 novembre 2010, RG n° 09/05695.

prestations d'après-vente. Si le partenaire peut souhaiter faire évoluer la relation commerciale du fait de l'évolution du marché, il n'en demeure pas moins qu'il ne peut l'imposer.

1258. En second lieu, une demande de baisse de prix peut aussi être indirecte par l'intermédiaire d'une ristourne, par exemple. Si l'octroi de cette ristourne constitue la condition nécessaire à la poursuite des relations commerciales, le manquement peut là aussi être démontré. En l'espèce[1604], la ristourne exigée consistait à appliquer un taux de freinte qui, d'une part, ne se justifiait pas pour des produits préemballés, et d'autre part, était dérogatoire aux conditions générales de vente du fournisseur.

1259. Cette modification peut aussi consister pour un client à imposer une baisse de tarifs rétroactive à son fournisseur. Dans une affaire par exemple[1605], le fournisseur ayant refusée la baisse de tarifs alors même qu'une précédente baisse avait déjà été exigée puis obtenue, le client a décidé de mettre fin à la relation commerciale, caractérisant ainsi le manquement.

1260. Enfin, la modification des conditions d'achats peu non seulement consister en une baisse des tarifs mais aussi au passage d'un flux commercial continu à des commandes ponctuelles[1606].

b) Limites

1261. Dans l'hypothèse où les baisses demandées par le client soient justifiées par le fait que les prix du fabricant se situent sans conteste très au-dessus du marché, les demandes de baisse de prix peuvent être légitimes. En l'espèce[1607], les prix du fabricant étaient de 26 à 117 % plus élevés que ceux de ses concurrents. Aussi, le fabricant ayant de son côté contraint son client à accepter auparavant des produits à un prix révisé à la hausse, les demandes de baisse de prix de son client étaient légitimes.

2. La modification unilatérale de ses conditions de vente par un fournisseur

a) Les critères essentiels de l'économie du contrat

1262. La tentative, sous la menace de la rupture de la relation commerciale, de faire passer une hausse significative sur les produits, peut constituer un manquement au titre de ces dispositions. Dans une affaire, le fournisseur avait tenté d'imposer une hausse de 7 % environ, laquelle était d'autant moins justifiée que les deux parties venaient de signer un protocole d'accord après d'âpres discussions[1608]. À l'occasion de ce jugement, il a été indiqué que le fournisseur ne pouvait arguer du fait que son client distributeur dispose d'une santé financière confortable lui permettant de répercuter les prix à l'aval. Dans une autre affaire, le fournisseur

---

1604 CA Douai, 8 septembre 2005, RG n° 04/01257.
1605 Cass. com., 17 mars 2004, Pourvoi n° 02-14.751.
1606 CA Paris, 11 janvier 2008, RG n° 05/24025.
1607 CA Caen, 29 mars 2012, RG n° 10/03241.
1608 CA Aix-en-Provence, 7 septembre 2011, RG n° 09/17983.

avait tenté d'obtenir une augmentation de ses tarifs de 30 % sous la menace de la rupture des relations commerciales[1609].

1263. La modification de l'économie du contrat peut aussi consister pour un fournisseur à facturer des prestations complémentaires alors même que le contrat initial était négocié à un prix forfaitaire et non révisable[1610].

b) Limites

1264. Toutefois, si les conditions financières avaient été régulièrement acceptées par le client, qui les avait appliquées pendant plusieurs mois, il n'y a pas eu de modification des conditions financières du contrat, et partant de manquement sur la base du 4° de l'ancien article L. 442-6 du Code de commerce[1611].

B. La matérialité de la menace

1265. Il est nécessaire à la victime présumée de démontrer la matérialité de la menace de rupture des relations commerciales. En pratique, les seules décisions ayant donné lieu à une réparation au titre de ces dispositions sont des affaires où la relation commerciale a effectivement été rompue au bout du compte. Dès lors, la menace de rupture des relations commerciales ayant été suivie d'effets, sa matérialité ne pouvait être que difficilement contestée.

1266. Inversement, si les faits rattachés à l'abus potentiel se sont déroulés postérieurement à la rupture de la relation, l'infraction ne peut être caractérisée[1612].

1267. L'administration de la preuve de la menace est relativement libre. À titre d'illustration, elle peut se baser sur un courrier envoyé par l'auteur de la rupture demandant explicitement l'avantage sous peine de mettre fin à la relation commerciale[1613], ou bien sur un compte rendu de réunion faisant état de l'acceptation par le demandeur des nouvelles conditions afin d'être en mesure de poursuivre la relation commerciale[1614], ou encore sur le contexte. Dans une affaire par exemple, la baisse de prix exigée par le distributeur avait eu pour contrepartie une remontée temporaire du courant d'affaires avec le fournisseur[1615].

1268. En revanche, le simple fait d'indiquer qu'en cas d'échec des négociations, la société mettrait fin aux relations est insuffisant pour matérialiser la menace de rupture, et ce, d'autant que les relations ont perdurées pendant deux années[1616].

1269. Pour autant, quand bien même la relation ait finalement été rompue, le contexte doit être pris en compte afin d'écarter la responsabilité de la victime présumée dans le processus de rupture. Dans une affaire par exemple[1617], un fournisseur avait maintenu la relation commerciale malgré l'échec des négociations avec son client

---

1609 CA Angers, 7 février 2006, RG n° 05/00054.

1610 CA Aix-en-Provence, 15 juin 2011, RG n° 11/03547.

1611 CA Aix-en-Provence, 1er juillet 2010, RG n° 10/03027.

1612 CA Paris, 26 mars 2014, RG n° 12/12255 ; CA Paris, 8 juin 2016, RG n° 13/23895.

1613 CA Douai, 8 septembre 2005, RG n° 04/01257.

1614 CA Paris, 11 janvier 2008, RG n° 05/24025.

1615 CA Nancy, 5 novembre 2014, RG n° 12/03161.

1616 CA Versailles, 18 novembre 2010, RG n° 09/05695.

1617 CA Paris, 15 mai 2008, RG n° 05/23026.

et partenaire commercial, continuant ainsi la fourniture du service. S'il avait effectivement rompu les relations après 4 mois de négociation pour le nouveau contrat, cela répondait avant tout à la suspension des paiements décidée par son client. Dès lors, il ne pouvait lui être reproché d'avoir mis fin à la relation commerciale faute d'un accord sur l'augmentation du niveau de rémunération versé pour ses prestations. Il faut ainsi que le cocontractant démontre le lien entre son refus de se soumettre à des conditions qu'il estimait abusives et l'arrêt de la relation, par exemple en ne renouvellant pas le contrat de distribution[1618].

§ 3. Le refus de communication des conditions générales de vente

1270. L'ancien article L. 442-6 du Code de commerce prévoyait qu' « *engage la responsabilité de son auteur et l'oblige à réparer le préjudice causé le fait, par tout producteur, commerçant, industriel ou personne immatriculée au répertoire des métiers (…)*

9° De ne pas communiquer ses conditions générales de vente, dans les conditions prévues à l'article L. 441-6, à tout acheteur de produits ou tout demandeur de prestations de services qui en fait la demande pour l'exercice d'une activité professionnelle ».

1271. Cette obligation a été supprimée du dispositif suite à la révision du texte en 2019 et est désormais passible d'une sanction administrative en application de l'article L. 441-1 du Code de commerce.

A. Sur le principe de la communication

1272. Pour que la demande soit recevable, il est nécessaire qu'une demande desdites conditions puisse être démontrée[1619].

1273. L'obligation de communication a pu être appréhendée de manière large par le juge commercial. Il a en effet été fait droit dans une affaire à la communication des documents contractuels attestant de l'existence d'un réseau de distribution exclusive au bénéfice d'un distributeur[1620].

1274. Le refus de communication des conditions générales de vente n'est possible que si le fournisseur établit selon des critères objectifs que l'acheteur en question n'appartient pas à la catégorie concernée[1621].

B. La preuve de la communication

1275. La communication peut être faite par tout moyen mais il est préférable qu'elle soit réalisée de manière explicite. Le fait d'indiquer que, pour souscrire un

---

1618 CA Paris, 13 juin 2019, RG n° 17/01518.

1619 CA Aix-en-Provence, 6 octobre 2016, RG n° 14/16995.

1620 CA Rennes, 21 septembre 2010, RG n° 10/01175.

1621 Cass. com., 29 mars 2017, Pourvoi n° 15-27.811.

abonnement, il faut avoir préalablement déclaré avoir pris connaissance des CGV qui figurent sur le site internet n'est pas suffisant pour démontrer la communication des dites CGV[1622].

1276. En revanche, si les CGV sont évoquées au recto des bons de commandes utilisés par le client et figurent au verso, ces stipulations connues et d'évidence acceptées se fondent dans les relations commerciales nouées par les parties, et démontrer la connaissance qu'avait le client des conditions en question, peu importe qu'elles aient été ou non signées[1623].

C. La communication des conditions pertinentes

1277. Même si des conditions générales de vente sont communiquées, il est possible au juge de vérifier si la catégorie qu'elles visent s'applique bien à la société en question. Un fournisseur est en effet libre de déterminer librement les différentes catégories d'acheteurs auxquelles sont applicables ses conditions de vente, à condition que les critères définissant ces catégories soient objectifs, qu'ils ne soient pas discriminatoires, ni ne créent un déséquilibre significatif, une entente entre le fournisseur et les distributeurs favorisés ou encore un abus de position dominante.

1278. Dans une affaire entre un distributeur et un fournisseur de médicaments, de matières pharmaceutiques et d'accessoires[1624], ce dernier ne lui avait communiqué que les CGV applicables aux grossistes. La société de distribution était une structure de regroupement à l'achat (« SRA ») qui avait pour but de faire baisser les prix dont bénéficiaient des officines. Ce secteur était marqué par des dysfonctionnements qui avaient été relevés notamment par l'Autorité de la concurrence dans plusieurs avis. Dans un avis de 2013[1625], l'Autorité avait relevé que les SRA avaient été créés notamment pour permettre de baisser le prix des médicaments d'automédication et pour mettre fin aux pratiques de rétrocession de médicaments entre pharmacies d'officine. Dans ce contexte, les difficultés d'approvisionnement des SRA, objet du litige, allaient à l'encontre de la politique publique en faveur du libre accès à des médicaments dits de conseils pharmaceutiques. L'Autorité avait alors recommandé de mettre en œuvre tous les moyens en particulier ceux du droit de la concurrence, pour soutenir ces structures afin de permettre aux pharmaciens d'officine, en particulier les petites et moyennes officines, de bénéficier des mêmes conditions d'achat dont les grandes officines bénéficient individuellement aujourd'hui, ce qui aurait pour conséquence de mettre fin à la pratique de la rétrocession. Dans un avis réalisé plusieurs années plus tard[1626], et en dépit de cette recommandation, l'Autorité de la concurrence a fait le constat, que les SRA

1622 CA Paris, 3 juillet 2017, RG n° 15/11017.

1623 CA Versailles, 31 octobre 2017, RG n° 16/05627.

1624 CA Paris, 4 juillet 2019, RG n° 17/13577.

1625 Adlc, avis n° 13-A-24 du 19 décembre 2013 relatif au fonctionnement de la concurrence dans le secteur de la distribution du médicament à usage humain en ville.

1626 Adlc, avis n°19-A-08 du 4 avril 2019, relatif aux secteurs de la distribution du médicament en ville et de la biologie médicale privée.

connaissaient des difficultés de fonctionnement et n'arrivaient toujours pas à obtenir auprès des laboratoires des conditions commerciales aussi favorables que celles obtenues par les officines individuellement, voire même à s'approvisionner auprès de certains laboratoires. Il ressortait de ces éléments qu'a été constaté, par l'Autorité de la concurrence, un déséquilibre concurrentiel dont pâtissent certains intermédiaires dans le secteur de la distribution du médicament non remboursé, notamment les SRA.

1279. Dans ces conditions, le fournisseur, qui entendait appliquer au distributeur ses conditions générales de grossiste, devait justifier par des critères objectifs que ladite société ne relève pas de la même catégorie d'acheteur que les officines et groupements d'officines, lesquels bénéficiaient de conditions significativement plus avantageuses. Elle doit supporter à ce titre la charge de la preuve.

1280. En l'espèce, le contrat entre le distributeur et les officines adhérentes exposait en préambule que ledit distributeur intervenait en qualité de SRA ayant pour objet l'achat, d'ordre et pour le compte de ses adhérents pharmaciens titulaires d'officines ou sociétés exploitant une officine, de médicaments autres que des médicaments expérimentaux, à l'exception des médicaments remboursables par les régimes obligations d'Assurance maladie. Il précisait également que « *pour répondre à des besoins logistiques, lorsque nécessaire, la SRA a établi un lien de partenariat logistique avec (...) une centrale d'achat pharmaceutique (CAP) qui, du fait de son statut d'établissement pharmaceutique (...), est en mesure de stocker pour le compte de l'adhérent les produits achetés par celui-ci à l'issue de la négociation menée par la SRA commissionnaire* ».

1281. Il s'ensuit que le distributeur agit en qualité de commissionnaire à l'achat, et constitue un opérateur intermédiaire entre le laboratoire et les officines adhérentes dont elle est le mandataire, lesquelles acquièrent directement la propriété des produits acquis d'ordre et pour leur compte par la SRA. Les juges se sont ainsi attachés à analyser le principe de la relation indépendamment de ses modalités particulières. Ainsi, la circonstance que le distributeur commande les produits au fournisseur, qui les lui facture et qu'il engage sa responsabilité personnelle envers le fournisseur, ne lui donne pas la qualité de grossiste-répartiteur, lequel acquiert la propriété des produits. En effet, le transfert de propriété des produits vendus est directement opéré au bénéfice desdites officines. De même, le fait que le distributeur agisse pour le compte de ses adhérents, et non pas pour son compte, et ait recours à la CAP en sa qualité de prestataire logistique, constitue un intermédiaire du réseau de distribution des médicaments en gros n'implique pas davantage qu'elle soit assimilée à un grossiste-répartiteur, dès lors qu'elle n'acquiert pas la propriété des produits.

1282. Dans ces conditions, le distributeur constituant un intermédiaire mandaté par les officines indépendantes doit donc pouvoir bénéficier des conditions d'achat du fournisseur accordées aux officines indépendantes, peu important que ce mandat soit opaque envers ce fournisseur.

§ 4. Les autres manquements utilisés de manière marginale

1283. L'ancien article L. 442-6 du Code de commerce prévoyait qu' « *engage la responsabilité de son auteur et l'oblige à réparer le préjudice causé le fait, par tout producteur, commerçant, industriel ou personne immatriculée au répertoire des métiers (...)*

10° De refuser de mentionner sur l'étiquetage d'un produit vendu sous marque de distributeur le nom et l'adresse du fabricant si celui-ci en a fait la demande conformément à l'article L. 112-6 du Code de la consommation ;

11° D'annoncer des prix hors des lieux de vente, pour un fruit ou légume frais, sans respecter les règles définies aux II et III de l'article L. 441-2 du présent code ;

12° De passer, de régler ou de facturer une commande de produits ou de prestations de services à un prix différent du prix convenu résultant de l'application du barème des prix unitaires mentionné dans les conditions générales de vente, lorsque celles-ci ont été acceptées sans négociation par l'acheteur, ou du prix convenu à l'issue de la négociation commerciale faisant l'objet de la convention prévue à l'article L. 441-7, modifiée le cas échéant par avenant, ou de la renégociation prévue à l'article L. 441-8».

1284. Certaines clauses noires ont également été supprimées du dispositif, parmis lesquelles celles « *prévoyant pour un producteur, un commerçant, un industriel ou une personne immatriculée au répertoire des métiers, la possibilité d'obtenir d'un revendeur exploitant une surface de vente au détail inférieure à 300 m² qu'il approvisionne mais qui n'est pas lié à lui, directement ou indirectement, par un contrat de licence de marque ou de savoir-faire, un droit de préférence sur la cession ou le transfert de son activité ou une obligation de non-concurrence post-contractuelle, ou de subordonner l'approvisionnement de ce revendeur à une clause d'exclusivité ou de quasi-exclusivité d'achat de ses produits ou services d'une durée supérieure à 2 ans* »[1627]. Cet article exclut les cas où le demandeur est précisément lié par un contrat de licence[1628].

Section 2
La violation d'exclusivité

1285. L'article L. 442-2 du Code de commerce prévoit qu' : « *engage la responsabilité de son auteur et l'oblige à réparer le préjudice causé le fait, par toute personne exerçant des activités de production, de distribution ou de services de participer directement ou indirectement à la violation de l'interdiction de revente hors réseau faite au distributeur lié par un accord de distribution sélective ou exclusive exempté au titre des règles applicables du droit de la concurrence* ».

[1627] Ancien art. L. 442-6 II e) du Code de commerce.

[1628] CA Paris, 4 juillet 2018, RG n° 15/18891

1286. Si la violation d'une exclusivité peut justifier la rupture de la relation commerciale (voir § 527 à 530), elle peut aussi donner droit à l'obtention d'une indemnité au titre du préjudice subi. Dans la mesure où les faits permettant de caractériser un manquement au titre de cet article ne se distinguent pas de ceux permettant de caractériser un manquement délictuel de concurrence déloyale au sens de l'article 1382 du Code civil, une sanction ne peut être prononcée que sur l'un des deux fondements[1629]. À noter que le fondement délictuel est plus souple que le fondement contractuel car son application n'est subordonnée à aucune autre condition que la participation, directe ou indirecte, à la violation d'un réseau de distribution[1630]. Dès lors, ces éléments peuvent être importants à prendre en compte pour déterminer la stratégie du demandeur.

§ 1. L'existence d'un système de distribution sélective licite

A. L'existence

1287. Il est nécessaire que le réseau de distribution sélective mis en avant par le fabricant existe vraiment, faute de quoi, en l'absence de stipulations contractuelles univoques, aucun manquement ne peut être caractérisé[1631]. La simple mention de la société en tant que distributeur sur un catalogue du fournisseur n'est, par exemple, pas suffisante pour démontrer qu'elle bénéficiait d'une exclusivité, et ce, d'autant que sur d'autres années, d'autres sociétés étaient citées, qu'elle ne représentait pas ledit fournisseur à certains salons[1632].

1288. Il est ainsi nécessaire que le contrat prévoit une étanchéité juridique par l'interdiction de revente des produits à des membres non agréés[1633], et dans ce cadre, il peut être utile que le contrat prévoit la faculté pour le fabricant de racheter les produits à leur prix d'achat.

1289. Si le contrat ne prévoit pas une telle interdiction explicite, mais uniquement des règles générales de loyauté vis-à-vis du fournisseur et des autres membres du réseau, et d'information de toute utilisation par des tiers non autorisés de la marque ou de l'enseigne, cela peut être insuffisant pour apporter la preuve que le fournisseur entendait assurer l'étanchéité de son réseau[1634].

1629 Cass. Com., 23 mars 2010, Pourvoi n° 09-66.522 – 09-66.987 – 09-65.844.

1630 CA Paris, 9 septembre 2015, RG n° 14/06837, Nicolas Éréséo, Concession exclusive : La Cour d'appel de Paris sanctionne un fournisseur qui n'avait pas pris les mesures nécessaires pour protéger l'exclusivité consentie à un concessionnaire, prétexte pris de ce que la validité de son réseau faisait l'objet d'une procédure devant le Conseil de la concurrence (Motoworld, Pc Moto), 9 septembre 2015, Concurrences N° 4-2015, Art. N° 76078, pp. 134-135. CA Paris, 9 septembre 2015, RG n° 14/06837.

1631 CA Nancy, 8 février 2006, RG n° 03/02163.

1632 CA Paris, 7 septembre 2016, RG n° 14/00990.

1633 CA Paris, 11 septembre 2013, RG n° 11/17552, Nicolas Éréséo, Vente parallèle : La Cour d'appel de Paris condamne fermement une centrale d'achat qui avait fourni différents soldeurs suite à la liquidation judiciaire et au rachat des stocks d'une société membre d'un système de distribution sélective (Futura Finances c/ Chanel), 11 septembre 2013, Concurrences N° 1-2014, Art. N° 63075, pp. 88-89. CA Paris, 11 septembre 2013, RG n° 11/17552.

1634 CA Paris, 21 janvier 2015, RG n° 12/18926, Didier Ferrier, Distribution sélective : La Cour d'appel de Paris condamne l'exploitant d'un site internet pour comportement parasitaire et concurrence déloyale résultant de

B. La licéité du réseau

1. Le guide d'analyse

1290. Le réseau de distribution sélective doit être licite. À ce titre, la licéité d'un réseau de distribution peut s'analyser à l'aune de la jurisprudence Métro[1635], qui impose que (i) les produits en cause nécessitent un tel réseau pour en préserver la qualité et en assurer le bon usage, (ii) que le fournisseur sélectionne ses distributeurs sur la base de critères objectifs et non discriminatoires, et (iii) que les critères n'aillent pas au-delà de ce qui est nécessaire.

1291. La preuve de la licéité du réseau de distribution doit être apportée par le fabricant, et ne peut être excipée du fait qu'aucune décision du Conseil de la concurrence ou d'une autre juridiction n'a estimé que ledit système de distribution sélective fût illicite[1636]. Il est à ce titre important que la distribution ne soit pas simplement un paravent contractuel mais bel et bien un réel système de distribution sélective ou exclusive basée sur des critères d'agrément précis et objectifs, et comportant des obligations spécifiques pour la commercialisation des produits. Les dispositions ne peuvent pas non plus être invoquées dans le cadre de relations relevant d'un mandat[1637].

1292. Au-delà des critères Métro, le règlement d'exemption n° 330/2010[1638] peut également constituer un guide d'analyse pertinent afin de vérifier la licéité du réseau suivant les arguments avancés par la tête de réseau, notamment pour apprécier la proportionnalité des restrictions imposées dans le cadre de la distribution des produits.

1293. À noter que la licéité du réseau n'est pas subordonnée à la preuve de son étanchéité effective, et que le dit réseau n'est pas illicite à raison du fait qu'un tiers a pu acquérir des produits contractuels par le biais d'un de ses revendeurs[1639].

2. Le caractère manifestement illicite

a) Sur la base des critères Métro

1294. En pratique, le produit ou le service doit donc théoriquement être compatible avec la mise en place d'un réseau de distribution sélective. L'approche de ce critère

---

la vente des produits d'une marque à des prix particulièrement bas qui est, selon eux, « un comportement parasitaire » et « des actes de concurrence déloyale » (JPL Café Coton c/ BLT Développement), 21 janvier 2015, Concurrences N° 3-2015, Art. N° 75037, pp. 91-92. CA Paris, 21 janvier 2015, RG n° 12/18926.

1635 CJUE, 25 octobre 1977, affaire 26-76.

1636 Cass. com., 21 juin 2011, Pourvoi n° 09-70.304.

1637 CA Paris, 25 octobre 2018, RG n° 17/10108, Stéphane Brena, Mandataire : La Cour d'appel de Paris restreint la qualification de mandataire d'intérêt commun (Viaticum / American Airlines), 25 octobre 2018, Concurrences N° 1-2019, Art. N° 88693.

1638 Règlement (UE) n° 330/2010 de la Commission du 20 avril 2010 concernant l'application de l'article 101, paragraphe 3, du traité sur le fonctionnement de l'Union européenne à des catégories d'accords verticaux et de pratiques concertées.

1639 CA Paris, 30 août 2019, RG n° 18/20739, Anne-Cécile Martin, Distribution sélective : La Cour d'appel de Paris valide la restriction territoriale de vente active, s'agissant du lancement d'un nouveau produit, limitée dans le temps et proportionnée à la nécessité de protéger l'efficacité du réseau (Coty / Brandalley), 30 août 2019, Concurrences N° 4-2019, Art. N° 92250, pp. 106-107. CA Paris, 30 août 2019, RG n° 18/20739.

est cependant très large[1640], et n'est pas limitée aux produits de luxe[1641]. La nature du produit ne semble donc pas être en pratique un critère susceptible de remettre en cause la licéité d'un réseau de distribution sélective.

1295. S'agissant du caractère proportionné, et dans la mesure où la distribution sélective vise précisément à contrôler les conditions de commercialisation des produits, le fabricant peut imposer un certain nombre de restrictions légitimes. Par exemple[1642], le fait d'imposer au distributeur agréé de participer aux différentes campagnes promotionnelles organisées par le fabricant ou de l'obliger à réaliser un chiffre d'affaires d'un niveau au moins égal à 40 % de celui de l'année précédente, ne sont pas excessifs au regard de la préservation de l'image de marque des produits.

1296. Par conséquent, l'un des principaux points de vigilance pour s'assurer la légitimité d'un réseau de distribution sélective demeure l'absence de discrimination entre distributeurs potentiels.

1297. À ce titre, il est important que les critères de sélection des distributeurs soient objectifs et spécifiques à l'activité en cause. En effet, s'il ne sont ni expliqués ni justifiés et que les obligations imposées (personnel compétent, service après-vente efficace, nécessité de veiller à l'approvisionnement constant des magasins, à la formation du personnel et au maintien de la qualité, respect de l'image de marché) sont imprécises et constituent des évidences commerciales applicables à n'importe quel point de vente, le fabricant ne démontre pas que le recours à une distribution sélective ou exclusive permet de préserver la qualité de ses produits ou d'en assurer le bon usage ou la distribution adéquate[1643]. Dès lors, il ne justifie donc pas l'existence d'un réseau de distribution exempté au titre des règles du droit de la concurrence.

1298. De même, les clauses visant à spécifiquement écarter une catégorie d'opérateur, en l'occurrence la grande distribution, sans se baser sur aucun critère qualitatif objectif, peuvent être déclarées illicite, ce qui implique la nullité du contrat de distribution sélective. Dès lors, le système de distribution sélectif n'étant plus licite, un manquement au titre de la vente hors réseau ne peut être caractérisé[1644].

b) Sur la base du règlement d'exemption n° 330/2010

1299. Au-delà de l'absence de discrimination, le fait que le contrat comporte une restriction caractérisée au sens du règlement n° 330/2010 peut être susceptible de

---

1640 Chemises pour homme grand public par exemple, CA Paris, 21 janvier 2015, RG n° 12/18926, Didier Ferrier, Distribution sélective : La Cour d'appel de Paris condamne l'exploitant d'un site internet pour comportement parasitaire et concurrence déloyale résultant de la vente des produits d'une marque à des prix particulièrement bas qui est, selon eux, « un comportement parasitaire » et « des actes de concurrence déloyale » (JPL Café Coton c/ BLT Développement), 21 janvier 2015, Concurrences N° 3-2015, Art. N° 75037, pp. 91-92.

1641 CA Paris, 3 avril 2019, RG n° 18/18474, Lucas Bettoni, Distribution sélective : La Cour d'appel de Paris condamne un site internet à indemniser une multinationale américaine pour revente parallèle de ses produits (Coty), 3 avril 2019, Concurrences N° 3-2019, Art. N° 91057. CA Paris, 3 avril 2019, RG n° 18/18474.

1642 CA Paris, 3 avril 2019, RG n° 18/18474.

1643 CA Paris, 15 novembre 2017, RG n° 17/04923, Nicolas Éréséo, Revente hors réseau : La Cour d'appel de Paris confirme la possibilité pour un distributeur hors réseau exerçant en ligne de « casser » les prix habituellement pratiqués au sein d'un système de distribution sélectif ou exclusif (JPL Café Coton c/ BLT Développement), 15 novembre 2017, Concurrences N° 1-2018, Art. N° 85906, pp. 106-108. CA Paris, 15 novembre 2017, RG n° 17/04923.

1644 Cass. com., 18 décembre 2012, Pourvoi n° 11-27.342.

démontrer l'illécéité du réseau sous réserve de démontrer en quoi la restriction en cause était de nature à écarter l'existence d'un trouble manifestement illicite[1645]. Dans cette affaire, la Cour d'appel avait initialement considéré qu'il existait un faisceau d'indices suffisants[1646] pour considérer que l'interdiction de principe contractuelle de la revente sur internet à partir de plateformes ou de places de marché constituait une restriction caractérisée, attestant dès lors du caractère illicite du réseau, si bien que le manquement de revente hors réseau a été rejeté[1647]. En cassation, la cour a considéré que la Cour d'appel avait privé sa décision de base légale en ne démontrant pas en quoi la restriction en cause était de nature à écarter l'existence d'un trouble manifestement illicite résultant de l'atteinte au réseau du fournisseur dont la licéité avait été admise auparavant par le Conseil de la concurrence. Toutefois, et sous réserve que la restriction en cause puisse être considérée comme une restriction caractérisée, le réseau de distribution sélective du fournisseur est susceptible d'être alors considéré comme illicite, si bien que l'interdiction de revente hors réseau sous-tendant l'interdiction prévue par le dispositif sanctionnant les pratiques restrictives de concurrence n'aurait plus de fondement contractuel, et ne pourrait donc, selon toute vraissemblance, être sanctionnée.

1300. Dans une autre affaire[1648], le distributeur invoquait notamment l'exitence de plusieurs restrictions caractérisées au sens dudit règlement :

- une clause permettait la vente sur internet mais interdisait la vente par correspondance au-delà, en aménageant une exception pour les membres de collectivité ou de comités d'entreprise, auquel cas lesdits membres devaient se rendre dans un point de vente physique. Le distributeur considérait qu'elle relevait d'une restriction caractérisée au sens de l'article 4-c du règlement d'exemption. Pour autant, ce type de litimation a été jugé compatible avec l'article 101 TFUE, car elle était dépourvue d'objet et d'effet anticoncurrentiel, les ventes en question représentant de surcroît une part infime des ventes finales totales. Si le règlement prohibe l'interdiction absolue faite aux distributeurs de vendre à certains clients finals, tels les agents d'achat agissant pour le compte de plusieurs acheteurs finals, il admet des aménagements aux ventes groupées, comme par exemple la limitation du nombre de produits pouvant être vendus (§ 56 des lignes directrices de 2010 du

1645 Cass. com., 13 septembre 2017, Pourvoi n° 16-15.067.

1646 Elle se basait notamment sur les décisions de l'Autorité de la concurrence n° 14-D-07 et n° 15-D-11 relatives à des demandes de mesures conservatoires relatives au réseau de distribution de Samsung qui sans considérer la restriction anticoncurrentielle avait prononcé la poursuite de l'instruction au fond. Le faisceau d'indices reposait également sur les engagements informels suivis par Adidas pour le même type de restriction et une affaire en Allemagne relative à ASICS.

1647 CA Paris, 2 février 2016, RG n° 15/01542, Anne-Cécile Martin, Distribution sélective : La Cour d'appel de Paris se prononce contre l'interdiction absolue de revente en ligne via des places de marché (eNOVA Santé / Caudalie), 2 février 2016, Concurrences N° 2-2016, Art. N° 78938, pp. 119-120. CA Paris, 2 février 2016, RG n° 15/01542.

1648 CA Paris, 28 février 2018, RG n° 16/02263 ; voire également CA Paris, 30 août 2019, RG n° 18/20739, Anne-Cécile Martin, Distribution sélective : La Cour d'appel de Paris valide la restriction territoriale de vente active, s'agissant du lancement d'un nouveau produit, limitée dans le temps et proportionnée à la nécessité de protéger l'efficacité du réseau (Coty / Brandalley), 30 août 2019, Concurrences N° 4-2019, Art. N° 92250, pp. 106-107.

règlement n° 330/2010), si bien que cette clause ne constituait pas une restriction caractérisée au sens de l'article 4-c) dudit règlement ;

- Une autre clause interdisait la revente à des distributeurs non agréés mais le distributeur indiquait que le fabricant ne justifiait pas de l'existence d'un réseau de distribution licite sur l'ensemble des territoires en question, si bien qu'il considérait qu'il s'agissait d'une restriction caractérisée au sens de l'article 4-b du règlement d'exemption. La cour a considéré que si cette clause constitue le fondement même de la distribution sélective, et donc ne peut être interdite, elle pourrait en revanche revêtir un caractère disproportionné et anticoncurrentiel si elle s'appliquait de manière générale ce compris en dehors des marchés où un tel système est mis en œuvre. En l'espèce, le fournisseur avait démontré qu'un système de distribution sélective avait été mis en œuvre dans tous les États membres de sorte que la clause d'étanchéité était licite (voir article 4-b) iii) dudit règlement) ;
- une clause restreignait la capacité du distributeur agréé à vendre activement un nouveau produit dans un État membre où ledit produit n'était pas encore commercialisé pendant un délai d'un an à compter de la date du premier lancement du produit dans un État membre. Le distributeur considérait qu'il s'agissait également d'une restriction caractérisée. Pour autant, les restriction territoriales figurant dans un accord conclu entre un fournisseur et un distributeur peuvent ne pas relever de l'article 101 § 1 TFUE pendant une certaine période si elles sont objectivement nécessaires pour que le distributeur puisse pénétrer sur un nouveau marché[1649]. Les lignes directrices de la Commission soulignent à ce titre la restriction de vente d'un nouveau produit d'une durée allant jusqu'à deux années suivant la date de 1re mise sur le marché[1650]. En incitant le distributeur à réaliser des investissements pour distribuer le nouveau produit, une telle clause ne constitue pas une restriction de la concurrence.
- La clause interdisant à un vendeur tiers de vendre sur une place de marché en ligne ne constituait pas non plus une restriction caractérisée. Cette clause n'interdit pas la vente sur internet mais vise seulement à contrôler les conditions dans lesquelles les produits sont susceptibles d'être distribués. Or, le fabricant n'a en l'espèce pas la possibilité de contrôler les conditions de vente de ses produits sur de telles plateformes. La clause est ainsi licite au regard de l'article 101 § 1 TFUE comme l'a récemment rappelé la Cour de justice[1651]. Bien que l'intérêt des distributeurs de recourir à de telles plateformes puisse être avéré, l'Autorité de la concurrence considère de manière constante qu'un fabricant à la tête d'un réseau de distribution peut avoir un

---

1649 CJCE, 30 juin 1966, Société Technique Minière (L.T.M.) v. Maschinenbau Ulm Gmbh (M.B.U.), § 56-65.

1650 Lignes directrices du règlement n° 330/2010, § 61-62.

1651 CJUE, 6 décembre 2017, Coty Germany, C-230/16, Michel Debroux, Distribution sélective : La Cour de justice de l'Union européenne confirme, dans un arrêt très attendu, qu'un fournisseur de produits de luxe peut interdire à ses distributeurs agréés dans le cadre d'un réseau de distribution sélective, de revendre ses produits sur des places de marché ou plateformes électroniques indépendantes des producteurs (Coty c/ Parfümerie Akzente), 6 décembre 2017, Concurrences N° 1-2018, Art. N° 85800, pp. 74-75. CJUE, 6 décembre 2017, Coty Germany, C-230/16.

droit de regard afin de vérifier que les conditions de présentation des produits sur les plateformes soient conformes aux exigences de qualité du réseau, et à ce titre, qu'il peut interdire les ventes sur ces intermédiaires dès lors que les garanties sur l'identité des vendeurs ne sont pas apportées. La clause litigieuse ne constituait donc pas non plus une restriction caractérisée au sens du règlement n° 330/2010. Il en va de même pour la clause imposant la détention d'un point de vente physique qui est prévue dans les lignes directrices, sachant qu'en tout état de cause ce canal de vente représentait une part significative des ventes, et que le risque de parasitisme existe toujours.

1301. Dans une autre affaire, une entreprise prétendant agir comme mandataire agissant en dehors du territoire contractuel d'un distributeur sélectif (le caractère exclusif du réseau a été écarté en l'absence de mention explicite dans ce sens) se défendait en soutenant l'existence d'une restriction caractérisée au sens de l'article 4-b qui interdit de restreindre le territoire sur lequel, ou la clientèle à laquelle, un acheteur partie à l'accord peut vendre les bien ou services. Cependant, il n'a pu démontrer qu'il agissait comme mandataire, si bien que le réseau étant licite, cette entreprise avait commis un manquement en violant l'étanchéité du réseau de distribution[1652].

1302. Inversement, si le contrat comporte une restriction caractérisée, ce constat est suffisant pour prononcer la nullité de l'accord de distribution. Dans une affaire par exemple[1653], le fournisseur avait imposé une clause interdisant à un distributeur exclusif d'exporter les produits en dehors du territoire français, qu'il s'agisse de ventes actives ou de ventes passives au sens du règlement d'exemption. Aucun manquement de violation du réseau de distribution n'a donc pu être caractérisé.

3. En l'absence de caractère manifestement illicite

1303. Si la licéité du réseau fait l'objet de procédures pendantes en application du droit de la concurrence, suivant lesquelles les juridictions n'ont pas définitivement statué quant à la licéité du réseau de distribution, alors l'illicéité du réseau n'est pas manifeste, et le franchiseur peut faire valoir ses droits en cas de violation de son système de distribution. En l'espèce[1654], le litige avait trait à l'interdiction de vente en ligne portant sur des produits cosmétiques, et à l'époque, la Cour d'appel n'avait pas encore statué, après un renvoi par la Cour de justice de l'Union européenne. Cela étant, le juge des référés a eu une approche inverse dans un autre jugement[1655] estimant que la société n'avait pas apporté la preuve de la licéité de son réseau, peu importe que la Cour d'appel n'ait pas encore statué, se basant notamment sur plusieurs décisions de l'Autorité de la concurrence suivant lesquelles une telle interdiction constituait une restriction de concurrence contraire au droit de la concurrence[1656].

1652 CA Paris, 9 janvier 2019, RG n° 16/25000.

1653 CA Paris, 23 mai 2018, RG n° 16/04485.

1654 CA Aix-en-Provence, 11 octobre 2012, RG n° 11/12322.

1655 CA Paris, 11 janvier 2013, RG n° 11/17764.

1656 Adlc, avis n° 12-A-20 du 18 septembre 2012 relatif au fonctionnement concurrentiel du commerce électronique, et décision n° 08-D-25 du 29 octobre 2008 relative à des pratiques mises en œuvre dans le secteur de la distribution de produits cosmétiques et d'hygiène corporelle vendus sur conseils pharmaceutiques.

§ 2. La mise en cause de la responsabilité

A. Du fabricant

1304. Le fabricant est libre d'agréer les distributeurs qu'il souhaite, et ce, d'autant que le système de distribution choisi est un système de distribution sélective qualitatif[1657]. Dans ce cadre, l'agrément d'un autre distributeur sur une zone ne constitue pas un manquement à l'article L. 442-2 du Code de commerce, dans la mesure où l'agrément a été concédé dans des conditions régulières et économiquement justifiées[1658].

B. Du grossiste

1305. La responsabilité de la société ayant vendu les produits en violation d'un réseau de distribution sélective peut être recherchée, peut importe qu'elle ne soit pas celle qui ait concrètement vendu les produits aux consommateurs[1659]. À ce titre, le fait qu'elle ait acquis les produits à la suite de la liquidation judiciaire d'un revendeur agréé ne prive pas d'effet le contrat de distribution sélective. Elle a ainsi pu être sanctionnée d'avoir organisé la revente des produits dans des conditions fautives (transport, stockage et présentation des produits) incompatibles avec l'image de marque des produits.

C. Du revendeur

1306. Si la responsabilité du grossiste ayant vendu les produits en violation du réseau de distribution sélective peut théoriquement être recherchée, en pratique, seule l'est généralement celle du revendeur ayant fourni les produits au consommateur final.

1307. Il est d'abord nécessaire que le revendeur en question soit un professionnel, et non un particulier. Par exemple[1660], un fournisseur ne peut reprocher à un site marchand de mise en relation, de type place de marché en ligne, une violation d'une interdiction de revente hors réseau de distribution sélective si les ventes sont réalisées uniquement par des particuliers, peu importe que le site marchand soit ensuite commissionné.

1308. Ensuite, lorsqu'un revendeur a acquis les produits en cause auprès d'un distributeur non agréé, son approvisionnement est régulier, par exemple auprès d'un

---

1657 Par opposition à un système de distribution quantitatif qui peut prévoir par exemple de concéder une exclusivité.

1658 Cass. com., 31 mars 2015, Pourvoi n° 14-12.272, Anne-Cécile Martin, Distribution sélective : La Cour de cassation approuve les juges du fond pour avoir écarté toute déloyauté, d'une part, dans la vente ponctuelle par un distributeur non agréé des produits du réseau et, d'autre part, dans l'agrément d'un distributeur implanté à proximité géographique d'un autre distributeur (Vannucci), 31 mars 2015, Concurrences N° 3-2015, Art. N° 75041, pp. 93-94. Cass. com., 31 mars 2015, Pourvoi n° 14-12.272.

1659 Cass. com., 16 février 2016, Pourvoi n° 14-13017, Didier Ferrier, Distribution sélective : La Cour de cassation considère qu'un distributeur hors réseau engage sa responsabilité, sur le fondement de l'art. L. 442-6, I, 6° du Code de commerce, en achetant des produits couverts par une distribution sélective à un distributeur sélectionné qui viole ainsi l'interdiction de revente hors réseau qu'il a souscrite, et, sur le fondement de l'article 1382 C. civ, en les commercialisant dans des conditions dévalorisantes (Futura Finances / Chanel), 16 février 2016, Concurrences N° 2-2016, Art. N° 78936, p. 117. Cass. com., 16 février 2016, Pourvoi n° 14-13017.

1660 Cass. com., 3 mai 2012, Pourvoi n° 11-10.508.

revendeur n'appartenant pas au réseau agréé, il n'est pas nécessaire de chercher si ce revendeur s'est lui-même approvisionné régulièrement en dehors du réseau agréé, et tout manquement peut être écarté[1661].

1309. Lorsqu'un revendeur a acquis les produits en cause auprès d'un distributeur agréé, sa responsabilité peut être mise en cause bien qu'il n'ait pas signé de contrat de distribution sélective, notamment en démontrant au travers d'un faisceau d'indices qu'il ne pouvait ignorer l'existence d'un système de distribution sélective.

1310. C'est, par exemple, le cas lorsque le distributeur mis en cause bénéficiait auparavant d'un contrat de distribution qui a ensuite été résilié, et qui ne pouvait justifier de la régularité de son approvisionnement par la suite[1662].

1311. Dans une autre affaire[1663], le revendeur mis en cause avait acquis les produits dela société en demande dans le cadre d'une vente aux enchères et les avait ensuite vendu bien qu'il ne faisait pas partie du réseau de distribution sélectif. Le revendeur ne pouvait ignorer l'existence d'un tel réseau car, d'une part, les annonces légales ayant précédé la vente aux enchères spécifiaient l'obligation pour les acquéreurs de « *se conformer à la législation et aux clauses accréditives de distribution des parfums et cosmétiques* », mais surtout cette obligation était mentionnée expressément sur chaque emballage de produit. Cette violation du réseau de distribution sélectif avait permis au revendeur de profiter de la notoriété de la marque de la société en demande en tentant de vendre d'autres articles. Le fait que la mention « *réservé aux distributeurs agréés* » de la marque en question a également pu être valablement soulevée pour démontrer le comportement déloyal du distributeur[1664].

1312. Par ailleurs, le fait que le revendeur soit informé de l'existence du réseau de distribution sélective peut aussi se déduire de la persistance de la violation d'exclusivité à travers la création par le revendeur de nouvelles sociétés malgré les procédures engagées par le fournisseur[1665].

1313. La simple négligence peut même être suffisante dans certains cas. Une place de marché en ligne a ainsi été condamnée en « *considérant que la prestation de courtage fournie […] supposait […] qu'elles vérifient que les marchandises dont elles permettaient la vente par voie électronique et organisaient la promotion auprès des acheteurs potentiels, ne relevaient pas d'un réseau de distribution sélective* » et à ce titre, « *elles ne sauraient prétendre avoir satisfait à leurs obligations en édictant dans leurs règlements des mises en garde générales à l'adresse des annonceurs ou en mettant à la charge des titulaires de droits la surveillance des sites litigieux ou encore en invoquant l'existence d'un filtrage dont elles ne décrivent*

1661 CA Paris, 3 avril 2019, RG n° 18/18474. Il est toutefois possible à la société lésée d'intenter une action en concurrence déloyale.

1662 CA Paris, 4 février 2015, RG n° 12/20412, Didier Ferrier, Concession exclusive : La Cour d'appel de Paris considère que la résiliation par le concédant du contrat de concession n'est pas abusive lorsque celui-ci respecte les modalités de résiliation prévues au contrat et qu'il n'agit pas de mauvaise foi (Normande d'Importation Automobile, Financière Guez et Fils, Fiat France), 4 février 2015, Concurrences N° 2-2015, Art. N° 72951, p. 111. CA Paris, 4 février 2015, RG n° 12/20412.

1663 CA Rennes, 20 janvier 2009, RG n° 08/01468 ; CA Rennes, 20 janvier 2009, RG n° 08/00157.

1664 CA Versailles, 17 mai 2018, RG n° 17/06387 ; CA Paris, 30 août 2019, RG n° 18/20739.

1665 CA Paris, 8 juin 2005, RG n° 03/11305.

pas le fonctionnement effectif et ne détaillent pas les résultats »[1666]. La Cour de cassation a cependant cassé cette décision sur la base de plusieurs moyens[1667] parmi lesquels le fait que les ventes accomplies par de simples particuliers ne sont pas susceptibles de constituer une violation de l'interdiction de revente hors réseau de distribution sélective, la Cour d'appel ayant retenu qu'il importait peu que la violation soit commise par un particulier ou un professionnel. Dans une autre affaire impliquant une place de marché en ligne[1668], le manquement a été constaté sans que soit démontré ou, en tous cas, allégué la connaissance par la place de marché de l'existence d'un réseau de distribution sélective par le fabricant.

1314. La négligence n'est toutefois pas toujours suffisante pour démontrer un manquement au titre de ces dispositions. Sour réserve qu'il le démontre[1669], le revendeur ayant acquis de manière régulière les produits auprès d'un revendeur tiers au réseau, à l'étranger notamment, ne peut se voir opposer la violation d'un système de distribution sélective, n'ayant pas connaissance de ce que l'approvisionnement trouvait son origine dans la violation par un distributeur officiel de l'interdiction de la vente hors réseau[1670]. Pour autant, l'approche peut être différente si les pratiques se poursuivaient, le distributeur continuant de commercialiser les produits sans justifier de leur origine régulière[1671].

1315. De simples attestations non datées ne sont pas forcément suffisantes pour démontrer un manquement, et ce, d'autant plus que le produit en question faisait probablement partie d'un stock acheté légalement[1672].

1316. Enfin, la simple production d'une publicité non datée dans laquelle le distributeur se présenterait comme membre du réseau de distribution sélective peut être insuffisante pour démontrer une violation du réseau de distribution sélective. En l'espèce, la publicité indiquait « *[marque du constructeur] véhicules neufs et après-vente* » et le constructeur concerné reprochait au distributeur de se prévaloir de la qualité d'agent de sa marque[1673].

1666 CA Paris, 3 septembre 2010, RG n° 08/12822, Anne-Cécile Martin, Distribution sélective : La Cour d'appel de Paris condamne une plateforme électronique d'enchères en raison de sa participation indirecte à la violation de réseaux de distribution sélective au sens de l'article L. 442-6, I, 6° du Code de commerce (eBay), 3 septembre 2010, Concurrences N° 4-2010, Art. N° 33819. CA Paris, 3 septembre 2010, RG n° 08/12822.

1667 Cass. com., 3 mai 2012, Pourvoi n° 11-10.508.

1668 CA Paris, 28 février 2018, RG n° 16/02263, Anne-Cécile Martin, Reventes en ligne : La Cour d'appel de Paris considère que la limitation du recours à des plateformes tierces ne constitue pas une restriction de concurrence caractérisée et apprécie la licéité de l'obligation faite aux distributeurs de détenir un point de vente physique au regard de la nature des produits en cause : en l'occurrence, des produits de luxe (Showroom privé / Coty France), 28 février 2018, Concurrences N° 2-2018, Art. N° 86981, pp. 92-94. CA Paris, 28 février 2018, RG n° 16/02263.

1669 CA Paris, 23 janvier 2019, RG n° 17/00035, Nicolas Éréséo, Distribution sélective : La Cour d'appel de Paris condamne deux sociétés pour des faits illicites de revente hors réseau (E-Nova, Asiexa / LVMH, Tag Heuer), 23 janvier 2019, Concurrences N° 2-2019, Art. N° 90244, p. 92. CA Paris, 23 janvier 2019, RG n° 17/00035.

1670 CA Nancy, 25 avril 2012, RG n° 10/01695.

1671 Cass. com., 22 octobre 2013, RG n° 12-22.281.

1672 CA Paris, 9 septembre 2015, RG n° 14/06837, Nicolas Éréséo, Concession exclusive : La Cour d'appel de Paris sanctionne un fournisseur qui n'avait pas pris les mesures nécessaires pour protéger l'exclusivité consentie à un concessionnaire, prétexte pris de ce que la validité de son réseau faisait l'objet d'une procédure devant le Conseil de la concurrence (Motoworld, Pc Moto), 9 septembre 2015, Concurrences N° 4-2015, Art. N° 76078, pp. 134-135. CA Paris, 9 septembre 2015, RG n° 14/06837.

1673 CA Limoges, 9 février 2012, RG n° 10/01700.

§ 3. L'évaluation du préjudice

1317. Ce type de manquement ouvre droit principalement à deux préjudices, l'un tiré des ventes indues qui devra être calculé sur la base des sommes effectivement perçues par la société visée, et l'autre tiré de la perte liée à l'image de marque[1674].

1318. En revanche, si le revendeur est condamné en contrefaçon sur la base des articles L. 713-2 et L. 713-4 du Code de la propriété intellectuelle, ainsi qu'en violation de l'article L. 442-2, le préjudice découlant de l'application de l'article L. 442-2 du Code de commerce peut être annulé au motif que les faits retenus dans les deux cas n'étaient pas distincts[1675]. Ainsi, la vente en violation de l'interdiction de la vente hors réseau par un revendeur, et la commercialisation d'un produit dans des conditions portant atteinte à l'image de la marque tout en utilisant sa valeur publicitaire pour développer les ventes du revendeur, ne constituent pas des faits distincts de ceux d'usage illicite de la marque, ce qui s'oppose alors aux demandes supplétives basées sur l'article L. 442-2 du Code de commerce[1676].

Section 3
Les autres manquements peu utilisés

1319. Les articles L. 442-1 et s. du Code de commerce peuvent également être utilisés dans d'autres circonstances qui découlent de dispositions successivement ajoutées au fur et à mesure de l'évolution législative du dispositif, mais qui n'ont pas encore, ou alors de manière marginale, donné lieu à des décisions. Cela s'explique soit parce que les dispositions ont été introduites très récemment, soit parce que les pratiques en cause peuvent déjà être appréhendées sur d'autres fondements.

1320. Outre l'interdiction de clauses MFN entre professionnels qui sont développées ci-dessus (voir § 1016 et s.), l'article L. 442-3 du Code de commerce prévoit également les interdictions suivantes :

« *Sont nuls les clauses ou contrats prévoyant pour toute personne exerçant des activités de production, de distribution ou de services, la possibilité :*

a) De bénéficier rétroactivement de remises, de ristournes ou d'accords de coopération commerciale (...)

c) D'interdire au cocontractant la cession à des tiers des créances qu'il détient sur elle ».

1321. Par ailleurs, l'article L. 442-1 du même code prévoit « *engage la responsabilité de son auteur et l'oblige à réparer le préjudice causé le fait, dans le cadre de la négociation commerciale, de la conclusion ou de l'exécution d'un contrat, par toute*

1674 CA Paris, 3 septembre 2010, RG n° 08/12822, Anne-Cécile Martin, Distribution sélective : La Cour d'appel de Paris condamne une plateforme électronique d'enchères en raison de sa participation indirecte à la violation de réseaux de distribution sélective au sens de l'article L. 442-6, I, 6° du Code de commerce (eBay), 3 septembre 2010, Concurrences N° 4-2010, Art. N° 33819. CA Paris, 3 septembre 2010, RG n° 08/12822.

1675 Cass. com., 24 mai 2011, Pourvoi n° 10-18.474.

1676 CA Nancy, 16 janvier 2013, RG n° 11/01754.

personne exerçant des activités de production, de distribution ou de services (…) de procéder au refus ou retour de marchandises ou de déduire d'office du montant de la facture établie par le fournisseur les pénalités ou rabais *correspondant au non-respect d'une date de livraison, à la non-conformité des marchandises, lorsque la dette n'est pas certaine, liquide et exigible, sans même que le fournisseur ait été en mesure de contrôler la réalité du grief correspondant* » (exergue ajouté).

1322. Cette interdiction était initialement prévue à l'ancien article L. 442-6 qui interdisait : « *8° De procéder au refus ou retour de marchandises ou de déduire d'office du montant de la facture établie par le fournisseur les pénalités ou rabais correspondant au non-respect d'une date de livraison ou à la non-conformité des marchandises, lorsque la dette n'est pas certaine, liquide et exigible, sans même que le fournisseur n'ait été en mesure de contrôler la réalité du grief correspondant* ».

1323. Elle a donné lieu à un nombre réduit de décisions. Les juges ont notamment considéré que si la compensation sauvage effectuée sur le paiement des marchandises est effectivement interdite, cela n'est pas le cas lorsque le fournisseur a été informé des problèmes qualité et qu'il a lui-même proposé de prendre en charge une partie des coûts qu'ils ont engendrés[1677] ou que les manquements étaient très détaillés et que le cocontractant avait pu faire valoir ses observations[1678].

1324. En revanche, si les pénalités sont appliquées de manière automatique sans vérification par le client que le manquement constaté relève bien de la défaillance du fournisseur, de telles déductions d'office constituent des pénalités indues au titre de l'article L. 442-1-I-3° du Code de commerce[1679].

1325. Il est nécessaire que le demandeur puisse être qualifié de fournisseur : ce n'est pas le cas, par exemple, d'un prestataire de service logistique agissant pour le compte d'une société ayant pour objet la vente à distance de produits alimentaires[1680].

1326. Outre l'interdiction de procéder aux retours d'office ou de déduire d'office des pénalités, l'article L. 442-1 prévoit également l'interdiction « *d'imposer des pénalités disproportionnées au regard de l'inexécution d'engagements contractuels* ». Si cette disposition en tant que telle n'a pas été appliquée de manière significative, le raisonnement sous-jacent à sa démonstration peut se retrouver lorsque l'on appréhende les pénalités sous l'angle du déséquilibre significatif (voir § 1068 et s.).

1327. L'article L. 442-1 du Code de commerce renvoie directement aux obligations prévues par le règlement (UE) 2019/1150 du Parlement européen et du Conseil du 20 juin 2019 promouvant l'équité et la transparence pour les entreprises utilisatrices de services d'intermédiation en ligne. Cette disposition introduite très récemment fin 2020 donnera très certainement lieu à une pratique décisionnelle intéressante à un moment où les problématiques soulevées par le secteur du numérique n'ont jamais soulevé autant d'enjeux.

1677 CA Dijon, 5 octobre 2010, RG n° 09/01811 – voire également CA Chambéry, 27 mars 2018, RG n° 16/02251.

1678 CA Toulouse, 24 mai 2017, RG n° 16/01507.

1679 TC Compiègne, 26 février 2013, RG n° 08/00492.

1680 CA Paris, 24 janvier 2019, RG n° 16/23193.

1328. Enfin, les dispositifs sanctionnant les pratiques restrictives de concurrence devant les juridictions commerciales prévoient également deux autres manquements :

- l'article L. 442-7 du Code de commerce prévoit qu'« *engage la responsabilité de son auteur et l'oblige à réparer le préjudice causé le fait pour un acheteur de produits agricoles ou de denrées alimentaires de faire pratiquer par son fournisseur un prix de cession abusivement bas.*

  Pour caractériser un prix de cession abusivement bas, il est tenu compte notamment des indicateurs de coûts de production mentionnés aux articles L. 631-24, L. 631-24-1, L. 631-24-3 et L. 632-2-1 du Code rural et de la pêche maritime ou, le cas échéant, de tous autres indicateurs disponibles dont ceux établis par l'Observatoire de la formation des prix et des marges des produits alimentaires mentionné à l'article L. 682-1 du même code. Dans le cas d'une première cession, il est également tenu compte des indicateurs figurant dans la proposition de contrat du producteur agricole » ;
- l'article L. 442-8 du Code de commerce prévoit qu'« *I – est nul le contrat par lequel un fournisseur s'engage envers toute personne exerçant des activités de production, de distribution ou de services sur une offre de prix à l'issue d'enchères inversées à distance, organisées notamment par voie électronique, lorsque l'une au moins des règles suivantes n'a pas été respectée :*

  1° Préalablement aux enchères, l'acheteur ou la personne qui les organise pour son compte communique de façon transparente et non discriminatoire à l'ensemble des candidats admis à présenter une offre les éléments déterminants des produits ou des prestations de services qu'il entend acquérir, ses conditions et modalités d'achat, ses critères de sélection détaillés, ainsi que les règles selon lesquelles les enchères vont se dérouler ;

  2° À l'issue de la période d'enchères, l'identité du candidat retenu est révélée au candidat qui, ayant participé à l'enchère, en fait la demande. Si l'auteur de l'offre sélectionnée est défaillant, nul n'est tenu de reprendre le marché au dernier prix, ni à la dernière enchère.

  II. – L'acheteur ou la personne qui organise les enchères pour son compte effectue un enregistrement du déroulement des enchères qu'il conserve pendant un an. Il est présenté aux agents habilités s'il est procédé à une enquête dans les conditions prévues au titre V.

  III. – Les enchères à distance inversées organisées par l'acheteur ou par son représentant sont interdites pour les produits agricoles figurant sur une liste établie par décret, ainsi que pour les produits alimentaires de consommation courante issus de la première transformation de ces produits.

  IV. – Le fait de ne pas respecter les dispositions des I à III engage la responsabilité de son auteur et l'oblige à réparer le préjudice causé.

  Les dispositions de l'article L. 442-4 sont applicables aux opérations mentionnées aux I à III ».

SECONDE PARTIE

LA MISE EN ŒUVRE DU DISPOSITIF

TITRE 1

LA PROCÉDURE DE MISE EN ŒUVRE

Chapitre 1
Le déclenchement de l'action

Section 1
La compétence territoriale

1329. La compétence territoriale est l'une des caractéristiques pertinentes à prendre en compte pour différencier la mise en œuvre de l'article L. 442-1 et s. du Code de commerce de celle des dispositions générales du Code civil. En effet, les manquements prévus par ces dispositions mettent en cause la responsabilité délictuelle, alors que ceux prévus par le Code civil sont purement contractuels. Cela a une incidence sur la détermination de la compétence territoriale, que les deux sociétés soient en France, ou bien que l'une d'elle soit en France et l'autre à l'étranger.

1330. En tout état de cause, et notamment quand une des parties au litige est une société de droit étranger, il est nécessaire que le tribunal précise quelle est la loi applicable à l'espèce, sans quoi elle prive de base légale sa décision[1681]. Par ailleurs, si une des parties souhaite soulever une exception d'incompétence, elle doit le faire dès la première instance, car toute demande soulevée en première cause d'appel est irrecevable, y compris s'agissant de la compétence territoriale[1682] (voir aussi § 1615 à 1619).

1331. Dans le cadre d'une procédure fondée sur la responsabilité délictuelle, il est tout d'abord nécessaire de déterminer la juridiction compétente (1), laquelle peut s'avérer délicate en cas de contestation de la compétence territoriale de la juridiction entre les parties, notamment si l'une d'entre elles est étrangère (2). La mise en œuvre de la responsabilité contractuelle n'a d'ailleurs pas la même incidence (3).

§ 1. Les juridictions compétentes

1332. Les juridictions compétentes en matière de pratiques restrictives de concurrence en France sont énumérées aux articles 1 et 8 du décret n° 2019-966 du 18 septembre 2019[1683].

1681 Cass. com., 17 septembre 2003, Pourvoi n° 01-12.415.

1682 CA Paris, 20 avril 2005, RG n° 02/12212.

1683 Décret n° 2019-966 du 18 septembre 2019 portant substitution du tribunal judiciaire au tribunal de grande instance et au tribunal d'instance en application de l'article 95 de la loi n° 2019-222 du 23 mars 2019 de programmation 2018-2022 et de réforme pour la justice et diverses dispositions relatives à l'organisation judiciaire et modifiant l'annexe du décret n° 2019-913 du 30 août 2019 pris en application de l'article 95 de la loi n° 2019-222 du 23 mars 2019 de programmation (2018-2022) et de réforme pour la justice, remplaçant le décret n° 2009-1384 du 11 novembre 2009 relatif à la spécialisation des juridictions en matière de contestations de nationalité et de pratiques restrictives de concurrence.

1333. En première instance, seuls les huit tribunaux de commerce suivants sont désormais compétents[1684], et ce quand bien même le litige soit engagé à la fois sur un fondement contractuel et sur un fondement délictuel[1685], et que les procédures soient appliquées à des personnes commerçants ou artisans ou non[1686] :

Siège des tribunaux de commerce	Ressort
Marseille	Cours d'appel d'Aix-en-Provence, Bastia, Montpellier et Nîmes.
Bordeaux	Cours d'appel d'Agen, Bordeaux, Limoges, Pau et Toulouse.
Lille	Cours d'appel d'Amiens, Douai, Reims et Rouen.
Fort-de-France	Cours d'appel de Basse-Terre, Cayenne et Fort-de-France.
Lyon	Cours d'appel de Chambéry, Grenoble, Lyon et Riom.
Nancy	Cours d'appel de Besançon, Colmar, Dijon, Metz et Nancy.
Paris	Cours d'appel de Bourges, Paris, Orléans, Saint-Denis de La Réunion et Versailles[1687].
Rennes	Cours d'appel d'Angers, Caen, Poitiers et Rennes.

1334. Cette compétence demeure valable vis-à-vis d'un tiers qui est mis en cause en intervention forcée en application de l'article 331 du Code de procédure civile. En effet selon l'article 333 du même code, « *le tiers mis en cause est tenu de procéder devant la juridiction saisie de la demande originaire, sans qu'il puisse décliner la compétence territoriale de cette juridiction, même en invoquant une clause attributive de compétence* »[1688]. En tout état de cause, ces dispositions ne peuvent s'imposer au tiers mis en cause que si la contestation ne porte que sur la compétence terroriale, et non sur la compétence d'attribution de la juridiction saisie[1689].

1335. En raison de cette attribution de compétence, une juridiction non visée aux articles D. 442-3 et D. 442-4 du Code de commerce n'est pas non plus fondée à ordonner des mesures d'investigation en application de l'article 145 du Code de procédure civile[1690].

1336. En matière d'appel, deux cas sont à distinguer suivant que la procédure d'appel a été introduite avant ou après l'entrée en vigueur du décret n° 2009-1384 du 11 novembre 2009, soit le 1er décembre 2009 (remplacé depuis par le décret n° 2019-966 du 18 septembre 2019).

1337. **Si la procédure d'appel a été introduite avant le 1er décembre 2009**, la juridiction primitivement saisie demeure applicable en vertu de l'article 8 du décret,

---

1684 Annexe 4-2-1 du décret n° 2009-1384 précité.

1685 CA Versailles, 11 mars 2014, RG n° 13/07463.

1686 Pour les personnes, commerçants ou artisans, la liste prévue à l'article D. 442-3 renvoie à l'annexe 4-2-1 qui est identique à celle prévue à l'article D. 442-4 qui elle-même renvoie à l'annexe 4-2-2 pour les personnes qui ne sont ni commerçants ni artisans.

1687 La compétence de la Cour d'appel de Paris a également été validée pour une décision du tribunal mixte de Fort-deFrance (CA Fort-de-France, 24 novembre 2015, RG n° 14/00037).

1688 CA Paris, 7 octobre 2014, RG n° 14/05579.

1689 CA Paris, 8 octobre 2015, RG n° 13/21881.

1690 CA Grenoble, 10 novembre 2016, RG n° 16/03660.

car les dispositions de l'article D. 442-3 (et celles du D. 442-4) du Code de commerce ne sont pas applicables[1691]. Il en va de même lorsque l'invocation de l'article L. 442-1 du Code de commerce n'a été faite qu'au stade de l'appel, et que la juridiction de premier degré a statué[1692].

1338. En revanche, si l'appel est interjeté postérieurement à l'entrée en vigueur du décret, s'agissant d'une nouvelle procédure, l'article 8 ne s'applique pas et la juridiction compétente est celle de Paris[1693].

1339. **Si la procédure a été introduite après le 1er décembre 2009**, le décret s'applique, seule la Cour d'appel de Paris est désormais compétente[1694]. Lorsqu'une autre Cour d'appel est saisie, la demande doit être déclarée irrecevable, car le fait de ne pas respecter ces dispositions d'ordre public est sanctionné par une fin de non-recevoir, laquelle doit être relevée d'office lorsqu'elle a un caractère public en vertu de l'article 125 du Code de procédure civile[1695]. La compétence de la Cour d'appel de Paris est sans exception, et couvre ainsi notamment les demandes en référé[1696], les décisions rendues par une juridiction de première instance dépourvue du pouvoir de statuer[1697], et quand bien même le demandeur abandonne le fondement juridique désignant compétente la juridiction spécialisée dans ses conclusions au fond[1698].

1340. La Cour d'appel de Paris n'est toutefois pas compétente pour connaître des recours formés contre les décisions rendues par d'autres juridictions que celles désignées aux articles D. 442-3 et D. 442-4 du Code de commerce[1699].

1341. L'irrecevabilité de l'appel devant une autre juridiction que la Cour d'appel de Paris peut toutefois être écartée dès lors que le comportement de la société mise en cause a été défaillant. En l'espèce[1700], le demandeur s'était abstenu sciemment de saisir le conseiller de la mise en l'état d'une demande tenant à voir constatée l'irrecevabilité de l'appel, si bien que la fin de non-recevoir tardivement soulevée a pu être écartée.

1691 Cass. com., 24 septembre 2013, Pourvoi n° 12-24.538, Cass. com., 24 novembre 2015, Pourvoi n° 14-23.942 ; Cass. Com., 6 décembre 2016, Pourvoi n° 15-20.234. Le pouvoir juridictionnel de la Cour d'appel de Paris pour connaître des litiges relatifs à l'application de l'article L. 442-1 du Code de commerce est limité aux recours contre les décisions rendues par les juridictions désignées à l'article D. 442-3 du Code de commerce. Par conséquent, l'appel formé contre une décision rendue par la juridiction non spécialisée située dans le ressort d'une Cour d'appel est recevable et il appartient à cette dernière de statuer y compris dans l'hypothèse où la juridiction de premier ressort a statué à tort sur l'application de l'article L. 442-1 du Code de commerce, et ce en application de l'article R. 311-3 du Code de l'organisation judiciaire (Cass. com., 26 avril 2017, Pourvoi n° 15-26.780 ; Cass. com., 11 mai 2017, Pourvoi n° 16-10.738).

1692 CA Nîmes, 18 avril 2013, RG n° 12/05728.

1693 CA Lyon, 1er octobre 2013, RG n° 13/04409. Une Cour d'appel a toutefois estimé que la date devant être prise en compte était la date d'introduction de l'instance initiale, si bien qu'elle s'est jugée compétente dans la mesure où l'assignation en première instance avait été introduite avant 2009 (CA Douai, 22 février 2018, RG n° 16/04197).

1694 CA Versailles, 31 mars 2011, RG n° 10/09794 ; CA Douai, 20 mars 2014, RG n° 13/04456.

1695 CA Aix-en-Provence, 30 mai 2013, RG n° 11/18861 ; Cass. com., 6 septembre 2016, Pourvoi n° 14-27.085.

1696 CA Rennes, 25 mars 2014, RG n° 13/02491.

1697 CA Douai, 21 avril 2016, RG n° 15/03072.

1698 CA Lyon, 18 décembre 2014, RG n° 14/06303.

1699 CA Rennes, 2 décembre 2014, RG n° 13/08549.

1700 CA Riom, 10 février 2016, RG n° 14/01931.

1342. En tout état de cause, il est nécessaire que le fondement délictuel soit réellement invoqué et non uniquement cité en visa dans les demandes de manière manifestement inappropriée[1701], ou qu'il soit uniquement cité sans que le demandeur ne forme aucun moyen[1702] ou demande de réparation[1703] basée sur son fondement, ou qu'il soit uniquement cité par le défendeur sans recherche de la responsabilité de l'autre partie[1704]. S'agissant plus particulièrement des demandes reconventionnelles, en application de l'article 67 du Code de procédure civile, il appartient à l'entreprise d'exposer ses prétentions et les moyens qui forment sa demande, sans quoi une telle demande peut être écartée[1705].

1343. Si l'action repose à la fois sur l'action contractuelle classique et sur celle quasi-délictuelle de l'article L. 442-1 du Code de commerce, la cour ou le tribunal non spécialisés peuvent être amenés à statuer sur la partie contractuelle, et renvoyer à une juridiction spécialisée le traitement des manquements invoqués sur la base de l'article L. 442-1[1706], sauf s'il existe un lien de connexité et d'indivisibilité tel qu'il serait nécessaire de les juger ensemble[1707] :

- à titre d'illustration, un lien de connexité et d'indivisibilité a été validé dans le cas d'une affaire où il est question de concurrence déloyale, de contrefaçon et de rupture des relations commerciales[1708] ou d'une procédure mêlant de manière indissociable des actes de concurrence déloyale à des agissements relevant potentiellement de pratiques anticoncurrentielles et restrictives de concurrence[1709], d'une affaire principalement fondée sur une rupture brutale de relation commerciale seule[1710] ou également mettant en cause le versement d'une remise spécifique prévue au contrat mais qui était liée à la rupture brutale[1711]. Cette approche demeure valable en cas de conflit de compétence avec un autre type de juridicition. Dans une affaire[1712], les faits mêlaient de manière indissociable des faits pouvant relever d'une violation de l'article L. 522-2 du Code de la propriété intellectuelle en concurrence déloyale pour lesquels le tribunal de grande instance était compétent et d'une rupture brutale de relation commerciale. Même s'il peut exister un litige sur l'applicabilité du texte, ce n'est que grâce à un examen au fond, qui relève précisément de la juridiction spécialisée, que cette question peut être tranchée[1713] ;
- à l'inverse, un tel lien n'a pas été validé entre une procédure de redressement judiciaire et le litige consécutif à une rupture antérieure, si ce litige a été

1701 CA Saint-Denis de la Réunion, 15 juin 2015, RG n° 14/00574.

1702 CA Metz, 28 juin 2018, RG n° 16/01813 ; CA Paris, 27 septembre 2018, RG n° 18/01962.

1703 CA Poitiers, 16 octobre 2015, RG n° 15/00492 ; CA Angers, 12 septembre 2017, RG n° 17/00280.

1704 CA Paris, 29 novembre 2017, RG n° 17/08675.

1705 CA Toulouse, 28 novembre 2018, RG n° 17/04214.

1706 CA Versailles, 14 mai 2013, RG n° 11/09150 et CA Rennes, 22 avril 2014, RG n° 12/07967.

1707 CA Lyon, 27 juin 2013, RG n° 13/01573 ; CA Douai, 13 mai 2014, RG n° 13/04716 ; CA Aix-en-Provence, 15 mai 2014, RG n° 13/15566 ; CA Nancy, 10 février 2016, RG n° 15/01766.

1708 CA Paris, 21 novembre 2014, RG n° 14/03673.

1709 CA Versailles, 4 décembre 2014, RG n° 14/04610.

1710 CA Douai, 7 janvier 2015, RG n° 14/00872 ; CA Dijon, 9 juin 2016, RG n° 14/00467.

1711 CA Versailles, 17 mai 2018, RG n° 16/02400.

1712 Cass. com., 6 septembre 2016, Pourvoi n° 15-16.108.

1713 CA Aix-en-Provence, 2 mars 2017, RG n° 14/09332 ; Voir également CA Paris, 6 février 2018, RG n° 17/10015.

renvoyé devant la juridiction spécialisée[1714]. Il en va de même entre un litige pour le paiement de factures et une rupture brutale de relation commerciale[1715].

1344. La réciproque est vraie, la Cour d'appel spécialisée peut ainsi laisser la compétence aux juridictions non spécialisées sur une partie du litige. Elle peut également décider d'évoquer l'affaire en application de l'article 89 du Code de procédure civile[1716].

1345. La juridiction non spécialisée ne peut ainsi pas statuer sur l'application des dispositions spéciales, pas plus que prononcer une décision sur ce fondement. Si elle a prononcé la nullité d'un contrat par exemple, cette décision doit être annulée par la Cour d'appel. En application de l'article 562 du Code de procédure civile qui prévoit la dévolution pour l'ensemble du litige lorsque l'appel tend notamment à l'annulation du jugement, la Cour d'appel est alors investie du dévoir de statuer à nouveau en fait et en droit sur la chose jugée par la décision rendue en première instance, sans pouvoir renvoyer l'affaire aux premiers juges[1717].

1346. La juridiction non spécialisée est en revanche compétente pour statuer si lors de la première instance les dispositions sanctionnant les pratiques restrictives de concurrence avaient été citées sans pour autant qu'aucune demande n'en avait été tirée[1718].

1347. Jusqu'en 2017, il était toutefois préférable que le demandeur fasse une demande de disjonction en dissociant la procédure de droit commun de celle basée sur le droit spécial des pratiques restrictives, car dans le cas contraire, l'appel formé devant la juridiction non spécialisée était susceptible d'être déclaré irrecevable[1719], même si cette dernière était susceptible de statuer sur les demandes ne relevant pas du dispositif sanctionnant les pratiques restrictives de concurrence[1720]. Cette fin de recevoir doit être relevée d'office[1721]. Si une disjonction est ordonnée par le tribunal, elle n'est sujette à aucun recours s'agissant d'une mesure d'administration judiciaire[1722].

1348. En 2017, et à l'occasion de trois affaires différentes[1723], la Cour de cassation a opéré un revirement de jurisprudence considérant que cette solution pouvait être source d'insécurité juridique quant à la détermination de la Cour d'appel pouvant connaître de leur recours, et qu'elle pouvait conduire au maintien de décisions rendues par des juridictions non spécialisées. Afin de maintenir l'objectif du législateur, elle a retenu qu'en application des dispositions sanctionnant les pratiques

---

1714 CA Douai, 17 juillet 2014, RG n° 14/00786.

1715 CA Paris, 6 octobre 2016, RG n° 14/15829 ; CA Pau, 22 septembre 2018, n° 15/04094.

1716 CA Paris, 26 septembre 2018, RG n° 16/07727, Clémence Mouly-Guillemaud, Préavis : La Cour d'appel de Paris se prononce sur le champ d'application de l'article L. 442-6, I, 5°du Code de commerce (Sourire et Santé / Laboratoire B.C...), 26 septembre 2018, Concurrences N° 4-2018, Art. N° 88695.

1717 CA Paris, 4 juillet 2018, RG n° 15/18891 ; CA Paris, 28 mars 2019, RG n° 16/24294.

1718 CA Paris, 6 juillet 2018, RG n° 17/02836.

1719 Cass. com., 24 septembre 2013, Pourvoi n° 12-21.089.

1720 Cass. com., 7 octobre 2014, Pourvoi n° 13-21.086.

1721 Cass. com., 24 septembre 2013, Pourvoi n° 12-21.089.

1722 CA Versailles, 7 juin 2016, RG n° 14/00037.

1723 Cass. com., 29 mars 2017, Pourvoi n° 15-15.337 ; Cass. com., 29 mars 2017, Pourvoi n° 15-24.241 ; Cass. com., 29 mars 2017, Pourvoi n° 15-17.659 – Mis en application par exemple dans le jugement de la CA Versailles, 10 octobre 2017, RG n° 16/00238 ; CA Versailles, 7 novembre 2017, RG n° 16/05118 ; CA Paris, 7 décembre 2017, RG n° 17/06910 ; Cass. com., 7 mars 2018, Pourvoi n° 16-13.328 ; Cass. com., 7 mars 2018, Pourvoi n° 16-26.371 ; Cass. com., 21 mars 2018, Pourvoi n° 16-22.612 ; CA Versailles, 7 mai 2018, RG n° 17/02175 ; CA Chambéry, 2 octobre 2018, RG n° 17/00337 ; et ce y compris dans le cadre de procédures en référé : CA Bourges, 21 décembre 2017, RG n° 17/01134.

restrictives de concurrence, et l'article D. 442-3 du Code de commerce, seuls les recours formés contre les décisions rendues par les juridictions du premier degré spécialement désignées sont portés devant la Cour d'appel de Paris, de sorte qu'il appartient aux autres cours d'appel, conformément à l'article R. 311-3 du Code de l'organisation judiciaire situées dans les ressorts qui ne sont pas désignés par l'article D. 442-3 précité de statuer sur ces décisions de premier ressort en relevant d'office l'excès de pouvoir commis par ces juridictions en statuant sur des demandes qui, en ce qu'elles ne relevaient pas de leur pouvoir juridictionnel, étaient irrecevables[1724]. Les parties doivent donc alors saisir la juridiction spécialisée de premier ressort pour statuer sur les moyens portant sur les pratiques restrictives de concurrence, y compris s'il s'agit de demandes reconventionnelles[1725]. À noter que saisir la mauvaise Cour d'appel n'est pas interruptif du délai de forclusion en application de l'article 2241 alinéa 2 du Code de procédure civile, sans la mesure où la fin de non-revecoir n'a pas d'effet interruptif[1726].

1349. Ce revirement de jurisprudence est applicable sauf s'il aboutirait à priver la partie d'un procès équitable. L'appel devant la juridiction spécialisée a donc été jugé recevable dans des cas limités si, par exemple, la partie ne peut éviter la prescription de ses droits[1727], ou si prononcer l'irrecevabilité empêcherait tout recours de la décision de premier instance[1728].

1350. L'application des règles de compétence territoriale prévues aux articles D. 442-3 et D. 442-4 du Code de commerce ne requiert théoriquement pas de subordonner la détermination du tribunal compétent à l'examen du bien-fondé de ces demandes au regard de l'article L. 442-1 du Code de commerce invoqué à son soutien[1729]. Il est toutefois arrivé que la compétence de la juridiction spécialisée soit écartée *ab initio* dès lors que les circonstances de l'espèce n'entraient pas dans le champ d'application de l'article L. 442-1 du Code de commerce[1730].

1351. L'application de ces règles s'applique à toutes les procédures, y compris les référés[1731], et aussi aux mesures d'instructions qui seraient susceptibles d'être prises par les juges[1732].

1352. Par ailleurs, le seul fait de ne plus viser que le fondement contractuel en appel n'est pas forcément suffisant pour justifier l'absence d'application des articles D. 442-3 et D. 442-4 du Code de commerce, notamment si la démonstration des manquements invoqués est amplement motivée par le caractère brutal de la rupture des relations[1733].

1724 L'appel ne peut donc être déclaré irrecevable car relevant de la compétence d'une juridiction spécialisée, sans quoi il est annulé (Cass. com., 23 janvier 2019, Pourvoi n° 17-18.689). Cela a pour conséquence d'annuler les mesures de réparation qui avaient pu être prises par la juridiction non spécialisée sur le fondement de l'article L. 442-1 du Code de commerce (CA Paris, 3 octobre 2019, RG n° 18/05774).

1725 CA Orléans, 20 septembre 2018, RG n° 17/02016.

1726 CA Paris, 20 septembre 2020, RG n° 18/00084.

1727 CA Paris, 29 novembre 2017, RG n° 17/13965.

1728 Cass. com., 21 mars 2018, Pourvoi n° 16-28.412 ; Cass. com., 20 février 2019, Pourvoi n° 17-21.861.

1729 CA Paris, 26 septembre 2017, RG n° 16/21882 ; CA Paris, 26 septembre 2017, RG n° 16/21887 ; CA Paris, 26 septembre 2017, RG n° 16/23210 ; CA Paris, 26 septembre 2017, RG n° 16/23212.

1730 Par exemple : relation commerciale non établie (CA Douai, 26 octobre 2017, RG n° 16/04925) ou statut particulier d'agent commercial (Cass. com., 8 novembre 2017, Pourvoi n° 16-15.262).

1731 CA Rennes, 25 mars 2014, RG n° 13/02491.

1732 Cass. com., 17 janvier 2018, Pourvoi n° 17-10.360.

1733 CA Versailles, 17 décembre 2013, RG n° 13/05301 ; CA Montpellier, 8 octobre 2019, RG n° 16/08943.

Ces dispositions sont en effet d'ordre public, si bien que la juridiction non spécialisée peut décider que seule la juridiction spécialisée peut statuer[1734]. À l'inverse, y compris dans le cadre d'une rupture brutale, la Cour d'appel non spécialisée peut se prononcer sur l'affaire en cas d'abandon du fondement spécial au profit du fondement contractuel classique[1735], ou si les dispositions de l'article L. 442-1 avaient uniquement été citées dans des pièces versées au débat dans la mesure où les termes du litige sont déterminés par les prétentions des parties, et ne sauraient résulter des pièces versées au débat[1736].

1353. Dans des cas très particuliers, la compétence des juridictions spécialisées peut-être écartée. Cela peut être notamment le cas d'un litige impliquant une société constituée conformément à la loi n° 90-1258 du 31 décembre 1990 relative à l'exercice sous forme de sociétés des professions libérales soumises à un statut législatif ou réglementaire ou dont le titre est protégé. En l'espèce[1737], par dérogation au 2° de l'article L. 721-3 du Code de commerce, l'article L. 721-5 du même code prévoit que les tribunaux civils sont seuls compétents pour connaître des actions en justice impliquant de telles sociétés. En raison du statut de certains défendeurs, la compétence du tribunal de grande instance de Paris a été validée. En revanche, lorsque le litige mêle des manquements de concurrence déloyale et des pratiques restrictives, la prolongation de compétence du tribunal de grande instance prévue par l'article L. 522-2 du Code de la propriété intellectuelle ne trouve à application qu'à l'égard de la question connexe de concurrence déloyale[1738].

1354. La Cour d'appel non spécialisée ne peut requalifier les faits qui lui sont soumis en manquements au titre de l'article L. 442-1 du Code de commerce, alors qu'aucune demande n'est fondée sur ce texte, pour ensuite prononcer une fin de non-recevoir en application des articles D. 442-3 et D. 442-4 du même code, sans quoi elle commet un excès de pouvoir négatif et viole le principe faisant obligation au juge de ne pas dénaturer l'écrit qui lui est soumis[1739].

1355. En définitive, la concentration des dossiers auprès de juridictions plus spécialisées devrait ainsi permettre d'homogénéiser la jurisprudence issue de l'application des dispositions des articles L. 442-1 et s. du Code de commerce.

§ 2. La détermination de la juridiction compétente en cas de mise en œuvre de la responsabilité au titre de l'article L. 442-1

1356. La mise en œuvre de l'article L. 442-1 du Code de commerce engage nécessairement la responsabilité délictuelle de l'auteur de la pratique, et non la responsabilité contractuelle[1740]. Dans ce cadre, la détermination de la juridiction compétente peut être différente

---

1734 CA Colmar, 22 novembre 2017, RG n° 016/03935.

1735 CA Amiens, 27 juin 2019, RG n° 16/06169 ; CA Fort-de-France, 10 septembre 2019, RG n° 18/00082.

1736 CA Versailles, 19 novembre 2019, RG n° 19/05500.

1737 Cass. com., 29 mars 2017, Pourvoi n° 15-27.811.

1738 CA Paris, 6 février 2018, RG n° 17/10015.

1739 Cass. com., 21 juin 2017, Pourvoi n° 16-12.955, voir également Cass. com., 2 octobre 2019, Pourvoi n° 18/-10886.

1740 Cass. com., 13 janvier 2009, Pourvoi n° 08-13.971 ; Cass. com., 13 octobre 2009, Pourvoi n° 08-20.411 ; Cass. com., 15 septembre 2009, Pourvoi n° 07-10.493 ; Cass. civ., 18 janvier 2011, Pourvoi n° 10-11.885. À ce titre,

suivant que les deux parties soient françaises (A), ou que l'une d'entre elles soit étrangère (B). En tout état de cause, si la juridiction d'un autre État membre est saisie d'exactement le même litige, en application de l'article 27 du règlement n° 44/2001, dit « *Bruxelles I* » prévoyant l'exception de litispendance, la juridiction française doit surseoir à statuer dans l'attente que l'autre juridiction statue sur sa compétence[1741].

A. En cas d'application franco-française

1357. L'article 46 du Code de procédure civile précise : « *Le demandeur peut saisir à son choix, outre la juridiction du lieu où demeure le défendeur [...] en matière délictuelle, la juridiction du lieu du fait dommageable ou celle dans le ressort de laquelle le dommage a été subi* ». Or l'article L. 442-1 mettant en œuvre la responsabilité délictuelle, le demandeur peut faire valoir que la juridiction compétente est la juridiction spécialisée compétente au lieu de son siège social, soit le lieu où le dommage a été subi[1742] nonobstant l'existence d'une clause attributive de compétence régulièrement conclue[1743].

1358. Il a pu être fait application de la théorie dite « *des gares principales* », en vertu de laquelle le tribunal compétent peut être celui de la succursale de la société fautive auteure des manquemets pour peu qu'elle bénéficie de l'autonomie nécessaire à l'engagement des relations contractuelles faisant l'objet du litige[1744]. Il est nécessaire pour cela de démontrer que la succursale en question a le pouvoir de la représenter à l'égard des tiers. Pour cela, il peut être utilement mis en avant que les courriers commerciaux émanent de cette succursale et que les négociations commerciales y avaient lieu[1745].

1. La clause attributive de compétence

1359. Contrairement à ce qui prévaut pour l'approche en responsabilité contractuelle (voir § 1429 à 1438), ou lorsque le litige en responsabilité délictuelle concerne une entreprise étrangère, la clause attributive de compétence n'est pas opposable lorsque le litige oppose deux sociétés françaises[1746]. En effet, « *dès lors que l'action est de nature délictuelle, la clause attributive de juridiction ne peut faire obstacle à la compétence du tribunal du lieu du dommage prévue à l'article 46 alinéa 3 du Code de procédure civile qui prévoit la possibilité pour le demandeur de saisir à son choix, outre la juridiction du lieu où demeure le défendeur, en matière délictuelle, la juridiction du lieu du fait dommageable ou celle dans le ressort de laquelle le dommage a été subi* »[1747]. La Cour de cassation considère ainsi que dès lors que le litige a trait à l'application du dispositif sanctionnant les

---

si des jugements ont fait application de la responsabilité contractuelle (exemple : CA Toulouse, 16 décembre 2009, RG n° 08/02871), ils semblent avoir méconnu la position de la jurisprudence sur l'application de l'article L. 442-1 du Code de commerce.

1741 CA Paris, 30 avril 2014, RG n° 12/07788.

1742 CA Nîmes, 25 mai 2008, RG n° 07/00606.

1743 CA Paris, 29 janvier 2016, RG n° 15/20358.

1744 TC Lille, 14 juin 2007, RG n° 2006/02092 confirmé par CA Douai, 13 décembre 2007, RG n° 07/04253.

1745 CA Paris, 20 juin 2018, RG n° 18/04345.

1746 Cass. com., 6 février 2007, Pourvoi n° 04-13.178 ; Cass. com., 13 octobre 2009, Pourvoi n° 08-20.411 ; CA Rennes, 28 avril 2015, RG n° 14/07814.

1747 CA Nancy, 18 mars 2009, RG n° 08/03053.

pratiques restrictives de concurrence, le débat relatif à la clause attributive et à son application importe peu, une telle clause ne pouvant recevoir application dès lors qu'elle désignait une juridiction non spécialisée[1748]. Cela est *a fortiori* applicable si la clause attributive en cause n'est applicable qu'à une partie des relations contractuelles[1749].

1360. Bien que des décisions plus récentes aient rappelé ces principes[1750], il semble toutefois qu'une certaine latitude existe dans la mesure où, dans plusieurs décisions[1751], la Cour d'appel a considéré que la clause attributive de compétence pouvait s'appliquer dans un premier temps, et sous réserve que son application ne dérogeait pas à la règle impérative déterminant les juridictions spécialisées, puis, dans un second temps, que la juridiction spécialisée devait alors être déterminée en fonction. Par exemple dans l'une des affaires, la clause attribuait compétence à la juridiction de Strasbourg, vis-à-vis de laquelle la juridiction spécialisée désignée par l'article D. 442-3 était celle de Nancy.

1361. En revanche, la clause compromissoire régulièrement acceptée peut être opposable, y compris en cas d'application de l'article L. 442-1 du Code de commerce, en application du principe « *compétence-compétence* » en droit arbitral, selon lequel, sauf cas de nullité ou d'inapplicabilité manifeste de la clause compromissoire, il appartient au tribunal arbitral de statuer sur l'existence et la validité de la convention d'arbitrage[1752]. Encore est-il nécessaire que la clause soit valable, ce qui n'est pas le cas en l'absence de toute désignation d'arbitre et de toute modalité de désignation[1753], ou si la clause est applicable uniquement à un contrat précis à non à l'ensemble de la relation[1754].

2. L'appréciation en pratique de l'article 46 § 3 du CPC

1362. **Le lieu du fait dommageable**. Il peut correspondre au lieu du siège social des sociétés victimes de pratiques restrictives de concurrence dans la mesure où il s'agit du lieu où elles exercent leur activité économique. Cette approche a été validée que ce soit en cas d'obtention d'avantage sans contrepartie ou manifestement disproportionné[1755], ou bien en cas de rupture brutale des relations commerciales[1756].

1363. Le lieu du fait dommageable peut aussi s'entendre comme celui où le dommage est survenu et non « *le lieu où ont pu ultérieurement être mesurées les conséquences financières des agissements allégués* »[1757]. Le dommage étant survenu dès que les

---

1748 Cass. com., 11 mai 2017, Pourvoi n° 15-21.913. Cette approche demeure valable si la clause désigne Monaco (CA Paris, 27 février 2018, RG n° 17/07699).

1749 CA Paris, 11 octobre 2018, RG n° 18/00427.

1750 CA Paris, 4 juillet 2017, RG n° 17/03799 ; CA Paris, 25 janvier 2018, RG n° 17/20673.

1751 CA Paris, 21 mai 2015, RG n° 14/17934 ; CA Paris, 25 octobre 2016, RG n° 15/24534 ; CA Paris, 26 septembre 2017, RG n° 17/06554 ; CA Paris, 8 novembre 2017, RG n° 17/11478.

1752 CA Paris, 18 janvier 2012, RG n° 11/06398 ; CA Riom, 11 juillet 2012, RG n° 12/00025.

1753 CA Paris, 16 février 2012, RG n° 11/08976.

1754 Cass. com., 12 juin 2012, RG n° 11-18.852, Philippe Vanni, Clause de médiation : La Cour de cassation précise les conditions d'application d'une clause de médiation dans le cadre d'un litige en matière de rupture brutale de relation commerciale (Eurauchan / Moyrand Bally), 12 juin 2012, Concurrences N° 3-2012, Art. N° 49137. Cass. com., 12 juin 2012, RG n° 11-18.852.

1755 Cass. com., 18 octobre 2011, Pourvoi n° 10-28.005.

1756 CA Orléans, 18 février 2010, RG n° 09/01914.

1757 CA Rennes, 12 décembre 2006, RG n° 06/02485.

agissements reprochés à l'intimé ont été mis en œuvre, le lieu du fait dommageable peut correspondre au lieu du siège social de la société auteure des manquements[1758].

1364. **La juridiction dans le ressort de laquelle le dommage a été subi**. Ce lieu s'entend comme le lieu du siège social de la société victime des pratiques dans la mesure où le dommage allégué est susceptible d'avoir été subi au siège de cette société. Cette approche vaut pour l'ensemble des manquements listés dans l'article L. 442-1, que ce soit l'obtention d'un avantage sans contrepartie ou manifestement disproportionné[1759] ou le refus de vente sous l'égide des anciennes dispositions de l'article 36 de l'ordonnance du 1er décembre 1986[1760] ou encore la rupture brutale de relation commerciale.

1365. S'agissant plus particulièrement de la rupture brutale, si dans une affaire, la cour a pu relever que le dommage invoqué était constitué par la cessation de l'activité de la société victime des pratiques suite aux difficultés financières résultant du comportement de l'auteure, et que donc le dommage avait été subi au lieu où s'exerçait l'activité de la société victime[1761], la cessation d'activité n'est bien entendu pas une condition nécessaire à cette démonstration. En effet, le tribunal a pu considérer que le lieu dans le ressort duquel le dommage avait été subi correspondait au lieu du siège social de la société victime de rupture brutale de relation commerciale, sans que cette dernière n'ait pour autant disparu[1762].

1366. En l'absence d'éléments justifiant la compétence au titre de l'article 46 du Code de procédure civile, l'attribution de compétence peut également être réalisée sur le fondement de l'article 42 du même code qui dispose « *la juridiction territorialement compétente est, sauf disposition contraire, celle du lieu où demeure le défendeur* »[1763].

B. En cas d'application à une société étrangère

1367. Pour déterminer la loi applicable et/ou la juridiction compétente, il est d'abord nécessaire d'analyser si une clause licite et valable peut la déterminer (1) et, si ce n'est pas le cas, déterminer les règles applicables en la matière (2).

1. En cas d'existence d'une clause attributive de compétence

a) Les textes servant de cadre de référence à la clause attributive de compétence

1368. **Si les deux sociétés se situent dans le ressort de l'UE** : dans ce cas, la clause attributive de compétence est prévue par l'article 25 du Règlement

---

1758 L'arrêt ci-dessus met en avant le lieu de la juridiction « *dans le ressort de laquelle le dommage a été subi* » mais il doit s'agir d'une erreur. En effet, s'agissant d'un fournisseur victime de pratiques d'un distributeur, le dommage a été subi par le fournisseur à son siège social, le distributeur ne subissant quant à lui aucun dommage.

1759 CA Nîmes, 29 mai 2008, RG n° 07/00606.

1760 CA Versailles, 26 octobre 1995, RG n° 7772/94.

1761 Cass. com., 6 octobre 2005, Pourvoi n° 03-20.187 ; Voir aussi Cass. com., 7 juillet 2009, Pourvoi n° 08-16.633.

1762 CA Rouen, 26 mai 2005, RG n° 04/04404 ; Voir aussi bien qu'il ne soit pas précisé expressément que la société victime des pratiques n'ait pas été liquidée – Cass. com., 21 avril 1992, Pourvoi n° 90-18.750 ; Cass. com., 13 octobre 2009, Pourvoi n° 08-20.411 ; Cass. civ., 6 janvier 2012, Pourvoi n° 10-20.788.

1763 CA Paris, 12 juin 2019, RG n° 19/03271.

n° 1215/2012[1764] (auparavant article 23 du Règlement n° 44-2001[1765]) qui prévoit dans son premier alinéa que « *si les parties, sans considération de leur domicile, sont convenues d'une juridiction ou de juridictions d'un État membre pour connaître des différends nés ou à naître à l'occasion d'un rapport de droit déterminé,* [alors] *ces juridictions sont compétentes, sauf si la validité de la convention attributive de juridiction est entachée de nullité quant au fond selon le droit de cet État membre. Cette compétence est exclusive, sauf convention contraire des parties* »[1766].

1369. **Si l'une des sociétés se situe en dehors de l'UE** : dans ce cas, la clause attributive de compétence est prévue[1767] par l'article 23-1 de la Convention de Lugano du 30 octobre 2007[1768] indiquant que « *si les parties, dont l'une au moins a son domicile sur le territoire d'un État lié par la présente convention, sont convenues d'un tribunal ou de tribunaux d'un État lié par la présente convention pour connaître des différends nés ou à naître à l'occasion d'un rapport de droit déterminé,* [alors] *ce tribunal ou ces tribunaux de cet État sont seuls compétents* ». Il s'agit donc peu ou prou des mêmes dispositions que celles prévues par le Règlement européen n° 1215/2012 précité[1769].

b) Son effet sur l'applicabilité des articles L. 442-1 et s. du Code de commerce dans l'espace

1370. **La clause attributive de compétence licite et valable est opposable** : dans l'hypothèse où la clause attributive de compétence soit applicable au cas de l'espèce (voir § 1377 et s.), et quand bien même la responsabilité délictuelle soit mise en œuvre, la Cour de cassation a estimé que la clause attributive de compétence visant une juridiction étrangère demeure valable que la société auteure soit européenne[1770] ou non[1771], comme l'est réciproquement celle visant une juridiction française[1772].

1764 Règlement (UE) n° 1215/2012 du Parlement européen et du Conseil du 12 décembre 2012 concernant la compétence judiciaire, la reconnaissance et l'exécution des décisions en matière civile et commerciale.

1765 Règlement (CE) n° 44/2001 du Conseil du 22 décembre 2000 concernant la compétence judiciaire, la reconnaissance et l'exécution des décisions en matière civile et commerciale.

1766 Rédaction de l'article 23 du Règlement n° 44/2001 « si les parties, dont l'une au moins a son domicile sur le territoire d'un État membre, sont convenues d'un tribunal ou de tribunaux d'un État membre pour connaître des différends nés ou à naître à l'occasion d'un rapport de droit déterminé, [alors] ce tribunal ou les tribunaux de cet État membre sont compétents. Cette compétence est exclusive, sauf convention contraire des parties ».

1767 Sous réserve que l'État où la société mise en cause est domiciliée fasse partie de la liste de signataires.

1768 Cette convention est entrée en vigueur au 1er janvier 2011.

1769 Certains jugements mettent en avant les dispositions des conventions internationales sur la loi applicable dans le contrat. Leurs dispositions et/ou spécificités n'ont pas été développées. Il s'agit en droit communautaire du Règlement (CE) n° 593/2008 du Parlement européen et du Conseil du 17 juin 2008 sur la loi applicable aux obligations contractuelles, et en droit extra-communautaire, la Convention de La Haye du 15 juin 1955 sur la loi applicable aux ventes à caractère international d'objets mobiliers corporels.

1770 Cass. civ., 6 mars 2007, Pourvoi n° 06-10.946 ; Cass. civ., 20 mars 2012, Pourvoi n° 11-11.570 ; CA Montpellier, 22 mars 2012, RG n° 11/05090 ; CA Paris, 17 décembre 2013, RG n° 13/13637 ; CA Paris, 3 avril 2014, RG n° 13/09590 ; CA Paris, 20 janvier 2015, RG n° 14/17988 ; CA Paris, 8 juin 2018, RG n° 17/21725.

1771 Cass. civ., 22 octobre 2008, Pourvoi n° 07-15.823 ; CA Paris, 25 mai 2018, RG n° 17/20855.

1772 CA Versailles, 14 octobre 2004, RG n° 2003/04512 ; CA Douai, 28 janvier 2010, RG n° 08/04397 ; CA Versailles, 17 décembre 2009, RG n° 07/04811 – Dans une affaire, la clause attributive de compétence au profit d'une juridiction française a été déclarée non applicable l'action ayant un fondement délictuel. Le litige

1371. Le fait que plusieurs contrats aient été successivement signés, et que le litige porte donc sur une relation commerciale qui dépasse le cadre strict du dernier contrat en cours n'est pas plus opérant pour rendre non applicable la clause attributive de compétence[1773]. L'approche est d'ailleurs identique si les deux partenaires ont convenu d'une clause compromissoire dans leur contrat pour tout litige découlant de son exécution ou de sa non-exécution[1774], cette clause devant alors trouver application dans le cadre du règlement du litige.

1372. L'application de la clause attributive de compétence ne peux être contrée par l'article 8-1 du Règlement n° 1215/2012 suivant lequel « *une personne domiciliée sur le territoire d'un État membre peut aussi être attraite s'il y a plusieurs défendeurs, devant la juridiction du domicile de l'un d'eux, à condition que les demandes soient liées entre elles par un rapport si étroit qu'il y a intérêt à les instruire et à les juger en même temps afin d'éviter des solutions qui pourraient être inconciliables si les causes étaient jugées séparément* » dans la mesure où la compétence exclusive découlant de la clause attributive de compétence prime sur la compétence spéciale de cette disposition[1775].

1373. En définitive, lorsque l'un des partenaires commerciaux est étranger, la Cour de cassation estime que la clause attributive de compétence régulièrement conclue et applicable au litige, prévaut sur les dispositions prévues par l'article L. 442-1 du Code de commerce[1776].

1374. **Les dispositions dérogatoires** : en vertu de l'article 35 du Règlement n° 44/2001 (si l'autre société que la société française est européenne) ou de l'article 24 de la Convention de Lugano (si l'autre société que la société française n'est pas européenne), le demandeur peut, sous certaines circonstances, demander un traitement dérogatoire de sa demande par un État quand bien même un autre État soit compétent au fond. Ces dispositions précisent ainsi : « *les mesures provisoires ou conservatoires prévues par la loi d'un État membre peuvent être demandées aux juridictions de cet État, même si les juridictions d'un autre État membre sont compétentes pour connaître du fond* »[1777].

1375. Par conséquent, il n'est pas exclu qu'une clause attributive de compétence puisse être écartée dans le cadre d'une procédure en référé. À ce titre, le fait que le contrat comporte une clause compromissoire n'est pas opposable pour écarter

---

a ainsi été soumis aux juridictions françaises sur la base du lieu du fait dommageable alors même que l'intimé suisse soulevait l'exception d'incompétence (CA Rennes, 11 septembre 2012, RG n° 11/08997). En tout état de cause, lorsque la société victime des pratiques est française, et en l'absence d'une clause attributive au profit d'une juridiction étrangère, les juridictions françaises peuvent être valablement saisies.

1773 Ibid.

1774 CA Aix-en-Provence, 29 mai 2008, RG n° 07/16801 ; Cass. civ., 8 juillet 2010, Pourvoi n° 09-67.013 ; CA Paris, 18 mars 2014, RG n° 12/13601, Jean-Louis Fourgoux, *Clause compromissoire : La Cour d'appel de Paris fait application de la jurisprudence relative à l'applicabilité des clauses compromissoires aux litiges initiés sur le fondement de l'article L. 442-6-I-5° du Code de commerce (Sept de Cœur),* 18 mars 2014, *Concurrences* N° 2-2014, Art. N° 65790, p. 125.

1775 CA Paris, 26 septembre 2018, RG n° 18/08165.

1776 Cass. civ., 22 octobre 2008, Pourvoi n° 07-15.823.

1777 Rédaction de l'article 31 du Règlement n° 44/2001 « les mesures provisoires ou conservatoires prévues par la loi d'un État [membre/lié par la convention] peuvent être demandées aux autorités judiciaires de cet État, même si, en vertu du présent règlement, une juridiction d'un autre État [membre/lié par la convention] est compétente pour connaître du fond ».

la compétence du juge des référés en vertu de l'article 873 alinéa 1 du Code de procédure civile[1778].

1376. Toutefois, il est nécessaire qu'il existe un lien de rattachement réel entre l'objet des mesures sollicitées et la compétence de l'État du juge saisi. Dans le cadre d'une rupture brutale de relation commerciale entre un fournisseur allemand et un client français par exemple[1779], si la victime de la pratique demande une obligation de délivrance à l'encontre de son fournisseur, cette obligation ne peut être exécutée qu'en Allemagne, peu importe que le dommage soit subi en France. Dès lors, la juridiction française ne pouvait être saisie au titre des dispositions relatives aux mesures provisoires et conservatoires prévues par les textes en matière de compétence internationale.

c) Les conditions de validité de la clause attributive de compétence

1377. Afin que la clause attributive de compétence soit valable, et donc opposable, elle doit respecter les dispositions de l'article 25 du Règlement n° 1215/2012[1780], et notamment plusieurs conditions doivent être remplies :

- le litige faisant l'objet de la demande doit être couvert par la clause (i) ;
- la clause doit avoir été régulièrement acceptée par le partenaire commercial à qui elle est opposée (ii) ;
- son bénéficiaire ne doit pas y avoir renoncé (iii).

1378. Enfin, il n'est pas exclu que l'opposabilité d'une telle clause puisse être discutée dans certains cas particuliers où le litige dépasse le cadre contractuel liant deux sociétés (iv).

(i) Le litige faisant l'objet de la demande doit être couvert par la clause attributive de compétence

1379. Il est nécessaire que la clause attributive de compétence soit rédigée de manière suffisamment large pour englober les litiges pouvant découler de pratiques restrictives de concurrence. Contrairement à ce qui peut être applicable vis-à-vis des pratiques anticoncurrentielles[1781], il n'est toutefois pas nécessaire que la clause vise expressément les pratiques restrictives de concurrence.

1380. **Exemples de clauses attributives valables** : il est nécessaire que la rédaction de la clause couvre la nature du litige faisant l'objet de la demande au titre de l'article L. 442-1 du Code de commerce. À titre d'illustration, les stipulations suivantes ont été jugées suffisantes pour considérer la clause attributive de compétence valable et donc opposable dans le cadre de ruptures de relations commerciales, étant suffisamment large et compréhensible pour s'appliquer au cas d'espèce :

- « *Les lois de la République fédérale allemande sont seules applicables pour tous les litiges découlant des relations contractuelles. Les procédures doivent*

1778 CA Metz, 4 septembre 2012, RG n° 12/00598.

1779 Cass. com., 20 mars 2012, Pourvoi n° 11-11.570.

1780 CA Paris, 3 avril 2014, RG n° 13/09590 ; CA Paris, 21 octobre 2014, RG n° 14/09739.

1781 Cass. civ., 7 octobre 2015, Pourvoi n° 14-16.898.

être portées devant les juridictions compétentes du siège de la société ou du lieu de la succursale responsable pour la commande »[1782] ;

- « *La validité, l'interprétation et l'exécution du présent contrat seront régis par les lois de l'État de Californie. La juridiction de l'État de Californie [...] aura compétence pour connaître des litiges nés du présent contrat* »[1783] ;
- « *En cas de litige entre les parties, il sera recherché une solution à l'amiable. À défaut, le TGI de [...] arbitrera le différend* »[1784] ;
- « *La clause compromissoire visant tout litige ou différend né du contrat ou en relation avec celui-ci* », car cette clause « *n'était pas manifestement inapplicable dès lors que la demande de [la société X] présentait un lien avec le contrat puisqu'elle se rapportait notamment aux conditions dans lesquelles il y avait été mis fin et aux conséquences en ayant résulté pour [la société X]* »[1785] ;
- « *Les parties conviennent explicitement que la présente convention sera réglée par, et interprétée par le droit belge, nonobstant toute clause légale contraire* »[1786] ;
- « *Tout litige entre les parties découlant du présent Accord, notamment, mais pas exclusivement, les litiges découlant de ventes en vertu du présent Accord, est soumis à la compétence du Tribunal d'Amsterdam, aux Pays-Bas, lequel aura la juridiction exclusive pour trancher ledit litige* », les juges estimant que la formulation « notamment, mais pas exclusivement » ne s'oppose pas à son application au litige en rupture brutale[1787] ;
- « *La juridiction compétente pour toutes divergences relatives au présent contrat ou à des transactions particulières conclues dans sa mise en œuvre est celle du domicile de [la société A]. Toutefois, [la société A] est également fondée à former un recours contre le Distributeur Agréé devant le tribunal compétent pour son siège social* »[1788].

1381. **Exemples de clauses attributives non valables** : en revanche, si le champ d'application de la clause est trop restrictif, la clause attributive de compétence peut alors ne pas être opposable. En effet, une clause est d'interprétation stricte, et ne saurait donc être étendue à tout litige intéressant la convention-cadre en l'absence de dispositions le prévoyant. L'application des clauses suivantes a été rejetée du fait qu'elles ne visaient pas la rupture brutale des relations commerciales :

- clause attribuant compétence pour « *tout différend ou litige relatif à la formation, l'interprétation, l'exécution, la résiliation ou la cessation du contrat* »[1789] ;

1782 Cass. civ., 20 mars 2012, Pourvoi n° 11-11.570.

1783 Cass. civ., 22 octobre 2008, Pourvoi n° 07-15.823 – Clause extraite du jugement en appel (CA Paris, 28 septembre 2006, RG n° 04/04462).

1784 CA Montpellier, 22 mars 2012, RG n° 11/05090.

1785 Cass. civ., 8 juillet 2010, Pourvoi n° 09-67.013.

1786 CA Paris, 17 décembre 2013, RG n° 13/13637.

1787 CA Paris, 15 décembre 2015, RG n° 15/08927.

1788 CA Paris, 26 septembre 2015, RG n° 18/08165.

1789 Cass. civ., 9 mars 2010, Pourvoi n° 09-10.216. Dans cette affaire, la société visée était une société française et non étrangère mais le raisonnement est transposable à toute clause attributive de compétence.

- ou pour tout litige « *concernant l'interprétation des présentes conditions générales ou l'exécution d'une commande* »[1790] ;
- ou pour « *tout différent né relativement à l'interprétation ou à l'application du présent contrat* »[1791].

(ii) La clause doit avoir été régulièrement acceptée

1382. Les articles 25 du Règlement n° 1215/2012 (applicable aux sociétés européennes) et 23-1 de la Convention de Lugano précitée (applicable aux sociétés en dehors de l'UE) prévoient que la clause attributive de compétence puisse être conclue « *a) par écrit ou verbalement avec confirmation écrite, ou b) sous une forme qui soit conforme aux habitudes que les parties ont établies entre elles, ou c) dans le commerce international, sous une forme qui soit conforme à un usage dont les parties avaient connaissance ou étaient censées avoir connaissance et qui est largement connu et régulièrement observé dans ce type de commerce par les parties à des contrats du même type dans la branche commerciale considérée* ».

1383. À ce titre, l'acceptation de la clause attributive de compétence par le demandeur paraît difficilement discutable quand la clause est issue d'une convention-cadre ou d'un contrat librement signé par les parties[1792], sous réserve que la signature des parties puisse être clairement identifiable[1793].

1384. En revanche, elle a pu être discutée quand elle figurait dans des documents annexes. Par exemple, le fait que la clause apparaisse dans les conditions générales de vente et au dos des factures adressés par un fournisseur à son distributeur français, peut être suffisant pour établir l'acceptation de la clause attributive par le client du fait de la réitération des commandes et des paiements, et ce, quand bien même il n'ait jamais signé spécifiquement un document stipulant ladite clause[1794]. Il en va de même de documents dont il était expressément indiqué qu'ils étaient annexés aux confirmations de commandes[1795]. Il est toutefois nécessaire que la mention apparaisse explicitement, et que le document ne renvoie pas un document communicable sur demande, dont la communication n'a pas été démontrée[1796].

1385. À l'inverse, dans une autre affaire, la clause figurant sur des confirmations de commandes valant facturation pour un fournisseur, a été écartée au motif que ces documents n'avaient pas été contresignés par l'autre société[1797]. À ce titre,

[1790] CA Grenoble, 20 septembre 2006, RG n° 06/00805. Dans cette affaire, la société visée était une société française et non étrangère mais le raisonnement est transposable à toute clause attributive de compétence.

[1791] CA Paris, 7 mars 2013, RG n° 12/04392.

[1792] Cass. civ., 22 octobre 2008, Pourvoi n° 07-15.823 ; Cass. civ., 6 mars 2007, Pourvoi n° 06-10.946 ; CA Aix-en-Provence, 29 mai 2008, RG n° 07/16801.

[1793] CA Toulouse, 6 mars 2012, RG n° 10/02436.

[1794] Cass. com., 20 mars 2012, Pourvoi n° 11-11.570 ; Voir aussi Cass. com., 6 mars 2007, Pourvoi n° 06-10.946.

[1795] CA Besançon, 13 février 2013, RG n° 12/02424.

[1796] CA Paris, 4 juillet 2018, RG n° 18/07354.

[1797] CA Aix-en-Provence, 15 juin 2011, RG n° 11/03547. Il n'est pas exclu que le fait que la relation n'ait duré qu'un peu plus d'un an, ait motivé cette appréciation.

si la relation était régie par un contrat spécifique, le fait qu'existe une clause attributive de compétence au dos des bons de commande peut être insuffisant, la société l'invoquant n'apportant pas la preuve que la clause figurait sur ledit contrat[1798]. Ce raisonnement est d'autant plus applicable lorsque la clause figure sur le verso des bons de commande et que ceux-ci sont faxés au fournisseur qui n'a donc que le recto[1799].

1386. De même, si la clause est issue des conditions générales d'achats du client, et mentionnée au dos de ses bons de commande, le juge peut souverainement estimer qu'au fondement de l'article 23-1 du Règlement n° 44/2001, il n'est pas démontré l'acceptation par la société demandeuse de droit étranger de la clause attributive de compétence[1800]. Si les conditions générales d'achats ont en revanche été régulièrement acceptées, la clause est alors applicable au litige[1801].

(iii) Le bénéficiaire ne doit pas y avoir renoncé

1387. Dans l'hypothèse où le bénéficiaire de la clause attributive renonce à l'application de la clause attributive de compétence en première instance, il ne peut revenir sur sa décision par la suite. En effet, de telles exceptions doivent être soulevées *in limine litis*[1802].

d) Les conditions de licéité de la clause attributive de compétence

1388. Jusqu'en 2015, l'ensemble des décisions où l'exception d'incompétence avait été soulevée pour contrer l'application d'une clause attributive de compétence concernaient des affaires en rupture brutale de relation commerciale. À cet égard, si la jurisprudence considère que la clause attributive de compétence prévaut sur la notion du lieu du fait dommageable dans le cadre de la mise en œuvre de l'article L. 442-1 du Code de commerce, fussent-elles des dispositions de loi de police engageant la responsabilité délictuelle de l'auteur des manquements présumés, ces décisions ne concernent que des litiges en rupture brutale se limitant par définition à deux sociétés.

1389. La question demeurait donc ouverte en cas de mise en œuvre du dispositif par le ministre, qui agit pour protéger l'ordre public économique, soit un cadre qui dépasse celui *a priori* plus limité du contrat. Dans un jugement important de 2015[1803], la Cour d'appel de Paris a précisé que la clause attributive de compétence n'était pas applicable au litige lorsque la procédure était mise en œuvre par le ministre dans le cadre de sa mission de gardien de l'ordre public économique, qui vise à la protection du fonctionnement du marché et de la concurrence, et non à celle des intérêts immédiats des cocontractants lésés. Elle a ainsi validé le principe de

---

1798 CA Metz, 31 mai 2011, RG n° 10/00170.

1799 CA Versailles, 29 septembre 2011, RG n° 11/00914.

1800 Cass. com., 18 janvier 2011, Pourvoi n° 10-11.885, Simon Hotte, Rupture de relations commerciales établies : La Cour de cassation juge que l'application d'une clause attributive de compétence est subordonnée à la démonstration de l'acceptation préalable de la société à laquelle elle est opposée (Safic-Alcan), 18 janvier 2011, Concurrences N° 1-2011, Art. N° 35895 . Cass. com., 18 janvier 2011, Pourvoi n° 10-11.885.

1801 CA Paris, 31 janvier 2013, RG n° 12/17503.

1802 CA Aix-en-Provence, 8 mars 2012, RG n° 10/16252.

1803 CA Paris, 15 septembre 2015, RG n° 15/07435.

l'autonomie de l'action du ministre qui se détache du cadre contractuel, et donc *a fortiori* de l'application des clauses convenues dont celles relatives à l'attribution de compétence. Cette approche demeure applicable nonobstant la demande en nullité des pratiques en cause ou en répétition de l'indu, cette action étant distincte par son objet de défense de l'intérêt général, et de celle que la victime peut elle-même engager pour la sauvegarde de ses droits propres et la réparation de son préjudice personnel. Au demeurant, le fait que la filiale française qui était aussi attraite dans la cause n'était qu'une société support n'est pas de nature à empêcher la mise en cause de la société mère néerlandaise par la juridiction spécialisée française.

1390. Cette approche a depuis été largement confirmée, la Cour de cassation confirmant le caractère de loi de police de ces dispositions en indiquant « *après avoir relevé que le régime spécifique commun aux délits civils prévus par l'article L. 442-[1] du Code de commerce se caractérise par l'intervention, prévue [à l'article L. 442-4], du ministre chargé de l'économie pour la défense de l'ordre public, et souligné que les instruments juridiques dont celui-ci dispose, notamment pour demander le prononcé de sanctions civiles, illustrent l'importance que les pouvoirs publics accordent à ces dispositions, la Cour d'appel a exactement retenu que l'article L. 442-[1] I 2° (…) du Code de commerce prévoit des dispositions impératives dont le respect est jugé crucial pour la préservation d'une certaine égalité des armes et loyauté entre partenaires économiques et qui s'avèrent donc indispensables pour l'organisation économique et sociale de la France, ce dont elle a déduit, à bon droit, qu'elles constituent des lois de police dont l'application, conformément tant à l'article 9 du Règlement (CE) n° 593/2008 du 17 juin 2008 sur la loi applicable aux obligations contractuelles qu'à l'article 16 du Règlement (CE) n° 864/2007 du 11 juillet 2007 sur la loi applicable aux obligations non contractuelles, s'impose au juge saisi, sans qu'il soit besoin de rechercher la règle de conflit de lois conduisant à la détermination de la loi applicable* »[1804].

1391. Dans une affaire visant par exemple une place de marché en ligne[1805], le ministre avait justifié que le lieu du dommage se situait principalement sur le territoire national dans la mesure où le lieu d'exécution de la prestation se situait en France et que les pratiques restrictives étaient susceptibles d'impacter négativement les vendeurs tiers domiciliés en France en raison de leur pertes abusives ou discrétionnaires de chiffre d'affaires, ou du fait d'une éviction pour la vente de certains de leurs produits au profit de la place de marché.

e) Le cas particulier de la clause compromissoire

1392. Sauf en cas de nullité manifeste, une clause compromissoire prévoyant, par exemple, le renvoi de tout litige relatif au contrat vers un tribunal arbitral peut être opposable au même titre qu'une clause attributive de compétence[1806]. Encore faut-il

---

1804 Cass. com., 8 juillet 2020, Pourvoi n° 17-31.536.

1805 TC Paris, 2 septembre 2019, RG n° 2017050625 ; CA Paris, 21 juin 2017, RG n° 15/18784 ; Cass. com., 6 juillet 2016, Pourvoi n° 15-21.811.

1806 Cass. com., 21 octobre 2015, Pourvoi n° 14-25.080 ; CA Paris, 7 avril 2015, RG n° 15/00512 ; CA Paris, 18 juin 2015, RG n° 15/02650 ; CA Paris, 28 juin 2018, RG n° 17/23550 ; CA Paris, 21 septembre 2019, RG n° 18/05679.

qu'elle couvre le litige présenté devant les juges. Par exemple, l'action initiée par le liquidateur qui demande la nullité d'un acte sur le fondement du déséquilibre significatif ne se substitue pas au franchisé dessaisi pour agir en son nom, mais exerce une action au nom et dans l'intérêt collectif des créanciers de sorte qu'une clause compromissoire stipulée dans le contrat de franchise est manifestement inapplicable au litige[1807].

1393. De la même manière, si une clause prévoit une médiation préalable, elle doit voir à s'appliquer, nonobstant la possibilité ultérieure pour les parties d'invoquer l'application des dispositions sanctionnant les pratiques restrictives de concurrence[1808].

1394. En revanche, et par analogie à l'approche prévalant pour la clause attributive de compétence, lorsque l'action est mise en œuvre par le ministre pour défendre l'ordre public économique une telle clause ne peut être applicable. Dans une affaire[1809], l'action du demandeur avait été appuyée par le ministre au titre du trouble à l'ordre public économique. La cour avait estimé que l'article L. 442-1 donnait au ministre une mission de protection générale d'un ordre public économique lié au respect des règles de concurrence, et qu'en conséquence, la finalité de l'action échappant aux prévisions contractuelles, la clause d'arbitrage figurant au contrat de vente a été jugée inapplicable. La Cour de cassation a validé cette position dans un arrêt de 2016 considérant que le ministre agissait en tant que gardien de l'ordre public économique[1810].

2. En cas d'absence de clause attributive de compétence opposable

1395. Dans le cas où aucune clause attributive de compétence ne détermine *ex ante* la juridiction compétente, ou si une clause est prévue, mais n'est pas opposable du fait qu'elle ne remplisse pas les différentes conditions de validité, les dispositions d'ordre général s'appliquent, *i.e.* le lieu du fait dommageable.

a) L'appréhension par la matière délictuelle avant 2016

i. Le lieu du fait dommageable

1396. Jusqu'en 2016, et un arrêt de principe de la CJUE, les juridictions considéraient que les dispositions sanctionnant les pratiques restrictives de concurrence relevaient de la matière délictuelle ou quasi délictuelle, quand bien même les obligations puissent être rattachées à un contrat, par exemple en cas de rupture brutale de relation commerciale par exemple. À ce titre, la Cour de cassation avait confirmé l'applicabilité de l'article L. 442-1 du Code de commerce à un partenaire étranger en précisant que tout manquement à ces dispositions particulières « *engage la responsabilité délictuelle de son auteur et que la loi applicable à cette responsabilité est celle de l'État où le fait dommageable s'est produit* »[1811].

[1807] Cass. com., 17 novembre 2015, Pourvoi n° 14-16.012.
[1808] CA Paris, 7 mai 2014, RG n° 14/00254.
[1809] CA Lyon, 9 septembre 2004, RG n° 2004/00108.
[1810] Cass. com., 6 juillet 2016, Pourvoi n° 15-21.811.
[1811] Cass. com., 21 octobre 2008, Pourvoi n° 07-12.336.

1397. Dans ce cas, le principe servant à déterminer la juridiction compétente était le lieu du fait dommageable. Bien que similaire dans ses effets, cette conclusion reposait sur deux textes différents suivant que le siège social de la société étrangère se trouve ou non dans le ressort territorial de l'Union européenne.

1398. **Si les deux sociétés se situent dans le ressort de l'UE** : dans ce cas, la juridiction compétente est déterminée suivant les dispositions du Règlement n° 44/2001[1812], et plus particulièrement l'article 5-3 qui précise : « *une personne domiciliée sur le territoire d'un État membre peut être attraite, dans un autre État membre [...] en matière délictuelle ou quasi délictuelle, devant le tribunal du lieu où le fait dommageable s'est produit ou risque de se produire* »[1813].

1399. Les dispositions françaises sanctionnant les pratiques restrictives de concurrence ont ainsi été jugées applicables à des sociétés étrangères situées dans l'UE en l'absence de clause attributive de compétence opposable[1814]. Réciproquement, si la pratique litigieuse était imputable à une société française, son partenaire étranger a pu se prévaloir de l'application de ces dispositions[1815]. En effet, en l'absence de moyen juridique qui l'interdirait, le droit français s'impose à une société française que son partenaire soit lui-même étranger ou non[1816]. Le Cour d'appel a ainsi rappelé à l'époque qu'aux termes du Règlement « *Bruxelles I* », « *les personnes domiciliées sur la territoire d'un État membre sont attraites quelle que soit leur nationalité devant les juridictions de cet État membre* », si bien que la compétence de la juridiction spécialisée dans le ressort territorial de la société mise en cause a pu être retenue[1817].

1400. Il était toutefois nécessaire que le motif invoqué soit adéquat au cas. En l'espèce[1818], si le demandeur victime d'une rupture brutale avec deux sociétés, une française et l'autre espagnole, et qu'il les attrait devant la juridiction française en invoquant l'article 6-1 du Règlement précité[1819], il lui appartient alors de démontrer en quoi les deux affaires doivent être jugées en même temps afin d'éviter des solutions qui pourraient être inconciliables si les causes étaient jugées séparément. Dans le cas contraire, la compétence de la juridiction française a pu être écartée pour la société de droit espagnol.

1812 Règlement (CE) n° 44/2001 du 22 décembre 2000 concernant la compétence judiciaire, la reconnaissance et l'exécution des décisions en matière civile et commerciale.

1813 Avant le 1er mars 2002, en vertu de l'article 76 dudit règlement, la Convention de Bruxelles du 27 septembre 1968 concernant la compétence judiciaire et l'exécution des décisions en matière civile et commerciale était applicable. La disposition similaire existait par son article 5-3 qui précisait « *Le défendeur domicilié sur le territoire d'un État contractant peut être attrait, dans un autre État contractant [...] en matière délictuelle ou quasi délictuelle, devant le tribunal du lieu où le fait dommageable s'est produit* ».

1814 CA Montpellier, 21 juin 2011, RG n° 10/03569 ; CA Lyon, 6 septembre 2012, RG n° 10/05522.

1815 CA Paris, 16 février 2005, RG n° 03/09634 ; CA Paris, 1er juillet 2009, RG n° 07/14283 ; CA Paris, 14 octobre 2009, RG n° 07/19854 ; Cass. com., 8 février 2005, Pourvoi n° 02-12.855.

1816 CA Versailles, 14 octobre 2004, RG n° 2003/04512.

1817 CA Paris, 14 avril 2015, RG n° 15/01530.

1818 CA Paris, 10 mars 2015, RG n° 14/23144.

1819 Disposition permettant d'attraire une personne domiciliée sur le territoire d'un État membre, s'il y a plusieurs défendeurs devant le domicile de l'un d'eux à condition que les demandes soient liées entre elles par un rapport si étroit qu'il y a intérêt à les instruire et à les juger en même temps afin d'éviter des solutions qui pourraient être inconciliables si les causes étaient jugées séparément.

1401. **Si les deux sociétés se situent en dehors de l'UE** : dans ce cas, la juridiction compétente est déterminée suivant les dispositions de la Convention de Lugano du 30 octobre 2007[1820] concernant la compétence judiciaire et l'exécution des décisions en matières civile et commerciale, et plus particulièrement l'article 5-3 selon lequel : « *le défendeur domicilié sur le territoire d'un État contractant peut être attrait, dans un autre État contractant [...] en matière délictuelle ou quasi délictuelle, devant le tribunal du lieu où le fait dommageable s'est produit* ».

1402. Dans le cas où cette convention s'applique, *i.e.* si l'État en question fait partie de la liste des signataires, il est possible d'attraire la société domiciliée à l'étranger devant les juridictions françaises au titre du lieu du fait dommageable. Dans le cas contraire, en l'absence de convention internationale, l'article 46 du Code de procédure civile est valable, ainsi que la jurisprudence en découlant, le demandeur ayant le choix d'attraire la société mise en cause devant les juridictions françaises au titre du lieu du fait dommageable[1821].

1403. Cette approche demeurait valable y compris lorsque la vente est réalisée sur internet *via* un site hébergé à l'étranger dans la mesure où le lieu où le fait dommageable s'est produit s'entend aussi bien de celui du fait générateur du dommage que du lieu de réalisation de ce dernier[1822].

1404. En conclusion, que la société étrangère soit européenne ou non, le principe directeur à la détermination de la juridiction compétente était auparavant le lieu du fait dommageable.

ii. Application en l'espèce

1405. En responsabilité délictuelle ou quasi délictuelle, la notion du lieu du fait dommageable ouverte au demandeur recouvre deux situations : le lieu de l'événement causal et le lieu où le préjudice a été subi. À titre d'illustration, dans le cadre d'une rupture de relation commerciale entre une société mise en cause de droit étranger et un demandeur de droit français, il s'agit de déterminer si le lieu du fait dommageable s'entend comme le lieu de l'événement causal, auquel cas la juridiction étrangère est compétente, ou s'il s'agit du lieu où le dommage a été subi, auquel cas la juridiction française est compétente.

1406. **Si les deux sociétés se situent dans le ressort de l'UE** : la Cour de justice de l'Union européenne a indiqué dans un arrêt de 1976, où elle indique que dans le cadre de la mise en œuvre de l'article 5-3 du Règlement n° 44/2001, « *le défendeur peut être attrait, au choix du demandeur, devant le tribunal soit du lieu où le*

1820 Sous réserve que l'État dans lequel la société demandeuse est domiciliée fasse partie de la liste de signataires.

1821 Cette approche a pu être utilisée dans le cadre d'un litige opposant une place de marché en ligne à des fabricants, au motif que des produits étaient vendus en dehors de leur réseau de distribution sélective par le site internet (CA Paris, 3 septembre 2010, RG n° 08/12822). Le site américain de la place de marché a pu être attrait à la cause non seulement car les internautes français y avaient accès, mais aussi car ils y étaient même incités par le site français pour élargir leur recherche ou bénéficier d'opérations commerciales. Bien que le jugement ait été cassé sur ce point par la Cour de cassation (Cass. com., 3 mai 2012, Pourvoi n° 11/10.508), la Cour d'appel n'ayant pas démontré à suffisance de droit en quoi le site s'adressait directement à des internautes français, le raisonnement sur la compétence territoriale demeure cependant applicable.

1822 CA Paris, 23 janvier 2019, RG n° 17/00035.

dommage est survenu, soit du lieu de l'événement causal qui est à l'origine de ce dommage »[1823].

1407. Dès lors, dans le cadre de manquements au titre des articles L. 442-1 et s., le demandeur peut donc attraire une société de droit étranger devant les juridictions françaises s'il démontre que le dommage a été subi en France. Ainsi, pour une rupture des relations commerciales par exemple, le lieu peut être celui du siège social de la société victime de la rupture, quand bien même le fait générateur, soit la décision de rompre, ait été commis à l'étranger[1824].

1408. Dans certaines affaires, il a pu arriver à une société étrangère d'être condamnée sur la base des articles L. 442-1 et s., sans pour autant que la démonstration du lieu du fait dommageable fasse l'objet de développements particuliers[1825].

1409. **Si l'une des société se situe en dehors de l'UE** : de même que pour l'approche prévalant en droit communautaire, si la société mise en cause n'est pas dans l'Union européenne, le lieu du fait dommageable détermine la juridiction compétente suivant les mêmes principes que ceux prévalant lorsque l'entreprise visée est européenne.

1410. Il est ainsi possible d'attraire une société étrangère devant les juridictions françaises, mais il est pour cela nécessaire de démontrer un lien entre la société étrangère et son impact en France. La responsabilité d'une société étrangère a, par exemple, été invoquée dans le cadre d'un litige opposant une place de marché en ligne à des fabricants, au motif que des produits étaient vendus en dehors de leur réseau de distribution sélective par le site internet. En l'espèce[1826], les sites suisses de la place de marché n'ont pas pu être visés au motif que le simple fait d'être accessibles n'était pas suffisant en l'absence d'un lien significatif entre les sites français et suisse, dont l'activité respective était ignorée, et ce, quand bien même les internautes pouvaient mettre en œuvre des dispositifs de traduction partielle.

1411. Cette approche a ainsi été adoptée par la jurisprudence qui a pu considérer conformément aux demandes du demandeur que le lieu du fait dommageable était le lieu où le préjudice avait été subi du fait de l'incidence de la pratique sur le territoire français[1827], ou le lieu de l'événement causal, lorsque la société victime est de droit étranger[1828], générateur de l'acte de rupture des relations commerciales.

1823 CJUE du 30 novembre 1976 Handelskwekerij G. J. Bier BV c/ Mines de potasse d'Alsace SA, C21/76, Rec. p. 1735.

1824 CA Colmar, 10 juin 2008, RG n° 06/05058 ; Voir aussi CA Versailles, 16 septembre 2004, RG n° 2003/02914 ; CA Rennes, 3 novembre 2009, RG n° 08/07491 ; CA Douai, 22 avril 2008, RG n° 06/04340 ; CA Rennes, 4 janvier 2011, RG n° 09/07515.

1825 CA Paris, 23 juin 2005, RG n° 03/11769 ; CA Dijon, 4 décembre 2012, RG n° 06/02172 ; CA Rennes, 3 novembre 2009, RG n° 08/07491 ; CA Lyon, 4 juin 2009, RG n° 08/02521 ; CA Paris, 16 novembre 2005, RG n° 05/07002 ; CA Pau, 9 juin 2008, RG n° 06/01169 ; CA Lyon, 25 septembre 2008, RG n° 07/00701 ; CA Rennes, 29 janvier 2008, RG n° 06/00074.

1826 CA Paris, 3 septembre 2010, RG n° 08/12822, Anne-Cécile Martin, Distribution sélective : La Cour d'appel de Paris condamne une plateforme électronique d'enchères en raison de sa participation indirecte à la violation de réseaux de distribution sélective au sens de l'article L. 442-6, I, 6° du Code de commerce (eBay), 3 septembre 2010, Concurrences N° 4-2010, Art. N° 33819. CA Paris, 3 septembre 2010, RG n° 08/12822.

1827 CA Orléans, 28 octobre 1999, RG n° 98/01692 ; CA Grenoble, 4 octobre 2012, RG n° 12/02110.

1828 CA Nancy, 1er octobre 2008, RG n° 06/02023.

b) *L'appréhension par la matière contractuelle depuis 2016*

i. Les dispositions applicables

1412. Dans un arrêt de 2016[1829], et dans le prolongement de certaines décisions françaises[1830], la CJUE a toutefois procédé à un virage jurisprudentiel en considérant que les dispositions relatives aux pratiques restrictives de concurrence relevaient non de la matière délictuelle, mais bien de la matière contractuelle, quand bien même la relation relève d'un contrat tacite.

1413. Elle a rappelé les principes suivant lesquels les notions figurant aux articles 5, points 1 et 3 notamment « *doivent être interprétées de façon autonome, en se référant principalement au système et aux objectifs de ladite convention, en vue d'assurer l'application uniforme de celle-ci dans tous les États contractants* »[1831], et qu'en conséquence « *un tribunal compétent au titre de l'article 5 § 3 pour connaître de l'élément d'une demande reposant sur un fondement délictuel n'est pas compétent pour connaître les autres éléments de la même demande reposant sur des fondements non délictuels* »[1832].

1414. Elle a également rappelé que les termes de « *matière contractuelle* » et de « *délictuelle ou quasi délictuelle* », au sens, respectivement, du point 1, sous a), et du point 3 de l'article 5 du Règlement Bruxelles I, doivent être interprétés de façon autonome, en se référant principalement au système et aux objectifs de ce règlement, en vue d'assurer l'application uniforme de celui-ci dans tous les États membres. Ils ne sauraient, dès lors, être compris comme renvoyant à la qualification que la loi nationale applicable donne au rapport juridique en cause devant la juridiction nationale[1833].

1415. Le jugement précise ainsi qu'« *afin de déterminer la nature de l'action en responsabilité civile portée devant la juridiction nationale, il importe pour cette dernière de vérifier d'emblée si cette action revêt, indépendamment de sa qualification en droit national, une nature contractuelle* » et que « *l'article 5, point 3, du Règlement Bruxelles I doit être interprété en ce sens qu'une action indemnitaire fondée sur une rupture brutale de relations commerciales établies de longue date, telle que*

1829 CJUE du 14 juillet 2016, Granarolo SpA c / Ambrosi Emmi France SA, C-196/15.

1830 « Selon la jurisprudence constante de la [...] CJUE, la notion de « matière contractuelle » doit être interprétée de manière autonome en se référant aux systèmes et aux objectifs de la convention, en vue d'assurer l'application uniforme de celle-ci dans tous les États contractants, cette notion ne saurait, dès lors, être comprise comme renvoyant à la qualification que la loi nationale applicable donne au rapport juridique en cause devant la juridiction nationale ; Que selon la Cour de justice de l'Union européenne, la matière délictuelle a un caractère résiduel et une demande qui ne repose pas sur un engagement librement assumé d'une partie envers l'autre se rattache à la matière délictuelle ; que cette matière comprend toute demande qui vise à mettre en jeu la responsabilité d'un défendeur et qui ne se rattache pas à la matière contractuelle au sens de l'article 5.1 du Règlement ; Considérant qu'en l'espèce, la rupture des relations contractuelles, son caractère licite ou abusif relève de la matière contractuelle au sens de l'article 5.1 du Règlement n° 44/2001 » (CA Paris, 15 décembre 2015, RG n° 15/10615).

1831 CJUE du 20 janvier 2005 Petra Engler c / Janus Versand GmbH C-27/02, point 33 – Voir aussi arrêts du 21 juin 1978, Bertrand, 150/77, Rec. p. 1431, points 14 à 16 ; du 19 janvier 1993, Shearson Lehman Hutton, C 89/91, Rec. p. I 139, point 13 ; du 3 juillet 1997, Benincasa, C-269/95, Rec. p. I 3767, point 12 ; du 27 avril 1999, Mietz, C 99/96, Rec. p. I 2277, point 26, et Gabriel, précité, point 37.

1832 CJUE du 27 septembre 1988, Kalfelis, C189/87, Rec. p. 5565.

1833 CJUE du 13 mars 2014, Brogsitter, C-548/12, EU:C:2014:148, point 18.

celle en cause dans l'affaire au principal, ne relève pas de la matière délictuelle ou quasi délictuelle au sens de ce règlement s'il existait, entre les parties, une relation contractuelle tacite, ce qu'il revient à la juridiction de renvoi de vérifier. La démonstration visant à établir l'existence d'une telle relation contractuelle tacite doit reposer sur un faisceau d'éléments concordants, parmi lesquels sont susceptibles de figurer notamment l'existence de relations commerciales établies de longue date, la bonne foi entre les parties, la régularité des transactions et leur évolution dans le temps exprimée en quantité et en valeur, les éventuels accords sur les prix facturés et/ou sur les rabais accordés, ainsi que la correspondance échangée »[1834].

1416. Par conséquent, en dehors des cas où le ministre intervient pour protéger l'ordre public économique (v. § 1422 et s.), la mise en œuvre du dispositif sanctionnant les pratiques restrictives de concurrence relève de la matière contractuelle. Bien que reposant sur deux fondements différents suivant que la société étrangère se situe dans le ressort de l'UE ou non, le raisonnement alors applicable est similaire.

1417. **Si les deux sociétés se situent dans le ressort de l'UE** : dans ce cas, la juridiction compétente est déterminée suivant les dispositions du Règlement n° 44/2001[1835], et plus particulièrement l'article 5-1 qui précise qu' « *une personne domiciliée sur le territoire d'un État membre peut être attraite, dans un autre État membre [...]*

a) *en matière contractuelle, devant le tribunal du lieu où l'obligation qui sert de base à la demande a été ou doit être exécutée ;*

b) *aux fins de l'application de la présente disposition, et sauf convention contraire, le lieu d'exécution de l'obligation qui sert de base à la demande est :*
   - *pour la vente de marchandises, le lieu d'un État membre où, en vertu du contrat, les marchandises ont été ou auraient dû être livrées,*
   - *pour la fourniture de services, le lieu d'un État membre où, en vertu du contrat, les services ont été ou auraient dû être fournis ;*

c) *le point a) s'applique si le point b) ne s'applique pas* ».

1418. Des décisions postérieures à l'arrêt de la CJUE ont toutefois continué de considérer le dispositif sanctionnant les pratiques restrictives de concurrence comme relevant d'une loi de police, si bien que la loi applicable a été déterminée en fonction du lieu du fait dommageable. À noter toutefois que dans cette affaire[1836], il a été fait application de l'article 6-1 du Règlement n° 44/2001 suivant lequel

---

[1834] CJUE du 14 juillet 2016, Granarolo SpA c / Ambrosi Emmi France SA, C-196/15, points 22-28, Frédéric Buy, Rupture brutale : La Cour de justice de l'Union européenne juge qu'une action indemnitaire fondée sur une rupture brutale de relations commerciales établies ne relève pas nécessairement de la matière délictuelle (Granarolo / Ambrosi Emmi France), 14 juillet 2016, Concurrences N° 4-2016, Art. N° 81928, pp. 121-122.

[1835] Règlement (CE) n° 44/2001 du 22 décembre 2000 concernant la compétence judiciaire, la reconnaissance et l'exécution des décisions en matière civile et commerciale.

[1836] CA Paris, 19 septembre 2018, RG n° 16/05579, Frédéric Leclerc, Lois de police : La Cour d'appel de Paris persiste à qualifier de loi de police l'article L.442-6, I, 5° du Code de commerce (Distri European Stock, El Wassila Cosmétiques, Beauté Shop / Clarins), 19 septembre 2018, Concurrences N° 4-2018, Art. N° 88528. CA Paris, 19 septembre 2018, RG n° 16/05579.

s'il y a plusieurs défendeurs, une société étrangère peut être attraite devant une juridiction française à condition que les demandes soient liées entre elles par un rapport si étroit qu'il y a intérêt à les instruire et à les juger en même temps afin d'aviter des solutions qui pourraient être inconciliables si les causes étaient jugées séparément.

1419. **Si les deux sociétés se situent en dehors de l'UE** : dans ce cas, la juridiction compétente est déterminée[1837] suivant les dispositions de la Convention de Lugano[1838] du 30 octobre 2007, et plus particulièrement l'article 5-1 qui prévoit les mêmes dispositions que le Règlement n° 44/2001 ci-dessus.

ii. Application en l'espèce

1420. Il convient ainsi, dans un premier temps, de déterminer si le contrat porte sur la fourniture d'une prestation de service ou d'un produit. Dans ce cas, la juridiction compétente sera celle du pays où le produit devait être livré ou la prestation de service rendue, soit généralement le lieu où se situe le siège du client/de l'acheteur. Si le contrat porte sur d'autres obligations, la juridiction compétente est déterminée par le lieu d'exécution de l'obligation qui sert de base à la demande, ce qui peut éventuellement viser le lieu où se situe le siège du demandeur.

1421. Dans une affaire[1839], les juges ont appliqué les dispositions de l'article 5-1 a) précité à un contrat de concession du droit à exploiter un droit de propriété intellectuelle dans la mesure où il ne relevait ni de la fourniture de services, ni de la vente de marchandises. Le contrat visant à éditer dans des locaux français un journal en français pour le marché français, et sa mise en œuvre prévoyant une prospection commerciale en France, la prestation caractéristique se situait en France, si bien que l'article L. 442-1 du Code de commerce a été appliqué au litige.

c) Les limites possibles à l'approche contractuelle

1422. Comme évoqué précédemment (v. § 1388 et s.), une clause attributive de compétence peut être écartée lorsque le ministre agit de manière autonome en défense de l'ordre public économique.

1423. Les juges n'ont pas encore traité d'affaires relatives à des litiges de juridiction sans clause attributive de compétence, suite au revirement jurisprudentiel de la CJUE. Pour autant, une clause attributive de compétence régulièrement conclue pouvant être écartée, il est fort probable qu'*a fortiori* les mêmes considérations amènent les juges à considérer que l'intervention du ministre en défense de l'ordre public économique relève de la matière délictuelle.

1424. Dans ce cas, la juridiction compétente serait déterminée par le lieu du fait dommageable, suivant la même approche que développée précédemment (v. § 1405 et s.).

1837 Sous réserve que l'État dans lequel la société mise en cause est domiciliée fasse partie de la liste de signataires.

1838 Convention concernant la compétence judiciaire, la reconnaissance et l'exécution des décisions en matière civile et commerciale du 30 octobre 2007.

1839 CA Paris, 24 janvier 2019, RG n° 18/14599.

d) *La mise en cause de la société étrangère sur d'autres bases*

1425. La société étrangère peut aussi être condamnée sur d'autres bases.

1426. En premier lieu, il est possible que sa responsabilité soit mise en cause *in solidum* avec celle de sa filiale lorsque cette dernière est impliquée et domiciliée en France. Dans une affaire par exemple[1840], la société française avait assigné à la fois la maison-mère britannique et sa filiale de commercialisation française pour rupture brutale des relations commerciales.

1427. En second lieu, la responsabilité de la maison-mère peut aussi être recherchée en cas de pluralité des défendeurs[1841], et ce, bien que le fondement de l'action soit en partie contractuel et en partie délictuel. Dans une affaire par exemple[1842], le demandeur reprochait à son fournisseur danois d'avoir rompu brutalement leur relation commerciale tout en créant une filiale de commercialisation concurrente sur le territoire français à son détriment. La juridiction française s'est ainsi déclarée compétente.

§ 3. La détermination de la juridiction compétente en cas de mise en œuvre de la responsabilité au titre des dispositions du Code civil

1428. À l'instar de ce qui est applicable lorsque la responsabilité délictuelle est invoquée, l'approche est différente suivant que puisse être opposée (A) ou non (B) une clause attributive de compétence.

A. La clause attributive de compétence

1429. Dans le cadre d'une approche en responsabilité contractuelle, la clause attributive de compétence, si elle est valable, demeure opposable dans tous les cas, et quelle que soit la nationalité des sociétés visées ou victimes.

1. En cas d'application franco-française

1430. Dans ce cas, l'article 48 du Code de procédure civile s'applique, indiquant « *toute clause qui, directement ou indirectement, déroge aux règles*

1840 CA Paris, 18 janvier 2007, RG n° 03/18220 ; dans une autre affaire, il a été fait application de ces dispositions particulières bien que la société étrangère ne soit finalement pas condamnée en l'absence d'éléments permettant de caractériser la pratique (TC Lille, 12 janvier 2012, RG n° 2011/03836).

1841 Lorsque la société étrangère est dans l'UE, l'article 6-1 du Règlement n° 44/2001 s'applique en indiquant « s'il y a plusieurs défendeurs, devant le tribunal du domicile de l'un d'eux, à condition que les demandes soient liées entre elles par un rapport si étroit qu'il y a intérêt à les instruire et à les juger en même temps afin d'éviter des solutions qui pourraient être inconciliables si les causes étaient jugées séparément ». Lorsque la société étrangère est en dehors de l'UE, l'article 6-1 de la Convention de Lugano s'applique, cet article reprenant des dispositions similaires à celles du Règlement précité, à savoir « ce même défendeur peut aussi être attrait s'il y a plusieurs défendeurs, devant le tribunal de l'un d'eux ».

1842 CA Versailles, 16 septembre 2004, RG n° 2003/02914.

de compétence territoriale est réputée non écrite à moins qu'elle n'ait été convenue entre des personnes ayant toutes contracté en qualité de commerçant et qu'elle n'ait été spécifiée de façon très apparente dans l'engagement de la partie à qui elle est opposée ». Toutefois, si dans une procédure normale, la clause attributive de compétence demeure valable, il en va différemment en cas de saisie du juge des référés, dans la mesure où dans ce cas, elle est inopposable au demandeur[1843].

2. En cas d'application à une société étrangère

1431. Dans ce cas, la clause attributive de compétence est régie par des règles similaires à celles prévalant en cas de mise en cause de la responsabilité délictuelle (voir § 1368 à 1373). La juridiction compétente correspondra donc là aussi à celle prévue au contrat et librement consentie entre les deux sociétés[1844].

B. En l'absence de clause attributive de compétence

1. Si la relation commerciale se limite au marché français

1432. Dans ce cas, l'article 46 du Code de procédure civile s'applique, indiquant « *le demandeur peut saisir à son choix, outre la juridiction du lieu où demeure le défendeur [...] en matière contractuelle, la juridiction du lieu de la livraison effective de la chose ou du lieu de l'exécution de la prestation de service* ».

2. Si la relation commerciale dépasse le cadre du marché français

1433. À ce titre, les dispositions applicables[1845] indiquent que dans ce cas la juridiction compétente correspond « *en matière contractuelle, [au] tribunal du lieu où l'obligation qui sert de base à la demande a été ou doit être exécutée* ». En matière de droit communautaire, l'article 5-1 du Règlement n° 44/2001 apporte des précisions complémentaires, indiquant qu' « *aux fins de l'application de la présente disposition, et sauf convention contraire, le lieu d'exécution de l'obligation qui sert de base à la demande est :*

- *pour la vente de marchandises, le lieu d'un État membre où, en vertu du contrat, les marchandises ont été ou auraient dû être livrées ;*
- *pour la fourniture de services, le lieu d'un État membre où, en vertu du contrat, les services ont été ou auraient dû être fournis* ».

1434. Dans le cadre d'une rupture brutale de relation commerciale fondée sur l'article 1240[1846] du Code civil, les juges ont ainsi considéré que le tribunal compétent était celui du ressort du siège de la société française victime de la rupture[1847].

[1843] Cass. civ., 17 juin 1998, Pourvoi n° 95-10.563 ; Cass. com., 25 juin 2002, Pourvoi n° 99-14.761.

[1844] CA Versailles, 30 septembre 2004, RG n° 01/07008.

[1845] Articles 5-1 de la Convention de Lugano du 30 octobre 2007 et du Règlement n° 44/2001.

[1846] Ancien article 1382 du Code civil dans la décision.

[1847] CA Besançon, 14 juin 2016, RG n° 15/00325.

1435. Cependant, d'autres décisions relatives à la vente de marchandises ont au contraire considéré que le lieu de la prestation la plus caractéristique correspondait au lieu où le fournisseur exerçait son activité et non à l'endroit où les marchandises devaient être livrées. Dans une affaire par exemple, le litige opposait un fournisseur allemand et un distributeur français[1848], et les juges ont considéré que la prestation la plus caractéristique correspondait à celle du fournisseur. Réciproquement, dans un litige opposant un fournisseur mis en cause de droit français à un distributeur de droit belge, les juges ont considéré que la loi alors applicable était la loi française[1849].

*

1436. En conclusion, l'intérêt à mettre en œuvre l'article L. 442-1 du Code de commerce plutôt que les dispositions générales du Code civil, peut résider dans la possibilité, du fait qu'il engage la responsabilité délictuelle lorsqu'il est mis en œuvre par le ministre, d'écarter l'application d'une clause attributive de compétence ou d'une loi étrangère en cas d'absence d'une telle clause.

1437. En effet, en responsabilité délictuelle, la juridiction compétente est déterminée par la notion de « *lieu du fait dommageable* » par opposition à celle du « *lieu où l'obligation qui sert de base doit être exécutée* », ce qui peut procurer davantage de souplesse au demandeur.

1438. Le diagramme suivant résume la méthodologie à suivre pour déterminer la juridiction compétente d'un cas d'espèce.

1848 CA Rouen, 15 mai 2007, RG n° 03/04545.

1849 Cass. civ., 25 novembre 2003, Pourvoi n° 01-01.414.

§ 4. Synthèse comparative sur la juridiction compétente en matière de litige commercial

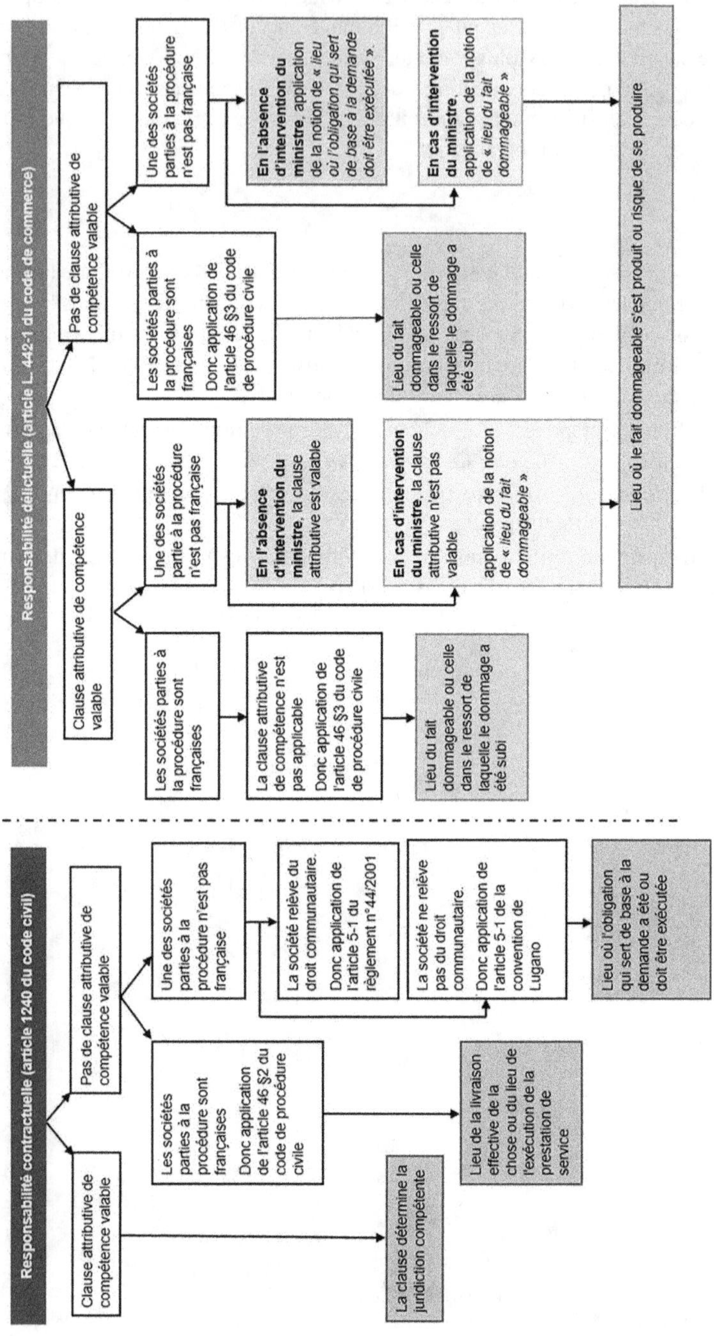

Section 2
La recevabilité de l'action

1439. L'article L. 442-4 du Code de commerce prévoit que « *pour l'application des articles L. 442-1, L. 442-2, L. 442-3, L. 442-7 et L. 442-8, l'action est introduite devant la juridiction civile ou commerciale compétente* par toute personne justifiant d'un intérêt, *par le ministère public,* par le ministre chargé de l'économie *ou par le président de l'Autorité de la concurrence lorsque ce dernier constate, à l'occasion des affaires qui relèvent de sa compétence, une pratique mentionnée aux articles précités* » (exergue ajouté).

1440. Si les dispositions relevant de la rupture brutale des relations commerciales sont généralement mises en œuvre par les entreprises elles-mêmes ou leurs représentants, les autres dispositions, et notamment l'avantage sans contrepartie ou le déséquilibre significatif font souvent suite à l'intervention du ministre lui-même.

1441. En dehors d'une telle intervention, lorsque la procédure est uniquement déclenchée par la victime potentielle des pratiques, il est nécessaire qu'existe un lien commercial qu'il soit direct ou indirect, et que les faits ne soient pas prescrits (1). Lorsque la procédure est mise en œuvre par le ministre, des règles spécifiques s'appliquent (2).

1442. L'article L. 442-4 précité prévoit également la possibilité pour l'Autorité de la concurrence d'initier une action pour sanctionner des pratiques restrictives de concurrence. Dans les faits, une telle intervention demeure cependant tout à fait marginale[1850]. Ces dispositions lui confèrent aussi le statut de partie à la procédure, et donc lui permet d'interjeter appel en application des dispositions de l'article 546 du Code de procédure civile. Ce type d'action est toutefois très rare. D'un point de vue procédural, l'Autorité de la concurrence est dépourvue de personnalité morale, et doit être représentée en justice et dans tous les actes de la vie civile par son président, lequel a qualité pour agir en justice au nom de l'Autorité de la concurrence[1851].

§ 1. Les règles générales

A. L'intérêt à agir à travers le lien commercial

1443. L'action peut être introduite par tout partenaire économique justifiant d'un intérêt à agir, qu'il existe un lien commercial direct ou indirect.

1. Lorsqu'il existe un lien commercial direct

1444. Les articles L. 442-1 à L. 442-3 du Code de commerce peuvent être mis en œuvre par tout partenaire économique justifiant d'un intérêt à agir. Au-delà du déclenchement de l'action, les sociétés victimes de pratiques restrictives de

---

1850 Par exemple suite à : Adlc, décision n° 07-D-50 du 20 décembre 2007 relative à des pratiques mises en œuvre dans le secteur de la distribution de jouets.

1851 CA Caen, 26 mars 2013, RG n° 11/03883.

concurrence peuvent intervenir dans une procédure initiée par le ministre[1852]. Cette intervention bien que ne constituant pas une condition nécessaire à l'action du ministre est possible, aux fins par exemple de corroborer les constatations mises en avant par le ministre.

1445. Au-delà des sociétés ou associations qui peuvent être victimes, l'action d'un syndicat professionnel qui intervient au renfort de son adhérent peut être recevable dans la mesure où il a pour objet de préserver les intérêts de ses adhérents, et s'il dispose à ce titre d'un pouvoir pour mener auprès des tribunaux toute action nécessaire pour atteindre cet objectif[1853].

1446. Le liquidateur judiciaire ou le mandataire social peuvent aussi engager une procédure au titre de ces dispositions pourvu que leurs pouvoirs ne soient pas expressément limités et qu'ils disposent du pouvoir d'ester en justice aussi bien en demande qu'en défense[1854], et ce, quand bien même le plan de cession aurait été complètement réglé[1855]. Pour autant, le commissaire à l'exécution du plan n'a en revanche pas qualité à agir pour représenter le débiteur dans le cadre d'une action basée sur l'article L. 442-1 du Code de commerce, cette action ne tendant pas à la défense des intérêts collectifs des créanciers, et s'agissant d'un préjudice particulier[1856].

2. Lorsqu'il existe uniquement un lien commercial indirect

1447. De manière générale, un tiers non lié contractuellement avec la société intimée n'est pas fondé à agir sur le fondement des articles L. 442-1 à L. 442-3 du Code de commerce. Tel est le cas, par exemple, d'une société visant les accords signés entre son concurrent et les fournisseurs de ce dernier[1857].

1448. Pour autant, dans certains cas très particuliers, il est possible que le demandeur ne soit pas contractuellement lié à l'une des sociétés qu'il met en cause (voir § 653 et s. en cas de sous-traitance, ainsi que § 1700 et s. pour les autres cas). Pour ce faire, il est nécessaire que le demandeur prouve avoir subi un préjudice personnel et distinct de celui qui aurait été subi par la société directement liée à la société mise en cause[1858].

1449. À titre d'illustration, les adhérents d'une coopérative peuvent être légitimes à agir suivant les circonstances dans laquelle s'insère la relation avec leur coopérative. En l'espèce[1859], les règles d'adhésion limitaient totalement leurs débouchés ayant l'obligation de confier l'intégralité de leur production à la coopérative. Dès lors, compte tenu du mode de production soumis à de telles règles de mise sur le marché, la perte brutale et sans préavis d'une filière exclusive de transformation

---

1852 TC Paris, 28 mai 2019, RG n° 2017005123.

1853 CA Lyon, 15 janvier 2004, RG n° 02/03192 – Voir aussi TC Brest, 7 décembre 2007, RG n° 2006/001400.

1854 CA Paris, 16 septembre 2009, RG n° 07/13021 – Voir aussi CA Caen, 27 novembre 2008, RG n° 05/02182 ; CA Nancy, 23 novembre 2005, RG n° 04/03710.

1855 CA Caen, 2 juin 2005, RG n° 03/03155 – l'argument du défendeur se basait sur l'article L. 621-90 du Code de commerce depuis abrogé.

1856 CA Aix-en-Provence, 2 février 2012, RG n° 11/12002.

1857 CA Paris, 17 octobre 2013, RG n° 11/19394.

1858 Cass. com., 26 novembre 2013, Pourvoi n° 12-26.332 ; voir également TC Rennes, 22 octobre 2019, RG n° 2017F00131.

1859 CA Amiens, 21 juin 2012, RG n° 11/01055.

de leur production légumière est de nature à générer pour chaque sociétaire un préjudice personnel distinct de celui de la société coopérative, résultant de la désorganisation de son exploitation agricole et des pertes économiques découlant d'un changement brutal de pratiques culturales.

1450. De même, les anciens actionnaires de la société victime des pratiques peuvent aussi avoir intérêt à agir. Dans une affaire par exemple[1860], les actionnaires avaient dû consentir un rabais substantiel à leur acheteur du fait de la brutalité de la rupture occasionnée par la décision unilatérale de la société mise en cause, et la perte de chiffre d'affaires en découlant, si bien qu'ils étaient légitimes à mettre en cause la société en leur nom propre. À plus forte raison, les actionnaires actuels de la société victime des pratiques peuvent agir en justice sur un fondement délictuel[1861]. La responsabilité délictuelle, quand elle est applicable, est ainsi plus large que la responsabilité contractuelle.

B. La prescription

1451. Depuis 2008, l'action fondée sur les articles L. 442-1 à L. 441-3 du Code de commerce est soumise à une prescription de 5 ans[1862], sans que la date d'introduction à l'instance ait une quelconque incidence sur la qualification des pratiques[1863], ce dont il a été fait application dans au moins une décision[1864]. Bien entendu, si les faits relèvent des dispositions antérieures prévoyant une prescription de 10 ans, cette dernière durée s'applique au litige[1865].

1452. Des cas particuliers peuvent exister :

- **lorsque par exemple l'action en déséquilibre vise la nullité des clauses** : dans une affaire, la Cour d'appel a considéré que « *l'action tendant à faire réputer non écrite une clause contractuelle sur le fondement des dispositions de l'article L. 442-6 du Code de commerce précitées n'est enfermée dans aucun délai de prescription, une clause réputée non écrite étant censée ne jamais avoir existé, ce sans que la société [mise en cause] n'invoque utilement à ce stade que seule la nullité des clauses peut être sollicitée pour sanctionner le déséquilibre significatif sur le fondement des dispositions précitées du Code de commerce* »[1866] ;
- **En cas d'action du ministre** : comme rappelé par le Conseil constitutionnel, son action n'est pas une action de substitution des parties potentiellement lésées mais une action autonome répondant à une finalité propre de défense de l'intérêt économique et de l'ordre public économique, et non à un objectif

1860 CA Toulouse, 15 septembre 2010, RG n° 08/00313.

1861 CA Bordeaux, 26 mars 2012, RG n° 10/03519.

1862 Article L. 110-4 du Code de commerce.

1863 CA Amiens, 30 novembre 2001, RG n° 00/00407.

1864 CA Paris, 5 avril 2018, RG n° 15/24001.

1865 Cass. com., 11 septembre 2012, Pourvoi n° 11-17.458.

1866 CA Paris, 24 mai 2019, RG n° 17/08357, Sibylle Chaudouet, Déséquilibre significatif : La Cour d'appel de Paris se retrouve en proie aux affres de la prescription d'une demande fondée sur le déséquilibre significatif (Econocom France / Bois & Matériaux), 24 mai 2019, Concurrences N° 3-2019, Art. N° 91643. CA Paris, 24 mai 2019, RG n° 17/08357.

de défense des intérêts privés. Dès lors, la prescription applicable court ainsi à partir des premiers actes d'enquête et non à partir de la date à partir de laquelle les contrats en cause ont été conclus[1867]. Cette approche est valable tant pour les demandes qui peuvent être spécifiquement demandées par le ministre (demandes réservées) que pour celles qui auraient pu être demandées par les parties lésées elle-mêmes (demandes partagées). Dans ce cas, la prescription est régie par les règles de droit commun issues de l'article 2224 du Code civil suivant lequel le délai court à compter du jour où le titulaire d'un droit a connu ou aurait dû connaître les faits lui permettant de l'exercer, en l'occurrence la date des premiers actes d'enquête[1868]. Dans cette affaire, les juges ont également considéré que cette approche demeure applicable aux interventions volontaires de sociétés dont le contrat avait été signé plus de 5 ans auparavant mais qui n'avaient pris connaissance de leur capacité d'agir en justice que suite à leur audition par la DGCCRF.

1453. Le fait qu'il existe une prescription spécifique au secteur d'un point de vue contractuel, ne fait pas obstacle à l'application du dispositif sanctionnant les pratiques restrictives de concurrence, s'agissant d'une action délictuelle. Tel est le cas, par exemple, de la prescription annale dans le transport de marchandises, qui de ce fait n'est pas opposable à une action délictuelle sur la base des articles L. 442-1 à L. 442-3 du Code de commerce[1869].

§ 2. Les règles spécifiques en cas d'action autonome du ministre

1454. Le ministre est recevable dans son action qu'il intervienne à titre principal de manière autonome, ou qu'il intervienne à titre subsidiaire, notamment à l'appui de victimes présumées de pratiques restrictives de concurrence. À cet égard, son action n'est nullement conditionnée à la persistance des pratiques dénoncées[1870].

1455. Par ailleurs, la communication de son action par le ministre, et la publicité en découlant, n'est pas condamnable dans la mesure où il agit dans le cadre de sa mission de protection de l'ordre public économique[1871]. En tout état de cause, un abus de la part du ministre dans l'exercice de son action[1872] peut être sanctionné par la mise en cause de la responsabilité de l'État, mais cela n'influe pas sur la recevabilité de l'action[1873].

1867 TC Paris, 13 octobre 2020, RG n° 2017005123.

1868 TC Rennes, 22 octobre 2019, RG n° 2017F00131.

1869 Cass. com., 11 mai 2010, Pourvoi n° 09-10.797. L'application de ces dispositions peut également être écartée si la prestation en cause n'entre pas dans le champ d'application de l'article L. 133-6 du Code de commerce (en l'espèce s'agissant de mise à disposition de véhicules avec une facturation non à la marchandise mais au kilomètre selon le type de camion utilisé – CA Paris, 27 février 2019, RG n° 17/14839).

1870 TGI Hazebrouck, 7 mai 2008, RG n° 06/00167 ; TC Lille, 4 mars 2008, RG n° 2006/03753 ; TC Meaux, 24 janvier 2012, RG n° 2009/02296.

1871 Cass. com., 26 avril 2017, Pourvoi n° 15-26.780.

1872 Dans le cas où son action soit arbitraire ou discriminatoire, par exemple.

1873 CA Reims, 5 novembre 2007, RG n° 06/01898.

1456. La compatibilité de l'article L. 442-1 du Code de commerce avec la CESDH (A), ou avec d'autres principes généraux du droit (B), a pu être très contestée par le passé, mais est désormais définitivement validée. Les demandes adressées par le ministre doivent néanmoins respecter certaines conditions pour être recevables (C). Par ailleurs, suivant les caractéristiques de l'espèce, une société victime de pratiques restrictives de concurrence peut avoir intérêt à associer la DGCCRF à la procédure (D).

A. La compatibilité des articles L. 442-1 à L. 442-3 avec la CESDH

1457. Le législateur a souhaité que l'action du ministre au titre des articles L. 442-1 à L. 442-3 du Code de commerce ne soit pas conditionnée par le fait que les victimes présumées soient parties à l'instance, d'où le caractère autonome de l'action du ministre. Le principe de cette autonomie d'action a pu toutefois être présenté comme étant contraire à la Convention européenne de sauvegarde des Droits de l'Homme (CESDH), et plus particulièrement l'article 6, concernant le droit à un procès équitable.

1458. En instaurant les articles L. 442-1 à L. 442-3 du Code de commerce, les pouvoirs publics souhaitaient sanctionner le trouble à l'ordre public économique (1), ce qui a depuis été validé par les plus hautes instances judiciaires (2). La mise en œuvre de l'action autonome du ministre implique néanmoins le respect de certaines conditions (3).

1. L'approche souhaitée initialement par les pouvoirs publics : sanctionner l'atteinte à l'ordre public économique

1459. L'objectif initialement poursuivi par le législateur à travers ces dispositions consistait à « *donner plus d'efficacité à l'action du ministre devant les tribunaux en lui permettant de demander la nullité des clauses illicites et la réparation du préjudice subi, car actuellement ne lui est reconnue, en l'absence de plaignant, que la possibilité de demander la cessation des pratiques abusives* »[1874], « *c'est pourquoi [...] cet article prévoit que le ministre chargé de l'économie puisse se substituer aux victimes, inhibées par la crainte de représailles de leurs puissants partenaires, pour obtenir du juge civil ou commercial un certain nombre de dispositions. Cependant, autant il est légitime que les tribunaux puissent lui accorder, en tant que garant de l'ordre public économique, la cessation de pratiques abusives, l'annulation des contrats ou des clauses illicites, la répétition de l'indu ou le prononcé d'une amende civile, autant la réparation des préjudices subis, sous la forme de dommages et intérêts, implique une action des parties lésées elles-mêmes et exclut que l'on puisse plaider par procureur* »[1875].

1460. En définitive, l'objectif premier de ces dispositions consiste à sanctionner le trouble à l'ordre public économique par le ministre, et non pas à réparer les préjudices

[1874] Présentation du projet de loi NRE à l'Assemblée nationale par le ministre de l'Économie du 20 mars 2000.

[1875] Présentation du projet de loi NRE à l'Assemblée nationale par Monsieur le Sénateur Marini le 4 octobre 2000.

éventuels liés à un intérêt privé spécifique. C'est pour cette raison que toute action en réparation du préjudice initiée par le ministre lui-même est irrecevable[1876], ce dernier ne pouvant intervenir que dans le cadre qui lui est donné : le prononcé d'une amende civile, la restitution de l'indu, et la nullité des clauses.

2. Une compatibilité définitivement validée

1461. Jusqu'en 2008, il existait une certaine inconstance jurisprudentielle quant à la légitimité fondant l'action autonome du ministre, certains jugements estimant que cette action était contraire à l'article 6-1 de la Convention européenne de sauvegarde des Droits de l'Homme[1877].

1462. Dans deux arrêts fondateurs[1878], la Cour de cassation valide l'action du ministre en statuant qu'« *attendu que l'action du ministre chargé de l'économie, exercée en application des dispositions [des articles L. 442-1 à L. 442-3 du Code de commerce ...] est une action autonome de protection du fonctionnement du marché et de la concurrence, qui n'est pas soumise au consentement ou la présence des fournisseurs ; [...]*

Attendu que pour décider que l'action du ministre chargé de l'économie était irrecevable et dire sans objet sa demande d'amende civile, l'arrêt retient que par son action fondée sur les dispositions de l'article [L. 442-4] du C. com., il recherchait le rétablissement des fournisseurs dans leurs droits patrimoniaux individuels afin de défendre et de restaurer l'ordre public économique prétendument troublé par les transactions intervenues [entre les sociétés] et qu'il avait introduit cette action de substitution sans en informer les fournisseurs, titulaires des droits et qu'il a poursuivi la procédure sans les y associer alors que 17 d'entre eux avaient expressément exprimé leur volonté contraire en violation de l'article 6 § 1 de la Convention qui garantit à toute personnes le droit à ce que sa cause soit entendue équitablement devant un tribunal indépendant et impartial qui décidera des contestations sur ses droits et obligations de caractère civil ;

Attendu qu'en statuant ainsi, la Cour d'appel a violé les textes susvisés »[1879].

1463. Un autre arrêt d'ajouter que « *l'action du ministre chargé de l'économie, exercée en application des dispositions de l'article [L. 442-4] [...] est une action autonome de protection du fonctionnement du marché et de la concurrence qui n'est pas soumise au consentement ou à la présence des fournisseurs ; que c'est donc à bon droit que la Cour d'appel a retenu que l'intervention du ministre de l'Économie, des finances et de l'industrie concernait un domaine d'activité où la liberté contractuelle des fournisseurs peut parfois être rendue virtuelle par des*

1876 CA Caen, 29 octobre 2009, RG n° 08/01874.

1877 À titre d'illustration : CA Versailles, 3 mai 2007, RG n° 05/09223 ; CA Angers, 29 mai 2007, RG n° 06/00563 ; CA Angers, 10 juin 2008, RG n° 07/01769.

1878 Cass. com., 8 juillet 2008, Pourvoi n° 07-16.761 et Cass. com., 8 juillet 2008, Pourvoi n° 07-13.350, Daniel Fasquelle, Laurent Roberval, *Fausse coopération commerciale : La Cour de cassation vient au secours du ministre de l'Économie et consacre le caractère autonome de l'action prévue à l'article L. 442-6 III) du Code de commerce (ITM alimentaire c/ ministre de l'Économie)*, 8 juillet 2008, *Concurrences* N° 4-2008, Art. N° 22308, pp. 95-96.

1879 Cass. com., 8 juillet 2008, Pourvoi n° 07-16.761.

pratiques commerciales que le législateur a voulu interdire pour garantir les droits fondamentaux des opérateurs économiques »[1880].

1464. La conformité de ces dispositions avec la CESDH et plus particulièrement avec le droit à un procès équitable, a ensuite été validée par le Conseil constitutionnel[1881] principalement sur la base de deux arguments. Premièrement, les dispositions de l'article L. 442-4 n'interdisent pas à une victime présumée de saisir elle-même la juridiction civile, pas plus que le défendeur d'appeler à la cause son cocontractant. Deuxièmement, le législateur peut reconnaître à une autorité le pouvoir d'introduire, pour la défense d'un intérêt général, une action en justice visant à faire cesser une pratique contraire à l'ordre public sans que la liberté contractuelle ne s'oppose à l'exercice de ce pouvoir.

1465. Finalement, les différentes juridictions ont validé sans ambigüité :

- l'action autonome du ministre ;
- le fait qu'il n'agisse pas en action de substitution vis-à-vis des fournisseurs, leur présence et/ou consentement n'est donc pas nécessaire à la poursuite de l'action ;
- qu'il ne s'agit pas de rétablir les droits patrimoniaux des fournisseurs (approche civiliste du litige) ;
- que la finalité de l'action est bien la protection du marché contre un trouble à l'ordre public économique.

1466. Cette approche a depuis été validée par plusieurs décisions[1882] comme dans une affaire, par exemple, où la cour rappelle que l'action du ministre « *constitue une action de protection du fonctionnement du marché et de la concurrence qui n'est pas soumise au consentement ou à la présence des fournisseurs mais qui garantit les droits fondamentaux des opérateurs économiques et est justifiée par des impératifs légitimes d'intérêt général. L'intérêt de ces dispositions législatives d'ordre public est de permettre l'action du ministre pour obtenir la condamnation des opérateurs ayant commis des pratiques illicites à des sanctions, sans possibilité pour des parties privées de paralyser leur application de par leur seule volonté* »[1883].

1467. Finalement, la CESDH a définitivement validé l'action autonome du ministre et le fait qu'il n'agissait pas en substitution des fournisseurs en indiquant que « *le ministre agit avant tout en défense de l'ordre public économique qui n'est pas limité aux intérêts immédiats des fournisseurs. Le ministre par son action, n'exclut pas les cocontractants lésés par la relation commerciale puisque ces derniers restent en droit d'engager eux-mêmes une action en justice aux fins d'obtenir l'annulation des clauses ou des contrats illicites, la réparation de l'indu et le paiement des dommages-intérêts, ou de se joindre à l'instance initiée par le ministre. [...] Il y a donc lieu de rejeter l'argument de la requérante selon*

[1880] Cass. com., 16 décembre 2008, Pourvoi n° 08-13.162.

[1881] Décision du Conseil constitutionnel n° 2011–126 QPC, 13 mai 2011, Société Système U Centrale Nationale et autre [Action du ministre contre des pratiques restrictives de concurrence].

[1882] CA Nîmes, 25 février 2010, RG n° 07/00606 ; CA Bastia, 30 septembre 2009, RG n° 07/00993 ; CA Grenoble, 17 décembre 2009, RG n° 07/03290 ; CA Rennes, 20 janvier 2009, RG n° 07/07013 ; CA Rennes, 20 janvier 2009, RG n° 08/00246 ; Cass. com., 5 mai 2009, Pourvoi n° 08/15.264 ; CA Rennes, 5 novembre 2008, RG n° 07/04842 ; ce dernier jugement contient des développements très intéressants étayant la conformité de l'article avec la CESDH.

[1883] CA Paris, 2 février 2012, RG n° 09/22350.

lequel le ministre aurait agi en substitution des fournisseurs, ceux-ci disposant d'un droit de recours autonome à celui du ministre et vice-versa »[1884].

1468. Au surplus, l'équilibre entre les parties est assuré par la soumission de l'action du ministre aux dispositions du Code de procédure civile, que ce soit pour le mode de résolution des conflits, pour l'administration de la preuve, ou encore pour la communication des pièces, étant rappelé que le procès est la chose des parties qui apportent au soutien de leurs prétentions les éléments de preuve qu'elles choisissent et que le juge statue au vue des seuls éléments de preuve qui lui sont communiqués[1885].

3. Les conséquences de la validation du caractère autonome de l'action du ministre vis-à-vis des victimes présumées des pratiques

a) L'action du ministre n'est pas une action de substitution

1469. Parce que c'est la prévention du trouble à l'ordre public économique qui motive l'action du ministre, et non la réparation d'un préjudice particulier, le ministre n'agit donc pas en substitution au nom des fournisseurs. Son action vise ainsi non pas la défense d'intérêts privés qui exigerait la présence du cocontractant, mais uniquement la défense de l'ordre public économique[1886].

1470. Cela explique pourquoi ni l'absence de vice de consentement (b), ni l'opposition des fournisseurs (c) ne sont nécessaires à l'application du texte. En revanche, si la présence des fournisseurs à l'instance n'est pas non plus nécessaire (d), il paraît préférable qu'ils soient informés de l'action, y compris en cours de procédure (e).

b) Le vice de consentement n'est pas une condition nécessaire

1471. Le vice de consentement du fournisseur n'a pas à être démontré, car il ne constitue pas une condition nécessaire à l'application de l'article L. 442-1 du Code de commerce. Ainsi, la qualification de ces manquements n'est ni conditionnée à la démonstration d'un vice de consentement de la victime, ni à l'existence de pressions exercées à son encontre. Le texte vise en effet seulement à sanctionner les pratiques restrictives de concurrence qui troublent l'ordre public économique, et nuisent à l'établissement d'un rapport de force relativement équilibré entre les parties[1887]. Cette approche est d'ailleurs parfaitement illustrée par le fait que la seule tentative d'obtention d'un avantage sans contrepartie ou tentative de soumission à un déséquilibre significatif relève d'un manquement. Dans ce cas, le consentement, et donc à plus forte raison le vice de consentement, n'est donc pas nécessaire[1888].

1884 CEDH, 17 janvier 2012, n° 51255/08 GALEC c/ France.

1885 CA Paris, 11 septembre 2013, RG n° 11/17941, Mireille Dany, Marianne Le Moullec, Déséquilibre significatif : La Cour d'appel de Paris confirme la décision du Tribunal de commerce de Lille qui, sur saisine du ministre de l'Économie, avait condamné un distributeur à une lourde amende civile en raison du caractère déséquilibré de deux clauses de la convention annuelle conclue avec ses fournisseurs (Eurauchan), 11 septembre 2013, Concurrences N° 4-2013, Art. N° 59272, p. 103. CA Paris, 11 septembre 2013, RG n° 11/17941.

1886 CA Douai, 13 octobre 2005, RG n° 04/01971.

1887 CA Rennes, 20 janvier 2009, RG n° 07/07013 ; CA Rennes, 20 janvier 2009, RG n° 08/00246.

1888 Attendu de la CA Bourges, 18 octobre 2004, RG n° 04/01019 confirmé par Cass. com., 20 février 2007, Pourvoi n° 04-20.449.

c) L'opposition des fournisseurs n'est pas nécessairement un obstacle

1472. Non seulement il n'est pas nécessaire que les fournisseurs soient partie à l'instance, mais en outre, quand bien même ils s'opposent à la procédure, l'action autonome du ministre demeure légitime au titre du trouble à l'ordre public économique. Dans une affaire par exemple[1889], la cour a écarté le moyen tiré d'attestions de fournisseurs déclarant qu'ils étaient satisfaits du service, et donc ne souhaitaient pas être cités à la procédure, jugeant que l'action autonome du ministre n'avait pas pour conditions *sine qua non* l'adhésion des prétendues victimes puisqu'il s'agissait de sanctionner un trouble à l'ordre public économique. Au demeurant, comme nous le verrons ultérieurement (voir § 1540 et 1543), la pertinence de telles attestations comme moyen de preuve peut être utilement discutée.

1473. La contestation de l'action du ministre par les victimes présumées des pratiques peut toutefois être prise en compte par la juridiction, le défendeur pouvant appeler en cause son cocontractant pour, le cas échéant, témoigner à décharge. Néanmoins, il n'appartient pas au ministre de demander l'adhésion du cocontractant pour saisir la juridiction civile[1890], ce qui est d'ailleurs conforme à la décision de la CESDH citée *supra*[1891] sans quoi cela pourrait interdire au ministre l'accès au tribunal.

d) La présence des fournisseurs à l'instance n'est pas une condition nécessaire...

1474. Dans le cadre d'une action initiée par le ministre, il est fréquent que les fournisseurs ne soient pas partie à la procédure, de crainte notamment de représailles de la part de leur client distributeur. En effet, si dans le cadre d'une rupture brutale la société victime n'a plus rien à perdre, la relation étant rompue, tel n'est généralement pas le cas pour les autres manquements prévus par les articles L. 442-1 à L. 442-3 du Code de commerce. C'est notamment ce risque que le législateur a voulu prévenir en permettant au ministre d'exercer une action autonome non conditionnée à la présence du (ou des) fournisseur(s).

1475. Le principe de l'autonomie de l'action du ministre ayant été entériné par la Cour de cassation et la CESDH, il n'est donc pas nécessaire que les fournisseurs soient présents à l'instance, et ce, même dans le cadre d'une procédure en restitution de l'indu. À ce titre, l'essentiel des décisions en restitution de l'indu hors rupture ont ainsi été prononcées sans qu'aucun fournisseur ne soit partie à l'instance.

e) ... mais il est nécessaire que les fournisseurs aient connaissance de la procédure

1476. L'action autonome du ministre a été validée par le Conseil constitutionnel par une décision du 13 mai 2011[1892], indiquant « *que ni la liberté contractuelle ni le droit à un recours juridictionnel effectif ne s'opposent à ce que, dans l'exercice de ce pouvoir, cette autorité publique poursuive la nullité des conventions illicites,*

1889 Cass. com., 8 juillet 2008, Pourvoi n° 07-16.761.

1890 CA Rennes, 20 janvier 2009, RG n° 07/07013 ; CA Rennes, 20 janvier 2009, RG n° 08/00246.

1891 CEDH, 17 janvier 2012, n° 51255/08 GALEC c/ France.

1892 Cons. const., 13 mai 2011, n° 2011-126 QPC, Société Système U Centrale Nationale et autre [Action du ministre contre des pratiques restrictives de concurrence].

la restitution des sommes indûment perçues et la réparation des préjudices que ces pratiques ont causés, dès lors que les parties au contrat ont été informées de l'introduction d'une telle action ».

1477. Par conséquent, le Conseil constitutionnel conditionne la demande en restitution de l'indu et/ou en nullité des clauses, au fait que les sociétés prétendument lésées soient prévenues de l'introduction par le ministre d'une action devant les juridictions civiles[1893]. Il n'impose pas pour autant un formalisme particulier quant aux modalités attachées à cette information, et notamment d'évoquer la possibilité pour le fournisseur d'agir à titre principal et autonome, et pas seulement dans le cadre d'une intervention volontaire[1894]. Il n'a donc pas obligation de s'enquérir de leur volonté d'agir en justice pour solliciter des indemnités. En effet, l'obligation porte uniquement sur la procédure et n'a pas à être réalisée dès l'introduction de celle-ci. En application de l'article 554 du Code de procédure civile, les fournisseurs dûment avisés peuvent intervenir volontairement en cause d'appel. Il importe peu que cette intervention ne soit qu'accessoire et que les fournisseurs ne puissent formuler devant la cour des demandes de condamnations à titre personnel, celles-ci pouvant ultérieurement être présentées par les fournisseurs devant la juridiction compétente[1895].

1478. Cette obligation d'information s'étend non seulement aux fournisseurs concernés par les contrats litigieux mais aussi aux tiers ayant réalisé une prestation dans le cadre desdits contrats. Par exemple, dans le cadre d'un service consistant pour le distributeur à sous-traiter des analyses de produits, et en faire supporter la charge par le fournisseur, il incombe au ministre d'informer lesdits fournisseurs, ainsi que les laboratoires chargés des analyses[1896].

(i) En cas de demande de nullité et de restitution de l'indu

1479. L'obligation d'information préalable explique pourquoi dans plusieurs affaires[1897], les fournisseurs n'ayant pas été prévenus, le ministre a changé ses prétentions en ne demandant plus l'annulation des clauses et la restitution de l'indu, mais uniquement la cessation des pratiques et une amende civile, approche qui a été validée par la Cour d'appel[1898], puis par la Cour de cassation[1899].

[1893] Bien qu'antérieurement à la décision du Conseil constitutionnel de 2011, une Cour d'appel s'était déjà prononcée sur cette base – CA Versailles, 3 mai 2007, RG n° 05/09223.

[1894] TC Paris, 24 septembre 2013, RG n° 2011058615 ; CA Paris, 29 juin 2016, RG n° 14/09786.

[1895] CA Aix-en-Provence, 3 avril 2014, RG n° 13/04060.

[1896] CA Paris, 12 juin 2013, RG n° 11/03025.

[1897] TC Lille, 6 janvier 2010, RG n° 2009/05184 ; TC Meaux, 6 décembre 2011, RG n° 2009/02295 ; TC Lille, 7 septembre 2011, RG n° 2009/05105 ; TC Meaux, 24 janvier 2012, RG n° 2009/02296.

[1898] CA Paris, 4 juillet 2013, RG n° 12/07651 ; CA Paris, 11 septembre 2013, RG n° 17941.

[1899] Cass. com., 3 mars 2015, Pourvoi n° 13-27.525, Jean-Louis Fourgoux, Déséquilibre significatif : La Cour de cassation rejette le pourvoi formé par deux enseignes de la distribution contre les arrêts ayant accueilli l'action du ministre chargé de l'économie et déclaré que les clauses des contrats de référencement créaient un déséquilibre significatif dans les droits et obligations des parties au sens de l'art. L. 442-6 du Code de commerce (Eurauchan, Provéra), 3 mars 2015, Concurrences N° 2-2015, Art. N° 72980, pp. 117-119. Cass. com., 3 mars 2015, Pourvoi n° 13-27.525.

1480. En effet, la Cour d'appel de Paris a motivé ce choix en précisant que, suivant le commentaire de la décision du Conseil constitutionnel précitée, « *la nécessité d'informer les cocontractants s'impose en raison de l'immixtion du pouvoir public dans le champ contractuel qui, par principe, n'appartient qu'aux parties et constitue leur loi. L'examen des moyens fondant la question prioritaire de constitutionnalité permet d'ailleurs de constater que la disposition en cause était attaquée en ce qu'elle portait atteinte, d'une part, au droit au recours juridictionnel, qui comporte le droit de décider ou non d'intenter une action en justice, d'autre part, à la liberté contractuelle, qui laisse aux partenaires économiques le droit de décider ce qui est, ou non, conforme à leurs intérêts. Dans ce contexte, lorsque le ministre de l'Économie intervient pour faire reconnaître par l'autorité judiciaire que la pratique consistant à faire figurer certaines clauses dans un contrat, doivent cesser, parce qu'elles sont de nature à instaurer un déséquilibre significatif entre les parties, il exerce une action qui lui est propre, visant à maintenir ou à rétablir l'ordre public économique. En ne demandant pas la nullité des contrats, ni toutes les conséquences qui en découlent, comme les restitutions et la réparation des préjudices éventuels, il n'intervient pas dans le champ d'action qui n'appartient théoriquement qu'aux parties et que le législateur a exceptionnellement ouvert au tiers qu'est le ministre, à la condition qu'il informe les parties de cette action* »[1900].

1481. Pour autant, la CEDH considère que quand bien même cette condition ne soit pas remplie « *il n'est pas démontré que cela aurait causé un préjudice quelconque dans le chef de la requérante au titre des garanties de l'article 6 § 1 dans la mesure où la requérante était libre d'attirer ses cocontractants à l'instance* »[1901]. La Cour de cassation a néanmoins une appréciation plus restrictive en considérant qu'à partir du moment où les demandes du ministre s'immiscent dans le contrat en cours (soit une demande d'annulation des conventions, ou de restitution de l'indu), cette information est nécessaire. La cour a ainsi cassé un jugement de Cour d'appel au motif unique que cette dernière n'avait pas apporté la preuve que les fournisseurs concernés aient été informés de l'introduction de l'action du ministre[1902].

1482. S'il n'est pas nécessaire de prévenir les fournisseurs au préalable de l'introduction de l'instance, il paraît préférable de le faire en première instance, même si, la Cour d'appel de Paris et la Cour de cassation considèrent que la régularisation de cette information peut être réalisée en cours de procédure, y compris avant le jugement en appel[1903].

1900 CA Paris, 4 juillet 2013, RG n° 12/07651.

1901 CEDH, 17 janvier 2012, n° 51255/08, GALEC c/ France.

1902 Cass. com., 9 octobre 2012, Pourvoi n° 11-19.833 – Voir aussi CA Paris, 12 juin 2013, RG n° 11/03025.

1903 Des juges ont en effet pu considérer que cela constitue une amputation du droit de ces derniers, non régularisable au sens de l'article 126 1er du Code de procédure civile (CA Poitiers, 29 janvier 2013, RG n° 11/03252). Pour autant, les juridictions spécialisées, la Cour d'appel de Paris et la Cour de cassation ont considéré que la régularisation en appel était suffisante (CA Paris, 29 juin 2016, RG n° 14/09786 confirmée par Cass. com., 26 septembre 2018, Pourvoi n° 17-10.173). La Cour de cassation a d'ailleurs refusé de transmettre une QPC sur ce point en indiquant que le Conseil constitutionnel s'était déjà prononcé sur la constitutionnalité de l'article L. 442-4 du Code de commerce et qu'aucun changement des circonstances de droit ou de fait n'était depuis intervenu qui, affectant la portée de la disposition législative critiquée, en justifierait le réexamen (Cass. com., 11 juillet 2017, Pourvoi n° 17-10.173).

1483. La régularisation de l'information des fournisseurs peut être faite en cours de procédure, et ce, d'autant plus si la décision précitée du Conseil constitutionnel est intervenue en cours d'instance. Cette information est ainsi suffisante dès lors qu'elle a permis aux fournisseurs d'intervenir à l'instance et défendre leurs intérêts. En l'espèce[1904], le ministre les avait informés en leur précisant les numéros de rôle de l'affaire devant le Tribunal de commerce et devant la Cour d'appel, le fondement de l'action et des demandes, et la possibilité qu'ils avaient d'intervenir volontairement à l'instance en application de l'article 544 du Code de procédure civile. Ils les avaient ensuite informés de la décision de la Cour d'appel en leur précisant notamment la date du jugement, la nature et le fondement légal de l'infraction reprochée, les contrats concernés, les condamnations prononcées et la possiblité d'intervenir à l'instance, outre divers renseignements sur la déclaration d'appel, la répartition de la répétition de l'indu et la date de l'audience.

1484. En définitive, s'il existe une demande en réparation de l'indu et en nullité des clauses de contrats spécifiques, il est nécessaire que les fournisseurs soient informés sans quoi une telle demande pourra être rejetée.

(ii) En cas de demande limitée à l'amende civile et la modification des contrats futurs

1485. L'absence d'information préalable des fournisseurs ne fait toutefois pas obstacle au prononcé d'une amende civile[1905], ni à l'action tendant à la cessation des pratiques, notamment eu égard à la rédaction des futurs contrats[1906]. En effet, ce faisant le ministre n'intervient pas dans le champ contractuel des parties, exerçant une action qui lui est propre ayant pour objectif de maintenir ou de rétablir l'ordre public, ce qui finalement ne l'oblige pas à informer les fournisseurs de sa démarche. Il ne saurait être davantage reproché le fait d'analyser la clause *in abstracto*, dans la mesure où elle est délimitée et précise, et que le déséquilibre qui en résulte est bien identifié.

B. La compatibilité des articles L. 442-1 et s. du Code de commerce avec les principes généraux du droit

1. Avec le principe de la liberté contractuelle

1486. L'action du ministre sur la base de l'article L. 442-4 du Code de commerce n'est pas contraire à la liberté contractuelle, et notamment la liberté d'entreprendre. D'un point de vue général, des limitations peuvent exister pour autant

1904 Cass. com., 26 septembre 2018, Pourvoi n° 17/10173, Jean-Louis Fourgoux, Remboursement intégral : La Cour de cassation décide que des services fictifs ou les services de coopération commerciale pour des prestations que les fournisseurs assument eux-mêmes doivent être remboursés en application de l'article L. 442-6, 1°du Code de commerce (Système U / ministre de l'Économie), 26 septembre 2018, Concurrences N° 4-2018, Art. N° 88266, p. 134. Cass. com., 26 septembre 2018, Pourvoi n° 17/10173.

1905 Ibid.

1906 CA Paris, 20 novembre 2013, RG n° 12/04791 ; CA Paris, 18 décembre 2013, RG n° 12/100150.

qu'« *elles poursuivent un but légitime et s'il existe un rapport raisonnable de proportionnalité entre les moyens employés et le but visé* »[1907].

1487. En l'espèce, le Conseil constitutionnel a indiqué que « *le législateur a opéré une conciliation entre le principe de la liberté d'entreprendre et l'intérêt général tiré de la nécessité de maintenir un équilibre dans les relations commerciales ; que l'atteinte portée à la liberté d'entreprendre par les dispositions contestées n'est pas disproportionnée au regard de l'objectif poursuivi* »[1908].

1488. En outre, le texte est aussi compatible avec le principe de libre fixation des prix (voir § 836-837).

2. Avec le principe de légalité des délits

1489. Certains opérateurs estimaient que l'action du ministre revêt un caractère pénal compte tenu de sa finalité et du montant élevé de la sanction civile encourue, et du fait que les termes de l'article permettant la qualification d'une pratique restrictive de concurrence n'étaient pas suffisamment univoques. À ce titre, le Conseil constitutionnel a eu à juger de la compatibilité du texte avec le principe de légalité des délits et des peines qui impose au législateur d'énoncer en des termes suffisamment clairs et précis la prescription dont il sanctionne le manquement[1909]. Il importe peut que le ministre ne soit pas expressément cité dans la définition des manquements pour en limiter l'action, car la démonstration d'un manquement est un préalable nécessaire à l'appréciation de la demande d'amende civile, cette faculté étant bien prévue en application du rôle du ministre en défense de l'ordre public économique[1910]. Soulever ce principe ne peut donc offrir qu'une fin de non-recevoir.

1490. Plusieurs alinéas du texte ont ainsi été définitivement validés :

- s'agissant de l'avantage sans contrepartie ou manifestement disproportionné (L. 442-1 I-1° du Code de commerce), les termes du texte « *définissent de manière claire, précise et sans ambiguïté le comportement qu'ils visent, que ces termes ont, en outre, déjà fait l'objet d'une jurisprudence des juges du fond cohérente et nombreuse, et qu'enfin ils incluent un élément moral de l'infraction* »[1911]. C'est la raison pour laquelle cette infraction « *est définie en des termes suffisamment clairs et précis pour ne pas méconnaître le principe de légalité des délits, et ses dispositions ne sont contraires à aucun autre droit ou liberté que la Constitution garantit* »[1912] ;

1907 CEDH, 28 mai 1985 – Affaire ASHINGDANE c. Royaume-Uni, Requête n° 8225/78.

1908 Cons. const., 13 mai 2011, n° 2011–126 QPC, Société Système U Centrale Nationale et autre [Action du ministre contre des pratiques restrictives de concurrence].

1909 Plusieurs juridictions d'appel s'étaient déjà prononcées favorablement auparavant – voir notamment CA Nîmes, 25 février 2010, RG n° 07/00606.

1910 CA Paris, 8 janvier 2020, RG n° 18/04493, Jean-Louis Fourgoux, Rupture brutale : La Cour d'appel de Paris considère que si la crise économique peut constituer un cas de force majeure, encore faut-il qu'elle soit prouvée pour dispenser de préavis écrit (Carrefour France / ministre Économie et Coopérative Légumière Crimart), 8 janvier 2020, Concurrences N° 3-2020, Art. N° 96045, p. 119. CA Paris, 8 janvier 2020, RG n° 18/04493.

1911 Cass. com., 15 février 2011, Pourvoi n° 10-21.551.

1912 CA Paris, 2 février 2012, RG n° 09/22350.

– s'agissant du déséquilibre significatif entre les droits et obligation des parties (L. 442-1 I-2° du Code de commerce), faisant référence à la notion juridique de déséquilibre significatif figurant à l'article L. 132-1 du Code de la consommation, le Conseil constitutionnel estime qu'« *eu égard à la nature pécuniaire de la sanction et à la complexité des pratiques que le législateur a souhaité prévenir et réprimer, l'incrimination est définie en des termes suffisamment clairs et précis pour ne pas méconnaître le principe de légalité des délits* »[1913]. Cela vaut également lorsque l'appréciation porte sur le prix en application de l'arrêt de la Cour de cassation du 25 janvier 2017 estimant qu'un déséquilibre significatif peut notamment résulter d'une inédéquation du prix faisant l'objet de la négociation. Saisi sur ce point particulier, le Conseil constitutionnel a indiqué « *conformément à l'article 34 de la Constitution, le législateur détermine les principes fondamentaux des obligations civiles et commerciales. Compte tenu des objectifs qu'il assigne en matière d'ordre public dans l'équilibre des rapports entre partenaires commerciaux, il lui est loisible d'assortir la violation de certaines obligations d'une amende civile à la condition de respecter les exigences des articles 8 et 9 de la Déclaration des droits de l'homme et du citoyen de 1789, au rang desquelles figure le principe de légalité des délits et des peines qui lui impose d'énoncer en des termes suffisamment clairs et précis la prescription dont il sanctionne le manquement. Pour les mêmes motifs que ceux énoncés au considérant 4 de la décision [précitée du 13 janvier 2011] les dispositions contestées ne méconnaissent pas le principe de légalité des délits* »[1914].

3. Avec le principe de légalité des peines

1491. En vertu de l'article 7 §1 de la CESDH, « *Nul ne peut être condamné pour une action ou une omission qui, au moment où elle a été commise, ne constituait pas une infraction d'après le droit national ou international. De même, il n'est infligé aucune peine plus forte que celle qui était applicable au moment où l'infraction a été commise* ».

1492. Cet article exige, d'une part, que l'infraction ait existé au moment où les faits litigieux ont existé, et d'autre part, que la peine prononcée n'excède pas celle qui était prévue au moment où l'infraction a été commise, ce qui ne fait donc pas obstacle à la mise en œuvre des dispositions de l'article L. 442-4 du Code de commerce[1915].

1493. À ce titre, les amendes civiles prévues par l'article L. 442-4 du Code de commerce sont compatibles avec le principe de légalité des peines, en ce qu'elles sont parfaitement proportionnées aux droits fondamentaux des opérateurs économiques et justifiées par l'ordre public économique, et dès lors, ces peines respectent l'article 7 de la CESDH[1916].

1913 Cons. const., 13 janvier 2011, n° 2010-85 DC, Établissements Darty et Fils [Déséquilibre significatif dans les relations commerciales].

1914 Cons. const., 30 novembre 2018, n° 2018-749 QPC, Societé Interdis et autres [Déséquilibre significatif dans les relations commerciales].

1915 CA Nîmes, 25 février 2010, RG n° 07/00606.

1916 Cass. com., 3 mars 2015, Pourvoi n° 13-27.525.

C. Les conditions de recevabilité de l'action du ministre

1494. L'action du ministre ne se limite pas à demander la cessation des pratiques ou à prononcer la restitution de l'indu ou d'une amende civile, mais peut viser à prononcer un manquement au titre de l'article L. 442-1 du Code de commerce, sauf à priver de tout effet utile l'article L. 442-4 du même code[1917].

1495. Premièrement, l'approche est différente suivant que le ministre a initié l'action ou est simplement intervenu au soutien d'une des parties, car dans ce cas, pour que les demandes du ministre soient recevables, elles doivent être considérées comme allant au-delà de la simple intervention au titre de l'article L. 490-8 du Code de commerce[1918], sans quoi elles seront déclarées irrecevables[1919].

1496. La Cour de cassation a confirmé cette position dans une affaire où le demandeur principal avait été déclaré irrecevable dans ses demandes[1920]. Or dans ses conclusions, le ministre ne faisait pas de demande spécifique distincte du demandeur, alors même que la loi NRE de 2001 avait étendu de manière significative les demandes qu'il pouvait formuler. Ce constat a conduit le juge à considérer que le ministre était irrecevable dans ses demandes, car sa présence dans le débat ne revêtait pas le caractère d'une intervention (voir aussi § 1615 à 1617 dans le cadre d'une procédure d'appel). Cependant, si dans le cadre de ses conclusions, le ministre demande le prononcé d'une amende civile à l'encontre de la société mise en cause, il a alors la qualité de partie à l'instance, ce qui, outre le fait de démontrer la recevabilité de la demande, lui permet aussi de demander à la Cour d'appel de réformer le jugement[1921].

1497. Deuxièmement, dans le cadre d'une action autonome, il est préférable que le ministre informe les différentes sociétés potentiellement victimes citées dans le cadre de la procédure (voir § 1476 à 1478).

1498. Troisièmement, au stade de l'appel, il est nécessaire que les demandes du ministre aient déjà été produites en première instance, sans quoi, si elles sont formulées en première cause d'appel, les demandes du ministre qui seraient exorbitantes de celles du demandeur principal seront rejetées (voir § 1615 à 1617).

1499. Quatrièmement, il est nécessaire que le ministre ait régulièrement communiqué les documents relatifs à sa représentation devant les juridictions commerciales, afin qu'ils puissent être éventuellement discutés par la partie mise en cause (voir § 1580 et s.).

1917 CA Paris, 8 janvier 2020, RG n° 18/04493.

1918 Suivant lequel « le ministre chargé de l'économie ou son représentant peut, devant les juridictions civiles ou pénales, déposer des conclusions et les développer oralement à l'audience. Il peut également produire les procès-verbaux et les rapports d'enquête ».

1919 CA Paris, 16 juin 2011, RG n° 09/28449.

1920 Cass. com, 7 juillet 2004, Pourvoi n° 03-11.369, Daniel Fasquelle, Rodolphe Mesa, Intervention du ministre de l'Économie devant le juge judiciaire : La Cour de cassation considère que le dépôt de conclusions par le ministre ne constitue pas une intervention à l'instance de la victime (Carrefour), 7 juillet 2004, Concurrences N° 1-2004, Art. N° 1582, p. 68. Cass. com, 7 juillet 2004, Pourvoi n° 03-11.369.

1921 Cass. com., 4 décembre 2012, Pourvoi n° 11-21.743, Valerie Marx, Pratiques restrictives : La Cour de cassation précise les conditions de l'appel incident du ministre de l'Économie suite à son intervention dans le cadre d'une action au titre de l'article L. 442-6 du Code de commerce (ministre de l'Économie/Carrefour), 4 décembre 2012, Concurrences N° 2-2013, Art. N° 51390. Cass. com., 4 décembre 2012, Pourvoi n° 11-21.743.

1500. Cinquièmement, il ne faut pas que les conventions litigieuses aient donné lieu à une transaction entre les parties. En effet, les accords transactionnels font obstacle tant à l'allocation de dommages et intérêts qu'à la condamnation au paiement d'une amende civile[1922]. Les articles 2044 et 2052 du Code civil disposent qu'une telle transaction termine une contestation née, ou prévient celle à naître, et qu'elle fait obstacle à une action en justice ayant le même objet.

1501. En revanche, il n'est pas nécessaire au ministre de démontrer le trouble à l'ordre public économique, distinct du dommage subi par l'une des parties[1923]. Les manquements des articles L. 442-1 à L. 442-3 peuvent en effet être sanctionnés *per se* indépendamment de toute démonstration de l'effet économique des pratiques, ce point faisant l'objet de développements dans la partie suivante (voir § 1509 et s.).

D. L'intérêt pour une société de saisir le ministre

1502. En matière commerciale, si la preuve est libre, il n'en demeure pas moins que les moyens à disposition de l'entreprise victime de pratiques restrictives de concurrence peuvent être limités.

1503. C'est la raison pour laquelle la saisine du ministre peut présenter un intérêt, les agents disposant de pouvoirs d'enquêtes significatifs en vertu des articles L. 450-3 et 450-4 du Code de commerce.

1504. À titre d'illustration, il est ainsi possible pour le demandeur en saisissant la DGCCRF, de disposer de davantage d'éléments quant au point de départ de la relation commerciale à prendre en compte, en cas de passage à une procédure d'appel d'offres comme prétexte à la rupture, ou afin de démontrer l'absence d'autonomie des différentes entités vis-à-vis de la maison-mère, facilitant ainsi l'imputation de la sanction à la structure le plus solvable financièrement[1924]. Il peut aussi présenter un intérêt pour étayer la continuité de la relation commerciale, ainsi que l'absence d'alternative crédible à court terme[1925].

1505. Au-delà de la possibilité d'étayer le dossier d'éléments dont il n'aurait pas pu bénéficier autrement, la saisine du ministre peut également permettre de fusionner le dossier avec d'autres litiges similaires, si bien que cela peut permettre d'objectiver le débat, en passant d'un litige purement contractuel, à un trouble potentiel à l'ordre public économique, laissant ainsi le plaignant un peu plus en retrait par rapport à une situation où il se défend seul.

1922 TC Rennes, 22 octobre 2019, RG n° 2017F00131.

1923 CA Aix-en-Provence, 25 janvier 2007, RG n° 04/03925.

1924 CA Paris, 24 mars 2011, RG n° 07/07337, Jean-Louis Fourgoux, Rupture brutale des relations commerciales : La Cour d'appel de Paris condamne un distributeur pour rupture brutale des relations commerciales établies et prononce la nullité de contrats de coopération commerciale (Accorequip et Accor/ministre de l'Économie et société Transfer), 23 mars 2011, Concurrences N° 3-2011, Art. N° 38014, pp. 135-137. CA Paris, 24 mars 2011, RG n° 07/07337.

1925 CA Paris, 13 septembre 2012, RG n° 10/07699.

Chapitre 2
Le déroulement de l'action

1506. Il est nécessaire de respecter le formalisme applicable en matière de règle de preuve (1) comme de procédure *stricto sensu* (2).

Section 1
Les règles de preuve

1507. Les preuves doivent avoir pour objet de démontrer un manquement, et non son effet (1). Dans ce cadre, la charge de la preuve incombe au demandeur, sauf dans le cas particulier de services commerciaux, pour lesquels il incombe au distributeur de justifier du fait qui a produit l'extinction de son obligation (2). Si la preuve est libre en droit commercial, elle doit avoir été régulièrement obtenue afin d'être présentée légitimement devant les juridictions (3).

§ 1. L'objet de la preuve

1508. Contrairement à ce qui prévaut dans le cadre des pratiques anticoncurrentielles, où il est généralement nécessaire de démontrer un dommage à l'économie, *i.e.* l'effet de la pratique, la qualification de pratique restrictive de concurrence n'impose pas de démontrer un préjudice économique.

1509. Les différents manquements peuvent en effet être sanctionnés *per se* si bien que leur qualification ne nécessite donc pas la démonstration d'un préjudice particulier (1), ni celle d'un trouble à l'ordre public économique (2), et encore moins celle d'un état de dépendance économique (3) ou d'un arrêt de la relation commerciale en cours (4). Suivant la même logique, la poursuite des manquements n'est pas nécessaire (5).

A. La démonstration d'un préjudice n'est pas nécessaire

1510. Dans le but de qualifier un manquement, en raison du caractère *per se* des manquements, il n'est pas nécessaire au demandeur, que ce soit la société qui se prétend victime ou bien l'administration, de démontrer ni de quantifier le préjudice que ces pratiques illicites ont pu causer[1926]. Cela peut en revanche être nécessaire

---

[1926] Cass. com., 6 avril 1999, Pourvoi n° 97-11.288 ; CA Versailles, 27 janvier 2005, RG n° 03/06500 ; CA Aix-en-Provence, 25 janvier 2007, RG n° 04/03925.

pour calculer l'indu, ou important pour justifier le niveau de l'amende civile (v. § 1865 et s.).

1511. Ainsi, dans le cadre d'une rupture par exemple, le fait que le demandeur ait trouvé des marchés de substitution, lui permettant ainsi de ne subir aucun préjudice, ne permet pas de démontrer l'absence de manquements « *considérant que le législateur n'a pas introduit dans ce texte un système de justification ou d'explication, et que l'obligation de prévenance est générale dès lors que la rupture peut être qualifiée de brutale* »[1927].

1512. Dans le même esprit, le fait que le fournisseur appartienne à un groupe international a pu être jugé inopérant car il n'est pas de nature à « *exclure, l'importance pour la société filiale, tenue de présenter des résultats profitables, de conserver le référencement de ses produits auprès [du distributeur] en France* », et ce, d'autant qu'en l'espèce, la situation financière du fournisseur en question s'était très largement dégradée, passant d'un bénéfice significatif à un résultat négatif en 1 an[1928].

1513. En définitive, la mise en jeu de la responsabilité de la société sur le fondement des articles L. 442-1 à L. 442-3 du Code de commerce n'est pas subordonnée à la démonstration d'un préjudice subi de manière individuelle par chaque fournisseur[1929].

1514. Toutefois, cela n'empêche pas l'entreprise visant l'obtention de dommages et intérêts, notamment dans le cadre de rupture brutale de relation commerciale, de faire une demande en ce sens, en démontrant, conformément aux principes de la procédure civile, le préjudice que lui a causé le comportement de la société auteure des manquements (voir § 1740 et s.).

B. La démonstration du trouble à l'ordre public économique n'est pas nécessaire

1515. La démonstration d'un trouble à l'ordre public économique n'est pas plus nécessaire à la qualification des pratiques car elle est la conséquence directe des manquements aux dispositions des articles L. 442-1 à L. 442-3 du Code de commerce[1930].

1516. Par exemple en cas de rupture brutale des relations commerciales, le fait que le demandeur ait, par son dynamisme commercial, réussi à pallier la brutalité de la rupture en retrouvant rapidement de nouveaux clients[1931], ou une nouvelle enseigne de distribution[1932], si bien que son activité ne s'en est pas trouvée altérée de manière significative, n'empêche pas l'indemnisation du caractère brutal de la rupture. L'effet des manquements n'ayant pas à être démontré, le juge ne peut donc tirer aucune conclusion d'effets supposés (si le chiffre d'affaires avec l'autre partenaire commercial est faible), ou avérés (si le chiffre d'affaires est demeuré stable), pour écarter la démonstration d'un manquement, sauf à priver sa décision de base légale[1933].

1927 CA Paris, 13 février 2009, RG n° 07/02714.

1928 CA Nîmes, 25 février 2010, RG n° 07/00606.

1929 CA Angers, 10 juin 2008, RG n° 07/01769.

1930 CA Nîmes, 18 octobre 2007, RG n° 05/04507.

1931 CA Rouen, 9 décembre 2010, RG n° 10/00274.

1932 Cass. com., 6 novembre 2012, Pourvoi n° 11-24.570.

1933 Cass. com., 9 octobre 2012, Pourvoi n° 11-23.549 ; Cass. com., 9 juillet 2013, Pourvoi n° 12-20.468.

1517. De même, l'idée suivant laquelle les sommes versées indûment par les fournisseurs peuvent être compensées par des hausses de prix de ces derniers, est inopérante. La Cour de cassation a ainsi relevé « *qu'il est illusoire de considérer que les PME, confrontées à des difficultés croissantes pour obtenir le référencement de leurs produits par les distributeurs, en particulier pour celles commercialisant leurs produits sous marques propres, peuvent revoir leurs tarifs à la hausse pour compenser les demandes de rémunérations abusives de services auxquelles elles se trouvent confrontées de la part des distributeurs* »[1934].

1518. Par ailleurs, le fait que la société mise en cause ait cessé les pratiques ne fait pas obstacle à ce qu'elles soient sanctionnées, sauf si les pratiques sont couvertes par les règles de la prescription[1935].

1519. Enfin, il est possible de mener une analyse théorique des clauses indépendamment de leur application (voir § 956 et s.) eu égard à leur impact intrinsèque dans la négociation commerciale.

1520. En revanche, l'impact des pratiques peut être pris en compte dans le cadre de la détermination de l'indu (voir § 1865 et s.), de l'amende civile (voir § 1887 et s.), ou encore dans le cadre de la détermination du préjudice en cas de rupture brutale (voir § 1740 et s.).

C. L'état de dépendance économique n'est pas nécessaire

1521. L'état de dépendance économique ne constitue pas non plus une condition préalable à l'établissement des manquements prévus par les articles L. 442-1 à L. 442-3 du Code de commerce qu'il s'agisse de la rupture brutale[1936] ou des autres dispositions, comme l'obtention d'un avantage sans contrepartie ou manifestement disproportionné[1937]. Cette condition n'est en effet pas prévue par le texte, d'une part, et l'abus de dépendance économique est déjà sanctionné par un autre texte du Code de commerce, d'autre part[1938].

1522. Néanmoins, la démonstration d'un état de dépendance économique peut avoir des conséquences, notamment sur l'appréciation de la brutalité de la rupture[1939] (voir § 378 et s.) ou dans le cadre de la détermination du préavis raisonnable.

D. L'arrêt de la relation commerciale n'est pas nécessaire

1523. La poursuite de la relation commerciale n'entre pas en contradiction avec la démonstration d'un manquement sur la base des articles L. 442-1 à L. 442-3 du

---

1934 Cass. com., 10 septembre 2013, Pourvoi n° 12-21.804.

1935 TGI Hazebrouck, 7 mai 2008, RG n° 06/00167.

1936 CA Amiens, 30 novembre 2001, RG n° 00/00407 ; Cass. com., 23 janvier 2007, Pourvoi n° 04-16.779 et 04-17.951 ; Cass. com., 17 mars 2004, Pourvoi n° 02-17.575 ; CA Rouen, 14 décembre 2006, RG n° 05/03484 ; CA Paris, 23 février 2007, RG n° 04/16524 ; CA Douai, 2 mai 2006, RG n° 04/07476 ; CA Nancy, 10 mars 2004, RG n° 02/00650.

1937 CA Paris, 2 février 2012, RG n° 09/22350.

1938 CA Paris, 2 février 2012, RG n° 09/22350.

1939 CA Versailles, 18 mai 2006, RG n° 05/03952.

Code de commerce. Premièrement, cela reviendrait à priver de sens l'application de tous les alinéas prévus par le texte, à l'exception de la rupture brutale de relation commerciale, et lesquels visent théoriquement à s'appliquer à une relation en cours. Deuxièmement, même les multinationales, fournisseurs de produits de grande consommation, ne sont pas forcément en mesure de s'opposer à l'octroi d'avantages injustifiés[1940].

E. La poursuite des manquements n'est pas nécessaire

1524. Une société mise en cause ne peut se prévaloir d'avoir changé son comportement ou ses clauses litigieuses pour justifier de l'absence de manquement[1941].

§ 2. La charge de la preuve

1525. De manière générale, la démonstration d'un manquement invoqué sur la base des articles L. 442-1 à L. 442-3 du Code de commerce incombe au demandeur qui se prétend victime. Il existe toutefois une particularité si le litige porte sur des services commerciaux au sens des alinéas 2° et 3° de l'article L. 441-3 III du Code de commerce. Avant 2005, il incombait au demandeur de démontrer que le distributeur n'avait pas rempli ses obligations, ce qui n'était pas sans conséquences (A). Néanmoins, eu égard à la difficulté pour les tiers de prouver que le service avait bien été rendu en magasin par le distributeur, la loi Dutreil de 2005 a renversé la charge de la preuve sur ce dernier (B).

A. La situation prévalant avant 2005 et ses conséquences

1. La charge de la preuve incombant au demandeur

1526. Cette notion est particulièrement importante dans le cadre d'une action en avantage sans contrepartie, car avant 2005, il appartenait au demandeur de démontrer que l'obligation n'avait pas été rendue. Plus concrètement, quand le demandeur était le ministre et qu'il agissait contre un distributeur, il appartenait au ministre d'apporter la preuve que le distributeur n'avait pas rendu le service pour lequel il avait été rémunéré.

2. Les conséquences de cette situation

1527. Dans le cadre d'un litige opposant le ministre à un distributeur, et portant sur le fait qu'un service n'ait pas été rendu comme convenu au fournisseur, cette situation pouvait poser problème dans la mesure où les moyens de preuve les plus pertinents appartenaient généralement au distributeur, et non

---

1940 TC Meaux, 21 novembre 2006, RG n° 2005/00421.

1941 CA Paris, 4 juillet 2013, RG n° 12/07651.

au fournisseur ou au ministre. Tel pouvait être le cas lorsqu'il s'agissait, par exemple, de démontrer qu'une opération de mise en avant sur une tête de gondole avait bien été réalisée, le fournisseur ou le ministre pouvant difficilement se rendre dans chaque magasin afin de vérifier les conditions de mise en œuvre du service commercial, et ce, d'autant que la démonstration devait le plus souvent s'établir *ex post*.

1528. Dès lors, le demandeur n'avait à sa disposition que des moyens de preuve indirects : niveau de vente des produits mis en avant dans le cadre de l'opération, contrats imprécis ou mal rédigés, etc., là où le distributeur opposait l'accord des fournisseurs du fait qu'ils consentaient à payer les prestations.

1529. Ainsi, notamment en raison de cette situation, un certain nombre de décisions ont été défavorables au ministre en l'absence de preuve suffisante. À titre d'illustration, dans le cas extrême où les ventes du produit concerné par la mise en avant aient été nulles, ce constat pouvait ainsi être insuffisant pour démontrer l'absence de contrepartie. Cela est aussi de nature à expliquer certains jugements contradictoires pour les « *accords de gamme* » (voir § 898 à 901). Au surplus, il existait concomitamment une certaine instabilité juridique sur la légitimité fondant l'action du ministre qui a pu contribuer à écarter certaines de ses demandes suivant les circonstances de l'espèce (voir § 1459 et s.).

1530. En définitive, le fait que la charge de la preuve incombe au demandeur explique le fait que les moyens de preuve indirects mis en avant par le demandeur, et notamment par le ministre, ont pu être jugés insuffisants dans un certain nombre de cas, et qu'au contraire de tels moyens pouvaient finalement bénéficier au défendeur pour écarter sa responsabilité.

1531. **L'effet de l'acceptation des factures de service par les fournisseurs**. Si des jugements ont estimé que l'acceptation par le fournisseur des factures étaient insuffisantes pour attester de l'effectivité du service rendu[1942], d'autres au contraire ont tiré l'effectivité du service notamment du fait que les factures aient été payées par les fournisseurs[1943]. Désormais, il est de jurisprudence constante que le seul fait que les fournisseurs se soient acquittés des factures est insuffisant à prouver que le service ait été rendu. Cette approche demeure *a fortiori* valable si leur contenu est général et ne permet pas d'identifier le type de prestation susceptible d'être rendu[1944].

1532. **L'effet de l'imprécision des contrats**. L'imprécision des contrats (formalisme lié à l'application du L. 441-3 du C. com.) ou des factures (formalisme lié à l'application du L. 441-9 du C. com.) n'est généralement pas suffisante en elle-même pour prouver que les services n'ont pas été rendus[1945]. À cet égard, la Cour de cassation a précisé que l'inconsistance des engagements « *ne saurait être déduite de leur caractère général dès lors qu'ils s'analysent à des prestations concrètes*

1942 CA Angers, 29 mai 2007, RG n° 06/00563.

1943 CA Rennes, 12 novembre 2008, RG n° 07/05426.

1944 CA Paris, 9 janvier 2018, RG n° 17/09617.

1945 CA Reims, 5 novembre 2007, RG n° 06/01898 ; Cass. com., 20 février 2007, Pourvoi n° 04-20.449 ; Cass. com., 8 février 2005, Pourvoi n° 02-12.855.

et identifiables, spécifiques et parfaitement détachables des simples obligations résultant des achats et ventes »[1946].

1533. **L'effet des attestations de fournisseurs**. Dans certaines affaires, des attestations adressées par des fournisseurs, déclarant avoir réellement bénéficié du service, ont pu contribuer à démontrer que les obligations avaient bien été rendues par le distributeur[1947], ou bien que la rémunération associée au service n'était pas disproportionnée. Cependant, ce moyen de preuve n'était pas toujours suffisant pour démontrer l'absence de manquement suivant les éléments de contexte du dossier[1948].

1534. **L'effet de l'absence ou d'une baisse des ventes sur la période**. Dans une affaire[1949], la démonstration se basait notamment sur le fait que les volumes de vente des produits baissaient lorsque le pourcentage alloué à la coopération commerciale augmentait. Cette démonstration indirecte n'a pas été suffisante pour démontrer l'absence de contrepartie pour plusieurs raisons, et notamment le fait que le prix d'une tête de gondole puisse varier suivant la période, que la durée de vie des produits soit relativement limitée, et enfin que les volumes de vente de la plupart des autres fournisseurs aient, au contraire, évolué à la hausse. Dans des cas extrêmes, il a pu être constaté l'absence de vente des produits considérés sur la période de l'opération. Pour autant, une telle absence est insuffisante pour démontrer que le service n'a pas été rendu par le distributeur, ce dernier « *n'étant tenu d'aucune obligation de résultat* »[1950] (voir aussi § 825 à 826).

1535. **L'effet de la variation importante de la marge arrière**. La variation subite du taux de coopération commerciale, ou de la rémunération d'un même service n'est pas suffisante pour caractériser l'absence de contrepartie dans la mesure où les deux partenaires procèdent à un arbitrage entre l'offre et la demande, ainsi que leurs objectifs respectifs[1951].

B. Le renversement de la charge de la preuve

1. La loi Dutreil de 2005

1536. Le reversement de la charge de la preuve a été adopté dans le cadre de la loi Dutreil du 2 février 2005[1952], laquelle a modifié l'ancien article L. 442-6 III du Code de commerce en introduisant la mention suivante : « *Dans tous les cas, il appartient*

1946 Cass. com., 29 janvier 2008, Pourvoi n° 07-13.778, Daniel Fasquelle, Laurent Roberval, Abus de domination : La Cour de cassation se prononce sur le caractère sérieusement contestable d'un contrat de partenariat au regard de l'article L. 442-6 du Code de commerce (INBEV / France boissons), 29 janvier 2008, Concurrences N° 2-2008, Art. N° 16540, p. 127. Cass. com., 29 janvier 2008, Pourvoi n° 07-13.778.

1947 Cass. com., 5 mai 2009, Pourvoi n° 08/15.264 ; CA Rennes, 12 novembre 2008, RG n° 07/05426.

1948 TC Chartres, 14 octobre 2004, RG n° 04/606 ; TC Morlaix, 28 février 2006, RG n° 2005/000146.

1949 TC Meaux, 21 novembre 2006, RG n° 2005/00421.

1950 Cass. com., 20 février 2007, Pourvoi n° 04-20.449, Daniel Fasquelle, Laurent Roberval, Coopération commerciale : La Cour de cassation apporte des précisions sur le régime applicable à la preuve en matière de coopération commerciale avant la loi PME du 2 août 2005 (Vierzon Distribution), 20 février 2007, Concurrences N° 3-2007, Art. N° 13840, pp. 109-110. Cass. com., 20 février 2007, Pourvoi n° 04-20.449.

1951 TC Meaux, 21 novembre 2006, RG n° 2005/00421.

1952 Loi n° 2005-882, 2 août 2005, en faveur des petites et moyennes entreprises.

au prestataire de services, au producteur, au commerçant, à l'industriel ou à la personne immatriculée au répertoire des métiers qui se prétend libéré de justifier du fait qui a produit l'extinction de son obligation ».

1537. En pratique, dans le cadre d'un service rendu par un distributeur au bénéfice de son fournisseur par exemple, cette disposition impose désormais au distributeur de prouver qu'il a réellement rempli de l'obligation pour laquelle il a obtenu un avantage, à partir du moment où le fournisseur s'est acquitté du prix desdites prestations[1953].

2. Les effets du reversement de la charge de la preuve

a) Le principe de non-rétroactivité

1538. Même si cela a peu de chances de s'appliquer, la loi datant désormais de 2005 et en raison du délai de prescription, il convient de rappeler qu'eu égard au principe de non-rétroactivité, ces dispositions étant plus contraignantes vis-à-vis du professionnel, elles ne sauraient s'appliquer à des faits antérieurs à la loi Dutreil[1954]. Dans ce cas, la charge de la preuve demeure au demandeur.

b) L'effet des attestations de fournisseurs

1539. La pertinence de telles attestations en tant que moyen de preuve semble désormais très discutable : premièrement, en raison du pouvoir de marché dont peut bénéficier le distributeur (i), deuxièmement, en raison du caractère autonome de l'action du ministre (ii), et troisièmement, du fait que généralement la démonstration du manquement ne se base pas uniquement sur le fait que rien ne prouve qu'il ait été rendu (iii).

(i) La limite de l'attestation du fait du pouvoir de marché du distributeur

1540. Dans une affaire postérieure au renversement de la charge de la preuve, le juge a estimé que des attestations de fournisseurs n'étaient pas suffisantes pour démontrer l'effectivité des services rendus, en indiquant que la réalité du service « *ne peut résulter des seules attestations des fournisseurs, alors que le ministre exerce une action autonome précisément destinée à libérer ceux-ci de toute implication dans le litige* »[1955]. Ainsi, le pouvoir de marché dont peut bénéficier le distributeur est de nature à créer un lien de subordination propre à mettre en doute l'objectivité du fournisseur quant au fait que le service ait été effectivement rendu, et ce, surtout si les attestations sont rédigées sur le même modèle, ou si elles contredisent les propres déclarations du fournisseur[1956].

1953 CA Paris, 15 janvier 2015, RG n° 13/03832.

1954 Cass. com., 16 décembre 2008, Pourvoi n° 07-20.099 ; CA Reims, 5 novembre 2007, RG n° 06/01898, Philippe Vanni, Action du ministre : La Cour d'appel de Reims rend une décision à contrecourant de la jurisprudence relative à la recevabilité de l'action du ministre de l'Économie sur le fondement de l'art. L. 442-6-III du Code de commerce, 5 novembre 2007, Concurrences N° 1-2008, Art. N° 27910.

1955 CA Rennes, 12 novembre 2008, RG n° 07/05426.

1956 TC Chartres, 14 octobre 2004, RG n° 04/606.

1541. À ce titre, les juges ont pu utilement relever que les fournisseurs étaient toujours référencés par le distributeur, si bien qu'ils avaient « *un intérêt fondamental à ce que leurs produits soient référencés par le canal de distribution essentiel que constitue la grande distribution [...] de sorte que leurs témoignages [devaient] être examinés avec beaucoup de précautions* »[1957]. Ainsi, il semble que désormais de tels documents ne puissent pas être utilisés pour démontrer l'effectivité d'une obligation.

(ii) L'attestation ne peut pas faire obstacle à l'action autonome du ministre

1542. Le consentement des fournisseurs ne conditionne pas l'action autonome du ministre (voir aussi § 1471 à 1473). C'est pourquoi, la cour a pu écarter le moyen tiré d'attestions de fournisseurs déclarant qu'ils étaient satisfaits du service, et qu'en conséquence, ils ne souhaitaient pas être cités à la procédure, jugeant que l'action autonome du ministre n'avait pas pour condition *sine qua non* l'adhésion des prétendues victimes puisqu'il s'agissait de sanctionner un trouble à l'ordre économique[1958].

(iii) Un manquement caractérisé par un faisceau d'éléments

1543. La démonstration de l'administration ne se base généralement pas uniquement sur l'absence de preuve par le distributeur que le service ait été effectivement rendu, si bien qu'une telle attestation aura dès lors un effet très limité par rapport à la démonstration du manquement. Son utilisation peut permettre le cas échéant de lever une ambiguïté, mais ne peut servir de seule base de preuve. À ce titre, la constatation que les attestations n'apportent pas plus d'informations que les contrats, peut aussi contribuer à les écarter[1959].

c) L'effet de l'acceptation des factures de service par les fournisseurs

1544. Suivant la même approche que celle valant pour les attestations, la présentation des factures d'acomptes payées par les fournisseurs est désormais insuffisante pour emporter la démonstration que les services aient été rendus[1960].

§ 3. La sollicitation de la CEPC pour avis

1545. À l'instar de ce qui peut exister pour les pratiques anticoncurrentielles, le juge commercial peut solliciter la Commission d'examen des pratiques commerciales pour avis.

1546. Dans plusieurs affaires, tant la Cour d'appel[1961] que le Tribunal de commerce[1962] ont sollicité l'avis de la CEPC sur la clause litigieuse susceptible de constituer

[1957] CA Paris, 2 février 2012, RG n° 09/22350.

[1958] Cass. com., 8 juillet 2008, Pourvoi n° 07-16.761.

[1959] CA Douai, 13 octobre 2005, RG n° 04/01971 ; CA Rennes, 5 novembre 2008, RG n° 07/04842.

[1960] CA Douai, 13 octobre 2005, RG n° 04/01971.

[1961] CA Paris, 11 mars 2015, RG n° 13/04879.

[1962] TC Bordeaux, 23 mars 2018, RG n° 2017F00532.

un déséquilibre entre les droits et obligations des parties, avis qui a pu être rendu rapidement[1963].

§ 4. La régularité des preuves

1547. La régularité des preuves peut être analysée qu'il s'agisse de pièces apportées par le demandeur (A) ou de pièces apportées par le ministre lorsqu'il intervient dans l'instance (B).

A. La régularité des preuves apportées par le demandeur

1. Le cadre général

1548. En matière commerciale, tous les modes de preuve sont admissibles en vertu de l'article L. 110-3 du Code de commerce[1964].

1549. Les preuves doivent cependant avoir été régulièrement récoltées, et ce, de manière loyale sans quoi elles ne peuvent être opposées. Dans le cadre d'une violation de système de distribution sélective, n'est pas loyal, par exemple, le fait de produire des attestations d'huissier établies sur la base du témoignage d'un tiers s'étant fait passer pour un consommateur, s'agissant d'une manœuvre déloyale[1965].

1550. Des témoignages anonymes de clients peuvent en revanche être utilisés. Le principe prévalant en matière de preuve devant les juridictions commerciales étant celui de la libre administration de la preuve, il ne fait donc pas obstacle à la fourniture de tels témoignages. Ce procédé ne porte pas une atteinte excessive aux droits de la défense dans la mesure où l'anonymisation ne cause pas une atteinte disproportionnée au principe du contractictoire au motif que[1966] :

- ils sont dressés par des agents assermentés ;
- ils portent sur des questions dont le défendeur a connaissance et peut donc répondre en produisant des pièces destinées à démontrer le contraire :
- le défendeur peut débattre contradictoirement du fond des pièces et de la portée des auditions dont le contenu n'est pas anonymisé ;
- seules les informations empêchant toute réidentification de l'identité du déposant ont été tronquées, dans le seul but de préserver l'identité des déposants et l'efficacité de ces enquêtes et procédures destinées à protéger l'ordre public économique, puisqu'en cas contraire, le ministre ne pourrait pas apporter de preuve relative aux griefs allégués, ou à tout le moins très difficilement.

1963 Généralement environ 3 mois : CEPC, avis n° 15-23 du 15 juin 2015, pour la décision de la CA, 11 mars 2015 ; CEPC, avis n° 18-6 du 7 juin 2018 pour la décision du TC Bordeaux, 23 mars 2018 précitées.

1964 Qui précise « À l'égard des commerçants, les actes de commerce peuvent se prouver par tous moyens à moins qu'il n'en soit autrement disposé par la loi ».

1965 CA Paris, 27 juin 2012, RG n° 10/04245.

1966 CA Paris, 12 juin 2019, RG n° 18/20323 ; voir également TC Paris, 2 septembre 2019, RG n° 2017050625.

1551. Néanmoins, la crédibilité de ces pièces peut être réduit par le fait que le contexte entourant leur rédaction est largement inconnu, si bien qu'elles peuvent être insuffisantes à établir intrinsèquement l'existence d'un fait, nécessitant d'être corroborées par d'autres éléments de preuve[1967].

1552. Lorsque des pièces en langue étrangère sont produites au débat, elles doivent être intégralement traduites, si bien que la traduction ne peut se limiter aux seuls passages qui seraient jugés intéressants par l'une des parties. En effet, « *le principe de la contradiction et de la loyauté des débats impose qu'une pièce dès lors qu'elle est versée puisse être utilement critiquée dans son intégralité sans que la partie qui l'a produite puisse être admise à limiter cette discussion aux seuls passages qu'elle a elle-même discriminés et qu'elle tient comme seuls pertinents* »[1968].

1553. Dans ce cadre, la saisie des services de la DGCCRF peut présenter un intérêt dans le cadre de la recherche de preuve, leurs pouvoirs étant plus étendus, basés sur les articles L. 450-3 et L. 450-4 du Code de commerce.

2. La possibilité pour un demandeur d'utiliser un rapport administratif

1554. Il est possible pour une société (défendeur ou demandeur) d'utiliser un rapport administratif au renfort de son argumentaire. Pour cela, il est nécessaire que ledit rapport comporte les mentions obligatoires suivantes : nom, prénom, qualité de son auteur, et signature manuscrite. En effet, « *le principe de sécurité juridique qui fait partie de l'ordre juridique communautaire exige que tout acte de l'administration produisant des effets juridiques soit certain, notamment quant à son auteur et à son contenu* »[1969]. Si ces conditions ne sont pas remplies, la circonstance que le rapport ait été communiqué à une partie accompagné d'une lettre, qui elle était signée, est insuffisante pour prendre en considération le rapport, en l'absence de tout autre élément établissant un lien entre les deux documents.

3. La possibilité d'utiliser les services d'un expert

1555. Quand une juridiction fait appel à un expert, il est nécessaire que celui-ci produise des données chiffrées et objectives, indépendamment de tout jugement de valeur. Dans le cas contraire, la partie de son rapport ne présentant pas ce type de garantie pourrait être écartée. Il ne lui est pas possible, par exemple, de se prononcer sur le caractère « *vague* » de dispositions contractuelles, car « *la mission d'un technicien est par nature exclusive de toute appréciation de la portée juridique d'une convention* »[1970] .

[1967] CA Paris, 4 septembre 2013, RG n° 10/13675, voir également CA Paris, 16 juin 2019, RG n° 18/20323, Sibylle Chaudouet, Déséquilibre significatif : La Cour d'appel de Paris donne des précisions utiles en matière de preuve et de sanction d'un déséquilibre significatif (GEEPF), 12 juin 2019, Concurrences N° 3-2019, Art. N° 91847.

[1968] CA Paris, 18 mars 2014, RG n° 12/13601, Jean-Louis Fourgoux, Clause compromissoire : La Cour d'appel de Paris fait application de la jurisprudence relative à l'applicabilité des clauses compromissoires aux litiges initiés sur le fondement de l'article L. 442-6-I-5° du Code de commerce (Sept de Cœur), 18 mars 2014, Concurrences N° 2-2014, Art. N° 65790, p. 125. CA Paris, 18 mars 2014, RG n° 12/13601.

[1969] CA Versailles, 29 janvier 2004, RG n° 02/02854.

[1970] CA Nancy, 22 mars 2006, RG n° 04/01069.

4. La possibilité d'utiliser des constats d'huissier

1556. Le demandeur a la possibilité d'utiliser des constats d'huissier afin d'étayer la matérialité des griefs qu'il oppose à la société mise en cause. Cependant, la méthode employée doit être rigoureuse et assurer une traçabilité sur l'origine des informations, sans quoi de tels rapports pourront être contestés.

1557. Si les preuves portent sur des sites internet, il est nécessaire que le procès-verbal d'huissier mentionne notamment l'adresse IP de l'ordinateur cible, et vérifie l'absence de connexion à un serveur proxy, ainsi que l'absence de services de cache, éventuellement de déconnexion et de vidage des répertoires de cette mémoire cache, sans quoi il ne peut être retenu que les captures d'écran correspondent à une page active au moment du contrôle[1971].

1558. Il n'est pas nécessaire que les huissiers déclinent leur identité ou obtiennent une autorisation judiciaire préalablement à l'établissement du constat, peu importe qu'un compte client doive être préalablement créer pour accéder aux produits, et donc pour réaliser les constats[1972]. De tels constats constituent uniquement des actes passifs de description des pages internet et ne résultent pas d'une incitation active de commettre une pratique délictueuse.

1559. Si les preuves portent sur des contrôles qualité *in situ*, il est nécessaire que le procès-verbal porte sur un nombre significatif de produits, et mentionne notamment les références des pièces examinées, ainsi que la réalisation ou non de tests comparatifs et le mode de contrôle des produits, afin de vérifier que ce dernier était pertinent[1973].

B. La régularité des preuves apportées par le ministre

1560. La validité des procès-verbaux établis par les agents de la DGCCRF a pu dans certaines affaires être discutée. En tout état de cause, si l'analyse est uniquement fondée sur des documents envoyés par l'entreprise, il n'est pas nécessaire que les services de la DGCCRF rédigent un procès-verbal[1974].

1. Sur le fait que l'objet n'ait pas été clairement communiqué

1561. La loyauté des preuves a pu être discutée du fait notamment que l'objet de l'enquête n'avait pas été indiqué au professionnel, ce qui aurait dès lors faussé sa capacité à se défendre. Toutefois, le juge considère que la mention de l'objet comme la vérification des dispositions du livre IV du Code de commerce sont suffisantes[1975]. En effet, dans la mesure où ils débutent leurs investigations, il ne peut être reproché aux agents de la DGCCRF de ne pas avoir qualifié les manquements supposés[1976].

[1971] CA Lyon, 28 mars 2013, RG n° 10/03398.
[1972] CA Paris, 28 février 2018, RG n° 16/02263.
[1973] CA Besançon, 3 mai 2013, RG n° 12/00231.
[1974] CA Paris, 4 juillet 2013, RG n° 12/07651.
[1975] CA Aix-en-Provence, 15 septembre 2010, RG n° 08/10314 ; Cass. com., 8 juillet 2020, Pourvoi n° 17-31.536.
[1976] CA Rennes, 20 janvier 2009, RG n° 08/00246 – voir aussi TC Manosque, 6 mai 2008, RG n° 2006/000120 ; CA Rennes, 20 janvier 2009, RG n° 07/07013.

1562. De manière générale, à partir du moment où l'enquête est loyale, l'objet étant explicite et ayant été porté à la connaissance du professionnel, les preuves ainsi apportées sont valables[1977].

1563. Par ailleurs, lorsque l'action de la DGCCRF fait suite à une plainte d'une société, l'administration n'est pas tenue d'indiquer ce point au professionnel dès lors qu'elle lui indique l'objet de son enquête, pas plus qu'elle n'est obligée de donner un accès à l'intégralité du dossier d'enquête du moment que le professionnel garde un double du procès-verbal[1978].

2. Sur la validité de la signature du professionnel

1564. Le fait que ce ne soit pas le représentant légal de la société qui ait signé le procès-verbal a pu être soulevé pour contester la validité du document. Néanmoins, ce moyen ne peut être retenu si les signataires présents n'étaient pas de simples employés mais des responsables disposant d'une délégation de signature, notamment de celle de signer les contrats de coopération commerciale litigieux[1979].

1565. En outre, les agents de la DGCCRF ne sont pas tenus de prendre attache préalablement auprès du responsable du magasin, la contradiction étant suffisamment respectée par la connaissance des actes de procédure donnés au représentant de la personne morale concernée, et par la faculté qui lui est offerte de faire la preuve contraire des faits constatés[1980].

3. Sur la communication des pièces

1566. Afin de maintenir une égalité des droits tout au long de la procédure contradictoire, il est nécessaire de permettre à la société mise en cause un accès aux pièces sur lesquelles la procédure est basée. La question peut notamment se poser dans le cadre de procès-verbaux de déclaration et de prise de copie de documents, lorsque seulement une partie des documents, celle intéressant au litige, est portée à la procédure. Pour autant, la demande de communication ne peut être arbitrairement étendue à tout document établi ou détenu par la partie adverse, et il est nécessaire qu'un lien puisse être établi entre les documents dont la communication est réclamée et les demandes contenues dans la procédure.

1567. Dans une affaire par exemple[1981], le ministre ayant abandonné ses demandes d'annulation des contrats passés, les pièces dont la communication était exigée appartenaient à une procédure abandonnée sans lien avec le débat, si bien que la demande de nullité en raison de la non-communication de ces pièces a été écartée.

4. La possibilité de réaliser des perquisitions

1568. Il est possible d'utiliser les pouvoirs de visites et saisies découlant de l'article L. 450-4 du Code de commerce pour obtenir la preuve d'agissements

---

1977 TC Toulon, 10 juillet 2008, RG n° 2007F00037-38-39-40.

1978 CA Versailles, 18 mai 2006, RG n° 05/03952.

1979 TC Manosque, 6 mai 2008, RG n° 2006/000120.

1980 CA Nîmes, 26 janvier 2012, RG n° 09/05026.

1981 TC Paris, 7 février 2013, RG n° 2009F00727.

contraires aux dispositions des articles L. 442-1 et s. Dans une affaire par exemple[1982], il s'agissait d'obtenir les preuves de l'obtention d'avantages rétroactifs visant un alignement des conditions d'achat vis-à-vis de celles des concurrents.

5. L'absence de nécessité que tous les échanges des services de la DGCCRF soient documentés

1569. Dans une affaire entre des franchisés et un franchiseur dans le domaine de la restauration rapide, ce dernier mettait en cause le caractère à charge de l'enquête menée par la DGCCRF au prétexte que des agents avaient participé à une réunion des franchisés victimes des pratiques et de leur conseil. Cependant, cette réunion n'avait pas à être documentée car en application de l'article L. 450-2 du Code de commerce, seules les enquêtes donnent lieu à l'établissement de procès-verbaux et, le cas échéant, de rapports. Cette réunion à laquelle les agents avaient été invités, a seulement servi à communiquer aux parties des informations sur le déroulement de la procédure. À ce titre, les agents ont un rôle de pédagogie vis-à-vis des opérateurs privés, si bien qu'aucun manquement n'a pu être invoqué valablement contre le ministre au titre de cette réunion.

1570. En tout cas, la DGCCRF n'a pas à justifier avoir enquêté de manière neutre, au sens à charge et à décharge, lorsqu'elle procède à ces enquêtes alors même qu'elle est chargée de repérer les pratiques qui, par hypothèse, ont été dissimulées. En prévoyant l'intervention du juge pour statuer, le législateur a clairement situé au niveau et au moment du procès les exigences d'impartialité et de présomption d'innocence qui bénéficieront à toutes les parties[1983].

C. L'accès au dossier

1571. Sauf lorsque les juges ordonnent des mesures complémentaires d'instruction, l'accès au dossier par les parties se limite aux éléments qui ont été communiqués à l'instance, qu'elle ait été initiée par un tiers ou par le ministre.

1572. Dans une affaire[1984], le défendeur demandait la communication d'éléments complémentaires concernant les fournisseurs (comme le fait de savoir s'ils dégageaient ou non des niveaux de marges satisfaisants), mais surtout demandaient la communication de l'ensemble des éléments recueillis par la DGCCRF dans le cadre de l'enquête menée vis-à-vis du défendeur en question. Le tribunal a toutefois rappelé qu'en application de l'article 132 du Code de procédure civile, « *la partie qui fait état d'une pièce s'oblige à la communiquer à toute autre partie à l'instance* ».

1573. Premièrement, le respect du principe du contradictoire et de l'égalité des armes respectés en l'espèce n'emporte pas l'obligation pour le juge d'ordonner une communication de pièces insuffisamment identifiées au regard dudit code.

1982 Cass. com., 27 septembre 2006, Pourvoi n° 05-84.413.

1983 TC Paris, 18 novembre 2019, RG n° 2017025155. Le ministre avait aussi pu utilement évoquer une décision de la Cour de cassation, 4 avril 2001, Pourvoi n° 01-80.835 suivant laquelle la garantie du droit à un tribunal indépendant et impartial énoncé à l'article 6-1 de la CEDH ne vise que les juges et non pas les agents des Douanes agissant dans le cadre d'une enquête.

1984 TC Paris, 29 janvier 2018, RG n° 2017020533.

1574. Deuxièmement, il est également nécessaire que la demande soit nécessaire à la solution du litige, dans le cas où la partie réclamante n'en dispose pas, et sous réserve qu'aucun empêchement légitime ne s'y oppose. En l'espèce, le défendeur ne démontrait pas en quoi les éléments recueillis par le ministre dans le cadre de l'enquête nationale qui concernent ses fournisseurs et qui n'auraient pas été communiqués au soutien de la présente instance comme ne fondant pas la demande du ministre, auraient vocation à lui être transmis, alors même que les pièces obtenues dans ce cadre contiennent nécessairement des éléments économiques confidentiels qu'elles n'ont pas vocation à connaître.

1575. Troisièmement, l'absence de communication de l'intégralité des pièces collectées lors de la phase d'enquête n'est pas nécessaire au motif que sinon cela violerait l'article 6 de la CESDH, et le principe de l'égalité des armes. Les parties arguaient que l'action relevait de la matière pénale remplissant les trois critères fixés par la CESDH (i) la qualification en droit interne, en l'espèce non rempli mais secondaire, (ii) la nature répressive de l'infraction, et (iii) la gravité de la sanction encourue. Cependant, l'action poursuivie par le ministre au titre de la sanction des pratiques restrictives de concurrence, loin d'être purement répressive, vise également selon les termes mêmes du Conseil constitutionnel[1985] à rétablir un équilibre des rapports de force entre partenaires commerciaux. Il s'agit donc d'une matière civile soumise aux règles du code de la procédure civile[1986].

1576. Dans ces conditions, les demandes de communication ont été refusées par le tribunal.

Section 2
La procédure *stricto sensu*

1577. Certains points de procédure ont pu être soulevés dans le cadre d'affaires invoquant à titre principal ou liminaire les articles L. 442-1 à L. 442-3 du Code de commerce, et ce, que ce soit au stade de la première instance (1) ou dans le cadre de la procédure d'appel (2).

§ 1. En première instance

A. La couverture de la nullité avant le jugement

1578. Il est possible de couvrir une nullité en vertu de l'article 121 du Code de procédure civile, suivant lequel « *dans le cas où elle est susceptible d'être couverte, la nullité ne sera pas prononcée si sa cause a disparu au moment où le juge statue* ».

1985 Cons. const.,13 mai 2011, n° 2011–126 QPC, Société Système U Centrale Nationale et autre [Action du ministre contre des pratiques restrictives de concurrence].

1986 TC Paris, 18 novembre 2019, RG n° 2017025155.

À titre d'illustration[1987], cette faculté a pu être utilisée afin d'écarter la nullité tirée de l'absence de délégation de signature du ministre, car elle avait disparu au moment où le juge statuait, et ce, indépendamment du fait que les actes litigieux soient de nature conservatoire ou non[1988].

B. La délégation pour ester en justice

1. Pour le ministre

1579. Avant 2014, la délégation du ministre aux autorités administratives compétentes pour saisir les juridictions civiles en son nom ou bien pour le représenter devant les juridictions, était prévue par le décret n° 2010-1010 du 30 août 2010[1989]. Plus particulièrement, lorsque l'action est fondée sur la base des dispositions des articles L. 442-1 à L. 442-3 du Code de commerce, le ministre délègue sa compétence aux directeurs régionaux des DIRECCTE (Directions régionales des entreprises de la concurrence, de la consommation, du travail et de l'emploi).

1580. En ce qui concerne les anciennes dispositions, le fait que l'arrêté du 25 juillet 2005 par lequel le ministre avait auparavant délégué sa signature à des cadres précis de la DGCCRF par un renvoi à l'article 1er du décret du 12 mars 1987, et en référence à l'article 36 de l'ordonnance du 1er décembre 1986, pour les procédures basées sur l'article L. 442-1 du Code de commerce, n'est pas entaché de nullité au motif que les dispositions ont été successivement élargies par les modifications du dispositif sanctionnant les pratiques restrictives de concurrence. En effet, ces modifications n'ont pas eu pour effet de changer la nature et l'objet de l'action prévue à cet article, si bien que ledit renvoi doit s'entendre comme un renvoi aux dispositions originales ainsi qu'à leurs modifications[1990].

1581. Il était cependant nécessaire que le ministre communique à la société mise en cause les documents justifiant du pouvoir de représentation confié à la personne qui le représente devant les juridictions commerciales[1991], sans quoi la décision pouvait être privée de base légale. À cet effet, il avait le pouvoir de donner mandat pour être représenté à l'audience à un fonctionnaire dans la mesure où le pouvoir est suffisamment précis[1992].

1582. Depuis 2014, les désignations sont prévues par l'article R. 490-2 du Code de commerce qui précise que « *sont désignés comme représentants du ministre chargé*

[1987] Cass. com., 20 février 2007, Pourvoi n° 04-20.449 ; TC Tours, 23 juin 2006, RG n° 200400593 ; CA Rennes, 20 janvier 2009, RG n° 07/07013.

[1988] CA Rennes, 20 janvier 2009, RG n° 07/07013 – Voir aussi TC Meaux, 21 novembre 2006, RG n° 2005/00421.

[1989] Décret n° 2010-1010 du 30 août 2010 relatif à la désignation des autorités administratives compétentes pour transiger ou saisir la juridiction civile ou administrative en matière de consommation et de concurrence, et représenter le ministre chargé de l'économie pour l'application de l'article L. 470-5 du Code de commerce.

[1990] CE, 26 mai 2010, n° 325623 ; Cass. com., 26 septembre 2018, Pourvoi n° 17/10173.

[1991] CA Paris, 11 septembre 2013, RG n° 11/17941, Mireille Dany, Marianne Le Moullec, Déséquilibre significatif : La Cour d'appel de Paris confirme la décision du Tribunal de commerce de Lille qui, sur saisine du ministre de l'Économie, avait condamné un distributeur à une lourde amende civile en raison du caractère déséquilibré de deux clauses de la convention annuelle conclue avec ses fournisseurs (Eurauchan), 11 septembre 2013, Concurrences N° 4-2013, Art. N° 59272, p. 103. CA Paris, 11 septembre 2013, RG n° 11/17941.

[1992] CA Paris, 29 juin 2016, RG n° 14/09786.

de l'économie devant les juridictions civiles et pénales de première instance et d'appel, pour l'application de l'article L. 490-8 du Code de commerce :

1. *Le directeur général de la concurrence, de la consommation et de la répression des fraudes et, pour ce qui concerne les affaires dont ont été saisies les juridictions du ressort territorial dans lequel ils exercent leurs fonctions, les directeurs régionaux des entreprises, de la concurrence, de la consommation, du travail et de l'emploi, les directeurs des directions départementales chargées de la protection des populations et les directeurs des entreprises, de la concurrence, de la consommation, du travail et de l'emploi ;*
2. *Par exception au 1°, lorsque l'action est fondée sur les dispositions des articles L. [442-1 à 442-3] du Code de commerce et quelle que soit la juridiction devant laquelle elle est portée, le directeur général de la concurrence, de la consommation et de la répression des fraudes, les directeurs régionaux des entreprises, de la concurrence, de la consommation, du travail et de l'emploi, ainsi que les directeurs des entreprises, de la concurrence, de la consommation, du travail et de l'emploi, pour les affaires qu'ils ont instruites ;*
3. *Pour les affaires instruites par le Service national des enquêtes, le chef de ce service* ».

1583. L'arrêté du 24 septembre 2010 organisant la suppléance des représentants du ministre chargé de l'économie désignés en application de l'article L. 490-8 du Code de commerce, prévoit également dans son article 3 alinéa 1er qu' « *en cas d'empêchement des directeurs régionaux des entreprises, de la concurrence, de la consommation, du travail et de l'emploi, les chefs des pôles « concurrence, consommation, répression des fraudes et métrologie » des Directions régionales des entreprises, de la concurrence, de la consommation, du travail et de l'emploi les suppléent pour les attributions conférées à l'article R. [490-2] du Code de commerce* ».

1584. Il en résulte que lorsque l'action est fondée sur le dispositif sanctionnant les pratiques restrictives de concurrence, le ministre de l'Économie peut être représenté par le chef de pôle de la DIRECCTE[1993]. La simple omission de la mention à l'arrêté précité est insuffisante pour entraîner la nullité de l'assignation. En effet, la suppléance, qui n'est plus nominative s'effectue désormais de plein droit, sans que le suppléant n'ait à justifier d'un pouvoir spécial. Il n'est pas non plus possible de tirer moyen de l'absence de justification par le ministre du fait que son premier représentant était empêché, dans la mesure où selon une jurisprudence constante du Conseil d'État[1994], la suppléance peut valablement s'exercer sans preuve d'une absence d'empêchement ; ni que l'absence de communication préalablement aux

---

[1993] CA Paris, 8 janvier 2020, RG n° 18/04493, Jean-Louis Fourgoux, Rupture brutale : La Cour d'appel de Paris considère que si la crise économique peut constituer un cas de force majeure, encore faut-il qu'elle soit prouvée pour dispenser de préavis écrit (Carrefour France / ministre Économie et Coopérative Légumière Crimart), 8 janvier 2020, Concurrences N° 3-2020, Art. N° 96045, p. 119. CA Paris, 8 janvier 2020, RG n° 18/04493.

[1994] CE, 17 décembre 1999, RG n° 208623, 208682, 208770, 209837, 209838, 209839 ; CE, 2 juillet 2010, RG n° 325521.

audiences des personnes qui représenteront le ministre nuisent au principe du contradictoire[1995].

2. Pour d'autres parties de manière générale

1585. Il est nécessaire en premier lieu que le pouvoir confié à la société qui l'invoque ne soit pas d'ordre général, et prévoie notamment les modalités d'ester en justice pour celui en bénéficiant (voir § 1446 si le pouvoir est donné à un mandataire social). En second lieu, il faut qu'il soit donné par le responsable ayant qualité pour engager la société[1996].

C. Principes généraux applicables à la procédure civile, y compris en cas d'application des articles L. 442-1 et s. du Code de commerce

1. Lien entre pénal et civil

1586. L'invocation des dispositions des articles L. 442-1 à L. 442-3 du Code de commerce devant les juridictions civiles ne fait pas obstacle à ce que les pratiques puissent aussi être sanctionnées au pénal. Dans un arrêt de 2008[1997], la Cour de cassation indique en effet que « *l'institution par la loi [...] d'un régime spécifique de sanctions civiles pour réprimer la coopération commerciale fictive ou abusive, dérogatoire au droit commun, n'exclut pas que les faits puissent faire l'objet de poursuites pénales conformément aux règles de droit commun* ».

1587. À ce titre, en vertu de l'article 4 alinéa 3 du Code de procédure pénale, la juridiction civile n'a pas l'obligation de surseoir à statuer si une action pénale a été parallèlement enclenchée, sauf en cas d'action civile en réparation du dommage causé par l'infraction, et ce, quand bien même elle soit susceptible d'influer sur la décision au civil. En définitive, il appartient au juge civil d'apprécier l'opportunité de surseoir ou non à statuer.

1588. Ainsi dans une affaire[1998], le juge a souverainement estimé que les suites engagées au pénal ne sauraient avoir une incidence déterminante sur le jugement au civil, si bien que rien ne s'opposait à ce que la juridiction civile puisse connaître du litige.

2. La révocation de l'ordonnance de clôture

1589. La révocation d'une ordonnance de clôture par le juge n'est possible que s'il existe un motif grave. Tel n'est pas le cas, par exemple, si le jugement a été rendu contradictoirement, car dans cette situation, le défendeur ne pouvait alors

---

1995 TC Rennes, 22 octobre 2019, RG n° 2017F00131.

1996 CA Versailles, 16 janvier 2003, RG n° 00/07951-7950.

1997 Cass. com., 25 juin 2008, Pourvoi n° 07-80.261, Philippe Vanni, Factures inexactes – Délit de faux : La Cour de cassation condamne pour faux en écriture des entreprises ayant émis des factures inexactes (Compagnie générale de conserves), 25 juin 2008, Concurrences N° 3-2008, Art. N° 27540. Cass. com., 25 juin 2008, Pourvoi n° 07-80.261.

1998 CA Versailles, 17 décembre 2009, RG n° 07/04811.

ignorer les éléments de fait lui étant reprochés, et ce, d'autant qu'il avait conclu subsidiairement au fond en respectant l'injonction faite par le conseiller de la mise en l'état[1999].

3. Simultanéité des exceptions soulevées

1590. Sous peine d'irrecevabilité, les exceptions doivent être soulevées simultanément avant toute défense au fond ou fin de non-recevoir en vertu de l'article 74 du Code de procédure civile. Si, par exemple, la société avait formé un contredit de compétence jugé par la Cour d'appel, le fait de soulever ensuite une irrégularité quant à la personne visée, sans que ce moyen n'ait été soulevé auparavant, peut être considéré comme un comportement dilatoire[2000].

4. La nécessité de répondre à tous les moyens soulevés par le défendeur

1591. Afin d'être valable, il est nécessaire que la cour réponde à l'ensemble des moyens soulevées par les parties. Par exemple, si des manquements graves sont opposés pour justifier la brutalité d'une rupture[2001], il est nécessaire que la cour se prononce afin de déterminer si les manquements allégués par la société mise en cause étaient susceptibles de constituer ou non un manquement grave susceptible de la dispenser d'octroyer un préavis, sans quoi elle prive sa décision de base légale.

5. L'interprétation des clauses en cas d'ambiguïté

1592. Dans l'hypothèse où il existe une ambiguïté sur l'interprétation à donner d'une clause du contrat, cette dernière doit être interprétée en vertu de l'article 1190 du Code civil, soit à la faveur de celui qui s'engage[2002].

6. L'évocation

1593. Il est possible à la Cour d'appel d'utiliser son pouvoir d'évocation en vertu de l'article 89 du Code de procédure civile[2003] pour éviter d'éventuelles manœuvres dilatoires[2004]. Par exemple, si le jugement de première instance a conclu à l'irrecevabilité des demandes du ministre, mais que ce point est contredit en appel, la Cour d'appel peut alors directement statuer sur les conséquences de la recevabilité de la demande sur le litige qui lui est soumis[2005]. Une telle approche n'est toutefois pas automatique, une Cour d'appel ayant considéré à l'inverse

---

1999 CA Douai, 13 octobre 2005, RG n° 04/01971.

2000 CA Douai, 17 décembre 2009, RG n° 08/06361.

2001 Cass. com., 31 mars 2009, Pourvoi n° 07-20.991.

2002 CA Paris, 9 septembre 2009, RG n° 07/10355.

2003 Qui dispose « Lorsque la Cour est juridiction d'appel relativement à la juridiction qu'elle estime compétente, elle peut évoquer le fond si elle estime de bonne justice, de donner à l'affaire une solution définitive après avoir ordonné elle-même, le cas échéant, une mesure d'instruction » – CA Versailles, 18 novembre 2010, RG n° 09/02118.

2004 CA Nîmes, 29 août 2008, RG n° 07/00606.

2005 CA Paris, 18 décembre 2013, RG n° 12/100150.

que l'affaire ne devait pas être évoquée si cela revenait à priver la demanderesse d'un degré de juridiction (lorsque la Cour d'appel est, par exemple, amenée à trancher à titre liminaire de la compétence territoriale)[2006].

7. En cas de dommages et intérêts, la société présumée victime doit être partie à la procédure

1594. Dans le cas contraire, si la société pour laquelle des dommages et intérêts sont demandés n'est pas partie à la procédure, la demande du ministre ne peut être recevable[2007].

8. L'approche distincte entre les pratiques restrictives de concurrence et les pratiques anticoncurrentielles

1595. Dans une affaire[2008], la société mise en cause avait mis en avant que les accords visés pouvaient être exemptés en vertu du règlement d'exemption applicable aux accords verticaux, notamment du fait que sa part de marché était inférieure à 30 %[2009]. Cependant, le droit communautaire a reconnu aux États membres la faculté de prévoir des mesures spécifiques pour protéger la concurrence sur un marché, dont font notamment partie les pratiques restrictives de concurrence. Il en résulte que les pratiques relevant de manquements au titre des articles L. 442-1 à L. 442-3 du Code de commerce ne peuvent être exonérées par des dispositions relatives aux pratiques anticoncurrentielles.

9. La motivation du jugement

1596. Pour être valable, le jugement doit comporter un exposé des motivations respectives des parties. L'article 455 du Code de procédure civile précise ainsi que « *le jugement doit exposer succinctement les prétentions respectives des parties et leurs moyens. Cet exposé peut revêtir la forme d'un visa des conclusions des parties avec l'indication de leur date. Le jugement doit être motivé* ». Cela peut notamment se déduire du fait qu'un certain nombre de moyens ont été écartés, et que le préjudice a été ajusté[2010].

1597. En revanche, si le jugement ne fait que reprendre les conclusions d'une des parties, « *en statuant ainsi, par une apparence de motivation pouvant faire peser un doute sur l'impartialité de la juridiction et sur l'examen effectif des moyens de la partie adverse* », il peut alors être réformé.

10. L'autorité de la chose jugée

1598. La Cour d'appel ne peut écarter un jugement de première instance au motif que ce dernier était dépourvu de l'autorité de la chose jugée en ce qui concernait la

---

2006 CA Douai, 16 mars 2011, RG n° 10/09281.

2007 CA Nîmes, 18 octobre 2007, RG n° 05/04507.

2008 CA Versailles, 27 janvier 2005, RG n° 03/06500.

2009 Il s'agissait d'accords de distribution de produits cosmétiques entre un fournisseur et ses distributeurs qui établissaient une discrimination entre deux grandes catégories de clients.

2010 CA Paris, 9 juillet 2010, RG n° 10/03248.

nature délictuelle de la responsabilité (le premier jugement n'avait retenu qu'une responsabilité contractuelle). En effet, l'autorité de la chose jugée, qui s'attache à un jugement dès son prononcé, s'impose même en cas de méconnaissance d'un principe d'ordre public[2011].

11. Les fondements invoqués et leur application dans le temps

1599. Les fondements ne peuvent pas être susbstitués d'office. Une juridiction d'appel saisie sur le fondement du Code civil ne peut donc retenir la responsabilité de l'intimée sur le fondement de l'article L. 442-1 II du Code de commerce[2012]. Au-delà de leur substitution, les deux fondements ne peuvent se cumuler pour des même faits, sous peine d'irrecevabilité[2013], ce qui peut être important à prendre en compte eu égard aux règles applicables en matière de compétence territoriale (v. § 1332 et s.). À titre d'illustration, dans un litige relatif à la non-exécution d'une commande, la Cour a estimé que l'acheteur « *n'est pas fondé à invoquer cumulativement l'inexécution des obligations du contrat et de rupture abusive de la relation commerciale spécifiquement prévue par les dispositions du Code de commerce* »[2014].

1600. Par ailleurs, les dispositions ne sont pas applicables à des faits antérieurs à l'entrée en vigueur de la loi. Pour le déséquilibre significatif par exemple, ce manquement ne peut être invoqué pour des faits antérieurs à la loi de modernisation de l'économie du 4 août 2008[2015]. Cette exclusion demeure valable pour un contrat reconduit tacitement après la mise en œuvre de la LME, dans la mesure où il a été reconduit tacitement sans renégociation, ni avenant au contrat susceptible d'être soumis aux nouvelles dispositions législatives[2016].

12. La règle de l'estoppel

1601. Il n'est pas possible de soulever un moyen contraire à un autre précédent dans la mesure où la mauvaise foi qui en découle viole la confiance légitime de l'adversaire. La partie soulevant ce moyen est donc irrecevable en vertu de la règle de l'estoppel. En l'espèce[2017], la société avait renoncé à sa demande reconventionnelle sur l'article L. 442-1 mais se fondait sur cet article et l'article D. 442-3 du Code de commerce au soutien de sa demande de nullité ou de réformation du premier jugement, si bien qu'en soutenant une demande par un moyen contraire à celui auquel elle a expressément renoncé, sa demande a été jugée irrecevable.

13. Les procédures d'urgence

1602. Il est possible de saisir le juge en référé sur la base des articles L. 442-1 à L. 442-3 du Code de commerce lorsque les mesures sont nécessaires pour prévenir un

---

2011 Cass. com., 21 janvier 2014, Pourvoi n° 12-25.887.
2012 Cass. com., 4 novembre 2014, Pourvoi n° 12-25.856 ; Cass. com., 29 mars 2017, Pourvoi n° 15-15.470.
2013 CA Paris, 1er juillet 2016, RG n° 13/22944.
2014 CA Rennes, 7 mars 2014, RG n° 11/03247.
2015 CA Rennes, 10 avril 2015, RG n° 12/00899.
2016 CA Paris, 30 juin 2016, RG n° 14/22178.
2017 CA Aix-en-Provence, 29 septembre 2016, RG n° 14/18369.

dommage imminent, ou pour faire cesser un trouble manifestement illicite en application de l'article 809 du Code de procédure civile.

1603. Dans un cas par exemple[2018], le juge a validé le principe d'une provision au bénéfice de la société victime des pratiques pour compenser la perte de marge découlant de la rupture de la relation commerciale. Dans une autre affaire, il a été fait droit au demandeur qui réclamait la communication des documents attestant de l'existence d'un réseau de distribution exclusive[2019].

1604. Plus particulièrement, en cas de rupture brutale, le demandeur peut aussi assigner à bref délai suivant les dispositions générales de la procédure civile, dans la mesure où la rupture des relations est susceptible d'avoir des conséquences significatives et avérées sur la société, voire d'entraîner sa liquidation. Cela a ainsi permis au demandeur d'obtenir l'injonction à la société mise en cause de maintenir la relation commerciale pour une durée prédéterminée au regard de la durée de la relation commerciale[2020], ou sous astreinte dans l'attente de statuer sur le fond[2021]. Le juge peut également exiger des parties qu'elles reviennent dans la situation antérieure en réinstallant le matériel qui avait été désinstallé sans préavis, cette mesure étant proportionnée du fait que le coût de réinstallation par site était limité (60 euros)[2022]. Pour autant si le juge peut ordonner la poursuite de la relation, il ne peut à titre provisoire allouer de dommages et intérêts, cette compétence relevant exclusivement du pouvoir des juges du fond[2023].

1605. Dans la mesure où la juridiction constate souverainement l'existence d'un dommage imminent, et fixe un terme certain à la mesure de maintien des relations commerciales, le principe d'un tel maintien ne porte pas atteinte à la liberté du commerce et n'excède pas le pouvoir conféré par l'article 873 1° du Code de procédure civile[2024]. Réciproquement, lorsque les faits de l'espèce permettent de constater que la société victime de la rupture a manqué à ses obligations, le maintien des relations commerciales peut être légitimement rejeté, en l'absence de dommage imminent ou de trouble manifestement illicite[2025].

1606. L'action du juge des référés est toutefois limitée au pouvoir d'ordonner des mesures positives en cas d'urgence en l'absence de contestation sérieuse ou afin de faire cesser un trouble manifestement illicite. Il ne lui appartient pas de se prononcer sur l'existence d'une rupture brutale de relation commerciale, lorsqu'une telle demande a cette unique finalité[2026]. De même, la démonstration d'un éventuel déséquilibre significatif entre les droits et obligations de parties échappe au juge des référés dans la mesure où une telle analyse ne peut être effectuée que dans le cadre d'une analyse au fond[2027].

2018 CA Toulouse, 8 septembre 2005, RG n° 05/00673.
2019 CA Rennes, 21 septembre 2010, RG n° 10/01175.
2020 CA Paris, 24 janvier 2019, RG n° 18/14599.
2021 CA Paris, 24 septembre 2009, RG n° 09/10508.
2022 CA Paris, 12 octobre 2010, RG n° 11/09644.
2023 CA Paris, 26 juin 2014, RG n° 13/10436.
2024 Cass. com.,3 mai 2012, RG n° 10-28.367.
2025 Cass. com., 17 septembre 2013, Pourvoi n° 12-20.147.
2026 CA Paris, 14 décembre 2017, RG n° 16/21155.
2027 CA Paris, 22 janvier 2015, RG n° 14/17588.

1607. Il pourrait en être autrement si le déséquilibre significatif ou sa mise en œuvre était susceptible d'avoir des conséquences importantes à court terme, par exemple en déclenchant une rupture dont le référé pourrait atténuer le caractère brutal.

1608. Il est également nécessaire que le caractère établi de la relation ne soit pas sujet à contestation, car sinon, si cette appréciation relève manifestement du fond, la société ne peut se prévaloir de la rupture brutale devant la juridiction des référés[2028].

§ 2. En procédure d'appel

1609. Ayant la possibilité d'introduire l'action devant les juridictions commerciales, le ministre a aussi le statut de partie à la procédure, ce qui lui permet par voie de conséquence d'interjeter appel en application des dispositions de l'article 546 du Code de procédure civile. En outre, si le ministre est intervenu en première instance, et demande à nouveau une amende civile en appel, son intervention est valable en vertu de l'article 329 du Code de procédure civile[2029].

1610. Cependant, une vigilance particulière doit être apportée aux demandes en première cause d'appel, tant au niveau de la recevabilité de l'intervention en tant que telle (1), que dans celle des demandes le cas échéant (2). D'autres moyens de nullité ont aussi pu être soulevés ou rappelés dans le cadre de différentes affaires en application de l'article L. 442-1 du Code de commerce (3).

A. Recevabilité de l'appel

1611. En application des articles 549 et 550 du Code de procédure civile, l'appel incident peut émaner, sur appel principal ou incident qui le provoque, de toute personne, même non intimée, ayant été partie en première instance, et que cet appel incident peut être formé en tout état de cause.

1612. Dans une affaire[2030], le ministre était partie à l'instance, et en cette qualité, avait la capacité de faire appel incident sous réserve que l'appel principal ou l'appel incident éventuel l'aient provoqué, remettant en cause ses droits et lui donnant ainsi un intérêt nouveau alors qu'il n'avait pas cru utile de faire un recours pour la défense de l'ordre public économique. La cour a estimé l'action recevable en son appel incident indiquant qu'il s'agissait ici non de reconnaître au ministre une prérogative dépassant le droit commun mais d'appliquer les règles de procédure civile, ce qui ne saurait remettre en cause le principe du procès équitable.

1613. Par ailleurs, l'appel formé par le ministre, en tant qu'intervenant forcé, est recevable nonobstant son absence de demandes spécifiques[2031].

[2028] CA Paris, 16 novembre 2010, RG n° 10/18978.

[2029] CA Orléans, 29 mai 2008, RG n° 07/01118.

[2030] CA Paris, 9 avril 2014, RG n° 13/24342, confirmé par Cass. com., 18 octobre 2016, Pourvoi n° 15-13.834.

[2031] CA Paris, 18 juin 2014, RG n° 17/07796.

B. Recevabilité de l'intervention en première cause d'appel

1. Cas de l'intervention du ministre

1614. En application de l'article 325 du Code de procédure civile, « *l'intervention n'est recevable que si elle se rattache aux prétentions des parties par un lien suffisant* »[2032], sachant que lorsqu'il intervient en première cause d'appel, le ministre n'a pas la qualité de partie à l'action. Par conséquent, pour être recevable, l'intervention du ministre doit présenter un lien suffisant avec le litige de première instance.

1615. Dans une affaire par exemple[2033], la demande initiale du demandeur concernait un refus de vente, mais en appel, le ministre demandait le prononcé de la nullité de certaines clauses du règlement intérieur de la société mise en cause. Dès lors, le juge a pu considérer que la demande du ministre n'avait pas de lien suffisant avec la demande initiale pour être recevable et l'a donc écartée.

1616. Dans une autre affaire[2034], le ministre s'était contenté d'appuyer le demandeur afin de démontrer un abus de dépendance économique et une rupture brutale des relations commerciales. Dès lors, le ministre ne modifiait pas les termes du litige, et le lien entre son intervention et les prétentions du demandeur était suffisant pour satisfaire aux dispositions de l'article 325 précité. Il a été confirmé par la Cour d'appel qui a estimé que « *l'appel du ministre était recevable, dès lors qu'il a régulièrement été représenté en première instance, peu important qu'il n'ait pas été nommément assigné devant le tribunal de commerce* »[2035].

2. Cas de l'intervention d'une société victime présumée

1617. Une société prétendument victime des pratiques en cause est recevable en première cause d'appel en sa qualité de victime directe, eu égard à l'article 554 du Code de procédure civile suivant lequel « *peuvent intervenir en cause d'appel dès lors qu'elles y ont intérêt les personnes qui n'ont été ni parties ni représentées en première instance ou qui y ont figuré en une autre qualité* ».

C. Recevabilité d'une demande en première cause d'appel

1618. De manière générale et selon une jurisprudence constante[2036] tirée de l'application de l'article 565 du Code de procédure civile, toute demande nouvelle formée en première cause d'appel n'est pas recevable, sachant que « *les prétentions ne sont pas nouvelles dès lors qu'elles tendent aux mêmes fins que celles soumises au premier*

[2032] Cass. com., 9 juillet 1986, Pourvoi n° 85-10.750.
[2033] Cass. com., 26 novembre 1996, Pourvoi n° 94-20.651.
[2034] TC Paris, 24 juin 2009, RG n° 2007066678.
[2035] CA Paris, 25 mars 2014, RG n° 13/12160.
[2036] Cass. com., 11 juin 1975, Pourvoi n° 73-14.233.

juge même si leur fondement juridique est différent ». En définitive, une demande est considérée comme nouvelle si elle n'est ni l'accessoire ni le complément de la demande initiale.

1619. Il est néanmoins possible de soumettre de nouvelles prétentions uniquement « *pour opposer compensation, faire écarter les prétentions adverses ou faire juger les questions nées de l'intervention d'un tiers, ou de la survenance ou de la révélation d'un fait* », en vertu de l'article 564 du Code de procédure civile[2037].

1. Cas de la demande émanant du demandeur

1620. Suivant ces principes, les articles L. 442-1 à L. 442-3 du Code de commerce peuvent être invoqués en première cause d'appel par le demandeur pour autant que sa demande tende aux mêmes fins que sa demande initiale, et ce, même si leur fondement juridique est différent[2038].

1621. À titre d'illustration[2039], un demandeur demandait l'annulation d'un acte de cautionnement en prétendant que cette garantie avait été obtenue sous la menace de la rupture des relations commerciales par son fournisseur, du fait de l'état de dépendance économique de sa société. Il a ainsi invoqué l'application des articles L. 442-1 à L. 442-3 du Code de commerce uniquement en première cause d'appel. Cependant, le juge a considéré que la demande n'était pas nouvelle étant « *virtuellement comprise dans les demandes initiales* », tendant aux mêmes fins que celles soumise aux premiers juges, sachant qu'au surplus elle remplissait les conditions requises par l'article 564 du Code de procédure civile.

1622. Suivant la même approche, dans le cadre d'une rupture brutale de relation commerciale, si l'action visait initialement l'article 1240 du Code civil, le demandeur peut viser en première cause d'appel l'article L. 442-1 II et L. 420-2 du Code de commerce dans la mesure où les demandes reposent sur les mêmes faits et tendent aux mêmes fins[2040].

1623. En revanche, si la demande tend à d'autres fins, elle est alors irrecevable. Tel est le cas des exemples suivants :
   - une demande de dommages et intérêts pour concurrence déloyale qui tend à d'autres fins que l'indemnisation des préjudices liés au paiement tardif des factures[2041] ;
   - une demande pour rupture brutale de relation commerciale qui tend à d'autres fins que l'indemnisation pour concurrence déloyale ou parasitisme[2042] ;
   - une demande fondée sur l'absence de contrôle de la réalité du grief (ancien article L. 442-6-1 8°) dans le cadre d'un litige commercial découlant d'une non-conformité de la marchandise livrée[2043] ;

2037 Voir par exemple CA Grenoble, 21 novembre 2019, RG n° 17/00741.
2038 CA Versailles, 7 octobre 2010, RG n° 09/04974.
2039 CA Versailles, 12 octobre 2006, RG n° 05/01997.
2040 CA Rennes, 12 avril 2005, RG n° 03/07969 ; CA Versailles, 7 octobre 2010, RG n° 09/04974.
2041 CA Paris, 11 octobre 2006, RG n° 04/22481.
2042 CA Rennes, 27 septembre 2016, RG n° 14/05638.
2043 CA Paris, 30 octobre 2019, RG n° 17/10872, Sibylle Chaudouet, Déséquilibre significatif : La Cour de cassation se prononce sur la répartition de la charge de la preuve de la soumission à un déséquilibre significatif dans

- lorsque l'article est utilisé comme moyen de défense pour la première fois en appel[2044].

1624. La question de la recevabilité de la demande peut se poser également en cas de conflit dans la compétence juridiction, dans la mesure où les pratiques restrictives de concurrence doivent être jugées par des juridictions spécialisés spécialement désignées à cet effet. Dans une affaire[2045], la Cour d'appel avait déclaré irrecevable l'appel d'un jugement visant un fondement contractuel dans la mesure où le demandeur invoquait le fondement délictuel en première cause d'appel. La Cour de cassation a toutefois invalidé ce jugement en considérant que l'appel était recevable, seules étant irrecevables les demandes nouvellement formées devant elle sur le fondement délictuel prévu par le dispositif sanctionnant les pratiques restrictives de concurrence[2046].

2. Cas de la demande émanant du ministre

1625. S'agissant du ministre, s'il peut intervenir en première cause d'appel parallèlement à un demandeur pour éventuellement appuyer ses demandes sur le fondement de l'article L. 470-5 du Code de commerce, il ne peut demander le prononcé d'une amende civile sans méconnaître les dispositions de l'article 564 du Code de procédure civile[2047].

1626. En revanche, lorsqu'il est intervenu dès la première instance, le ministre est tout à fait recevable dans ses demandes en cause d'appel au titre des dispositions particulières qui lui sont applicables[2048].

D. Autres éléments soulevés par la jurisprudence

1. L'impact du désistement à l'appel d'une juridiction non compétente

1627. Le demandeur a d'abord interjeté appel du jugement le déboutant de sa demande d'indemnisation devant une juridiction non spécialisée pour ensuite se désister et interjeter un nouvel appel devant la Cour d'appel de Paris. Le défendeur soulève l'irrecevabilité de ce second appel au motif que le désistement de l'appel formé devant une cour territorialement incompétente implique renonciation à interjeter appel devant celle compétente, motif qui a finalement été retenu par la cour qui

---

la grande distribution (ITM Alimentaire International), 20 novembre 2019, Concurrences N° 1-2020, Art. N° 93154. CA Paris, 30 octobre 2019, RG n° 17/10872.

2044 CA Aix-en-Provence, 8 mars 2018, RG n° 16/09354.

2045 CA Versailles, 19 mai 2015, RG n° 13/06708.

2046 Cass. com., 1er mars 2017, Pourvoi n° 15-21.798.

2047 Cass. com., 23 janvier 2007, Pourvoi n° 04-16.779 et 04-17.951 ; Un jugement de la Cour de cassation a validé une décision d'appel prononçant une amende civile à l'encontre d'une société alors que le ministre intervenait en première cause d'appel. Néanmoins, le moyen de l'irrecevabilité de la demande du ministre n'avait pas été soulevé devant la juridiction suprême (voir CA de Douai, 13 octobre 2005, RG n° 04/01971 confirmé par Cass. com., 12 juin 2007, Pourvoi n° 05-21.561).

2048 Cass. com., 6 novembre 1990, Pourvoi n° 89-13.116.

estime que les juges d'appel ont exactement retenu que ce désistement sans réserve emportait acquiescement au jugement[2049].

2. Nullité de la déclaration d'appel

1628. Le fait que le représentant de la personne morale ne soit pas mentionné dans la déclaration d'appel ne l'entache pas de nullité en application de l'article 901 du Code de procédure civile[2050].

3. Nullité des exceptions soulevées

1629. Sous peine de nullité, les exceptions doivent être soulevées en première instance en vertu de l'article 74 du Code de procédure civile, d'où il suit que les exceptions soulevées en première cause d'appel doivent être écartées[2051].

4. Effet dévolutif de l'appel

1630. En application de l'alinéa 1er de l'article 79 du Code de procédure civile, si la Cour d'appel infirme du chef de la compétence, elle statue néanmoins sur le fond du litige dès lors que la décision attaquée est susceptible d'appel dans l'ensemble de ses dispositions et si la cour est juridiction d'appel relativement à la juridiction qu'elle estime compétente. Par conséquent, cette disposition légale institue une extension légale de l'effet dévolutif de l'appel qui impose à la cour, investie de la plénitude de juridiction, de trancher l'ensemble du litige sans avoir à renvoyer l'affaire, en l'espèce devant le juge des référés du Tribunal de commerce de Paris[2052].

2049 Cass. com., 27 février 2014, Pourvoi n° 13-11.199.

2050 CA Paris, 20 avril 2005, RG n° 02/12212.

2051 Ibid. – voire également CA Paris, 8 janvier 2020, RG n° 18/04493.

2052 CA Paris, 16 avril 2015, RG n° 14/23371 ; CA Paris, 31 juillet 2019, RG n° 16/20683, Philippe Vanni, Distribution sélective : La Cour d'appel de Paris confirme l'absence de droit acquis à la poursuite des relations contractuelles (Hyundai), 31 juillet 2019, Concurrences N° 4-2019, Art. N° 92252, pp. 107-108.

TITRE 2

L'IMPUTABILITÉ ET LES SANCTIONS

Chapitre 1
L'imputabilité des pratiques abusives

1631. Depuis la réforme de 2019, les manquements prévus à l'articles L. 442-1 et s. hors rupture brutale peuvent s'appliquer à toute partie contractuelle (1), alors que les manquements de rupture brutale, et l'ensemble des manquements pour des faits tombant sous le coup des anciennes dispositions s'appliquent uniquement à un partenaire commercial (2). Il est par ailleurs possible sous certaines conditions d'imputer la responsabilité d'un manquement à une autre société que celle directement liée à la société victime des pratiques (3).

Section 1
La notion de partie hors rupture brutale (et depuis 2019)

§ 1. Un élargissement du champ d'application du texte en 2019

1632. **Concernant le champ d'application relatif aux victimes des pratiques**. Sous l'égide des dispositions en vigueur avant 2019, les notions d'avantage sans contrepartie, de déséquiliblre significatif et de rupture brutale s'appliquaient uniquement à un « *partenaire commercial* », ce qui impliquait que deux conditions soient réunies : (i) que le cocontractant puisse être qualifié de partenaire, et (ii) que l'activité en cause puisse être qualifiée de commerciale. Ces deux critères, dans la mesure où ils s'appliquent toujours aux manquements de rupture brutale et qu'ils peuvent s'appliquer à des manquements pour des faits antérieurs au changement législatif opéré en 2019, feront l'objet de développements dans la partie suivante (v. § 1670 et s.).

1633. S'agissant des manquements prévus à l'article L. 442-1 I du Code de commerce (soit principalement l'avantage sans contrepartie et le déséquilibre significatif), la réforme a écarté le critère de « *partenaire commercial* » pour ne prévoir que la notion beaucoup plus large de « *partie* ». Cela signifie qu'un certain nombre de litiges où l'application des dispositions sanctionnant les pratiques restrictives de concurrence avaient été écartées en raison de l'impossibilité soit de qualifier l'activité de commerciale (v. § 1678 à 1682), soit de qualifier la relation de partenariat (v. § 1685 à 1698), pourraient désormais entrer dans le champ d'application des articles L. 442-1 à L. 442-3 du Code de commerce.

1634. Un certain nombre de limites demeurent toutefois à l'application des articles L. 442-1 à L. 442-3 du Code de commerce. À noter que l'ensemble de ces limites sont susceptibles de s'appliquer sous l'égide des anciennes dispositions utilisant la notion de « *partenaire commercial* ».

1635. **Concernant le champ d'application relatif aux auteurs des pratiques**. Avant la réforme de 2019, l'ancien article L. 442-6 du Code de commerce pouvait être mis en œuvre vis-à-vis de « *tout producteur, commerçant, industriel ou personne immatriculée au répertoire des métiers* ». Depuis la réforme de 2019, les articles L. 442-1 à L. 442-3 du Code de commerce peuvent être mis en œuvre vis-à-vis de « *toute personne exerçant des activités de production, de distribution ou de services* ». Les deux notions se recouvrent plus ou moins[2053], et en tous cas, impliquent l'existence d'une activité économique.

1636. À noter qu'il est possible de viser nominativement un dirigeant au titre de manquements qu'ils soient ou non détachables de ses fonctions sociales et générateurs ou non d'une responsabilité personnelle de ce dernier, dès lors que les faits se rattachent directement à la gestion de sa société[2054].

§ 2. L'application à des associations

1637. Les dispositions des articles L. 442-1 et s. du Code de commerce peuvent être mises en œuvre quel que soit le statut juridique de la victime du comportement incriminé[2055].

1638. Il est donc possible à une association d'intenter une action si elle entretient une activité commerciale avec une société. Par exemple, ces dispositions ont pu être invoquées par des associations ayant pour objet la promotion de manifestations et d'artistes de cirques[2056] , ou la réhabilitation par l'intermédiaire d'un Centre d'aide au travail (CAT)[2057]. La question de l'applicabilité du texte à des associations en tant qu'auteures a pu se poser par le passé sous l'égide des anciennes dispositions (v. § 1677), compte tenu de l'obligation d'avoir une activité commerciale. Pour autant, la nouvelle rédaction des dispositions leur permet désormais de s'appliquer réciroquement à des associations qu'elles soient victimes ou auteures de pratiques.

1639. Il n'est pas non plus nécessaire que la partie visée ou celle victime de pratiques au sens de ces dispositions aient un but lucratif. Il est donc possible de viser l'activité d'une mutuelle à but non lucratif à travers l'influence qu'elle exerce sur ses adhérents-cotisants[2058].

[2053] Le nouveau dispositif est peut être plus large, notamment quant au fait qu'il vise expressément les services. Pour autant, ce point n'a pas fait obstacle à la possibilité pour le texte dans sa rédaction antérieure de s'appliquer à des auteurs fournissant des prestations de services.

[2054] CA Bordeaux, 23 mai 2012, RG n° 11/07867.

[2055] Cass. com., 6 février 2007, Pourvoi n° 03-20.463, Mary-Claude Mitchell, Rupture brutale de relations commerciales : La Cour de cassation apporte quelques précisions complémentaires sur les conditions de la mise en œuvre de l'article L.442-6-I-5° (Idéal France et Dudule / Guiot ; « Le Clown est Roi »/ Favand ; Daniel Grenin / Usinor Achats ; UCT / Transports Joyau), 6 février 2007, Concurrences N° 2-2007, Art. N° 13425, pp. 123-124. Cass. com., 6 février 2007, Pourvoi n° 03-20.463.

[2056] Ibid.

[2057] CA Montpellier, 24 janvier 2006, RG n° 04/05929.

[2058] Cass. com., 13 mars 2002, Pourvoi n° 00-11.638.

1640. En définitive, ni le régime juridique des sociétés (en l'espèce des coopératives) ni leur caractère non lucratif ne sauraient les exclure du champ d'application des dispositions relatives aux pratiques commerciales restrictives « *dès lors qu'elles procèdent à une activité de production, de distribution ou de services dans le domaine concurrentiel* »[2059].

§ 3. Les limites du champ d'application

1641. Bien que considérablement plus large, le nouveau champ d'application demeure limité par un certain nombre de contraintes, notamment lorsque la partie en cause est un organisme ou une entité publique (A), ou lorsque des règles juridiques spécifiques s'appliquent (B). À ce titre, les contrats de mandat (C) ou d'agent commercial (D) peuvent également illustrer la limitation du champ d'application de ces dispositions.

A. Lorsque la partie en cause est un organisme public ou une entité publique

1642. Le dispositif sanctionnant les pratiques restrictives de concurrence ne s'applique pas aux contrats administratifs. Dans une affaire[2060], une société privée ayant remporté plusieurs marchés publics avait assigné la société de régie de transport, un EPIC, devant le tribunal de commerce. Bien que les actions relatives à l'abus de position dominante et à la rupture brutale de relations commerciales soient de nature délictuelle, la cour a cependant considéré que, dès lors que la faute alléguée dans le cadre de l'action en responsabilité délictuelle est susceptible d'être rattachée à un contrat administratif, alors la responsabilité délictuelle est absorbée par la responsabilité contractuelle. Par conséquent, l'action en indemnisation sur le fondement de la rupture brutale de relations commerciales se rattachant à l'exécution ou à la rupture de marchés conclus dans le cadre de contrats administratifs, le litige relève alors de la compétence du tribunal administratif.

1643. En dehors de la qualification de contrat administratif, la question peut se poser pour les relations nouées par des organismes ou des entités publiques. Plusieurs décisions ont auparavant écarté l'application du texte à de tels organismes ou entités, mais uniquement sur le fondement que l'activité ne pouvait pas être considérée comme commerciale (v. § 1683-1684). Si ce n'est pas le cas, les dispositions sanctionnant les pratiques restrictives de concurrence s'appliquent. La juridiction commerciale, et non la juridiction administrative, est ainsi compétente par rapport à une entreprise concessionnaire d'un service public dans la mesure où la société en question est régie par les lois applicables aux sociétés anonymes, et qu'elle se livre librement à des opérations commerciales pour son propre compte et non pour le compte d'une personne publique[2061].

2059 CA Paris, 9 octobre 2014, RG n° 14/03155.

2060 CA Paris, 16 janvier 2015, RG n° 13/14603.

2061 CA Paris, 27 février 2014, RG n° 14/00838.

B. Lorsque la relation est régie par d'autres corps de règles

1644. L'application des articles L. 442-1 et s. du Code de commerce ne doivent pas conduire à déstabiliser l'application d'autres corps de règles existant, lorsque ces derniers visent précisément à régir les relations en cause.

1645. Les relations suivantes ont ainsi été écartées du champ d'application des dispositions des articles L. 442-1 et s. en raison de l'existence d'autres corps de règles spécifiques :

1646. **La relation entre une société et un établissement bancaire**. Cette relation est régie par l'article L. 313-12 du Code monétaire et financier[2062], y compris si le litige porte sur des contrats de crédit-bail[2063]. Dans cette décision, la cour opère une distinction entre les opérations de crédit classique entraînant un transfert de propriété car visant à acquérir un bien, ces derniers pouvant entrer dans le champ d'application du texte, et les opérations de crédit-bail vis-à-vis desquelles la banque est propriétaire des marchandises et où le transfert de propriété n'est qu'une faculté.

1647. **La relation entre un fonds de commerce et un bailleur**. Ce type de relation entre le fonds de commerce et le propriétaire de l'infrastructure du centre commercial est régie par le statut des baux commerciaux[2064]. De même, la relation entre un gérant-mandataire et un mandant (gérant l'enseigne) pour laquelle les modalités de rupture sont déterminées par l'article L. 146-4 du Code de commerce qui laisse la liberté aux parties d'organiser la fin du contrat, et qui prévoit que celle-ci peut intervenir à tout moment et sans préavis, en l'absence de faute grave, sous réserve du paiement d'une indemnité spécifique en application des règles spéciales instaurées par la loi du 2 août 2005[2065].

1648. **La relation entre des entreprises et un établissement de paiement et de monnaie électronique**. Dans la mesure où les parties agissent en vertu d'un agrément délivré par une autorité de régulation bancaire, ces opération définies par l'article L. 522-2 du Code monétaire et financier ne relèvent pas, en vertu de l'article L. 511-4 dudit code, du Code de commerce mais bien des dispositions spécifiques du Code monétaire et financier. La seule exception prévue porte sur les pratiques anticoncurrentielles du titre II du Code de commece, ou s'il s'agit d'un établissement ayant une activité de nature hybride. La société en cause n'ayant pas obtenu d'agrément pour une telle activité, il s'en déduisait qu'elle entrait dans le champ d'application de l'article L. 511-4 du Code monétaire et financier, si bien que le contrat conclu entre cette dernière et les vendeurs tiers n'entrait pas dans le champ d'application de l'article L. 442-1 du Code de commerce[2066] ;

2062 CA Douai, 9 mars 2017, RG n° 16/01324.

2063 CA Metz, 18 juillet 2017, RG n° 15/01997.

2064 CA Paris, 17 mai 2017, RG n° 16/18042 ; Cass. com., 15 février 2018, Pourvoi n° 17-11.329.

2065 CA Paris, 17 janvier 2018, RG n° 15/04976.

2066 TC Paris, 2 septembre 2019, RG n° 2017050625.

1649. **La clause issue d'une décision prise par le conseil d'administration et opposable aux sociétaires.** Dans une affaire[2067], un franchisé, associé coopérateur, contestait la décision du franchiseur, une société coopérative d'achats en commun, d'avoir agréé un nouveau point de vente. Le litige portait sur la décision du conseil d'administration de fixer à 20 % la part de marché sur la zone de chalandise donnant lieu à une exclusivité et sur l'agrément qui avait été octroyé. Cependant, l'égalité des sociétaires associés impose que les décisions prises par le conseil d'administration soient opposables à toutes. Dans le cas contraire, cela pourrait avoir pour effet de créer une discrimination entre les associés-sociétaires que le droit des sociétés ne saurait autoriser. La Cour d'appel a ainsi retenu que les rapports des parties issus du contrat de société relevaient du seul droit des sociétés. Elle a été ensuite approuvée par la Cour de cassation qui énonce que « *les dispositions de l'article L. 442-[1 I et II] du Code de commerce sont étrangères aux rapports entretenus par les sociétés en cause, adhérentes d'une société coopérative de commerçants détaillants avec cette dernière* »[2068].

1650. **La relation entre un GIE et ses adhérents.** La question de l'application des dispositions à une telle relation a pu donner lieu à une jurisprudence qui a évolué au cours du temps. Si dans un premier temps, plusieurs décisions ont appliqué le dispositif à ce type de relation[2069], une décision récente de la Cour de cassation[2070] a considéré que les modalités de retrait du membre d'un GIE prévues par le contrat constitutif ou par une clause du règlement intérieur dudit groupement étaient exclues du champ d'application de l'article L. 442-1 du Code de commerce.

C. Le contrat de mandat

1651. Dans l'hypothèse où la relation soit régie par un contrat de mandat simple, l'application des articles L. 442-1 et s. du Code de commerce peut être écartée, ce qui n'est pas le cas si la relation est régie par un mandat d'intérêt commun.

1. Le mandat simple

1652. De manière générale, lorsque la relation est régie par un mandat simple, les conditions de révocation sont prévues par l'article 2004 du Code civil[2071] suivant lequel un mandat est révocable *ad nutum*. Dans une affaire par exemple, le demandeur bénéficiant d'un mandat pour procéder à du recouvrement pour le compte d'une banque, n'avait pas démontré qu'il fournissait une prestation de service au sens

---

2067 CA Paris, 3 février 2016, RG n° 13/15768, Frédéric Buy, Déséquilibre significatif : La Cour d'appel de Paris considère que les dispositions de l'article L. 442-6, I, 2° et 5° du Code de commerce sont étrangères aux rapports entretenus entre une société et ses associés (Distribution Labege / Intersport), 3 février 2016, Concurrences N° 2-2016, Art. N° 79235, pp. 128-129. CA Paris, 3 février 2016, RG n° 13/15768.

2068 Cass. com.,18 octobre 2017, Pourvoi n° 16-18.864 – voire également Cass. com., 16 mai 2018, Pourvoi n° 17-14.236.

2069 Cass. com., 3 avril 2007, Pourvoi n° 06-10.526 ; CA Nîmes, 21 avril 2005, RG n° 03/00331.

2070 Cass. com., 11 mai 2017, Pourvoi n° 14-29.717.

2071 Qui précise « Le mandant peut révoquer sa procuration quand bon lui semble et contraindre, s'il y a lieu, le mandataire à lui remettre soit l'écrit sous seing privé qui la contient, soit l'original de la procuration, si elle a été délivrée en brevet, soit l'expédition, s'il en a été gardé minute ».

des articles L. 442-1 et s. du Code de commerce, si bien qu'il s'est vu refuser l'application de ce texte[2072].

1653. Démontrer que la relation est soumise à un contrat de mandat peut aussi découler de la réglementation applicable. Par exemple, l'activité de conseil en propriété intellectuelle est une profession libérale qui s'exerce dans le cadre juridique du mandat, ainsi qu'il ressort du règlement intérieur de la Compagnie nationale des conseils en propriété intellectuelle approuvé par arrêté du 29 juillet 1994[2073], si bien que cette profession échappe à l'application des articles L. 442-1 et s. du Code de commerce.

1654. En tout état de cause, afin de déterminer le type de contrat applicable, il appartient aux juges de restituer leur exacte qualification aux faits et actes litigieux, sans s'arrêter à la dénomination que les parties en auraient proposé, la seule présentation de la relation comme relevant d'un mandat n'étant pas suffisante. En vertu de l'article 12 du Code de procédure civile, il convient donc, en matière contractuelle, de rechercher la commune intention des parties contractantes. Par exemple, la simple constatation du caractère commercial de l'intitulé du contrat, ainsi que du contenu de ses obligations peut permettre de considérer qu'il ne s'agit pas d'un mandat[2074]. Il en va de même lorsque le mandataire fixe de manière autonome ses tarifs en tenant compte du marché[2075]. À l'inverse, une société qui se présente comme un simple mandataire de différentes sociétés de distribution mais qui, d'après les contrats, coordonne les politiques d'achat du groupe, agit pour son compte et pour celui des centrales régionales et des commerces de détails, encaisse les sommes versées par les fournisseurs, et est signataire des contrats litigieux, peut être assignée sur le fondement délictuel prévu par les articles L. 442-1 et s. du Code de commerce[2076].

1655. À noter toutefois que dans une affaire[2077], bien que les circonstances de l'espèce aient permis d'écarter tout manquement, les dispositions ont été appliquées à un contrat de mandat.

2. Le mandat d'intérêt commun

a) *Conséquence sur l'appréciation de la relation entre le mandant et son mandataire*

1656. Issu de l'article 1984 du Code civil, un mandat d'intérêt commun est défini comme celui par lequel les parties sont liées par une convergence d'intérêts, et particulièrement lorsque la réalisation de l'objet présente pour le mandant comme le mandataire un intérêt à travers l'essor de l'entreprise par la création et le

---

2072 CA Montpellier, 20 mai 2008, RG n° 06/03981, voire également CA Douai, 22 février 2018, RG n° 17/00205.

2073 Arrêté **portant approbation du règlement intérieur de la Compagnie nationale des conseils en propriété industrielle** – CA Paris, 14 mars 2012, RG n° 10/15338.

2074 Cass. com., 12 mai 2004, Pourvoi n° 01-12.865 ; CA Paris, 31 mai 2012, RG n° 11/05516.

2075 CA Douai, 27 juin 2013, RG n° 12/05867.

2076 CA Paris, 29 juin 2016, RG n° 14/09786.

2077 CA Paris, 25 octobre 2018, RG n° 17/10108, Stéphane Brena, Mandataire : La Cour d'appel de Paris restreint la qualification de mandataire d'intérêt commun (Viaticum / American Airlines), 25 octobre 2018, Concurrences N° 1-2019, Art. N° 88693.

développement de la clientèle, ce qui n'est pas le cas si le mandataire travaille pour plusieurs fournisseurs concurrents[2078]. Cette qualification est aussi subordonnée à l'existence d'un pouvoir d'accomplir au nom et pour le compte du mandant un ou plusieurs actes juridiques, si bien qu'en l'absence d'un tel pouvoir, il n'est pas nécessaire d'examiner la convergence d'intérêt des parties à la réalisation de l'objet du mandat. Enfin, le mandat d'intérêt commun suppose la participation des deux parties aux projets et aux risques qui y sont associés, ce qui n'est pas le cas si le mandataire garantit une rémunération au mandant[2079].

1657. Dans ces conditions, les conditions de révocation du mandat sont différentes comme il « *ne peut être révoqué par la seule volonté de l'une des parties, mais seulement de leur consentement mutuel, ou pour une cause légitime reconnue en justice, ou enfin suivant les conditions et clauses spécifiées au contrat* »[2080].

1658. En pratique, cela signifie que ces relations sont soumises aux dispositions de droit commun, et il suffit que la relation d'affaires soit ancienne et stable, et présente une certaine intensité pour que le cocontractant puisse bénéficier de l'application des articles L. 442-1 et s. du Code de commerce.

1659. À titre d'illustration, ces dispositions ont pu être mises en œuvre dans les cas suivants :

- mandat de représentation et de commercialisation dans le cadre d'une activité d'agent immobilier portant sur une activité de transaction immobilière en application des dispositions du décret n° 72-678 du 20 juillet 1972 relatif à cette profession[2081] ;
- mandat de démarchage financier en application de l'article L. 341-4 du Code monétaire et financier[2082].

b) Conséquence sur l'appréciation de la relation entre le client du mandataire et le mandant

1660. Le mandataire est tributaire des décisions prises par son mandant, notamment eu égard à l'organisation commerciale que ce dernier entend utiliser pour commercialiser ses produits ou services. Dès lors, en l'absence d'autonomie commerciale du mandataire, et s'il est démontré que la rupture est la conséquence de la décision du mandant, il est alors possible d'imputer la faute de la rupture à ce dernier.

1661. Dans une affaire par exemple[2083], le mandant facturait et livrait les produits commandés par l'intermédiaire du mandataire, et a décidé de modifier son organisation commerciale en confiant la commercialisation de ses produits à un autre mandataire. Cependant, ce dernier n'ayant jamais répondu au détaillant qui l'a sollicité, la décision de la rupture relevait du choix initial du mandant.

2078 CA Paris, 25 octobre 2018, RG n° 17/10108.

2079 Ibid.

2080 Droit de la distribution (5e édition, LITEC) – Didier Ferrier, § 179 – voir aussi CA Paris, 5 juillet 2012, RG n° 11/01618.

2081 CA Paris, 5 juillet 2012, RG n° 11/01618 ; CA Toulouse, 19 février 2013, RG n° 11/03456.

2082 CA Paris, 28 mai 2013, RG n° 12/08492.

2083 CA Paris, 14 novembre 2012, RG n° 09/18994.

D. Le statut d'agent commercial

1662. S'il peut être considéré que la relation entre dans le champ d'application de l'agent commercial, les articles L. 442-1 et s. du Code de commerce ne sont pas applicables, car seules s'appliquent les dispositions de l'article L. 134-11 du Code de commerce[2084]. Dans certains cas, l'invocation de ce statut par la partie se voyant notifier la rupture peut présenter des avantages non seulement pour bénéficier d'indemnités plus favorables[2085], mais aussi car il peut être plus difficile pour le mandant de s'exonérer de tout versement d'indemnité, étant notamment nécessaire de prouver une faute grave du mandataire[2086].

1663. Pour autant, et suivant une jurisprudence constante, « *l'application du statut d'agent commercial ne dépend ni de la volonté exprimée par les parties dans le contrat, ni de la dénomination qu'elles ont données à leurs conventions mais des conditions dans lesquelles l'activité est effectivement exercée* »[2087]. De plus, le fait que les accords entre les parties aient été poursuivis dans un intérêt commun n'est pas spécifique au contrat d'agent commercial[2088]. En définitive, l'analyse du seul contrat n'est donc pas suffisante pour attester ou écarter le statut d'agent commercial.

1664. Afin de pouvoir être considéré comme relevant du statut d'agent commercial, il est nécessaire que la société ait un pouvoir d'accomplir des actes juridiques, notamment par la capacité de négocier et de conclure des contrats au nom et pour le compte du mandant. Si par exemple, le mandataire avait conduit des réunions de négociation de prix avec des clients de son mandataire, et leur avait proposé à la vente des produits de ce dernier, alors il peut être déduit que le mandataire avait agi en tant qu'agent commercial[2089].

1665. À l'inverse, les éléments de faits peuvent aussi permettre de démontrer que la relation ne correspond pas à ce type de relation. Dans une affaire par exemple, la société se prétendant agent commercial n'apportait aucun élément de nature à démontrer qu'elle pouvait contracter au nom et pour le compte de son mandant, le contrat suggérant plutôt le contraire, les commandes devant être validées systématiquement par le mandant ou un de ses salariés[2090]. Dans une autre affaire[2091], si le contrat prévoyait la possibilité pour le mandataire de négocier pour le compte de son mandant, elle n'avait dans les faits jamais été mise en œuvre. De même[2092], si la société joue en définitive un rôle d'assistance commerciale et de communication,

---

2084 Cass. com., 3 avril 2012, Pourvoi n° 11-13.527. Un arrêt antérieur a toutefois eu une approche différente en considérant que le texte était applicable alors que la société victime des pratiques avait le statut d'agent commercial. Cependant, seul le caractère établi avait été discuté, et non le statut de la relation commerciale – Cass. com., 5 mai 2009, Pourvoi n° 08-11.916. CA Douai, 2 juillet 2015, RG n° 15/01966.

2085 En vertu de l'article L. 134-12 du Code de commerce. À titre d'illustration, les indemnités peuvent équivaloir à plusieurs années de commissions (CA Aix-en-Provence, 25 janvier 2012, RG n° 10/16390).

2086 L. 134-13 du Code de commerce.

2087 Cass. com., 10 décembre 2003, Pourvoi n° 01-11.923.

2088 CA Nîmes, 9 février 2012, RG n° 10/01695.

2089 Cass. com., 3 avril 2012, RG n° 11-13.527.

2090 CA Douai, 29 avril 2010, RG n° 09/00661.

2091 CA Toulouse, 14 mars 2012, RG n° 10/03815.

2092 CA Paris, 14 novembre 2013, RG n° 11/13886.

dans le but de faciliter le développement de projets, sans disposer d'aucun pouvoir de présenter des offres au nom du mandant, le contrat ne peut être requalifié en contrat d'agent commercial.

1666. Suivant une approche analogue, le fait que les parties aient sans ambiguïté choisi de placer le contrat sur le terrain de la réglementation spécifique aux intermédiaires en opération de banque (articles L. 519-1 et s. du Code monétaire et financier), limitant le rôle du mandataire à de l'intermédiation sans pouvoir de représentation, peut être soulevé pour écarter l'application du statut d'agent commercial[2093].

1667. L'analyse peut aussi se poursuivre au regard des modalités de rémunération. Par exemple[2094], les conditions de rémunération en pourcentage des factures correspondant aux opérations conclues par l'intermédiaire tiers, définissent davantage un contrat de courtage. À plus forte raison, lorsque l'intermédiaire rachète les produits pour les revendre à ses clients, les contrats étaient conclus dans son seul intérêt, les relations ne relevant dès lors pas d'un contrat d'agent commercial[2095].

1668. Par ailleurs, la compensation découlant du statut d'agent commercial ne pourra selon toute vraisemblance pas être cumulée avec le dommage découlant d'un manquement délictuel au titre des articles L. 442-1 et s. du Code de commerce, les deux indemnités tendant aux mêmes fins[2096].

Section 2
La notion de partenaire commercial en cas de rupture brutale (et avant 2019)

1669. La notion de « *partenaire commercial* » à laquelle renvoit le manquement actuel de rupture brutale de relation commerciale, et les anciennes dispositions applicables avant 2019 pour les autres manquements, impose deux conditions : l'existence d'une activité commerciale (1) et pouvoir considérer la relation comme relevant d'un partenariat (2).

§ 1. Le premier critère : l'activité commerciale

1670. La première condition est que l'activité en cause puisse être considérée comme une activité commerciale (A). Si cette notion peut être appréciée largement, elle comporte toutefois des limites (B).

2093 CA Paris, 12 avril 2012, RG n° 10/02726.

2094 CA Douai, 29 avril 2010, RG n° 09/00661.

2095 CA Rennes, 7 février 2012, RG n° 10/07550.

2096 CA Lyon, 3 décembre 2010, RG n° 09/01176.

A. Définition

1671. En imposant un caractère commercial à l'activité, les anciennes dispositions avaient un champ potentiellement plus réduit que les nouvelles dispositions. Pour autant, le caractère commercial visé par les anciennes dispositions permettait déjà aux articles L. 442-1 et s. du Code de commerce de s'appliquer non seulement au secteur de la grande distribution mais également au secteur de l'industrie[2097]. Ces dispositions ont ainsi été appliquées à toute activité de vente de marchandises, de prestations de services ou de combinaison des deux, dans la mesure où il s'agit d'une activité commerciale[2098].

1672. En revanche, cela exclut les relations existant entre plusieurs sociétés au sein du capital de l'une d'entre elles[2099].

B. Limites au caractère commercial de l'activité

1673. Le caractère commercial susceptible de permettre la mise en œuvre des dispositions des articles L. 442-1 et s. du Code de commerce peut être exclu suivant certaines circonstances :

- les circonstances de l'espèce (1) ;
- les règles statutaires régissant l'activité d'une des parties (2) ;
- le fait que le cocontractant soit un organisme administratif ou une entité publique (3).

1. Les circonstances de l'espèce

1674. Les circonstances spécifiques à la relation faisant l'objet du litige peuvent permettre dans certains cas d'écarter tout caractère commercial à l'activité. Depuis 2019, ce genre de considération ne peut désormais être utilisé que pour la rupture brutale de relation commerciale, et ne peut donc plus être utilisé vis-à-vis des autres manquements prévus par les articles L. 442-1 et s.

1675. **Une convention de portage de parts sociales**. L'absence de caractère commercial peut, par exemple, être appliquée à une convention de portage de parts sociales conclues entre personnes physiques[2100].

1676. **Une association**. L'absence de caractère commercial a pu conduire à écarter la responsabilité d'une association. Il est en effet nécessaire de prouver que l'association réponde aux critères légaux et jurisprudentiels qui feraient d'elle un commerçant, sans quoi l'application du texte peut être légitimement écartée par les juges[2101]. Par exemple[2102], l'action dirigée contre l'institut technique d'une fédération professionnelle, constitué sous forme d'association, a pu être écartée l'organisme n'étant ni producteur,

---

2097 CA Paris, 12 juin 2019, RG n° 18/20323, Sibylle Chaudouet, Déséquilibre significatif : La Cour d'appel de Paris donne des précisions utiles en matière de preuve et de sanction d'un déséquilibre significatif (GEEPF), 12 juin 2019, Concurrences N° 3-2019, Art. N° 91847. CA Paris, 12 juin 2019, RG n° 18/20323.

2098 Cass. com., 23 avril 2003, Pourvoi n° 01-11.664.

2099 CA Paris, 4 juin 2013, RG n° 09/13803.

2100 CA Saint-Denis de la Réunion, 7 avril 2015, RG n° 13/00184.

2101 CA Douai, 23 février 2012, RG n° 11/01950 ; Voir aussi CA Douai, 27 juin 2013, RG n° 12/05867.

2102 CA Paris, 21 novembre 2013, RG n° 11/03876.

ni commerçant ou industriel, ni une personne immatriculée au répertoire des métiers. Dans une affaire cependant, l'association a pu être mise en cause sans que ce point ne fasse l'objet de développements particuliers. En l'espèce[2103], l'association assurait la gestion d'un institut médico-éducatif et prenait en charge le transport de personnes handicapées, ce qui l'avait conduit à nouer une relation avec un artisan taxi.

1677. **Une centrale de référencement non rémunérée.** Si la société mise en cause est une centrale de référencement non rémunérée par le revendeur qui s'approvisionne par son intermédiaire, alors l'application du texte peut être écartée car la relation entre cette centrale et ledit revendeur n'a pas de caractère commercial. Dans une affaire par exemple[2104], l'activité de la centrale de référencement se résumait, d'une part, à communiquer à ses adhérents les conditions commerciales des fournisseurs, et d'autre part, à régler certaines commandes des adhérents qu'elle se faisait ensuite rembourser sans marge, sachant qu'en tout état de cause, l'adhérent n'avait aucune obligation de passer par elle. En définitive, sa relation avec l'adhérent n'avait pas de caractère commercial, faute pour ce dernier de rémunérer la centrale de référencement.

1678. Pour autant, la responsabilité de la centrale de référencement peut tout de même être mise en cause sous certaines conditions, notamment si son rôle dépasse le simple référencement, ou si elle est rémunérée dans le cadre de sa prestation. Il est donc nécessaire de déterminer le rôle exact joué par la centrale pour en apprécier le niveau de responsabilité. À titre d'illustration, la responsabilité de la société présentée comme centrale de référencement a pu être retenue dans les cas suivants :

- la société mise en cause était présentée comme un simple mandataire, ayant pour seule mission la négociation des conditions d'achats, alors qu'elle disposait en réalité des mêmes pouvoirs que son pseudo-mandant (faculté d'engager l'enseigne au niveau national avec signature de tout contrat cadre, encaissement des règlements de prestations de services rendus aux fournisseurs)[2105] ;
- la société mise en cause agissait pour le compte d'un groupement d'adhérents, mais son rôle était plus large dans la mesure où une partie des flux de marchandises transitait par elle, d'une part, et qu'elle exerçait des prestations de service de coopération commerciale, d'autre part[2106] ;
- La société mise en cause n'était pas signataire des contrats de référencement, mais ces contrats étaient signés pour son compte et c'est elle qui exploitait les magasins en France et qui exécutait une partie des accords commerciaux contractualisés avec les fournisseurs[2107].

2. Les règles statutaires régissant l'activité d'une des parties

1679. Certaines activités sont très strictement réglementées, que ce soit au niveau des conditions d'exercice ou même du prix des prestations, si bien qu'elles sont incompatibles avec une activité commerciale. Tel est le cas, par exemple, de l'activité

2103 CA Paris, 4 avril 2012, RG n° 09/25117.
2104 CA Paris, 24 septembre 2009, RG n° 09/10508.
2105 Cass. com., 16 décembre 2008, Pourvoi n° 08-13.162.
2106 TC Orléans, 11 décembre 2009, RG n° 2008/7224.
2107 CA Paris, 2 février 2012, RG n° 09/22350.

de recouvrement exercée par un huissier de justice[2108]. Son activité ne relève pas d'un acte de commerce car il s'agit d'un officier ministériel bénéficiant d'un monopole conféré par l'État et soumis à une tarification en partie imposée par la loi.

1680. De même, les statuts de la profession peuvent dans certains cas interdire l'exercice d'une activité commerciale. Plus généralement, il est nécessaire que la personne ait le droit d'exercer une activité commerciale, car dans le cas contraire, la profession ayant l'interdiction de pratiquer une activité commerciale, cela s'oppose à l'application du texte. Tel est le cas pour les professions suivantes en raison du régime particulier auquel elles sont soumises :

- un notaire ne peut valablement opposer à un organisme bancaire une rupture brutale de relation commerciale sur une activité de prêts immobiliers, car l'article 13-1° du décret du 19 décembre 1945 relatif au statut du notariat lui interdit de se livrer à des opérations de commerce[2109] ;
- la profession d'avocat est incompatible avec les activités à caractère commercial exercées directement ou par personne interposée en vertu des dispositions de l'article 111 du décret n° 91-1197[2110]. Il s'agit en effet d'une relation basée sur la confiance, vis-à-vis de laquelle la liberté de choix est un principe fondamental. Aussi, dès lors qu'un litige survient, par exemple sur les honoraires, le client est en droit de prendre attache d'un autre avocat sans préavis[2111]. De même, la relation entre un avocat et son cabinet sous forme de société civile professionnelle ne peut être considérée comme une activité commerciale[2112], et ce d'autant que l'article 111 du décret n° 91-1197 du 27 novembre 1991 suivant lequel « *la profession d'avocat est incompatible avec toutes les activités à caractère commercial, qu'elles soient exercées directement ou par personne interposée* » ;
- le conseil en propriété industrielle interdit expressément toute activité à caractère commercial en vertu de l'article L. 422-12 du Code de la propriété intellectuelle. Par conséquent, la relation ne peut être considérée comme revêtant un caractère commercial, peu importe que l'activité soit exercée sous forme de société commerciale[2113].

1681. La même approche a été utilisée dans une autre affaire[2114] où la mise à disposition de locaux par une clinique pour l'exercice libéral de la médecine par des praticiens, avait pris fin après sa fermeture. Les coûts supportés par la clinique étant remboursés par les praticiens sans marge, et au surplus l'article 19 du Code de déontologie médicale prohibant expressément l'exercice de la médecine comme un commerce, la relation n'a donc pas été considérée comme étant commerciale, ce qui a eu pour conséquence d'écarter l'application de l'article L. 442-1.

2108 CA Lyon, 8 septembre 2005, RG n° 04/01046.

2109 Cass. com., 20 janvier 2009, Pourvoi n° 07-17.556, Mary-Claude Mitchell, Professions libérales : La Cour de cassation se prononce sur la possibilité pour les professions libérales de se prévaloir de l'article L. 442-6-I-5° ou des règles de droit commun (Maître X… (notaire) c/Caisse d'épargne et de prévoyance du Val-de-France), 22 janvier 2009, Concurrences N° 2-2009, Art. N° 25949, pp. 128-129. Cass. com., 20 janvier 2009, Pourvoi n° 07-17.556.

2110 CA Rennes, 3 avril 2012, RG n° 11/01911 ; CA Paris, 12 juin 2019, RG n° 17/14781.

2111 CA Aix-en-Provence, 7 février 2013, RG n° 11/04575.

2112 Cass. com., 20 février 2019, Pourvoi n° 17-27.967.

2113 Cass. com., 3 avril 2013, Pourvoi n° 12-17.905.

2114 Cass. civ., 23 octobre 2007, Pourvoi n° 06-16.774.

3. Le fait que le cocontractant soit un organisme public ou une entité publique

1682. Dans plusieurs affaires, les organismes administratifs ou consulaires ont été exclus de l'application du dispositif sanctionnant les pratiques restrictives de concurrence, au motif que l'activité n'était pas commerciale :

- la caisse du régime social des indépendants[2115] n'entre pas dans la catégorie des commerçants et artisans, et ne peut y être assimilée, contrairement aux sociétés d'assurance ou de mutuelles intervenant sur le marchés de la complémentaire santé, par exemple ;
- la chambre nationale des huissiers de justice[2116] ;
- un organisme public (CEA)[2117]. Une Cour d'appel a cependant eu une approche différente en considérant qu'il était possible de mettre en cause un organisme administratif chargé d'une mission de service public dans la mesure où la relation qu'il a entretenue avec le demandeur est de nature commerciale[2118].

1683. Le statut du cocontractant peut également exclure par nature tout caractère commercial à la relation d'affaires. C'est, par exemple, le cas lorsque l'un des cocontractants est une commune, cette dernière ne pouvant être qualifiée de commerçante. Ainsi, les relations qu'elle noue avec une entreprise[2119], ou avec un établissement bancaire[2120], n'entrent pas dans le champ d'application du texte.

§ 2. Le second critère : la notion de partenaire

A. Définition

1684. Le partenaire économique est « *la personne avec laquelle on est associé dans une action quelconque induisant une volonté commune et réciproque d'effectuer de concert des actes ensemble* »[2121]. Il est donc nécessaire que la relation s'inscrive dans un projet commun (C), et ait au moins une certaine récurrence (B).

1685. S'oppose ainsi la notion de partenaire économique à celle plus étroite de cocontractant. Un jugement a ainsi estimé que la notion de partenaire économique se définissait comme « *le professionnel avec lequel une entreprise commerciale entretient des relations commerciales pour conduire une action quelconque, ce qui suppose une volonté commune et réciproque d'effectuer de concert des actes ensemble dans les activités de production, de distribution ou de service* »[2122].

2115 CA Nîmes, 10 janvier 2013, RG n° 11/02745.

2116 CA Paris, 10 janvier 2013, RG n° 11/02294.

2117 CA Paris, 2 mars 2011, RG n° 08/08309.

2118 En l'espèce, il s'agissait d'un organisme interprofessionnel du vin de champagne qui avait utilisé les services d'une société pour conduire des actions de communication spécifiques au produit – CA Reims, 6 novembre 2006, RG n° 05/01183.

2119 CA Paris, 18 mai 2017, RG n° 15/07775.

2120 CA Versailles, 4 octobre 2018, RG n° 16/04149.

2121 CA Versailles, 7 octobre 2004, RG n° 03/02078.

2122 CA Nancy, 14 février 2013, RG n° 12/00378.

B. La nécessité d'une certaine durée

1686. Les relations sporadiques, courtes, voire discontinues entre deux cocontractants peuvent ne pas être considérées comme relevant d'un partenariat économique sauf à ce que la société qui invoque ces dispositions démontre en quoi elle pouvait être qualifiée de partenaire commercial[2123]. Tel a été le cas des relations suivantes :

- les simples relations sporadiques entre un éditeur et un imprimeur[2124] ;
- la relation d'intermédiation entre un réparateur et un assureur agissant pour le compte de son assuré, un consommateur[2125] ;
- la relation de courte durée entre le repreneur d'un fonds de commerce et l'ancien partenaire du vendeur dudit fonds[2126].

1687. En revanche, une relation continue sur une période d'un an, par exemple, suffit généralement à qualifier un partenariat économique. Même s'il peut exister des décisions contraires[2127], le fait d'avoir signé un unique contrat à durée déterminé peut permettre de démontrer l'existence d'un partenariat commercial. Il peut en effet être suffisant pour démontrer la volonté des parties de construire une relation suivie caractérisée par une réciprocité ou accord autour d'un projet commun même si un seul contrat a été signé[2128].

C. L'existence d'une volonté commune

1688. Outre la durée, la notion de partenariat peut impliquer la nécessité d'une volonté commune de se lier en vue d'un objectif déterminé. Ce type de considération a ainsi pu conduire, par exemple, à écarter l'application du texte dans des cas où le produit ou le service ne portait que sur un intrant accessoire de l'activité principale.

1689. **Le contrat de bail commercial**. La seule existence d'une convention de bail entre un bailleur et le locataire d'un fonds de commerce est insuffisant pour démontrer l'existence *de facto* d'un partenariat, *a fortiori*, il existe encore moins un partenariat entre le bailleur et le co-débiteur dudit locataire[2129].

1690. **La fourniture d'une prestation de téléphonie**. La relation entre un fournisseur de prestation de téléphonie à un client professionnel n'engendrant pas un courant d'affaires stable et continu ne relève pas d'un partenariat commercial au sens du texte[2130].

1691. **La fourniture d'un site internet**. Dans une affaire, un centre équestre avait noué une relation avec un prestataire de service pour l'exploitation d'un site internet devant promouvoir le centre, mais il a été estimé que le prestataire de services n'avait pas la qualité de partenaire commercial. Cette approche a été suivie dans

---

2123 CA Lyon, 16 mai 2013, RG n° 11/07152.

2124 CA Aix-en-Provence, 13 février 2014, RG n° 12/21625.

2125 Cass. com., 31 janvier 2018, Pourvoi n° 16-24.063

2126 CA Paris, 12 décembre 2018, RG n° 15/20452.

2127 Prestations de management de chantier et d'apport d'affaires (CA Paris, 6 juillet 2018, RG n° 17/00776) ; Location d'un bateau pour le transport de marchandise pour une durée déterminée avec option d'achat (CA Paris, 11 mars 2019, RG n° 17/21240).

2128 En l'espèce un contrat à durée déterminée de 24 mois reconductible une fois pour 12 mois – CA Paris, 11 janvier 2019, RG n° 17/00234.

2129 CA Douai, 12 juillet 2018, RG n° 18/00485.

2130 CA Chambéry, 18 juin 2019, RG n° 16/01924.

différentes affaires similaires[2131], y compris lorsque la prestation incluait également les services associés de maintenance notamment[2132].

1692. **La location de photocopieurs et les prestations de maintenance associées.** Dans plusieurs affaires relatives à la fourniture de tels services[2133], l'application du dispositif a été écarté les juges considérant qu'une telle relation ne relevait pas d'un partenariat.

1693. **La location de dispositifs de géolocalisation et les prestations de maintenance associée**, n'a pas non plus été considérée comme relevant d'un partenariat, s'agissant d'un service utilisé par le client dans le cadre de son activité qui était toute autre[2134].

1694. Cette approche semble étonnante en ce qu'elle semble opérer une discrimination entre la vente de biens et celle de services. Il n'existe en effet pas de discussion lorsque la relation porte sur la fourniture d'un produit. Il n'est pas rare que des manquements puissent être démontrés lorsque la relation porte sur un produit entrant dans un processus de fabrication. Dès lors, supprimer toute discrimination en gardant cette seule approche restrictive reviendrait à n'appliquer le texte qu'à des produits revendus en l'état, soit le secteur de la distribution, ce qui semble s'éloigner de la philosophie initiale du texte.

1695. Cette approche semble également étonnante du fait qu'elle s'inscrive à rebours d'un avis de la CEPC qui avait pu appliquer le dispositif à ce type de relation[2135].

1696. Cette dichotomie artificielle est peut-être de nature à expliquer une certaine divergence de la pratique décisionnelle en la matière. En effet, bien qu'aucun manquement n'ait finalement pu être démontré, plusieurs décisions ont appliqué le texte à des prestations de services portant sur des intrants accessoires[2136]. D'autres ont considéré l'existence de manquements sur le fondement des articles L. 442-1 et s. du Code de commerce alors que la relation consistait à acheter des matériels en lien avec l'activité[2137], voire même des matériels et des services en découlant[2138].

1697. En tout état de cause, depuis 2019, et pour les manquements hors rupture brutale, le texte prévoit désormais la notion de « *partie* » plus large et non limitée à la notion restrictive de « *partenaire commercial* » si bien qu'il est probable que ces divergences jurisprudentielles n'aient plus lieu sous l'égide des nouvelles dispositions.

2131 CA Paris, 6 mars 2015, RG n° 13/20879 ; CA Aix-en-Provence, 10 mars 2016, RG n° 15/06564 ; CA Lyon, 28 juillet 2016, RG n° 14/03204 ; CA Lyon, 28 juillet 2016, RG n° 14/07438 ; CA Paris, 27 septembre 2017, RG n° 16/00671.

2132 CA Paris, 28 mai 2018, RG n° 16/11262.

2133 CA Paris, 16 mars 2018, RG n° 16/04144 ; CA Paris, 19 juillet 2019, RG n° 18/08051 ; CA Paris, 29 novembre 2019, RG n° 17/20560 ; CA Paris, 21 septembre 2016, RG n° 14/06802 ; CA Besançon, 10 janvier 2018, RG n° 16/02501.

2134 CA Paris, 16 mars 2018, RG n° 16/01429.

2135 CEPC, avis n° 15-03 du 22 janvier 2015.

2136 Location de véhicules en leasing (CA Paris, 27 septembre 2018, RG n° 17/03770 – dans cette affaire, le manquement a été écarté non pour absence d'application mais pour absence de déséquilibre) ; Prestation de service pour la fourniture de site internet et services associés de maintenance (CA Paris, 15 février 2019, RG n° 17/12889 – dans cette affaire, le manquement a été écarté non pour absence d'application mais car le demandeur n'avait pas démontré le caractère disproportionné de l'indemnité).

2137 Achat de matériel médical pour un medecin (CA Paris, 20 novembre 2015, RG n° 13/10448).

2138 Prestation de surveillance anti-intrusion, par exemple (CA Paris, 25 octobre 2016, RG n° 14/20906).

§ 3. Exemples illustrant la qualité de partenaire commercial

1698. À titre d'illustration, les activités suivantes ont été considérées comme relevant d'un « *partenariat commercial* » :

- la production audiovisuelle. À ce titre, peu importe que le secteur soit soumis à une règlementation spécifique à l'instar de nombreuses activités économiques (achats de programme par une chaîne publique)[2139], cette activité relevant bien du droit commun des relations commerciales et non du droit de la propriété intellectuelle ;
- la prestation de service : rendue par un architecte[2140], de présentation de projets de modèles de vêtements[2141], de recherche de sites d'installations radioélectriques[2142], d'action de presse[2143], de création de maquettes et d'annonces publicitaires[2144], de consulting en ressources humaines pour des missions d'accompagnement[2145], d'organisation de foire commerciale[2146] ou de salon[2147], d'adhésion permettant l'accès à un système de paiement par carte bancaire[2148], de transport[2149], de nettoyage[2150], pour le conditionnement de plantes[2151] ; d'intérim avec la société utilisatrice[2152] ;
- l'activité découlant d'un contrat d'agrément de diffuseur de presse[2153] ;
- les relations entre une SCI gérant un domaine viticole et la société commercialisant ses produits[2154] ;
- la relation entre un agent commercial et la société qui l'emploie[2155] ;
- les relations entre une société d'assurance mutuelle, client par subrogation, et un réparateur automobile[2156], ou un expert automobile chargé d'évaluer les dommages[2157] ;
- l'activité entre un donneur d'ordre et son sous-traitant à qui est fourni la machine spécifique nécessaire à la production des produits[2158] ;

2139 CA Paris, 8 octobre 2008, RG n° 07/19021.
2140 Cass. com., 16 décembre 2008, Pourvoi n° 07-18.050.
2141 CA Paris, 13 septembre 2006, RG n° 04/12955.
2142 Cass. com., 3 octobre 2006, Pourvoi n° 04-11.956.
2143 CA Reims, 6 novembre 2006, RG n° 05/01183.
2144 CA Rouen, 14 décembre 2006, RG n° 05/03484.
2145 CA Paris, 6 juillet 2007, RG n° 05/14409.
2146 CA Colmar, 20 juin 2006, RG n° 05/02968.
2147 CA Aix-en-Provence, 7 janvier 2010, RG n° 08/14912.
2148 CA Aix-en-Provence, 28 mai 2004, RG n° 01/16042.
2149 CA Reims, 17 mai 2004, RG n° 03/01616.
2150 CA Aix-en-Provence, 19 novembre 2004, RG n° 02/00148 ; CA Amiens, 15 juin 2004, RG n° 03/01857.
2151 CA Reims, 29 novembre 2010, RG n° 09/02246.
2152 CA Paris, 14 février 2014, RG n° 11/07827.
2153 CA Paris, 13 septembre 2007, RG n° 05/12371.
2154 CA Bordeaux, 8 mars 2012, RG n° 10/06656.
2155 Cass. com., 5 mai 2009, Pourvoi n° 08-11.916.
2156 Cass. com., 14 septembre 2010, Pourvoi n° 09-14.322.
2157 CA Paris, 7 décembre 2011, RG n° 08/05128.
2158 CA Douai, 2 mai 2006, RG n° 04/07476.

- les relations entre un organisme de gestion locative et un artisan[2159]. En revanche, il n'est pas possible de viser une société ayant simplement agi en qualité de syndic des copropriétaires ou associations syndicales concernées. Dans la mesure où elle a alors agi en simple mandataire, sa responsabilité ne peut dès lors être recherchée, sauf à démontrer un caractère fautif de la société détachable de sa qualité de mandataire[2160] ;
- les relations entre une société et son établissement bancaire[2161] ;
- les relations entre une centrale de référencement et un prestataire de transport, lequel réalisait l'acheminement des produits des fournisseurs de la centrale[2162] ;
- les relations entre une société commercialisant des produits et un établissement bancaire proposant des solutions pour les financer[2163] ;
- les relations entre un médecin et une société de location de matériel médical, notamment s'agissant de relations en lien avec l'activité commerciale du médecin[2164].

Section 3
L'imputabilité à une autre société que celle directement liée au demandeur

1699. La société en relation commerciale directe avec le demandeur peut ne pas être autonome, au sens où elle applique une décision prise par sa maison-mère (1), ou bien par la société dont elle dépend pour son activité (2).

1700. Dans ce cas, et sous certaines conditions, il est alors possible d'intimer directement cette société « *N+1* », seule ou en sus de la société « *N* » en relation commerciale directe avec la victime.

§ 1. La responsabilité de la maison-mère ou d'autres sociétés du groupe mis en cause

A. La responsabilité de la maison-mère

1701. Contrairement à ce qui peut prévaloir pour les pratiques anticoncurrentielles, il n'existe pas de présomption de réponsabilité pour les filiales à 100 % d'une maison-mère.

1702. La responsabilité de cette dernière ne peut ainsi être recherchée que s'il est démontré qu'elle est intervenue dans la pratique abusive. Tel est le cas, par exemple, si la maison-mère a pris la décision de rompre au nom de plusieurs sociétés du groupe.

2159 CA Pau, 12 septembre 2011, n° 10/03373.
2160 CA Bordeaux, 14 mars 2012, RG n° 10/02324.
2161 CA Rouen, 22 septembre 2011, RG n° 10/05429.
2162 CA Paris, 4 octobre 2012, RG n° 11/12684.
2163 CA Paris, 14 février 2013, RG n° 11/07610.
2164 CA Paris, 20 novembre 2015, RG n° 13/10448.

Dans ce cas, il n'est alors pas nécessaire que le demandeur ait attrait les sociétés filles dans la mesure où la responsabilité incombe pleinement à la maison-mère[2165]. À ce titre, le fait que la maison-mère définisse la politique du groupe et ait un intérêt direct dans la commercialisation des produits dans les magasins du groupe, peut être avancé[2166], mais ce seul constat n'est pas suffisant car il est nécessaire de préciser en quoi la maison-mère est intervenue dans le cadre du manquement. En pratique, cela peut consister à démontrer en quoi elle est intervenue dans le cadre de la rupture ou de la conclusion du contrat litigieux par exemples[2167].

1703. L'implication de la maison-mère peut aussi se déduire du contexte dans lequel a évolué la relation commerciale, par exemple, si c'est elle qui a formulé des demandes de subvention auprès de la région pour le compte de sa filiale, et qu'un de ses salariés participait aux discussions[2168].

1704. L'immixtion de la maison-mère peut également se déduire d'un faisceau d'indices, comme par exemple la concomittance de la rupture de plusieurs filiales distinctes, l'intervention directe de la maison-mère pour proposer le nouveau cadre contractuel susceptible d'être proposé par ses filiales, le fait que la négociation commerciale amalgame les deux filiales sans distinguer chaque relation, ou encore le fait qu'en application du règlement intérieur du conseil d'administration, la maison-mère exerce un contrôle sur toutes les décisions stratégiques de ses filiales (ce dont faisaient partie les contrats en cause)[2169].

1705. Il est aussi possible de viser la maison-mère si le demandeur était en relation avec deux chaînes d'un même groupe de télévision dont l'objet social indiquait que la holding « *définit les orientations stratégiques, coordonne et promeut les politiques de programme et l'offre de services* » de sorte qu'elle intervenait directement dans le choix des sociétés prestataires audiovisuelles, et ce, d'autant qu'elle avait créé un poste de supervision des programmes de ses filiales[2170].

1706. Le principe de l'unité économique peut permettre de viser la maison-mère *in solidum* avec sa filiale, qu'elle soit française[2171] ou étrangère[2172] (voir § 1425 et s.). En effet, s'il est démontré que les manquements relèvent, par exemple, d'une action concertée entre les deux filiales d'une maison-mère, cette dernière est alors au moins commercialement condamnable[2173]. De même, tel est le cas également d'une société qui était en relation avec un GIE et un de ses adhérents chargé de l'expertise en termes de formation interne, et ce, pour le compte d'un groupe plus important. En l'espèce, eu égard à l'absence d'autonomie de ces différentes structures, la responsabilité de la maison-mère à la tête du groupe a pu être recherchée[2174].

2165 CA Amiens, 15 juin 2004, RG n° 03/01857.

2166 CA Paris, 24 mars 2011, RG n° 10/02616.

2167 Cass. com., 11 septembre 2012, Pourvoi n° 11-17.458.

2168 CA Paris, 26 septembre 2013, RG n° 11/09146.

2169 CA Paris, 13 septembre 2017, RG n° 16/04443.

2170 CA Paris, 8 octobre 2008, RG n° 07/19021.

2171 TC Bobigny, 9 avril 2004, RG n° 2001F01412 ; TC Roubaix Tourcoing, 12 février 2004, RG n° A2/1031.

2172 CA Paris, 18 janvier 2007, RG n° 03/18220 ; CA Dijon, 25 juin 2013, RG n° 12/00097.

2173 CA Nîmes, 13 septembre 2012, RG n° 11/01434.

2174 CA Paris, 24 mars 2011, RG n° 07/07337.

1707. En revanche, en l'absence de lien entre la maison-mère et la relation commerciale que sa filiale entretenait avec le demandeur, la responsabilité de la maison-mère ne peut être recherchée[2175]. La Cour d'appel a ainsi indiqué que l'article L. 442-1 édicte une responsabilité personnelle qui exclut toute responsabilité du « *groupe d'entreprises* » et ne permet pas que soit appréciée globalement la responsabilité des « *sociétés du groupe* »[2176]. Dès lors, le cocontractant des différentes filiales ne peut rechercher la responsabilité de la société mère avec laquelle il n'a jamais contracté. La cour souligne toutefois qu'il en serait différemment en cas d'immixtion de la société mère dans la gestion des filiales ou d'un comportement autorisant la croyance d'une représentation. Mais, en l'espèce, la mention du groupe, en en-tête de factures ou de courriers portant encore le nom de la filiale émettrice, est insuffisante à attester de cette croyance. De même, la concomitance de la dénonciation des relations par plusieurs filiales, ainsi que le fait qu'elles émanent de la même personne n'est pas davantage opérant, dès lors que ces décisions ont été effectuées isolément. Enfin, le comportement même de la victime, qui a toujours émis des factures distinctes à l'ordre de chacune des filiales concernées et a sectorisé les relevés fournisseurs, est de nature à confirmer le fait que la société ne s'est jamais trompée sur la personne de son cocontractant.

1708. Réciproquement au principe de responsabilité individuelle décrit ci-dessus, si la société n'a contracté qu'avec la maison-mère[2177], ou que la décision de la rupture émane directement de cette dernière[2178], il lui incombe alors de la mettre en cause, et non simplement la filiale française, qui est alors extérieure au litige.

B. La responsabilité d'une autre société du groupe auquel appartient la société mise en cause

1709. La responsabilité d'un manquement ne peut être étendue à une autre société du groupe dont la société mise en cause fait partie que si cette société est intervenue dans la pratique, et a pu engager sa responsabilité à ce titre[2179]. En effet, la responsabilité ne peut être présumée, et la seule allégation que la société tierce définisse la politique commerciale et ait un intérêt à la pratique, n'est pas suffisant. C'est le cas, par exemple, de relations entre un éditeur de jeux vidéo et la filiale française d'un fabricant pour gérer le transfert de licences pour permettre l'édition de jeux par des tiers, vis-à-vis de l'autre filiale française du fabricant distribuant les produits sur le territoire[2180]. Le demandeur alléguait que les deux sociétés (celle distribuant et celle vendant les licences) avaient agi de concert étant toutes deux filiales du même groupe international. Pour autant, la filiale de distribution n'était pas signataire des contrats litigieux et il n'était pas démontré qu'elle avait participé personnellement aux pratiques de la filiale vendant les licences, leurs rôles respectifs étant clairement délimités. Dès lors, le principe d'autonomie des

---

2175 Cass. com., 23 octobre 2012, Pourvoi n° 11-22.383.

2176 CA Paris, 26 mars 2014, RG n° 12/08406.

2177 CA Versailles, 10 mai 2012, RG n° 10/09040 ; CA Paris, 15 septembre 2010, RG n° 08/19559.

2178 CA Paris, 11 décembre 2013, RG n° 11/20120.

2179 Cass. com., 11 septembre 2012, Pourvoi n° 11-17.458.

2180 CA Paris, 4 octobre 2017, RG n° 16/06674.

personnes morales s'opposait à ce qu'une personne morale distincte (celle de la filiale de distribution) puisse être tenue responsable des actions d'une autre entité du même groupe.

1710. En revanche, si l'intervention d'une autre société du groupe est démontrée, sa responsabilité peut alors être mise en cause. En effet, la notion de partenariat ne se limite pas à celle de cocontractant, mais s'étend également aux sociétés filiales qui ont pris part aux pratiques restrictives de concurrence.

1711. Tel peut être le cas, par exemple, si à la fois la centrale de référencement et la société propriétaire de la marque de l'enseigne de distribution sont intervenues dans le cadre du processus de rupture brutale avec le fournisseur[2181].

1712. Dans une autre affaire[2182], la centrale de référencement avait demandé à l'un de ses fournisseurs de surfacturer un produit, puis de reverser la somme correspondante à une autre société du groupe sous forme de ristourne ou de coopération commerciale. Les infractions retenues s'inscrivant dans la cadre de la politique commerciale du groupe de distribution en cause, la responsabilité des deux sociétés du groupe a pu être engagée.

1713. De même, si les contrats litigieux sont conclus par deux centrales de référencement pour le compte d'une même société, cette seule société a pu être visée dans le cadre d'une assignation compte tenu de son rôle déterminant. En effet, la conclusion des contrats relevait d'une politique élaborée et coordonnée au niveau du groupe de distribution, les contrats reprenant la même trame et les mêmes clauses, les centrales de référencement n'ayant en définitive aucune marge de manœuvre quant à la définition des services commerciaux proposés par le distributeur, ces prestations étant toujours définies par la maison-mère[2183]. Les contrats litigieux étaient ainsi signés pour le compte de la société visée, laquelle exécutait les prestations de services afférentes (coopération commerciale et services distincts).

1714. Dans une autre affaire[2184], les sociétés victimes des pratiques contractualisaient avec des sociétés du groupe basées au Luxembourg, mais la filiale française, bien que non contractuellement liée, intervenait dans la relation commerciale. En l'espèce, plusieurs éléments attestaient qu'elle avait un rôle actif dans la relation commerciale entre la plateforme et les vendeurs tiers (prospection commerciale, appui technique), ce qu'illustrait le fait qu'un certain nombre de mails passait par cette filiale et le fait qu'existait une convention de service entre ladite filiale et les autres sociétés signataires des contrats litigieux.

C. La responsabilité d'une autre société liée au groupe dont la société mise en cause fait partie

1715. À l'instar de l'approche applicable à une filiale ou une société sœur de la société mise en cause, la responsabilité d'un manquement ne peut être étendue à une autre société liée à celle mise en cause que si cette société est intervenue dans la pratique.

2181 CA Angers, 24 janvier 2006, RG n° 05/00067.

2182 Cass. crim., 25 juin 2008, Pourvoi n° 07-80.261 (cette affaire relève d'une qualification en faux et usages de faux).

2183 Cass. com., 10 septembre 2013, Pourvoi n° 12-21.804.

2184 TC Paris, 2 septembre 2019, RG n° 2017050625.

En effet, la soumission ou tentative de soumission ne trouve pas uniquement son origine à l'occasion de la négociation et de la conclusion d'un contrat mais également lors de son exécution. En l'espèce[2185], une société, bien que non liée capitalistiquement au franchiseur d'un groupe de restauration rapide, était impliquée juridiquement et économiquement dans les services de vente de franchise, de développement de magasins, de marketing et de R&D. Son rôle consistait à faire respecter le contrat de franchise et le savoir-faire de l'enseigne, d'animer et de développer le réseau à travers des ouvertures et le développement des ventes et la rentabilité des points de vente. Elle constituait donc un partenaire commercial de l'enseigne avec qui elle est associée dans une action de développement du réseau de franchise et qui l'a conduite à des relations avec les franchisés, et finalement, à participer aux pratiques en cause. Cette société bien que ni liée contractuellement avec les franchisés et n'appartenant pas au groupe du franchiseur a donc pu être mise en cause avec ce dernier. Cette approche a été confirmée dans une autre affaire eu égard au rôle des sociétés en question dans l'exécution des contrats de franchises, notamment du fait qu'elles aient décidé de maintenir certaines pratiques restrictives de concurrence qui avaient court auparavant dans le réseau[2186].

D. La responsabilité d'une société au titre de la continuité économique et juridique

1716. Une sanction peut être imputée à la société absorbante pour des faits imputés à la société absorbée. En effet, le principe de la personnalité des peines, résultant des articles 8 et 9 de la Déclaration de 1789, ne fait pas obstacle au prononcé d'une amende civile à l'encontre de la personne morale à laquelle l'entreprise a été juridiquement transmise[2187]. Le Conseil constitutionnel a eu par la suite l'occasion de valider cette approche en indiquant que le dispositif sanctionnant les pratiques commerciales restrictives « *permettent qu'une sanction pécuniaire non pénale soit prononcée à l'encontre de la personne morale à laquelle l'exploitation d'une entreprise a été transmise, pour des pratiques restrictives de concurrence commises par la personne qui exploitait l'entreprise au moment des faits. [...] Les dispositions contestées, telles qu'interprétées par une jurisprudence constante, ne méconnaissent pas, compte tenu de la mutabilité des formes juridiques sous lesquelles s'exercent les activités économiques concernées, le principe selon lequel nul n'est punissable que de son propre fait* » dans la mesure où ce principe peut faire l'objet d'adaptations « *justifiées par la nature de la sanction et par l'objet qu'elle poursuit et qu'elles sont proportionnées à cet objet* »[2188]. Cette approche a aussi été validée par la CEDH dans un arrêt de 2019 qui précise que « *du fait de cette continuité d'une société à l'autre, la société absorbée n'est pas véritablement « autrui » à l'égard de la société absorbante* » et qu'« *une mise en œuvre sans nuance du principe de la personnalité des peines dans ce contexte pourrait*

2185 TC Paris, 13 octobre 2020, RG n° 2017005123.

2186 TC Rennes, 22 octobre 2019, RG n° 2017F00131.

2187 Cass. com., 21 janvier 2014, Pourvoi n° 12-29.166 ; voire également TC Lille, 14 novembre 2018, RG n° 2016021008.

2188 C. constitutionnel, 18 mai 2016, n° 2016-542.

rendre vaine la responsabilité économique des personnes morales, qui pourraient échapper à toute condamnation pécuniaire en matière économique par le biais d'opérations telles que la fusion-absorption. Le choix opéré en droit positif français est donc dicté par un impératif d'efficacité de la sanction pécuniaire, qui serait mis à mal par une application mécanique du principe de la personnalité des peines à des personnes morales »[2189].

1717. Le critère de la continuité économique ne peut jouer qu'au cas où la personne morale responsable de l'exploitation de l'entreprise aurait cessé d'exister juridiquement après la commission de l'infraction[2190]. Cela est sous réserve que l'entité continue d'exercer une activité économique réelle. En effet, dans le cas contraire, la responsabilité de la société absorbante peut être mise en cause même si la société absorbée n'a pas été liquidée postérieurement à l'absorption de son patrimoine. À ce titre, la société aborbante bénéficiaire de la transmission du patrimoine d'une société aborbée dissoute sans liquidation est susceptible d'encourir l'amende imputable au comportement illicite de la société aborbée[2191].

1718. D'un point de vue procédural, il n'est pas non plus nécessaire que la nouvelle entité se voit à nouveau assignée pour formaliser sa mise en cause[2192].

1719. À noter que si la responsabilité de la société absorbée peut être recherchée tant qu'elle n'a pas disparu, il est toutefois possible qu'elle échappe à toute sanction en pratique. C'est notamment le cas lorsque le patrimoine de la société absorbée a été transmis dans le cadre d'une liquidation judiciaire. En effet, dans ce cadre, l'article L. 626-10 du Code de commerce suivant lequel : « *les personnes qui exécuteront le plan, même à titre d'associées, ne peuvent pas se voir imposer des charges autres que les engagements qu'elles ont souscrits au cours de sa préparation, sous réserve des dispositions prévues à l'article L. 626-3* ».

E. La responsabilité de la centrale de référencement

1720. Indépendamment de l'appréciation du caractère commercial de ses relations (voir aussi § 1678), une centrale limitant son rôle au référencement des produits ou des services n'entretient *a priori* pas de relation commerciale avec le fournisseur en question, et dans ces conditions. Par conséquent, sa responsabilité dans le cadre d'une rupture peut donc être écartée, sauf s'il est démontré qu'elle influe sur le choix des revendeurs de commercialiser ledit produit ou service référencé.

1721. Tel est le cas, par exemple, d'une société réalisant des prestations d'après-vente pour le compte des centrales d'achats régionales d'un distributeur, qui ne peut mettre en cause la responsabilité du distributeur qui l'a référencé au niveau national si elle n'apporte pas la preuve que ce dernier soit intervenu dans le cadre de la rupture, les

---

2189 CEDH, 1er octobre 2019, n° 37858/14, Carrefour c/ France.

2190 CJCE, 8 juillet 1999, Commission c/ Anic Partecipazioni, C-49/92, point 145.

2191 CA Paris, 8 janvier 2020, RG n° 18/04493, Jean-Louis Fourgoux, Rupture brutale : La Cour d'appel de Paris considère que si la crise économique peut constituer un cas de force majeure, encore faut-il qu'elle soit prouvée pour dispenser de préavis écrit (Carrefour France / ministre Économie et Coopérative Légumière Crimart), 8 janvier 2020, Concurrences N° 3-2020, Art. N° 96045, p. 119. CA Paris, 8 janvier 2020, RG n° 18/04493.

2192 TC Nancy, 16 mai 2014, RG n° 2013/00627.

relations commerciales s'établissant en pratique directement avec chaque centrale régionale[2193].

1722. En revanche, eu égard à ces considérations, s'il est démontré que la centrale de référencement ou le distributeur sont intervenus ou bien ont eu une incidence en pratique sur le comportement de la société mise en cause, il est alors possible d'engager leur responsabilité sur cette base, ce qui n'est pas sans conséquence sur l'étendue du préjudice à prendre en considération (voir § 1764).

1723. Suivant le même raisonnement une centrale de référencement ne peut invoquer le fait de n'être qu'un mandataire pour justifier l'arrêt des commandes de ses magasins affiliés, sachant que parallèlement elle s'engage en son nom pour réaliser des prestations de coopération commerciale pour aider au développement des ventes des produits[2194].

§ 2. La responsabilité d'un tiers à l'origine du litige

A. Dans le cadre de relations verticales entre trois sociétés

1724. Dans certains cas, les relations des sociétés sont à ce point imbriquées que le manquement allégué – notamment en cas de rupture brutale – peut être dû à un autre partenaire commercial que celui directement en relation avec le demandeur. Il convient alors de s'interroger sur la méthode permettant de déterminer le niveau de responsabilité de la société au bout de la chaîne, dont la décision de rompre peut avoir des conséquences à l'autre bout de la chaîne[2195].

1725. Si cette appréciation est particulièrement importante dans le cadre de relations de sous-traitance, raison pour laquelle elle fait l'objet de développements spécifiques (voir § 653 à 668), elle peut être tout aussi importante dans d'autres circonstances, par exemple si la rupture des relations avec le détaillant fait suite à la réorganisation du réseau de distribution sélective d'un fabricant. De même, il n'est pas possible de viser uniquement la société qui n'est que l'agent commercial d'une autre société du groupe, et il convient dès lors de viser la société pour le compte de laquelle le contrat d'agent a été souscrit.

1. L'existence d'un lien commercial et/ou financier

1726. De même que dans le cadre des accords de sous-traitance, il est tout d'abord nécessaire qu'existe un lien commercial et/ou financier entre le fournisseur de rang 2 et le client final.

2193 CA Versailles, 2 décembre 2004, RG n° 03/04269.

2194 CA Versailles, 27 octobre 2011, RG n° 10/07215.

2195 Par exemple, la décision par un client final de mettre fin à la relation commerciale avec son fournisseur de rang 1 peut avoir entraîné des conséquences sur son fournisseur de rang 2. Réciproquement, si le fournisseur de rang 2 décide d'arrêter de fournir des produits au fournisseur de rang 1, cela peut empêcher ce dernier de continuer à livrer ses propres produits au client final.

1727. Si tel est le cas, la responsabilité du fournisseur de rang 2, en l'occurrence un opérateur de téléphonie mobile, peut être engagée[2196]. En l'espèce, si ce dernier était en relation contractuelle uniquement avec un grossiste, il a été considéré que sa responsabilité pouvait être recherchée vis-à-vis des détaillants adhérents du grossiste en raison des nombreuses obligations contractuelles. En effet, les détaillants devaient être agréés individuellement par l'opérateur qui imposait un minimum de 60 % de parts de marchés dans les points de vente, agrément dont la perte rendait impossible toute commercialisation des téléphones et abonnements de l'opérateur. De plus, les détaillants entraient eux-mêmes les informations nécessaires aux ouvertures d'abonnements sur le serveur de l'opérateur qui leur mettait à disposition un espace dédié et leur fournissait des codes d'accès spécifiques.

1728. En l'absence d'un tel lien, et à l'instar de l'approche prévalant vis-à-vis d'une maison-mère, la mise en cause de la responsabilité du tiers à l'origine du litige peut être écartée. D'un point de vue procédural, il peut donc être risqué de ne viser que le seul tiers dans le cadre de la procédure, car dans ce cas tout manquement peut être écarté. Il peut donc être préférable de viser non seulement le tiers mais aussi le partenaire en lien commercial direct avec la victime. Dans le cadre de la réorganisation d'un réseau de distribution sélective par exemple[2197], le fabricant (ou fournisseur de rang 2) peut être à l'origine de la rupture avec le détaillant (ou client final), suite à sa décision de mettre fin au contrat de l'importateur national (ou fournisseur de rang 1) qui fournissait le détaillant. Si ce dernier pouvait rechercher la responsabilité de l'importateur, en incluant éventuellement en sus le fabricant, il ne pouvait en revanche viser uniquement le fabricant dans la mesure où il n'existait aucun rapport commercial entre les deux sociétés, ni en termes de produits, ni au titre du contrat de distribution sélective, le détaillant ne bénéficiant pas plus d'un droit de représentation.

2. Les conditions pour que la responsabilité de l'intermédiaire puisse être écartée

1729. Deux autres conditions semblent nécessaires pour que la responsabilité de la société intermédiaire (ou fournisseur de rang 1) puisse être écartée.

a) Le lien de causalité

1730. Il est nécessaire de démontrer un lien de causalité entre la décision du client final de mettre fin à la relation commerciale avec le fournisseur de rang 1 et celle de ce dernier de rompre à son tour avec son propre fournisseur de rang 2 (et réciproquement si la rupture a pour origine le fournisseur de rang 2).

1731. Tel est le cas, par exemple, d'une relation portant sur les droits de diffusion et de commercialisation de l'image d'un sportif, liant successivement ledit sportif, une

2196 CA Paris, 14 septembre 2011, RG n° 10/03068.

2197 Cass. com., 3 novembre 2004, Pourvoi n° 02-17.078 – Voir aussi CA Rennes, 26 janvier 2010, RG n° 09/01888 : néanmoins dans cette affaire, la Cour a validé l'intérêt à agir du revendeur (client final) vis-à-vis du fournisseur (de rang 2), alors même qu'elle a elle-même considéré qu'il n'existait pas de relation commerciale établie, ce qui paraît contradictoire.

société de production et un diffuseur[2198]. Si ce dernier décide de mettre fin à la relation commerciale, alors le sportif peut agir contre le diffuseur d'autant qu'il avait pris l'engagement par l'intermédiaire de la société de production de ne pas céder ses droits à un autre diffuseur.

1732. Tel est le cas également d'une relation entre un prestataire de service portant sur l'entretien de conteneurs chez un locataire de ces conteneurs, si la rupture est imputable uniquement au loueur ayant décidé d'imposer le prestataire de son choix. Dès lors que le loueur a pris la décision de rompre les relations, le locataire avait donc l'obligation de faire de même, et sa responsabilité n'a pu être recherchée[2199].

1733. En revanche, en l'absence de preuve d'un tel lien de causalité, l'intermédiaire ne peut se retrancher derrière la décision de ses clients de rompre pour mettre fin aux relations avec son propre fournisseur[2200].

b) L'impossibilité de poursuivre la relation commerciale

1734. Au-delà du lien de causalité, il est surtout nécessaire que le fournisseur de rang 1 soit dans l'impossibilité de poursuivre la relation commerciale. Tel est le cas, par exemple, si la société est intervenue pour mettre en relation l'auteur des manquements et la société victime en agissant uniquement en tant que mandataire[2201], ou si le fabricant représente une part significative de l'activité du détaillant du fait d'obligations contractuelles[2202].

B. La responsabilité du mandant

1735. Comme indiqué précédemment, la responsabilité du mandant peut être recherchée s'il est à l'origine du litige, en l'absence de choix pour son mandataire. La responsabilité du mandant peut aussi être recherchée suivant les circonstances, quand bien même la décision de rompre ait été prise par le seul mandataire, dans la mesure où il ressortait des écritures que le mandant entérinait totalement les opérations de son mandataire. Dans ce cadre, les deux sociétés, à savoir le mandant et le mandataire, peuvent être condamnées *in solidum*[2203].

C. La responsabilité de la société cessionnaire du contrat

1736. La responsabilité de la société ayant bénéficié des contrats litigieux cédés ne peut être recherchée dans la mesure où elle n'est pas celle à l'origine des clauses litigieuses. Dans une affaire[2204], le demandeur avait conclu un contrat de licence d'exploitation d'un site internet avec une société, contrat qui a ensuite été cédé à une autre société. La responsabilité de cette dernière société n'a pu être recherchée par le demandeur.

2198 CA Paris, 14 février 2014, RG n° 11/11546.
2199 CA Lyon, 26 septembre 2013, RG n° 11/08090.
2200 CA Rennes, 21 février 2012, RG n° 10/01759.
2201 CA Rennes, 16 janvier 2009, RG n° 08/00159.
2202 CA Paris, 14 septembre 2011, RG n° 10/03068.
2203 CA Pau, 16 mai 2011, RG n° 10/02116.
2204 CA Paris, 5 décembre 2014, RG n° 13/11391.

Chapitre 2
Les sanctions

1737. La société victime de pratiques relevant des manquements prévus aux articles L. 442-1 et s. du Code de commerce peut, dans tous les cas, réclamer la nullité des accords et des dommages et intérêts sur la base des principes généraux du Code civil, et de l'article L 442-4 du Code de commerce. Pour ce faire, après avoir caractérisé le manquement, il lui est nécessaire de démontrer l'existence d'un préjudice, ainsi que son lien de causalité avec le manquement. Pour autant, la démonstration d'un préjudice est plus particulièrement développée dans le cadre de la rupture brutale des relations commerciales (1).

1738. Indépendamment de la réparation du préjudice subi par la victime elle-même, le dispositif prévoit aussi des demandes de réparation exorbitantes au régime commun. En premier lieu, au titre du trouble à l'ordre public économique, le ministre peut demander non seulement la restitution de l'indu (2), mais aussi une amende civile (3). En second lieu, tout demandeur peut formuler d'autres demandes comme la nullité des clauses, par exemple (4).

Section 1
Le calcul du préjudice

1739. Le préjudice au titre des dommages et intérêts est le plus souvent invoqué suite à la rupture brutale des relations commerciales. Il doit être déterminé conformément aux principes généraux applicables au droit civil, en termes de dommages et intérêts, si bien qu'il est nécessaire que les trois conditions suivantes soient remplies :

- l'existence d'une faute de la société mise en cause, laquelle découle de la démonstration du caractère brutal de la rupture ;
- l'existence pour le partenaire commercial d'un préjudice inhérent à l'absence de préavis raisonnable, et notamment la perte de chiffre d'affaires en résultant ;
- l'existence d'un lien causal entre la faute et le préjudice. À ce titre, la simple invocation d'un préjudice est insuffisante pour lui donner vie[2205].

1740. La Cour d'appel de Paris, dans ses fiches méthodologiques de 2017 récemment mises à jour en août 2020, sur la réparation du préjudice résultant de la rupture

[2205] CA Paris, 5 février 2020, RG n° 18/14973.

brutale des relations commerciales établies[2206], précise la méthode d'indemnisation du gain manqué et de la perte subie résultant de la brutalité de la rupture :

> « *Le préjudice s'évalue en comparant la marge qui aurait dû être perçue en l'absence des pratiques délictueuses, pendant le préavis qui aurait dû être octroyé, à la marge effectivement perçue. La référence à retenir est la marge sur coûts variables, définie comme la différence entre le chiffre d'affaires dont la victime a été privée, sous déduction des charges qui n'ont pas été supportées par elle du fait de la baisse d'activité résultant de la rupture* ».

1741. La Cour précise que le préjudice sera évalué en déterminant la moyenne mensuelle de la marge sur coûts variables, généralement retenue sur deux ou trois exercices précédent la rupture – les années à retenir pouvant être discutées, si certaines sont atypiques – multipliée par le nombre de mois de préavis dont aurait dû bénéficier la victime de la rupture.

1742. Elle privilégie ainsi l'appréciation de la marge sur coûts variables, plutôt que la marge brute, et précise que d'autres préjudices peuvent être réparés s'ils résultent de la brutalité de la rupture et non de la rupture elle-même, comme certains coûts liés à la désorganisation ou certains investissements spécifiquement dédiés à la relation commerciale que la brutalité de la rupture a empêché d'amortir et qui ne sont pas aisément reconvertibles.

1743. En effet, le préjudice n'a pas vocation à réparer le préjudice découlant de la rupture en elle-même, mais seulement de son caractère brutal[2207]. Il a ainsi pour objet de notamment compenser les moyens mis en place devenus sans objet, et les contraintes de réorganisation[2208].

1744. En plus du préjudice, la capitalisation des intérêts peut être réclamée dans les conditions prévues par l'article 1342-2 du Code civil[2209] qui précise : « *les intérêts échus, dus au moins pour une année entière, produisent intérêt si le contrat l'a prévu ou si une décision de justice le précise* ».

1745. En vertu de l'article 9 du Code de procédure civile, « *il incombe à chaque partie de prouver conformément à la loi les faits nécessaires au succès de sa prétention* », ce qui signifie qu'outre la démonstration du manquement, il incombe aussi au demandeur de prouver le préjudice en résultant. À ce titre, les juridictions ne statuent que sur les pièces versées au débat[2210]. C'est notamment pour cette raison que la saisine des services de la DGCCRF peut présenter un intérêt en ce qu'elle peut permettre de verser au dossier des pièces complémentaires auxquelles le partenaire commercial n'aurait pas eu nécessairement accès sinon.

1746. S'il a pu arriver que le préjudice soit calculé sur la base de l'indemnité contractuellement prévue[2211], le préjudice est généralement déterminé sur la base de la

---

2206 Fiche n° 13 « *Comment réparer les préjudices résultant de la rupture brutale des relations commerciales établies* » d'avril 2020 – https://www.cours-appel.justice.fr/paris/fiches-sur-la-reparation-du-prejudice-economique-2020#2

2207 CA Paris, 4 février 2021, n° 18/08152 ; CA Paris, 9 juillet 2020, n° 17/14335 ; CA Paris, 25 juin 2020, n° 18/01744 : CA Paris, 4 juin 2020, n° 17/22468 ; CA Paris, 19 décembre 2019, n° 17/14452.

2208 CA Paris, 28 mai 2020, n° 17/22068.

2209 CA Paris, 29 mai 2019, n° 17/01560.

2210 CA Paris, 24 janvier 2020, n° 18/00705.

2211 CA Angers, 7 décembre 2010, RG n° 09/02413. En l'occurrence, le contrat prévoyait une indemnité égale à 8 % du chiffre d'affaires pendant le préavis qui aurait dû être respecté.

perte de marge pendant la durée de préavis qui aurait dû être respectée[2212] (1). Par ailleurs, la société victime de la rupture peut aussi être dédommagée d'autres investissements ou d'autres coûts (2) ou de son éventuel préjudice moral (5) pour autant qu'elle prouve l'existence d'un lien de causalité entre le préjudice qu'elle soulève et le manquement (2). Si le partenaire commercial s'est remboursé par compensation de la rupture du contrat litigieux, cela revient néanmoins à considérer qu'il n'a pas subi de préjudice[2213].

1747. Le préjudice peut aussi découler de l'application de l'article 1240 du Code civil, sous réserve de distinguer les manquements contractuels et délictuels et les préjudices[2214], ce qui n'est pas sans conséquences (3). Enfin, si en réalité la rupture est due au comportement du partenaire commercial, pour manquements graves par exemple, l'auteur de la rupture peut avoir subi un préjudice dont il peut demander réparation dans le cadre d'une demande reconventionnelle (4).

§ 1. Le préjudice lié à la perte de chiffre d'affaires

1748. Il s'agit du principal préjudice généralement octroyé au titre de la rupture brutale d'une relation commerciale.

A. La perte de chance financière comme base du calcul du préjudice

1749. En dehors de la rupture brutale, la détermination du préjudice peut être calculée sur la base des avantages indus obtenus par le bénéficiaire des manquements allégués. Lorsque les pratiques visent un déséquilibre significatif, une estimation peut être réalisée sur la base de la perte de chance engendrée par la pratique, sachant que l'indemnisation d'une perte de chance n'est jamais égale au produit escompté si la chance s'était en l'espèce réalisée[2215].

1750. Dans les cas de rupture brutale, les éléments relatifs au préavis peuvent servir de base à la détermination du préjudice.

1. Lorsque la durée de préavis effectif est connue

a) La durée de préavis non réalisée

1751. En premier lieu, seule la durée pendant laquelle le courant d'affaires n'existait plus alors qu'il devait raisonnablement perdurer, doit être prise en compte.

[2212] CA Paris, 5 février 2020, RG n° 18/14973.

[2213] CA Paris, 28 janvier 2010, RG n° 07/03213.

[2214] La chambre commerciale de cassation a estimé fondée l'irrecevabilité prononcée par la Cour d'appel de Paris, d'une demande de dommages-intérêts « visant de manière indifférenciée » deux parties et « formées sous le double fondement des responsabilités contractuelle et délictuelle ». Ainsi au-delà du principe de cumul des responsabilités, l'absence de différenciation des préjudices et des actions conduit au rejet de la demande de réparation qui est irrecevable (Cass. com., 4 décembre 2019, Pourvoi n° 17-20.032).

[2215] CA Paris, 19 janvier 2018, RG n° 16/11167.

Il s'agit donc de la durée de préavis raisonnable retranchée de la durée de préavis éventuellement laissé en pratique par l'auteur de la rupture[2216] :

Nombre de mois du préavis non réalisé = nombre de mois du préavis raisonnable – nombre de mois du préavis effectif

b) Le coefficient de marge brute

1752. En second lieu, un coefficient est appliqué au chiffre d'affaires qui aurait dû être réalisé durant cette période, dont le mode de détermination peut être différent suivant qu'il s'agisse de biens ou de services.

1753. De manière générale, il est bien entendu possible et souvent préférable de prendre attache d'experts comptables pour la détermination de ces coefficients[2217]. À ce titre, le taux à prendre en compte est bien celui de la société et non celui issu de statistiques agrégées qui pourraient être diffusés par une administration[2218]. L'expert peut ainsi être en mesure de déterminer la marge sur coût variable, qui peut être jugée davantage pertinente[2219].

1754. **Si la relation porte sur la fourniture de biens** : pour les activités de fabrication ou de distribution de biens[2220], ce coefficient correspond généralement à la marge brute soit la différence entre les ventes, *i.e.* le chiffre d'affaires, et les achats de marchandises, *i.e.* les intrants nécessaires à la fabrication ou à la distribution des produits. Dans ce cadre, il a pu arriver que l'excédent brut d'exploitation serve de base à la détermination du préjudice[2221].

1755. Le fait que le niveau de marge brute utilisé soit faible ne remet pas en cause son utilisation si son niveau est justifié par le secteur, comme cela peut être le cas de la grande distribution par exemple, très exigeante en termes de prix[2222]. Par ailleurs, il n'est pas nécessaire d'intégrer dans le calcul les charges correspondant aux frais d'intérimaires et de sous-traitance, compte tenu du délai de préavis que le partenaire commercial était lui-même tenu de respecter pour mettre fin à sa relation avec ses propres sous-traitants[2223].

1756. Il a pu arriver que, de manière tout à fait marginale, le taux de marge nette uniquement soit pris en compte[2224].

1757. Désormais, le taux retenu par la jurisprudence est non plus le taux de marge brute mais le taux de marge sur coûts variables[2225], qui peut être plus pertinent suivant les circonstances de l'espèce. L'appréciation du préjudice s'en trouve en effet affinée[2226].

2216 Cass. com., 11 juin 2013, Pourvoi n° 12-22.229 ; CA Paris, 18 novembre 2020, RG n° 19/12813.
2217 CA Paris, 30 octobre 2019, RG n° 17/14646.
2218 CA Paris, 9 juin 2011, RG n° 08/10448.
2219 CA Paris, 18 novembre 2020, RG n° 19/12813.
2220 CA Paris, 5 février 2020, RG n° 18/14973 ; Cass. com., 23 janvier 2019, Pourvoi n° 17-26870 ; CA Paris, 7 février 2018, RG n° 15/05318 ; CA Paris, 28 juin 2018, RG n° 16/08802 ; CA Paris, 4 janvier 2017, RG n° 14/08156.
2221 CA Paris, 2 décembre 2020, RG n° 18/17277.
2222 CA Versailles, 2 décembre 2004, RG n° 03/04269.
2223 CA Lyon, 1er juillet 2011, RG n° 10/02378.
2224 CA Aix-en-Provence, 21 janvier 2010, RG n° 09/04628.
2225 CA Paris, 9 janvier 2019, RG n° 16/13392 ; CA Paris, 28 juin 2017, RG n° 14/26044..
2226 CA Paris, 20 janvier 2021, n° 18/24183 ; CA Paris, 24 février 2021, n° 19/20919.

1758. **Si la relation porte sur la fourniture de prestations de services** : si la marge brute est souvent prise en compte dans le cadre d'activités de production de biens, la détermination de la base financière peut en revanche s'avérer plus délicate dans le cadre d'une prestation de services. Si dans la plupart des cas, la marge brute est utilisée pour le calcul du préjudice, son mode de calcul n'est pour autant pas toujours précisé[2227]. La marge brute sur coûts variables est généralement égale au chiffre d'affaires déduit des coûts variables directement affectés à la prestation de service (frais de déplacement[2228], charges sociales[2229], frais de gestion spécifiques[2230], partie variable du salaire et véhicule de fonction[2231], ou dépenses de carburant[2232], par exemple), soit ceux qui n'ont pas été supportés du fait de la baisse d'activité résultant de la rupture et correspondant aux coûts économisés.

1759. Il a pu arriver à titre marginal que les charges fixes soient déduites de l'assiette du préjudice à prendre en compte[2233]. À l'opposé, il a pu arriver que l'ensemble du chiffre d'affaires soit utilisé comme base financière comme l'illustrent les exemples suivants :

- le courtage en produits laitiers[2234], ou en vins[2235], commerce de détail de la chaussure[2236] ou location de skis[2237], la marge brute équivalant au chiffre d'affaires pour ce type d'activité ;
- la fabrication de revêtements textiles pour l'industrie de l'automobile[2238] ;
- les travaux d'impression, car l'accord interprofessionnel prévoir un calcul du préjudice sur la base du chiffre d'affaires[2239] ;
- les prestations de communication en relations publiques[2240], de régie publicitaire[2241] ou de transport[2242], ou bien la commercialisation de compléments alimentaires pour l'intermédiaire d'un vendeur à domicile indépendant[2243] , ou de substituts de repas par l'intermédiaire de distributeurs indépendants[2244], car le préjudice a été calculé sur la base des commissions qui auraient dues être perçues.

2227 CA Paris, 24 janvier 2020, RG n° 18/00705 ; CA Paris, 9 janvier 2019, RG n° 16/13020 ; CA Paris, 1er février 2019, RG n° 17/03319 ; CA Paris, 18 janvier 2018, RG n° 15/13129.

2228 CA Paris, 24 mai 2017, RG n° 14/18202.

2229 CA Paris, 9 janvier 2019, RG n° 16/13392.

2230 CA Paris, 7 février 2013, RG n° 11/04913.

2231 CA Versailles, 29 octobre 2013, RG n° 12/01461.

2232 CA Paris, 18 novembre 2020, RG n° 19/12813.

2233 CA Caen, 2 juin 2005, RG n° 03/03155 ; CA Versailles, 29 octobre 2013, RG n° 12/01461.

2234 CA Toulouse, 8 janvier 2008, RG n° 06/05098.

2235 CA Bordeaux, 12 avril 2010, RG n° 08/06989.

2236 Cass. com., 23 janvier 2019, Pourvoi n° 17-26-870 ; CA Paris, 26 avril 2017, RG n° 13/02074.

2237 Cass. com., 24 novembre 2015, Pourvoi n° 14-19.678.

2238 CA Paris, 5 février 2020, RG n° 18/14973.

2239 CA Rouen, 18 janvier 2007, RG n° 05/04381.

2240 CA Paris, 14 décembre 2005, RG n° 04/24526.

2241 CA Paris, 4 mars 2011, RG n° 09/22982.

2242 CA Paris, 28 mai 2009, RG n° 08/03312.

2243 CA Paris, 7 juin 2017, RG n° 14/17158.

2244 CA Paris, 11 janvier 2017, RG n° 14/15233.

c) L'assiette de chiffre d'affaires à prendre en considération

1760. Dans le cas où le chiffre d'affaires est variable, ce dernier peut être moyenné sur trois années généralement[2245], notamment en cas de forte variabilité[2246]. D'ailleurs, cette moyenne peut aussi servir de base de comparaison par rapport à l'ancien niveau de chiffre d'affaires afin de démontrer une rupture brutale partielle, si l'activité a significativement baissé sur trois années, par exemple[2247].

1761. Les juges s'attachent à utiliser l'assiette de chiffre d'affaires la plus représentative de l'espèce. Ils peuvent ainsi ne considérer qu'une seule année, la plus représentative de ce qu'aurait dû percevoir le partenaire commercial victime des pratiques. Dans une affaire par exemple, une seule année a été retenue laquelle correspondait à la première des trois dernières années lorsque la diminution du chiffre d'affaires et la part d'activité de la victime de la rupture brutale ont diminué du fait de l'auteur de la rupture[2248]. Dans une autre affaire, une seule année a également été retenue laquelle correspondait à la dernière année de la relation, compte tenu de l'importante augmentation de la marge réalisée l'année de la rupture, correspondant à la somme que la société victime de la rupture aurait dû percevoir si le préavis de 12 mois avait été respecté[2249].

1762. Inversement, l'assiette retenue peut être plus basse qu'avancé pour tenir compte du contexte économique et juridique dans lequel a eu lieu la relation commerciale. Si par exemple, le chiffre d'affaires diminue régulièrement d'année en année du fait de problèmes liés au secteur, l'assiette finalement retenue pourra correspondre au chiffre d'affaires de l'année de plein exercice, moins la baisse prévisible compte tenu des baisses moyennes des années précédentes. Dans une autre affaire[2250], le chiffre d'affaires a ainsi été défalqué de 40 %. Une approche similaire a pu être menée dans l'hypothèse où la baisse corresponde au fait que la société victime de la rupture a elle-même souhaité diminuer le niveau de son activité[2251].

1763. L'assiette de chiffre d'affaires peut sous certaines conditions être étendue aux activités internationales de l'auteur de la rupture, quand bien même il s'agisse d'entités juridiques distinctes appartenant au même groupe. À cette fin, il est nécessaire de prouver que l'entreprise en cause a influencé de manière déterminante la décision des autres sociétés du groupe de mettre fin à la relation

---

2245 CA Paris, 5 février 2020, RG n° 18/14973.

2246 Moyenne sur 3 ans – CA Paris, 9 janvier 2019, RG n° 16/13020 ; moyenne sur 3 ans – CA Paris, 11 juillet 2019 RG n° 13/09851 ; moyenne sur 3 ans – CA Paris, 5 septembre 2019, RG n° 17/10300, RG n° 06/22199 ; moyenne de 3 ans – CA Paris, 18 janvier 2018, RG n° 15/13129 ; moyenne sur 3 ans – CA Paris, 28 juin 2018, RG n° 16/08802 ; moyenne sur 3 ans – CA Paris, 22 novembre 2018, RG n° 17/121230 ; moyenne sur 2 ans – CA Paris, 4 juillet 2018, RG n° 15/15553.

2247 CA Paris, 13 septembre 2018, RG n° 16/14413, Clémence Mouly-Guillemaud, Rupture brutale : La Cour d'appel de Paris apporte plusieurs précisions sur le régime de la rupture brutale (Beauté Shop / Clarins…), 12 septembre 2018, Concurrences N° 4-2018, Art. N° 88542.

2248 CA Dijon, 25 avril 2019, RG n° 14/00656.

2249 CA Paris, 22 février 2017, RG n° 14/02772.

2250 CA Amiens, 9 mars 2010, RG n° 06/03031.

2251 CA Saint-Denis, 7 mars 2011, RG n° 10/00390.

commerciale. Dans une affaire par exemple[2252], la rupture des relations commerciales par une entité d'un groupe de distribution auprès de l'un de ses fournisseurs avait entraîné le déréférencement par les autres filiales étrangères du groupe de distribution fortement implanté en France, eu égard au rôle de leader de ses équipes en France vis-à-vis des filiales. La perte de chance résultant de la rupture a donc été étendue à l'ensemble de l'activité du groupe comprenant celle de ses filiales dans la mesure où la décision de rupture prise par les filiales résultait de celle initialement prise par l'entité française. En revanche, en l'absence d'une démonstration suffisamment probante du lien de causalité, le préjudice se limite alors à la relation entretenue avec le seul auteur de la rupture, ce qui peut être le cas, par exemple, si elle agissait uniquement en qualité de mandataire pour le compte de ses sociétés sœurs[2253].

1764. De même, le chiffre d'affaires peut aussi être étendu à une activité connexe de la société victime si un lien de causalité existe entre les deux activités. À titre d'illustration[2254], la rupture des relations par un pétrolier avec une station-service impacte non seulement les ventes d'essence mais aussi celle de l'épicerie attenante, la perte de chance au titre de cette dernière activité devant dès lors être prise en compte dans le cadre de la détermination du préjudice.

1765. Par ailleurs, lorsque la relation concerne un site internet et un moteur de recherche, le chiffre d'affaires à prendre en compte peut être celui du chiffre d'affaires réalisé par le site internet, eu égard à l'importance de ce type de prestation pour les ventes en ligne[2255].

d) La formule finale

1766. Une fois ces différentes variables déterminées, le préjudice principal peut alors être calculé suivant la formule suivante :

P = marge brute sur coûts variables (%) x CA annuel moyen x (nombre de mois du préavis non réalisé) / 12

1767. Comme évoqué *supra*, la jurisprudence récente retient majoritairement la marge sur coûts variables, plutôt que la marge brute, qui permet de déduire les coûts directement affectés à la relation commerciale, qui n'ont pas été supportés du fait de la rupture brutale de la relation commerciale.

1768. Notons que si l'activité a lieu durant une partie de l'année seulement, le ratio par rapport au nombre de mois de préavis peut être adapté. Dans une affaire, la production animale ne se déroulait techniquement que sur 48 semaines, si bien que pour calculer la proportion de chiffre d'affaires à prendre en considération le juge a utilisé le ratio entre la durée de préavis (23 semaines) et la durée annuelle de relation de 48 semaines[2256].

2252 CA Paris, 5 juin 2008, RG n° 05/22064 – Bien que la détermination du préjudice ait été réalisée sur la base de manquements à l'article 1382 du Code civil, en prenant en compte que la responsabilité délictuelle nécessitait la réparation de l'intégralité du préjudice, les attendus semblent être transposables en cas d'application de l'article L. 442-1 du Code de commerce.

2253 CA Paris, 28 octobre 2005, RG n° 03/19692.

2254 CA Paris, 30 mai 2013, RG n° 10/23488.

2255 CA Paris, 16 novembre 2011, RG n° 11/12595.

2256 CA Amiens, 14 juin 2011, RG n° 10/00406.

2. Lorsque seul est connu le chiffre d'affaires post-rupture

1769. Il n'est pas toujours possible de déterminer une durée de préavis effectif, en cas de rupture partielle par exemple. Dans ce cas, le chiffre d'affaires réalisé sera pris en compte et défalqué du chiffre d'affaires qui aurait théoriquement dû être réalisé[2257], afin de déterminer le préjudice suivant la formule suivante :

P = marge brute sur coûts variables (%) x [CA annuel moyen x (nombre de mois du préavis raisonnable) / 12 – CA réalisé]

3. Prise en compte de la variation de stock

1770. Dans certaines décisions[2258], la variation de stock a aussi été prise en compte dans la marge brute pour permettre une estimation la plus juste du préjudice, ce qui donne alors :

P = [marge brute sur coûts variables ± variation de stock] (%) x [CA annuel moyen x (nombre de mois du préavis raisonnable) / 12 – CA réalisé]

4. Les spécificités dans l'appréciation de la base financière à prendre en compte dans le calcul

1771. Pour des prestations de taxi, la marge brute a été calculée comme correspondant au chiffre d'affaires déduction faite des frais d'essence[2259].

1772. Une société de commerce de détail d'accessoires de mode dont la relation de commission-affiliation avait été rompue, avait réalisé des économies de frais fixes et en particulier de personnel et de loyer, lesquels ont été déduits du calcul de la marque brute[2260].

1773. Une société avait sous-traité auprès d'un prestataire une activité sur laquelle ce dernier avait consenti une remise de 30 % eu égard à la quantité de travaux. La brutalité de la rupture ayant fait perdre la remise, la société étant alors dans l'obligation de s'adresser à des concurrents de son sous-traitant, le préjudice a été calculé en prenant comme base la perte de la remise en question[2261].

5. Les moyens de preuves des éléments financiers

1774. Pour déterminer la marge brute ou les autres éléments financiers nécessaires au calcul du préjudice découlant de la rupture brutale, le partenaire commercial se doit de présenter les documents les plus objectifs possibles. Ainsi, la pièce comptable correspondant au compte client de la société victime de la rupture[2262] ou l'attestation produite par le propre conseil fiscal de la société[2263] peuvent présenter une objectivité incertaine de même qu'un simple listing non contradictoire de pièces

---

2257 CA Paris, 13 septembre 2018, RG n° 16/14413 1144131.
2258 Cass. com., 11 juillet 2006, Pourvoi n° 04-20.592 ; CA Versailles, 14 octobre 2004, RG n° 03/04512 ; CA Paris, 8 janvier 2009, RG n° 06/22199 ; CA Paris, 19 février 2009, RG n° 07/08169.
2259 CA Paris, 4 avril 2012, RG n° 09/25117.
2260 Cass. com., 23 janvier 2019, Pourvoi n° 17-26.870.
2261 CA Toulouse, 20 juin 2012, RG n° 08/04847.
2262 CA Paris, 5 octobre 2017, RG n° 16/03834.
2263 CA Lyon, 8 janvier 2009, RG n° 07/08055.

pour la reprise du stock[2264]. En l'absence d'éléments plus objectifs, le juge peut même décider de n'accorder aucun préjudice ne disposant pas d'éléments fiables pour fonder sa décision[2265].

1775. En revanche, l'expertise d'un cabinet de conseil et d'audit réalisée à la demande du partenaire commercial peut utilement être prise en compte comme base de calcul dès lors qu'elle est assortie de documents comptables, complétés par les observations de la société, et qu'il a été soumis à la libre discussion des parties[2266]. Il peut en aller de même de l'étude réalisée par l'expert-comptable du partenaire commercial[2267] ou d'un commissaire aux comptes[2268]. Ces documents sont à privilégier pour permettre un calcul le moins contestable du préjudice.

B. Les éléments susceptibles d'atténuer le préjudice

1. La capacité pour un partenaire commercial de trouver une alternative à sa relation avec l'auteur de la rupture

1776. Si les circonstances de l'espèce permettaient au partenaire de bénéficier d'une certaine latitude pour trouver une alternative à sa relation avec l'auteur de la rupture, cette capacité peut être prise en compte pour éventuellement atténuer le préjudice subi.

1777. En premier lieu, cette capacité est particulièrement avérée si le partenaire commercial réalise une part très faible de son chiffre d'affaires avec l'entreprise[2269], ce qui peut lui permettre de finalement ne pas subir de perte suite à la rupture[2270].

1778. En second lieu, quand bien même le partenaire réalise une part importante de son activité avec l'entreprise, sa capacité à se diversifier, si elle est avérée (v. § 378 et s.), peut contribuer à atténuer le préjudice en l'absence d'un état de dépendance économique[2271]. En effet, la situation ne résultait alors ni de la volonté de l'auteur de la rupture, ni d'une contrainte extérieure liée à la structure du marché ou à une contrainte technique. Dans une affaire par exemple[2272], le juge a ainsi considéré que le partenaire commercial avait été négligeant car il n'avait commencé à prospecter pour diversifier son activité qu'après la rupture partielle des relations commerciales. Ce constat a pu entraîner des réfactions de préjudice significatives allant de 25 %[2273] à 50 %[2274].

2264 CA Besançon du 14 juin 2006 RG n° 04/00674.

2265 CA Paris, 9 novembre 2017, RG n° 15/17687.

2266 Cass. com., 28 avril 2009, Pourvoi n° 08-12.788 ; CA Besançon, 14 juin 2006, RG n° 04/00674 ; CA Angers, 7 février 2006, RG n° 05/00054.

2267 CA Paris, 17 mai 2018, RG n° 16/00487.

2268 CA Paris, 14 mars 2019, RG n° 17/00966.

2269 En l'occurrence 4 % de son chiffre d'affaires – CA Lyon, 15 janvier 2004, RG n° 02/03192.

2270 CA Paris, 5 juillet 2017, RG n° 14/25257.

2271 CA Paris, 26 septembre 2018, RG n° 16/13567, Clémence Mouly-Guillemaud, Rupture brutale : La Cour d'appel de Paris affine les critères caractérisant objectivement une relation établie en application de l'article L. 442-6, I, 5° du Code de commerce (Codegi Industrie / Arkema France…), 26 septembre 2018, Concurrences N° 4-2018, Art. N° 88720. CA Paris, 26 septembre 2018, RG n° 16/13567.

2272 CA Paris, 29 septembre 2016, RG n° 15/04154.

2273 CA Douai, 26 février 2008, RG n° 06/04408.

2274 CA Amiens, 9 mars 2010, RG n° 06/03031.

1779. Pour autant, ces considérations ne sont pas de nature à remettre en cause l'existence du manquement, car du moment où une rupture brutale est démontrée, il importe peu que le partenaire commercial ai trouvé des marchés de substitution lui permettant ainsi limiter son préjudice « *considérant que le législateur n'a pas introduit dans ce texte un système de justification ou d'explication et que l'obligation de prévenance est générale dès lors que la rupture peut être qualifiée de brutale* »[2275] (v. § 1509 et s.).

2. Les circonstances de l'espèce

1780. L'intransigeance d'un partenaire commercial sur les solutions proposées par le cocontractant peut aussi être prise en compte afin d'atténuer le préjudice. Cette intransigeance peut se matérialiser par le fait que le partenaire commercial avait refusé directement les solutions proposées, ou bien qu'il avait proposé des prix exorbitants[2276], ou encore qu'il n'avait pas fait de proposition commerciale sérieuse au repreneur du fonds de commerce de son cocontractant[2277].

1781. Réciproquement, il doit aussi être tenu compte du comportement de l'auteur de la rupture s'il a tenté d'atténuer l'effet de la rupture. Tel est le cas, par exemple,[2278] de la société qui avait adressé postérieurement à la rupture brutale, un planning prévisionnel suite à l'assignation au tribunal par le partenaire. Si cela ne l'exonérait pas de sa responsabilité au titre de la brutalité de la rupture, cette volonté de prolonger à nouveau les relations commerciales peut toutefois être prise en compte dans le calcul du préjudice.

1782. La situation économique du partenaire commercial peut aussi avoir été dégradée par des facteurs exogènes à sa relation avec l'auteur de la rupture, ce qui peut alors conduire à atténuer le préjudice. Dans une affaire par exemple[2279], l'activité du partenaire chutait du fait de la concurrence des pays de l'Est.

C. Les éléments indifférents sur la détermination du préjudice

1. Invoqués par la société auteure de la rupture

1783. L'auteur de la rupture ne peut pas se défendre en invoquant que la société victime de la rupture a refusé de renégocier le temps de préavis accordé, ou la reconversion effective de la société victime, celle-ci étant intervenue après la rupture[2280].

1784. L'auteur de la rupture ne peut pas non plus se défendre en invoquant que, dans le cadre d'une exclusivité qu'il avait conclu avec son distributeur, ce dernier ait pu continuer à s'approvisionner dans une certaine mesure en produits à sa marque par le biais d'importations parallèles. Ce moyen a été jugé inopérant car cette

---

2275 CA Paris, 13 février 2009, RG n° 07/02714.
2276 CA Rouen, 26 mai 2005, RG n° 04/04404.
2277 CA Montpellier, 21 septembre 2004, RG n° 02/02738.
2278 CA Rouen, 26 mai 2005, RG n° 04/04404.
2279 CA Caen, 2 juin 2005, RG n° 03/03155.
2280 CA Paris, 28 novembre 2018, RG n° 16/20790.

situation relevait d'un effort commercial du distributeur, les conditions d'achats étant significativement moins avantageuses, ce qui ne prouvait pas que le partenaire commercial n'ait subi aucun préjudice[2281].

2. Invoqués par la société victime présumée

1785. Si le partenaire commercial doit contester un élément du contrat pour augmenter son préjudice, il doit l'avoir contesté avant d'avoir saisi la juridiction. Dans une affaire par exemple[2282], le partenaire s'était vu imposer par son fournisseur une réduction de ses commissions, si bien qu'il calculait par conséquent son préjudice par la différence entre les sommes qu'elle aurait dû toucher avec l'ancienne commission plus favorable, et celles effectivement versées suivant les nouvelles dispositions. Cependant, n'ayant jamais formulé de réclamation, le juge a considéré qu'elle avait tacitement accepté cette modification du contrat, et a rejeté cette partie du préjudice demandé.

1786. Le partenaire commercial ne peut pas non plus imputer à l'auteur de la rupture, l'arrêt des commandes, lorsqu'elle est due à des facteurs exogènes, comme la crise économique et financière de 2008[2283]. Dans une autre affaire, le donneur d'ordre dans le domaine du textile avait lui-même connu une forte baisse de son activité, si bien qu'il ne pouvait faire autrement que répercuter cette baisse auprès de son sous-traitant « *dans la mesure où un donneur d'ordre ne peut être contraint de maintenir un niveau d'activité auprès de son sous-traitant lorsque le marché lui-même diminue* »[2284]. De même, la chute de l'activité peut être due aux exigences du marché et au contexte économique en crise du secteur du contrôle de la qualité et de la sécurité industrielle[2285], ou encore à l'innovation technologique et le rejet d'une technologie alors obsolète, comme la commercialisation de lecteurs VHS par exemple, progressivement remplacés par des lecteurs DVD[2286].

1787. Le partenaire commercial ne peut pas non plus être indemnisé en invoquant le fait qu'il n'ait toujours pas réussi à reconstituer son chiffre d'affaires plusieurs années après la rupture, dans la mesure où cette diminution du chiffre d'affaires était la conséquence de la rupture et non de sa brutalité, des chiffres attestant de la baisse générale du secteur durant cette période[2287].

1788. Enfin, l'état de dépendance économique est généralement pris en compte dans le cadre de la détermination du préavis raisonnable. Dès lors, cette situation ne peut donner lieu à l'octroi d'un préjudice complémentaire de celui de la perte de marge pendant la durée de préavis, si la Cour estime qu'aucun préjudice supplémentaire n'était démontré[2288] sauf circonstances particulières, par exemple si les pratiques ont conduit à la liquidation judiciaire de la société (v. § 1805).

2281 CA Douai, 7 décembre 2006, RG n° 05/01333.

2282 CA Nancy, 22 mars 2006, RG n° 04/01069.

2283 Cass. com., 6 février 2019, Pourvoi n° 17-23.361.

2284 Cass. com., 8 novembre 2017, Pourvoi n° 16-15.285.

2285 CA Paris, 5 juillet 2019, RG n° 14/10976.

2286 CA Paris, 1er juillet 2005, RG n° 04/07876.

2287 CA Versailles, 14 février 2012, RG n° 09/02118.

2288 Cass. com., 8 octobre 2013, Pourvoi n° 12-22.958 ; CA Paris, 10 mai 2017, RG n° 15/10894.

§ 2. Le préjudice lié à d'autres pertes

1789. Il est possible d'inclure d'autres préjudices que la simple perte de marge issue de la baisse de l'activité car « *le préjudice ne se limite pas à l'indemnisation de la réduction d'activité pendant le seul délai de préavis qui aurait dû être respecté, les équilibres financiers et économiques [du partenaire commercial] ayant pu être plus brutalement et profondément affectés. Ce préjudice doit être réparé par le paiement d'une indemnité de brusque rupture. Cette indemnité comprend : l'indemnisation de la réduction d'activité pendant le seul délai de préavis qui aurait dû être respecté ; l'indemnisation de la rupture des équilibres financiers et économiques [du partenaire] conséquence de la brusque rupture* »[2289].

1790. Pour autant, l'octroi d'un préjudice lié à la perte de marge brute englobe nécessairement les frais commerciaux, de recherche et développement, les frais d'enlèvement du stand suite à l'arrêt de la relation[2290], des investissements en matériels et humains pour réaliser les opérations auparavant sous-traitées[2291] ou encore les frais administratifs ou de validation du cahier des charges supportés par un partenaire commercial en vue de la distribution ou de la production des produits. Tous ces frais annexes auraient dû être supportés dans tous les cas à la suite de la rupture et sont donc compris dans la réparation découlant de la marge brute[2292].

1791. Dans ce cadre, les frais découlant uniquement de la rupture et non de son caractère brutal n'ont pas à être pris en compte. Tel est le cas, par exemple, des coûts de création d'une nouvelle marque, de changement d'enseigne ou de plaquettes publicitaires[2293], ou du préjudice commercial privant la partie victime de la rupture de son positionnement stratégique auprès des annonceurs en tant que régie publicitaire agréée[2294]. Sauf à priver la décision de base légale, il est donc indispensable de préciser, en termes de motivation, en quoi l'absence de préavis a été de nature à engendrer ledit préjudice[2295].

1792. Par conséquent, il est particulièrement important de motiver toute demande de préjudice supplémentaire.

A. L'atteinte à l'image

1793. Dans certains cas, la rupture brutale peut entraîner une gêne certaine au partenaire commercial (i) qu'il s'agisse d'un distributeur, étant donné l'atteinte qui a pu être portée à la crédibilité de l'entreprise sur le marché sur lequel elle travaillait[2296] ou ses difficultés pour réorganiser ses approvisionnements[2297], ce qui peut nuire à sa capacité à satisfaire ses clients, et dès lors à son image[2298] ou sa réputation commerciale[2299] (ii)

2289 CA Douai, 25 mai 2004, RG n° 03/05662.
2290 CA Paris, 10 décembre 2010, RG n° 09/14884.
2291 CA Aix-en-Provence, 2 avril 2013, RG n° 12/02659.
2292 CA Paris, 23 juin 2005, RG n° 03/11769.
2293 CA Paris, 1er février 2019, RG n° 17/00578.
2294 CA Paris, 22 novembre 2019, RG n° 17/20467.
2295 Cass. com., 15 janvier 2013, Pourvoi n° 12-17.553.
2296 CA Paris, 21 février 2018, RG n° 15/06721.
2297 CA Bordeaux, 28 février 2005, RG n° 04/02643 ; CA Bordeaux, 30 avril 2009, RG n° 07/02409.
2298 CA Paris, 11 mars 2016, RG n° 14/21201.
2299 CA Paris, 13 juin 2018, RG n° 16/03776.

ou qu'il s'agisse d'un fournisseur, dans la mesure où le référencement auprès du distributeur lui conférait une notoriété particulière auprès des consommateurs[2300].

1794. L'atteinte à l'image peut aussi être liée au mode de fonctionnement du secteur si, par exemple, la confiance constitue un critère prédominant dans les relations, ce qui peut être le cas, par exemple, dans la mise en relation d'entreprises dans le secteur de la mode[2301].

1795. Pour autant, ce préjudice est accordé dans un nombre limité de cas. À titre d'illustration, le préjudice d'image invoqué par la victime de la rupture lié à son déréférencement comme réparateur agréé, résulte de la rupture elle-même et non de la brutalité de la rupture, et ne constitue pas un préjudice distinct, le préjudice d'image allégué peut être écarté[2302]. Il en va de même si la situation résulte du choix du partenaire commercial de ne pas avoir assez diversifié son activité, le préjudice lié à la perte d'image peut être écarté[2303].

B. La reprise du stock d'invendus

1796. La reprise du stock de marchandises peut aussi être ajoutée au préjudice, à condition de justifier que suite à la rupture, le distributeur ne disposait plus de la possibilité d'écouler son stock, compte tenu de la brutalité de la rupture[2304], ou bien réciproquement du fait que le fournisseur ne pouvait vendre les produits qu'à l'auteur de la rupture du fait de leur spécificité[2305]. En effet, dans le cadre d'un processus industriel, il est souvent nécessaire de constituer un stock tampon pour répondre aux demandes des clients, ainsi qu'aux exigences internes des cycles de production, si bien qu'il paraîtrait inéquitable de laisser au partenaire commercial la charge d'un stock qu'il serait dans l'impossibilité d'écouler[2306], et ce, à plus forte raison si l'auteur de la rupture était conscient du problème[2307].

1797. De même, si le fabricant a noué un nouvel accord d'exclusivité[2308], ou a rompu le contrat de distribution sélective avec le distributeur[2309], le revendeur se trouve alors dans l'impossibilité de vendre les produits sauf à enfreindre les droits du fabricant, ou ceux concédés au nouveau distributeur. Dès lors, le fournisseur devra reprendre l'intégralité des stocks du fait de la rupture.

1798. La reprise du stock peut aussi être décidée sur la base de clauses contractuelles prévoyant cette possibilité[2310] ou d'avenants[2311], ou encore indépendamment de tout support contractuel. Sur ce dernier point, le juge dispose d'une certaine latitude pour éventuellement ordonner la reprise des invendus quand bien même les

---

2300 Cass. com., 2 décembre 2008, Pourvoi n° 08-10.732.
2301 CA Paris, 7 mars 2013, RG n° 11/00205.
2302 CA Paris, 7 novembre 2019, RG n° 17/11422.
2303 CA Reims, 23 janvier 2006, RG n° 04/01716.
2304 CA Paris, 15 mars 2018, RG n° 15/19368.
2305 CA Paris, 8 février 2018, RG n° 15/12544.
2306 CA Paris, 6 juillet 2017, RG n° 16/01061.
2307 CA Paris, 26 mars 2015, RG n° 13/19922.
2308 CA Orléans, 8 mars 2012, RG n° 11/00431.
2309 CA Paris, 11 avril 2013, RG n° 10/21433.
2310 CA Versailles, 17 décembre 2009, RG n° 07/04811.
2311 CA Dijon, 18 mars 2010, RG n° 09/00431.

stipulations contractuelles ne soient pas rigoureusement remplies. Dans une affaire par exemple[2312], le retour était contractuellement soumis à l'accord du fournisseur et pouvait être réalisé pour toute nouvelle commande. Bien que les conditions ne soient pas remplies, le juge a estimé que le retour des marchandises devait être supporté par le fournisseur dans la mesure où ce dernier n'avait pas démontré avoir déjà refusé la reprise de produits par le passé dans le cadre d'une relation commerciale normale, d'une part, et car il avait empêché toute nouvelle commande du fait de la brutalité de la rupture des relations, d'autre part.

1799. Pour autant, dans l'hypothèse où la situation permette au partenaire commercial d'en écouler au moins une partie, cette dernière peut être déduite de la reprise de stock qui sera ordonnée par le juge[2313].

1800. Plus spécifiquement à l'activité logistique, si le partenaire commercial dispose d'un solde de palettes créditeur, l'auteur de la rupture peut avoir à rembourser cette somme supplémentaire[2314].

C. La liquidation du partenaire commercial comme conséquence de la rupture brutale

1801. En cas de liquidation, il est nécessaire de démontrer le lien causal entre la brutalité de la rupture et l'arrêt de l'activité du partenaire commercial, le préjudice ayant vocation à dédommager le caractère brutal et non la rupture en elle-même.

1802. À ce titre, le fait que la liquidation n'intervienne finalement que plusieurs mois après la rupture brutale des relations commerciales ne s'oppose pas à l'existence d'un lien de causalité, si ce décalage est en réalité la conséquence des mesures énergiques prises par le responsable du partenaire commercial, parmi lesquelles la fermeture de l'essentiel de ses points de vente[2315].

1803. Le lien de causalité n'apparaît en revanche pas du tout évident si les difficultés financières de la société dataient de plusieurs années avant la rupture, sans que cette dernière ne justifie d'aucune mesure de redressement avant la rupture des relations[2316].

1. En cas de dépendance économique

1804. La démonstration de ce lien causal peut être facilitée par l'existence d'un état de dépendance économique du partenaire vis-à-vis de son cocontractant. Dans ce cas, la liquidation résultant de la brutalité de la rupture, la responsabilité de la situation peut être imputée à l'auteur de la rupture[2317] donnant dès lors naissance à un préjudice supplémentaire à la perte de marge durant le préavis raisonnable. Ce préjudice peut correspondre à la perte de chance du partenaire de continuer

---

[2312] CA Rennes, 29 mars 2005, RG n° 04/00195.
[2313] CA Caen, 7 octobre 2010, RG n° 09/01387.
[2314] TC Paris, 24 juin 2009, RG n° 2007066678.
[2315] CA Paris, 2 juillet 2009, RG n° 06/08865.
[2316] CA Paris, 15 avril 2015, RG n° 13/20513.
[2317] CA Paris, 2 juillet 2009, RG n° 06/08865 ; CA Angers, 7 février 2006, RG n° 05/00054.

son activité pendant une période donnée, laquelle peut être bien plus longue que la durée de préavis raisonnable[2318].

1805. Pour autant, l'état de dépendance économique ne suffit pas nécessairement pour considérer la liquidation comme une conséquence directe de la brutalité de la rupture, en l'absence d'éléments supplétifs[2319]. Dans une affaire par exemple[2320], le passif du partenaire commercial était déjà très important ce qui a conduit le juge à considérer que la rupture avec le cocontractant n'était pas la cause exclusive de la liquidation judiciaire bien qu'un état de dépendance économique ait pu être démontré. De même dans une autre affaire[2321], le juge a tenu un raisonnement similaire compte tenu de la situation déficitaire de l'entreprise antérieurement à la rupture, la poursuite de l'activité dans ces conditions ne pouvant conduire qu'à une cessation des paiements.

2. En l'absence de dépendance économique

a) Si une alternative viable existe

1806. En tout état de cause, en l'absence de dépendance économique, et si la faculté pour le partenaire commercial de se diversifier ne paraît pas compromise, une telle alternative peut au contraire lui être opposée pour le cas échéant atténuer le préjudice dont elle se dit victime[2322]. Une telle alternative paraît en effet peu compatible avec la démonstration d'un lien de causalité entre la rupture et la perte du fonds de commerce, la perte de chance de réussir sa reconversion étant initialement liée au choix du partenaire commercial[2323]. Ainsi, à titre d'illustration, le lien de causalité entre la rupture et la disparition du fonds de commerce n'a pas été retenu dans les cas suivants :

- si l'activité globale du partenaire commercial baissait régulièrement[2324], ou que le redressement judiciaire était intervenu 7 mois après la rupture[2325] ;
- si le partenaire réalisait très peu de bénéfices et qu'un facteur certain (fin du bail) allait entraîner une hausse de ses coûts[2326] ;
- si le partenaire importait des produits qui étaient soumis à une forte concurrence, ce qui pouvait lui permettre d'établir des liens avec les concurrents de son fournisseur tout en conservant sa propre clientèle[2327] ;
- en l'absence de tout document susceptible d'illustrer la situation financière du partenaire[2328].

2318 En l'occurrence, la durée de préavis raisonnable était de 6 mois, et la Cour a estimé que la brutalité de la rupture avait privé la société de pouvoir exploiter sa société pendant une durée de 18 mois. CA Paris, 2 juillet 2009, RG n° 06/08865.

2319 Cass. com., 11 juin 2013, Pourvoi n° 12-20.846 ; CA Paris, 19 avril 2019, n° 17/08923.

2320 CA Paris, 6 juin 2019, RG n° 17/01229.

2321 CA Nancy, 20 juin 2012, RG n° 10/01183.

2322 CA Paris, 17 mai 2019, RG n° 17/05180.

2323 CA Paris, 17 mai 2019, RG n° 17/05180.

2324 CA Paris, 5 mars 2015, RG n° 13/02822.

2325 CA Paris, 23 mai 2019, RG n° 16/24144.

2326 CA Paris, 16 septembre 2009, RG n° 07/13021.

2327 CA Lyon, 8 janvier 2009, RG n° 07/08055.

2328 CA Paris, 29 février 2008, RG n° 06/03934.

b) Si la possibilité de se diversifier apparaît limitée pour le partenaire

1807. Néanmoins, si la possibilité de diversification apparaît limitée en raison du contexte économique et/ou du secteur, et bien qu'aucun état de dépendance économique ne puisse être caractérisé au sens de la jurisprudence, l'impact indéniable qu'aurait alors la rupture sur la pérennité de l'activité du partenaire peut être pris en compte. Dans une affaire par exemple[2329], le fournisseur réalisait l'essentiel de son activité avec l'auteur de la rupture suivant un rythme de deux saisons annuelles, et ce, dans le secteur très spécifique de la mode de luxe, soit un marché aux débouchés intrinsèquement limités. La mise en sommeil du partenaire commercial a donc été jugée comme étant la conséquence de la brutalité de la rupture, et à ce titre, le donneur d'ordre s'est donc vu imputer les frais de licenciement et la perte sur la vente du matériel.

D. La dépréciation du fonds de commerce de la société

1808. Dans certains cas[2330], la dépréciation de la valeur du partenaire commercial a pu être prise en compte quand elle était liée à la brutalité de la rupture des relations commerciales avec l'auteur de la rupture. Par analogie, la moins-value de la vente des actifs de la société du fait du caractère brutal a aussi pu être prise en considération. Tel est le cas, par exemple, de la perte subie par une société vendant des manèges, qu'elle n'a pu proposer à la vente que démontés du fait de la rupture brutale, ce qui entraînait suivant les usages une décote directe de 30 %[2331].

1809. Pour autant, si la liquidation résulte de l'évolution du marché, laquelle n'a pas été suffisamment anticipée par le partenaire, la responsabilité de son cocontractant ne saurait être recherchée. Cette situation peut, par exemple, se présenter pour un gérant vendant des appareils photo qui a subi le passage de l'argentique vers le numérique[2332].

1810. En tout état de cause, si la rupture n'est pas brutale, il ne peut exister de préjudice lié à la dépréciation du fonds de commerce, seul le caractère brutal, et non la rupture elle-même, pouvant donner lieu à l'octroi d'un préjudice[2333]. À titre d'illustration, dans le cadre d'un contrat de partenariat pour la distribution de logiciels, le distributeur victime de la rupture ne peut soutenir que son préjudice est également constitué de la perte de la valeur du fonds de commerce, dès lors que ces préjudices relèvent des conséquences de la rupture des relations et non de sa brutalité, et que le distributeur a dû faire face à la concurrence des récentes avancées technologiques en la matière[2334].

2329 CA Paris, 3 juillet 2009, RG n° 06/10552.

2330 CA Paris, 11 octobre 2006, RG n° 04/22481 ; CA Pau, 5 avril 2005, RG n° 03/02538 ; CA Toulouse, 15 septembre 2010, RG n° 08/00313.

2331 CA Amiens, 14 janvier 2010, RG n° 08/01311.

2332 CA Rennes, 25 septembre 2012, RG n° 10/01473.

2333 CA Paris, 28 mars 2018, RG n° 15/12951.

2334 CA Paris, 19 janvier 2018, RG n° 15/10939.

1811. À noter dans le cadre de la relation particulière entre un franchiseur et son franchisé, que le franchiseur n'est pas tenu à une obligation d'assistance au franchisé en vue de sa reconversion[2335].

E. Le préjudice lié aux licenciements

1812. Dans certains cas, la brutalité de la rupture peut avoir entraîné des licenciements, et donc occasionné des frais pouvant donner lieu à un dédommagement[2336]. Néanmoins, toujours suivant le même principe, la charge de la preuve incombe au demandeur qui se prétend victime du préjudice. C'est pourquoi aucun préjudice supplémentaire à la perte de marge brute ne sera accordé si les éléments de preuve ne sont pas jugés suffisants[2337].

1. Les conditions à remplir pour invoquer ce préjudice

1813. La première condition, comme pour tout préjudice, est la démonstration d'un lien de causalité univoque et directe entre le licenciement et le caractère brutal de la rupture[2338], et non avec la rupture en elle-même. C'est sur ce fondement qu'a pu être censuré un arrêt indemnisant le coût des licenciements de huit salariés de la société victime de la rupture que la Cour d'appel avait estimé comme la conséquence de la perte de marché, et qui étaient intervenus moins de 3 mois après la rupture[2339]. À défaut pour la victime de la rupture de démontrer que l'insuffisance de préavis a engendré les licenciements économiques, la demande sera rejetée à ce titre[2340].

1814. Il en va de même si le salarié avait émis le souhait de quitter la société avant la rupture[2341], ou si la procédure de licenciement a été mise en œuvre immédiatement sans chercher à poursuivre les relations[2342] dans la mesure où il n'existe dès lors aucun lien causal entre la rupture et le licenciement. Tel est le cas également si les licenciements sont les conséquences non de la réduction unilatérale des commandes mais de la rupture des relations contractuelles fixée à une date certaine d'un commun accord des parties et étaient connus par le prestataire depuis la dénonciation du contrat avec un préavis de 6 mois[2343].

2335 CA Paris, 12 janvier 2005, RG n° 03/02283.

2336 Dans une affaire, le juge a néanmoins considéré que les postes de coûts directement liés à la production qu'il s'agisse de l'élaboration de nouveaux modèles, ou des licenciements et du chômage technique, étaient couverts par la marge brute. Pour autant, les coûts de licenciements étaient traités au sein d'une liste plus longue de demandes jugées irrecevables, ce qui peut être de nature à expliquer ce jugement. Dans le cas contraire, il paraît pour le moins surprenant de considérer que la marge brute, calculée sur une base d'une situation ordinaire, puisse compenser les frais de licenciements qui eux relèvent d'une situation extraordinaire à partir du moment où leur causalité avec le caractère brutal a été démontrée. CA Versailles, 18 mai 2006, RG n° 04/08829.

2337 CA Paris, 19 janvier 2018, RG n° 15/10939.

2338 CA Paris, 17 mai 2018, RG n° 16/00165.

2339 Cass. com., 20 octobre 2015, RG n° 14-18.753.

2340 CA Paris, 17 mai 2018, RG n° 16/00135.

2341 CA Paris, 14 mars 2013, RG n° 10/17628.

2342 CA Toulouse, 7 juin 2011, RG n° 09/04482.

2343 CA Paris, 20 septembre 2016, RG n° 16/15359.

1815. La seconde condition est l'impossibilité pour le partenaire commercial de reclasser les salariés en question dans son activité, car dans le cas contraire, et si le juge décide d'imputer à une partie ou la totalité des frais de licenciement, la décision peut être privée de base légale[2344].

1816. En tout état de cause, dans l'hypothèse où la rupture a été prononcée en donnant un préavis raisonnable et qu'il a été respecté, aucun préjudice ne peut être tiré de la rupture, quand bien même elle donne lieu à des licenciements[2345].

2. La prise en charge des coûts de licenciement

1817. La prise en charge des frais de licenciement peut être totale lorsque le partenaire commercial est en état de dépendance économique à l'égard de l'auteur de la rupture[2346], ou que les personnels concernés étaient affectés spécifiquement à l'activité réalisée pour le compte de ce dernier (activité de chromage[2347] ou transport de marchandises[2348]), les salariés ayant alors été licenciés pour cause économique.

1818. La prise en charge des frais de licenciement peut aussi n'être que partielle[2349]. Notamment, lorsque les licenciements étaient inéluctables, le préjudice ne saurait être constitué par la totalité du coût, mais par la perte de chance de pouvoir organiser la restructuration sociale pendant le préavis raisonnable[2350]. Dans une affaire[2351], la Cour a même considéré que le partenaire commercial avait déjà bénéficié du non-versement des salaires pendant la période n'ayant pas donné lieu à préavis, si bien qu'elle a écarté le versement d'une indemnité au titre des frais de licenciement.

1819. Enfin, si des salaires ont été spécifiquement versés avant la notification de la rupture en prévision de la relation commerciale, en cas de rupture brutale, le partenaire commercial peut être fondé à en demander la prise en charge. Dans une affaire par exemple[2352], le partenaire avait ainsi versé des salaires et charges sociales spécifiques en prévision d'un tournage qui a finalement été annulé du fait de la rupture brutale des relations commerciales par son cocontractant.

1820. Par ailleurs, le préjudice peut aussi naître du manque à gagner résultant de l'affectation d'un salarié. Par exemple, dans le cadre d'une prestation de service rompue brutalement, le salarié peut ne pas être affecté sur d'autres projets du fait de la brutalité de la rupture, ce qui peut ouvrir droit à réparation[2353]. Mais plus récemment, la jurisprudence adopte une analyse qui semble plus stricte en considérant, même lorsque le salarié est spécialement affecté à la relation commerciale,

2344 Cass. com., 15 septembre 2009, Pourvoi n° 08-10.020.
2345 CA Reims, 24 novembre 2008, RG n° 08/01512.
2346 Cass. com., 15 juin 2010, Pourvoi n° 09-66.761.
2347 CA Orléans, 29 mai 2008, RG n° 07/01118.
2348 CA Versailles, 6 mai 2010, RG n° 09/05024 ; CA Versailles, 26 juillet 2012, RG n° 11/05276.
2349 25 % des frais de licenciement – CA Reims, 24 novembre 2008, RG n° 08/01512.
2350 CA Bourges, 23 février 2012, RG n° 11/00593.
2351 CA Amiens, 14 janvier 2010, RG n° 08/01311.
2352 CA Paris, 16 novembre 2005, RG n° 04/13227.
2353 CA Toulouse, 6 juillet 2010, RG n° 08/04419.

il a pu être jugé que le licenciement résulte de la rupture et non de la brutalité, de sorte que les frais y afférant ne sont pas indemnisés[2354].

F. Le préjudice résultant du non-versement d'avantages différés (spécifique au distributeur)

1821. Dans le cas particulier où le partenaire commercial est un distributeur, le préjudice peut aussi naître du non-versement d'avantages différés, lorsque cette situation est la conséquence directe de la rupture. Par exemple, si une ristourne était liée à la réalisation d'un certain volume de chiffre d'affaires dont le niveau n'avait pu être atteint à cause de la rupture, la ristourne aurait tout de même dû être versée au distributeur, la non-réalisation de l'objectif lui étant extérieure[2355].

1822. L'approche est la même en ce qui concerne la coopération commerciale car, dans le cas contraire, cela priverait le distributeur d'une source de revenus conséquente, sachant qu'en l'espèce il n'était pas prouvé que ce dernier n'aurait pas été en mesure de réaliser les prestations[2356]. Le fournisseur ne peut donc se prévaloir de la notification du préavis pour ne plus signer le contrat de coopération commerciale qu'il signait régulièrement chaque année.

G. Le préjudice résultant d'investissements spécifiques

1. La prise en charge totale des investissements

1823. Si un partenaire commercial apporte la preuve que des investissements réalisés spécifiquement dans le cadre de la relation commerciale avec l'auteur de la rupture ont été perdus du fait du caractère brutal de cette dernière, ces investissements peuvent être pris en compte dans le calcul du préjudice.

1824. Le dédommagement total ou partiel des investissements suivants a ainsi pu être obtenu dans les cas suivants :

- les investissements spécifiquement dédiés afin de répondre à l'appel d'offres du donneur d'ordre[2357] ;
- les frais de promotion ou de communication soit engagés du fait du caractère brutal de la rupture pour assurer la pérennité de l'activité[2358], ou engagés en pure perte suite à ladite rupture[2359] ;
- les frais fixes liés à l'achat en leasing d'un camion affecté spécifiquement de la relation commerciale et non encore amorti[2360], ou liés à l'affectation d'un niveau de main d'œuvre significatif[2361] ;

2354 CA Paris, 19 janvier 2018, RG n° 15/10939 ; CA Paris, 17 mai 2018, RG n° 16/00165 ; CA Paris, 4 janvier 2017, RG n° 14/08156 ; CA Paris, 2 février 2017, RG n° 15/04850.

2355 CA Rennes, 29 mars 2005, RG n° 04/00195.

2356 CA Versailles, 5 décembre 2007, RG n° 07/05922 et 07/06396 – Voir aussi CA Rennes, 29 mars 2005, RG n° 04/00195.

2357 CA Rouen, 14 décembre 2006, RG n° 05/03484.

2358 CA Aix-en-Provence, 7 janvier 2010, RG n° 08/14912.

2359 CA Aix-en-Provence, 8 janvier 2010, RG n° 07/19443.

2360 CA Rouen, 15 septembre 2016, RG n° 15/01224.

2361 CA Bordeaux, 7 février 2007, RG n° 05/06654.

- le fait que le partenaire commercial ait dû constituer un stock important et spécifique de pièces détachées qu'elle n'est plus en mesure d'écouler[2362] ;
- le fait que le partenaire commercial avait dû embaucher un nouveau responsable commercial[2363] ;
- l'investissement incorporel résultant du travail de prospection, de création et de suivi des relations commerciales effectué par un importateur pour le compte de son fournisseur peut être pris en compte si la brutalité de la rupture l'empêche d'utiliser ce relationnel avec d'autres fournisseurs[2364].

1825. De même, si la société victime apporte la preuve que la rupture lui a occasionné des frais spécifiques, ces derniers peuvent alors être pris en compte dans le cadre du calcul du préjudice. Il en va ainsi, par exemple, d'une société de production et commercialisation de produits primeurs qui avait conclu un contrat pour une surface d'entreposage avec une société spécialisée dans la gestion de flux, qui du fait de la rupture brutale de la relation, a dû faire face à des frais exposés dans l'urgence (cellules réfrigérées, stockage) pour se réinstaller sur un autre site[2365], ou de la prise en charge d'une partie des frais de déménagement de la société victime du fait de la perte de chance de mettre fin à la convention d'occupation de manière non précipitée[2366], ou encore des frais du partenaire organisant un salon qui, du fait de l'annulation, doit notamment supporter des frais de promotion supplémentaire[2367].

2. La prise en charge partielle dans le cas d'amortissements non réalisés

1826. Les amortissements non réalisés durant la période de préavis peuvent aussi être pris en compte[2368]. La Cour d'appel considère en effet que « *le préjudice découlant du caractère brutal de la rupture doit inclure l'incidence d'investissements non encore amortis spécifiquement engagés pour satisfaire un besoin explicite du partenaire commercial, qu'il soit transformateur ou distributeur* »[2369].

1827. Dans cette affaire, du fait du cahier des charges de l'acheteur de la coopérative, les producteurs avaient dû mettre en place un système d'irrigation spécifique à la relation commerciale, dans un contexte où cette dernière représentait l'intégralité de leurs débouchés. Les demandes d'indemnisation au titre de la perte d'amortissement sur l'année de préavis qui aurait dû être octroyée, ont donc été acceptées.

1828. Il est toutefois nécessaire de démontrer un lien de causalité entre le caractère irrécupérable des investissements non amortis et la brutalité de la rupture, et non la rupture elle-même[2370]. Dans ce cadre, le fait que les investissements avaient été spécifiquement

---

2362 CA Paris, 6 juillet 2017, RG n° 16/01061.
2363 CA Lyon, 30 avril 2008, RG n° 07/00791.
2364 CA Versailles, 2 décembre 2004, RG n° 03/04269.
2365 CA Paris, 30 mars 2017, RG n° 15/10192.
2366 CA Bourges, 23 février 2012, RG n° 11/00593.
2367 CA Aix-en-Provence, 7 janvier 2010, RG n° 08/14912.
2368 CA Rouen, 15 septembre 2016, RG n° 15/01224.
2369 CA Amiens, 21 juin 2012, RG n° 11/01055.
2370 CA Paris, 29 mars 2017, RG n° 15/22953.

engagés par la société à la demande de son partenaire commercial, peut corroborer ce lien de causalité. En l'absence d'une telle condition, si par exemple le partenaire n'apporte pas la preuve que ses machines étaient spécifiquement dédiées à l'auteur de la rupture, le préjudice lié aux investissements non-amortis peut être écarté[2371].

1829. Par ailleurs, les amortissements au titre des frais de développement ne constituent pas un préjudice distinct de celui réparé par la perte de marge dans la mesure où ils auraient été amortis si le contrat s'était poursuivi pendant la durée du préavis[2372]. Il existe donc un risque que les juridictions considèrent que l'indemnisation réclamée au chef des investissements non amortis fasse double emploi avec la perte de marge subie pendant la période de préavis[2373].

1830. En définitive, la possibilité pour le demandeur de se faire indemniser au titre des investissements non amortis paraît possible sous réserve, d'une part, que les investissements n'aient effectivement pas été amortis avant la rupture des relations, et d'autre part, que le demandeur démontre que l'investissement exigé par son cocontractant dans le cadre de leur relation représentera un coût irrécupérable.

1831. En pratique, le préjudice peut être calculé directement sur la base du montant investi, en considérant que l'investissement doit être remboursé en fonction du montant d'investissement qui a déjà pu être amorti avant la rupture brutale. Le préjudice peut aussi être calculé indirectement, en estimant les conséquences financières de la perte de l'investissement, comme par exemple les frais de reconversion[2374].

H. L'effet de la rupture sur les activités annexes du partenaire ou celles d'une de ses filiales

1. L'activité avec l'auteur de la rupture comme support de l'activité principale

1832. La rupture des relations commerciales peut avoir, non un impact direct sur l'activité du partenaire, mais plutôt un impact indirect si le produit ou le service rendu par l'auteur de la rupture qui sert de support à l'activité principale de la société victime. Pour autant, le caractère indirect de l'effet ne fait pas obstacle à sa prise en compte dans le cadre du calcul du préjudice.

1833. Tel est le cas, par exemple, d'un organisme de soutien scolaire qui achète des emplacements publicitaires pour promouvoir son activité, et qui brutalement, ne peut plus assurer la promotion de son activité. En l'espèce[2375], l'éditeur avait refusé sans préavis l'insertion d'annonces alors qu'il l'avait permis durant de nombreuses années, ce qui avait impacté négativement l'activité de l'organisme de soutien scolaire. Le préjudice a ainsi été calculé en estimant la perte de chance sur les nouvelles inscriptions d'élèves pouvant découler du refus de l'éditeur.

2371 CA Paris, 23 mai 2018, RG n° 16/03854.

2372 CA Rouen, 24 juin 2010, RG n° 09/02193.

2373 CA Montpellier, 10 juillet 2012, RG n° 11/01990.

2374 CA Douai, 6 juillet 2009, RG n° 09/00519 faisant suite à Cass. com., 2 décembre 2008, Pourvoi n° 08-10.732.

2375 CA Paris, 29 février 2008, RG n° 06/03934 ; Pour autant, dans d'autres jugements pour le même type de prestation, la marge brute a été retenue – CA Versailles, 5 novembre 2009, RG n° 08/06136.

2. L'activité avec le cocontractant nécessaire à une activité connexe

1834. La rupture peut impacter non seulement l'activité principale de son partenaire commercial mais aussi son activité connexe, s'il existe un lien entre les deux activités. Dans ce cas, l'effet de la connexité entre les deux activités pourra alors être pris en compte dans le cadre du calcul du préjudice.

1835. Tel est le cas, par exemple, d'un partenaire commercial qui vendait non seulement du matériel agricole qu'il achetait auprès de son partenaire mais aussi des pièces de rechange et accessoires liés à ce matériel agricole[2376]. L'ensemble de sa marge brute pour les deux activités a donc servi de base au calcul du préjudice, l'activité annexe de vente des accessoires étant directement liée à celle de vente de matériel agricole.

1836. La prise en compte de l'effet de la rupture sur une activité connexe ne se limite pas au périmètre d'activité du partenaire commercial, mais peut aussi sous certaines conditions être étendu à l'activité de ses filiales. En effet, l'activité entre les deux partenaires peut avoir une incidence sur d'autres sociétés du groupe auquel appartient le partenaire dans le cas où l'activité d'une de ses filiales est la conséquence de la relation commerciale principale. Dans une affaire par exemple[2377], un partenaire commercial fabriquait des vêtements pour le compte d'un client, une de ses filiales réalisant le lavage des produits. Par conséquent, la baisse d'activité dans la filiale étant la conséquence de l'arrêt de l'activité principale, la société auteure de la rupture brutale a aussi dû dédommager la filiale du partenaire commercial.

I. Le préjudice spécifique à la MDD

1837. Étant donné la spécificité du produit sous marque de distributeur, le fait de ne pouvoir écouler ni les produits, ni certains de ses composants, peut être pris en compte dans le calcul du préjudice. À titre d'illustration, les frais suivants ont été octroyés en plus du préjudice lié à la perte de marge brute :

- reprise de la valeur du stock de produits à marque de distributeur sur la base du coût de revient et non du prix de revente[2378] ;
- reprise de la valeur du stock d'étiquettes spécifiques au produit MDD[2379] ;
- frais de stockage des produits MDD[2380] ;
- frais d'homologation du produit MDD (produit chimique) qui n'a pu être rentabilisé du fait de la brutalité de la rupture[2381].

2376 CA Paris, 6 juillet 2017, RG n° 16/01061 – Dans une autre affaire (CA Paris, 6 mai 2009, RG n° 07/04848), le partenaire vendait non seulement du matériel neuf mais également du matériel d'occasion obtenu suite à la reprise liée à la vente de matériel neuf. Compte tenu de l'imbrication des deux activités, l'ensemble de la marge brute des deux activités a dû être pris en compte également.

2377 CA Amiens, 30 novembre 2001, RG n° 00/00407.

2378 CA Rennes, 3 février 2009, RG n° 08/04789.

2379 CA Angers, 24 janvier 2006, RG n° 05/00067 ; CA Paris, 16 février 2005, RG n° 03/09634.

2380 CA Paris, 16 février 2005, RG n° 03/09634.

2381 CA Rennes, 3 février 2009, RG n° 08/04789.

J. Cas particuliers

1838. Dans l'hypothèse où le fournisseur fautif refuse de lever la clause de non-concurrence le liant à son ancien distributeur, ce dernier peut éventuellement obtenir une compensation complémentaire sur cette base, la clause. Dans une affaire, cela était d'autant plus justifié que la clause était en l'espèce très large géographiquement concernant l'ensemble du territoire français[2382].

1839. Si la rupture brutale a entraîné des ruptures en produits au détriment du partenaire commercial, et que ce dernier a dû s'acquitter de pénalités à ce titre, il est possible que ce montant soit ajouté au préjudice subi par la société victime de la rupture, ces pénalités résultant de la rupture d'approvisionnement immédiate du fournisseur[2383].

1840. Il n'est pas possible dans le cadre d'une procédure de sauvegarde de compenser le paiement de factures impayées avec celui d'une indemnité au titre du préjudice découlant d'une rupture brutale[2384]. En effet, il s'agit dans un cas de créances délictuelles et dans l'autre de créances contractuelles, lesquelles ont deux fondements distincts et ne remplissent donc pas l'obligation de connexité prévue par l'article L. 622-7 du Code de commerce[2385].

1841. Par ailleurs, l'octroi d'un préjudice au titre du caractère brutal de la rupture ne fait pas obstacle à ce que l'indemnité de fin de contrat prévue soit versée[2386].

1842. Enfin, dans le cadre du calcul du préjudice, au résultat net annuel de la victime, a pu être ajoutée la rémunération de la société victime de la pratique[2387].

§ 3. L'effet de l'utilisation des dispositions de l'article 1240 du Code civil

1843. Comme précisé *supra* (voir § 48), l'action basée sur les articles L. 442-1 et s. du Code de commerce peut aussi être accompagnée d'une action fondée sur l'article 1240 du Code civil[2388], si le manquement délictuel résulte d'une faute distincte de la rupture brutale[2389].

1844. Dans le cas où un contrat en vigueur régit la relation commerciale[2390], les dispositions de l'article 1231-1 du Code civil[2391] peuvent être invoquées avec la rupture

---

2382 CA Aix-en-Provence, 26 mars 2010, RG n° 08/01077.

2383 CA Paris, 18 septembre 2013, RG n° 12/01982.

2384 CA Aix-en-Provence, 19 février 2010, RG n° 03/10107.

2385 Qui précise « le jugement ouvrant la procédure emporte, de plein droit, interdiction de payer toute créance née antérieurement au jugement d'ouverture, à l'exception du paiement par compensation de créances connexes ».

2386 CA Versailles, 17 décembre 2009, RG n° 07/04811.

2387 CA Paris, 5 juin 2015, RG n° 14/00892.

2388 Qui précise « tout fait quelconque de l'homme, qui cause à autrui un dommage, oblige celui par la faute duquel il est arrivé à le réparer » – voir CA Paris, 16 juin 2012, RG n° 10/24787.

2389 Cass. com., 20 novembre 2019, n° 18-15677.

2390 CA Reims, 23 janvier 2006, RG n° 04/01716.

2391 Qui précise « le débiteur est condamné, s'il y a lieu, au paiement de dommages et intérêts soit à raison de l'inexécution de l'obligation, soit à raison du retard dans l'exécution, s'il ne justifie pas que l'exécution a été empêchée par la force majeure ».

brutale fondée sur l'article L. 442-1 du Code de commerce, dès lors que le préjudice résultant de la rupture brutale est distinct du préjudice contractuel[2392].

1845. En effet, a été cassé l'arrêt ayant déclaré irrecevable les demandes d'une société formées sur les fondements des articles 1147 (devenu 1231-1) du Code civil et L. 442-6, I, 5° (devenu L 442-1 du Code de commerce) au motif que : « *Le principe du non-cumul interdit seulement au créancier d'une obligation contractuelle de se prévaloir, contre le débiteur de cette obligation, des règles de la responsabilité délictuelle et n'interdit pas la présentation d'une demande distincte, fondée sur l'article L442-6, I, 5° du Code de commerce qui tend à la réparation d'un préjudice résultant non pas d'un manquement contractuel mais de la rupture brutale d'une relation commerciale établie* »[2393].

1846. Sa mise en œuvre peut ainsi ouvrir droit à davantage de compensation en cas de manquement de l'un des partenaires commerciaux, en ajoutant à la perte certaine de chiffre d'affaires, la perte de chance probable de développer l'activité avec d'autres clients dans le futur[2394], en cas de rupture abusive par exemple. Il est aussi possible d'ajouter la réparation résultant du non-respect d'un préavis contractuel pour la durée excédant le préavis raisonnable consenti au titre des articles L. 442-1 du Code de commerce[2395].

1847. Indépendamment de la possibilité de cumul, la mise en œuvre des dispositions du Code civil peut permettre dans certains cas l'octroi d'un préjudice résultant de la rupture quand bien même elle n'ait pas été brutale, par exemple si l'auteur de la rupture a laissé entendre à son partenaire que la relation se poursuivrait et ainsi manquer à son obligation de loyauté[2396]. Dans une affaire par exemple[2397], la Cour a estimé que l'entreprise avait rompu ses relations uniquement devant le refus de son partenaire de mettre fin à une procédure judiciaire à son encontre qui datait de plusieurs années. Il a alors été considéré que la rupture des relations résultait de la mauvaise foi de l'entreprise laquelle a donc été condamnée à verser des dommages et intérêts au titre de l'article 1240 du Code civil, et ce, bien que le délai de préavis eut été jugé raisonnable.

1848. Inversement, la mise en œuvre des articles L. 442-1 et s. du Code de commerce peut ouvrir droit à une indemnisation alors qu'une demande au titre contractuel est impossible, par exemple en l'absence de contrat, ou si le contrat a été résilié à son terme et suivant les stipulations contractuelles[2398].

1849. Ces différents exemples illustrent la diversité de situations où la mise en œuvre de ces dispositions peut présenter un intérêt en demande. Néanmoins, s'agissant de dispositions du Code civil par ailleurs largement commentées, la présente étude se limite à l'application des dispositions particulières des articles L. 442-1 et s. du Code de commerce, et il doit simplement être gardé à l'esprit que les deux fondements peuvent être complémentaires dans le cadre d'un contentieux.

2392 CA Paris, 6 février 2019, RG n° 16/21778.

2393 Cass. com., 27 mars 2019, Pourvoi n° 16-24630 ; Cass. com., 10 avril 2019, Pourvoi n° 18-12882.

2394 CA Versailles, 10 mars 2011, RG n° 08/00072.

2395 CA Rennes, 28 juin 2011, RG n° 10/01515.

2396 CA Versailles, 9 juin 2011, RG n° 10/03910.

2397 CA Paris, 5 juin 2008, RG n° 05/22064.

2398 CA Paris, 6 septembre 2012, RG n° 10/05573.

§ 4. La demande reconventionnelle de la société à l'origine de la rupture

1850. Dans le cas où le partenaire commercial ait commis des manquements justifiant la rupture des relations commerciales, l'auteur de la rupture peut aussi avoir subi un préjudice notamment au titre de l'atteinte à son image auprès de ses clients, qu'il conviendra dès lors de réparer.

1851. Tel est le cas, par exemple, d'un sous-traitant refusant de livrer des pièces impliquant un recours en urgence auprès d'autres sous-traitants, et des pertes sur la famille de produits considérée[2399], ou d'un partenaire qui avait envoyé des courrier aux clients de l'auteur de la rupture mettant en cause la qualité de ses prestations dans la mesure où elle n'apportait pas la preuve des fautes invoquées[2400].

§ 5. Le préjudice moral

1852. Le préjudice moral peut être utilement invoqué en demande[2401]. Cela paraît logique avec le caractère *per se* des manquements visés par le dispositif. En considérant que la gravité des manquements justifie leur sanction sans qu'il soit nécessaire d'en démontrer l'effet que la société victime, il semble en effet cohérent qu'un préjudice puisse directement s'inférer de l'existence de ladite pratique.

1853. Dans plusieurs affaires[2402], l'octroi d'une indemnisation au titre du préjudice moral, distinct de l'atteinte à l'image de l'entreprise, a été acceptée. Un tel préjudice peut, par exemple, découler de la brutalité de la rupture, résultant d'une résiliation non conforme aux dispositions contractuelles et de manquements allégués infondés[2403], ou du comportement vexatoire de l'auteur de la rupture qui n'a pas fait part à son partenaire de longue date, de sa décision de ne pas poursuivre la relation commerciale, alors qu'il n'avait soulevé aucun reproche[2404].

Section 2
La restitution de l'indu

1854. Sur ce point, l'article L. 442-4 du Code de commerce précise que la partie victime de pratiques restrictives de concurrence peut « *faire constater la nullité des clauses ou contrats illicites et demander la restitution des avantages indus* ». De même, il précise au sujet des pouvoirs publics que « *le ministre chargé de l'Économie ou le ministère public peuvent demander à la juridiction saisie (...) la restitution*

2399 CA Reims, 4 mai 2005, RG n° 03/02437.
2400 CA Aix-en-Provence, 13 janvier 2006, RG n° 03/15547.
2401 CA Paris, 4 février 2015, RG n° 12/20412.
2402 Cass. com., 5 avril 2018, Pourvoi n° 16-26.568.
2403 CA Paris, 21 novembre 2018, RG n° 16/11051.
2404 CA Paris, 22 janvier 2009, RG n° 07/05197.

des avantages indûment obtenus, dès lors que les victimes de ces pratiques sont informées, par tous moyens, de l'introduction de cette action en justice ».

1855. La restitution de l'indu a fait l'objet de nombreux débats mais comme indiqué *infra* (voir § 1457 et s.), les plus hautes juridictions ont finalement légitimé l'action du ministre, quand bien même les fournisseurs ne soient pas partie à l'instance. Par conséquent, si l'obligation prohibée découle d'un contrat, l'action en restitution de l'indu peut reposer sur le fait que si un manquement est caractérisé, la clause prévoyant l'obligation est illicite[2405], et donc nulle au sens de l'article 1169 du Code civil[2406], la restitution de l'indu étant finalement la conséquence du prononcé de la nullité des clauses[2407] (v. § 1916 et s.). Néanmoins, le prononcé d'une demande en restitution de l'indu n'implique pas nécessairement la conclusion d'un contrat.

1856. Les demandes en restitution de l'indu sont aussi conformes à l'article 7 de la CESDH, suivant lequel la loi pénale doit être prévisible, les dispositions des articles L. 442-1 et s. du Code de commerce définissant de manière claire et sans ambiguïté le comportement visé[2408].

1857. Elles peuvent viser la société signataire du contrat qui a perçu les sommes, et ce, quand bien même la société en cause agissait en tant que mandataire pour le compte d'adhérents du groupement, et qu'une partie substantielle des sommes perçues avait été reversée aux dits adhérents[2409].

1858. Par ailleurs, le versement de sommes sans contrepartie ne peut être justifié par le fait qu'elles aient pu être compensées par les fournisseurs par l'augmentation de leurs prix de vente au distributeur car « *les PME sont confrontées à des difficultés croissantes pour obtenir le référencement de leurs produits par les distributeurs, en particulier pour celles commercialisant leurs produits sous marques propres, et qu'elles subissent un rapport de force de plus en plus déséquilibré face aux groupes de la grande distribution qui s'est traduit par une tendance à la diminution des prix de cession nets qu'elles obtenaient de la part desdits distributeurs. Il est donc illusoire de considérer […] que les PME peuvent à loisir revoir leurs tarifs à la hausse pour compenser les demandes de rémunérations abusives de services auxquelles elles se trouvent confrontées dans leurs négociations avec les fournisseurs* »[2410]. Au demeurant, la prise en compte d'un tel moyen paraît en tout état de cause peu compatible avec le caractère *per se* des manquements (voir § 1509 et s.).

2405 CA Nîmes, 25 février 2010, RG n° 07/00606.

2406 Qui précise : « un contrat à titre onéreux est nul lorsque, au moment de sa formation, la contrepartie convenue au profit de celui qui s'engage est illusoire ou dérisoire ».

2407 CA Reims, 5 novembre 2007, RG n° 06/01898.

2408 Cass. com., 12 juillet 2011, Pourvoi n° 10-21.551.

2409 Cass. com., 26 septembre 2018, Pourvoi n° 17/10173, Jean-Louis Fourgoux, Remboursement intégral : La Cour de cassation décide que des services fictifs ou les services de coopération commerciale pour des prestations que les fournisseurs assument eux-mêmes doivent être remboursés en application de l'article L. 442-6, 1° du Code de commerce (Système U / ministre de l'Économie), 26 septembre 2018, Concurrences N° 4-2018, Art. N° 88266, p. 134. Cass. com., 26 septembre 2018, Pourvoi n° 17/10173.

2410 CA Paris, 2 février 2012, RG n° 09/22350.

1859. D'un point de vue pratique, les sommes sont recouvrées par le Trésor public qui se charge ensuite de les reverser aux parties lésées. Ce processus a pu être critiqué, mais il demeure conforme au droit en l'état de la jurisprudence actuelle[2411].

1860. Dans un contexte où un mouvement de fond n'est pas nécessaire entre les deux parties en cause (1), les modalités de calcul de l'indu peuvent différer suivant les manquements considérés (2).

§ 1. Un mouvement de fonds n'est pas nécessaire

1861. Pour qu'une demande en restitution de l'indu soit jugée recevable, il n'est pas nécessaire que l'avantage indu dont ait bénéficié la société mise en cause se soit concrétisé par un mouvement de fonds, et une telle demande est donc applicable à un avantage en nature.

1862. Si dans un premier temps, la Cour d'appel[2412] avait estimé le contraire en se basant sur l'article 1302-1 du Code civil[2413] qui subordonne le succès de l'action à l'existence d'un paiement indu, la Cour de cassation[2414] a finalement invalidé ce raisonnement. Par conséquent, un service consistant pour un fournisseur à rémunérer des intérimaires pour réaliser l'inventaire de leur client distributeur peut donner lieu à une restitution de l'indu, quand bien même ce dernier n'ait alors bénéficié d'aucun mouvement de fonds[2415].

1863. L'indu devra ensuite être calculé suivant des modalités de calcul qui dépendront généralement du manquement considéré, ainsi que des circonstances de l'espèce, ce qui fait l'objet des développements ci-après.

§ 2. Modalités de calcul de l'indu

1864. Les modalités de calcul de l'indu pourront différer suivant qu'il s'agisse d'un manquement en avantage sans contrepartie (A), d'un avantage disproportionné (B) ou encore d'un manquement en déséquilibre significatif (C).

A. En cas d'avantage sans contrepartie

1865. Si la restitution de l'indu peut théoriquement s'appliquer à tous les manquements prévus aux articles L. 442-1 et s. du Code de commerce, la majorité des décisions concernent l'avantage sans contrepartie. Dans le cadre d'un tel manquement, à partir du moment où la rémunération de l'opérateur n'a pas de contrepartie, elle doit alors être restituée dans son intégralité[2416].

[2411] Cass. com., 16 décembre 2008, Pourvoi n° 08-13.162.

[2412] CA Douai, 17 décembre 2009, RG n° 08/06361.

[2413] Qui précise : « celui qui reçoit par erreur ou sciemment ce qui ne lui est pas dû doit le restituer à celui de qui il l'a indûment reçu ».

[2414] Cass. com., 18 octobre 2011, Pourvoi n° 10-15.296.

[2415] CA Douai, 17 décembre 2009, RG n° 08/06361.

[2416] Cass. com., 20 février 2007, Pourvoi n° 04-20.449 ; Cass. com., 8 juillet 2008, Pourvoi n° 07-13.350 ; Cass. com., 16 décembre 2008, Pourvoi n° 07-20.099 ; Cass. com., 5 mai 2009, Pourvoi n° 08-15.264.

1866. Le calcul de la restitution de l'indu s'en trouve dès lors simplifié : il s'agit soit de la totalité des sommes versées au titre des services non rendus, soit de la somme correspondant au trop-perçu par rapport à ce qui était contractuellement prévu[2417].

1867. Pour autant, si la rémunération de plusieurs services est globalisée, et que seulement une partie d'entre eux n'a pas été rendue, il peut être difficile de distinguer la part revenant à chacun pour le calcul de l'indu. Dans une affaire[2418], le juge a ainsi tranché en considérant que trois des quatre services prévus au contrat n'ayant pas été rendus, 75 % de la somme devait être restituée au titre de l'indu.

B. En cas d'avantage disproportionné

1868. La détermination de l'indu est plus complexe en cas d'obtention d'avantage manifestement disproportionné. Dans ce cas, l'indu se déduit généralement de la démonstration du caractère disproportionné, le plus souvent établi à travers la comparaison entre ce qui a été perçu et ce qui aurait dû être perçu (soit théoriquement eu égard au contrat, soit d'un point de vue raisonnable sur la base d'autres comparaisons).

1. Eu égard au contrat

1869. La première méthode consiste à analyser le contrat, et voir si par le truchement de dispositions contractuelles, un des partenaires n'obtient pas un avantage disproportionné. Dans une affaire par exemple[2419], un distributeur pouvait être rémunéré par son fournisseur soit sur la base d'un forfait, soit sur la base d'un pourcentage de chiffre d'affaires négocié et fonction de la surface du magasin. Au cas d'espèce, le distributeur choisissait systématiquement le mode de calcul qui lui était le plus favorable (le forfait en l'occurrence), et ce, sur une base de surface erronée car prenant en compte des surfaces commerciales étrangères au magasin concerné. L'indu a donc été calculé comme la différence entre ce qui avait été payé et ce qui aurait dû être payé en prenant le pourcentage négocié et non le forfait, ainsi que la surface correspondant réellement à celle du magasin.

2. Eu égard à d'autres comparaisons

1870. La seconde méthode consiste à comparer les sommes versées avec d'autres valeurs pertinentes.

1871. **Le chiffre d'affaires**. La disproportion entre la rémunération versée et le service peut être à ce point manifeste que, bien qu'ayant retenu un avantage disproportionné, la cour a considéré que les rémunérations à prendre en compte pour

---

[2417] En l'occurrence, il s'agissait de la différence entre le taux moyen promotionnel exigé et le taux moyen promotionnel théorique du contrat cadre initialement conclu en vertu de l'article L. 441-7 du Code de commerce (TC Arras, 27 mars 2009, RG n° 2007/249).

[2418] CA Rennes, 20 janvier 2009, RG n° 07/07013.

[2419] TGI Hazebrouck, 7 mai 2008, RG n° 06/00167 ; Suivant la même approche voir aussi TC Lille, 4 mars 2008, RG n° 2006-03753.

les services étaient négligeables, et partant que l'indu correspondait à la totalité des sommes versées[2420].

1872. **Le prix de prestations comparables**. L'indu peut aussi se déduire de la comparaison des sommes versées avec le prix moyen d'une prestation comparable, en l'occurrence de panélistes qui proposaient des statistiques de vente[2421]. À cet égard, le prix moyen pris en compte pour des prestations similaires (en l'occurrence des prestations rendues par des panélistes) correspondait à la moyenne payée pour ce service par plusieurs fournisseurs, l'indu correspondant ainsi à la différence entre la somme versée au distributeur pour le service litigieux et ce prix moyen.

1873. **Le prix payé par d'autres concurrents pour le même service**. La comparaison des montants payés par plusieurs fournisseurs pour le même service peut aussi être utilisée pour démontrer la disproportion. Par exemple[2422], un fournisseur payait 2 % de son chiffre d'affaires pour un service qu'il n'utilisait pas alors qu'un autre payait pour le même service uniquement 0,3 %. La différence de 1,7 % a donc servi de base à la démonstration de la disproportion, et donc au calcul de l'indu imputable à la société mise en cause.

1874. **L'appréciation discrétionnaire du juge**. Il est possible de qualifier un manquement au titre de l'avantage manifestement disproportionné sur la seule base d'un faisceau d'indices. Dans ce cadre, le juge pourra user de son pouvoir discrétionnaire pour apprécier le montant qui aurait dû être raisonnablement payé. Dans une affaire par exemple[2423], il a ainsi estimé souverainement que la partie disproportionnée correspondait à 50 % des rémunérations, l'indu étant ainsi calculé sur cette base.

C. En cas de déséquilibre significatif

1875. Les difficultés rencontrées pour la démonstration d'un avantage indu en cas d'avantage disproportionné sont *a fortiori* plus importantes en cas de déséquilibre significatif en l'absence de flux financier identifiable de manière suffisamment univoque. Cela explique certainement pourquoi très peu de décisions ont prononcé une restitution d'indu sur le fondement du déséquilibre significatif.

1876. Ainsi, une seule décision a prononcé une restitution d'indu à l'encontre d'un distributeur. Dans une affaire[2424], il s'agissait de clauses jugées déséquilibrées car elles modifiaient rétroactivement les conditions d'achats, donnant ainsi lieu à l'obtention d'avoirs par le distributeur. Ce dernier a donc dû rembourser l'ensemble des avoirs litigieux, à l'exception de ceux concernant un fournisseur dont les contrats n'avaient pas été produits, car l'absence du contrat ne permettait pas de vérifier que les clauses s'appliquant à ce fournisseur étaient identiques aux clauses

---

2420 CA Aix-en-Provence, 29 juin 2011, RG n° 10/02209 ; Cass. com., 16 décembre 2008, Pourvoi n° 08-13.162 confirmant CA Nîmes, 17 janvier 2008, RG n° 05/01724 ; Suivant la même approche voir aussi CA Bourges, 10 décembre 2009, RG n° 09/00464 (réformé partiellement CA Orléans, 12 avril 2012, RG n° 11/02284).

2421 CA Paris, 1er juillet 2015, RG n° 14/03593.

2422 CA Nîmes, 25 février 2010, RG n° 07/00606.

2423 Cass. com., 11 septembre 2012, Pourvoi n° 11-14.620, voir aussi pour davantage de précision le jugement en appel CA Paris, 19 janvier 2011, RG n° 07/22152.

2424 Cass. com., 26 avril 2017, Pourvoi n° 15-26.780.

litigieuses. Par ailleurs, cette décision illustre la minceur de la frontière qui peut exister dans certains cas entre avantage sans contrepartie et déséquilibre significatif.

§ 3. Le versement de l'indu

1877. Si le versement de l'indu enjoint par la juridiction commerciale peut être refusé par l'entreprise pouvant en bénéficier, il n'est toutefois pas possible pour l'entreprise fautive de pouvoir se prévaloir de ce refus pour se voir restituer les sommes ainsi versées. Dans une affaire[2425], le distributeur avait été condamné à verser l'indu à un certain nombre de founisseurs. Si l'un d'eux avait expressément renoncé à en bénéficier, cela n'avait néanmoins pas pour effet d'investir le distributeur d'une créance envers quiconque, si bien que ce dernier n'avait aucun droit sur les fonds non restitués dont il ne peut soutenir qu'il en est propriétaire les sommes étant censées ne pas avoir été versées au distributeur au départ. La Cour valide ainsi le refus de restituer les sommes non réclamées par un fournisseur, lesquelles de surcroît sont déposées sur un compte de la Caisse des Dépôts et Consignations.

1878. Par ailleurs, l'argument tiré des éventuelles difficultés financières qu'entraîneraient le reversement d'un indu significatif (plusieurs dizaines de millions d'euros en l'espèce) ne semble pas être reçu favorablement par les juges[2426].

Section 3
L'amende civile

1879. Sur ce point, l'article L. 442-4 du Code de commerce précise : « *le ministre chargé de l'Économie ou le Ministère public peuvent demander à la juridiction saisie [...] le prononcé d'une amende civile dont le montant ne peut excéder le plus élevé des trois montants suivants :*

- *5 millions d'euros ;*
- *le triple du montant des avantages indûment perçus ou obtenus ;*
- *5 % du chiffre d'affaires hors taxes réalisé en France par l'auteur des pratiques lors du dernier exercice clos depuis l'exercice précédant celui au cours duquel les pratiques ont été mises en œuvre* ».

1880. Le but de l'amende civile est non seulement de réparer le trouble à l'ordre public économique, mais aussi de dissuader la société condamnée de réitérer les pratiques prohibées au regard des dispositions des articles L. 442-1 et s. du Code de commerce[2427].

1881. Auparavant limité à 2 millions d'euros ou au triple des sommes indûment versées, le plafond de l'amende civile a été considérablement alourdi par le législateur en 2015, ce qui est susceptible de rendre encore davantage dissuasif le dispositif sanctionnant les pratiques restrictives de concurrence.

2425 CA Paris, 13 janvier 2016, RG n° 13/11500.

2426 CA Paris, 29 juin 2016, RG n° 14/09786, confirmé par Cass. com., 26 septembre 2018, Pourvoi n° 17/10173.

2427 TC Epernay, 23 décembre 2008, RG n° 2007/006391.

1882. En raison du caractère sanctionnable *per se* des manquements prévus par cet article, il n'est pas nécessaire de démontrer l'effet des pratiques (1), si bien que l'amende civile est ainsi principalement déterminée sur la base du préjudice ou de l'indu estimés (2). Le niveau d'amende civile peut varier à la hausse (3) comme à la baisse (4) suivant certains facteurs.

§ 1. L'incidence du caractère sanctionnable *per se* des pratiques

1883. À partir du moment où un manquement à l'une des dispositions prévue aux articles L. 442-1 et s. est démontré, du fait de leur caractère *per se* (voir § 1509 et s.), il n'est donc en théorie pas nécessaire de démontrer l'effet du manquement sur le marché, si bien que la demande en amende civile au titre du trouble à l'ordre public économique, effectuée par le ministre, est alors recevable[2428].

1884. Il est nécessaire que l'amende civile présente un caractère dissuasif pour empêcher non seulement la société en cause, mais également d'autres sociétés de recourir à des pratiques restrictives de concurrence similaires[2429].

1885. Néanmoins, s'il n'est pas nécessaire de démontrer un effet des pratiques pour les qualifier, leur effet semble pouvoir être pris en considération pour la détermination de l'amende[2430]. Des considérations complémentaires peuvent ainsi être prises en compte afin d'illustrer le trouble à l'ordre public économique :

- la désorganisation et la restructuration sociale de la société victime de la rupture[2431] ;
- le fait que la société ait dû à son tour rompre ses relations commerciales avec certains de ses clients[2432], ou réciproquement que la rupture ait affecté l'équilibre de ses relations avec ses fournisseurs (cas d'un restaurateur ayant rompu brutalement son approvisionnement auprès d'un grossiste en fruits et légumes[2433]) ;
- la réduction indue de la marge de la société victime des pratiques qui peut entraîner des répercussions générales sur les tarifs pratiqués par l'entreprise, et fausser le libre jeu de la concurrence[2434].

§ 2. L'influence de la restitution de l'indu sur le niveau de l'amende civile

1886. Le montant de l'amende civile « *ne doit pas être calculé au prorata du préjudice subi par la victime directe du comportement fautif* »[2435]. Dans ce cadre,

---

2428 CA Paris, 8 janvier 2020, RG n° 18/04493, Jean-Louis Fourgoux, Rupture brutale : La Cour d'appel de Paris considère que si la crise économique peut constituer un cas de force majeure, encore faut-il qu'elle soit prouvée pour dispenser de préavis écrit (Carrefour France / ministre Économie et Coopérative Légumière Crimart), 8 janvier 2020, Concurrences N° 3-2020, Art. N° 96045, p. 119. CA Paris, 8 janvier 2020, RG n° 18/04493.

2429 TC Paris, 13 octobre 2020, RG n° 2017005123.

2430 CA Paris, 19 avril 2017, RG n° 15/24221.

2431 CA Reims, 24 novembre 2008, RG n° 08/01512.

2432 TMC Basse-Terre, 24 septembre 2008, RG n° 07/00219.

2433 CA Versailles, 2 février 2006, RG n° 04/09265.

2434 CA Nîmes, 25 février 2010, RG n° 07/00606.

2435 CA Caen, 29 octobre 2009, RG n° 08/01874.

l'amende civile dépend davantage de la gravité des manquements et du montant des bénéfices réalisés par la société mise en cause[2436]. Son montant n'est donc pas nécessairement lié aux montants perçus indûment, ayant pour objet de restaurer l'ordre public économique troublé par les pratiques restrictives de concurrence[2437].

1887. Ceci est parfaitement illustré par le fait que l'analyse des décisions rendues entre 2003 et 2013 ne permet pas d'établir une relation claire entre le montant de l'amende civile et celui de l'indu.

1888. Durant la période et hors rupture de relation commerciale, sur 39 affaires ayant donné lieu à la restitution d'un indu, la comparaison du montant de l'amende civile avec celui de l'indu montre qu'en moyenne le montant de l'amende civile est égal à 97,5 % du montant de l'indu finalement accordé par le juge.

1889. S'agissant plus particulièrement des ruptures de relations commerciales, sur 16 affaires où le ministre est intervenu entre 2003 et 2013, la comparaison du montant de l'amende civile avec celui des dommages et intérêts montre qu'en moyenne le montant de l'amende civile est égal à 44,3 % du montant des dommages et intérêts finalement accordés par le juge.

Comparaison du montant de l'indu avec le montant d'amende civile entre 2003 et 2013

	Nombre d'affaires	**Ratio [Amende civile / Indu]**	**Écart-type**
Hors rupture brutale de relation commerciale	39	97,7 %	0,81
Rupture des relations commerciales	16	44,3 %	1,07

Ratio amende civile / Indu suivant le type d'affaires

1890. Aussi si l'indu peut servir de point de repère, il ne semble pas pouvoir servir de base au calcul. Il en va de même pour les dommages et intérêts versés au titre du préjudice en cas de rupture brutale de relation commerciale.

1891. Désormais, le fait que les décisions soient toutes soumises à la même juridiction spécialisée d'appel est susceptible de réduire les disparités rencontrées. Cela sera d'autant plus le cas que depuis 2015, et comme précisé *supra*, les juridictions commerciales peuvent prononcer une amende civile égale à trois fois le montant de l'indu. Dans une affaire par exemple[2438], la clause déséquilibrée avait coûté 18 millions d'euros aux fournisseurs, ce qui avait justifié le prononcé d'une amende civile de 2 millions d'euros. Les faits étaient antérieurs au réhaussement

---

2436 Le montant des bénéfices estimés de la société mise en cause a aussi servi de base pour le calcul de l'amende civile dans une autre affaire (TC Lille, 18 novembre 2004, RG n° 2003/04770).

2437 CA Nîmes, 10 mars 2011, RG n° 08/04995.

2438 CA Paris, 12 juin 2019, RG n° 18/20323, Sibylle Chaudouet, Déséquilibre significatif : La Cour d'appel de Paris donne des précisions utiles en matière de preuve et de sanction d'un déséquilibre significatif (GEEPF), 12 juin 2019, Concurrences N° 3-2019, Art. N° 91847. CA Paris, 12 juin 2019, RG n° 18/20323.

du plafond, mais ce type d'affaire démontre que l'impact de l'amende civile peut être potentiellement beaucoup plus important désormais. Par conséquent, il ne peut être exclu que ces dispositions entraînent un accroissement mécanique du niveau d'amende civile prononcée, sous réserve que les circonstances de l'espèce permettent le calcul d'un montant indu, ce qui peut être compliqué en cas de mise en œuvre des dispositions sanctionnant le déséquilibre significatif, par exemple.

1892. Pour autant, de telles disparités s'expliquent également par le faible nombre de décisions, ainsi que par la grande variété des cas qui peuvent être soumis aux juridictions commerciales.

1893. Elles peuvent aussi venir du fait que dans certains cas, aucun chiffrage de préjudice, et susceptible de constituer une base de travail pour le juge, n'a été réalisé par le demandeur[2439]. À titre d'illustration, dans une affaire entre des vendeurs tiers et une place de marché en ligne[2440], le ministre avait tenté de dépasser le plafond légal de 5 % en se basant sur le montant des commissions touchées par la plateforme. Il avait toutefois échoué à communiquer des éléments permettant de quantifier les avantages tirés par la place de marché des déséquilibres manifestes relevés, si bien que le plafond avait trouvé à s'appliquer.

1894. Dans le cas particulier de l'avantage disproportionné, il est possible que la détermination du montant indûment perçu soit difficile, notamment au regard de la difficulté d'apprécier le coût qui aurait dû être supporté sur une base raisonnable. Dans ce cas, il est possible que la société mise en cause soit uniquement condamnée à une amende civile. Dans le cadre de litiges entre un distributeur et des fournisseurs, le niveau de l'amende peut en revanche être déterminé notamment au regard de la somme qui a été versée au titre du service[2441].

§ 3. Les autres facteurs susceptibles d'influer sur la détermination de l'amende civile

A. La gravité de la pratique et son dommage à l'économie

1895. Bien que les pratiques puissent être sanctionnées *per se*, elles ne se valent pas toutes, les juges considérant que pour déterminer le montant de l'amende civile doit également être pris en compte « *la gravité du comportement en cause et le dommage à l'économie en résultant* »[2442].

1896. Il est par conséquent possible d'opérer une analogie avec l'approche prévalant dans la sanction des pratiques anticoncurrentielles, et plus particulièrement au regard des conséquences qu'ont pu avoir les pratiques sur la concurrence.

2439 C'est notamment le cas des décisions relatives au « *déséquilibre significatif* » dans lesquelles seules les clauses ont été visées : TC Lille, 7 septembre 2011, RG n° 2009/05105 ; TC Lille, 6 janvier 2010, RG n° 2009/05184 ; TC Meaux, 6 décembre 2011, RG n° 2009/02295 ; TC Meaux, 24 janvier 2012, RG n° 2009/02296.

2440 TC Paris, 2 septembre 2019, RG n° 2017050625.

2441 TC Compiègne, 26 février 2013, RG n° 08/00492.

2442 CA Paris, 3 décembre 2014, RG n° 13/06091.

1897. Dans une affaire par exemple[2443], les juges ont cherché à déterminer si la pratique en question avait pu aboutir à la disparition de l'entreprise victime, ce qui aurait pu entraîner des effets négatifs sur la variété et l'importance de l'offre sur le marché en question.

1898. Dans une autre affaire[2444], le caractère fictif de la prestation de coopération commerciale avait pu fausser le jeu de la concurrence en créant des prix artificiellement élevés, de nature à léser le consommateur, ce qui justifiait le caractère grave des pratiques.

1899. Dans une autre affaire[2445], la pratique consistant en imposer un taux d'escompte déséquilibré revenait à prévoir une rémunération pour l'acheteur qui se contente de respecter la loi et portait une atteinte grave à l'ordre public économique, peu importe que l'acheteur en cause ait lui-même informé l'administration fiscale de la mise en œuvre de son programme.

1900. Quand bien même la pratique n'entraîne pas la disparition d'une entreprise, sa généralisation auprès d'un grand nombre de sociétés pourrait également avoir une incidence négative sur la concurrence. Elle pourrait, par exemple, créer des distorsions de concurrence, soit vis-à-vis des entreprises qui ne seraient pas soumises aux mêmes pratiques, soit vis-à-vis des concurrents de la société mise en cause qui ne mettraient pas en œuvre de telles pratiques restrictives de concurrence.

1901. À l'inverse des facteurs minorants peuvent théoriquement être pris en compte. Par exemple, même si les circonstances de l'espèce n'ont pas permis de le retenir, la Cour d'appel a reconnu que dans le cas d'avantages obtenus indûment par un distributeur, le fait qu'ils aient été rétrocédés aux consommateurs pourrait être pris en compte dans le calcul de l'amende civile[2446]. De même, si les pratiques ont finalement été plus sporadiques qu'alléguées dans l'assignation initiale (en l'espèce, elles n'ont été retenues que pour deux fournisseurs sur les neuf de départ), il est possible de prendre en compte leur caractère ponctuel pour réduire le montant de l'amende civile[2447].

B. La situation individuelle de l'entreprise

1. L'importance du chiffre d'affaires de la société mise en cause

1902. L'amende civile doit être dissuasive et doit donc tenir compte du chiffre d'affaires de la société mise en cause pour éviter au maximum toute réitération[2448]. Cela est d'autant plus important que la Cour peut prendre en compte l'effet d'entraînement que peut avoir le comportement de la société mise en cause[2449]. À ce titre,

---

2443 CA Paris, 3 décembre 2014, RG n° 13/06091.

2444 Cass. com., 15 mars 2017, Pourvoi n° 15/18381.

2445 CA Paris, 12 juin 2018, RG n° 18/20323

2446 CA Paris, 16 mai 2018, RG n° 17/11187, Frédéric Buy, Déséquilibre significatif : La Cour d'appel de Paris fixe les conditions dans lesquelles la convention unique peut être modifiée (ministre de l'Économie / Système U), 16 mai 2018, Concurrences N° 4-2018, Art. N° 88265, pp. 132-133. CA Paris, 16 mai 2018, RG n° 17/11187.

2447 CA Paris, 16 mai 2018, RG n° 17/11187.

2448 CA Paris, 3 décembre 2014, RG n° 13/06091.

2449 Ibid.

le montant de l'amende civile a été réhaussé à « *5 % du chiffre d'affaires hors taxes réalisé en France par l'auteur des pratiques lors du dernier exercice clos depuis l'exercice précédant celui au cours duquel les pratiques ont été mises en œuvre* »[2450].

2. La capacité contributive

1903. Pour l'amende civile, il est possible de prendre en compte la situation financière de l'entreprise, par analogie à la capacité contributive utilisée en pratiques anticoncurrentielles. Dans une affaire par exemple[2451], la situation financière avait été analysée au travers des disponibilités, des valeurs mobilières de placement, au regard de la somme demandée au titre de la restitution de l'indu. Si dans cette affaire le juge a estimé que la société mise en cause avait les ressources nécessaires pour acquitter du montant de la sanction, il n'est pas exclu que dans le cas contraire, la peine pu avoir été réduite.

3. Le comportement de la société mise en cause

1904. Le fait que la société persiste à ne pas vouloir changer son comportement ou ses clauses contractuelles[2452] ou qu'elle n'ait pas modifié son comportement au cours de la procédure[2453] peuvent contribuer à augmenter le montant de l'amende civile.

1905. Inversement, le fait que la loi applicable soit récente, nécessitant dès lors une certaine période d'adaptation, ajouté au comportement de la société laquelle a fait preuve de loyauté tout au long de l'enquête, ce qui l'a conduit à changer dès qu'elle le pouvait les dispositions contractuelles, ont pu être mis en avant pour réduire l'amende civile, les manquements n'ayant eu lieu en l'espère que pendant une seule année[2454].

1906. De même, sans toutefois exonérer la société mise en cause de sa responsabilité, le fait qu'elle reconnaisse les faits et s'engage à rembourser les sommes indûment perçues peut permettre d'atténuer le montant de l'amende civile[2455]. Il en va de même en cas de coopération de la société visée avec l'administration afin de faire évoluer ses pratiques[2456], ou si la société avait cherché à modifier certaines clauses litigieuses en cours de procédure[2457].

1907. Dans le prolongement de ces considérations, le fait que la société s'engage au préalable à mettre en conformité ses pratiques à l'avenir peut être pris en compte par le juge lors de la détermination de l'amende. Dans une affaire entre une plateforme de réservation en ligne et des hôtels[2458], la plateforme s'était engagée

2450 Article L. 442-4 du Code de commerce.

2451 CA Grenoble, 17 décembre 2009, RG n° 07/03290.

2452 TC Lille, 7 septembre 2011, RG n° 2009/05105.

2453 TC Évry, 14 octobre 2009, RG n° 2008F00380 confirmé par CA Paris, 2 février 2012, RG n° 09/22350 ; TC Paris, 13 octobre 2020, RG n° 2017005123.

2454 TC Lille, 6 janvier 2010, RG n° 2009-05184.

2455 TC Honfleur, 19 décembre 2008, RG n° 07/2252.

2456 TC Lille, 6 janvier 2010, RG n° 2009/05184.

2457 TC Paris, 2 septembre 2019, RG n° 2017050625.

2458 TC Paris, 29 novembre 2016, RG n° 2014027403.

auprès de l'Autorité de la concurrence à modifier les clauses litigieuses si bien que la plupart des clauses en cause n'étaient plus appliquées, ce qui a conduit le juge à ne pas prononcer d'amende civile.

C. Le contexte

1. La responsabilité éventuelle du demandeur de la sociét

1908. Le fait que la responsabilité de la société se présentant comme victime des manquements puisse être en partie mise en cause peut conduire à minimiser le montant de l'amende civile finalement accordé. Dans une affaire par exemple[2459], les fournisseurs négociaient en début d'année un taux moyen promotionnel pour l'année. Si le fait pour le distributeur de réclamer la différence entre la somme prévue et celle effectivement versée, en la compensant unilatéralement sur les factures de marchandises, peut relever d'un avantage sans contrepartie, il appartenait en revanche au fournisseur de se rapprocher du distributeur dans la mesure où il n'avait pas totalement respecté ses engagements. Dans ce contexte, seule 50 % de l'amende civile initialement demandée (correspondant au montant d'indu) a finalement été accordée.

2. Le contexte général de la relation commerciale

1909. Les circonstances de l'espèce peuvent conduire à écarter tout trouble à l'ordre public économique. Par exemple, le fait que la société mise en cause ait rompu ses relations avec la société pour faire face à une lourde crise du secteur a pu être pris en compte pour conclure à l'absence de trouble à l'ordre public économique. En l'espèce[2460], implantée dans le secteur textile, la société avait décidé de transférer sa production vers des marchés à prix plus compétitifs en raison du caractère hautement concurrentiel du secteur. Dans le même esprit, la société réalisant une part très faible de son activité avec la société mise en cause (moins de 5 %), cet élément a aussi permis de conclure à l'absence de trouble à l'ordre public économique.

1910. Les circonstances de l'espèce peuvent aussi conduire à simplement réduire le montant d'amende civile. Dans une affaire par exemple[2461], la décision de rompre les relations commerciales avait été prise suite à un audit ayant pour objectif de déterminer les causes de la baisse d'activité. Une telle révision des relations commerciales étant jugée « *salutaire et nécessaire* » afin de développer les ventes, l'amende civile a finalement été réduite.

1911. Inversement, les circonstances peuvent aussi augmenter le niveau d'amende civile, lorsque par exemple les clauses s'appliquent à un très grand nombre d'opérateurs, comme dans le cadre de l'utilisation de contrats-types[2462]. Une telle pratique, en ce qu'elle est généralisée, est donc de nature à renforcer l'importance du trouble à l'ordre public économique.

2459 TC Arras, 27 mars 2009, RG n° 2007/249.
2460 CA Versailles, 18 mai 2006, RG n° 04/08829.
2461 CA Basse-Terre, 31 janvier 2011, RG n° 08/01691.
2462 TC Meaux, 6 décembre 2011, RG n° 2009/02295.

Section 4
Les mesures alternatives

1912. Sur ce point, l'article L. 442-4 I du Code de commerce précise que la partie victime de pratiques restrictives de concurrence peut « *faire constater la nullité des clauses ou contrats illicites* ». De même, il précise au sujet des pouvoirs publics que « *le ministre chargé de l'Économie ou le ministère public peuvent demander à la juridiction saisie (...) faire constater la nullité des clauses ou contrats illicites* ».

1913. En matière de pédagogie, l'article L. 442-4 II prévoit que « *la juridiction ordonne systématiquement la publication, la diffusion ou l'affichage de sa décision ou d'un extrait de celle-ci selon les modalités qu'elle précise. Elle peut ordonner l'insertion de la décision ou de l'extrait de celle-ci dans le rapport établi sur les opérations de l'exercice par les gérants, le conseil d'administration ou le directoire de l'entreprise. Les frais sont supportés par la personne condamnée. La juridiction peut ordonner l'exécution de sa décision sous astreinte* ».

1914. La demande en nullité des clauses est la plus courante (1) et peut être demandée par le demandeur lui-même et pas seulement par le ministre. D'autres mesures complémentaires peuvent aussi être demandées mais leur mise en œuvre est plus rare (2).

§ 1. Sur la nullité des clauses

1915. La nullité des clauses peut être demandée par la victime des pratiques (A), ainsi que par le ministre (B), en tant que gardien de l'ordre public économique.

A. Demandée par le ministre

1916. La demande en nullité des clauses par le minitre concerne tous les manquements prévus aux articles L. 442-1 et s. du Code de commerce. Le ministre peut donc demander la nullité de toute clause impliquant n'importe quel manquement prévu par ces textes, ceux mentionnés à l'article L. 442-1[2463], et les clauses prévues à l'article L. 442-3 (v. § 1919 et s.).

1917. Par conséquent, si le contrat régissant la relation commerciale entre les deux opérateurs prévoit un service qui ne correspond à aucune contrepartie[2464] ou qui induit un déséquilibre entre les droits et les obligations des parties, alors la clause prévoyant le service est prohibée et donc nulle, ce qui peut avoir certaines conséquences sur la restitution de l'indu (voir § 1852 et s.) ou plus généralement sur les demandes en réparation de la société lésée. En effet, l'article 1169 du Code civil précise qu' « *un contrat à titre onéreux est nul lorsque, au moment de sa*

[2463] CA Reims, 5 novembre 2007, RG n° 06/01898 ; CA Paris, 6 mars 2008, RG n° 06/07933.

[2464] Soit parce qu'il n'a pas été rendu, soit parce qu'il relève de la fonction inhérente du partenaire.

formation, la contrepartie convenue au profit de celui qui s'engage est illusoire ou dérisoire »[2465]. À ce titre, la nullité de la clause n'entraîne pas la nullité de l'ensemble du contrat[2466].

B. Demandée par la victime

1918. Avant l'ordonnance n° 2019-359, la demande en nullité des clauses par la victime elle-même était possible mais limitée, dans la mesure où elle était restreinte aux clauses énoncées au II de l'ancien article L. 442-6 du Code de commerce (devenu L. 442-3 dudit code), *i.e.* lorsque les clauses prévoient les possibilités suivantes pour leur bénéficiaire :

a) « *De bénéficier rétroactivement de remises, de ristournes ou d'accords de coopération commerciale ;*

b) *D'obtenir le paiement d'un droit d'accès au référencement préalablement à la passation de toute commande ;*

c) *D'interdire au cocontractant la cession à des tiers des créances qu'il détient sur lui ;*

d) *De bénéficier automatiquement des conditions plus favorables consenties aux entreprises concurrentes par le cocontractant ;*

e) *D'obtenir d'un revendeur exploitant une surface de vente au détail inférieure à 300 mètres carrés qu'il approvisionne mais qui n'est pas lié à lui, directement ou indirectement, par un contrat de licence de marque ou de savoir-faire, un droit de préférence sur la cession ou le transfert de son activité ou une obligation de non-concurrence post-contractuelle, ou de subordonner l'approvisionnement de ce revendeur à une clause d'exclusivité ou de quasi-exclusivité d'achat de ses produits ou services d'une durée supérieure à 2 ans* ».

1919. Le demandeur ne pouvait donc pas demander la nullité d'une clause ou d'un contrat sur le fondement du déséquilibre significatif par exemple[2467]. À ce titre, l'article L. 132-1 du Code de la consommation ne pouvait être invoqué pour prononcer la nullité des clauses en question[2468].

1920. Depuis l'ordonnance n° 2019-359, la demande en nullité des clauses par la victime elle-même a un champ identique à celle effectuée par le ministre. En effet, les demandes, qu'elles soient initiées par le ministre ou par la victime peuvent désormais viser les mêmes dispositions, à savoir les articles L. 442-1, L. 442-2, L. 442-3, L. 442-7 et L. 442-8 du Code de commerce.

1921. De manière générale, il n'est pas nécessaire que les contrats en cause soient toujours en vigueur pour qu'une action en nullité puisse être légitime. En effet,

---

2465 Cette approche peut être utile, par exemple, si la société rompant la relation commerciale met en avant des manquements contractuels si ces derniers relèvent d'un manquement à l'article L. 442-1. Dans ce cas, la clause étant nulle, le manquement contractuel ne peut être opposé à la société victime de la rupture, et la dispense de préavis ne peut donc être accordée. CA Versailles, 2 février 2006, RG n° 04/09265.

2466 CA Paris, 2 février 2012, RG n° 09/22350.

2467 CA Paris, 18 mars 2016, RG n° 14/12584 ; CA Versailles, 27 novembre 2018, RG n° 17/03018 ; CA Aix-en-Provence, 17 octobre 2019, RG n° 18/13635.

2468 Cass. com., 24 mai 2017, Pourvoi n° 15-18.484.

si la résiliation met un terme au contrat, elle ne les fait pas disparaître rétroactivement, ces derniers étant réputés avoir existé jusqu'à leur résiliation, et donc jusqu'à ce qu'ils aient cessé de produire leurs effets. Dès lors, l'action en nullité demeure pertinente dans la mesure où elle peut, par exemple, permettre à la société lésée d'obtenir, en cas d'annulation des certaines clauses, la répétition d'avantages obtenus en application de clauses nulles et qui sont donc censées n'avoir jamais existé[2469].

1922. Indépendamment des dispositions particulières prévues par le Code de commerce, le Code civil peut également servir de support à une demande en nullité. Avant 2016, l'ancien article 1131 du Code civil prévoyait ainsi la nullité des obligations sans cause. Si des clauses étaient illicites puisque violant les dispositions impératives d'ordre public, la demande en nullité du fournisseur visant des avantages sans contrepartie a pu prospérer[2470]. L'article a changé avec la réforme de 2016, mais le nouvel article 1169 prévoit désormais qu' « *un contrat à titre onéreux est nul lorsque, au moment de sa formation, la contrepartie convenue au profit de celui qui s'engage, est illusoire ou dérisoire* ». La nullité de clauses, voire de contrats illicites pourrait donc être demandée sur ce fondement si elle constitue une pratique commerciale restrictive.

1923. Des demandes en nullité de clauses noires par la victime ont pu prospérer par le passé.

1924. **Le bénéfice rétroactif d'avantages**. Le caractère rétroactif a notamment pu se déduire de la date de signature des conventions[2471], si elles sont signées en fin d'année, alors que les conventions avaient vocation à s'appliquer sur l'ensemble de l'année écoulée, ou encore du fait que la société mise en cause avait tenté de bénéficier d'une ristourne dans le but de compenser les hausses de prix pratiquées par ses fournisseurs[2472]. À noter que ces dispositions ne trouvent pas à s'appliquer lorsque les parties conviennent, pour l'avenir, d'attribuer à l'une d'entre elles, des remises calculées sur le chiffre d'affaires réalisé[2473].

1925. **Le droit de référencement**. Le fait pour un fournisseur de payer pour obtenir un référencement peut être abordé de plusieurs manières par le dispositif sanctionnant les pratiques restrictives de concurrence. S'il est généralement invoqué sous l'angle plus souple de l'avantage sans contrepartie, il peut aussi être abordé sous l'angle de la nullité de la clause. Dans une affaire par exemple[2474], le fournisseur avait payé 1 million d'euros pour être référencé par une centrale travaillant pour la restauration collective. Le service supposé était libellé comme suit « *en contrepartie de la priorité donnée au fournisseur dans l'approvisionnement des établissements de restauration du périmètre de référencement, du caractère*

[2469] CA Paris, 22 mai 2019, RG n° 17/05279, Nicolas Éréséo, Franchise : La Cour d'appel de Paris estime que ne constitue pas une pratique commerciale déloyale l'obligation faite au franchisé de transmettre son fichier client au franchiseur (Déco Club / Carré blanc), 22 mai 2019, Concurrences N° 3-2019, Art. N° 91860. CA Paris, 22 mai 2019, RG n° 17/05279.

[2470] CA Paris, 8 février 2017, RG n° 15/02170.

[2471] CA Rennes, 5 novembre 2008, RG n° 07/04842 ; CA Paris, 7 octobre 2016, RG n° 13/19175.

[2472] CA Versailles, 2 février 2006, RG n° 04/09265.

[2473] CA Paris, 9 avril 2015, RG n° 13/14446.

[2474] CA Paris, 24 mai 2012, RG n° 09/10725.

exceptionnel du partenariat [...] et des prestations réalisées par [la centrale de référencement] dans le cadre de la mise en place des approvisionnements et de la mise à disposition de son savoir-faire [le fournisseur lui] verse [...] une rémunération de 1 million d'euros HT ». Or, la priorité avancée ne correspondait à aucun engagement contratuel sérieux, les établissements affiliés étant libres de choisir le fournisseur de leur choix. De plus, le savoir-faire invoqué ne correspondait en réalité qu'à la transmission par la centrale du cahier des charges de sa nouvelle organisation logistique, soit les obligations nouvelles que le fournisseur devra respecter. Dès lors, il a été considéré que la somme versée ne correspondait en réalité qu'à un droit de référencement illicite, ce qui impliquait sa restitution.

§ 2. Les autres mesures

A. L'injonction

1926. Il est possible de procéder à une injonction vis-à-vis de la société ayant commis un manquement au regard des articles L. 442-1 et s. du Code de commerce. Cela a notamment pu être le cas par la demande de retraits des produits de la vente vis-à-vis de produits vendus en dehors du réseau de distribution sélectif légal[2475].

B. L'exécution sous astreinte

1927. L'exécution du jugement sous astreinte est possible dans le cadre d'une action sur la base de l'article L. 442-4 du Code de commerce. Dans plusieurs affaires, soit parce que les services avaient été partiellement rendus[2476], soit parce que les éléments n'étaient pas suffisants pour quantifier un indu[2477], le juge a refusé de prononcer une restitution de l'indu. Il a ainsi choisi d'astreindre la société mise en cause à modifier ses clauses afin de les mettre en conformité avec les services et les obligations effectivement rendus, d'une part, et d'en clarifier le contenu, d'autre part.

1928. Dans une autre affaire[2478], l'astreinte était nécessaire pour laisser le temps aux agriculteurs d'adapter leur outil productif, dans un contexte où la manipulation des produits chimiques (engrais) imposait des conditions restrictives quant à leur manipulation, limitant dès lors les alternatives possibles pour les agriculteurs.

C. La publication du jugement

1929. La publication du jugement dans la presse[2479] ou sur les sites internet des sociétés mises en cause[2480] peut être ordonnée. Encore est-il nécessaire que les circonstances de l'affaire présentent une particularité qui motiverait une telle publication du jugement[2481].

2475 CA Aix-en-Provence, 11 mars 2010, RG n° 08/03694.
2476 TC Orléans, 11 décembre 2009, RG n° 2008/7224.
2477 TC Paris, 2 septembre 2019, RG n° 2017050625.
2478 CA Paris, 13 octobre 2010, RG n° 10/16947.
2479 CA Douai, 8 septembre 2005, RG n° 04/01257.
2480 TGI Paris, 9 juillet 2008, RG n° 07/06464.
2481 TC Paris, 29 novembre 2016, RG n° 2014027403.

1930. Indépendamment d'une injonction de publication, il peut arriver que le ministre à l'origine d'une affaire publie un communiqué de presse en cas de condamnation. Dans la mesure où il agit en garant de l'ordre public économique, il remplit son rôle d'information à cet égard, si bien qu'un tel communiqué de presse n'est pas susceptible de fonder une demande en réparation au bénéfice de la société condamnée[2482]. En revanche, ce type de communication peut rendre une demande de publication du jugement non pertinente dans la mesure où elle a été largement reprise par les médias[2483].

1931. Depuis 2019, l'article L. 442-4 prévoit désormais que « *la juridiction ordonne systématiquement la publication, la diffusion ou l'affichage de sa décision ou d'un extrait de celle-ci selon les modalités qu'elle précise. Elle peut ordonner l'insertion de la décision ou de l'extrait de celle-ci dans le rapport établi sur les opérations de l'exercice par les gérants, le conseil d'administration ou le directoire de l'entreprise. Les frais sont supportés par la personne condamnée* ».

D. L'anatocisme

1932. L'indemnité au titre des articles L. 442-1 et s. du Code de commerce ayant un fondement délictuel, elle ne peut être assortie de la condamnation du bénéfice de la capitalisation des intérêts prévue à l'article 1342-2 du Code civil au titre des obligations contractuelles[2484].

2482 Cass. com., 26 avril 2017, Pourvoi n° 15-26.780.
2483 TC Paris, 2 septembre 2019, RG n° 2017050625.
2484 CA Orléans, 31 mars 2011, RG n° 10/02363.

BIBLIOGRAPHIE

Ouvrages généraux

ARCELIN L. et FOURGOUX J.-L. ; *Droit du marché numérique*, LGDJ-Lextenso 2021, 405 p.

FERRIER D., *Droit de la distribution*, 5e édition, Paris, Litec, 2008, 385 p. LEFORT C., *Procédure civile*, 2e édition, Paris, Dalloz, 2007, 505 p.

MARTIN M., *Le droit français de la transparence et des pratiques restrictives de concurrence*, Presse Universitaire Aix-Marseille, 2012, 480 p.

Études

BUNDESKARTELLAMT, Summary of the final report of the sector inquiry into the food retail sector, 24 septembre 2014, 27 p.

COMMISSION EUROPÉENNE, Livre vert sur les pratiques commerciales déloyales dans la chaîne d'approvisionnement alimentaire et non alimentaire interentreprises en Europe, 31 janvier 2013, COM(2013) 37, 25 p.

RENDA A., CAFAGGI F., IAMICELI P., CORREIA A., PUSTILLI F., BEBBER L., Study on the legal framework *covering Business-to-Business unfair trading practices in the retail supply chain*, DG MARKT/2012/049/E, 26 février 2014, 468 p.

Commission d'Examen des Pratiques Commerciales

Rapports d'activités

Rapport d'activité 2006 comprenant le bilan des décisions judiciaires faisant suite à une action du ministre (DGCCRF) et celui des actions déclenchées dans le cadre classique (Faculté de droit de Montpellier) sur 2004, 2005 et le 1er semestre 2006, 154 p.

Rapport d'activité 2007 comprenant le bilan des décisions judiciaires faisant suite à une action du ministre (DGCCRF) et celui des actions déclenchées dans le cadre classique (Faculté de droit de Montpellier) sur le 2nd semestre 2006 et 2007, 184 p.

Rapport d'activité 2008 comprenant le bilan des décisions judiciaires faisant suite à une action du ministre (DGCCRF) et celui des actions déclenchées dans le cadre classique (Faculté de droit de Montpellier) sur 2008, 144 p.

Rapport d'activité 2009 comprenant le bilan des décisions judiciaires faisant suite à une action du ministre (DGCCRF) et celui des actions déclenchées dans le cadre classique (Faculté de droit de Montpellier) sur 2009, 272 p.

Rapport d'activité 2010 comprenant le bilan des décisions judiciaires faisant suite à une action du ministre (DGCCRF) et celui des actions déclenchées dans le cadre classique (Faculté de droit de Montpellier) sur 2010, 154 p.

Rapport d'activité 2011 comprenant le bilan des décisions judiciaires faisant suite à une action du ministre (DGCCRF) et celui des actions déclenchées dans le cadre classique (Faculté de droit de Montpellier) sur 2011, 118 p.

Rapport d'activité 2012 comprenant le bilan des décisions judiciaires faisant suite à une action du ministre (DGCCRF) et celui des actions déclenchées dans le cadre classique (Faculté de droit de Montpellier) sur 2012, 176 p.

Rapport d'activité 2013 comprenant le bilan des décisions judiciaires faisant suite à une action du ministre (DGCCRF) et celui des actions déclenchées dans le cadre classique (Faculté de droit de Montpellier) sur 2013, 188 p.

Rapport d'activité 2014 comprenant le bilan des décisions judiciaires faisant suite à une action du ministre (DGCCRF) et celui des actions déclenchées dans le cadre classique (Faculté de droit de Montpellier) sur 2014, 174 p.

Rapport d'activité 2015 comprenant le bilan des décisions judiciaires faisant suite à une action du ministre (DGCCRF) et celui des actions déclenchées dans le cadre classique (Faculté de droit de Montpellier) sur 2015, 174 p.

Rapport d'activité 2016 comprenant le bilan des décisions judiciaires faisant suite à une action du ministre (DGCCRF) et celui des actions déclenchées dans le cadre classique (Faculté de droit de Montpellier) sur 2016, 197 p.

Rapport d'activité 2017 comprenant le bilan des décisions judiciaires faisant suite à une action du ministre (DGCCRF) et celui des actions déclenchées dans le cadre classique (Faculté de droit de Montpellier) sur 2017, 212 p.

Rapport d'activité 2018 comprenant le bilan des décisions judiciaires faisant suite à une action du ministre (DGCCRF) et celui des actions déclenchées dans le cadre classique (Faculté de droit de Montpellier) sur 2018, 238 p.

Rapport d'activité 2019 comprenant le bilan des décisions judiciaires faisant suite à une action du ministre (DGCCRF) et celui des actions déclenchées dans le cadre classique (Faculté de droit de Montpellier) sur 2019, 223 p.

Autres

Engagement de clarification des relations commerciales de la grande distribution alimentaire du 5 octobre 2010

INDEX DES DÉCISIONS

Les numéros renvoient aux paragraphes

Décisions émanant des juridictions commerciales

Cour européenne des Droits de l'Homme

CEDH du 28 mai 1985, n° 8225/78 1486

CEDH du 17 janvier 2012, Requête n° 51255/08 1467 r 1473

CEDH du 1er octobre 2019, n° 37858/14, *Carrefour* c/ France 1717

Cour de justice de l'Union européenne

CJUE, arrêt du 30 novembre 1976 *Handelskwekerij G. J. Bier BV c/ Mines de potasse d'Alsace SA* C-21/76 1406

CJUE, arrêt du 25 octobre 1977, affaire 26-76 1290

CJUE, arrêt du 27 septembre 1988 *Kalfelis C*-189/87 1413

CJUE, arrêt du 20 janvier 2005 *Petra Engler c/ Janus Versand GmbH*C-27/02, point 33 1413

CJUE, arrêt du 13 mars 2014, *Brogsitter*, C-548/12, EU:C:2014:148, point 18 1414

CJUE, arrêt du 14 juillet 2016, *Granarolo SpA c/ Ambrosi Emmi France SA*, C-196/15 1412 r 1415

CJUE, arrêt du 6 décembre 2017, *Coty Germany*, C-230/16 1300

Conseil constitutionnel

Conseil constitutionnel du 13 janvier 2011, n° 2010-85 DC 913 r 966 r 1490

Conseil constitutionnel du 13 mai 2011, QPC n° 2011-126 1464 r 1476 r 1464 r 1477 r 1487 r 1576

Conseil constitutionnel du 18 mai 2016, n° 2016-542 1717

Conseil constitutionnel du 30 novembre 2018, QPC n° 2018-749 1000 r 1490

Conseil d'État

CE du 17 décembre 1999, RG n° 208623, 208682, 208770, 209837, 209838, 209839 1585

CE du 26 mai 2010, n° 325623 1581

CE du 2 juillet 2010, RG n° 325521 1585

Cour de cassation

Chambre commerciale

Cass. Com. du 11 juin 1975, Pourvoi n° 73-14.233	1619
Cass. Com. du 9 juillet 1986, Pourvoi n° 85-10.750	1615
Cass. Com. du 27 février 1990, Pourvoi n° 88-12.189	789 r 808 r 892
Cass. Com. du 6 novembre 1990, Pourvoi n° 89-13.116	1627
Cass. Com. du 21 avril 1992, Pourvoi n° 90-18.750	1365
Cass. Com. du 26 novembre 1996, Pourvoi n° 94-20.651	1616
Cass. Com. du 6 avril 1999, Pourvoi n° 97-11.288	1511
Cass. Com. du 13 mars 2002, Pourvoi n° 00-11.638	1640
Cass. Com. du 25 juin 2002, Pourvoi n° 99-14.761	1430
Cass. Com. du 23 avril 2003, Pourvoi n° 01-11.664	1672
Cass. Com. du 17 septembre 2003, Pourvoi n° 01-12.415	1330
Cass. Com. du 10 décembre 2003, Pourvoi n° 01-11.923	1664
Cass. Com. du 4 février 2004, Pourvoi n° 02-13.374	291 r 293 r 339 r 340
Cass. Com. du 17 mars 2004, Pourvoi n° 02-14.751	187 r 230 r 1249
Cass. Com. du 17 mars 2004, Pourvoi n° 02-17.575	619
Cass. Com. du 12 mai 2004, Pourvoi n° 01-12.865	1655
Cass. Com. du 3 novembre 2004, Pourvoi n° 02-17.078	1729
Cass. Com. du 8 février 2005, Pourvoi n° 02-12.855	1399 r 1533
Cass. Com. du 31 janvier 2006, Pourvoi n° 03-13.739	339 r 541
Cass. Com. du 11 juillet 2006, Pourvoi n° 04-20.592	343 r 921 r 1771
Cass. Com. du 27 septembre 2006, Pourvoi n° 05-84.413	1569
Cass. Com. du 3 octobre 2006, Pourvoi n° 04-11.956	1699
Cass. Com. du 23 janvier 2007, Pourvoi n° 04-16.779 et 04-17.951	1522 r 1626
Cass. Com. du 6 février 2007, Pourvoi n° 03-20.463	1638
Cass. Com. du 6 février 2007, Pourvoi n° 04-13.178	1359
Cass. Com. du 20 février 2007, Pourvoi n° 04-20.449	825 r 903 r 1471 r 1535 r 1536
Cass. Com. du 20 février 2007, Pourvoi n° 04-14.446	838
Cass. Com. du 6 mars 2007, Pourvoi n° 06-10.946	1384
Cass. Com. du 3 avril 2007, Pourvoi n° 06-10.526	582 r 1651
Cass. Com. du 12 juin 2007 Pourvoi n° 05-21.561	1626
Cass. Com. du 9 octobre 2007, Pourvoi n° 06-16.744	50 r 603
Cass. Com. du 18 décembre 2007, Pourvoi n° 05-15.970	642

Cass. Com. du 22 janvier 2008, Pourvoi n° 06-19.440	329
Cass. Com. du 29 janvier 2008, Pourvoi n° 07-13.778	1533
Cass. Com. du 8 juillet 2008, Pourvoi n° 07-16.761	748 r 1462
Cass. Com. du 8 juillet 2008, Pourvoi n° 07-13.350	788 r 862 r 1462
Cass. Com. du 21 octobre 2008, RG n° 07-12.336	1396
Cass. Com. du 2 décembre 2008, Pourvoi n° 08-10.732	162 r 1794 r 1832
Cass. Com. du 2 décembre 2008, Pourvoi n° 08-10.731	330
Cass. Com. du 9 décembre 2008, Pourvoi n° 06-21.772	723 r 1254
Cass. Com. du 16 décembre 2008, Pourvoi n° 08-13.162	809 r 840 r 849 r 874 r 877 r 1679 r 1862 r 1872
Cass. Com. du 16 décembre 2008, Pourvoi n° 07-20.099	1539 r 1866
Cass. Com. du 16 décembre 2008, Pourvoi n° 07-18.050	1699
Cass. Com. du 13 janvier 2009, Pourvoi n° 08-13.971	1356
Cass. Com. du 20 janvier 2009, Pourvoi n° 07-17.556	1681
Cass. Com. du 31 mars 2009, Pourvoi n° 07-20.991	1692
Cass. Com. du 7 avril 2009, Pourvoi n° 08-11.572	422
Cass. Com. du 28 avril 2009, Pourvoi n° 08-12.788	1774
Cass. Com. du 5 mai 2009, Pourvoi n° 08-15.264	1242 r 1465 r 1534 r 1866
Cass. Com. du 5 mai 2009, Pourvoi n° 08-11.916	1663 r 1699
Cass. Com. du 7 juillet 2009, Pourvoi n° 08-16.633	1365
Cass. Com. du 15 septembre 2009, Pourvoi n° 08-18.443	731 r 764 r 768 r 786
Cass. Com. du 15 septembre 2009, Pourvoi n° 07-10.493	1356
Cass. Com. du 15 septembre 2009, Pourvoi n° 08-15.866	287
Cass. Com. du 15 septembre 2009, Pourvoi n° 08-19.200	77
Cass. Com. du 15 septembre 2009, Pourvoi n° 08-10.020	1816
Cass. Com. du 13 octobre 2009, Pourvoi n° 08-20.411	1356 r 1359 r 1365
Cass. Com. du 24 novembre 2009, Pourvoi n° 07-19.248	143
Cass. Com. du 16 décembre 2009, Pourvoi n° 06-21.118	831
Cass. Com. du 2 mars 2010, Pourvoi n° 09-10.435	197
Cass. Com. du 9 mars 2010, Pourvoi n° 08-21.055	186
Cass. Com. du 23 mars 2010, Pourvoi n° 09-66.522	1286
Cass. Com. du 23 mars 2010, Pourvoi n° 09-66.987	1286
Cass. Com. du 23 mars, 2010 Pourvoi n° 09-65.844	1286
Cass. Com. du 11 mai 2010, Pourvoi n° 09-10.797	1453
Cass. Com. du 18 mai 2010, Pourvoi n° 08-21.681	656

Cass. Com. du 15 juin 2010, Pourvoi n° 09-66.761 1818
Cass. Com. du 14 septembre 2010, Pourvoi n° 09-14.322 1699
Cass. Com. du 18 janvier 2011, Pourvoi n° 10-11.885 1386
Cass. Com. du 15 février 2011, Pourvoi n° 10-21.551 1410
Cass. Com. du 24 mai 2011, Pourvoi n° 10-18.474 1318
Cass. Com. du 7 juin 2011, Pourvoi n° 10-12.095 680
Cass. Com. du 21 juin 2011, Pourvoi n° 09-70.304 1291
Cass. Com. du 12 juillet 2011, Pourvoi n° 10-21.551 1857
Cass. Com. du 4 octobre 2011, Pourvoi n° 10-20.240 328
Cass. Com. du 18 octobre 2011, Pourvoi n° 10-15.296 1863
Cass. Com. du 18 octobre 2011, Pourvoi n° 10-28.005 1362
Cass. Com. du 18 octobre 2011, Pourvoi n° 10-19.612 457 r 568
Cass. Com. du 18 octobre 2011, Pourvoi n° 10-20.733 630
Cass. Com. du 2 novembre 2011, Pourvoi n° 10-25.323 96
Cass. Com. du 15 novembre 2011, Pourvoi n° 10-25.472 78
Cass. Com. du 31 janvier 2012, Pourvoi n° 11-12.899 128 r
Cass. Com. du 31 janvier 2012, Pourvoi n° 10-27.603 700
Cass. Com. du 20 mars 2012, Pourvoi n° 11-11.570 650 r 1376 r 1384
Cass. Com. du 3 avril 2012, Pourvoi n° 11-13.527 1663 r 1665
Cass. Com. du 3 mai 2012, Pourvoi n° 11-10.508 1307 r 1313 r 1402
Cass. Com. du 12 juin 2012, Pourvoi n° 11-18.852 1361 r 1751
Cass. Com. du 11 septembre 2012, Pourvoi n° 11-14.620 33 r 882 r 1875
Cass. Com. du 11 septembre 2012, Pourvoi n° 11-17.458 1451 r 1703 r 1710
Cass. Com. du 25 septembre 2012, Pourvoi n° 11-24.627 129
Cass. Com. du 9 octobre 2012, Pourvoi n° 11-23.549 1517
Cass. Com. du 9 octobre 2012, Pourvoi n° 11-19.833 1481
Cass. Com. du 23 octobre 2012, Pourvoi n° 11-24.775 209
Cass. Com. du 23 octobre 2012, Pourvoi n° 11-22.383 1708
Cass. Com. du 6 novembre 2012, Pourvoi n° 11-24.570 1517
Cass. Com. du 4 décembre 2012, Pourvoi n° 11-21.743 1496
Cass. Com. du 18 décembre 2012, Pourvoi n° 11-27.342 1298
Cass. Com. du 15 janvier 2013, Pourvoi n° 12-17.553 1792
Cass. Com. du 12 février 2013, Pourvoi n° 12-13.819 128
Cass. Com. du 3 avril 2013, Pourvoi n° 12-17.905 1681
Cass. Com. du 16 avril 2013, Pourvoi n° 12-15.591 439
Cass. Com. du 11 juin 2013, Pourvoi n° 12-20.846 1806
Cass. Com. du 11 juin 2013, Pourvoi n° 12-22.229 1752
Cass. Com. du 25 juin 2013, Pourvoi n° 11-27.794 263

Cass. Com. du 9 juillet 2013, Pourvoi n° 12-21.001	545
Cass. Com. du 9 juillet 2013, Pourvoi n° 12-20.468	1517
Cass. Com. du 10 septembre 2013, RG n° 12-21.804	1518
Cass. Com. du 17 septembre 2013, Pourvoi n° 12-20.147	1606
Cass. Com. du 24 septembre 2013, Pourvoi n° 12-23.353	758
Cass. Com. du 24 septembre 2013, Pourvoi n° 12-24.538	1337
Cass. Com. du 24 septembre 2013, Pourvoi n° 12-21.089	1347
Cass. Com. du 8 octobre 2013, Pourvoi n° 12-22.958	1789
Cass. Com. du 22 octobre 2013, Pourvoi n° 12-22.281	1314
Cass. Com. du 13 novembre 2013, Pourvoi n° 12-25.361	1314
Cass. Com. du 19 novembre 2013, Pourvoi n° 12-26.404	328
Cass. Com. du 26 novembre 2013, Pourvoi n° 12-26.332	1448
Cass. Com. du 27 février 2014, Pourvoi n° 13-11.199	1628
Cass. Com. du 21 janvier 2014, Pourvoi n° 12-25.887	1599
Cass. Com. du 21 janvier 2014, Pourvoi n° 12-29.166	1717
Cass. Com. du 4 novembre 2014, Pourvoi n° 12-25.856	1600
Cass. Com. du 7 octobre 2014, Pourvoi n° 13-21.086	1347
Cass. Com. du 3 février 2015, Pourvoi n° 13-24.592	203
Cass. Com. du 10 février 2015, Pourvoi n° 13-26.414	204
Cass. Com. du 3 mars 2015, Pourvoi n° 13-27.525	946 r 998 r 1028 r 1110 r 1479 r 1493
Cass. Com. du 3 mars 2015, Pourvoi n° 14-10.907	946 r 971
Cass. Com. du 31 mars 2015, Pourvoi n° 14-12.272	304
Cass. Com. du 27 mai 2015, Pourvoi n° 14-11.387	932 r 957 r 1059 r 1074 r 1106 r 1127 r 1177
Cass. Com. du 29 septembre 2015, Pourvoi n° 13-25.043	957 r 959 r 973 r 978 r 1124 r 1226
Cass. Com. du 21 octobre 2015, Pourvoi n° 14-25.080	1392
Cass. Com. du 17 novembre 2015, Pourvoi n° 14-16.012	1392
Cass. Com. du 24 novembre 2015, Pourvoi n° 14-19.678	1337 r 1760
Cass. Com. du 12 avril 2016, Pourvoi n° 13-27712	382 r 393 r 1143
Cass. Com. du 16 février 2016, Pourvoi n° 14-13017	1305
Cass. Com. du 16 janvier 2016, Pourvoi n° 14-24.687	218
Cass. Com. du 4 octobre 2016, Pourvoi n° 14-28.013	959 r 972 r 1059 r 1115 r 1116 r 1127 r 1200
Cass. Com. du 6 juillet 2016, Pourvoi n° 15-21.811	1391 r 1394
Cass. Com. du 6 septembre 2016, Pourvoi n° 15-16.108	1339 r 1343

Cass. Com. du 22 novembre 2016, Pourvoi n° 15-15796	71
Cass. Com. du 25 janvier 2017, Pourvoi n° 15-23.547	999
Cass. Com. du 1er mars 2017, Pourvoi n° 15-21.798	1625
Cass. Com. du 15 mars 2017, Pourvoi n° 15-17.053	918
Cass. Com. du 15 mars 2017, Pourvoi n° 15-17.054	918
Cass. Com. du 15 mars 2017, Pourvoi n° 15-17.246	67
Cass. Com. du 15 mars 2017, Pourvoi n° 15/18381	1899
Cass. Com. du 29 mars 2017, Pourvoi n° 15-15.337	1348
Cass. Com. du 29 mars 2017, Pourvoi n° 15-24.241	1348
Cass. Com. du 29 mars 2017, Pourvoi n° 15-17.659	1348
Cass. Com. du 29 mars 2017, Pourvoi n° 15-27.811	1274 r 1353
Cass. Com. du 29 mars 2017, Pourvoi n° 15-15.470	1600
Cass. Com. du 26 avril 2017, Pourvoi n° 15-23.078	379 r 381
Cass. Com. du 26 avril 2017, Pourvoi n° 15-26.780	1049 r 1225 r 1337 r 1455 r 1877 r 1931
Cass. Com. du 11 mai 2017, Pourvoi n° 14-29.717	1651
Cass. Com. du 11 mai 2017, Pourvoi n° 15-21.913	1359
Cass. Com. du 11 mai 2017, Pourvoi n° 16-13.464	403
Cass. Com. du 11 mai 2017, Pourvoi n° 16-10.738	1337
Cass. Com. du 24 mai 2017, Pourvoi n° 15-18.484	1920
Cass. Com. du 8 juin 2017, Pourvoi n° 15-25.712	1236
Cass. Com. du 8 juin 2017, Pourvoi n° 15-27.961	195 r 203 r 482 r 488
Cass. Com. du 8 juin 2017, Pourvoi n° 15.15.417	925
Cass. Com. du 21 juin 2017, Pourvoi n° 16-12.955	1354
Cass. Com. du 13 septembre 2017, Pourvoi n°16-15.067	1299
Cass. Com. du 18 octobre 2017, Pourvoi n° 16-18.864	
Cass. Com. du 8 novembre 2017, Pourvoi n° 16-15.285	1350 r 1787
Cass. Com du 17 janvier 2018, Pourvoi n° 17-10.360	1351
Cass. Com du 31 janvier 2018, Pourvoi n° 16-24.063	1687
Cass. Com du 14 février 2018, Pourvoi n° 17 11924	925
Cass. Com du 7 mars 2018, Pourvoi n° 16-13.328	1348
Cass. Com du 7 mars 2018, Pourvoi n° 16-26.371	1348
Cass. Com du 21 mars 2018, Pourvoi n° 16-22.612	1348
Cass. Com du 21 mars 2018, pourvoi n° 16-17.146	247 r 255 r 543
Cass. Com du 21 mars 2018, Pourvoi n° 16-28.412	1349
Cass. Com du 21 mars 2018, Pourvoi n° 16/07984	262
Cass. Com du 5 avril 2018, Pourvoi n° 13-19.923	465 r 533 r 539 r 545

Cass. Com du 5 avril 2018, Pourvoi n° 16-26.568	1854
Cass. Com du 5 avril 2018, Pourvoi n° 16-27901	78 r 141 r 142
Cass. Com du 16 mai 2018, Pourvoi n° 17-14.236	1082 r 1650
Cass. Com du 30 mai 2018, Pourvoi n° 17-14.303	1194
Cass. Com du 20 juin 2018, Pourvoi n° 16-24.163	262
Cass. Com du 16 octobre 2018, Pourvoi n° 18-10.806	126
Cass. Com du 24 octobre 2018, Pourvois n° 17.16.011 et 21.807	331 r 376
Cass. Com du 26 septembre 2018, Pourvoi n° 17/10173	802 r 811 r 812 r 894 r 1482 r 1483 r 1581 r 1858 r 1879
Cass. Com du 23 janvier 2019, Pourvoi n° 17-26-870	1348 r 1755 r 1760 r 1773
Cass. Com du 6 février 2019, Pourvoi n° 17-23.361	1787
Cass. Com du 20 février 2019, Pourvoi n° 17-27.967	1681
Cass. Com du 20 février 2019, Pourvoi n° 17-21.861	1349
Cass. Com du 27 mars 2019, Pourvoi n° 16-24630	1846
Cass. Com du 27 mars 2019, Pourvoi n° 17-16548	479 r 484 r 492
Cass. Com du 27 mars 2019, Pourvoi n° 17-18.047	66 r 114
Cass. Com du 18 septembre 2019, Pourvoi n° 18-13755	419 r 433 r 650 r 652
Cass. Com du 10 avril 2019, Pourvoi n° 18-12882	620 r 1846
Cass. Com du 2 octobre 2019, Pourvoi n° 18-14849	285 r 514
Cass. Com du 2 octobre 2019, Pourvoi n° 18/10886	1354
Cass. Com du 16 octobre 2019, Pourvoi n° 18-10.806	86
Cass. Com du 20 novembre 2019, Pourvoi n° 18-12.817	568
Cass. Com du 20 novembre 2019, Pourvoi n° 18-11.966	76 r 164 r 199
Cass. Com du 20 novembre 2019, Pourvoi n° 18-15677	1844
Cass. Com du 20 novembre 2019, Pourvoi n° 18-12.823	939
Cass. Com du 4 décembre 2019, Pourvoi n° 18-16900	498
Cass. Com du 4 décembre 2019, Pourvoi n° 17-31.216	467 r
Cass. Com du 4 décembre 2019, Pourvoi n° 18-13768	435 r 642
Cass. Com du 4 décembre 2019, Pourvoi n° 17-20.032	1748
Cass. Com du 15 janvier 2020, Pourvoi n° 18-15.431	500
Cass. Com du 29 janvier 2020, Pourvoi n° 18-20.250	96 r 99
Cass. Com du 29 janvier 2020, Pourvoi n° 17-20.252	274
Cass. Com du 10 juin 2020, Pourvoi n° 18/23.555	496
Cass. Com du 8 juillet 2020, Pourvoi n° 17-31.536	1019 r 1022 r 1390 r 1562

Cass. Com du 14 octobre 2020, Pourvoi n° 18-22.119 696
Cass. Com du 14 octobre 2020, Pourvoi n° 19-10.972 340 r 400
Cass. Com du 18 novembre 2020, Pourvoi n° 18-25.709 80 r 148 r 296 r 408 r 410
Cass. Com du 18 novembre 2020, Pourvoi n° 19-14.775 568
Cass. com., 10 février 2021, Pourvoi n° 19-15.369 92 r 105
Cass. Com. du 5 avril 2011, RG n° 10-25.323 52
Cass. Com. du 20 octobre 2015, RG n° 14-18.753 1814
Cass. Com du 4 décembre 2019, RG n° 18-13768 435
Cass. Com du 4 décembre 2019, RG n° 18-16900 498

Chambre criminelle

Cass. Crim. du 25 juin 2008, Pourvoi n° 07-80.261 765 r 808 r 905 r 1713

Chambre civile

Cass. Civ. du 17 juin 1998, Pourvoi n° 95-10.563 1430
Cass. Civ. du 25 novembre 2003, Pourvoi n° 01-01.414 1435
Cass. Civ. du 15 novembre 2005, Pourvoi n° 02-21.366 138
Cass. Civ. du 6 mars 2007, Pourvoi n° 06-10.946 1370 r 1383
Cass. Civ. du 23 octobre 2007, Pourvoi n° 06-16.774 1682
Cass. Civ. du 22 octobre 2008, Pourvoi n° 07-15.823 1370 r 1373 r 1380 r 1383
Cass. Civ. du 9 mars 2010, Pourvoi n° 09-10.216 1381
Cass. Civ. du 8 juillet 2010, Pourvoi n° 09-67.013 1371 r 1380
Cass. Civ. du 18 janvier 2011, Pourvoi n° 10-11.885 1356
Cass. Civ. du 6 janvier 2012, Pourvoi n° 10-20.788 1365
Cass. Civ. du 20 mars 2012, Pourvoi n° 11-11.570 1370 r 1380
Cass. Civ. du 7 octobre 2015, Pourvoi n° 14-16.898 1379
Cass. Civ. du 27 mars 2019, Pourvoi n° 17-16.548 560
Cass. Civ. du 3 juillet 2019, Pourvoi n° 17-21.826 97
Cass. Civ du 4 décembre 2019, pourvoi n° 18-13.768 315

Cour d'appel

CA Agen du 15 février 2010, RG n° 08/01305 206
CA Agen du 27 mai 2015, RG n° 13/00492 476 r 528
CA Aix-en-Provence du 19 novembre 2004, RG n° 02/00148 568 r 1699
CA Aix-en-Provence du 13 janvier 2006, RG n° 03/15547 561 r 1852
CA Aix-en-Provence du 7 septembre 2006, RG n° 06/01066 236 r 657 r 685 r 883

CA Aix-en-Provence du 4 janvier 2007, RG n° 05/03615	329
CA Aix-en-Provence du 25 janvier 2007, RG n° 04/03925	394 r 670 r 1501 r 1511
CA Aix-en-Provence du 8 février 2007, RG n° 05/07696	190
CA Aix-en-Provence du 14 février 2008, RG n° 06/14777	526
CA Aix-en-Provence du 29 mai 2008, RG n° 07/16801	1371 r 1383
CA Aix-en-Provence du 7 janvier 2010, RG n° 08/14912	585 r 1699 r 1825 r 1826
CA Aix-en-Provence du 8 janvier 2010, RG n° 07/19443	1825
CA Aix-en-Provence du 21 janvier 2010, RG n° 09/04628	1757
CA Aix-en-Provence du 19 février 2010, RG n° 03/10107	1841
CA Aix-en-Provence du 11 mars 2010, RG n° 08/03694	1927
CA Aix-en-Provence du 26 mars 2010, RG n° 08/00687	517
CA Aix-en-Provence du 26 mars 2010, RG n° 08/01077	1839
CA Aix-en-Provence du 21 mai 2010 RG n° 08/01077	1839
CA Aix-en-Provence du 1er juillet 2010, RG n° 10/03027	1262
CA Aix-en-Provence du 15 septembre 2010 RG n° 08/10314	747 r 753 r 1562
CA Aix-en-Provence du 2 mars 2011, RG n° 10/01905	170
CA Aix-en-Provence du 8 juin 2011, RG n° 10/06587	522
CA Aix-en-Provence du 15 juin 2011, RG n° 11/03547	1263 r 1385
CA Aix-en-Provence du 29 juin 2011, RG n° 10/02209	800 r 1872
CA Aix-en-Provence du 7 septembre 2011, RG n° 10/05892	883
CA Aix-en-Provence du 5 octobre 2011, RG n° 10/03682	595
CA Aix-en-Provence du 13 octobre 2011, RG n° 10/04085	170
CA Aix-en-Provence du 9 novembre 2011, RG n° 10/11739	1068 r 1072
CA Aix-en-Provence du 25 janvier 2012, RG n° 10/16390	335 r 394
CA Aix-en-Provence du 26 janvier 2012, RG n° 10/15366	329
CA Aix-en-Provence du 2 février 2012, RG n° 11/12002	1446
CA Aix-en-Provence du 9 février 2012, RG n° 10/13409	536
CA Aix-en-Provence du 8 mars 2012, RG n° 10/16252	311 r 1387
CA Aix-en-Provence du 8 mars 2012, RG n° 16/09354	1624
CA Aix-en-Provence du 14 mars 2012, RG n° 10/10331	578
CA Aix-en-Provence du 16 mai 2012, RG n° 10/21081	493
CA Aix-en-Provence du 14 juin 2012, RG n° 10/22962	550
CA Aix-en-Provence du 27 juin 2012, RG n° 11/00332	427
CA Aix-en-Provence du 28 juin 2012, RG n° 11/00654	448
CA Aix-en-Provence du 5 septembre 2012, RG n° 11/03070	207
CA Aix-en-Provence du 11 octobre 2012, RG n° 11/12322	1303

CA Aix-en-Provence du 25 octobre 2012, RG n° 11/07808	193
CA Aix-en-Provence du 7 février 2013 RG, n° 11/04575	1681
CA Aix-en-Provence du 2 avril 2013, RG n° 12/02659	365 r 1791
CA Aix-en-Provence du 30 mai 2013, RG n° 12/05651	532
CA Aix-en-Provence du 30 mai 2013, RG n° 11/18861	1339
CA Aix-en-Provence du 20 juin 2013, RG n° 12/07275	1086
CA Aix-en-Provence du 12 septembre 2013, RG n° 12/12137	1086
CA Aix-en-Provence du 26 septembre 2013, RG n° 11/19829	346
CA Aix-en-Provence du 13 février 2014, RG n° 12/21625	1687
CA Aix-en-Provence du 3 avril 2014, RG n° 13/04060	1477
CA Aix-en-Provence du 15 mai 2014, RG n° 13/15566	1343
CA Aix-en-Provence du 1er octobre 2015, RG n° 14/15898	327
CA Aix-en-Provence du 2 mars 2017, RG n° 14/09332	1343
CA Aix-en-Provence du 10 mars 2016, RG n° 15/06564	1692
CA Aix-en-Provence du 29 septembre 2016, RG n° 14/18369	1602
CA Aix-en-Provence du 6 octobre 2016, RG n° 14/16995	1272
CA Aix-en-Provence du 8 mars 2018, RG n° 16/09354	1624
CA Aix-en-Provence du 17 octobre 2019, RG n° 18/13635	1920
CA Amiens du 30 novembre 2001, RG n° 00/00407	269 r 296 r 1451 r 1522 r 1837
CA Amiens du 15 juin 2004, RG n° 03/01857	1699 r 1703
CA Amiens du 24 mars 2005, RG n° 04/03328	142 r 511 r 669
CA Amiens du 9 mai 2006 RG, n° 05/01540 et 05/03197	238 r 313 r 419 r 426 r 624 r 634
CA Amiens du 2 avril 2009, RG n° 07/01039	430
CA Amiens du 14 janvier 2010, RG n° 08/01311	1809 r 1819
CA Amiens du 9 mars 2010, RG n° 06/03031	1763 r 1779
CA Amiens du 14 juin 2011, RG n° 10/00406	181 r 1769
CA Amiens du 21 juin 2012, RG n° 11/01055	590 r 1449 r 1827
CA Amiens du 6 septembre, 2012 RG n° 10/00392	568
CA Amiens du 28 mai 2014, RG n° 12/00444	341
CA Amiens du 10 janvier 2019, RG n° 17/01699	357 r 360
CA Amiens du 27 juin 2019, RG n° 16/06169	1352
CA Angers du 7 décembre 2004, RG n° 03/01331	357 r 360
CA Angers du 10 mai 2005, RG n° 04/01181	568
CA Angers du 24 janvier 2006, RG n° 05/00067	581 r 1712 r 1838
CA Angers du 31 janvier 2006, RG n° 05/00390	142 r 568
CA Angers du 7 février 2006, RG n° 05/00054	397 r 1262 r 1776 r 1805

CA Angers du 29 mai 2007, RG n° 06/00563	789 r 1461 r 1532
CA Angers du 26 mars 2008, RG n° 07/01548	580
CA Angers du 10 juin 2008 RG n° 07/01769	839 r 840 r 1461 r 1514
CA Angers du 10 août 2010, RG n° 09/01539	170
CA Angers du 26 octobre 2010, RG n° 09/02138	68
CA Angers du 7 décembre 2010, RG n° 09/02413	1747
CA Angers du 10 janvier 2012, RG n° 10/02415	526
CA Angers du 2 décembre 2014, RG n° 13/00373	867
CA Basse-Terre du 31 janvier 2011 RG n° 08/01691	1911
CA de Basse-Terre du 19 septembre 2016, RG n° 15/00500 1500500	197
CA Basse-Terre du 27 mars 2019, RG n° 17/01771	114
CA Basse-Terre du 12 novembre 2019, RG n°17/01135	1039
CA Bastia du 30 septembre 2009, RG n° 07/00993	751 r 1466
CA Besançon du 14 juin 2006, RG n° 04/00674	1434 r 1776
CA Besançon du 12 janvier 2011, RG n° 09/02632	345
CA Besançon du 19 décembre 2012, RG n° 11/02445	1158
CA Besançon du 13 février 2013, RG n° 12/02424	1384
CA Besançon du 3 mai 2013, RG n° 12/00231	1560
CA Besançon du 14 juin 2016, RG n° 15/00325	1434
CA Besançon du 10 janvier 2018, RG n° 16/02501	1693
CA Bordeaux du 28 février 2005, RG n° 04/02643	262 r 321 r 448 r 1794
CA Bordeaux du 7 février 2007, RG n° 05/06654	85 r 120 r 290 r 1346
CA Bordeaux du 5 février 2008 RG n° 06/05969	104 r 1825
CA Bordeaux du 30 avril 2009, RG n° 07/02409	317 r 1794
CA Bordeaux du 12 avril 2010, RG n° 08/06989	1760
CA Bordeaux du 7 septembre 2010, RG n° 09/02461	321
CA Bordeaux du 21 mars 2011, RG n° 08/06271	351
CA Bordeaux du 21 novembre 2011, RG n° 10/02746	1093
CA Bordeaux du 8 mars 2012, RG n° 10/06656	79 r 1699
CA Bordeaux du 14 mars 2012, RG n° 10/02324	1699
CA Bordeaux du 26 mars 2012, RG n° 10/03519	1450
CA Bordeaux du 23 mai 2012, RG n° 11/07867	1637
CA Bordeaux du 6 janvier 2016, RG n° 14/03007	227
CA Bordeaux du 31 janvier 2017, RG n° 15/02631	853
CA Bordeaux du 24 juin 2019, RG n° 16/07291	1079

CA Bourges du 18 octobre 2004, RG n° 04/01019	838 r 1471
CA Bourges du 10 décembre 2009, RG n° 09/00464	845 r 865 r 1872
CA Bourges du 23 février 2012, RG n° 11/00593	1819 r 1826
CA Caen du 2 juin 2005, RG n° 03/03155	108 r 313 r 597 r 1446 r 1760 r 1783
CA Caen du 27 novembre 2008, RG n° 05/02182	711 r 1446
CA Caen du 29 octobre 2009, RG n° 08/01874	311 r 1460 r 1887
CA Caen du 9 septembre 2010, RG n° 09/00318	650
CA Caen du 7 octobre 2010, RG n° 09/01387	1800
CA Caen du 1er décembre 2011, RG n° 10/02589	525
CA Caen du 29 mars 2012, RG n° 10/03241	1261
CA Caen du 26 mars 2013, RG n° 11/03883	1442
CA Chambéry du 2 octobre 2007, RG n° 07/00807	225 r 380 r 674 r 68
CA Chambéry du 27 mars 2018, RG n°16/02251	1323
CA Chambéry du 2 octobre 2018, RG n° 17/00337	1348
CA Chambéry du 18 juin 2019, RG n° 16/01924	1691
CA Colmar du 20 juin 2006, RG n° 05/02968	308 r 1699
CA Colmar du 10 juin 2008, RG n° 06/05058	1407
CA Colmar du 12 juin 2008, RG n° 05/05738	731 r 764 r 768
CA Colmar du 10 mars 2009, RG n° 07/03601	329
CA Colmar du 7 septembre 2010, RG n° 08/05391	329
CA Colmar du 19 novembre 2010, RG n° 07/03189	1086
CA Colmar du 16 janvier 2013, RG n° 10/05985	400
CA Colmar du 20 janvier 2014, RG n° 12/04992	1151 r 1152
CA Colmar du 13 février 2015, RG n° 13/01561	534
CA Colmar du 22 novembre 2017, RG n° 016/03935	1352
CA Colmar du 25 octobre 2018, RG n° 17/00861	526
CA Dijon du 6 février 2004, RG n° 03/00326	527
CA Dijon du 15 novembre 2007, RG n° 07/00144	600
CA Dijon du 4 décembre 2007, RG n° 06/02172	311 r 1408
CA Dijon du 18 mars 2010, RG n° 09/00431	1799
CA Dijon du 5 octobre 2010, RG n° 09/01811	1323
CA Dijon du 20 septembre 2011, RG n° 10/01577	665
CA Dijon du 25 juin 2013, RG n° 12/00097	1707
CA Dijon du 9 juin 2016, RG n° 14/00467	1343
CA Dijon du 20 octobre 2016, RG n° 14/01176	494
CA Dijon du 25 avril 2019, RG n° 14/00656	1762
CA Douai du 25 mai 2004, RG n° 03/05662	1790

CA Douai du 8 septembre 2005, RG n° 04/01257	310 r 824 r 1258 r 1267 r 1930
CA Douai du 13 octobre 2005, RG n° 04/01971	791 r 802 r 1469 r 1544 r 1545 r 1590
CA Douai du 2 mai 2006, RG n° 04/07476	1522 r 1699
CA Douai du 7 décembre 2006, RG n° 05/01333	1785
CA Douai du 13 décembre 2007, RG n° 07/04253	1358
CA Douai du 26 février 2008, RG n° 06/06140	404 r 474
CA Douai du 26 février 2008, RG n° 06/04408	1779
CA Douai du 13 mars 2008, RG n° 06/01549	125
CA Douai du 22 avril 2008, RG n° 06/04340	201 r 234 r 1407
CA Douai du 6 juillet 2009, RG n° 09/00519	368 r 387 r 1832
CA Douai du 17 décembre 2009, RG n° 08/06361	723 r 730 r 774 r 1591 r 1863
CA Douai du 28 janvier 2010, RG n° 08/04397	1370
CA Douai du 29 avril 2010, RG n° 09/00661	1666 r 1668
CA Douai du 16 mars 2011, RG n° 10/09281	948 r 1594
CA Douai du 14 avril 2011, RG n° 10/00238	965
CA Douai du 25 janvier 2012, RG n° 10/02441	575
CA Douai du 15 février 2012, RG n° 10/07622	701
CA Douai du 23 février 2012, RG n° 11/01950	1677
CA Douai du 9 mai 2012, RG n° 11/00533	1033
CA Douai du 11 avril 2013, RG n° 12/02678	483
CA Douai du 23 mai 2013, RG n° 12/01628	1137
CA Douai du 27 juin 2013, RG n° 12/05867	1655 r 1677
CA Douai du 13 mai 2014, RG n° 13/04716	1343
CA Douai du 17 juillet 2014, RG n° 14/00786	1343
CA Douai du 7 janvier 2015, RG n° 14/00872	1343
CA Douai du 16 avril 2015, RG n° 14/01303	1096
CA Douai du 21 avril 2016, RG n° 15/03072	1339
CA Douai du 26 janvier 2017, RG n° 15/07306	76 r 81 r 249 r 319
CA Douai, 9 mars 2017, RG n° 16/01324	1647
CA Douai du 16 mars 2017, RG n° 16/01274	948
CA Douai du 22 février 2018, RG n° 16/04197	1338
CA Douai du 22 février 2018, RG n° 17/00205	1653
CA Fort-de-France du 10 septembre 2019, RG n° 18/00082	1352
CA Grenoble du 20 septembre 2006, RG n° 06/00805	1381
CA Grenoble du 7 mai 2008, RG n° 06/04126	308 r 420

CA Grenoble du 17 décembre 2009, RG n° 07/03290	760 r 772 r 775 r 893 r 1466
CA Grenoble du 29 septembre 2011, RG n° 10/02395	239
CA Grenoble du 20 octobre 2011, RG n° 09/01678	196
CA Grenoble du 4 octobre 2012, RG n° 12/02110	1411
CA Grenoble du 1er octobre 2015, RG n° 14/04801	1088
CA Grenoble, 10 novembre 2016, RG n° 16/03660	1335
CA Limoges du 19 octobre 2011, RG n° 10/01359	568
CA Limoges du 9 février 2012, RG n° 10/01700	1316
CA Limoges du 29 novembre 2012, RG n° 11/01621	510
CA Limoges du 5 décembre 2013, RG n° 12/01327	989
CA Lyon du 15 janvier 2004, RG n° 02/03192	799 r 1445 r 1778
CA Lyon du 9 septembre, 2004 RG n° 2004/00104	1394
CA Lyon du 8 septembre 2005, RG n° 04/01046	1680
CA Lyon du 24 janvier 2008, RG n° 06/06998	189 r 477
CA Lyon du 30 avril 2008, RG n° 07/00791	201 r 1825
CA Lyon du 25 septembre 2008, RG n° 07/00701	538 r 1408
CA Lyon du 8 janvier 2009, RG n° 07/08055	1775 r 1807
CA Lyon du 5 mars 2009, RG n° 08/00074	329 r 569
CA Lyon du 23 avril 2009, RG n° 07/07566	580
CA Lyon du 4 juin 2009, RG n° 08/02521	1408
CA Lyon du 8 octobre 2009, RG n° 08/07766	634
CA Lyon du 19 novembre 2009, RG n° 09/04247	358 r 569
CA Lyon du 6 avril 2010, RG n° 08/06213	526
CA Lyon du 30 septembre 2010, RG n° 09/03964	403
CA Lyon du 3 décembre 2010, RG n° 09/01176	1669
CA Lyon du 13 janvier 2011, RG n° 09/04368	542 r
CA Lyon du 22 avril 2011, RG n° 10/04673	601
CA Lyon du 1er juillet 2011, RG n° 10/02378	597 r 1756
CA Lyon du 4 novembre 2011, RG n° 10/03606	975
CA Lyon du 13 janvier 2012, RG n° 10/08521	1187 r 1234
CA Lyon du 30 mars 2012, RG n° 10/08597	542
CA Lyon du 8 juin 2012, RG n° 10/08175	525
CA Lyon du 6 septembre 2012, RG n° 10/05522	1399
CA Lyon du 7 février 2013, RG n° 11/00774	537
CA Lyon du 28 mars 2013, RG n° 10/03398	1558
CA Lyon du 16 mai 2013, RG n° 11/07152	1687
CA Lyon du 27 juin 2013, RG n° 13/01573	1343

CA Lyon du 26 septembre 2013, RG n° 11/08090	1733
CA Lyon du 1er octobre 2013, RG n° 13/04409	1338
CA Lyon du 13 mars 2014, RG n° 12/06585	916
CA Lyon du 9 septembre 2004, RG n° 2004/00108	1394
CA Lyon du 18 décembre 2014, RG n° 14/06303	1339
CA Lyon du 28 juillet 2016, RG n° 14/03204	1692
CA Lyon du 28 juillet 2016, RG n° 14/07438	1692
CA Metz du 31 mai 2011, RG n° 10/00170	1385
CA Metz du 30 juin 2011, RG n° 11/00511	591
CA Metz du 4 septembre 2012, RG n° 12/00598	1375
CA Metz du 18 juillet 2017, RG n° 15/01997	1647
CA Metz, 28 juin 2018, RG n° 16/01813	1342
CA Montpellier du 21 septembre 2004, RG n° 02/02738	249 r 592 r 1781
CA Montpellier du 24 janvier 2006, RG n° 04/05929	54 r 141 r 588 r 1639
CA Montpellier du 19 février 2008, RG n° 06/07980	201 r 531
CA Montpellier du 20 mai 2008, RG n° 07/03981	1653
CA Montpellier du 9 mars 2010, RG n° 09/01917	214
CA Montpellier du 21 juin 2011, RG n° 10/03569	1399
CA Montpellier du 14 février 2012, RG n° 10/09841	577
CA Montpellier du 22 mars 2012, RG n° 11/05090	1370 r 1380
CA Montpellier du 10 juillet 2012, RG n° 11/01990	1830
CA Montpellier du 17 septembre 2012, RG n° 12/05690	1134
CA Montpellier du 18 septembre 2012, RG n° 11/03272	918
CA Montpellier du 20 novembre 2012, RG n° 11/06281	466
CA Montpellier du 11 décembre 2012, RG n° 11/07154	67
CA Montpellier du 6 mars 2013, RG n° 11/06291	884
CA Montpellier du 9 avril 2013, RG n° 11/08596	1158
CA Montpellier du 3 février 2015, RG n° 13/05215	1147
CA Montpellier du 8 octobre 2019, RG n° 16/08943	1352
CA Nancy du 11 février 2004, RG n° 00/02960	422
CA Nancy du 18 février 2004, RG n° 02/01034	592
CA Nancy du 10 mars 2004, RG n° 02/00650	632 r 1522
CA Nancy du 8 février 2006, RG n° 03/02163	1287
CA Nancy du 22 mars 2006, RG n° 04/01069	393 r 482 r 1556 r 1786
CA Nancy du 1er octobre 2008, RG n° 06/02023	1411
CA Nancy du 18 mars 2009, RG n° 08/03053	1359

CA Nancy du 16 novembre 2011, RG n° 11/00341	524
CA Nancy du 14 décembre 2011, RG n° 10/02664	1068 r 1079
CA Nancy du 14 décembre 2011, RG n° 11/00628	239 r 293
CA Nancy du 25 avril 2012, RG n° 10/01695	1314
CA Nancy du 20 juin 2012, RG n° 10/01183	569 r 1806
CA Nancy du 3 octobre 2012, RG n° 10/03346	278
CA Nancy du 16 janvier 2013, RG n° 11/01754	1318
CA Nancy du 14 février 2013, RG n° 12/00378	1686
CA Nancy du 5 novembre 2014, RG n° 12/03161	1257
CA Nancy du 4 février 2015, RG n° 14/02710	1068
CA Nancy du 10 février 2016, RG n° 15/01766	1343
CA Nîmes du 21 avril 2005, RG n° 03/00331	1651
CA Nîmes du 18 octobre 2007, RG n° 05/04507	469 r 1516 r 1595
CA Nîmes du 17 janvier 2008, RG n° 05/01724	809 r 840 r 849 r 874 r 877 r 1872
CA Nîmes du 25 mai 2008, RG n° 07/00606	1357
CA Nîmes du 29 mai 2008, RG n° 07/00606	1364
CA Nîmes du 29 août 2008, RG n° 07/00606	1594
CA Nîmes du 12 février 2009, RG n° 07/03631	230 r 448
CA Nîmes du 25 février 2010, RG n° 07/00606	837 r 869 r 880 r 1466 r 1489 r 1492 r 1513 r 1856 r 1874 r 1886
CA Nîmes du 10 mars 2011, RG n° 08/04995	1887
CA Nîmes du 19 janvier 2012, RG n° 10/01824	568
CA Nîmes du 26 janvier 2012, RG n° 09/05026	1567
CA Nîmes du 9 février 2012, RG n° 10/01695	1664
CA Nîmes du 13 septembre 2012, RG n° 11/01434	499 r 1707
CA Nîmes du 10 janvier 2013, RG n° 11/02745	1683
CA Nîmes du 24 janvier 2013, RG n° 11/02953	486
CA Nîmes du 18 avril 2013, RG n° 12/05728	1337
CA Nouméa du 25 août 2016, RG n° 15/00013	433
CA Orléans du 28 octobre 1999, RG n° 98/01692	1118 r 1411
CA Orléans du 29 mai 2008, RG n° 07/01118	116 r 1610 r 1818
CA Orléans du 14 janvier 2010, RG n° 09/00976	321
CA Orléans du 18 février 2010, RG n° 09/01914	526 r 1362
CA Orléans du 16 septembre 2010, RG n° 10/00242	329 r 331
CA Orléans du 25 novembre 2010, RG n° 10/01178	688
CA Orléans du 31 mars 2011, RG n° 10/02363	1933

CA Orléans du 8 mars 2012, RG n° 11/00431	1798
CA Orléans du 12 avril 2012, RG n° 11/02284	843 r 845 r 865 r 1872
CA Orléans du 25 février 2016, RG n° 15/01666	1142
CA Orléans du 20 septembre 2018, RG n° 17/02016	1348
CA Paris du 18 février 2004, RG n° 02/14425	218
CA Paris du 12 janvier 2005, RG n° 03/02283	283 r 701 r 1812
CA Paris du 16 février 2005, RG n° 03/09634	1399
CA Paris du 20 avril 2005, RG n° 02/12212	1330 r 1629
CA Paris du 21 avril 2005, RG n° 04/03596	376
CA Paris du 8 juin 2005, RG n° 03/11305	1312
CA Paris du 23 juin 2005, RG n° 03/11769	1408 r 1791
CA Paris du 1er juillet 2005, RG n° 04/07876	115 r 122 r 1787
CA Paris du 15 septembre 2005, RG n° 03/08747	568
CA Paris du 20 octobre 2005, RG n° 05/13805	308
CA Paris du 28 octobre 2005, RG n° 03/19692	350 r 592 r 1765
CA Paris du 16 novembre 2005, RG n° 04/13227	333 r 573 r 1408 r 1820
CA Paris du 14 décembre 2005, RG n° 04/24526	333 r 591 r 1760
CA Paris du 13 septembre 2006, RG n° 04/12955	313 r 1699
CA Paris du 28 septembre 2006, RG n° 04/04462	1380
CA Paris du 11 octobre 2006, RG n° 04/22481	197 r 572 r 1624 r 1809
CA Paris du 19 octobre 2006, RG n° 03/01717	54
CA Paris du 18 janvier 2007 RG n° 03/18220	115 r 660 r 1426 r 1707
CA Paris du 22 février 2007, RG n° 06/10924	660
CA Paris du 23 février 2007, RG n° 04/16524	569 r 1522
CA Paris du 6 juillet 2007, RG n° 05/14409	228 r 1699
CA Paris du 13 septembre 2007, RG n° 05/12371	333 r 1699
CA Paris du 16 novembre 2007, RG n° 05/10165	220
CA Paris du 11 janvier 2008, RG n° 05/24025	1260 r 1267
CA Paris du 24 janvier 2008, RG n° 06/02920	419 r 444
CA Paris du 29 février 2008, RG n° 06/03934	1807 r 1834
CA Paris du 6 mars 2008, RG n° 06/07933	1917
CA Paris du 26 mars 2008, RG n° 06/12181	702
CA Paris du 19 mars 2008, RG n° 06/03882	260
CA Paris du 2 avril 2008, RG n° 06/04013	673
CA Paris du 9 avril 2008, RG n° 06/05722	684

CA Paris du 15 mai 2008, RG n° 06/17024	564
CA Paris du 15 mai 2008, RG n° 05/23026	1269
CA Paris du 22 mai 2008, RG n° 05/22080	526
CA Paris du 5 juin 2008, RG n° 05/22064	1764 r 1848
CA Paris du 8 octobre 2008, RG n° 07/19021	1699 r 1706
CA Paris du 20 novembre 2008 RG n° 08/03801	36 r 125 r 292
CA Paris du 26 novembre 2008, RG n° 08/11939	308
CA Paris du 8 janvier 2009, RG n° 06/22199	1771
CA Paris du 16 janvier 2009, RG n° 06/19233	554
CA Paris du 22 janvier 2009, RG n° 07/05197	1854
CA Paris du 29 janvier 2009, RG n° 07/05460	409
CA Paris du 13 février 2009, RG n° 07/02714	1512 r 1780
CA Paris du 19 février 2009, RG n° 07/08169	329 r 1771
CA Paris du 29 avril 2009, RG n° 07/02396	708
CA Paris du 6 mai 2009, RG n° 07/04848	1836
CA Paris du 14 mai 2009, RG n° 06/21725	613 r 639 r 1256
CA Paris du 28 mai 2009, RG n° 08/03312	1760
CA Paris du 3 juin 2009, RG n° 07/13983	1760
CA Paris du 11 juin 2009, RG n° 06/20494	552
CA Paris du 17 juin 2009, RG n° 07/05995	552
CA Paris du 18 juin 2009, RG n° 06/06360	637
CA Paris du 24 juin 2009, RG n° 09/02886	526
CA Paris du 1er juillet 2009, RG n° 07/14283	540 r 542 r 1399
CA Paris du 2 juillet 2009, RG n° 06/08865	399 r 709 r 1803 r 1805
CA Paris du 3 juillet 2009, RG n° 06/10552	261 r 264 r 275 r 569 r 649 r 662 r 679 r 682 r 1808
CA Paris du 8 septembre 2009, RG n° 07/07582	98
CA Paris du 16 septembre 2009, RG n° 07/13021	1446
CA Paris du 9 septembre 2009, RG n° 07/10355	667 r 1593
CA Paris du 24 septembre 2009, RG n° 09/10508	1605 r 1678
CA Paris du 14 octobre 2009, RG n° 07/19854	218 r 1399
CA Paris du 28 janvier 2010, RG n° 07/03213	1747
CA Paris du 10 février 2010 RG n° 07/20870	308
CA Paris du 3 juin 2010, RG n° 08/06805	313
CA Paris du 9 juillet 2010, RG n° 10/03248	311 r 1250 r 1597
CA Paris du 3 septembre 2010, RG n° 08/12822	1313 r 1317 r 1402 r 1410

CA Paris du 15 septembre 2010, RG n° 08/19559	1709
CA Paris du 12 octobre 2010, RG n° 11/09644	1605
CA Paris du 13 octobre 2010, RG n° 10/16947	322 r 368 r 426 r 1929
CA Paris du 16 novembre 2010, RG n° 10/18978	1609
CA Paris du 25 novembre 2010, RG n° 09/12159	481
CA Paris du 10 décembre 2010, RG n° 09/14884	1791
CA Paris du 19 janvier 2011, RG n° 07/22152	882 r 1875
CA Paris du 19 janvier 2011, RG n° 09/14392	519
CA Paris du 20 janvier 2011, RG n° 05/13380	568
CA Paris du 20 janvier 2011, RG n° 10/01509	76
CA Paris du 18 février 2011, RG n° 08/20249	568
CA Paris du 2 mars 2011, RG n° 08/08309	1683
CA Paris du 4 mars 2011, RG n° 09/22982	1760
CA Paris du 16 mars 2011, RG n° 10/04224	1119
CA Paris du 18 mars 2011, RG n° 09/01033	521
CA Paris du 24 mars 2011, RG n° 07/07337	629 r 761 r 1504 r 1707
CA Paris du 24 mars 2011, RG n° 10/02616	754 r 779 r 1703
CA Paris du 8 avril 2011, RG n° 08/19991	257
CA Paris du 27 avril 2011 RG n° 08/21750	1150
CA Paris du 11 mai 2011, RG n° 10/03073	373
CA Paris du 9 juin 2011, RG n° 08/10448	1754
CA Paris du 16 juin 2011, RG n° 09/28449	470 r 532 r 1495
CA Paris du 6 juillet 2011, RG n° 10/08832	1243
CA Paris du 1er septembre 2011, RG n° 09/12526	234
CA Paris du 2 septembre 2011, RG n° 07/11226	369
CA Paris du 8 septembre 2011, RG n° 09/03257	518
CA Paris du 14 septembre 2011, RG n° 10/03068	569 r 1728 r 1735
CA Paris du 22 septembre 2011, RG n° 10/04833	356
CA Paris du 21 octobre 2011, RG n° 10/12570	1231
CA Paris du 16 novembre 2011, RG n° 09/11401	490
CA Paris du 16 novembre 2011, RG n° 11/12595	1766
CA Paris du 7 décembre 2011, RG n° 08/05128	1699
CA Paris du 8 décembre 2011, RG n° 09/07166	215
CA Paris du 8 décembre 2011, RG n° 09/20562	335
CA Paris du 18 janvier 2012, RG n° 11/06398	1361
CA Paris du 19 janvier 2012, RG n° 09/23057	449

CA Paris du 2 février 2012, RG n° 09/22350	819 r 837 r 870 r 877 r 879 r 1466 r 1490 r 1522 r 1542 r 1679 r 1859 r 1905 r 1918
CA Paris du 16 février 2012, RG n° 10/24168	347
CA Paris du 16 février 2012, RG n° 11/08976	526 r 1361
CA Paris du 14 mars 2012, RG n° 10/15338	1654
CA Paris du 14 mars 2012, RG n° 09/24566	689
CA Paris du 28 mars 2012, RG n° 09/23478	613
CA Paris du 4 avril 2012 RG n° 09/25117	1218 r 1301
CA Paris du 4 avril 2012, RG n° 10/15960	91 r 1677 r 1772
CA Paris du 11 avril 2012, RG n° 11/02107	548
CA Paris du 11 avril 2012, RG n° 09/16825	569
CA Paris du 12 avril 2012, RG n° 10/02726	1667
CA Paris du 10 mai 2012, RG n° 11/07129	707
CA Paris du 16 mai 2012, RG n° 10/05010.	569
CA Paris du 24 mai 2012, RG n° 09/10725	33 r 1926
CA Paris du 30 mai 2012 RG n° 11/03522	612
CA Paris du 31 mai 2012, RG n° 11/05516	350 r 1655
CA Paris du 14 juin 2012, RG n° 11/11350	472
CA Paris du 27 juin 2012, RG n° 10/04245	347 r 1550
CA Paris du 5 juillet 2012, RG n° 11/01618	337 r 1658 r 1660
CA Paris du 6 septembre 2012, RG n° 10/05573	1849
CA Paris du 13 septembre 2012, RG n° 10/07699	111 r 398 r 635 r 1504
CA Paris du 19 septembre 2012, RG n° 10/23404	198
CA Paris du 21 septembre 2012, RG n° 12/07229	311
CA Paris du 4 octobre 2012, RG n° 11/12684	816 r 820 r 1699
CA Paris du 11 octobre 2012, RG n° 11/07877	109 r 536
CA Paris du 18 octobre 2012, RG n° 10/16252	311
CA Paris du 26 octobre 2012, RG n° 10/19196	246
CA Paris du 14 novembre 2012, RG n° 09/18994	1663
CA Paris du 21 novembre 2012, RG n° 10/08275	740
CA Paris du 28 novembre 2012, RG n° 10/06796	848
CA Paris du 6 décembre 2012, RG n° 10/13678	320
CA Paris du 12 décembre 2012, RG n° 10/19186	515
CA Paris du 9 janvier 2013, RG n° 11/11465	569
CA Paris du 10 janvier 2013, RG n° 11/02294	1683

CA Paris du 11 janvier 2013, RG n° 11/17764	1303
CA Paris du 17 janvier 2013, RG n° 11/05373	284
CA Paris du 18 janvier 2013, RG n° 11/05550	223
CA Paris du 24 janvier 2013, RG n° 11/17149	526
CA Paris du 31 janvier 2013, RG n° 12/17503	1836
CA Paris du 1er février 2013, RG n° 11/06560	1137
CA Paris du 7 février 2013, RG n° 12/01230	1085
CA Paris du 7 février 2013, RG n° 11/04913	1759
CA Paris du 7 février 2013, RG n° 11/01579	173
CA Paris du 14 février 2013, RG n° 11/07610	516 r 1699
CA Paris du 7 mars 2013, RG n° 11/00205	1795
CA Paris du 7 mars 2013, RG n° 12/04392	1381
CA Paris du 13 mars 2013, RG n° 11/14346	993
CA Paris du 14 mars 2013, RG n° 10/17628	1815
CA Paris du 29 mars 2013, RG n° 12/05849	631
CA Paris du 10 avril 2013 RG n° 12/05389	710
CA Paris du 11 avril 2013, RG n° 10/21433	1798
CA Paris du 11 avril 2013, RG n° 10/21428	694
CA Paris du 17 avril 2013, RG n° 10/04855	601
CA Paris du 15 mai 2013, RG n° 09/24687	484
CA Paris du 22 mai 2013, RG n° 10/19022	1130
CA Paris du 23 mai 2013, RG n° 12/01166	1009 r 1037 r 1043
CA Paris du 28 mai 2013, RG n° 2012/08492	1660
CA Paris du 30 mai 2013, RG n° 11/14423	382
CA Paris du 30 mai 2013, RG n° 10/23488	1765
CA Paris du 4 juin 2013, RG n° 09/13803	1673
CA Paris du 12 juin 2013, RG n° 11/03025	1478 r 1481
CA Paris du 25 juin 2013 RG n° 12/19040	568
CA Paris du 26 juin 2013, RG n° 11/12273	568
CA Paris du 28 juin 2013, RG n° 12/01138	347 r 507
CA Paris du 4 juillet 2013, RG n° 12/07651	984 r 1028 r 1479 r 1480 r 1525 r 1561
CA Paris du 4 juillet 2013, RG n° 11/18696	498 r 523
CA Paris du 4 juillet 2013, RG n° 11/07179	696
CA Paris du 5 juillet 2013, RG n° 11/14054	423
CA Paris du 4 septembre 2013, RG n° 10/13675	1554
CA Paris du 11 septembre 2013, RG n° 11/17941	1226 r 1468 r 1479 r 1582

CA Paris du 11 septembre 2013, RG n° 11/17552	1288
CA Paris du 12 septembre 2013, RG n° 11/22934	542 r 545 r 1029 r 1193
CA Paris du 18 septembre 2013, RG n° 12/03177	956 r 957 r 1104 r
CA Paris du 18 septembre 2013, RG n° 12/01982	1840
CA Paris du 19 septembre 2013, RG n° 12/02555	501
CA Paris du 26 septembre 2013, RG n° 11/09146	1704
CA Paris du 16 octobre 2013, RG n° 11/22236	309
CA Paris du 17 octobre 2013, RG n° 11/19394	1447
CA Paris du 25 octobre 2013, RG n° 11/20079	1138
CA Paris du 25 octobre 2013, RG n° 11/11656	568
CA Paris du 13 novembre 2013, RG n° 11/22014	175 r 705
CA Paris du 14 novembre 2013, RG n° 11/13886	1666
CA Paris du 20 novembre 2013, RG n° 12/04791	959 r 1059 r 1148 r 1226 r 1485
CA Paris du 21 novembre 2013 RG n° 11/03876	1677
CA Paris du 4 décembre 2013 RG n° 12/01163	481 r 507
CA Paris du 11 décembre 2013, RG n° 11/20120	1709
CA Paris du 12 décembre 2013, RG n° 11/18274	965
CA Paris du 17 décembre 2013, RG n° 13/13637	1370 r 1380
CA Paris du 18 décembre 2013, RG n° 12/100150	978 r 1059 r 1066 r 1068 r 1090 r 1485 r 1594
CA Paris du 15 janvier 2014, RG n° 12/13845	376 r 1186
CA Paris du 29 janvier 2014, RG n° 12/08976	1065 r 1079
CA Paris du 29 janvier 2014, RG n° 12/07258	1079
CA Paris du 6 février 2014, RG n° 12/04086	922 r 1065 r 1197
CA Paris du 14 février 2014, RG n° 11/11546	699
CA Paris du 14 février 2014, RG n° 11/07827	699
CA Paris, 27 février 2014, RG n° 14/00838	1644
CA Paris du 18 mars 2014, RG n° 12/13601	1371 r 1553
CA Paris du 26 mars 2014, RG n° 12/12255	1266
CA Paris du 26 mars 2014, RG n° 12/08406	1708
CA Paris du 27 mars 2014, RG n° 12/04409	1188
CA Paris du 3 avril 2014, RG n° 13/09590	1370 r 1377
CA Paris du 9 avril 2014, RG n° 13/24342	1613
CA Paris du 30 avril 2014, RG n° 12/07788	409 r 1356
CA Paris du 7 mai 2014, RG n° 14/00254	1393

CA Paris du 30 mai 2014, RG n° 11/23178	932 r 1042
CA Paris du 18 juin 2014, RG n° 17/07796	1614
CA Paris du 26 juin 2014, RG n° 13/10436	1605
CA Paris du 3 juillet 2014, RG n° 12/17885	1041
CA Paris, 3 septembre 2014, RG n° 12/09785	975 r 1207
CA Paris du 11 septembre 2014, RG n° 12/19041	1198
CA Paris du 7 octobre 2014, RG n° 14/05579	1334
CA Paris du 9 octobre 2014, RG n° 14/03155	1641
CA Paris du 21 octobre 2014, RG n° 14/09739	1377
CA Paris du 23 octobre 2014, RG n° 13/00181	1013
CA Paris du 29 octobre 2014, RG n° 13/11059	953 r 960 r 966 r 978 r 1083 r 1174
CA Paris du 14 novembre 2014, RG n° 12/14728	991
CA Paris du 21 novembre 2014, RG n° 14/03673	1343
CA Paris du 3 décembre 2014, RG n° 13/06091	1896 r 1898 r 1903
CA Paris du 5 décembre 2014, RG n° 13/11391	1737
CA Paris du 17 décembre 2014, RG n° 13/08615	1068
CA Paris du 10 décembre 2014, RG n° 11/13313	796 r 872 r 1178
CA Paris du 7 janvier 2015, RG n° 12/17844	392
CA Paris du 8 janvier 2015, RG n° 13/21936	490 r 491
CA Paris du 8 janvier 2015, RG n° 13/10468	479
CA Paris du15 janvier 2015, RG n° 13/03832	755 r 1953
CA Paris du 16 janvier 2015, RG n° 11/10913	399 r 401
CA Paris du16 janvier 2015, RG n° 13/14603	1643
CA Paris du 21 janvier 2015, RG n° 12/18926	1289 r 1294
CA Paris du 22 janvier 2015, RG n° 14/17588	1607
CA Paris du 28 janvier 2015, RG n° 14/12969	245 r 252
CA Paris du 29 janvier 2015, RG n° 13/09914	1199
CA Paris du 4 février 2015, RG n° 12/20412	1310 r 1853
CA Paris du 11 février 2015, n° 12/20092	411
CA Paris du 5 mars 2015, RG n° 13/02822	1807
CA Paris du 6 mars 2015, RG n° 13/20879	1692
CA Paris du 10 mars 2015, RG n° 14/23144	1400
CA Paris du 11 mars 2015, RG n° 13/04879	1102 r 1108 r 1547
CA Paris du 18 mars 2015, RG n° 12/21497	1004
CA Paris du 19 mars 2015, RG n° 13/14480	549
CA Paris du 20 mars 2015, RG n° 13/16059	311
CA Paris du 26 mars 2015, RG n° 13/14590	1034

CA Paris du 26 mars 2015, RG n° 13/19922	1797
CA Paris du 2 avril 2015, RG n° 13/17628	993 r 1134 r 1163 r 1176 r 1202 r 1203 r 1206
CA Paris du 3 avril 2015, RG n° 13/07413	1205
CA Paris du 9 avril 2015, RG n° 13/14446	1925
CA Paris du 14 avril 2015, RG n° 15/01530	1399
CA Paris du 15 avril 2015, n° 13/20513 (514)	410
CA Paris du 15 avril 2015, RG n° 13/02675 et n° 13/02730	245
CA Paris du 15 avril 2015, RG n° 13/20513	408 r 1804
CA Paris du 16 avril 2015, RG n° 14/23371	1631
CA Paris du 6 mai 2015, RG n° 13/01886	175 r 188
CA Paris du 7 mai 2015, RG n° 12/22044	519
CA Paris du 7 mai 2015, RG n° 14/01588	461 r 568
CA Paris du 20 mai 2015, RG n° 13/03888	1040 r 1045
CA Paris du 21 mai 2015, RG n° 14/17934	1360
CA Paris du 27 mai 2015, RG n° 13-04459	1360
CA Paris du 5 juin 2015, RG n° 13/03110	1078
CA Paris du 5 juin 2015, RG n° 14/00892	1843
CA Paris du 1er juillet 2015, RG n° 13/19251	955
CA Paris du 1er juillet 2015, RG n° 14/03593	1873
CA Paris du 2 juillet 2015, RG n° 10/25266	531
CA Paris du 2 juillet 2015, RG n° 13/22609	995 r 1007 r 1201 r 1204
CA Paris du 3 juillet 2015, RG n° 13/06935	597
CA Paris du 4 septembre 2015, RG n° 14/04137	1035
CA Paris du 9 septembre 2015, RG n° 14/06837	1286 r 1315
CA Paris du 10 septembre 2015, RG n° 10/04102	513
CA Paris du 15 septembre 2015, RG n° 15/07435	1389
CA Paris du 17 septembre 2015, RG n° 13/16603	410
CA Paris du 26 septembre 2015, RG n° 18/08165	1372
CA Paris du 8 octobre 2015, RG n° 13/21881	1334
CA Paris du 8 octobre 2015, RG n° 13/22006	977
CA Paris du 15 octobre 2015, RG n° 14/07926	410
CA Paris du 22 octobre 2015, RG n° 14/01030	1125
CA Paris du 13 novembre 2015, RG n° 13/13999	1072
CA Paris du 18 novembre 2015, RG n° 15/06505	239
CA Paris du 20 novembre 2015, RG n° 13/10448	1133

CA Paris du 4 décembre 2015, RG n° 13/24248 325
CA Paris du 10 décembre 2015, RG n° 14/11538 1140
CA Paris du 15 décembre 2015, RG n° 15/08927 1380
CA Paris du 16 décembre 2015, RG n° 13/11879 1078
CA Paris du 17 décembre 2015, RG n° 14/18017 1078
CA Paris du 13 janvier 2016, RG n° 13/11500 1878
CA Paris du 13 janvier 2016, RG n° 13/11338 1191
CA Paris du 22 janvier 2016, RG n° 14/03271 464
CA Paris du 29 janvier 2016, RG n° 15/20358 1357
CA Paris du 2 février 2016, RG n° 15/01542 1299
CA Paris du 3 février 2016, RG n° 13/15768 1650
CA Paris du 10 février 2016, RG n° 13/20283 497 r 509
CA Paris du 18 février 2016, RG n° 15/14989 1247
CA Paris du 9 mars 2016, RG n° 13/21519 344
CA Paris du 11 mars 2016, RG n° 14/21201 382 r 1794
CA Paris du 18 mars 2016, RG n° 16/16867 1088 r 1139
CA Paris du 18 mars 2016, RG n° 14/12584 1920
CA Paris du 25 mars 2016, RG n° 15/01662 314
CA Paris du 13 avril 2016, n°14/23927 413
CA Paris du 4 mai 2016, RG n° 13/22971 525 r 655
CA Paris du 6 mai 2016, RG n° 14/04905 1143
CA Paris du 13 mai 2016, RG n° 13/24714 526
CA Paris du 2 juin 2016, RG n° 14/24382 346
CA Paris du 3 juin 2016, RG n° 13/20153 1078
CA Paris du 8 juin 2016, RG n° 13/23895 1266
CA Paris du 23 juin 2016, RG n° 14/20158 461 r 524 r 568
CA Paris du 24 juin 2016, RG n° 13/20422 1078
CA Paris du 29 juin 2016, RG n° 14/00335 713
CA Paris du 29 juin 2016, RG n° 14/09786 1477 r 1482 r 1582 r 1655 r 1879
CA Paris du 30 juin 2016, RG n° 14/22178 1601
CA Paris du 1er juillet 2016, RG n° 13/22944 2013
CA Paris du 6 septembre 2016, RG n° 15/21026 929
CA Paris du 7 septembre 2016, RG n° 14/00990 430 r 479
CA Paris du 20 septembre 2016, RG n° 16/15359 1815
CA Paris du 21 septembre 2016, RG n° 14/06802 1693
CA Paris du 29 septembre 2016, RG n° 14/16968 1035
CA Paris du 29 septembre 2016, RG n° 15/04154 408 r 420 r 431 r 702 r 1779

CA Paris du 30 septembre 2016, RG n° 14/03928	444
CA Paris du 6 octobre 2016, RG n° 14/15829	1343
CA Paris du 7 octobre 2016, RG n° 13/19175	1068 r 1925
CA Paris du 9 octobre 2016, RG n° 13/19450	520
CA Paris du 13 octobre 2016, RG n° 14/25053	434
CA Paris du 20 octobre 2016, RG n° 14/26214	333 r 410
CA Paris du 20 octobre 2016, RG n° 16/7386	390
CA Paris du 21 octobre 2016, RG n° 1415933	491
CA Paris du 25 octobre 2016, RG n° 15/24534	1360
CA Paris du 25 octobre 2016, RG n° 14/20906	1159 r 1697
CA Paris du 26 octobre 2016, RG n° 14/08041	1038
CA Paris du 7 novembre 2016, RG n° 15/10249	1190
CA Paris du 7 novembre 2016, RG n° 15/16513	1135
CA Paris du 17 novembre 2016, RG n° 15/01185	402 r 530
CA Paris du 23 novembre 2016, RG n° 14/10928	696
CA Paris du 28 novembre 2016, RG n° 15/17318	1251
CA Paris du 12 décembre 2016, RG n° 15/15179	866 r 1082
CA Paris du 12 décembre 2016, RG n° 15/10619	496
CA Paris du 14 décembre 2016, RG n° 14/12201	991
CA Paris du 14 décembre 2016, RG n° 16/22216	189 r 572
CA Paris du 4 janvier 2017, RG n° 14/08156	1755 r 1821
CA Paris du 5 janvier 2017, RG n° 15/02234	116
CA Paris du 6 janvier 2017, RG n° 14/03114	1088
CA Paris du 9 janvier 2017, RG n° 15/15438	72 r 615 r 617
CA Paris du 11 janvier 2017, RG n° 14/07959	541 r 547
CA Paris du 11 janvier 2017, RG n° 14/15233	269 r 1760
CA Paris du 13 janvier 2017, RG n° 14/23493	239
CA Paris du 27 janvier 2017, RG n° 14/24110	60
CA Paris du 2 février 2017, RG n° 15/04850	409 r 1821
CA Paris du 3 février 2017, RG n° 15/00572	73 r 77
CA Paris du 8 février 2017, RG n° 15/02170	765 r 778 r 894 r 1923
CA Paris du 15 février 2017, RG n° 14/14971	756 r 761
CA Paris du 15 février 2017, RG n° 14/163736	632
CA Paris du 16 février 2017, RG n° 15/09463	343 r 408
CA Paris du 22 février 2017, n° 14/17674	408
CA Paris du 22 février 2017, RG n° 14/02772	91 r 1762
CA Paris du 2 mars 2017, RG n° 15/10786	83 r 132

CA Paris du 2 mars 2017, RG n° 15/15145	120
CA Paris du 13 mars 2017, RG n° 15/08749	822
CA Paris du 15 mars 2017, RG n° 14/21039	296
CA Paris du 15 mars 2017, RG n° 15-05909	102
CA Paris du 21 mars 2017, RG n° 16/06315	920
CA Paris du 22 mars 2017, RG n° 15/12553	547
CA Paris du 22 mars 2017, RG n° 14/11255	989
CA Paris du 22 mars 2017, RG n° 14/26013	758
CA Paris du 29 mars 2017, RG n° 14-16957	137
CA Paris du 29 mars 2017, RG n° 14/16043	420
CA Paris du 29 mars 2017, RG n° 15/22953	1829
CA Paris du 30 mars 2017, RG n° 15/10192	1826
CA Paris du 19 avril 2017, RG n° 15/24221	750 r 920 r 928 r 949 r 1062 r 1114 r 1148 r 1886
CA Paris du 19 avril 2017, RG n° 16/02308	483
CA Paris du 21 avril 2017, RG n° 16/03003	1209
CA Paris du 27 avril 2017, RG n° 15/02021	168 r 171 r 172 r 185 r 186 r 221 r 562
CA Paris du 3 mai 2017, RG n° 12/23530	979
CA Paris du 3 mai 2017, RG n° 15/24950	215
CA Paris du 5 mai 2017, RG n°15/13369	216
CA Paris du 17 mai 2017, RG n° 14/18290	1211
CA Paris du 17 mai 2017, RG n° 16/18042	1648
CA Paris du 18 mai 2017, RG n° 15/07775	1684
CA Paris du 24 mai 2017, RG n° 14/18202	1759
CA Paris du 24 mai 2017, RG n° 14/22435	404 r 407
CA Paris du 31 mai 2017, RG n° 14/24805	116 r 227 r 396
CA Paris du 2 juin 2017, RG n° 15/15826	1030
CA Paris du 7 juin 2017, RG n° 14/17158	1760
CA Paris du 7 juin 2017, RG n° 14/23455	491
CA Paris du 7 juin 2017, RG n° 15/24846	942 r 970
CA Paris du 16 juin 2017, RG n° 13/18908	247
CA Paris du 21 juin 2017, RG n° 15/18784	932 r 949 r 962 r 978 r 981 r 1019 r 1022 r 1391
CA Paris du 21 juin 2017, RG n° 15/15641	174 r 208
CA Paris du 22 juin 2017, RG n° 16-10556	99

CA Paris du 28 juin 2017, RG n° 14/26044	270 r 1758
CA Paris du 30 juin 2017, RG n° 15/05148	1042
CA Paris du 30 juin 2017, RG n° 16/08818	918
CA Paris du 3 juillet 2017, RG n° 15/11017	1275
CA Paris du 3 juillet 2017, RG n° 15/17981	100
CA Paris du 4 juillet 2017, RG n° 17/03799	1360
CA Paris du 5 juillet 2017, RG n° 14/12257	651
CA Paris du 5 juillet 2017, RG n° 15/05450	1169 r 1214
CA Paris du 6 juillet 2017, RG n° 15/25066	227
CA Paris du 6 juillet 2017, RG n° 16/01061	1836
CA Paris du 13 septembre 2017, RG n° 13/04735	377 r 401
CA Paris du 13 septembre 2017, RG n° 14/23934	229
CA Paris du 13 septembre 2017, RG n° 15/24117	733 r 753
CA Paris du 13 septembre 2017, RG n° 16/04443	1216
CA Paris du 20 septembre 2017, RG n° 12/21611	158
CA Paris du 22 septembre 2017, RG n° 15/13322	161 r 277 r 294 r 348
CA Paris du 26 septembre 2017, RG n° 17/06554	1360
CA Paris du 26 septembre 2017, RG n° 16/21882	1350
CA Paris du 26 septembre 2017, RG n° 16/21887	1350
CA Paris du 26 septembre 2017, RG n° 16/23210	1350
CA Paris du 26 septembre 2017, RG n° 16/23212	1350
CA Paris du 27 septembre 2017, RG n° 15/24236	580 r 583
CA Paris du 27 septembre 2017, RG n° 16/00671	1692
CA Paris du 4 octobre 2017, RG n° 15/03041	448
CA Paris du 4 octobre 2017, RG n° 16/06674	851 r 873 r 1710
CA Paris du 5 octobre 2017, RG n° 16/03834	132 r 1775
CA Paris du 11 octobre 2017, RG n° 15/03313	914 r 996 r 1095
CA Paris du 13 octobre 2017, RG n° 15/03694	1075
CA Paris du 18 octobre 2017, RG n° 15/18283	471
CA Paris du 23 octobre 2017, RG n° 15/10489	1075
CA Paris du 25 octobre 2017, RG n° 16/20059	227
CA Paris du 25 octobre 2017, RG n° 15/02243	159
CA Paris du 25 octobre 2017, RG n° 15/02901	350
CA Paris du 8 novembre 2017, RG n° 17/11478	1360
CA Paris du 8 novembre 2017, RG n° 15/01541	434
CA Paris du 9 novembre 2017, RG n° 15/17687	1775
CA Paris du 15 novembre 2017, RG n° 15/22542	441

CA Paris du 15 novembre 2017, RG n° 17/04923	1297
CA Paris du 22 novembre 2017, RG n° 15/01067	1217
CA Paris du 29 novembre 2017, RG n° 15-000745	154
CA Paris du 29 novembre 2017, RG n° 15/00270	745
CA Paris du 29 novembre 2017, RG n° 15/01233	563 r 591
CA Paris du 29 novembre 2017, RG n° 17/08675	1342
CA Paris du 29 novembre 2017, RG n° 17/13965	1349
CA Paris du 7 décembre 2017, RG n° 16/00113	1015
CA Paris du 7 décembre 2017, RG n° 17/06910	919 r 1348
CA Paris du 13 décembre 2017, RG n° 15/18919	496 r 505
CA Paris du 14 décembre 2017, RG n° 16/21155	1607
CA Paris du 20 décembre 2017, RG n° 15/20154	387
CA Paris du 20 décembre 2017, RG n° 13/04879	1102 r 1108 r 1547
CA Paris du 22 décembre 2017, RG n° 15/18804	440
CA Paris du 29 mars 2018, RG n° 15/22669	173 r 174
CA Paris du 4 avril 2018, RG n° 15/1553	110
CA Paris du 4 avril 2018, RG n° 16/01881	569
CA Paris du 4 avril 2018, RG n° 16/02020	132
CA Paris du 5 avril 2018, RG n° 15/22434	290
CA Paris du 5 avril 2018, RG n° 15/24001	1451
CA Paris du 11 avril 2018, RG n° 15/02833	686
CA Paris du 11 avril 2018, RG n° 16/02527	132 r 469
CA Paris du 11 avril 2018, RG n°16/0259	414
CA Paris du 12 avril 2018, RG n° 16/14825	146
CA Paris du 3 mai 2018, RG n° 15/24061	212 r 256 r 568
CA Paris du 16 mai 2018, RG n° 17/11187	911 r 919 r 924 r 945 r 962 r 972 r 982 r 983 r 1054r 1902
CA Paris du 16 mai 2018, RG n° 16/03499	129
CA Paris du 17 mai 2018, RG n° 16/00135	1814
CA Paris du 17 mai 2018, RG n° 16/00165	265 r 1814 r 1821
CA Paris du 17 mai 2018, RG n° 16/00487	1776
CA Paris du 25 mai 2018, RG n° 16/02110	1131
CA Paris du 2 mai 2018, RG n° 16/02663	222 r 529 r 536
CA Paris du 9 mai 2018, RG n° 15/12032	438 r 464 r 466
CA Paris du 9 mai 2018, RG n° 16/02810	994
CA Paris du 9 mai 2018, RG n° 16/07989	160

CA Paris du 18 mai 2018, RG n° 16/21132	660
CA Paris du 23 mai 2018, RG n° 16/03854	180 r 183 r 185 r 1829
CA Paris du 23 mai 2018, RG n° 16/04485	1302
CA Paris du 23 mai 2018, RG n° 16/05258	495
CA Paris du 28 mai 2018, RG n° 16/11262	1692
CA Paris du 30 mai 2018, RG n° 16/07847	491
CA Paris du 31 mai 2018, RG n° 15/20974	66 r 68
CA Paris du 6 juin 2018, RG n° 16/10621	1117
CA Paris du 8 juin 2018, RG n° 17/11144	66 r 67
CA Paris du 12 juin 2018, RG n° 18/20323	928 r 933 r 935 r 946 r 949 r 997 r 1067 r 1107r 1551 r 1554 r 1672 r 1892 r 1900
CA Paris du 13 juin 2018, RG n° 15/09464	116 r 274
CA Paris du 13 juin 2018, RG n° 15/09789 et n° 15/09787	104
CA Paris du 13 juin 2018, RG n° 15/14461	119
CA Paris du 13 juin 2018, RG n° 15/14893	950
CA Paris du 13 juin 2018, RG n° 16/03776	794
CA Paris du13 juin 2018, RG n° 18/04602	852
CA Paris du 15 juin 2018, RG n° 17/17780	94
CA Paris du 20 juin 2018, RG n° 16/07286	92
CA Paris du 20 juin 2018, RG n° 18/04345	1358
CA Paris du 22 juin 2018, RG n° 18/04463	349
CA Paris du 28 juin 2018, RG n° 16/08802	1755 r 1761
CA Paris du 4 juillet 2018, RG n° 15/15553	103 r 108 r 111 r 1761
CA Paris du 4 juillet 2018, RG n° 15/18891	1284 r 1345
CA Paris du 4 juillet 2018, RG n° 15/20409	72
CA Paris du 4 juillet 2018, RG n° 16/05518	291 r 367 r 696 r 697
CA Paris du 4 juillet 2018, RG n° 17/10361	940
CA Paris du 4 juillet 2018, RG n° 18/07354	1384
CA Paris du 6 juillet 2018, RG n° 17/02836	1346
CA Paris du 6 septembre 2018, RG n° 17/23306	50
CA Paris du 12 septembre 2018, RG n° 15/09702	308 r 351
CA Paris du 13 septembre 2018, RG n° 16/14413	227 r 1761 r 1770

CA Paris du 13 septembre 2018, RG n° 17/02379	132
CA Paris du 19 septembre 2018, RG n° 16/09988	54 r 364
CA Paris du 19 septembre 2018, RG n° 16/05579	1418
CA Paris du 26 septembre 2018, RG n° 16/13567	357 r 611 r 615 r 627 r 631 r 1779
CA Paris du 26 septembre 2018, RG n° 16/07727	1344
CA Paris du 26 septembre 2018, RG n° 18/08165	1372 r 1380
CA Paris du 26 septembre 2018, RG n° 15/04275	418 r 422
CA Paris du 27 septembre 2018, RG n° 18/01962	1342
CA Paris du 28 septembre 2018, RG n° 17/08310	68 r 73 r 138
CA Paris du 3 octobre 2018, RG n° 14/15261	484
CA Paris du 11 octobre 2018, RG n° 18/00427	1359
CA Paris du 17 octobre 2018, RG n° 16/10538	54 r 269 r 414 r 588
CA Paris du 17 octobre 2018, RG n° 16/10390	81
CA Paris du 24 octobre 2018, RG n° 16/10972	54
CA Paris du 24 octobre 2018, RG n° 16/1928	122
CA Paris du 25 octobre 2018, RG n° 17/10108	568 r 1291 r 1656 r 1657
CA Paris du 26 octobre 2018, RG n° 17/12084	527
CA Paris du 14 novembre 2018, RG n° 16/01932	463
CA Paris du 14 novembre 2018, RG n° 16/11620	242
CA Paris du 14 novembre 2018, RG n° 16/11666	568
CA Paris du 14 novembre 2018, RG n° 16/12078	274 r 421 r 423
CA Paris du 21 novembre 2018, RG n° 16/11051	1854
CA Paris du 22 novembre 2018, RG n° 17/08178	635
CA Paris du 22 novembre 2018, RG n° 17/10290	262 r 450 r 478 r 558
CA Paris du 22 novembre 2018, RG n° 17/12123	93 r 104 r 108 r 115 r 601 r 1761
CA Paris du 28 novembre 2018, RG n° 16/20790	1784
CA Paris du 3 décembre 2018, RG n° 17/09349	944
CA Paris du 5 décembre 2018, RG n° 17/00684	404 r 405 r 473 r 527 r 670
CA Paris du 5 décembre 2018, RG n° 18/18095	1161
CA Paris du 7 décembre 2018, RG n° 17/03020	568
CA Paris du 12 décembre 2018, RG n° 15/20452	1687
CA Paris du 13 décembre 2018, RG n° 16/03165	484
CA Paris du 19 décembre 2018, RG n° 16/12268	669
CA Paris du 19 décembre 2018, RG n° 16/12901	630

CA Paris du 20 décembre 2018, RG n° 16/11192	291 r 658
CA Paris du 9 janvier 2019, RG n° 17/09617	947 r 950 r 1532
CA Paris du 9 janvier 2019, RG n° 16/13020	1759 r 1761
CA Paris du 9 janvier 2019, RG n° 16/13392	47 r 378 r 589 r 591 r 1758 r 1759
CA Paris du 9 janvier 2019, RG n° 16/134523	456
CA Paris du 9 janvier 2019, RG n° 16/13453	568
CA Paris du 9 janvier 2019, RG n° 16/24317a	47
CA Paris du 9 janvier 2019, RG n° 16/13392	47 r 378 r 589 r 591 r 1758 r 1759
CA Paris du 9 janvier 2019, RG n° 16/25000	1301
CA Paris du 16 janvier 2019, RG n° 16/13826	328 r 376
CA Paris du 16 janvier 2019, RG n° 16/13898	376
CA Paris du 17 janvier 2019, RG n° 16/23339	176 r 178 r 276
CA Paris du 23 janvier 2019, RG n° 16/13826	376
CA Paris du 23 janvier 2019, RG n° 16/14025	414
CA Paris du 23 janvier 2019, RG n° 17/00035	1314 r 1403
CA Paris du 23 janvier 2019, RG n° 17/08468	311 r 328 r 330 r 390
CA Paris du 24 janvier 2019, RG n° 16/23193	1325
CA Paris du 24 janvier 2019, RG n° 18/14599	1421 r 1605
CA Paris du 25 janvier 2019, RG n° 17/08241	940
CA Paris du 25 janvier 2019, RG n° 17/15416	60
CA Paris du 30 janvier 2019, n° 16/12086	282
CA Paris du 30 janvier 2019, RG n° 16/14086	1070
CA Paris du 30 janvier 2019, RG n° 16/16506	444 r 497 r 517
CA Paris du 1er février 2019, RG n° 17/00578	1792
CA Paris du 1er février 2019, RG n°17/03319	1759
CA Paris du 6 février 2019, RG n° 16/21778	283 r 1845
CA Paris du 6 février 2019, RG n° 16/18918	610 r 616 r 626
CA Paris du 6 février 2019, RG n° 18/21919	947
CA Paris du 7 février 2019, RG n° 16/14348	139 r 296 r 350
CA Paris du 7 février 2019, RG n° 17/16426	178 r 210
CA Paris du 8 février 2019, RG n° 16/07399	485
CA Paris du 13 février 2019, RG n° 16/19882	1115
CA Paris du 21 février 2019, RG n° 16/11868	415
CA Paris du 22 février 2019, RG n° 15/10543	568
CA Paris du 26 février 2019, RG n° 18/17840	1166

CA Paris du 27 février 2019, RG n° 17/14839	415 r 1453
CA Paris du 28 février 2019, RG n° 16/22931	172
CA Paris du 5 mars 2019, RG n° 18/04137	419
CA Paris du 6 mars 2019, RG n° 17/16648	279 r 292 r 294 r 358
CA Paris du 7 mars 2019, RG n° 17/02520	458 r 526
CA Paris du 13 mars 2019, RG n° 15/10543	568
CA Paris du 13 mars 2019, RG n° 17/21477	438
CA Paris du 13 mars 2019, RG n° 18/03480	224 r 227 r 230 r 484 r 529
CA Paris du 13 mars 2019, RG n° 18/18485	541
CA Paris du 14 mars 2019, RG n° 17/00966	1776
CA Paris du 20 mars 2019, RG n° 17/01247	1011
CA Paris du 21 mars 2019, RG n° 17/10739	486
CA Paris du 27 mars 2019, RG n° 16/21943	639
CA Paris du 27 mars 2019, RG n° 16/23378	304
CA Paris du 3 avril 2019, RG n° 16/21113	589
CA Paris du 3 avril 2019, RG n° 16/24197	414
CA Paris du 3 avril 2019, RG n° 18/18474	1294 r 1295 r 1308
CA Paris du 4 avril 2019, RG n° 16-25833	233
CA Paris du 10 avril 2019, RG n° 16/14991	237 r 539
CA Paris du 10 avril 2019, RG n° 18/00311	993
CA Paris du 17 avril 2019, RG n° 17/10292	1189 r 1195
CA Paris du 18 avril 2019, RG n° 17/15790	49 r 51 r 301 r 415
CA Paris du 19 avril 2019, RG n° 16/14293	940
CA Paris du 19 avril 2019, RG n° 16/25131	613
CA Paris du 19 avril 2019, RG n° 17/05334	227
CA Paris du 24 avril 2019, RG n° 16/16278	222
CA Paris du 24 avril 2019, RG n° 16/17560	597
CA Paris du 24 avril 2019, RG n° 16/22793	1031
CA Paris du 24 avril 2019, RG n° 18/28419	448
CA Paris du 25 avril 2019, RG n° 18/00206	144 r 340
CA Paris du 15 mai 2019, RG n° 16/15943	71
CA Paris du 15 mai 2019, RG n° 16/21278	557
CA Paris du 15 mai 2019, RG n° 17/20051	1080
CA Paris du 15 mai 2019, RG n° 17/23105	1189
CA Paris du 17 mai 2019, RG n° 17/05180	82 r 481 r 484 r 526 r 1807

CA Paris du 22 mai 2019, RG n° 17/05279	792 r 1224 r 1922
CA Paris du 22 mai 2019, RG n° 17/23267	693
CA Paris du 23 mai 2019, RG n° 16/24144	1807
CA Paris du 24 mai 2019, RG n° 17/08357	954 r 1452
CA Paris du 24 mai 2019, RG n° 19/0236	372 r 474
CA Paris du 29 mai 2019, RG n° 17/01560	1745
CA Paris du 6 juin 2019, RG n° 17/00410	437
CA Paris du 6 juin 2019, RG n° 17/00683	132
CA Paris du 6 juin 2019, RG n° 17/01229	438 r 463 r 1806
CA Paris du 12 juin 2019, RG n° 17/02365	438
CA Paris du 12 juin 2019, RG n° 18/20323	928 r 933 r 935 r 946 r 949 r 997 r 1067 r 1107 r1551 r 1552 r 1672 r 1892 r 1900
CA Paris du 12 juin 2019, RG 17/01093	133
CA Paris du 12 juin 2019, RG n° 19/03271	1366
CA Paris du 12 juin 2019, RG n° 16/14615	568
CA Paris du 13 juin 2019, RG n° 17/01518	1256 r 1269
CA Paris du 19 juin 2019, RG n° 16/16831	71 r 944
CA Paris du 19 juin 2019, RG n° 17/05169	449
CA Paris du 26 juin 2019, RG n° 16/17304	227
CA Paris du 4 juillet 2019, RG n° 17/13577	1278
CA Paris du 5 juillet 2019, RG n° 14/10976	247 r 1787
CA Paris du 11 juillet 2019, RG n° 13/09851	173 r 174 r 1761
CA Paris du 19 juillet 2019, RG n° 18/08051	1693
CA Paris du 31 juillet 2019, RG n° 16/20683	1631
CA Paris du 31 juillet 2019, RG n° 16/18697	227
CA Paris du 31 juillet 2019, RG n° 17/20102	285
CA Paris du 31 juillet 2019, RG n° 16/11545	642
CA Paris du 31 juillet 2019, RG n° 16/18229	442
CA Paris du 31 juillet 2019, RG n° 16/18697	81 r 211 r 568
CA Paris du 31 juillet 2019, RG n° 18/07126	448
CA Paris du 30 août 2019, RG n° 16/190305	546
CA Paris du 30 août 2019, RG n° 18/20739	1293 r 1300 r 1311
CA Paris du 5 septembre 2019, RG n° 17/01506	1088
CA Paris du 12 septembre 2019, RG n° 17/00236	60 r 94
CA Paris du 12 septembre 2019, RG n° 1702365	437
CA Paris du 20 septembre 2019, RG n° 17/01434	526

CA Paris du 2 octobre 2019, RG n° 17/04523	479
CA Paris du 3 octobre 2019, RG n° 17/18047	120
CA Paris du 3 octobre 2019, RG n° 17/01356	223
CA Paris du 10 octobre 2019, RG n° 17/20939	624 r 625 r 636
CA Paris du 17 octobre 2019, RG n° 17/15386	643
CA Paris du 28 octobre 2019, RG n° 18/19800	1219
CA Paris du 28 octobre 2019, RG n° 19/00823	223
CA Paris du 30 octobre 2019, RG n° 17/14440	306
CA Paris du 30 octobre 2019, RG n° 17/1087	507 r 950 r 1624
CA Paris du 30 octobre 2019, RG n° 17/10872	950 r 1624
CA Paris du 30 octobre 2019, RG n° 17/14646	1754
CA Paris du 31 octobre 2019, RG n° 17/06545	568
CA Paris du 4 novembre 2019, RG n° 18/18159	1220
CA Paris du 6 novembre 2019, RG n° 18/03050	229 r 1033
CA Paris du 6 novembre 2019, RG n° 18/02947	359 r 563
CA Paris du 6 novembre 2019, RG n° 18/03352	938 r 947 r 1001
CA Paris du 7 novembre 2019, RG n° 17/11422	49 r 1796
CA Paris du 7 novembre 2019, RG n° 17/11329	229
CA Paris du 7 novembre 2019, RG n° 17/16331	569
CA Paris du 15 novembre 2019, RG n° 17/19503	1039
CA Paris du 22 novembre 2019, RG n° 17/21501	604
CA Paris du 22 novembre 2019, RG n° 17/20467	116 r 1792
CA Paris du 27 novembre 2019, RG n° 17/18291	526
CA Paris du 27 novembre 2019, RG n° 17/1954	556
CA Paris du 29 novembre 2019, RG n° 17/20560	1693
CA Paris du 4 décembre 2019, RG n° 16/17987	369
CA Paris du 11 décembre 2019, RG n° 18/07147	133
CA Paris du 11 décembre 2019, RG n° 17/21022	227
CA Paris du 11 décembre 2019, RG n° 17/22029	569
CA Paris du 11 décembre 2019, RG n° 18/28097	1011
CA Paris du 19 décembre 2019, RG n° 16/16415	94
CA Paris du 19 décembre 2019, RG n° 17/11609	439 r 441
CA Paris du 19 décembre 2019, RG n° 17/14452	49
CA Paris du 20 décembre 2019, RG n° 17/20743	1005 r 1096 r 1223
CA Paris du 8 janvier 2020, RG n° 18/04493	538 r 597
CA Paris du 8 janvier 2020, RG n° 18/08888	483
CA Paris du 24 janvier 2020, RG n° 18/00705	1759
CA Paris du 5 février 2020, RG n° 18/14973	1739 r 1747 r 1755 r 1760 r 1761

CA Paris du 27 février 2020, RG n° 17/12775	576
CA Paris du 23 mars 2020, RG n° 14/23748	1058
CA Paris du 28 mai 2020, RG n° 17/22068	49
CA Paris du 28 mai 2020, RG n° 17/03955	108 r 138
CA Paris du 28 mai 2020, RG n° 17/18641	241 r 292
CA Paris du 4 juin 2020, RG n° 17/22468	49 r 1744
CA Paris du 17 juin 2020, RG n° 17/19307	579
CA Paris du 17 juin 2020, RG n° 18/09267	623 r 625
CA Paris du 18 juin 2020, RG n° 19/17169	50
CA Paris du 24 juin 2020, RG n° 18/03495	487
CA Paris du 24 juin 2020, RG n° 19/06562	527 r 568
CA Paris du 25 juin 2020, RG n° 18/01744	49 r 1744
CA Paris du 26 juin 2020, RG n° 17/16437	672
CA Paris du 7 juillet 2020, RG n° 19/02976	66
CA Paris du 8 juillet 2020, RG n° 16/20412	61 r 66
CA Paris du 9 juillet 2020, RG n° 17/14335	49 r 50 r103 r 308
CA Paris du 9 juillet 2020, RG n° 17/18660	470 r 614
CA Paris du 9 juillet 2020, RG n° 17/18669	632
CA Paris du 15 septembre 2020, RG n° 19/09518	123
CA Paris du 20 septembre 2020, RG n° 18/00084	1348
CA Paris du 24 septembre 2020, RG n° 17/21056	224
CA Paris du 18 novembre 2020, RG n° 18/19141	615
CA Paris du 18 novembre 2020, RG n° 19/12813	288 r 1752 r 1754 r 1759
CA Paris du 26 novembre 2020, RG n° 20/02392	171
CA Paris du 2 décembre 2020, RG n° 18/17277	697 r 702 r 705 r 1755
CA Paris du 10 décembre 2020, RG n°181 8/02155	197
CA Paris du 10 décembre 2020, RG n° 18/02155	46
CA Paris du 17 décembre 2020, RG n° 17/23168	601
CA Paris du 7 janvier 2021, RG n° 17/12796	491
CA Paris du 12 janvier 2021, RG n° 20/02665	701
CA Paris du 15 janvier 2021, RG n°19/11080	471
CA Paris du 20 janvier 2021, RG n° 18/24183	1759
CA Paris du 20 janvier 2021, RG n° 18/24026	635
CA Paris du 4 février 2021, RG n° 18/08152	49 r 82 r 496
CA Paris du 4 février 2021, RG 18/04167	115
CA Paris du 24 février 2021, RG n° 19/20919	115

CA Paris du 26 mars 2021, RG n° 20/13493	605
CA Pau du 5 avril 2005, RG n° 03/02538	1809
CA Pau du 9 juin 2008, RG n° 06/01169	1408
CA Pau du 26 mars 2009, RG n° 08/01257	313
CA Pau du 31 mars 2009, RG n° 07/03333	562
CA Pau du 20 janvier 2011, RG n° 09/01606	569
CA Pau du 16 mai 2011, RG n° 10/02116	1736
CA Pau du 31 août 2011, RG n° 09/03608	428
CA Pau du 12 septembre 2011, RG n° 10/03373	1699
CA Pau du 13 juin 2016, RG n° 14/03617	1140
CA Pau du 22 septembre 2018, RG n° 15/04094	1343
CA Poitiers du 13 janvier 2012, RG n° 10/02711	496 r 582
CA Poitiers du 29 janvier 2013, RG n° 11/03252	741 r 789 r 1482
CA Poitiers du 16 octobre 2015, RG n°15/00492	1342
CA Reims du 17 mai 2004, RG n° 03/01616	182 r 671 r 1699
CA Reims du 4 avril 2005, RG n° 03/02437	527
CA Reims du 23 janvier 2006, RG n° 04/01716	118 r 1796 r 1845
CA Reims du 6 novembre 2006, RG n° 05/01183	193 r 1683 r 1699
CA Reims du 5 novembre 2007, RG n° 06/01898	899 r 1455 r 1533 r 1539 r 1856 r 1917
CA Reims du 24 novembre 2008, RG n° 08/01512	169 r 322 r 1817 r 1819 r 1886
CA Reims du 29 novembre 2010, RG n° 09/02246	370 r 1699
CA Reims du 4 avril 2011, RG n° 10/03408	527
CA Reims du 24 janvier 2017, n° 16/02396	125
CA Rennes du 29 mars 2005, RG n° 04/00195	205 r 1799 r 1822 r 1823
CA Rennes du 12 avril 2005, RG n° 03/07969	410 r 1623
CA Rennes du 12 décembre 2006, RG n° 06/02485	1363
CA Rennes du 22 janvier 2008, RG n° 06/07220	213
CA Rennes du 29 janvier 2008, RG n° 06/00074	1408
CA Rennes du 5 novembre 2008, RG n° 07/04842	800 r 1466 r 1544 r 1925
CA Rennes du 12 novembre 2008, RG n° 07/05426	795 r 802 r 804 r 1532 r 1534 r 1541
CA Rennes du 16 janvier 2009, RG n° 08/00159	1735
CA Rennes du 20 janvier 2009, RG n° 07/07013	723 r 753 r 770 r 804 r 809 r 810 r 838 r 1466 r 1471 r 1473 r 1579 r 1868

CA Rennes du 20 janvier 2009, RG n° 08/00246	824 r 871 r 895 r 897 r 1564
CA Rennes du 20 janvier 2009 RG n° 08/04115	497
CA Rennes du 20 janvier 2009, RG n° 08/01468	965 r 1311
CA Rennes du 20 janvier 2009, RG n° 08/00157	965 r 1311
CA Rennes du 3 février 2009, RG n° 08/04789	531 r 1838
CA Rennes du 5 février 2009, RG n° 07/04388	405 r 569
CA Rennes du 26 mai 2009, RG n° 08/07916	689
CA Rennes du 3 novembre 2009, RG n° 08/07491	574 r 1407 r 1408
CA Rennes du 26 janvier 2010, RG n° 09/01888	1729
CA Rennes du 26 janvier 2010, RG n° 09/01212	568
CA Rennes du 21 septembre 2010, RG n° 10/01175	1273 r 1604
CA Rennes du 26 octobre 2010, RG n° 09/04745	442
CA Rennes du 4 janvier 2011, RG n° 09/07515	1407
CA Rennes du 17 mars 2011, RG n° 09/06455	1064
CA Rennes du 28 juin 2011, RG n° 10/01515	1847
CA Rennes du 7 février 2012, RG n° 10/07550	1668
CA Rennes du 21 février 2012, RG n° 10/01759	1734
CA Rennes du 13 mars 2012, RG n° 10/07756	213
CA Rennes du 3 avril 2012, RG n° 11/01911	1681
CA Rennes du 9 mai 2012, RG n° 11/06303	703
CA Rennes du 11 septembre 2012, RG n° 11/03638	172
CA Rennes du 11 septembre 2012, RG n° 11/08997	1370
CA Rennes du 25 septembre 2012, RG n° 10/01473	1810
CA Rennes du 22 mars 2013, RG n° 10/08702	495
CA Rennes du 7 mars 2014, RG n° 11/03247	1600
CA Rennes du 25 mars 2014, RG n° 13/02491	1339 r 1351
CA Rennes du 2 décembre 2014, RG n° 13/08549	1340
CA Rennes du 10 avril 2015, RG n° 12/00899	1601
CA Rennes du 31 janvier 2017, RG n° 14/09165	1081
CA Rennes du 10 avril 2018, RG n° 15/08493	947
CA Riom du 29 septembre 2004, RG n° 03/01850	169
CA Riom du 10 novembre 2004, RG n° 03/00257	350 r 655
CA Riom du 11 juillet 2012, RG n° 12/00025	1361
CA Riom du 8 avril 2015, RG n° 13/03205	990
CA Riom du 10 février 2016, RG n° 14/01931	1341
CA Rouen du 26 mai 2005, RG n° 04/04404	273 r 644 r 1365 r 1781 r 1782

CA Rouen du 14 décembre 2006, RG n° 05/03484	448 r 637 r 1522 r 1699 r 1825
CA Rouen du 18 janvier 2007, RG n° 05/04381	329 r 661 r 1760
CA Rouen du 15 mai 2007, RG n° 03/04545	1435
CA Rouen du 24 juin 2010, RG n° 09/02193	170 r 311
CA Rouen du 9 décembre 2010, RG n° 10/00274	1517
CA Rouen du 22 septembre 2011, RG n° 10/05429	1699
CA Rouen du 26 mars 2015, RG n° 14/03145	248
CA Rouen du 15 septembre 2016, RG n° 15/01224	1825 r 1827
CA Rouen du 13 décembre 2016, RG n° 15/05225	1078
CA Saint-Denis de la Réunion du 15 juin 2015, RG n° 14/00574	1342
CA Saint-Denis de la Réunion du 7 avril 2015, RG n° 13/00184	1676
CA Saint-Denis du 7 mars 2011, RG n° 10/00390	1763
CA Toulouse du 8 septembre 2005, RG n° 05/00673	1604
CA Toulouse du 26 janvier 2006, RG n° 04/04647	534
CA Toulouse du 8 janvier 2008, RG n° 08/05098	1760
CA Toulouse du 16 décembre 2009, RG n° 08/02871	1356
CA Toulouse du 26 janvier 2010, RG n° 08/03208	422
CA Toulouse du 30 juin 2010 RG, n° 08/06387	275
CA Toulouse du 6 juillet 2010, RG n° 08/04419	449 r 1821
CA Toulouse du 15 septembre 2010, RG n° 08/00313	361 r 1450
CA Toulouse du 28 septembre 2010, RG n° 09/03482	698
CA Toulouse du 26 octobre 2010, RG n° 09/00864	286
CA Toulouse du 7 juin 2011, RG n° 09/04482	1815
CA Toulouse du 18 octobre 2011, RG n° 09/03384	406
CA Toulouse du 10 janvier 2012, RG n° 10/01200	1173
CA Toulouse du 29 février 2012, RG n° 09/00989	363
CA Toulouse du 6 mars 2012, RG n° 10/02436	1383
CA Toulouse du 14 mars 2012, RG n° 10/03815	1666
CA Toulouse du 20 juin 2012, RG n° 08/04847	1774
CA Toulouse du 19 février 2013, RG n° 11/03456	1660
CA Toulouse du 6 novembre 2013, RG n° 12/00483	294
CA Toulouse du 2 mars 2016, RG n° 14/018885	785
CA Toulouse du 7 décembre 2016, RG n° 16/02774	1082
CA Toulouse du 24 mai 2017, RG n° 16/01507	1323
CA Toulouse du 28 juin 2017, RG n° 16/02093	1084

CA Toulouse du 28 novembre 2018, RG n° 17/04214 1342
CA Versailles du 26 octobre 1995, RG n° 7772/94 1364
CA Versailles du 16 janvier 2003, RG n° 00/07951-7950 1586
CA Versailles du 15 janvier 2004, RG n° 02/01923 657
CA Versailles du 29 janvier 2004, RG n° 02/02854 1555
CA Versailles du 16 septembre 2004, RG n° 2003/02914 1407 r 1427
CA Versailles du 30 septembre 2004, RG n° 01/07008 1431
CA Versailles du 7 octobre 2004, RG n° 03/02078 1685
CA Versailles du 14 octobre 2004, RG n° 03/04512 1370 r 1399 r 1771
CA Versailles du 2 décembre 2004, RG n° 03/04269 308 r 1722 r 1756 r 1825
CA Versailles du 27 janvier 2005, RG n° 06/06500 832 r 896 r 1511 r 1596
CA Versailles du 2 février 2006, RG n° 04/09265 420 r 553 r 746 r 1886 r 1918 r 1925
CA Versailles du 18 mai 2006, RG n° 05/03952 668 r 1523 r 1564
CA Versailles du 18 mai 2006, RG n° 04/08829 312 r 313 r 572 r 1243 r 1813 r 1910
CA Versailles du 12 octobre 2006, RG n° 05/04598 219
CA Versailles du 12 octobre 2006, RG n° 05/01997 1622
CA Versailles du 3 mai 2007, RG n° 05/09223 1461 r 1477
CA Versailles du 5 décembre 2007, RG n° 07/05922 et 07/06396 1823
CA Versailles du 21 février 2008, RG n° 06/07780 760 r 801
CA Versailles du 21 février 2008, RG n° 06/07836 746 r 747
CA Versailles du 17 avril 2008, RG n° 07/00545 554
CA Versailles du 24 septembre 2009, RG n° 08/05366 841 r 842 r 850
CA Versailles du 29 octobre 2009, RG n° 08/07356 748
CA Versailles du 5 novembre 2009, RG n° 08/06136 1834
CA Versailles du 17 décembre 2009, RG n° 07/04811 345 r 1370 r 1589 r 1799 r 1842
CA Versailles du 8 avril 2010, RG n° 09/01309 347
CA Versailles du 15 avril 2010, RG n° 09/01365 555
CA Versailles du 6 mai 2010, RG n° 09/05024 1818
CA Versailles du 11 mai 2010, RG n° 09/00507 262
CA Versailles du 20 mai 2010, RG n° 09/05209 308
CA Versailles du 3 juin 2010, RG n° 07/04939 283 r 490
CA Versailles du 10 juin 2010, RG n° 09/00298 487
CA Versailles du 10 juin 2010, RG n° 09/03185 410

CA Versailles du 7 octobre 2010, RG n° 09/04974	286 r 1621 r 1623
CA Versailles du 14 octobre 2010, RG n° 09/05309	432
CA Versailles du 4 novembre 2010, RG n° 09/06546	568
CA Versailles du 18 novembre 2010, RG n° 09/05695	1257 r 1268
CA Versailles du 18 novembre 2010, RG n° 09/02118	1594
CA Versailles du 18 novembre 2010, RG n° 09/05727	563
CA Versailles du 10 mars 2011 RG n° 08/00072	1894
CA Versailles du 31 mars 2011, RG n° 10/09794	1339
CA Versailles du 5 mai 2011, RG n° 10/00442	483
CA Versailles du 12 mai 2011, RG n° 10/00800	1185
CA Versailles du 19 mai 2011, RG n° 10/01677	568
CA Versailles du 9 juin 2011, RG n° 10/03910	285 r 1848
CA Versailles du 29 septembre 2011, RG n° 11/00914	1385
CA Versailles du 25 octobre 2011 RG n° 10/05632	647
CA Versailles du 27 octobre 2011, RG n° 10/05259	198 r 247 r 1228 r 1229
CA Versailles du 27 octobre 2011, RG n° 10/05772	568
CA Versailles du 27 octobre 2011, RG n° 10/07215	1724
CA Versailles du 29 novembre 2011, RG n° 10/08144	470
CA Versailles du 3 janvier 2012, RG n° 10/08881	434
CA Versailles du 14 février 2012, RG n° 09/02118	694 r 1788
CA Versailles du 10 mai 2012, RG n° 10/09040	1709
CA Versailles du 5 juin 2012, RG n° 10/09551	110
CA Versailles du 12 juin 2012, RG n° 11/01014	569
CA Versailles du 12 juin 2012, RG n° 10/03892	319 r 558
CA Versailles du 3 juillet 2012, RG n° 10/08577	689
CA Versailles du 26 juillet 2012, RG n° 11/05276	619 r 1818
CA Versailles du 2 octobre 2012, RG n° 11/03641	544
CA Versailles du 15 janvier 2013, RG n° 12/00079	568
CA Versailles du 15 janvier 2013, RG n° 12/06968	633
CA Versailles du 26 mars 2013, RG n° 11/08801	422
CA Versailles du 14 mai 2013, RG n° 11/09150	1343
CA Versailles du 4 juin 2013, RG n° 12/01171	975
CA Versailles du 29 octobre 2013, RG n° 12/01461	405 r 1759 r 1760
CA Versailles du 17 décembre 2013, RG n° 13/05301	1352
CA Versailles du 11 mars 2014, RG n° 13/07463	1333
CA Versailles du 4 décembre 2014, RG n° 14/04610	1343
CA Versailles du 19 mai 2015, RG n° 13/06708	1625

CA Versailles du 17 mai 2016, RG n° 14/06579 1078
CA Versailles du 7 juin 2016, RG n° 14/00037 1333 r 1347
CA Versailles du 23 juin 2016, RG n° 14/06181 1082 r 1094 r 1183
CA Versailles du 31 octobre 2017, RG n° 16/05627 1276
CA Versailles du 17 mai 2018, RG n° 16/02400 1343
CA Versailles du 17 mai 2018, RG n° 17/06387 1311
CA Versailles du 4 octobre 2018, RG n° 16/04149 1684
CA Versailles du 27 novembre 2018, RG n° 17/03018 1920
CA Versailles du 19 novembre 2019, RG n° 19/05500 1352

Tribunal de commerce

TC Arras du 27 mars 2009, RG n° 2007/249 1867 r 1909
TC Bobigny du 9 avril 2004, RG n° 2001F01412 1707
TC Bordeaux du 23 mars 2018, RG n° 2017F00532 1547
TC Brest du 7 décembre 2007, RG n° 2006/001400 747 r 1445
TC Chartres du 14 octobre 2004, RG n° 2004/606 747
TC Compiègne du 26 février 2013, RG n° 2008/00492 767 r 787 r 846 r 885 r 1324 r 1895
TC Créteil du 13 décembre 2011, RG n° 2009F01018, n° 2009F01017 1225
TC Créteil du 13 décembre 2016, RG n° 2008F00629 758 r 1249
TC Dreux du 9 octobre 2008, RG n° 2008001395 766 r 784 r 819
TC Épernay du 23 décembre 2008, RG n° 2007/006391 1881
TC Évry du 14 octobre 2009, RG n° 2008F00380 1905
TC Honfleur du 19 décembre 2008, RG n° 07/2252 762 r 1907
TC Laval du 9 septembre 2009, RG n° 2006/3834 747
TC Lille du 18 novembre 2004, RG n° 2003/04770 1887
TC Lille du 14 juin 2007, RG n° 2006/02092 1358
TC Lille du 4 mars 2008, RG n° 2006/03753 856 r 1454 r 1870
TC Lille du 6 janvier 2010, RG n° 2009/05184 1059 r 1060 r 1172 r 1479 r 1894 r 1906 r 1907
TC Lille du 7 septembre 2011, RG n° 2009/05105 1473 r 1894 r 1905
TC Lille du 12 janvier 2012, RG n° 2011/03836 259 r 1426
TC Lille du 14 novembre 2018, RG n° 2016021008 1717
TC Lyon du 24 juillet 2007 Inédit 311
TC Lyon du 21 mai 2013, RG n° 2012J2351 1128
TC Manosque du 6 mai 2008, RG n° 2006/000120 897 r 1564 r 1565

TC Meaux du 21 novembre 2006, RG n° 2005/00421 1524 r 1535 r 1536 r 1579

TC Meaux du 6 décembre 2011, RG n° 2009/02295 1479 r 1894 r 1912

TC Meaux du 24 janvier 2012, RG n° 2009/02296 1454 r 1479 r 1894

TC Morlaix du 28 février 2006, RG n° 2005/000146 1534

TC Nancy du 16 mai 2014, RG n° 2013/00627 1719

TC Nîmes du 6 juin 2008, RG n° 2007J95 795

TC Orléans du 11 décembre 2009, RG n° 2008/-7224 863 r 1245 r 1679 r 1928

TC Paris du 7 septembre 2004, RG n° 2003030396 561 r 601

TC Paris du 30 janvier 2006, RG n° 2004075035 568

TC Paris du 15 février 2007, RG n° 2006012773 329

TC Paris du 24 juin 2009, RG n° 2007066678 1617 r 1801

TC Paris du 9 février 2012, RG n° 2010024988 918

TC Paris du 7 février 2013, RG n° 2009F00727 1568

TC Paris du 24 septembre 2013, RG n° 2011058615 988 r 1477

TC Paris du 10 février 2014, RG n° 2012052714 1041

TC Paris du 11 février 2014, RG n° 2012079077 923 r 1042

TC Paris du 20 mai 2014, RG n° 2013/0707793 921 r 932 r 951 r 956 r 985 r 1101 r 1235

TC Paris du 8 février 2016, RG n° 2014047431 152

TC Paris du 29 novembre 2016, RG n° 2014027403 972 r 978 r 1019 r 1155 r 1180 r 1208 r 1930

TC Paris du 13 mars 2017, RG n° 201503509 313

TC Paris du 29 janvier 2018, RG n° 2017020533 1573

TC Paris du 27 mai 2019, RG n° 2017009020 821

TC Paris du 28 mai 2019, RG n° 2017005123 926 r 928 r 934 r 935 r 946 r 958 r 979 r 1003 r 1058 r 1096 r 1149 r 1157 r 1162 r 1167 r 1170 r 1184 r 1207 r 1212 r 1215 r 1221 r 1444 r 1452 r 1716 r 1885 r 1905

TC Paris du 2 septembre 2019, RG n° 2017050625 982

TC Paris du 18 novembre 2019, RG n° 2017025155 1571 r 1576

TC Paris du 16 janvier 2020, RG n° 202000169 171

TC Paris du 13 octobre 2020, RG n° 2017005123 926 r 928 r 934 r 936 r 946 r 958 r 979 r 1003 r 1058 r 1096 r 1149 r 1157 r 1162 r 1167 r 1170 r 1184 r 1207 r 1212 r 1215 r 1221 r 1444 r 1452 r 1716 r 1885 r 1905

TC Périgueux du 5 avril 2004, RG n° 2001-008859 419

TC Reims du 26 juin 2007, RG n° 200600529 801

TC Rennes du 22 octobre 2019, RG n° 2017F00131 - 2017F0013 948 r 1024 r 1118 r 1146 r 1164 r 1179 r 1213 r 1222 r 1225 r 1448 r 1452 r 1500 r 1585 r 1716

TC Romans-sur-Isère du 28 mars 2012 RG n° 2007J70079 786 r 818

TC Roubaix-Tourcoing du 12 février 2004, RG n° A2/1031 402 r 1707

TC Roubaix-Tourcoing du 2 juin 2004, RG n° A3/1649 798

TC Rouen du 18 juin 2007 RG n° 2006/004895 227

TC Toulon du 10 juillet 2008, RG n° 2007F00037 - 38 - 39 - 40 795 r 1563

TC Tours du 23 juin 2006, RG n° 200400593 786 r 800 r 897 r 1579

Tribunal de grande instance

TGI Hazebrouck du 7 mai 2008, RG n° 06/00167 856 r 857 r 1454 r 1519 r 1870

TGI Paris du 9 juillet 2009, RG n° 07/06464 1930

TGI Paris du 3 mars 2009, RG n° 09/00356 1227

TGI Péronne du 29 mars 2007, RG n° 05/00069 777

TGI Strasbourg du 25 novembre 2005, RG n° 04/00454 731

TGI de Strasbourg du 25 novembre 2011, n° 04/00454 816

Tribunal maritime de commerce

TMC Basse-Terre du 24 septembre 2008, RG n° 07/00219 1886

Autorité de la concurrence

Décisions

Décision du 20 décembre 2007, n° 07-D-50 3 r 1442

Avis

Avis du 20 février 2009, n° 09-A-02	1061
Avis du 18 septembre 2012 n° 12-A-20	1303
Avis du 19 décembre 2013 n° 13-A-24	1278
Avis du 23 novembre 2018 n° 18-A-14	3
Avis du 4 avril 2019 n°19-A-08	1278

Commission d'examen des pratiques commerciales

Avis

Avis du 7 juillet 2004, n° 04-04	967 r 1105
Avis du 1er janvier 2009, n° 09-13	904
Avis du 1er janvier 2009, n° 09-12	1063
Avis du 1er janvier 2009, n° 10-15	998 r 1771 r 1863
Avis du 29 septembre 2010, n° 10-13	1121
Avis du 4 novembre 2010, n° 10-15	1171
Avis du 1er juin 2011, n° 11-06	1027
Avis du 13 février 2014, n° 14-02	1234
Avis du 30 septembre 2014, n° 14-06	1043 r 1121 r 1146 r 1175
Avis du 22 janvier 2015, n° 15-03	1693
Avis du 30 septembre 2015, n° 15-01	1006
Avis du 17 avril 2015, n° 15-03	1006 r 1082 r 1090
Avis du 23 juin 2015, n° 15-22 et n°15-23	1028 r 1108
Avis du 26 juin 2015, n° 15-21	991
Avis du 25 août 2015, n° 15-24	963
Avis du 7 juin 2018, n° 18-6	734 r 1544

Recommandation

Recommandation du 1er septembre 2009, n° 10-01	904

INDEX ALPHABÉTIQUE

Les numéros renvoient aux paragraphes.

A

Appels d'offres, 155 et s., 606 et s.

Accords de gamme, 887 et s.

Action autonome du ministre, 1454 et s.

Agent commercial, 323 et s., 1643 et s.

Amende civile, 1236 et s.

Avantage

Disproportionné, 1870 et s.

Sans contrepartie, 1867 et s.

C

Clause

Attributive de compétence, 1203 et s., 1359, 1368

Nullité, 1234 et s.

De non-concurrence, 377, 401 et s., 527 et s., 1189 et s.

Clause pénale, 1068 et s.

Compétence territoriale

En France, 1329 et s.

En dehors, 1362 et s.

Continuité de la relation, 63 et s.

Contrat

À durée déterminée, 283 et s.

De distribution sélective, 1004 et s., 1298

De franchise, 1167, 1217 et s.

De sous-traitance, 645 et s.

D

Délais de paiement, 165, 193 et s. 200 et s., 479 et s., 722, 1058 et s., 1064 et s.

Délégation, 1581 et s.

Déséquilibre significatif

Financier, 921 et s.

Contractuel, 924 et s.

Limites, 960 et s.

Disproportion, 1072 et s.

Discrimination tarifaire, 1228 et s.

Dispense de préavis

Manquements graves, 492 et s.

Force majeure, 399 et s.

E

État de dépendance économique, 378 et s.

Équilibre général, 949, 976

Exception d'inexécution, 175, 454, 491, 576 et s., 1093

Exclusivité

Clause, 527 et s., 1167, 1284

Violation, 1285 et s.

F

Force majeure, 585 et s.

I

Intérêt à agir, 1443 et s.
Imputabilité, 1633 et s.
Inexécution, 452 et s.

M

Mandat
- Simple, 1654 et s.
- D'intérêt commun, 1658 et s.

MDD (marque de distributeur), 675 et s., 902 et s., 1839 et s.

P

Partenaire économique
- Définition, 1686 et s.
- Limites, 559 et s.

Per se, 36 et s., 1501 et s.
Préavis
- Absence de préavis, 268 et s.
- Calcul du délai raisonnable, 295 et s., 307 et s.
- Forme du préavis, 416 et s.
- Insuffisant, 371 et s.

Prescription, 1451 et s.
Préjudice, 1510 et s.
Preuve
- Objet, 1510 et s.
- Charge, 1527 et s.
- Régularité, 1549 et s., 1562 et s.

Prix, 166 et s., 200 et s., 549 et s., 836 et s., 987 et s.

R

Recevabilité en appel, 1613 et s.
Réciprocité, 1090
Relation commerciale établie, 58 et s.
Réorganisation de la société, 216, 262, 371 et s., 586 et s.
Responsabilité
- Maison-mère, 1703 et s.
- Tiers, 1726 et s.

Restitution de l'indu, 1856 et s.
Rupture brutale
- Partielle, 226 et s.
- Menace, 1253 et s.

S

Sanction, 1739 et s.

U

Usages commerciaux, 323 et s.

Table des matières

Sommaire I

Avant-propos III

Préface V

Note des auteurs VII

Introduction générale 1

A. Le pouvoir de marché et ses manifestations 5
1. Les « *switching costs* » 5
a) La part de chiffre d'affaires impactée 5
b) Le type de produit 6
c) Le type de secteur 6
d) Les investissements spécifiques 7
2. L'incertitude 7
3. L'asymétrie d'informations 7
B. Les limites des voies de régulation classiques 8
1. Les limites du droit de la concurrence 8
2. Des craintes de représailles à l'action autonome du ministre 8
C. Un dispositif potentiellement efficace 9
1. Un standard de preuve adapté 9
2. Un champ d'application multisectoriel 10
3. La menace d'une sanction dissuasive 10

Partie I - L'appréciation des manquements 11

Titre I - La rupture brutale de relations commerciales établies 13

SOUS-TITRE 1 – LES RÈGLES GÉNÉRALES D'APPLICATION DU TEXTE 17

Chapitre 1 : La notion de relation commerciale établie 19
Section 1 La notion de relation commerciale 19
Section 2 La démonstration du caractère établi 20
§ 1. Le caractère établi 20
A. La durée et la stabilité de la relation d'affaires 20
B. La continuité de la relation commerciale 21
1. La relation comme succession de commandes 21
2. Les activités saisonnières 23
3. En cas d'interruption temporaire 23
C. Le contrat n'est pas nécessaire à la démonstration du caractère établi 24

§ 2. La continuité à la suite d'un changement d'identité juridique 25
A. Le changement de partenaire commercial 25
B. En cas de fusion-acquisition 26
C. En cas de changement du contrôle social ou de statut 27
D. Les éléments justifiant la reprise de l'antériorité 28
1. En cas de cession ou rachat 28
2. La nature de la relation commerciale 29
§ 3. Le niveau du courant d'affaires 30
A. L'incidence du poids de la relation dans l'activité des parties 30
B. L'incidence de la variation de l'activité 31
§ 4. Le caractère homogène des produits ou des prestations de service 31
A. En cas de produits ou services homogènes 31
B. En cas de produits ou services hétérogènes 32
C. Le cas particulier de la production de contenus audiovisuels 33
§ 5. Le point de départ de la relation commerciale 33
Section 3 Le cas de la succession de plusieurs contrats à durée déterminée 35
§ 1. La succession de contrats à durée déterminée 35
A. La globalité de la relation au-delà du cadre contractuel 35
B. Les limites de la prise en compte globale 37
§ 2. Les contrats de distribution souscrits dans le cadre de l'article L. 441-7, devenu L. 441-3 du Code de commerce 38
§ 3. Les appels d'offres 39
Chapitre 2 : Le caractère brutal de la rupture à travers les conditions d'exercice de la relation 41
Section 1 La modification unilatérale et substantielle de l'économie du contrat 42
§ 1. La modification significative du prix 43
§ 2. La modification significative des délais de paiement 48
§ 3. La modification significative du prix et des délais de paiement 49
§ 4. Les autres critères pouvant modifier substantiellement l'économie du contrat 50
§ 5. Les justifications possibles à une modification substantielle 53
Section 2 Rupture partielle 54
§ 1. La chute brutale du chiffre d'affaires réalisé avec le partenaire commercial 55
A. La quantification de la baisse de l'activité attestant du caractère brutal 55
B. Autres méthodes pour démontrer la baisse sensible de l'activité 56
C. Le cumul possible de la sanction de la rupture partielle avec celle de la rupture totale 56
§ 2. Le déréférencement par une centrale d'achats ou un franchiseur 57
§ 3. Le désengagement progressif 57
A. L'organisation de la baisse pour justifier la rupture 57
B. Le désengagement progressif exclusif de tout caractère brutal 58

§ 4. Facteurs permettant d'écarter la rupture brutale partielle 59
A. Une certaine variabilité peut exister suivant le type de produit..... 59
1. La baisse due à la conjoncture économique 59
2. La baisse due à la saisonnalité du secteur 60
3. La baisse due à la variabilité des ventes................................. 61
B. Le partenaire commercial à l'origine de la baisse du courant d'affaires 61
C. Une combinaison des deux facteurs.. 62
D. Le lissage des commandes sur l'année.. 62
Chapitre 3 : Le caractère brutal lié à la durée de préavis 63
Section 1 Le préavis accordé est insuffisant 64
§ 1. L'absence de préavis 64
A. Une obligation générale de loyauté 64
1. L'absence pure et simple de préavis 64
2. Une notification pas assez explicite....................................... 65
3. Une modification unilatérale de l'économie du contrat.......... 65
4. Limites 66
B. Dans le cas particulier d'un unique contrat à durée déterminée.... 66
§ 2. Le préavis donné était insuffisant 68
A. L'hypothèse de l'existence d'un préavis contractuel 68
B. L'hypothèse où la société consent elle-même un préavis 69
Section 2 Le calcul du préavis raisonnable 70
§ 1. La durée des relations commerciales et le nouveau plafond............ 70
§ 2. Le secteur considéré ou le type de produit 72
A. Influence à la baisse ou sans influence... 72
B. Influence à la hausse... 74
C. L'influence du cycle de production ou de commercialisation du secteur.. 75
1. Le cycle de production et de commercialisation propre au secteur du textile 75
2. L'influence du cycle de production ou de commercialisation dans d'autres secteurs 76
§ 3. L'influence des usages commerciaux 77
A. Le cas d'une convention professionnelle..................................... 78
1. Les conditions pour qu'un accord professionnel soit opposable.. 78
2. L'effet de l'accord professionnel sur la détermination du préavis 79
B. Le cas d'usages hors accord interprofessionnel.......................... 80
C. Les cas de contrats spécifiques... 80
§ 4. Les caractéristiques et/ou circonstances spécifiques liées à la rupture.... 81
A. L'influence d'un préavis contractuel.. 81
1. Contrat requalifié en contrat à durée indéterminée................. 82
2. Contrat à durée déterminée unique.. 82

3. Contrats à durée déterminée reconduit tacitement 83
4. L'accord entre les parties sur la fin de la relation 83
B. L'influence du préavis consenti 83
C. Les investissements réalisés par la société victime de la rupture 83
D. Le courant d'affaires 84
E. Les autres circonstances pouvant être prises en compte 85
1. Le comportement des sociétés en cause 85
2. Les conditions de poursuite de la relation commerciale 85
3. La conjoncture 86
4. Le temps nécessaire à l'adaptation de l'activité 86
5. Les servitudes particulières imposées par la relation commerciale 87
6. La mise en conformité avec une réglementation 87
7. La clause de non-concurrence 89
§ 5. L'état de dépendance économique 89
A. Les critères retenus par la jurisprudence 90
B. La prise en compte du poids de la relation commerciale dans l'activité du partenaire commercial 91
1. Un chiffre d'affaires dépendant exclusivement de la relation avec l'auteur de la rupture 91
2. Le calcul du poids de la relation commerciale quand il existe deux sociétés appartenant au même groupe 91
3. Sous certaines conditions, l'importance de la relation peut influer sur la détermination du préavis raisonnable nonobstant l'absence d'un état de dépendance économique 91
C. Les caractéristiques du secteur ou de la relation entre une société et son partenaire 92
1. Le secteur 92
2. De la relation commerciale entre une société et son partenaire 93
D. L'exclusivité liant les deux partenaires 94
1. Les accords de distribution ou de fourniture exclusive 94
2. L'exclusivité de fait en l'absence de contrat 95
E. L'absence d'état de dépendance économique étant donné les circonstances 96
1. L'hypothèse d'une possible diversification 96
2. Les circonstances ayant conduit à la situation de dépendance 97
§ 6. L'analyse polyfactorielle 98
§ 7. Illustrations de préavis plus importants 99
Section 3 La forme du préavis 99
§ 1. Quel doit être le support de la notification ? 100
A. Un écrit en recommandé est préférable 100
B. La preuve de l'information sur le terme de la relation peut être apportée par tout moyen 100
§ 2. Qui peut notifier le préavis ? 101

§ 3. Que doit contenir la notification de la rupture ? 102
A. L'information univoque de la fin programmée de la relation commerciale 102
B. La communication des motifs n'est pas requise sauf en cas de dispense de préavis 104
§ 4. Quel est le point de départ du préavis ? 104
Chapitre 4 : Les cas de dispense de préavis 107
Section 1 Les motifs inopérants 107
Section 2 Inexécution par la société de ses obligations 109
§ 1. Une obligation d'information 110
A. Le caractère irréversible des manquements 110
B. La mise en demeure préalable 111
C. Le lien de causalité entre les manquements et la rupture 112
§ 2. La nécessité d'un contrat 112
A. L'obligation doit être prévue par un contrat 112
B. Le contrat doit être valable et en cours 113
§ 3. Les retards de paiement 114
A. Conditions pour justifier l'absence de préavis 114
B. Exemples de retards suffisamment graves 116
§ 4. La qualité de la prestation ou du produit 117
A. Conditions pour invoquer de tels manquements 117
1. La démonstration de la réalité des manquements 117
2. Le partenaire commercial à l'origine des manquements 118
3. Le lien de causalité entre manquements et rupture 118
4. Des manquements irréversibles 119
B. Manquements liés à des problèmes de qualité 119
C. Des manquements non suffisamment graves 122
§ 5. Le non-respect d'une exclusivité ou d'une clause de non-concurrence 124
A. L'exclusivité invoquée relativement au produit 125
B. L'exclusivité relativement à d'autres obligations 126
§ 6. Le manque d'activité 127
A. La chute significative du chiffre d'affaires 127
B. Le non-respect des objectifs commerciaux 127
C. Le manque de retour sur investissement 129
§ 7. Le prix 129
§ 8. Le risque de parasitisme 130
§ 9. La dégradation des relations entre les deux partenaires 131
§ 10. L'appréciation de la gravité des autres manquements contractuels 132
A. Exemples de manquements suffisamment graves 132
B. Exemples de manquements dont la gravité ne justifie pas l'absence de préavis 136
§ 11. Limites 139
A. La modification des conditions commerciales 139

B. Non-respect du préavis ou octroi d'un préavis trop court 139
C. L'exception d'inexécution en cas de manquements réciproques...... 140
1. Le non-respect réciproque d'obligations essentielles.............. 140
2. L'arrêt de la relation par le partenaire en retour de la notification par le cocontractant 140
Section 3 Cas de force majeure 142
§ 1. La réorganisation de l'entreprise ne constitue pas un cas de force majeure 142
A. La réorganisation interne 142
B. La réorganisation de la structure juridique 143
C. La réorganisation commerciale.. 143
D. La mise en liquidation 143
§ 2. La situation économique de la société n'est pas suffisante pour invoquer la force majeure 144
§ 3. Autres cas où la force majeure a été écartée 144
§ 4. Cas de force majeure avérés 145

SOUS-TITRE 2 – LES RÈGLES SPÉCIFIQUES À CERTAINES RELATIONS 147
Chapitre 1 : Les appels d'offres 149
Section 1 Appels d'offres et relation commerciale établie 149
§ 1. L'utilisation unique d'un appel d'offres 149
§ 2. L'utilisation répétée d'un appel d'offres n'impose pas l'octroi d'un préavis spécifique 150
§ 3. Les exceptions 151
§ 4. L'appel d'offres comme alibi de la rupture brutale 151
A. Son utilisation nouvelle doit laisser un préavis raisonnable au cas où le partenaire ne soit pas retenu 152
B. La condition de transparence.. 153
1. Les modalités associées à la procédure d'appel d'offres 153
2. La preuve que le partenaire a bien été informé de la mise en concurrence 155
Section 2 Les spécificités procédurales liées aux appels d'offres 155
§ 1. Le point de départ de la relation commerciale 155
§ 2. Le point de départ du délai de préavis 155
A. Dans le cas où la condition de transparence est remplie 155
B. Dans le cas où la condition de transparence n'est pas remplie...... 156
§ 3. La notification de la rupture de la relation commerciale................. 156
Chapitre 2 : Les contrats de sous-traitance 157
Section 1 Le caractère établi de la relation commerciale 157
Section 2 La responsabilité du client final 158
§ 1. Responsabilité invoquée par le sous-traitant 158
§ 2. Responsabilité invoquée par le donneur d'ordre 160
A. L'impossibilité pour le donneur d'ordre de continuer la relation..... 160
B. Le client final doit être à l'origine de la rupture 160

Section 3 L'atténuation de la responsabilité du donneur d'ordre 161
Section 4 La responsabilité du sous-traitant 162
Section 5 Cas particuliers 162
§ 1. Les contrats de portage salarial 162
§ 2. Les clauses de non-concurrence 163
Chapitre 3 : Les produits à marque de distributeur (MDD) 165
Section 1 L'existence d'un produit 166
Section 2 Une fabrication pour le compte d'un distributeur 166
Section 3 Le produit élaboré suivant les spécifications du distributeur 167
Section 4 Un produit revendu en l'état 167
Section 5 Revente sous une marque dont le distributeur est propriétaire 168
Chapitre 4 : Les contrats de franchise, de distribution sélective et d'affiliation 169
Section 1 Une évolution progressive 169
§ 1. Analyse de l'évolution suivant le type de contrat 169
§ 2. L'appréciation des éléments essentiels du contrat 170
A. La marque des produits 171
B. L'exclusivité 171
1. La suppression de l'exclusivité 171
2. La modification substantielle de l'exclusivité 171
3. La modification du schéma de distribution 172
§ 3. La transparence sur le terme de la relation 172
Section 2 Les conséquences du cadre contractuel particulier franchiseur / franchisé 173
§ 1. La conséquence de l'exclusivité d'approvisionnement 173
§ 2. La nécessité de respecter les conditions contractuelles au sein du réseau 173
§ 3. La nécessité de ne pas changer d'enseigne avant le terme du préavis 174
Conclusion du titre 175
Titre II - Les manquements hors rupture brutale 177
Chapitre 1 : L'avantage sans contrepartie à la disproportion en valeur 179
Section 1 Définitions préalables 179
§ 1. La notion d'« *avantage* » 179
§ 2. La notion de « *contrepartie* » 180
Section 2 L'avantage sans contrepartie 181
§ 1. Le contrat 182
A. L'existence d'un contrat préalable 182
1. Tout avantage doit généralement faire l'objet d'un écrit 182
a) Les avantages n'ayant pas pour contrepartie des services commerciaux (L. 441-3 III 1°) 182
b) Les avantages ayant pour contrepartie des services commerciaux (L. 441-3 III 2° et 3°) 183

2. L'absence de contrat ou d'écrit n'emporte pas nécessairement l'absence de contrepartie 183
a) L'obligation de contrat n'est pas générale 183
b) Les difficultés rencontrées en cas d'absence de contrat 184
3. Le caractère rétroactif emporte l'absence de contrepartie 184
B. Le contrat doit être exhaustif 185
C. Le service mentionné ne doit pas être fictif 186
§ 2. La contrepartie doit être distincte de la fonction inhérente du partenaire commercial 186
A. Les services rendus avant la livraison des marchandises 187
1. Le référencement 187
2. Les services logistiques en amont de la livraison au distributeur 188
3. Les services liés à la gestion des commandes 188
B. Les services logistiques une fois la livraison effectuée 189
C. Les services rendus en magasin 189
1. Les services liés à la gestion même du linéaire 189
2. Les services consistant à transférer sur le fournisseur et après livraison un risque lié à la commercialisation des produits 190
D. Les services de gestion 191
§ 3. La contrepartie doit présenter un caractère spécifique (applicable au 2° et 3°de l'article L. 441-3 III du Code de commerce) 191
A. Du point de vue des conditions de vente du fournisseur 191
B. Du point de vue des conditions d'achat du distributeur 192
C. Le cas spécifique où le service porte sur la réalisation d'un certain montant de chiffre d'affaires 193
D. Le cas spécifique des services entre franchiseur et franchisé 194
§ 4. La contrepartie remplit la condition d'effectivité 194
A. Le service doit avoir été rendu ou l'obligation remplie 194
1. Une obligation d'effectivité générale 194
2. Le service doit être totalement rendu 195
3. Les éléments de preuve utilement soulevés 196
B. Le service ou l'obligation doit être rendu par le distributeur 197
C. Le service ou l'obligation ne doivent pas avoir été déjà rendus dans le cadre d'une autre obligation 197
1. Une obligation déjà rendue au travers des conditions générales ou particulières de vente 197
2. Une obligation rendue deux fois à travers les services commerciaux 198
3. L'extension éventuelle à une obligation déjà rendue par un tiers 199
§ 5. La contrepartie doit présenter un intérêt commercial 199
A. L'absence d'intérêt commun 200
B. L'absence de caractère légitime 201
C. Une limite : l'absence d'obligation de résultats 201

§ 6. L'avantage doit être proportionné à la contrepartie 202
A. L'avantage doit exister 202
B. La rémunération associée au service ou l'obligation doit être proportionnée 202
C. La rémunération ne doit pas être discriminatoire 203
Section 3 L'avantage « manifestement disproportionné » 203
§ 1. La compatibilité avec le principe de libre fixation des prix 204
§ 2. La comparaison avec le montant des ventes 204
A. Le montant des ventes pendant l'opération commerciale (services de coopération commerciale) 204
1. La seule comparaison avec le montant des ventes est insuffisante 204
2. Une utilisation possible de l'argument du montant des ventes sous certaines conditions 206
B. Le montant des ventes découlant du contrat (services correspondant aux « *autres obligations* ») 206
§ 3. La comparaison avec le coût de l'opération supporté par le cocontractant 207
§ 4. Les modalités de calcul des rémunérations disproportionnées ou le contexte 208
A. La formule de base utilisée 208
B. La régularisation *ex post* d'un engagement contractuel 209
C. Le fait que le service n'ait été que partiellement rendu 209
1. Le nombre de magasins ayant mis en place le service 209
2. Le nombre de fournisseurs ayant bénéficié du service 210
D. La marge dégagée par le cocontractant 210
§ 5. La comparaison avec des services équivalents fournis par des tiers 211
A. Exemples de services équivalents rendus par des tiers 211
1. Les services bancaires 211
2. Les services de fourniture de statistiques 211
3. Les services souscrits auprès du franchiseur 212
4. Les services de comptabilité 212
5. Les services de redevance d'accès à des logiciels 212
B. La nécessité d'une équivalence entre les services 213
§ 6. L'appréciation *in concreto* du service rendu par le distributeur 213
A. Le contenu au support de la comparaison avec une base d'étalonnage 213
B. Le contenu comme seule base de la démonstration du manquement 214
C. Le pouvoir d'appréciation discrétionnaire du juge 214
D. Autres cas 215
Section 4 Les problématiques spécifiques 215
§ 1. Les accords de gamme 216
A. Définition d'un « *accord de gamme* » 216

B. L'accord de gamme considéré comme un service non spécifique 216
1. L'accord de gamme ne va pas au-delà des obligations d'achat et de vente 217
2. L'accord de gamme ne doit pas créer de distorsion de concurrence 218
3. L'accord de gamme est inconsistant en l'absence d'engagement quantitatif 218
C. Des jurisprudences contradictoires mais antérieures à l'inversion de la charge de la preuve en 2005 219
§ 2. Les produits sous marque de distributeur (MDD) 220
Section 6 Conclusion 221
Chapitre 2 : Le déséquilibre significatif 223
Section 1 Conditions d'applications initiales 224
§ 1. Champs d'application 224
§ 2. Le litige doit être rattachable à une obligation 225
§ 3. L'existence d'un rapport de force 226
A. La soumission 227
1. Les contrats d'adhésion 227
2. La part de marché de la société mise en cause 228
3. La structure du marché en général 229
4. Les alternatives pouvant exister 230
5. Les modalités de négociation 231
6. Le fonctionnement unilatéral du contrat 233
B. La tentative de soumission est suffisante 233
§ 4. La démonstration du déséquilibre significatif 234
A. La méthode de démonstration du déséquilibre 235
B. La charge de la preuve 236
C. L'analyse globale de la relation 236
Section 2 Le déséquilibre significatif lié à des avantages financiers 240
§ 1. Le prix convenu 240
A. De l'intangibilité du prix librement consenti… 240
B. …Aux limites du prix convenu 242
1. Sous l'angle de la contrepartie accordée au cocontractant en échange du prix 244
2. Sous l'angle du caractère abusif du prix en tant que tel 246
3. Sous l'angle de la discrimination tarifaire 247
§ 2. Les clauses imposant un prix déterminé 247
A. Les clauses de parité 247
B. Les obligations revenant à imposer un prix de revente 249
§ 3. Les clauses de renégociation tarifaire 249
§ 4. La modification du prix 251
A. La modification du prix futur 251
1. La modification laissant un préavis suffisant pour négocier 251
2. La modification objectivement nécessaire 253

B. La clause permettant de baisser rétroactivement les conditions d'achat ... 254
C. La pratique consistant à baisser rétroactivement les conditions d'achat ... 255
§ 5. La détermination asymétrique du prix dans la publicité en ligne ... 255
§ 6. L'asymétrie en termes de délais de paiement ... 256
A. Asymétrie bilatérale entre le paiement des marchandises et celui des services ... 256
B. Asymétrie tripartite des délais de paiement entre l'amont et l'aval d'une filière ... 258
C. Modification brutale des délais de paiement ... 258
D. Le taux d'escompte ... 258
1. L'absence de réciprocité ... 258
2. L'imposition d'un taux déséquilibré ... 259
§ 7. Clause pénale et autres pénalités ... 259
A. Quantum de la pénalité ... 260
1. L'apport du droit spécial ... 260
2. Un équilibre nécessaire entre le préjudice subi et la pénalité ... 261
B. Les circonstances déclenchant son application ... 264
Section 3 Le déséquilibre significatif lié à des dispositifs contractuels ... 266
§ 1. La reconnaissance de l'absence de manquements ... 267
§ 2. L'imposition unilatérale des conditions générales d'achat de l'acheteur au détriment des conditions générales de vente du fournisseur ... 268
§ 3. Les conditions logistiques ... 269
A. Les conditions à un moment donné ... 269
1. Le taux de service ... 270
2. Les délais de livraison ... 271
3. Les obligations de stockage ... 272
B. L'évolution des conditions logistiques ... 272
§ 4. La clause relative au retour des invendus ou des produits dégradés par la clientèle ... 273
§ 5. La clause relative à la rupture de relation commerciale ... 274
A. La prévision d'un préavis contractuel ... 274
B. Les limites à la résiliation unilatérale ... 276
1. L'absence de réciprocité ... 276
2. Les manquements contractuels insuffisants ... 276
§ 6. La clause limitative de responsabilité ... 279
§ 7. La modification unilatérale du contrat ... 280
§ 8. La clause compromissoire ... 281
§ 9. La clause d'agrément ou d'*intuitu personae* ... 281
§ 10. La durée d'engagement contractuel ... 282

§ 11. Les clauses de préférence 283
§ 12. Autres clauses susceptibles de créer un déséquilibre significatif 283
§ 13. Les clauses ne créant pas de déséquilibre significatif 287
Section 4 Limites dans l'application de ces dispositions 296
§ 1. La difficulté de viser l'ensemble des partenaires commerciaux de la société mise en cause 296
§ 2. En cas de comportement discutable de la société victime des pratiques 297
§ 3. Discrimination tarifaire et déséquilibre significatif 297
§ 4. Sur l'absence de réciprocité 298
Section 5 Les effets du déséquilibre significatif 298
Section 6 Conclusion 299
Chapitre 3 : Les autres manquements 301
Section 1 Les anciens manquements supprimés par l'ordonnance de 2019 301
§ 1. L'obtention d'un avantage comme condition préalable à la passation de commande 301
A. Des exemples d'avantages comme conditions préalables à la passation de commande 302
B. Les limites d'une telle qualification 302
1. La nécessité de prendre en compte l'ensemble de la relation 302
2. La nécessité d'apprécier le fonctionnement de la relation commerciale en pratique 303
§ 2. La menace de rupture brutale des relations commerciales 303
A. L'existence d'un avantage 304
1. La modification unilatérale de ses conditions d'achats par le client 304
a) Les critères essentiels de l'économie du contrat 304
b) Limites 305
2. La modification unilatérale de ses conditions de vente par un fournisseur 305
a) Les critères essentiels de l'économie du contrat 305
b) Limites 306
B. La matérialité de la menace 306
§ 3. Le refus de communication des conditions générales de vente 307
A. Sur le principe de la communication 307
B. La preuve de la communication 307
C. La communication des conditions pertinentes 308
§ 4. Les autres manquements utilisés de manière marginale 310
Section 2 La violation d'exclusivité 310
§ 1. L'existence d'un système de distribution sélective licite 311
A. L'existence 311
B. La licéité du réseau 312
1. Le guide d'analyse 312

2. Le caractère manifestement illicite 312
a) Sur la base des critères Métro 312
b) Sur la base du règlement d'exemption n° 330/2010 313
3. En l'absence de caractère manifestement illicite 316
§ 2. La mise en cause de la responsabilité 317
A. Du fabricant 317
B. Du grossiste 317
C. Du revendeur 317
§ 3. L'évaluation du préjudice 320
Section 3 Les autres manquements peu utilisés 320

Partie II - La mise en œuvre du dispositif 323
Titre I - La procédure de mise en œuvre 325
Chapitre 1 : Le déclenchement de l'action 327
Section 1 La compétence territoriale 327
§ 1. Les juridictions compétentes 327
§ 2. La détermination de la juridiction compétente en cas de mise en œuvre de la responsabilité au titre de l'article L. 442-1 333
A. En cas d'application franco-française 334
1. La clause attributive de compétence 334
2. L'appréciation en pratique de l'article 46 § 3 du CPC 335
B. En cas d'application à une société étrangère 336
1. En cas d'existence d'une clause attributive de compétence 336
a) Les textes servant de cadre de référence à la clause attributive de compétence 336
b) Son effet sur l'applicabilité des articles L. 442-1 et s. du Code de commerce dans l'espace 337
c) Les conditions de validité de la clause attributive de compétence 339
d) Les conditions de licéité de la clause attributive de compétence 342
e) Le cas particulier de la clause compromissoire 343
2. En cas d'absence de clause attributive de compétence opposable 344
a) L'appréhension par la matière délictuelle avant 2016 344
b) L'appréhension par la matière contractuelle depuis 2016 348
c) Les limites possibles à l'approche contractuelle 350
d) La mise en cause de la société étrangère sur d'autres bases 351
§ 3. La détermination de la juridiction compétente en cas de mise en œuvre de la responsabilité au titre des dispositions du Code civil 351
A. La clause attributive de compétence 351
1. En cas d'application franco-française 351
2. En cas d'application à une société étrangère 352

B. En l'absence de clause attributive de compétence 352
1. Si la relation commerciale se limite au marché français......... 352
2. Si la relation commerciale dépasse le cadre du marché français... 352
§ 4. Synthèse comparative sur la juridiction compétente
en matière de litige commercial 354
Section 2 La recevabilité de l'action.. 355
§ 1. Les règles générales 355
A. L'intérêt à agir à travers le lien commercial............................. 355
1. Lorsqu'il existe un lien commercial direct 355
2. Lorsqu'il existe uniquement un lien commercial indirect....... 356
B. La prescription 357
§ 2. Les règles spécifiques en cas d'action autonome du ministre........... 358
A. La compatibilité des articles L. 442-1 à L. 442-3 avec la CESDH.... 359
1. L'approche souhaitée initialement par les pouvoirs publics :
sanctionner l'atteinte à l'ordre public économique................. 359
2. Une compatibilité définitivement validée................................ 360
3. Les conséquences de la validation du caractère autonome
de l'action du ministre vis-à-vis des victimes présumées
des pratiques 362
a) L'action du ministre n'est pas une action de substitution.... 362
b) Le vice de consentement n'est pas une condition
nécessaire.. 362
c) L'opposition des fournisseurs n'est pas nécessairement
un obstacle.. 363
d) La présence des fournisseurs à l'instance n'est pas
une condition nécessaire… 363
e) … mais il est nécessaire que les fournisseurs
aient connaissance de la procédure 363
B. La compatibilité des articles L. 442-1 et s. du Code
de commerce avec les principes généraux du droit 366
1. Avec le principe de la liberté contractuelle 366
2. Avec le principe de légalité des délits 367
3. Avec le principe de légalité des peines.................................. 368
C. Les conditions de recevabilité de l'action du ministre................ 369
D. L'intérêt pour une société de saisir le ministre.......................... 370
Chapitre 2 : Le déroulement de l'action 371
Section 1 Les règles de preuve.. 371
§ 1. L'objet de la preuve 371
A. La démonstration d'un préjudice n'est pas nécessaire................ 371
B. La démonstration du trouble à l'ordre public économique
n'est pas nécessaire 372
C. L'état de dépendance économique n'est pas nécessaire.............. 373
D. L'arrêt de la relation commerciale n'est pas nécessaire 373
E. La poursuite des manquements n'est pas nécessaire................... 374

§ 2. La charge de la preuve 374
A. La situation prévalant avant 2005 et ses conséquences 374
1. La charge de la preuve incombant au demandeur 374
2. Les conséquences de cette situation 374
B. Le renversement de la charge de la preuve 376
1. La loi Dutreil de 2005 376
2. Les effets du reversement de la charge de la preuve 377
a) Le principe de non-rétroactivité 377
b) L'effet des attestations de fournisseurs 377
c) L'effet de l'acceptation des factures de service par les fournisseurs 378
§ 3. La sollicitation de la CEPC pour avis 378
§ 4. La régularité des preuves 379
A. La régularité des preuves apportées par le demandeur 379
1. Le cadre général 379
2. La possibilité pour un demandeur d'utiliser un rapport administratif 380
3. La possibilité d'utiliser les services d'un expert 380
4. La possibilité d'utiliser des constats d'huissier 381
B. La régularité des preuves apportées par le ministre 381
1. Sur le fait que l'objet n'ait pas été clairement communiqué 381
2. Sur la validité de la signature du professionnel 382
3. Sur la communication des pièces 382
4. La possibilité de réaliser des perquisitions 382
5. L'absence de nécessité que tous les échanges des services de la DGCCRF soient documentés 383
C. L'accès au dossier 383
Section 2 La procédure stricto sensu 384
§ 1. En première instance 384
A. La couverture de la nullité avant le jugement 384
B. La délégation pour ester en justice 385
1. Pour le ministre 385
2. Pour d'autres parties de manière générale 387
C. Principes généraux applicables à la procédure civile, y compris en cas d'application des articles L. 442-1 et s. du Code de commerce 387
1. Lien entre pénal et civil 387
2. La révocation de l'ordonnance de clôture 387
3. Simultanéité des exceptions soulevées 388
4. La nécessité de répondre à tous les moyens soulevés par le défendeur 388
5. L'interprétation des clauses en cas d'ambiguïté 388
6. L'évocation 388

7. En cas de dommages et intérêts, la société présumée victime doit être partie à la procédure 389
8. L'approche distincte entre les pratiques restrictives de concurrence et les pratiques anticoncurrentielles 389
9. La motivation du jugement 389
10. L'autorité de la chose jugée 389
11. Les fondements invoqués et leur application dans le temps 390
12. La règle de l'estoppel 390
13. Les procédures d'urgence 390
§ 2. En procédure d'appel 392
A. Recevabilité de l'appel 392
B. Recevabilité de l'intervention en première cause d'appel 393
1. Cas de l'intervention du ministre 393
2. Cas de l'intervention d'une société victime présumée 393
C. Recevabilité d'une demande en première cause d'appel 393
1. Cas de la demande émanant du demandeur 394
2. Cas de la demande émanant du ministre 395
D. Autres éléments soulevés par la jurisprudence 395
1. L'impact du désistement à l'appel d'une juridiction non compétente 395
2. Nullité de la déclaration d'appel 396
3. Nullité des exceptions soulevées 396
4. Effet dévolutif de l'appel 396

Titre II - L'imputabilité et les sanctions 397

Chapitre 1 : L'imputabilité des pratiques abusives 399

Section 1 La notion de partie hors rupture brutale (et depuis 2019) 399
§ 1. Un élargissement du champ d'application du texte en 2019 399
§ 2. L'application à des associations 400
§ 3. Les limites du champ d'application 401
A. Lorsque la partie en cause est un organisme public ou une entité publique 401
B. Lorsque la relation est régie par d'autres corps de règles 402
C. Le contrat de mandat 403
1. Le mandat simple 403
2. Le mandat d'intérêt commun 404
a) Conséquence sur l'appréciation de la relation entre le mandant et son mandataire 404
b) Conséquence sur l'appréciation de la relation entre le client du mandataire et le mandant 405
D. Le statut d'agent commercial 406

Section 2 La notion de partenaire commercial en cas de rupture brutale (et avant 2019) 407
§ 1. Le premier critère : l'activité commerciale 407
A. Définition 408

B. Limites au caractère commercial de l'activité 408
1. Les circonstances de l'espèce 408
2. Les règles statutaires régissant l'activité d'une des parties 409
3. Le fait que le cocontractant soit un organisme public ou une entité publique 411
§ 2. Le second critère : la notion de partenaire 411
A. Définition 411
B. La nécessité d'une certaine durée 412
C. L'existence d'une volonté commune 412
§ 3. Exemples illustrant la qualité de partenaire commercial 414
Section 3 L'imputabilité à une autre société que celle directement liée au demandeur 415
§ 1. La responsabilité de la maison-mère ou d'autres sociétés du groupe mis en cause 415
A. La responsabilité de la maison-mère 415
B. La responsabilité d'une autre société du groupe auquel appartient la société mise en cause 417
C. La responsabilité d'une autre société liée au groupe dont la société mise en cause fait partie 418
D. La responsabilité d'une société au titre de la continuité économique et juridique 419
E. La responsabilité de la centrale de référencement 420
§ 2. La responsabilité d'un tiers à l'origine du litige 421
A. Dans le cadre de relations verticales entre trois sociétés 421
1. L'existence d'un lien commercial et/ou financier 421
2. Les conditions pour que la responsabilité de l'intermédiaire puisse être écartée 422
a) Le lien de causalité 422
b) L'impossibilité de poursuivre la relation commerciale 423
B. La responsabilité du mandant 423
C. La responsabilité de la société cessionnaire du contrat 423
Chapitre 2 : Les sanctions 425
Section 1 Le calcul du préjudice 425
§ 1. Le préjudice lié à la perte de chiffre d'affaires 427
A. La perte de chance financière comme base du calcul du préjudice 427
1. Lorsque la durée de préavis effectif est connue 427
a) La durée de préavis non réalisée 427
b) Le coefficient de marge brute 428
c) L'assiette de chiffre d'affaires à prendre en considération 430
d) La formule finale 431
2. Lorsque seul est connu le chiffre d'affaires post-rupture 432
3. Prise en compte de la variation de stock 432

4. Les spécificités dans l'appréciation de la base financière à prendre en compte dans le calcul ... 432
5. Les moyens de preuves des éléments financiers ... 432
B. Les éléments susceptibles d'atténuer le préjudice ... 433
1. La capacité pour un partenaire commercial de trouver une alternative à sa relation avec l'auteur de la rupture ... 433
2. Les circonstances de l'espèce ... 434
C. Les éléments indifférents sur la détermination du préjudice ... 434
1. Invoqués par la société auteure de la rupture ... 434
2. Invoqués par la société victime présumée ... 435
§ 2. Le préjudice lié à d'autres pertes ... 436
A. L'atteinte à l'image ... 436
B. La reprise du stock d'invendus ... 437
C. La liquidation du partenaire commercial comme conséquence de la rupture brutale ... 438
1. En cas de dépendance économique ... 438
2. En l'absence de dépendance économique ... 439
a) Si une alternative viable existe ... 439
b) Si la possibilité de se diversifier apparaît limitée pour le partenaire ... 440
D. La dépréciation du fonds de commerce de la société ... 440
E. Le préjudice lié aux licenciements ... 441
1. Les conditions à remplir pour invoquer ce préjudice ... 441
2. La prise en charge des coûts de licenciement ... 442
F. Le préjudice résultant du non-versement d'avantages différés (spécifique au distributeur) ... 443
G. Le préjudice résultant d'investissements spécifiques ... 443
1. La prise en charge totale des investissements ... 443
2. La prise en charge partielle dans le cas d'amortissements non réalisés ... 444
H. L'effet de la rupture sur les activités annexes du partenaire ou celles d'une de ses filiales ... 445
1. L'activité avec l'auteur de la rupture comme support de l'activité principale ... 445
2. L'activité avec le cocontractant nécessaire à une activité connexe ... 446
I. Le préjudice spécifique à la MDD ... 446
J. Cas particuliers ... 447
§ 3. L'effet de l'utilisation des dispositions de l'article 1240 du Code civil ... 447
§ 4. La demande reconventionnelle de la société à l'origine de la rupture ... 449
§ 5. Le préjudice moral ... 449

Section 2 La restitution de l'indu 449
§ 1. Un mouvement de fonds n'est pas nécessaire 451
§ 2. Modalités de calcul de l'indu 451
A. En cas d'avantage sans contrepartie 451
B. En cas d'avantage disproportionné 452
1. Eu égard au contrat 452
2. Eu égard à d'autres comparaisons 452
C. En cas de déséquilibre significatif 453
§ 3. Le versement de l'indu 454
Section 3 L'amende civile 454
§ 1. L'incidence du caractère sanctionnable *per se* des pratiques 455
§ 2. L'influence de la restitution de l'indu sur le niveau de l'amende civile 455
§ 3. Les autres facteurs susceptibles d'influer sur la détermination de l'amende civile 457
A. La gravité de la pratique et son dommage à l'économie 457
B. La situation individuelle de l'entreprise 458
1. L'importance du chiffre d'affaires de la société mise en cause 458
2. La capacité contributive 459
3. Le comportement de la société mise en cause 459
C. Le contexte 460
1. La responsabilité éventuelle du demandeur de la sociét 460
2. Le contexte général de la relation commerciale 460
Section 4 Les mesures alternatives 461
§ 1. Sur la nullité des clauses 461
A. Demandée par le ministre 461
B. Demandée par la victime 462
§ 2. Les autres mesures 464
A. L'injonction 464
B. L'exécution sous astreinte 464
C. La publication du jugement 464
D. L'anatocisme 465

Bibliographie 467

Index des décisions 469

Index alphabétique 515

Table des matières 517

Bulletin e-Competitions

Bulletin d'actualité électronique hebdomadaire dédié aux jurisprudences concurrences nationales

e-Competitions est un bulletin d'actualité électronique hebdomadaire et une base de données couvrant la jurisprudence de plus de 55 juridictions. Le Bulletin se présente sous la forme de commentaires d'arrêts, de décisions et de textes légaux ou réglementaires. Chaque commentaire comporte la description de l'affaire commentée, rappelle les dispositions mises en œuvre et le cas échéant ajouter un bref commentaire critique. Pour chaque article, le Bulletin donne accès à la décision ou arrêt commenté dans sa langue d'origine. La langue du Bulletin est l'anglais.

Contributeur

e-Competitions repose sur un réseau de 3 000 experts en droit antitrust comprenant des universitaires et des avocats spécialisés. Ces contributeurs fournissent de manière détaillée et hebdomadaire des informations sur leur jurisprudence régionale et nationale.

News issues

SPECIAL ISSUES

Les « News Issues » sont publiées dans le bulletin e-Competitions toutes les deux semaines en alternance avec les « Special Issues ». Ils contiennent 15 à 30 articles d'actualité. Les « Special Issues » reprennent quant à eux toutes les affaires majeures publiées depuis 1982 sur un sujet spécifique du droit antitrust (actions en dommages-intérêts, sanctions pénales, clémence...) ou sur un secteur d'activité particulier (santé, électricité, télécommunications, services financiers...). Les «Special Issues» sont accompagnées d'une synthèse réalisée par un auteur spécialiste du domaine concerné.

- 20 000 articles
- 3 500 auteurs
- 85 pays couverts
- 30 000 abonnés
- Partenariats avec 6 cabinets d'avocats
- Partenariats avec 8 centres de recherches
- Comité scientifique : Eleanor Fox, Wouter Wils, Frédéric Jenny, Bill Kovacic...

www.ingramcontent.com/pod-product-compliance
Lightning Source LLC
LaVergne TN
LVHW010633051026
849532LV00001B/43